JN207568

橋本博文先生退職記念論集

磨斧作針

橋本博文先生退職記念事業実行委員会 編

六一書房

橋本博文先生

豪族居館の濠（栃木県四斗蒔遺跡）断面剥離標本とともに
平成30年10月31日撮影

献呈の辞

橋本博文先生は早稲田大学大学院修了後，宇都宮大学教育学部非常勤講師，早稲田大学所沢校地埋蔵文化財調査室助手を経て，平成7年4月に新潟大学人文学部に赴任されました。以来，24年という長きにわたり学生への指導や古墳の調査研究に携わってこられました。赴任後間もなく始まった南魚沼市飯綱山古墳群の調査や記憶に新しい新潟市牡丹山諏訪神社古墳の調査は新潟県の古墳時代研究に多大な成果をもたらしました。近年は群馬県や栃木県をフィールドに，先生のご専門である豪族居館の調査・研究を積極的に進めておられました。

また，先生は市民に向けた文化財の普及啓発活動にも力を注がれ，文化財保存新潟県協議会会長，全国協議会代表委員としてご活躍されました。大学内では，新潟大学旭町学術資料館の立ち上げにご尽力され，平成16年から14年間館長を務められました。この間，資料の保管・展示はもちろん，市民ボランティアや「あさひまち友の会」の活動に積極的に取り組まれました。このほか，自治体史の執筆や文化財保護審議会委員，遺跡発掘指導委員など，先生のご活躍には枚挙にいとまがありません。

橋本先生が平成31年3月末日に新潟大学をご退職されるにあたり，先生の薫陶を受けた卒業生を中心に実行委員会が組織され，これまで先生から頂戴した学恩に報いるため，退職記念論集の発刊を企画いたしました。当初の見込みをはるかに上回る多くの卒業生をはじめ，先生と親交の深い研究者の方々からも本実行委員会の趣旨にご賛同いただき，玉稿を賜りました。これもひとえに先生の多岐にわたるご活躍と温かいお人柄の賜物と改めて感じる次第です。

先生の今後の益々のご研究のご発展を祈念申し上げますとともに，これまで先生から受けた学恩に感謝の念をこめ，本論集を献呈いたします。

平成31年3月
橋本博文先生退職記念事業実行委員会

実行委員長　安立　聡

目　次

旧石器時代の狩猟具の同定方法

佐野　勝宏

はじめに

先史時代，特に旧石器時代の石器のなかで，「槍先形石器」は旧石器考古学研究のなかで最も頻繁に分析対象となってきた。それは，「槍先形石器」がスクレイパー類に比べ，時期や地域による形態変異が大きく，編年・分布論研究に適した素材だからである。民族事例をみても，槍先は形態的変異が実に大きい（Griffin 1997）。

「槍先形石器」といっても，形態的には多様な器種を含む。槍の穂先としての機能が想定される最も一般的な器種は，尖頭器（point）である。時期や地域によって形態変異が大きいため，「〜型尖頭器」と呼ばれることが多い。しかし，尖頭器と分類される器種の全てが穂先として使われたとは限らない。アラスカ・エスキモーが使う木葉形の尖頭器は，柳の枝を編んだ柄につけてナイフとして使われている（Feustel 1973）。オーストラリア・アボリジニーに使われていた石刃製尖頭器は，投槍器で飛ばす槍の先端に付けるダートとして使われるものもあれば，短い柄に付けてナイフとして使うものもある（Newman and Moore 2013, Torrence 1993）。新石器時代の凍結ミイラとして有名なアイスマンは，両面調整尖頭器を短い木の柄につけており（Spindler 1994），おそらくナイフのように使われていた。縄文時代の石鏃のように機能特化した器種とは異なり，旧石器時代の尖頭器[1]は特定の機能に結びつけることはできない。

狩猟具の一部，すなわち突き槍や投げ槍の穂先（spearhead），投槍器で投射するダートの穂先（dart tip），弓で投射する矢の鏃（arrowhead）として機能した石器を同定するためには，石器に残された狩猟痕跡を同定する必要がある。狩猟痕跡には，肉眼で認識できるマクロ痕跡の衝撃剥離（impact fracture）と顕微鏡レベルでのみ認識可能なミクロ痕跡の微細衝撃線状痕（microscopic linear impact trace：MLIT）とがある。本稿は，はじめに衝撃痕跡の研究史を簡単に概観する。そのうえで，衝撃剥離の基本原理と指標的衝撃剥離の諸特徴について述べる。次いで，未だ研究事例が少ない微細衝撃線状痕の諸特徴とその同定方法に関して解説する。それにより，旧石器時代の石器群から狩猟具として使われた石器を同定するための方法を提示する。

1　衝撃痕跡の研究略史

マクロ痕跡である衝撃剥離は，1960〜70年代に注目されはじめた。この時期，北米のアラスカ・エスキモーや先史時代の尖頭器に，フルーティングや彫刀面に似た特殊な割れがあることが着目され，狩猟時に獲物との衝突によって生じた痕跡ではないかと指摘された（Witthoft 1968, Frison 1974, Ahler and McMillan 1976）。1980年代に入ると，同じような痕跡が獲物との衝突によって実際に発生することが投射実験によって確認された（Barton and Bergman 1982, Moss and Newcomer 1982, Bergman and Newcomer 1983, Fischer et al. 1984, Odell and Cowan 1986, Shea 1988）。一連の研究成果は，御堂島（1991）で詳しく紹介されている。日本では，御堂島が石鏃，有舌尖頭器，ナイフ形石器の投射実験を行い，それまでに海外で確認されていた衝撃剥離のタイプが黒曜石でも発生することを確認した（御堂島 1991・1996）。

その後も，散発的ではあるものの世界各地で投射実験研究は行われ続け（Geneste and Plisson 1993, Caspar and De Bie 1996, Kelterborn 1999, Lombard et al. 2004, 坂下 2016），石器の型式や石材を超えた指標的衝撃剥離（diagnostic impact fracture：DIF）（Lombard 2005）が認識されるようになった。近年では，指標的衝撃剥離に基づく事例分析は極めて多く出版されている。

一方，使用痕分析の高倍率法がKeeley（Keeley and Newcomer 1977, Keeley 1980）によって紹介されて間もない頃，使用痕研究者のMossは実験考古学者のNewcomerと一緒に投射実験を行い，衝撃剥離の他に，線状に分布する光沢がミクロレベルで形成されていることを指摘した（Moss and Newcomer 1982）。その後，同様の線状痕あるいは溝を伴う線状光沢は，他の投射実験でも確認され，また遺跡出土資料にも認められた（Fischer et al. 1984, Geneste and Plisson 1993, Caspar and De Bie 1996, Yaroshevich et al. 2010, Sano 2012）。Moss（1983）は，このミクロな衝撃痕跡をmicroscopic linear impact trace（微細衝撃線状痕）と呼び，その後多くの研究者が頭文字を取ったMLITと呼称するようになった。

2　衝撃剥離の基本原理

ここでは，衝撃剥離の剥離（fracture）としての原則について述べる。まず，使用痕研究のために組織された専門用語委員会のHo Ho分類[2]に基づけば（Ho Ho Classification and Committee 1979），剥離はその開始部と末端部の特徴で分類できる。開始部は，コーン（cone/Hertzian）とベンディング（bending）に分類される（第1図）。コーンで開始する剥離は，割れ円錐を伴って進行し，剥離された側の面にネガティブ・バルブを残す（Cotterell and Kamminga 1987）。ベンディングで開始する剥離は，割れ円錐を形成せず，剥離された側の面は平坦あるいはやや膨らんだ形状を成す。コーンは，均質で劈開性の高い物質の平面に球体の固いハンマーが垂直に打ち付けられた時に，ハンマーと対象物の接触点から放射状に伸びる圧によって発生する（Cotterell and Kamminga 1987）。つまり，一般的にはハードハンマーによる直接打撃によって発生しやすい剥離である。一方，ベンディングは，打撃が加わった点から少し離れた箇所から剥離が発生した場合に多く見られる（Cotterell and Kamminga 1987）。つまり，打撃そのものの力よりも，打撃によって発生した曲げの力によって発生した剥離である。最も体系的な投射実験を行い，現在でも最も頻繁に引用されるFischer et al.（1984）は，Ho Ho分類に基づいて衝撃剥離の開始部と末端部の特徴を記載し，衝撃剥離の特徴に関する理解を大きく進展させた。

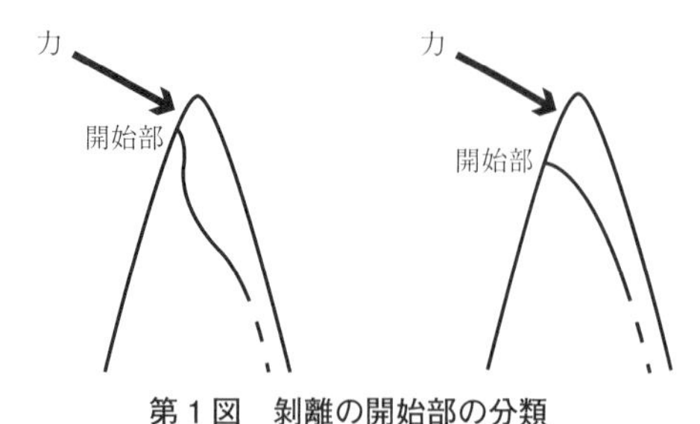

第1図　剥離の開始部の分類

左がコーンで，右がベンディング。コーン・フラクチャーは，力が加わった点の近くから剥離が開始し，ベンディング・フラクチャーは，力が加わった点から離れて剥離が開始する。

衝撃剥離は，対象獣と石器先端部が接触し，その際に起こる衝撃の圧力による曲げの力で発生する剥離である（第2図）。したがって，基本的には衝撃剥離はベンディングで開始する。第3図で示したように，剥離の開始部にネガティブ・バルブをもたず，フラットあるいはむしろやや膨らんだ形状を見せる。ただし，例外も存在する。衝撃剥離には，対象獣との接触によって発生した一時的衝撃剥離の他に，衝撃剥離によって分割された面同士の接触によって発生する副次的剥離（spin-off）がある（第4図）（Fischer et al. 1984）。副次的剥離は，分割面がぶつかり合うことによって生じるため，ネガティ

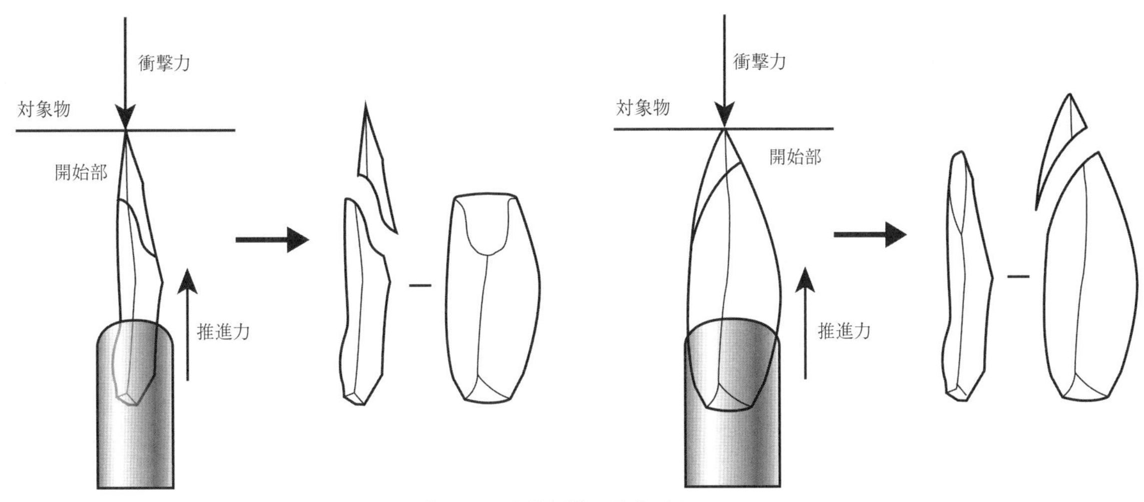

第２図　衝撃剝離の発生パターン
左は横断剝離で，右は彫器状剝離の例。

ブ・バルブが存在する（第５図）。Fischer et al.（1984）は，副次的剝離は全てコーン・フラクチャーと記載しているが，筆者の実験試料にはベンディングで始まる副次的剝離もある（第６図）。投射方向に強い圧が加わり続けるため，分割された面同士の接触が，押圧剝離に似た作用を引き起すためではないかと考えている。指標的衝撃剝離の定義の問題を論じたCoppe and Rots（2017）も，副次的剝離は全てコーン・フラクチャーだとしている（Coppe and Rots 2017）。しかし，第１に，第６図に示すように，実際にはベンディングで開始する副次的剝離も存在する。第２に，副次的剝離は極めて小さいものが多いため，ネガティブ・バルブの発達程度を議論できない資料もあり，そういった資料は同定不能とする他ない[3)]。したがって，コーンだけとは言い切れない。第３に，彼らはFischer et al.（1984）の定義に習い，副次的剝離は「ベンディング・フラクチャー」[4)]から発生したものに限るとしているが，これは後述する「ベンディング・フラクチャー」の定義の問題に関わる。

末端部は，フェザー，ヒンジ，ステップ，スナップの四つに分類されている（第７図）（Ho Ho Classification and Committee 1979）。フェザーは，剝離が剝片表面に平行するように進み，末端部にほとんど厚みを残さずに収束するタイプである。ヒンジは，剝離が末端部で向きを逆方向に変えつつ収束するタイ

第３図　台形様石器の先端に生じた縦溝状剝離
中央左と右端に先端から浅い溝状の剝離が入る。先端部は，衝撃で部分的に砕けている。

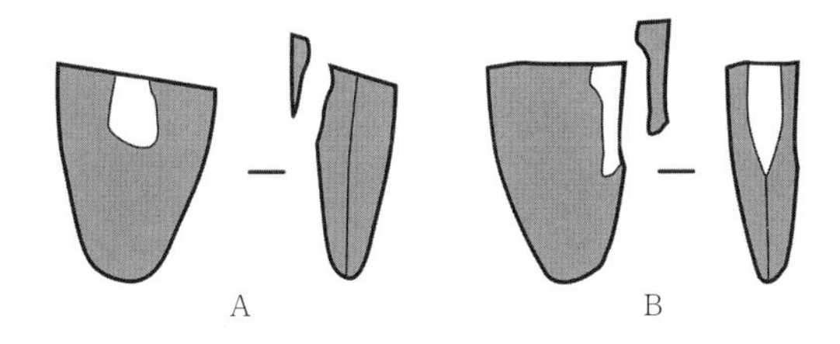

第４図　副次的剝離の模式図
背面あるいは腹面にできる例（A）と，側縁にできる例（B）。

第５図　衝撃剝離面から発生した副次的剝離
ネガティブ・バルブが観察される。

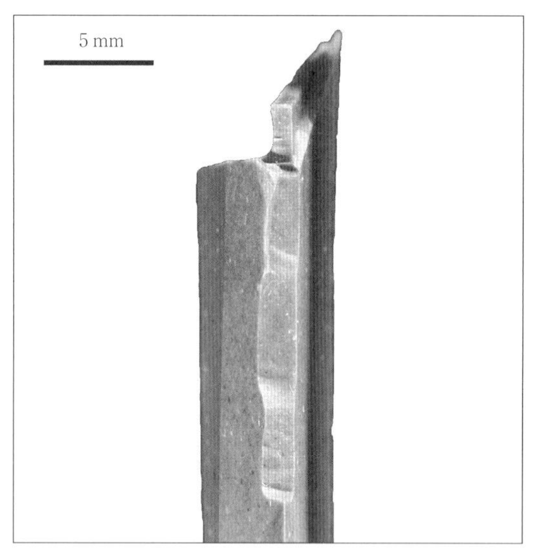

第６図　側縁に形成された副次的剝離
ネガティブ・バルブが観察されない。

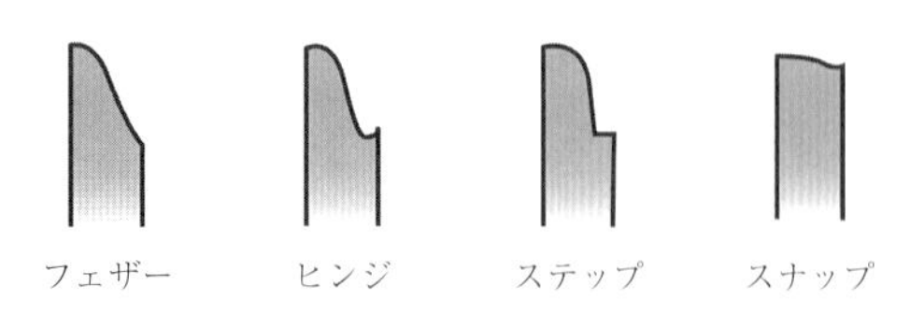

第７図　剝離末端部の分類

プである。ステップは，剝離が末端部で直角に向きを変えて収束するタイプである。これら三つのタイプは，腹面あるいは背面から進行した剝離が，背面・腹面にある程度平行あるいは斜行するように進行しながら反対側の面で終わる際の，終わり方を分類したものである（第７図）。一方，スナップは，どちらかの面から進行した剝離が，器体を横断するように真横に抜けるタイプである。

衝撃剝離は，この全ての末端形状を取り得る。Fischer et al.（1984）の実験でも，全てのタイプが投射実験で発生しているが，特にステップとスナップの頻度が高かった。一方，Caspar and De Bie（1996）は，ステップの他に，ヒンジやフェザーも投射実験で頻繁に発生するとし，指標的衝撃剝離に加えている[5)]。筆者が行った投射実験でも，四つの末端形状の全てが発生しているが，スナップの頻度が一番高く，次いでステップの頻度が高い（佐野・大場 2014）。一般論として，剝片剝離はフェザーで抜けるように行われることが多いため，ステップやヒンジの頻度は相対的に低い。それに対し，衝撃剝離は長軸に平行するように器体内部に入り込むため，力を失ってそれ以上進行できなくなった段階で，90°前後向きを変えて急速に剝離が終わる。このため，ステップの頻度が相対的に高くなり，衝撃剝離の特徴の一つとして認識されている。

3　指標的衝撃剝離の特徴

上記の衝撃剝離の基本原理を抑えたうえで，狩猟具として使われた石器を同定するうえで指標となる諸属性について述べたい。指標的衝撃剝離は，狩猟時に刺突や投射で獲物等に石器が衝突する際にのみ排他的発生するタイプである。それゆえ，他の要因でも頻繁に発生する剝離のタイプは，排除されなければならない。したがって，指標的衝撃剝離のタイプを確認するためには，投射実験のみではなく，他の様々な要因で発生する割れのタイプとの比較検討が不可欠である。

Fischer et al.（1984）は，イノシシ皮の加工実験，踏み付け実験，ローリング実験，落下実験を行い，投射実験結果と比較している。その結果，スナップで終わるベンディング・フラクチャーは，投射実験以外でも高い頻度で発生したため，指標的衝撃剥離から外している。一方，ステップで終わるベンディング・フラクチャーは，投射実験以外では発生していないため，衝撃剥離として指標的なタイプであると述べた。この結果を受け，多くの研究者がステップで終わる「ベンディング・フラクチャー」（step terminating bending fracture）を指標的衝撃剥離として使用している。

筆者は，埋没過程を想定した踏み付け実験の他，石器製作過程で偶発的に生じる割れに関する実験を行った（Sano 2009）。その結果，これまで指標的とされていたステップで終わる「ベンディング・フラクチャー（横断剥離）」は，剥片剥離時に偶発的に発生することがあることを確認した。したがって，ステップで終わる「ベンディング・フラクチャー」があったとしても，必ずしもそれが衝撃剥離とはいえないことを指摘した。Sano（2009）では，旧石器時代に世界の様々な時代と地域で使われている背付尖頭器（backed point）を対象として行ったが，このような比較実験は，より多様な型式や石材で行われなければならない。J. Pargeter は，投射実験以外で「指標的」な衝撃剥離が発生する頻度を実験で検証する研究を勢力的に進め，信頼できる指標的衝撃剥離を提示している（Pargeter 2011・2014, Pargeter and Bradfield 2012）。

衝撃剥離のどのタイプが，他の要因では発生しにくく，指標的と考えることができるかは，佐野（2011）で紹介した。ここでは，そこで提示した指標的衝撃剥離の各タイプを同定するための基準と注意点について解説する。

（1）縦溝状剥離（flute-like fracture）

縦溝状剥離は，先端部から石器表面を薄く剥ぎ取るように伸びる剥離で，フルーティングに似た外観を示す（第8図）。ベンディングで開始するが，末端はフェザー，ヒンジ，ステップのいずれもあり得る。ただし，Coppe and Rots（2017）は，縦溝状剥離は，統一した基準がなく，指標的衝撃剥離の定義の不一致の大きな要因となっていると指摘している。この指摘は，筆者もおおむね賛同する。彼らが指摘するように，「ベンディング・フラクチャー」と同義と捉える研究者もおり（Villa and Lenoir 2009, Lazuén 2012），実際「ベンディング・フラクチャー」と縦溝状剥離のどちらに分類すべきか判断に迷う資料も多く存在する。また，彫器状剥離との違いは，衝撃剥離が側縁を取り込むか否かで決まり，その境界は曖昧になり得る（第8図）。ただし，典型的な縦溝状剥離は，「ベンディング・フラクチャー」とも彫器状剥離とも呼びがたい。今後専門家らで意見交換をしながら議論を深める必要があると思うが，現状では縦溝状剥離も指標的衝撃剥離の一つに含めたままにしておく。

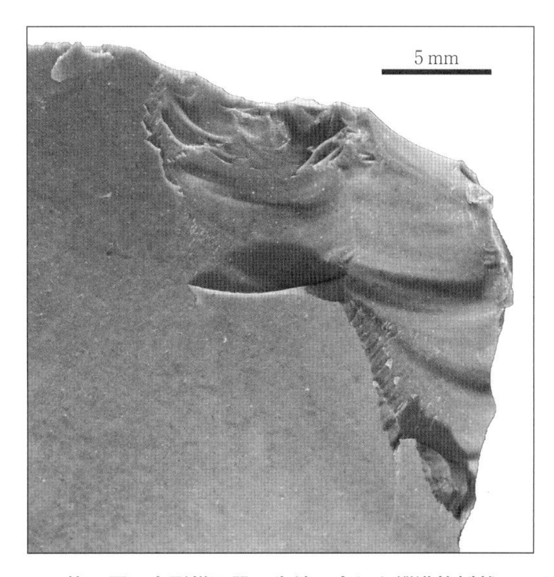

第8図　台形様石器の先端に生じた縦溝状剥離
先端部から，二本の縦溝状剥離が入る。右側の縦溝状剥離は，側縁を一部取り込んでおり，彫器状剥離と境界は曖昧となる。中央の縦溝状剥離の先端は砕けている。

いわゆる指標的衝撃剥離が，他の要因で発生しないことを確認するために行った実験では，縦溝状剥離は，石器製作時（素材剥片剥離，二次加工，彫刀面打撃）には全く発生していない（Sano 2009）。ただし，軟らかい石のハンマーで剥離した場合，打面直下のバルブ上に浅い剥離（*esquillment du bulbe*）（Pelegrin 2000）が頻繁に発生するため（第9図），縦溝状剥離と誤認しないように留意が必要である。また，踏み付け実験では，縦溝状剥離はごくわずかにしか発生せず（183点中2点），そのいずれもが5 mm未満の小さな剥離であった。発生頻度は極めて低いため，縦溝状剥離の指標的衝撃剥離としての信頼性の高さを保証する結果といえるが，埋没過程の様々な可能性を考慮すると，ごく小さな縦溝状剥離は衝撃剥離としない方がより確実といえる。

(2) 彫器状剥離（burin-like fracture）

彫器状剥離は，先端部から石器側縁を取り込むように伸びる剥離で，彫刀面に似た外観を呈す（第10図）。ベンディングで開始し，末端形状がフェザー，ヒンジ，ステップのいずれもあり得る点は縦溝状剥離と同様である。意図的に作出した彫刀面は，ネガティブ・バルブがあるので（第11図），その有無によって識別できる。ただし，彫刀面打撃時に打点が砕けた場合，その識別は難しい。

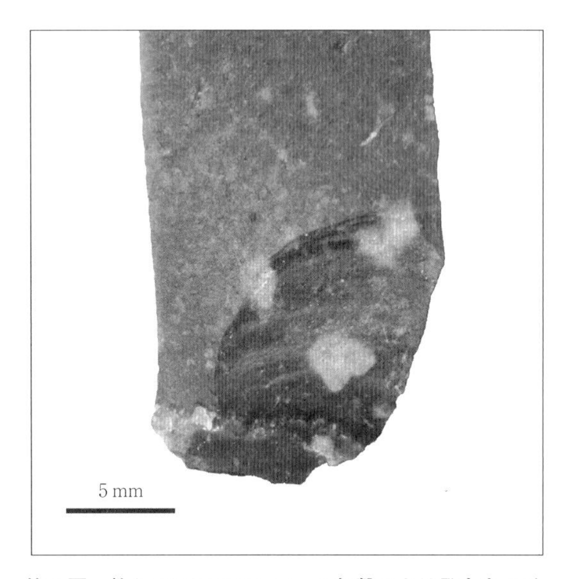

第9図　軟らかい石のハンマーの打撃により発生するバルブ上の浅い剥離痕（*esquillment du bulbe*）
ベンディングで開始するため，柄との接触によって発生する縦溝状剥離と誤認しないよう注意が必要である。

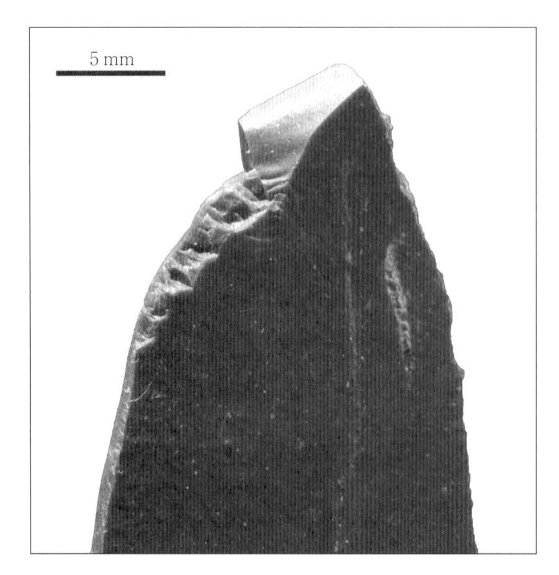

第10図　背付尖頭器の先端に生じた彫器状剥離
剥離が，先端部からベンディングで開始している。

彫器状剥離は，先端部から始まらず，器体の側縁部の途中から始まり，逆側の側縁へ抜ける場合もある。あるいは，器体の中央を走り，一側縁あるいは両側縁に抜け，複数に分割する場合がある（第12図）。一方，彫刀面打撃時にも，器体の側縁部の途中から始まり，逆側の側縁へ抜けるS字状剥離が発生する場合があることが先述の比較実験で確認された（Sano 2009）（第13図）。このS字状剥離も開始部はベンディングであり，両者の識別は難しい。したがって，先端部から発生していない彫器状剥離は指標的とはいえず，留意が必要である。一方，素材剥片剥離や二次加工（blunting）時には，彫器状剥離は全く発生せず，踏み付け実験でも5mm未満のごく小さな彫器状剥離が1点（183点中）発生したにすぎない。縦溝状剥離同様，ごく小さな彫器状剥離は積極的に衝撃剥離と同定しない方が無難であるが，先端部から発生する彫器状剥離は基本的に信頼性が高いといえる。

(3) 横断剥離（transverse fracture）

横断剥離は，器体の片側から反対の面に向かって折り取るように分断する剥離を差す（第14図）。御堂島（1991）が，「折れ」と分類するタイプである。Barton and Bergman（1982）は，形態的特徴からtransverse break（横断剥離）と呼んだ。一方，

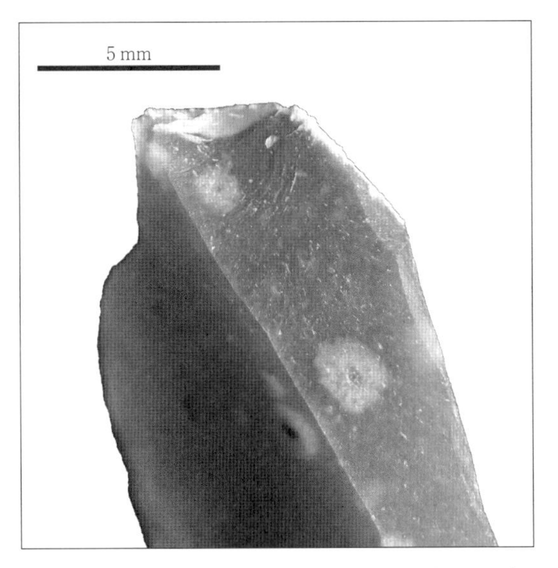

第 11 図　打撃によって形成された彫刀面に見られるネガティブ・バルブ

先端部は，打撃によって砕けている。この砕けが大きいと，ネガティブ・バルブが残らず，衝撃剝離との識別が困難となる。

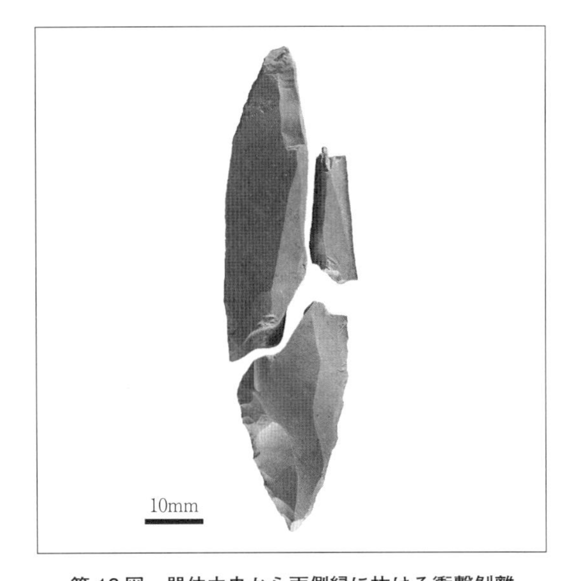

第 12 図　器体中央から両側縁に抜ける衝撃剝離

先端から強い衝撃力で長軸状に発生した剝離は，器体中央付近で左右両方向に抜け，器体を分割している。これにより，S 字状の衝撃剝離が形成されている。

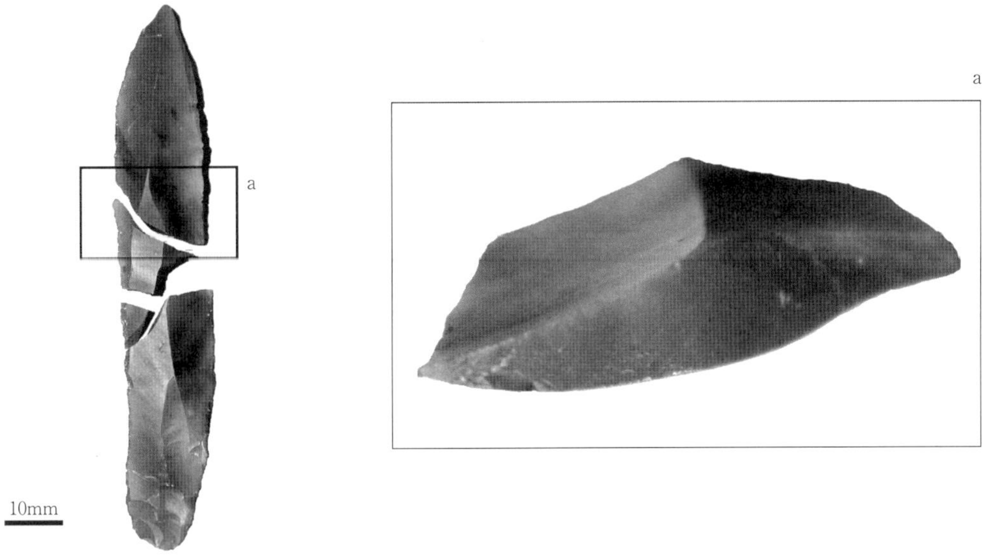

第 13 図　彫刀打撃時に器体中央付近で偶発的に生じた剝離

しばしば S 字状を呈するこの偶発的な剝離は，ベンディングで開始する。器体中央付近から生じた S 字状の衝撃剝離（第 12 図）との識別は難しい。

Bergman and Newcomer（1983）は，このように横断的（transversely）に割れる衝撃剝離を「ベンディング・フラクチャー（bending fracture）」と呼んだ。その後，Fischer et al.（1984）がステップで終わるベンディング・フラクチャーを指標的な衝撃剝離と主張し，以後指標的な衝撃剝離として「ベンディング・フラクチャー」という用語が多くの研究者に使用されるようになる。しかしながら，Fischer et al.（1984）が指標的な衝撃剝離の一つとしたステップで終わるベンディング・フラクチャーは，横断的に割れた衝撃剝離という形態的な限定はない。彼らのベンディング・フラクチャーは，あくまで先に紹介した剝離開始時の特徴から名付けたもので，彫器状剝離や縦溝状剝離のような形態的特徴をもった衝撃剝離も含んでいる。したがっ

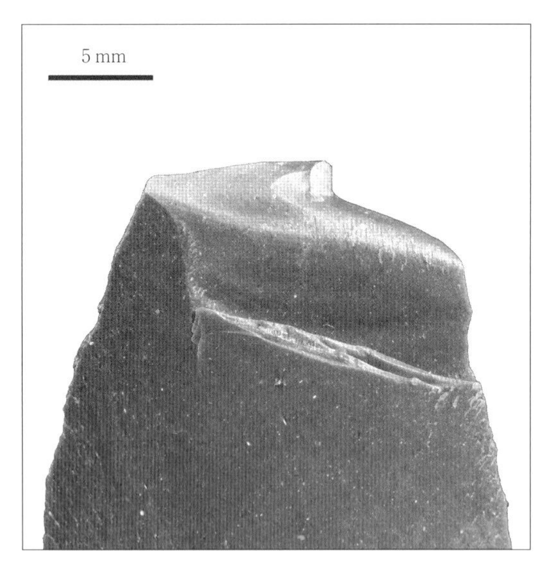

第 14 図　ステップで終わる横断剥離
ベンディングで開始した剥離が，ステップで終わっている。収束部には亀裂があり，強い衝撃力を物語る。

て，厳密にはBergman and Newcomer（1983）の「ベンディング・フラクチャー」とは異なる。しかし，両者の違いがきちんと認識されないまま，「ベンディング・フラクチャー」という言葉が指標的な衝撃剥離の一つを指す用語として使用されている。筆者は，統一した基準で衝撃剥離を分類するため，縦溝状剥離や彫器状剥離同様，形態的特徴から用語を設定し，横断的に割れる衝撃剥離に対して横断剥離という用語を使用する。

横断剥離は，先述の通り，フェザー，ヒンジ，ステップ，そしてスナップで終わるタイプがある。縦溝状剥離や彫器状剥離も，フェザー，ヒンジ，ステップで終わることがあるため，その点は変わらない。ただし，縦溝状剥離や彫器状剥離は，その形態的特徴からスナップで終わることはあり得ない。スナップで終わる横断剥離は，様々な過程で発生し得るので，指標的衝撃剥離とはいえない。一方，ステップで終わる横断剥離は，多くの研究者によって指標的衝撃剥離と考えられており（Fischer et al. 1984, Lombard 2005, Wilkins et al. 2012），フェザーやヒンジで終わる横断剥離も研究者によっては指標的衝撃剥離と考えている（Caspar and De Bie 1996, Lazuén 2012）。

しかしながら，先の比較実験により，石器の素材剥片の剥離時に剥がされた剥片が，器体中央部で偶発的に割れ，その割れがフェザー，ヒンジ，ステップ，スナップで終わることがわかっている（第 15 図）（Sano 2009）。このように偶発的に分割されてしまった石刃は，二次加工を施して使用できる素材も多くある。その場合，獲物との衝突で発生した横断剥離によって分割された資料と識別することが極めて困難な場合がある。一方，二次加工（blunting）段階では，基本的にスナップで終わる横断剥離以外には発生しない。また，踏み付け実験においても，スナップ以外で終わる横断剥離の発生頻度は低い（183 点中，フェザー 4 点，ヒンジ 0 点，ステップ 1 点）。以上に鑑みると，フェザー，ヒンジ，ステップで終わる横断剥離が，側縁の二次加工よりも後に発生していることが切り合い関係からわかる場合，その横断剥離が石刃剥離時に発生した可能性はなくなり，衝撃剥離の可能性が高いこととなる。つまり，フェザー，ヒンジ，ステップで終わる横断剥離が，二次加工より後に発生している場合は指標的衝撃剥離とすることができるが，そうでない場合は素材剥片剥離時に生じた可能性があるため，指標的衝撃剥離とはいえない。

（4）副次的剥離（spin-off）

副次的剥離は，先述の通り，衝撃剥離によって形成された面同士が接触して形成される二次的な衝撃剥離である（第 5 図）。大多数の副次的剥離は，剥離面にネガティブ・バルブをもつが，識別不能な副次的剥離，ベンディングで開始する副次的剥離も存在する。Coppe and Rots（2017）は，Fischer et al.（1984）を「踏襲」し，「ベンディング・フラクチャー」から二次的に発生したものを副次的剥離としているが，彼らは Fischer et al.（1984）のベンディング・フラクチャー（ベンディングで開始する剥離）と Bergman と Newcomer（1983）の「ベンディング・フラクチャー」（横断剥離）を混同している。したがって，同じ原理で発生していれば，副次的剥離が縦溝状剥離や彫器状剥離から開始していてもなんら問題ない。実際，筆者の投射実験では，彫

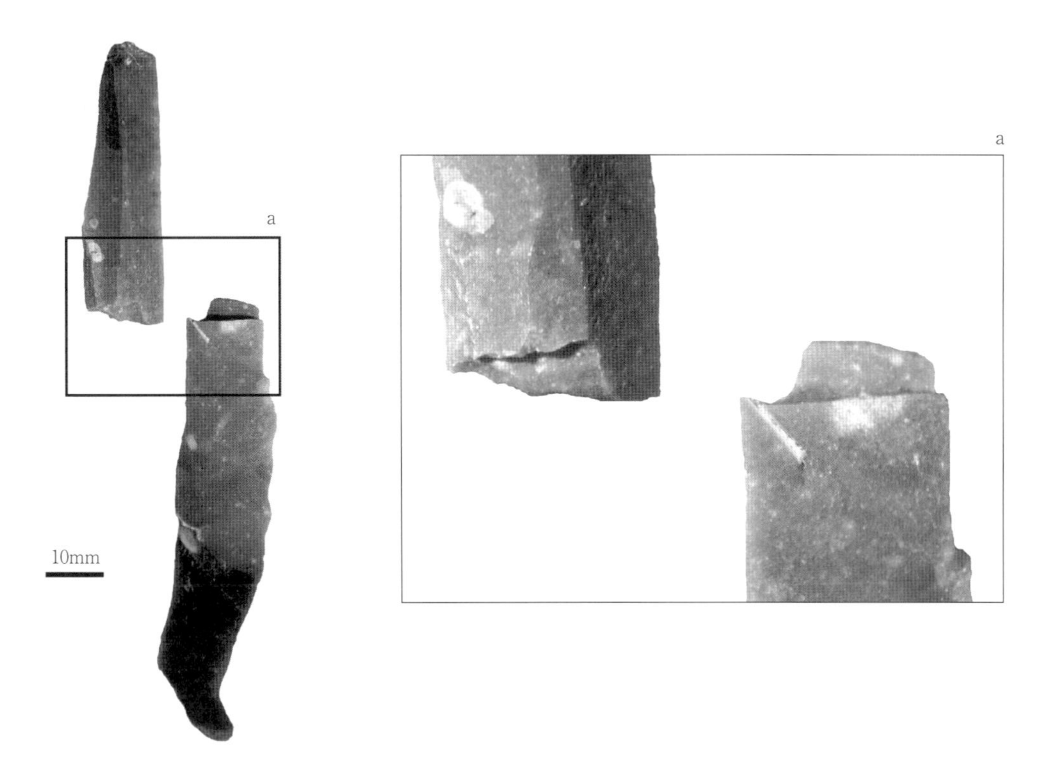

第 15 図　石刃剥離時に器体中央付近で偶発的に生じたヒンジで終わる横断剥離

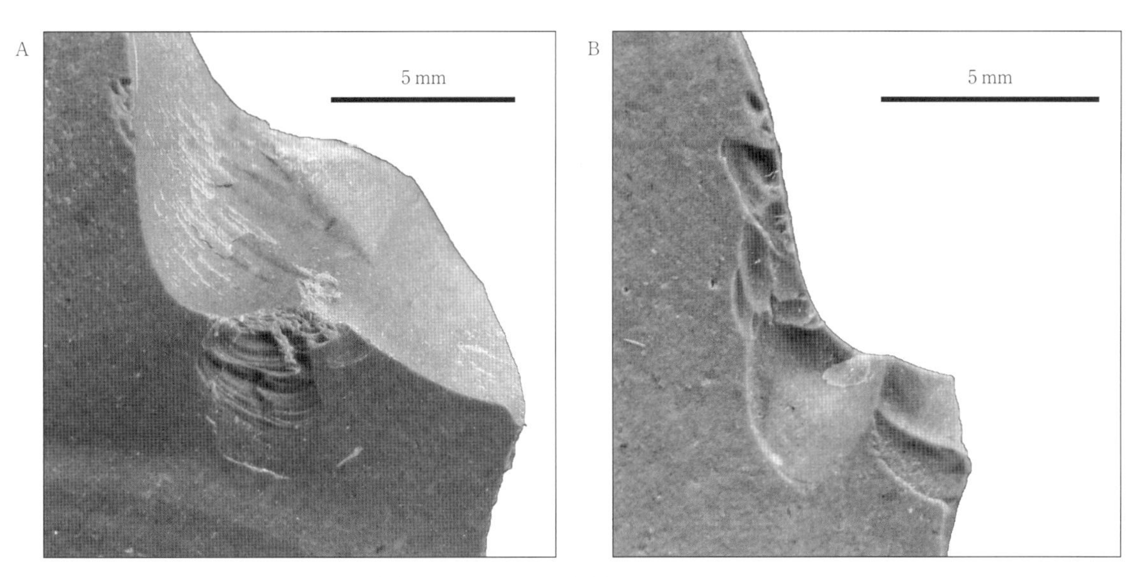

第 16 図　彫器状剥離（S 字状剥離）から発生した副次的剥離

衝撃によって発生した剥離面同士の接触により，ネガティブ・バルブを伴う副次的剥離が発生している。

器状剥離（S字状剥離）から発生している副次的剥離がある（第16図）。

ただし，副次的剥離は，踏み付け実験（Fischer et al. 1984, Sano 2009）でも発生しており，ローリング実験や落下実験（Fischer et al. 1984）でも発生している。したがって，副次的剥離の存在そのものが狩猟具としての使用を保証するわけではない。Fischer et al.（1984）の実験では，6 mm以上の副次的剥離や背腹両面に発生する副次的剥離は，投射実験でのみ発生している。筆者の比較実験でも（Sano 2009），石器製作時（素材剥離，二次加工，彫刀面打撃）では副次的剥離は発生せず，踏み付け実験では副次的剥離は7点（全183点中）のみ発生したが，いずれも6 mm未満の微小なもので，副次的剥離が両面に発生することはなかった。したがって，両面に発生した副次的剥離と6 mm以上の副次的剥離は，指標的衝撃剥離ということができる。ただし，この基準は信頼性の高さを保証するための極めて厳しい基準であり，投射実験でも6 mm未満の副次的剥離が大半である。筆者の踏み付け実験で発生した7点の副次的剥離は，いずれも1 mm程度のごく微小なものであった。より小さく軽い石器の場合，短い副次的剥離しか発生しないため，個別形態に合わせた基準があることが望ましい。しかし，現状では実験の蓄積がないため，今後の課題である。

4　微細衝撃線状痕

微細衝撃線状痕は，複数の線状光沢が帯状に平行して走る痕跡である（第17図）。100倍以上の倍率で認識が可能になる場合が多く，金属顕微鏡やデジタルマイクロスコープ等の高倍率での観察が必要となる。複数の長い線状光沢が束になって平行に走るため，「輝く縞模様（shining stripes）」（Fischer et al. 1984）とも形容される。ただし，筆者の投射実験では，輝く縞模様の特徴をもたない，あるいはその特徴が弱い場合もあり，形成要因が異なる可能性もある（第18図）。また，線状光沢が，断続的に途切れても，直線上に長く連なるパターンが多くみられるのも特徴の一つである（第22図C）。微細衝撃線状痕は，主に一定の方向に揃って走る。微細衝撃線状痕の向きは，対象獣を貫通した際の長軸の向きを反映している。異なる向きに走る微細衝撃線状痕もあるが，これは骨に接触した際に推進の向きが変わったためと考えられる。

微細衝撃線状痕の形成要因は，はっきりとはわかっていない。Moss and Newcomer（1982）では，柄や他の石器（逆刺として側縁に複数着柄した場合）との接触によって形成されたと予想している。Fischer et al.（1984）は，衝撃によって破砕した石器の砕片が，残りの石器に接触し，表面を引っ掻くことによって形成されると考えている。しかし，筆者の投射実験では，衝撃剥離が発生していない試料にも微細衝撃線状痕が認められる場合があるため（佐野ほか2012），破砕した石器砕片の他にも，対象獣の骨との接触等もその要因の一つと考えている。

先に示した微細衝撃線状痕の特徴は，部分的に他の要因で形成される線状光沢と共通するので留意が必要である。石のハンマーによる素材剥離や二次加工の際，石器にはミクロレベルの線状光沢が形成される（第19図）。また，箱や袋に複数の石器を収納し，石器同士が接触することによっても，石器表面に線状光沢が発生する（第20図）。これらの線状光沢は，微細衝撃線状痕の特徴の一つである「輝く縞模様」の外観を呈す。微細衝撃線状痕の形成要因の一つが，石器から分離した砕片との接触であるとしたら，その特徴が似るのも当然である。ただし，二次加工や保管時の他の石器との接触によって形成された線状光沢は，微細衝撃線状痕のように長く連なることは基本的にない。いずれも短く，孤立している。また，微細衝撃線状痕のように，一定の向きに揃うこともない。二次加工の際は，打面直下に長軸方向に入るか，側縁に側縁と直交する向きで形成されることが多い。前者は，ハンマーが接触しやすい背面側，後者は二次加工と反対の面に形成される。保管時に他の石器との接触で生じる線状光沢の向きには，一定の規則は存在せず，ランダムにあ

第 17 図　典型的な微細衝撃線状痕

複数の線状光沢と線状痕が束なって平行に走り,「輝く縞模様」のような外観を呈す。形状解析レーザー顕微鏡 Keyence VK-X1000 で撮影。

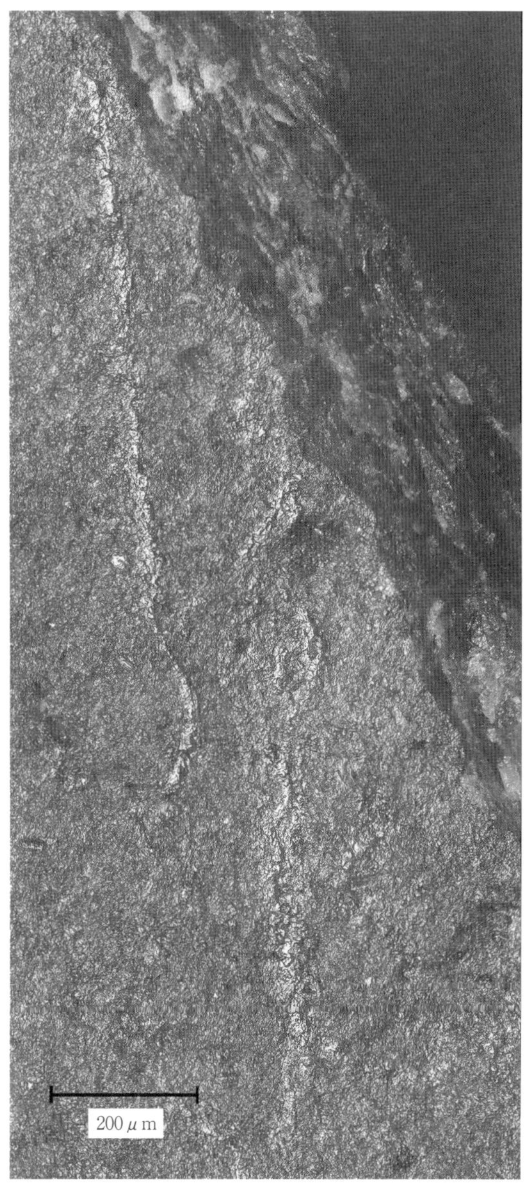

第 18 図　主に線状光沢からなる微細衝撃線状痕

線状の光沢が長く連なる。溝状の線状痕は伴わず,「輝く縞模様」は見られない。デジタルマイクロスコープ Keyence VHX-X5000 で撮影。

らゆる方向を向いている。したがって,線状光沢そのものの特徴では相似するものの,以上の諸特徴から互いに識別することができる。

微細衝撃線状痕は,衝撃剥離に比べ研究事例が著しく少ない。理由の一つは,使用痕分析の経験と高倍率の分析が可能な顕微鏡を必要とするため,実践可能な研究者の数が少ないためと考えられる。もう一つの理由は,微細衝撃線状痕の検出の難しさにあるだろう[6)]。まず,微細衝撃線状痕は,微弱にしか発達しないことが多い (Sano and Oba 2015)。また,石器表面にはミクロレベルの起伏があるが,微細衝撃線状痕は,多くの場合石器表面の高い面に断続的に形成され (第 21 図),それが直線上に長く連なる。しかし,高倍率での顕微鏡観察では,焦点深度が浅いために微細衝撃線状痕の一部にしか焦点が合わず,また視野が狭まるため線状に連なっていることに気づきにくい。

第19図　石のハンマーによる二次加工で発生した線状光沢
デジタイルマイクロスコープ Keyence VHX-X1000 で撮影。

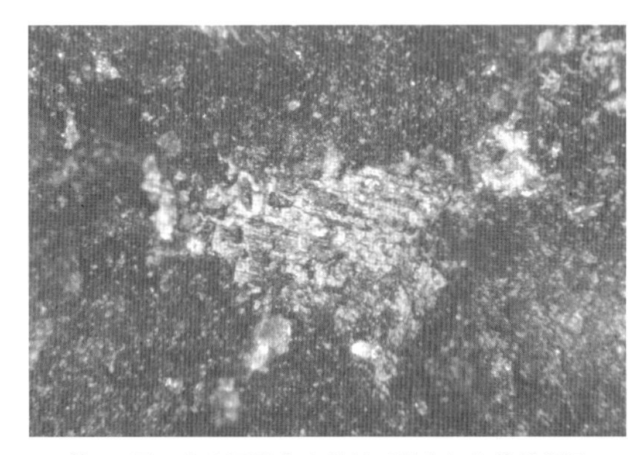

第20図　他の石器との接触で発生した線状光沢
金属顕微鏡 Leitz Metallux II に一眼レフカメラ Canon EOS 40D を取り付けて撮影。倍率 200 倍。

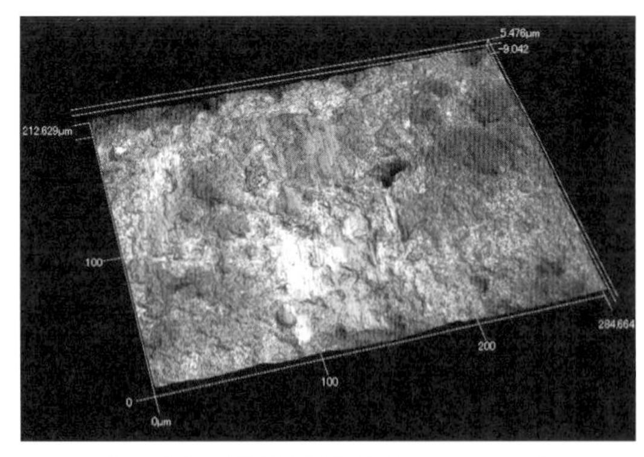

第21図　微細衝撃線状痕の 3D イメージ
石器表面のミクロな凸部を中心に微細衝撃線状痕が形成されている。形状解析レーザー顕微鏡 Keyence VK-X1000 で撮影。

この問題を解決するには，熟練した観察力を必要とするが，近年の顕微鏡あるいはその付属ソフトウェアの機能の向上により，上記の問題を解決することが容易になった（佐野 2016）。まず，顕微鏡で観察している画像の深度合成が簡易化したため，石器表面の高い面にのみ微弱に形成されている線状光沢を認識することが容易となり，先に示した微細衝撃線状痕の諸特徴を認識しやすくなった（第 22 図 A・B）。また，顕微鏡画像を複数連結する画像連結機能が発達したことにより，線状光沢が長く連なる様子を視覚的に認識しやすくなった。これにより，個別画像では衝撃に伴う痕跡と判断することが難しい場合でも，連結画像を確認することにより，個別の線状光沢が一連の微細線状光沢の一部であることを容易に把握できるようになった（第 22 図 C）。また，こうした技術発達により，視覚的に理解しやすい画像を提示することが可能となり，第三者がその妥当性を評価しやすくなってきた。

おわりに

ここで述べてきた衝撃痕跡の諸特徴に基づけば，考古資料のなかから狩猟具の穂先あるいは鏃として使用された石器を同定することができる。獲物にぶつかってもなんら痕跡を残さないケースや，狩猟時の衝撃で発生する衝撃剥離であっても，スナップで終わる横断剥離のように指標的衝撃剥離としては使えないタイプもあるので，狩猟具として使われた全ての石器を同定することができるわけではない。指標的衝撃剥離や微細衝撃線状痕が観察された石器の数は，分析した資料のなかで，狩猟具として使われた石器の最小個体数と考えるべきであろう。

衝撃剥離は，マクロレベルでの使用痕跡であり，その分析はマクロ・フラクチャー分析（macro-fracture analysis）とも呼ばれる。使用痕分析では，見出された痕跡の特徴を示し，その痕跡の解釈を第三者も追認できるよう使用痕写真を提示する。それは，使用痕分析が，実験研究を経て構築されたデータに基づくミドルレンジセオリー研究だからである（阿子島 1989）。単に実測図に衝撃剥離の箇所を示しただけの論文もあるが，

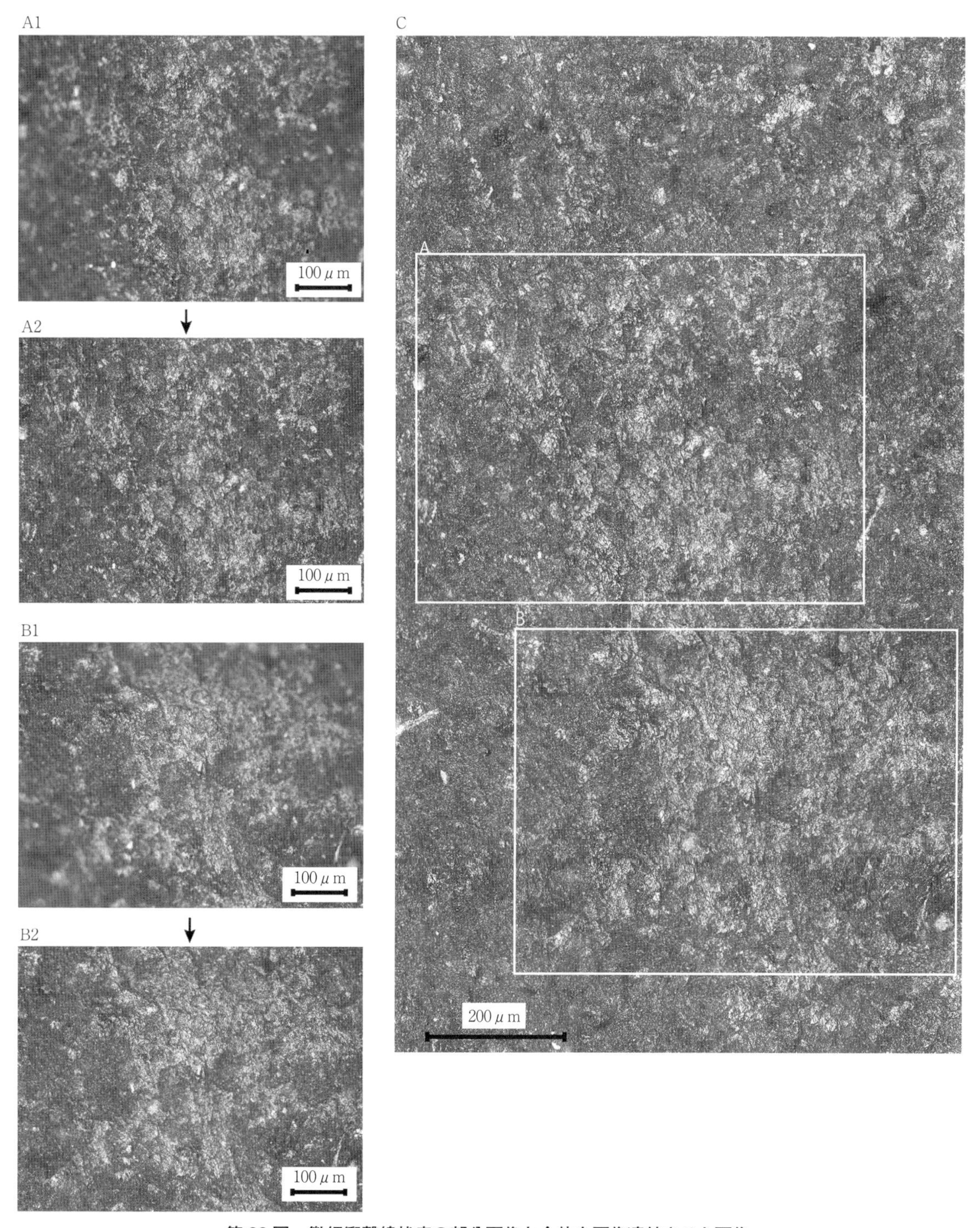

第 22 図　微細衝撃線状痕の部分画像と全体を画像連結させた画像

A1 と B1 は，通常の一画角の画像。A2 と B2 は，同じ箇所を深度合成機能を用いて全面に焦点を合わせて撮影した画像。C の画像は，A と B の周辺を含めた微細衝撃線状痕全体を超高速画像連結機能を用いて撮影した画像。デジタルマイクロスコープ Keyence VHX-X5000 で撮影。

実測図では指摘する剥離が実際に衝撃剥離か否か評価することはできない。したがって，その論文の主張の妥当性を評価することはできない。全ての衝撃剥離を写真で示すことは不可能であるが，最低限代表的なものは写真で明示することが望ましい。

狩猟具の同定に当たっては，マクロ痕跡の衝撃剥離だけでなく，ミクロ痕跡の微細衝撃線状痕の分析を含めた高倍率の使用痕分析を同時に行うことが理想的である。それにより，狩猟具として使われた石器の同定の信頼度が上がるだけでなく，狩猟具以外の機能で使われた石器を把握することもできる。衝撃剝離は無くとも，微細衝撃線状痕のみ形成されている実験試料も稀にあるため，同定の信頼性だけでなく検出率もいくらか高くなる。

使用痕研究者のなかには，使用痕分析者以外がマクロ痕跡の分析のみで狩猟具を同定することに否定的な研究者もいる（Rots and Plisson 2014）。先述の通り，擬似的な衝撃剝離は様々な過程で生じ得る。ここでは紹介しなかったが，使用過程でも，例えば穿孔時には縦溝状剝離や彫器状剝離に似た剝離が発生し得る（佐野 2011）。使用痕研究者は，そういった様々な過程で発生し得る痕跡を考慮しながら最終的な機能推定を行う。したがって，使用痕分析のトレーニングを受けていた方が，擬似的な剝離を衝撃剝離と誤認する危険性が低くなることは確かである。しかし，高倍率の使用痕分析は，多くの時間を消費するため，数多くの資料を分析することが難しくなる。マクロ痕跡だけでも，指標的衝撃剝離の上記の基本原理や諸特徴を十分に理解すれば，信頼性の高い分析をすることはできる。また，指標的衝撃剝離が認められる石器の数が多ければ，その遺跡で狩猟に関連する活動が行われた可能性は高いといえる。個々の資料の評価の信頼性を高めるために，分析資料数は少なくともミクロ痕跡の分析も行うか，マクロ痕跡のみを扱って数量的に十分な数を分析するかは，研究の目的による。

石器使用痕研究は，ロンドン大学グループのブラインド・テストの正答率の低さから信頼性を失い，一時低調となった（御堂島 2003 参照）。しかし，方法論的な限界を認識する契機ともなり，近年では使用痕分析で推定できる限界を認識し，その範囲内で遺跡の機能研究に応用する試みが増えたように思う。一方で，一点一点の石器がどういった対象物にどういった動作で使われたかを記載することに終始せず，その機能が見出された背景を遺跡のコンテキストを踏まえて考察する研究が増えている。筆者が分析したベルギーのマグダレニアン期のボワ・ラテリ洞窟では，多数の背付小石刃が出土していた。他の器種が相対的に少ないことと，北向きの急斜面に立地すること，居住空間としては狭くじめじめした環境であること等から，もともと狩猟時に立ち寄る場としての機能が推定されていた（Straus and Otte 1998）。そこで，出土した背付小石刃を分析したところ，分析した 76 点中 32 点（31 %）に指標的衝撃剝離が認められ（Sano 2009, Sano et al. 2011），先行研究の仮説の確かさを検証することができた。ボワ・ラテリ洞窟では，動物の骨格の一部しか出土していないが，近郊のシャルー洞窟では逆に骨格の一部だけを欠いた動物の骨が出土している（Charles 1996）。また，シャルー洞窟は南向きの大きな洞窟で，器種組成の多様性が高く，大量の動物遺存体が出土している。おそらく，狩猟後にボワ・ラテリ洞窟に立ち寄って簡単な獲物の解体と狩猟具のメインテナンスを済ませ，一部の部位を切り取った獲物を抱えてベースキャンプであるシャルー洞窟に戻る，といった行動パターンがこの地域で取られていたものと考えられる。

近年，筆者は投射実験から狩猟具の投射方法を推定する研究を行っており（佐野ほか 2012，佐野・大場 2014），世界でも同様の研究がいくつか行われている（Iovita and Sano 2016 参照）。衝撃痕跡の発生頻度，衝撃剝離の大きさ，試料の残存度等は，投射方法に応じて変化するため，その相関に基づいて投射方法を復元する試みである。投槍器や弓のような投擲具は，ホモ・サピエンス段階で出現したと考えられている（佐野 2015 参照）。石器の横断面積や横断面外周を使った分析では，投槍器は東アフリカで 7 ～ 6 万年前（Sisk and Shea 2011），弓矢は 6.4 万年前の南アフリカで使われていた可能性が指摘されている（Lombard 2011）。これは，ホモ・サピエンスが出アフリカを果たし，世界各地に拡散していく直前である。この仮説が正しければ，世界中に拡散したホモ・サピエンスは，投槍器あるいは弓矢を携えていた可能性がある（佐野 2017）。台形様石器の投射実験の成果に基づけば，日本列島の後期旧石器時代の初頭に出現する台形様石器は，弓あるいは投槍器で投射された可能性が高い（Sano 2016）。ヨーロッパでは，先住民であるネアンデルタールの遺跡分布密度が低いのに比べ，拡散してきたホモ・サピエンスの遺跡分布密度は直ぐに高くなることが知られている（Mellars and French 2011, 佐野・大森 2015）。しかし，なぜホモ・サピエンスだけが人口を急激に増やすことができたのかは明らかにされていない。狩猟は，旧石器時代の人類にとって採集と並ぶ重要な生業活動であり，投槍器や弓の開発は生存競争で優位に立つ重要な発明であったと予想される。狩猟具を正確に同定し，さらに投射実験の成果に基づいて投射方法を復元することができれば，人類の進化と拡散の背景をより良く理解することに繋がるかもしれない。

謝辞　橋本博文先生は，考古学研究室に属していなかった私にも分け隔て無くご指導してくださった。現在も考古学を続けることができているのは，当時の先生のご指導のおかげです。心よりお礼申し上げます。

（2018年3月14日受付）

註

1）旧石器時代の尖頭器が特定の機能に結びつけられない理由は，「尖頭器」に分類される石器の多様性にも起因する。日本では，一般的に先端部を両側縁からの二次加工によって尖らせた石器を尖頭器と分類するが，海外では日本の「ナイフ形石器」を含んだ先端の尖った石器を尖頭器と分類する。

2）委員会のメンバーは，Brian Cotterell, Brian Hayden, Johan Kamminga, Maxine Kleindienst, Ruthann Knudson, そして Robert Lawrence で構成された。バンクーバーの Ho Ho レストランで会議が開かれたため，Ho Ho 分類と名付けられている。

3）Coppe and Rots（2017）は，Sano（2009）の論文では，副次的剥離の開始をきちんと識別していないと批判しているが，識別していないのではなく，その限界を指摘しただけである。彼らは，副次的剥離は全てコーン・フラクチャーであると主張するが，残念ながら彼らはそれを保証するデータを提示していない。

4）本稿では，Ho Ho 分類によるベンディングで開始する剥離をベンディング・フラクチャーと書き，多くの研究者が横断的に剥離された衝撃剥離に対して使う bending fracture は，「ベンディング・フラクチャー」と記載する。

5）ただし，後述するように，頻繁に発生することと指標的であることは別問題であるため，本来はこれらのタイプが他の要因で発生しないことを確認しなくてはならない。

6）微細衝撃線状痕の検出の難しさは，石材によっても大きく異なる。筆者の経験では，フリントに形成される微細衝撃線状痕は，基本的に珪質頁岩よりも鮮明で認識しやすい。

引用文献

阿子島香　1989『石器の使用痕』ニュー・サイエンス社

坂下貴則　2006「ニホンジカを標的としたナイフ形石器装着の複製槍による刺突実験」『動物考古学』第23号　55–67頁

佐野勝宏　2011「石器に残される狩猟痕跡認定のための指標」『考古学ジャーナル』614　20–25頁

佐野勝宏　2015「複合的狩猟技術の出現：新人のイノベーション」西秋良宏編『ホモ・サピエンスと旧人3―ヒトと文化の交替劇』六一書房　127–139頁

佐野勝宏　2016「石器使用痕の三次元分析」『3D考古学の挑戦―考古遺物・遺構の三次元計測における研究の現状と課題』早稲田大学総合人文科学研究センター　53–57頁

佐野勝宏　2017「狩猟具の発達とその進化・行動論的意義」『日本旧石器学会第15回研究発表シンポジウム予稿集　使用痕分析を統合した行動研究の展開』日本旧石器学会　65–67頁

佐野勝宏・大場正義　2014「狩猟法同定のための投射実験研究（2）―背付き尖頭器―」『旧石器研究』第10号　129–149頁

佐野勝宏・大森貴之　2015「ヨーロッパにおける旧人・新人の交替劇プロセス」西秋良宏編『ホモ・サピエンスと旧人3—ヒトと文化の交替劇』六一書房　20-35頁

佐野勝宏・傳田惠隆・大場正善　2012「狩猟法同定のための投射実験研究（1）—台形様石器—」『旧石器研究』第8号　45-63頁

御堂島正　1991「石鏃と有舌尖頭器の衝撃剥離」『古代』92　79-97頁

御堂島正　1996「ナイフ形石器の刺突実験」『神奈川考古』32　77-96頁

御堂島正　2003「使用痕光沢面論争の行方」『古代』19-39頁

Ahler, S.A., and McMillan, R.B., 1976. Material culture at Rodgers Shelter: a reflection of past human activities, in: Wood, W.R., and McMillan, R.B. (Eds.), *Prehistoric Man and His Environments: a case study in the Ozark Highland*. Academic Press, New York, pp. 163–199.

Barton, R.N.E., and Bergman, C.A., 1982. Hunters at Hengistbury: some evidence from experimental archaeology. *World Archaeology* 14, pp. 237–248.

Bergman, C.A., and Newcomer, M.H., 1983. Flint arrowhead breakage: examples from Ksar Akil, Lebanon. *Journal of Field Archaeology* 10, pp. 238–243.

Caspar, J.-P., and De Bie, M., 1996. Preparing for the hunt in the Late Paleolithic camp at Rekem, Belgium. *Journal of Field Archaeology* 23, pp. 437–460.

Charles, R., 1996. Back into the North: the radiocarbon evidence for the human recolonisation of the North-Western Ardennes after the Last Glacial Maximum. *Proceedings of the Prehistoric Society* 62, pp. 1–17.

Coppe, J., and Rots, V., 2017. Focus on the target. The importance of a transparent fracture terminology for understanding projectile points and projecting modes. *Journal of Archaeological Science: Reports* 12, pp. 109–123.

Cotterell, B., and Kamminga, J., 1987. The formation of flakes. *American Antiquity* 52, pp. 675–708.

Feustel, R., 1973. Technik der Steinzeit. Archäolithikum–Mesolithikum. Hermann Böhlaus Nachfolger, Weimar.

Fischer, A., Hansen, P.V., and Rasmussen, P., 1984. Macro- and microwear traces on lithic projectile points. Experimental results and prehistoric examples. *Journal of Danish Archaeology* 3, pp. 19–46.

Frison, G.C., 1974. *The Casper Site: a Hell Gap bison kill on the High Plains.* Academic Press, New York.

Geneste, J.M., and Plisson, H., 1993. Hunting technologies and human behavior: lithic analysis of Solutrean shouldered points, in: Knecht, H., Pike-Tay, A., and White, R. (Eds.), *Before Lascaux: the complex record of the Early Upper Paleolithic*. CRC Press, Boca Raton, Ann Arbor, London, Tokyo, pp. 117–135.

Griffin, P.B., 1997. Technology and variation in arrow design among the Agta of Northeastern Luzon, in: Knecht, H. (Ed.), *Projectile Technology*. Plenum Press, New York and London, pp. 267–286.

Ho Ho Classification, Committee, N., 1979. The Ho Ho Classification and Nomenclature Committee Report, in: Hayden, B. (Ed.), *Lithic Use–Wear Analysis*. Academic Press, New York, pp. 133–135.

Iovita, R., and Sano, K., 2016. *Multidisciplinary Approaches to the Study of Stone Age Weaponry*. Springer, Dordrecht.

Keeley, L.H., 1980. *Experimental Determination of Stone Tool Uses: a microwear analysis*. University of Chicago Press, Chicago and London.

Keeley, L.H., and Newcomer, M.H., 1977. Microwear analysis of experimental flint tools: a test case. *Journal of Archaeological Science* 4, pp. 29–62.

Kelterborn, P., 1999. Analysen und Experimente zu Herstellung und Gebrauch von Horgener Pfeilspitzen. *Jahrbuch der Schweizerischen Gesellschaft für Ur- und Frühgeschichte* 83, pp. 37–64.

Lazuén, T., 2012. European Neanderthal stone hunting weapons reveal complex behaviour long before the appearance of modern humans. *Journal of Archaeological Science* 39, pp. 2304–2311.

Lombard, M., 2005. A method for identifying Stone Age hunting tools. *The South African Archaeological Bulletin* 60, pp. 115–120.

Lombard, M., 2011. Quartz-tipped arrows older than 60 ka: further use-trace evidence from Sibudu, KwaZulu-Natal,

South Africa. *Journal of Archaeological Science* 38, pp. 1918–1930.

Lombard, M., Parsons, I., and Van der Ryst, M.M., 2004. Middle Stone Age lithic point experimentation for macro-fracture and residue analyses: the process and preliminary results with reference to Sibudu Cave points: Sibudu Cave. *South African Journal of Science* 100, pp. 159–166.

Mellars, P., and French, J.C., 2011. Tenfold population increase in Western Europe at the Neandertal-to-modern human transition. *Science* 333, pp. 623–627.

Moss, E.H., 1983. *The Functional Analysis of Flint Implements – Pincevent and Pont d'Ambon: two case studies from the French final Palaeolithic.* BAR International Series 177, Oxford.

Moss, E.H., and Newcomer, M.H., 1982. Reconstruction of tool use at Pincevent: microwear and experiments. *Studia Praehistorica Belgica* 2, pp. 289–312.

Newman, K., and Moore, M.W., 2013. Ballistically anomalous stone projectile points in Australia. *Journal of Archaeological Science* 40, pp. 2614–2620.

Odell, G.H., and Cowan, F., 1986. Experiments with spears and arrows on animal targets. *Journal of Field Archaeology* 13, pp. 195–212.

Pargeter, J., 2011. Assessing the macrofracture method for identifying Stone Age hunting weaponry. *Journal of Archaeological Science* 38, pp. 2882–2888.

Pargeter, J., 2014. Rock type variability and impact fracture formation: working towards a more robust macrofracture method. *Journal of Archaeological Science* 40, pp. 4056–4065.

Pargeter, J., and Bradfield, J., 2012. The effects of Class I and II sized bovids on macrofracture formation and tool displacement: results of a trampling experiment in a southern African Stone Age context. *Journal of Field Archaeology* 37, pp. 238–251.

Pelegrin, J., 2000. Les techniques de débitage laminaire au Tardiglaciaire: critères de diagnose et quelques réflexions, in: Valentin, B., Bodu, P., and Christensen, M. (Eds.), *L'Europe centrale et septentrionale au tardiglaciaire. Confrontation des modèles régionaux de peuplement. Actes de la table–ronde internationale de Nemours 14–15–16 Mai 1997.* Mémoires du Musée de Préhistoire d'Ile-de-France n° 7, Nemours, pp. 73–86.

Rots, V., and Plisson, H., 2014. Projectiles and the abuse of the use–wear method in a search for impact. *Journal of Archaeological Science* 48, pp. 154–165.

Sano, K., 2009. Hunting evidence from stone artefacts from the Magdalenian cave site Bois Laiterie, Belgium: a fracture analysis. *Quartär* 56, pp. 67–86.

Sano, K., 2012. Functional variability in the Magdalenian of north-western Europe: a lithic microwear analysis of the Gönnersdorf K–II assemblage. *Quaternary international,* pp. 272–273, 264–274.

Sano, K., 2016. Evidence for the use of the bow–and–arrow technology by the first modern humans in the Japanese islands. *Journal of Archaeological Science: Reports* 10, pp. 130–141.

Sano, K., Maier, A., and Heidenreich, S.M., 2011. Bois Laiterie revisited: functional, morphological and technological analysis of a Late Glacial hunting camp in north-western Europe. *Journal of Archaeological Science* 38, pp. 1468–1484.

Sano, K., and Oba, M., 2015. Backed point experiments for identifying mechanically-delivered armatures. *Journal of Archaeological Science* 63, pp. 13–23.

Shea, J.J., 1988. Spear points from the Middle Paleolithic of the Levant. *Journal of Field Archaeology* 15, pp. 441–450.

Sisk, M.L., and Shea, J.J., 2011. The African origin of complex projectile technology: an analysis using tip cross-sectional area and perimeter. *International Journal of Evolutionary Biology* 2011. doi: 10.4061/2011/968012

Spindler, K., 1994. *The Man in the Ice: The discovery of a 5,000–year–old body reveals the secrets of the Stone Age.* Harmony Books, New York.

Straus, L.G., and Otte, M., 1998. Bois Laiterie Cave and the Magdalenian of Belgium. *Antiquity* 72, pp. 253–268.

Torrence, R., 1993. Ethnoarchaeology, museum collections and prehistoric exchange: obsidian–tipped artifacts from the

Admiralty Islands. *World Archaeology* 24, pp. 467–481.

Villa, P., and Lenoir, M., 2009. Hunting and hunting weapons of the Lower and Middle Paleolithic of Europe, in: Hublin, J.-J., and Richards, M.P. (Eds.), *The Evolution of Hominin Diets: integrating approaches to the study of Palaeolithic subsistence.* Springer, Dordrecht, pp. 59–85.

Wilkins, J., Schoville, B.J., Brown, K.S., and Chazan, M., 2012. Evidence for early hafted hunting technology. *Science* 338, pp. 942–946.

Witthoft, J., 1968. Flint arrowpoints from the Eskimo of Northwestern Alaska. *Expedition* 10, pp. 30–37.

Yaroshevich, A., Kaufman, D., Nuzhnyy, D., Bar-Yosef, O., and Weinstein-Evron, M., 2010. Design and performance of microlith implemented projectiles during the Middle and the Late Epipaleolithic of the Levant: experimental and archaeological evidence. *Journal of Archaeological Science* 37, pp. 368–388.

北海道における舟底形石器の出現と展開

尾田　識好

はじめに

北東アジア先史時代研究では，高緯度地域における３万年に遡る人類の適応プロセスと，そこからのベリンジアへの進出時期とルートについて継続的に議論されている（Kuzmin et al. eds. 2007, Goebel and Buvit eds. 2011, Graf et al. eds. 2014 など）。近年は，最終氷期最盛期（約 2.65～1.9 万年前：Lambeck et al. 2002 など）における高緯度地域からの人類の撤退と，細石刃技術の出現と拡散について活発に議論されるとともに（Buvit et al. 2016, Derevianko and Shunkov 2004, Goebel 1999, Graf 2008・2009ab, Kuzmin 2008 など），その最終氷期最盛期から晩氷期に相当する約 2.3～1.6 万年前にパレオアメリカンが形成されたとする「ベリンジアン・スタンドスティル仮説」（Hoffecker et al. 2016）の検証とそのイベントが起こった地域について，検討が進められつつある（Buvit and Terry 2016, Izuho et al. 2017）。

こうした議論のなかで，最終氷期最盛期において北海道は人類の避難地であったとともに（Graf 2009ab），細石刃技術の起源地でもあった可能性が指摘されている（Graf 2008）。さらに，その時期から晩氷期にかけて人類が継続的に居住していた北海道を含む地域で「ベリンジアン・スタンドスティル」が起こった可能性も提示されている（Buvit and Terry 2016）。近年の北東アジアの研究動向において，北海道の最終氷期最盛期から晩氷期に展開した石器群の分析が少なからず重要な意義をもつと考えられる。

この時期の北海道に展開した石器群の一つが，細石刃石器群である。北海道の細石刃石器群は，札滑型や白滝型，忍路子型などの両面調整技術によるものと，峠下型や広郷型などの石刃技術によるものを基盤とすることがよく知られているが（寺崎 1999・2006），1990 年代後半以降の資料の急速な蓄積を背景に，幌加型や小形舟底形石器といった舟底形の石器を原形とする「細石刃」技術もあらためて注目されている（山原 1998, 佐久間 2000, 坂本 2011, 尾田 2016・2017）。

舟底形石器は，分割礫あるいは厚みのある剥片，石刃や石核の平坦面（甲板面）と稜上（底縁）からの急角度の調整剥離によって縦断面三角形・台形の舟底状に整えられた石器である。端部から縞状剥離（幅約 0.6cm 以下の細長の剥離痕）が数条施されることもある。技術形態的に類似した石器はさまざまな時期・地域にみられるが，一般的に後期旧石器時代後半期の日本列島とその周辺に出現した細石刃石器群に伴うものを舟底形石器と呼ぶ。日本列島では主に中部・関東地方以北に分布し，その密度が極めて高いのが北海道である。

筆者は，北海道の細石刃石器群における舟底形石器の技術的・機能的な意味を明らかにすべく分析を進めているが（尾田 2016・2017），さらなる検討のためにはその全体的な動向を把握しておく必要がある。本稿では，北海道の細石刃石器群に伴う舟底形石器を技術形態的に類型化し，その空間分布と時間的変遷をまとめる。そして，それに関する諸問題を議論したうえで，舟底形石器の出現と展開の背景について考察する。

1　舟底形石器の分類

舟底形石器は，①端部から細石刃（幅約 0.7cm 以上の細長の剥離痕）が剥離されることもあれば，②縞状剥離（幅約 0.6cm 以下の細長の剥離痕）により小形舟底形石器とされることもあり，③それ自体もなんらかのトゥールとして用いられることがある（尾田 2017）。①では「細石刃核原形」，②では「小形舟底形石器未成品」，そして③の場合には「加工具」と認識されることになり，さまざまな「道具」となりうるのが舟底形石器である。そのため，サイズ，甲板面と側面の形態，端部や縁辺の形状，および調整剥離などに多様性が認められる。これらの特徴を踏まえて，舟底形石器をいくつかの類型にまとめた。以下，典型例に基づいて記載する（第 1 図）。なお，本稿では，端部に縞状剥離痕をもたないものを「大形舟底形石器」，それを有す

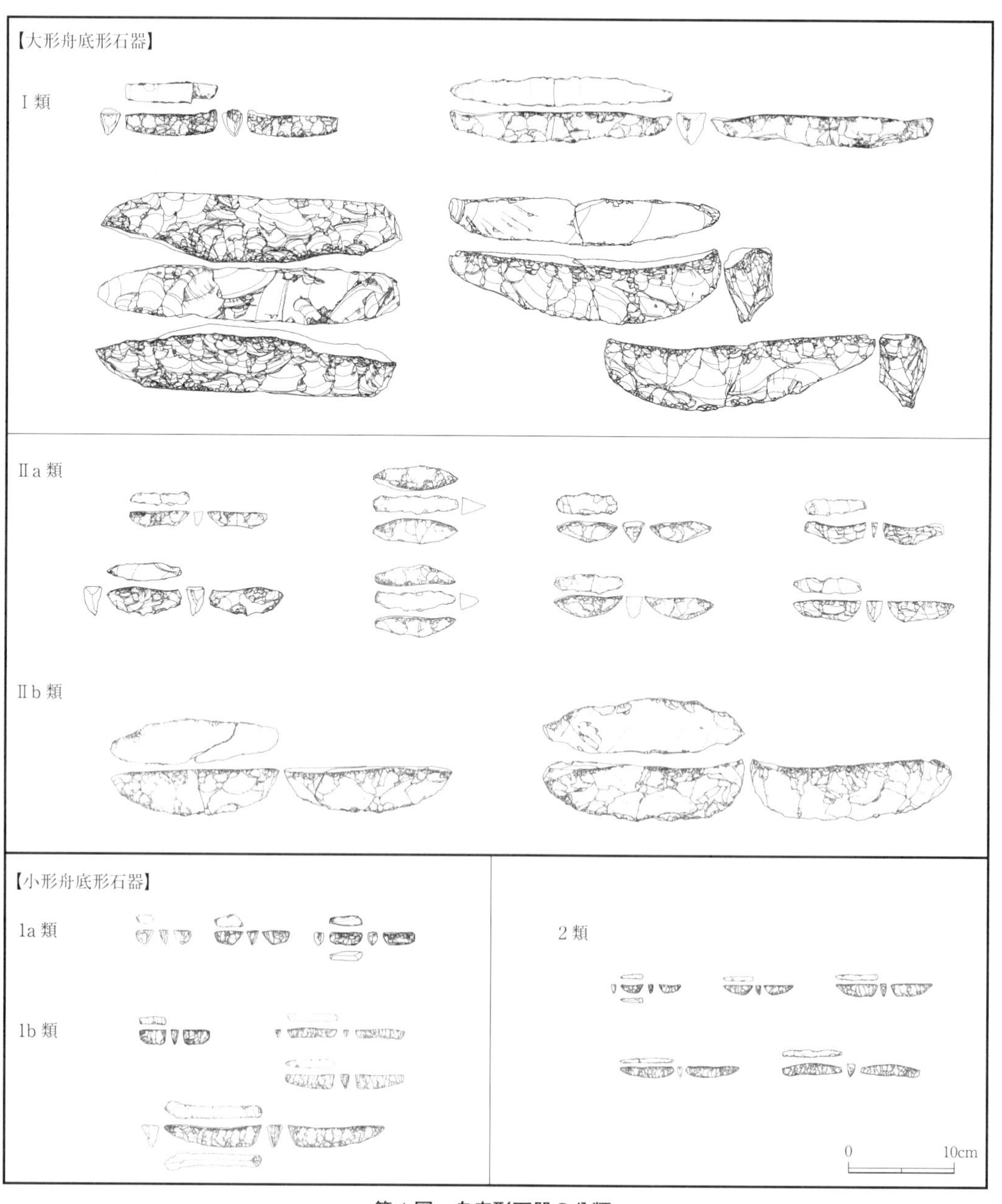

第 1 図　舟底形石器の分類

るものを「小形舟底形石器」と呼称し，両者を包括する場合には「舟底形石器」の名称を用いる。

大形舟底形石器は，長さ・幅・高さの関係から二種類に分類することができる。幅と高さに比して長さがあり（およそ長幅比 4.0 以上，かつ長高比 4.0 以上），相対的に長狭な形態をⅠ類とする。甲板面と底縁からの大ぶりの剝離によって成形した後に，入念に剝離を施す。甲板面は両側縁がおおむね平行し，長方形状となるものが多い。側面の形態は底縁が直線的で甲板面と底縁が平行して長方形・台形状になるものと，底縁が弧状をなし器体中央部付近で最大高となる半月形・三日月形を呈するものがある。

Ⅱ類は幅と高さに比して長さがなく（およそ長幅比 4.0 未満，かつ長高比 4.0 未満），相対的に短寸な形態である。高さ 3cm 未満の a 類と，3cm 以上の b 類に細別される。a 類は b 類に比べて器体調整が粗雑で，甲板面とその縁辺，側面の形態の斉一性に乏しい。b 類の甲板面は両側縁が器体中央部付近で最大幅をとる楕円形で，側面の形態は底縁が弧状をなし器体中央部付近で最大高となる半月形・三日月形が多い。

小形舟底形石器は幅 1.6cm 以下・高さ 2cm 以下で，細長い形状（長高比 2.3 以上）のものを指す。そのうち，主に 0.8～1.6cm の幅をもつ相対的に幅広の一群を 1 類，主に 0.7cm 以下の幅（0.4～0.6cm に非常によく集中する）をもつ相対的に幅狭の一群を 2 類とする（山田 2006）。1 類は，鱗状剝離によって器体を整形する a 類と，平行・準平行剝離を含む精緻な調整剝離による b 類に細別される[1)]。

2　舟底形石器の空間分布と時間的変遷

(1) 空間分布

公表されている北海道の細石刃石器群を対象に舟底形石器を集成したところ，2017 年 3 月現在 143 の遺跡・地点・ブロック群・スポット群（以下，遺跡と総称）において確認することができた。主な遺跡の位置を第 2 図に示す。

まずは時期差を留保して，全体的な分布を概観する（第 1 表，第 2 図）。大形・小形の各類型を通じてもっとも多く確認されるのが北東部である。特に北見山地中部（湧別川流域など）に顕著である。北見盆地（常呂川流域など）がそれに続き，その下流域にあたるオホーツク海沿岸平野にも多い。現在のところ，小形 1b 類は北東部に限られる。南東部の十勝平野では，大形Ⅱa 類と小形 2 類を中心に分布する。南西部の渡島半島でも大形Ⅱa 類がやや多いが，小形については 1 類と 2 類が同程度確認される。これらの地域は大規模な黒曜石原産地に近接し，また渡島半島は良質な「硬質頁岩」の産出地帯である。大形Ⅱa 類や小形の舟底形石器はより幅広い形質の原石材に適用できるものの，大形Ⅰ類やⅡb 類は豊富な石器石材を背景として製作・運用されていたことがうかがわれる（山田 2006，尾田 2016・2017）。

北海道における近年の旧石器時代遺跡の調査は，紋別・旭川自動車道の建設工事に伴う遠軽町白滝遺跡群の調査により北東部で著しく進展した（坂本編 2015 など）。そのことが，北見山地中部（湧別川流域など）に舟底形石器が突出して多い要因の一つであろう。白滝・置戸と並ぶ大規模な黒曜石原産地である十勝三股（中部火山群）や赤井川（道南山地）の周辺，良質な「硬質頁岩」の産出地帯である南西部などには，未知の舟底形石器が存在している可能性があるので注意が必要である。

一方，中央部（主に石狩低地帯南部）については，細石刃石器群を含む比較的多くの遺跡が調査されているにもかかわらず，舟底形石器はごくわずかしか確認されていない。これは舟底形石器の空間分布上の大きな特徴といえる（山田 2006）。

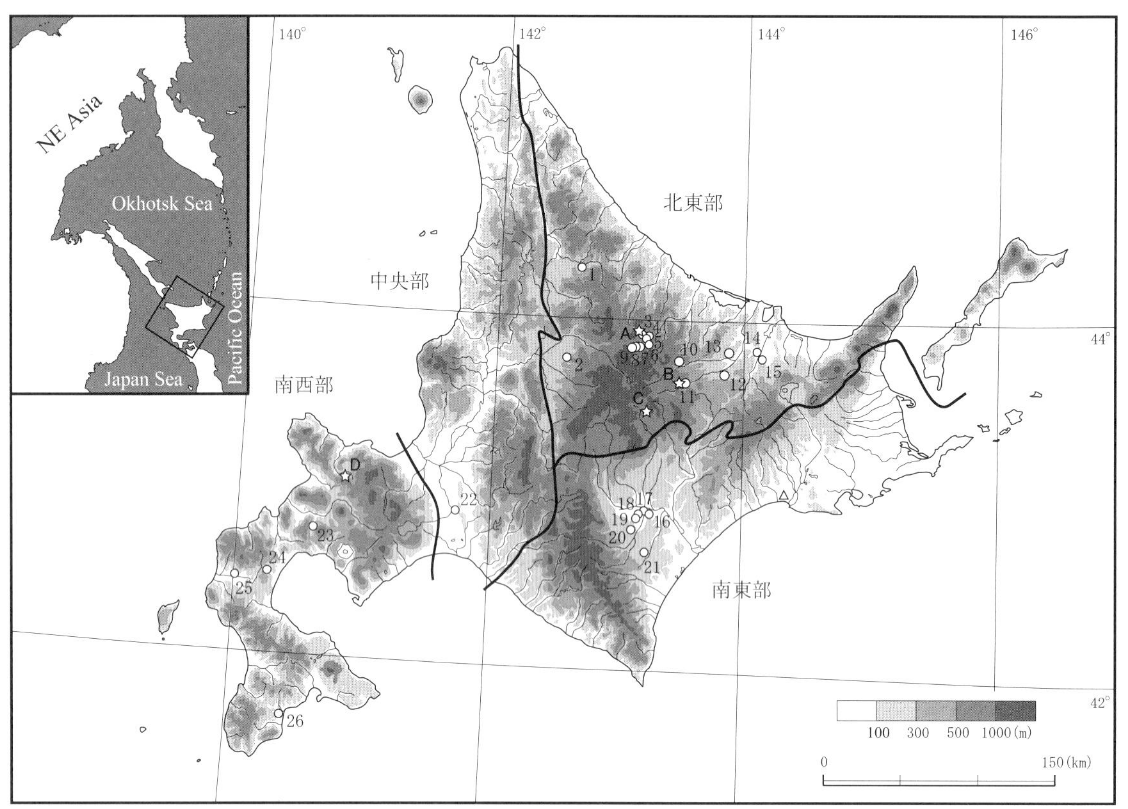

☆ 主要黒曜石原産地　　A：白滝　B：置戸　C：十勝三股　D：赤井川

○ 舟底形石器が出土した主な遺跡

1：西町1遺跡　2：桜岡5遺跡　3：幌加沢遺跡遠間地点　4：旧白滝5遺跡　5：旧白滝15遺跡　6：白滝第4地点遺跡　7：上白滝8遺跡　8：上白滝2遺跡　9：服部台2遺跡　10：藤谷遺跡　11：置戸安住遺跡　12：増田遺跡　13：中本遺跡　14：みどり1遺跡　15：元町2遺跡　16：札内K遺跡　17：暁遺跡　18：南町1遺跡　19：落合遺跡　20：川西C遺跡　21：勢雄遺跡　22：丸子山遺跡　23：立川Ⅰ遺跡　24：美利河1遺跡　25：神丘2遺跡　26：新道4遺跡

第2図　舟底形石器が出土した主な遺跡の位置

第1表　地域ごとの舟底形石器の点数

地形*		遺跡数地点数	大形舟底形石器			小計	小形舟底形石器			小計	合計	備考
大区分	中・小区分		Ⅰ	Ⅱa	Ⅱb		1a	1b	2			
北東部	北見山地北部	1	−	−	−	0	−	−	2	2	2	
	北見山地中部	81	278	273	128	679	29	7	100	136	815	白滝黒曜石原産地を有する
	北見盆地	22	21	22	4	47	7	6	20	33	80	置戸黒曜石原産地を有する
	オホーツク海沿岸平野	8	2	2	−	4	10	4	7	21	25	
	中部火山群	1	−	−	1	1	−	−	−	0	1	十勝三股黒曜石原産地を有する
	中央凹地帯	2	2	−	−	2	3	1	−	4	6	
南東部	十勝平野	13	12	80	4	96	3	−	22	25	121	
中央部	石狩平野	1	−	−	−	0	−	−	1	1	1	
南西部	道南山地	6	5	3	−	8	−	−	2	2	10	赤井川黒曜石原産地を有する
	渡島半島	8	4	29	1	34	8	−	6	14	48	良質な「硬質頁岩」の産出地帯
合計		143	324	409	138	871	60	18	160	238	1109	

* 地形区分については，小疇ほか（2003）を参照した。

第２表　石器群ごとの舟底形石器の点数

石器群*	時期	遺跡数／地点数**	大形舟底形石器			小計	小形舟底形石器			小計	合計
			Ⅰ	Ⅱa	Ⅱb		1a	1b	2		
峠下型１類・美利河型	前期前葉	5	2	－	1	3	1	1	－	2	5
峠下型２類・札滑型	前期後葉	5	78	－	5	83	－	－	1	1	84
幌加型	後期前葉	6	16	－	21	37	2	2	－	4	41
広郷型	後期前葉	2	－	2	1	3	－	－	－	0	3
小形１類	後期前葉	18	36	6	1	43	42	10	－	52	95
忍路子１類	後期後葉	1	－	－	－	0	－	－	1	1	1
小形２類	後期後葉	50	88	382	89	559	－	－	156	156	715
合計		87	220	390	118	728	45	13	158	216	944

*石器群の設定は，山田（2006）を参照した。
**石器群を認定可能な遺跡の出土・採集資料を対象として集計した。

第３表　時期別・地域別の舟底形石器の点数

時期区分*	地形区分**	遺跡数／地点数	大形舟底形石器				小形舟底形石器				合計
			Ⅰ	Ⅱa	Ⅱb	小計	1a	1b	2	小計	
前期前葉	北東部	2	－	－	－	0	1	1	－	2	2
	南東部	1	1	－	－	1	－	－	－	0	1
	中央部	0	－	－	－	0	－	－	－	0	0
	南西部	2	1	－	1	2	－	－	－	0	2
	小計	5	2	0	1	3	1	1	0	2	5
前期後葉	北東部	4	78	－	4	82	－	－	1	1	83
	南東部	1	－	－	1	1	－	－	－	0	1
	中央部	－	－	－	－	0	－	－	－	0	0
	南西部	－	－	－	－	0	－	－	－	0	0
	小計	5	78	0	5	83	0	0	1	1	84
後期前葉	北東部	21	45	6	22	73	34	12	－	46	119
	南東部	4	4	－	1	5	3	－	－	3	8
	中央部	0	－	－	－	0	－	－	－	0	0
	南西部	1	3	2	－	5	7	－	－	7	12
	小計	26	52	8	23	83	44	12	0	56	139
後期後葉	北東部	39	80	275	87	442	－	－	126	126	568
	南東部	6	7	80	2	89	－	－	22	22	111
	中央部	1	－	－	－	0	－	－	1	1	1
	南西部	5	1	27	－	28	－	－	8	8	36
	小計	51	88	382	89	559	0	0	157	157	716
合計		87	220	390	118	728	45	13	158	216	944

*時期区分は，山田（2006）にしたがう。呼称の違いについては註２）参照。
**地形区分については，小疇ほか（2003）を参照した。

(2) 時間的変遷

山田哲（2006）の時期区分に基づいて，主な遺跡を取り上げながら舟底形石器を通時的に概観する[2)]（第2・3表，第3図）。

舟底形石器は前期前葉から認められる。木古内町新道4遺跡（千葉1988）などでは，峠下型とそれに関連する製作技術に舟底形石器の製作が組み込まれている（「峠下・新道テクノコンプレックス」：木村1995）。ただし，遺跡数と舟底形石器自体の数は少ない。また，石器集中部の周辺や表面採集資料がほとんどであり，細石刃核との共伴関係もいまひとつはっきりしない。蘭越型細石刃核を伴う石器群に舟底形石器が認められないことも踏まえると，この時期にはまだほとんど用いられていない石器と評価される。

前期後葉になると，北東部に大形舟底形石器（主にⅠ類）が顕著となる。特に，黒曜石原産地近傍にあたる湧別川や常呂川の上流域の札滑型細石刃石器群に目立つ。遠軽町幌加沢遺跡遠間地点（木村2012など），同旧白滝5遺跡A区（直江編2008），置戸町置戸安住遺跡B・C地点（戸沢1967，島田・山科1998）などが代表例である。これらの遺跡に残された舟底形石器には，端部に弧状の刃部を形成したもの（幌加沢遺跡遠間地点，置戸安住遺跡C地点）や，甲板面側縁に樋状剥離面を作出したもの（幌加沢遺跡遠間地点）などがあり，その一部は加工具として利用された可能性がある[3)]（尾田2017）。一方，そこから離れた遺跡に舟底形石器はあまり確認されない。原産地近傍では札滑型細石刃核やその素材を遠隔地での運用のために保持する傍ら，石材産地付近での活動には主に舟底形石器が用いられたのであろう（直江2009，山田2011，尾田2017）。帯広市暁遺跡第1地点スポット11（北沢編1989）のように，石材産地から離れたところで稀に出土する舟底形石器は，両面調整体や札滑型細石刃核を補完するものであったと考えられる。

後期前葉においてもやはり北東部の遺跡から多くの舟底形石器が出土している。小形舟底形石器1類石器群では，大形Ⅰ類と小形1類が中心となる。札滑型細石刃石器群とは異なり，黒曜石原産地近傍だけではなく，そこから離れた遺跡にも認められる。黒曜石原産地近傍で大形Ⅰ類を製作・搬出し，持ち運びながら場の必要に応じてその甲板面などを道具として使用するとともに，「彫器」や「削器」，「鋸歯縁石器」といった加工具，そして端部に縞状剥離を施す小形舟底形石器として利用したと考えられる（尾田2017）。また，幌加型細石刃石器群には，大形Ⅱb類が多く認められる。佐久間光平や坂本尚史が指摘するように，大形Ⅱb類と幌加型の形態とサイズがよく一致していることから，その多くが細石刃核原形と考えられる（佐久間2000，坂本2011）。遠軽町服部台2遺跡Sb-55～63にそうしたリダクション過程を示す接合資料がある（直江・鈴木編2007）。この石器群には大形Ⅰ類も認められるが，小形舟底形石器1類石器群のものに比べて底縁が緩い弧状をなし，大形Ⅱb類に類似した形態を呈することから，やはり幌加型の原形であろう。このように，後期前葉においては，同様の技術によって石器群ごとに形態を異にする舟底形石器が作り分けられ，運用されていたことが示唆される。

後期後葉では，小形舟底形石器2類石器群で舟底形石器が多用される。大形Ⅱa類に小形2類の舟底形石器がしばしば伴う。両者の形態とサイズは連続的であることから，ほとんどの大形Ⅱa類が小形2類へのリダクションを目的として製作されたと考えられ，遠軽町白滝遺跡群や十勝平野の石器群の豊富な接合資料からも実証されている（鈴木2007，山原編1999・2002）。また，当該期になると北見山地中部と南東部を中心に，遺跡と舟底形石器の数が一気に増加する。これには，当該地域において舟底形石器を用いた集団が相対的に狭い範囲を周回的・計画的に移動する生業・居住戦略へと移行したこと（尾田2016）が反映されていよう。

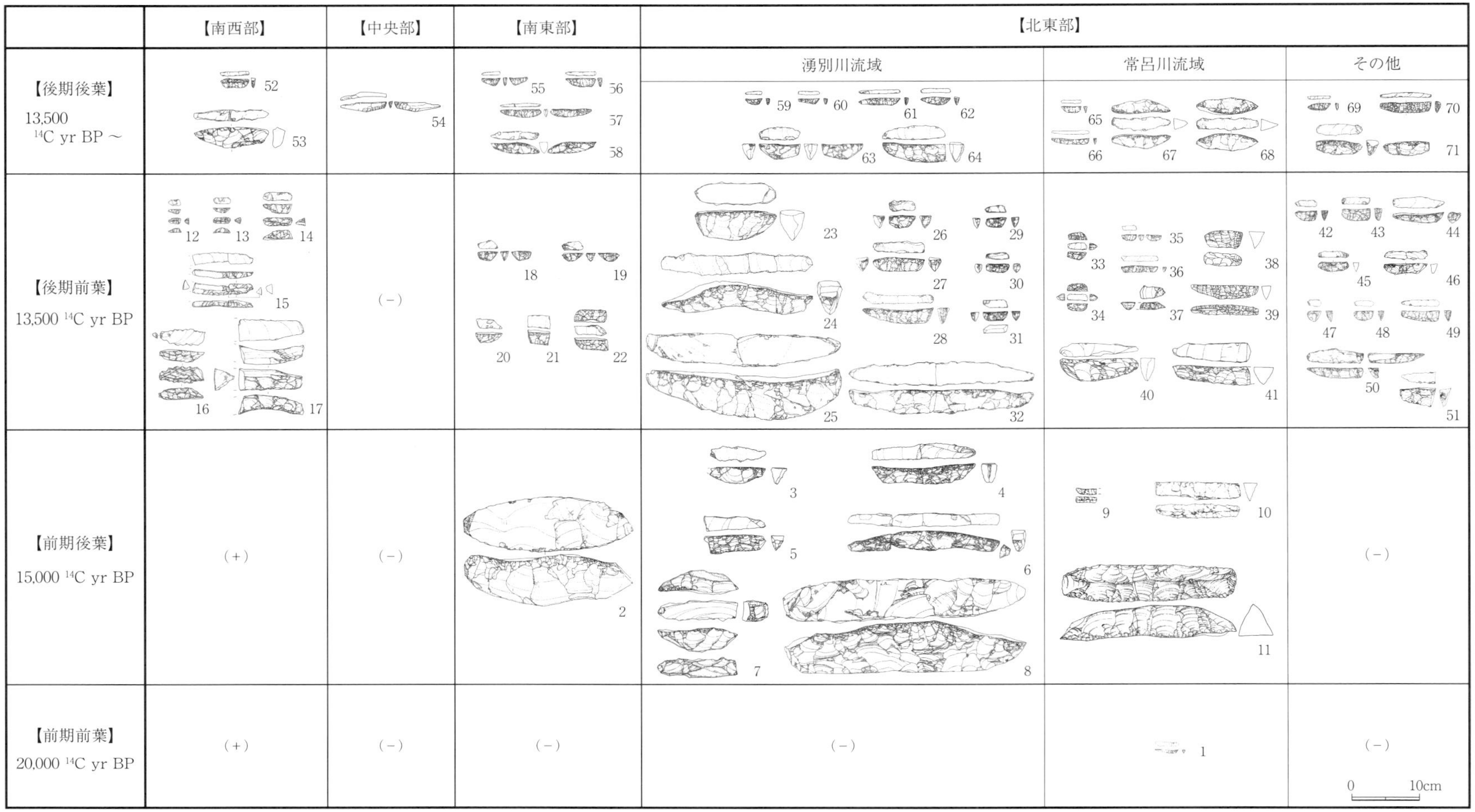

	【南西部】	【中央部】	【南東部】	【北東部】		
				湧別川流域	常呂川流域	その他
【後期後葉】 13,500 ^{14}C yr BP 〜	52 53	54	55 56 57 58	59 60 61 62 63 64	65 66 67 68	69 70 71
【後期前葉】 13,500 ^{14}C yr BP	12 13 14 15 16 17	(−)	18 19 20 21 22	23 24 25 26 27 28 29 30 31 32	33 34 35 36 37 38 39 40 41	42 43 44 45 46 47 48 49 50 51
【前期後葉】 15,000 ^{14}C yr BP	(+)	(−)	2	3 4 5 6 7 8	9 10 11	(−)
【前期前葉】 20,000 ^{14}C yr BP	(+)	(−)	(−)	(−)	1	(−) 0 10cm

(+)：あり，(−)：なし
1：みどり 1 T10 グリッド，2：暁第 1 地点スポット 1，3-6：旧白滝 5 A 区，7・8：幌加沢遠間地点　9-11：置戸安住 C 地点，12-17：神丘 2，18・19：川西 C スポット 17，20-22：勢雄，23・24：服部台 2 Sb-55〜63，25：白滝第 4 地点，26・27：ホロカ沢 I A1 地区，28：ホロカ沢 I B 地区，29・30：上白滝 8 E 区，31・32：旧白滝 15 C 区
33・34：元町 2 G5 グリッド，35-37：みどり 1 U-22・23 グリッド，38・39：中本，40：元町 2 第 2 ブロック，41：藤谷 A 地点，42-46：西町 1 D〜I・24〜32 グリッド，47-51：桜岡 5 ブロック 1・2，52・53：美利河 1 B 地区 Sb-15・16，54：丸子山，55-58：落合スポット 3〜5，59-64：上白滝 5 Sb-6〜11，65-68：元町 2 南側斜面部，69-71：西町 1 F〜N・12〜18 グリッド

第 3 図　舟底形石器の展開

3　議　論

(1) 前期前葉あるいはそれ以前に位置づけられる可能性のある「舟底形石器」の出土コンテクスト

前節では，前期後葉の札滑型細石刃石器群において舟底形石器が多用されるようになることを指摘した。それに対して田村隆は，北海道・サハリンの30,000～20,000 cal yr BP（「人口ユニット2」:「MUP」）における細石刃手法の一つに「側面型の舟底型石核」（本稿の小形舟底形石器1類を含む）を位置づける（田村隆 2017）。その年代位置の「基準資料」として，更別村勢雄遺跡を挙げた。だとすると，本稿の小形1類と大形Ⅰ類を主体とする小形舟底形石器1類石器群の一部が，前期前葉あるいはそれ以前に遡る可能性が浮上する。

勢雄遺跡では，支笏第1テフラ（Spfa-1，45,000～35,000 ^{14}C yr BP：町田・新井 2003）と恵庭aテフラ（En-a，17,000 ^{14}C yr BP：加藤 1994）に挟まれた地表下0.3～1.2mのローム層から遺物が出土したとされる（辻編 1977）。しかし，En-aテフラについては，調査区全体にその堆積を確認できるわけではない。舟底形石器が出土した調査区南側のⅡ区ではほとんどが消失しており，テフラと出土石器との関係は不明瞭である。また，この遺跡は河岸段丘崖部に近い緩斜面に立地する浅埋没コンテクストにあることから，埋没後のプロセスによる石器の混入が起こる可能性が高く，マスムーブメントの影響を被っている可能性もある。こうした遺跡において，立地や堆積コンテクストと埋没後擾乱の関係，石器集中部の形成プロセスについて十分な説明をせずに，「側面型の舟底型石核」を上記年代に位置づける「基準資料」とするには，検討の余地があると考える。

また，遠軽町旧白滝3遺跡では，台形様石器石器群，広郷型細石刃石器群，小形舟底形石器2類石器群が層位的に出土したとされる（坂本編 2015）。小形舟底形石器2類石器群は，CD25区において炭化物集中Cb-18（20,330 ± 100 ^{14}C yr BP：IAAA-82701，20,390 ± 100 ^{14}C yr BP：IAAA-82702）と同Cb-7（15,870 ± 70 ^{14}C yr BP：IAAA-82698，15,900 ± 70 ^{14}C yr BP：IAAA-81787，15,920 ± 70 ^{14}C yr BP：IAAA-91789）に上下を挟まれてまとまって検出され，B25・26区では広郷型細石刃石器群の上位に位置している。石器群の層位的な出土と年代値に矛盾はないことから，小形舟底形石器2類石器群は広郷型細石刃石器群の上位にあり，その下限はCb-7の年代値と推定された。だとすると，小形舟底形石器2類石器群がこれまでより古く位置づけられる可能性があり（直江 2014），相対的に古いと考えられている（山田 2006）同1類石器群の年代も遡る可能性がある。

この遺跡の自然形成過程と埋没後擾乱について地考古学的に検討した出穂雅実と林和広は，小形舟底形石器2類石器群や広郷型細石刃石器群がマスムーブメントによって移動したと推測されるクリークもしくはガリー充填堆積物に包含されていたことから，コンテクストを比較的保っている可能性，斜面上方で形成されたものがシートウォッシュやソリフラクションなどによって移動した可能性，もしくは両者が混在している可能性を想定し，その検証にはより詳しい空間分析が必要であることを指摘した（出穂・林 2015）。小形舟底形石器2類石器群の年代値については，旧白滝3遺跡のさらなる分析とともに，地考古学的分析を踏まえたデータの蓄積を待って再検討する必要があると考えている。

(2) 最終氷期最盛期およびそれ以前に位置づけられる石器群に伴う「舟底形石器」の評価

前述した遺跡とは別に，北海道の最終氷期最盛期（前期前葉を含む）あるいはそれ以前に地質編年される石器群（Izuho 2013，Izuho et al. 2012，出穂ほか 2013・2016）に「舟底形」の石器がみられる。こうした石器と舟底形石器の関係については，どのように捉えられるだろうか。

帯広市川西C遺跡スポット1〜12（北沢編1998）は，26,680–25,040 cal yr BPに年代づけられる石刃石器群である（出穂ほか2013）。石刃や石刃製トゥールを主体とするが，「舟底形」の石器も認められる（第4図）。これらは素材腹面側から背面上への半急角度・急角度の剝離により縦断面三角形・台形の舟底状の形態を呈しており，技術形態的に「舟底形石器」とみなすことも可能である。注意されるのは，この遺跡における頻繁な石刃リダクションである。平坦・半急角度加工を施した削器状のトゥールの折断や再加工，彫刀面の作出といった様々なリダクションが複合的に施されている。接合資料からは，その過程で器体幅が減少するとともに，再加工により刃部が急角度になっていることがわかる（同3）。使用痕分析においても，石器に観察される使用痕が後続の二次加工にしばしば切られていることが指摘されている（岩瀬・中沢2017）。

したがって，川西C遺跡では石刃や石刃製トゥールの使用と刃部再生が繰り返された結果，最終的に「舟底形」の形態になった可能性が高く，「舟底形」という特定の形態を目的として整形されたものではないと考えられる。石刃石器群と年代が重複する千歳市丸子山遺跡下層の剝片石器群（田村俊編1994，中沢2000）や，それ以前の台形様石器石器群である幕別町札内N遺跡スポット1〜3（大矢編2000）の「舟底形」の石器も同

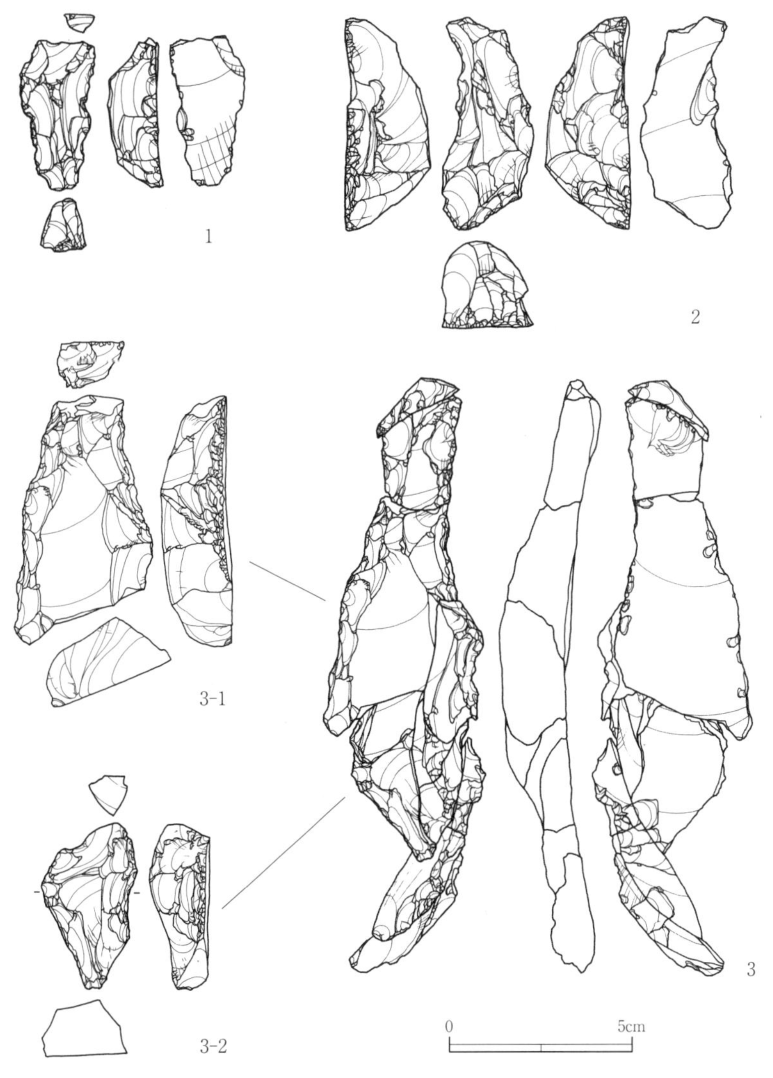

第4図　川西C遺跡スポット1〜12の「舟底形」の石器

様であろう。

石器のリダクションを踏まえた技術形態的検討から，少なくとも北海道の細石刃以外の石器群に「舟底形」を目的とした石器を抽出することはできず，類似した形態の石器を細石刃石器群に伴う舟底形石器に関連づけることは難しいと考える。

4　結　論

北海道の細石刃石器群に伴う舟底形石器を概観したうえで，前期前葉に遡る可能性が指摘されている遺跡の出土コンテクストや「舟底形」石器の技術形態的特徴について議論した。その結果，舟底形石器は前期前葉あるいはそれ以前の石器群ではほとんど認められず，前期後葉，特に札滑型細石刃石器群において急増することをあらためて確認した。このことは，舟底形石器が札滑型を技術的に補完したとする仮説（山田 2006，佐藤 2011）を支持する。後期には，北東部や南東部，南西部といった黒曜石や「硬質頁岩」などの石器石材が豊富な地域を中心に舟底形石器を主体とする石器群が展開する。

舟底形石器の特性として，基本的にはより広い範囲の原石材に適用できること（山田 2006），形態形成が容易であること（Bleed 2008），場の状況に応じてそれ自体を柔軟にリダクションできること（尾田 2017）などが挙げられる。北海道の細石刃石器群集団の一部は，こうした特性を生かして舟底形石器を製作・運用することによって，気候激変期である晩氷期の地域的な環境に適応したと考えられる（尾田 2016・2017）。

今後は，本稿で確認した舟底形石器の動向を踏まえつつ，時期や石器群ごとに舟底形石器のもつ意味を検討し，北海道の細石刃石器群における技術構造上の位置を明らかにしていくことが課題となる。こうした課題を追究することによって，冒頭で述べた北東アジア先史時代研究に北海道の舟底形石器を連絡させていけると考える。

謝辞　橋本博文先生には，演習や発掘・測量実習などを通じて多くのご指導を賜りました。特に，2002 年に実施した佐渡踏査の報告（橋本博文ほか 2003「新潟大学考古学研究室 2002 年佐渡調査報告」『佐渡・越後文化交流史研究』第 3 号 1-57 頁）では，一つの遺跡を担当させていただき，その「報告書」作成の経験が私の考古学人生の礎の一つとなっています。東京大学大学院に進学後も，日本考古学協会などでお会いする度に，研究の進捗状況や就職のことを気にかけていただきました。本稿が，先生の学恩に少しでも報いるものになっていれば幸いです。先生の益々のご活躍とご健勝をお祈りいたします。

本稿の執筆に際し，東京都埋蔵文化財センターの諸氏に議論のなかで有益なご意見をいただきました。関連資料の見学には，今井真司・北沢実・小林敬・坂本尚史・鈴木宏行・瀬下直人・寺崎康史・直江康雄・松村愉文・八重樫誠・山原敏朗の諸氏に多大なご厚意をいただきました。記して感謝の意を表します。

（2018 年 7 月 9 日受付）

註

1）大形舟底形石器の端部に縞状（細石刃）剥離痕を有するもののうち，幅 1.6cm 以上・高さ 2cm 以上で，小形舟底形石器に比べて短い形状（長高比 2.3 以下）のものは，幌加型細石刃核と認識されている（佐久間 2000，山田 2006）。本稿では主たる分析対象としないが，舟底形石器との技術的・系統的関係が示唆されてきた石器である。この点については，別稿で検討する予定である。

2）山田哲は，後期細石刃石器群のうち幌加型と広郷型の一部を「後期初期」，それ以外を「後期」としている（山田 2006・2008）。本稿では説明の便宜上，前者を「後期前葉」，後者を「後期後葉」と記述する。また，小形舟底形石器 1 類石器群については，同 2 類よりも相対的に古いと考えられ（山田 2006），1 類とほぼ同じサイズのものが幌加型に関連する製作技術をもつ石器群にみられる（坂本 2011）ことなどを踏まえて，「後期前葉」に含める。

3）大形 I 類の端部に縞状剝離を施したようにみえるものも散見される。ただし，それらのほとんどは甲板面や底縁からの剝離に切られており，側面調整に連続したものである。当該石器群では，小形舟底形石器へのリダクションはほとんど認められない。

引用文献

出穂雅実・國木田大・尾田識好・山原敏朗・北沢実　2013「北海道十勝平野の後期旧石器時代遺跡の地質編年：新たな AMS 放射性炭素年代の追加とその意義」『旧石器研究』第 9 号　137-148 頁

出穂雅実・國木田大・尾田識好・廣松滉一・中沢祐一・赤井文人・高橋理　2016「北海道千歳市丸子山遺跡旧石器下層石器集中の地質編年：AMS 年代の追加と最終氷期最盛期石器群の年代に関する若干の考察」『旧石器研究』第 12 号　207-215 頁

出穂雅実・林和広　2015「旧白滝 3 遺跡の堆積物粒度分析及び土壌化学性分析結果報告」『白滝遺跡群 XIV』北海道埋蔵文化財センター　106-115 頁

岩瀬彬・中沢祐一　2017「最終氷期最盛期の北海道における石刃石器群の使用痕分析：川西 C 遺跡の分析」『旧石器研究』第 13 号　35-56 頁

大矢義明編　2000『札内 N 遺跡』幕別町教育委員会

尾田識好　2016「小形舟底形石器石器群からみた居住形態」『晩氷期の人類社会』六一書房　105-128 頁

尾田識好　2017「舟底形石器の特性と行動論的効果―北海道の小形舟底形石器 1 類を伴う石器群の分析を通じて―」『旧石器研究』第 13 号　17-33 頁

加藤茂弘　1994「恵庭 a 降下軽石層の降下年代とその降下前後の古気候」『地理学評論』第 67 巻（Ser.A）第 1 号　45-54 頁

北沢実編　1989『帯広市暁遺跡の調査―第 5 次調査報告書―』陸奥倶楽部・十勝考古学研究所

北沢実編　1998『帯広・川西 C 遺跡』帯広市教育委員会

木村英明　1995「黒曜石・ヒト・技術」『北海道考古学』第 31 輯　3-63 頁

木村英明　2012『黒曜石原産地遺跡・「白滝コード」を読み解く―幌加沢遺跡遠間地点の発掘調査と研究―』六一書房

小疇尚・野上通男・小野有五・平川一臣　2003『日本の地形 2：北海道』東京大学出版会

坂本尚史　2011「まとめ」『白滝遺跡群 XI』北海道埋蔵文化財センター　365-399 頁

坂本尚史編　2015『白滝遺跡群 XIV』北海道埋蔵文化財センター

佐久間光平　2000「北海道の細石刃石器群における「ホロカ技法」の問題」『一所懸命』佐藤広史君追悼論文集　佐藤広史君を偲ぶ会　121-135 頁

佐藤宏之　2011「荒川台型細石刃石器群の形成と展開―稜柱系細石刃石器群の生成プロセスを展望して―」『考古学研究』第 58 巻第 3 号　51-68 頁

島田和高・山科哲　1998「明治大学考古学博物館収蔵資料（旧石器時代）の再検討・再評価―北海道置戸安住遺跡 B・C 地点の細石刃製作工程と遺跡での作業内容―」『明治大学博物館研究報告』第 3 号　23-67 頁

鈴木宏行　2007「原産地遺跡における遺跡間変異研究―北海道遠軽町白滝遺跡群出土の小型舟底形石器石器群を対象として―」『考古学談叢』須藤隆先生退任記念論文集刊行会　109-129 頁

田村　隆　2017「日本列島後期旧石器時代の新編年」『理論考古学の実践　II 実践篇』同成社　55-90 頁

田村俊之編　1994『丸子山遺跡における考古学的調査』千歳市教育委員会

千葉英一　1988「旧石器時代の遺跡」『新道 4 遺跡』北海道埋蔵文化財センター　7-172 頁

辻秀子編　1977『勢雄遺跡』更別村教育委員会・みやま書房

寺崎康史　1999「北海道細石刃石器群理解への一試論」『先史考古学論集』第 8 集　71-88 頁

寺崎康史　2006「北海道の地域編年」『旧石器時代の地域編年的研究』同成社　275-314頁

戸沢充則　1967「北海道置戸安住遺跡の調査とその石器群」『考古学集刊』第3巻第3号　1-44頁

直江康雄　2009「北海道東部における黒曜石利用」『黒曜石が開く人類社会の交流』日本学術振興会科学研究費補助金（基盤A）「黒曜石の流通と消費からみた環日本海北部地域における更新世人類社会の形成と変容」グループ　14-31頁

直江康雄　2014「北海道における旧石器時代から縄文時代草創期に相当する石器群の年代と編年」『旧石器研究』第10号　23-40頁

直江康雄編　2008『白滝遺跡群IX』北海道埋蔵文化財センター

直江康雄・鈴木宏行編　2007『白滝遺跡群VII』北海道埋蔵文化財センター

中沢祐一　2000「千歳市丸子山遺跡恵庭a下層石器群における小型剥片の剥離過程」『北海道旧石器文化研究』第5号　35-42頁

町田洋・新井房夫　2003『新編火山灰アトラス』東京大学出版会

山田　哲　2006『北海道における細石刃石器群の研究』六一書房

山田　哲　2008「環日本海北部地域における細石刃石器群の行動論」『環日本海北部地域の後期更新世における人類生態系の構造変動』総合地球環境学研究所・研究プロジェクト「日本列島における人間―自然相互関係の歴史的・文化的検討」サハリン・沿海州班（「環日本海北部地域における後期更新世の環境変動と人間の相互作用に関する総合的研究」）115-138頁

山田　哲　2011「産地遺跡形成の経済学―フィールド・プロセッシング・モデルによる考察―」『旧石器研究』第7号　75-92頁

山原敏朗　1998「北海道の旧石器時代終末期についての覚書」『北海道考古学』第34輯　77-92頁

山原敏朗編　1999『帯広・落合遺跡2』帯広市教育委員会

山原敏朗編　2002『帯広・落合遺跡3』帯広市教育委員会

Bleed, P. 2008 Microblades and microevolution: expanding evolutionary archeology with very small stone tools.『芹沢長介先生追悼　考古・民族・歴史学論集』芹沢長介先生追悼論文集刊行会編　六一書房　77-90頁

Buvit, I., Izuho, M., Terry, K., Konstantinov, M. V., and Konstantinov, A. V. 2016 Radiocarbon dates, microblades, and Late Pleistocene human migrations in the Transbaikal, Russia and Paleo-Sakhalin-Hokkaido-Kuril. *Quaternary International* 425, pp.100-119.

Buvit, I. and Terry, K. 2016 Outside Beringia: Why the Northeast Asian Upper Paleolithic Record Does Not Support a Long Standstill Model. *PaleoAmerica* 2 (4), pp.281-285.

Derevianko, A. P. and Shunkov, M. V. 2004 Formation of the Upper Paleolithic transitions in the Altai. *Archaeology, Ethnology & Anthropology of Eurasia* 3 (19), pp.12-40.

Goebel, T. 1999 Pleistocene human colonization of Siberia and peopling of the America: an ecological approach. *Evolutionary Anthropology* 8, pp. 208-227.

Goebel, T. and Buvit, I. (Eds.) 2011 *From the Yenisei to the Yukon*. Center for the study of the First Americans, Texas A & M University.

Graf, K. E. 2008 *Uncherted Territory: Late Pleistocene Hunter-Gatherer Dispersals in the Siberian Mammoth-Steppe*. Unpublished Ph. D.

Graf, K. E. 2009a "The good, the bad, and the ugly" : evaluating the radiocarbon chronology of the middle and late Upper Paleolithic in the Enisei River valley, south-central Siberia. *Journal of Archaeological Research* 36 (3), pp.694-707.

Graf, K. E. 2009b Modern human colonization of the Siberian mammoth steppe: A view from south-central Siberia. Camps, M. and Chauhan, P. R. (Eds.) *Sourcebook of Paleolithic Transitions*, pp.479-501. Springer.

Graf, K. E., Ketron, C. V., and Waters, M. R. (Eds.) 2014 *Paleoamerican Odyssey*. Center for the study of the First Americans, Department of Anthropology, Texas A & M University.

Kuzmin, Y. V., Keates, S. G., and Shen, C. (Eds.) 2007 *Origin and spread of microblade technology in Northern Asia and*

North America. Archaeology Press Simon Fraser University.

Hoffecker, J. F., Elias, S. A., O'Rourke, D. H., Scott, G. R., and Bigelow, N. H. 2016 Beringia and the Global Dispersal of Modern Humans. *Evolutionary Anthropology* 25 (2), pp.64–78.

Izuho, M., 2013. Human technological and behavioral adaptation to landscape changes around the Last Glacial Maximum in Japan: A focus on Hokkaido. Graf, K. E., Ketron, C. V., and Waters, M. R. (Eds.), *Paleoamerican Odyssey*. pp. 45–64, Center for the study of the First Americans, Department of Anthropology, Texas A & M University.

Izuho, M., Akai, F., Nakazawa, Y., Iwase, A. 2012 The Upper Paleolithic of Hokkaido: Current evidence and its geochronological framework. Ono, A., and Izuho, M. (Eds.) *Environmental Changes and Human Occupation in East Asia during OIS3 to OIS2*, pp. 109–128. British Archaeological Report, International Series 2352.

Izuho, M., Kunikita, D., Nakazawa, Y., Oda, N., Hiromatsu, K., and Takahashi, O. 2017 New AMS dates from the Shukubai-Kaso site (Loc. Sankakuyama), Hokkaido (Japan): Refining the chronology of small flake-based assemblages during the Early Upper Paleolithic in the Paleo-Sakhalin-Hokkaido-Kurile Peninsula. *PaleoAmerica* 4 (2), pp.134–150.

Kuzmin, Ya. V. 2008 Siberia at the Last Glacial Maximum: einvironment and archaeology. *Jounal of Archaeological Research* 16 (2), pp. 163–221.

Lambeck, K., Yokoyama, Y., and Purcell, A. 2002 Into and out of the Last Glacial Maximum: sea-level change during Oxygen Isotope Stage 3 and 2. *Quaternary Science Reviews* 21, pp.343–360.

＊舟底形石器の集成に用いた報告書などについては，紙幅の都合により割愛させていただいた。

近畿の前期弥生土器甕のタタキ面

武末　純一

はじめに

筆者はこれまで，九州や山口県の弥生時代早期から前期前半の甕でのタタキ技法の使用を，朝鮮半島南部の無文土器の例も含めて，タタキ面の存在から認定してきた（武末2013・2016）。タタキ目はその後の丁寧な調整で消されてタタキ技法が認定できなくても，タタキ面は残って手で触れば認定できるためである。ただし，タタキ面の確認だけでは，これまでタタキ技法がないとされた該期での存在の周知には不十分なため，タタキ目も確認できた資料を提示してきた。

今回は近畿地域の大阪府東大阪市若江北遺跡と大阪府寝屋川市讃良郡条里遺跡出土品のうち，前期前半段階に位置する甕でもタタキ面を認定できたため，その様相を述べる。取り上げる資料は，若江北遺跡第5次

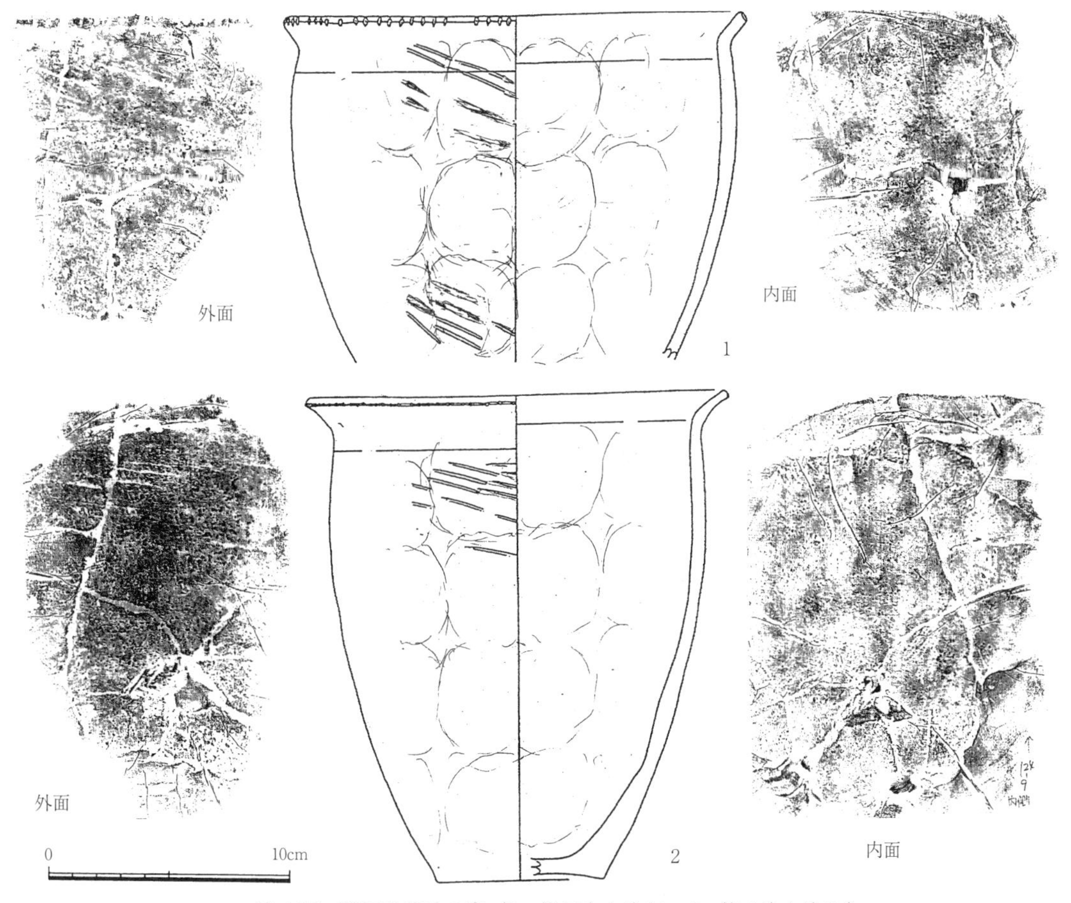

第1図　若江北遺跡の甕（1：第5次土坑14，2：第5次土坑15）

土坑14・土坑15（(財)大阪府文化財調査研究センター 1996）および讃良郡条里6-124土坑（(財)大阪府文化財センター 2009）出土の甕である。若江北遺跡第5次土坑14・15出土土器を，若林邦彦は弥生前期で最も古い「前期様相1（古）」に位置づけており，讃良郡条里では3-267・268溝出土土器が同じ時期とされ，全体として北部九州の板付ⅡA式新段階に位置づけられている1)（若林 2015）。讃良郡条里6-124土坑出土土器への言及はないが，土器様相は同じであり，弥生前期土器のうち「遺構から出土した約250点については，大きな時期差を見出せない」という報告書の記述（(財)大阪府文化財センター 2009：491頁）ともあわせて，ここでは同時期と考える。これらの土器は2017年2月17日に調査した。

1　若江北遺跡の甕

第1図1（図版1：1-1〜3）は第5次土坑14出土品（(財）大阪府文化財調査研究センター 1996：図121-4）で，報告書でも「調整では図121-4の体部外面にみられる凹凸に注意を要する。その形状は弥生時代中期後半のタタキと酷似しており，あたかもそれと同じ調整が施されているように見えることから，今後，比較資料の増加を待って一考を要する」（(財）大阪府文化財調査研究センター 1996：106頁）と記され，タタキ目の残存が認識されていた。口縁部から胴部中位が残って底部を欠失した甕で，今回の実見でも外面の頸部付近と胴下半付近に，向かって右下がりのタタキ目は顕著にみられ，タタキ面も確認できた（図版1：1-2）。また内面には，外面のタタキ面に対応して，当具の痕跡である円形の窪みが観察された。

第1図2（図版1：2-1〜3）は第5次土坑15出土品（(財)大阪府文化財調査研究センター 1996：図124-9）で，

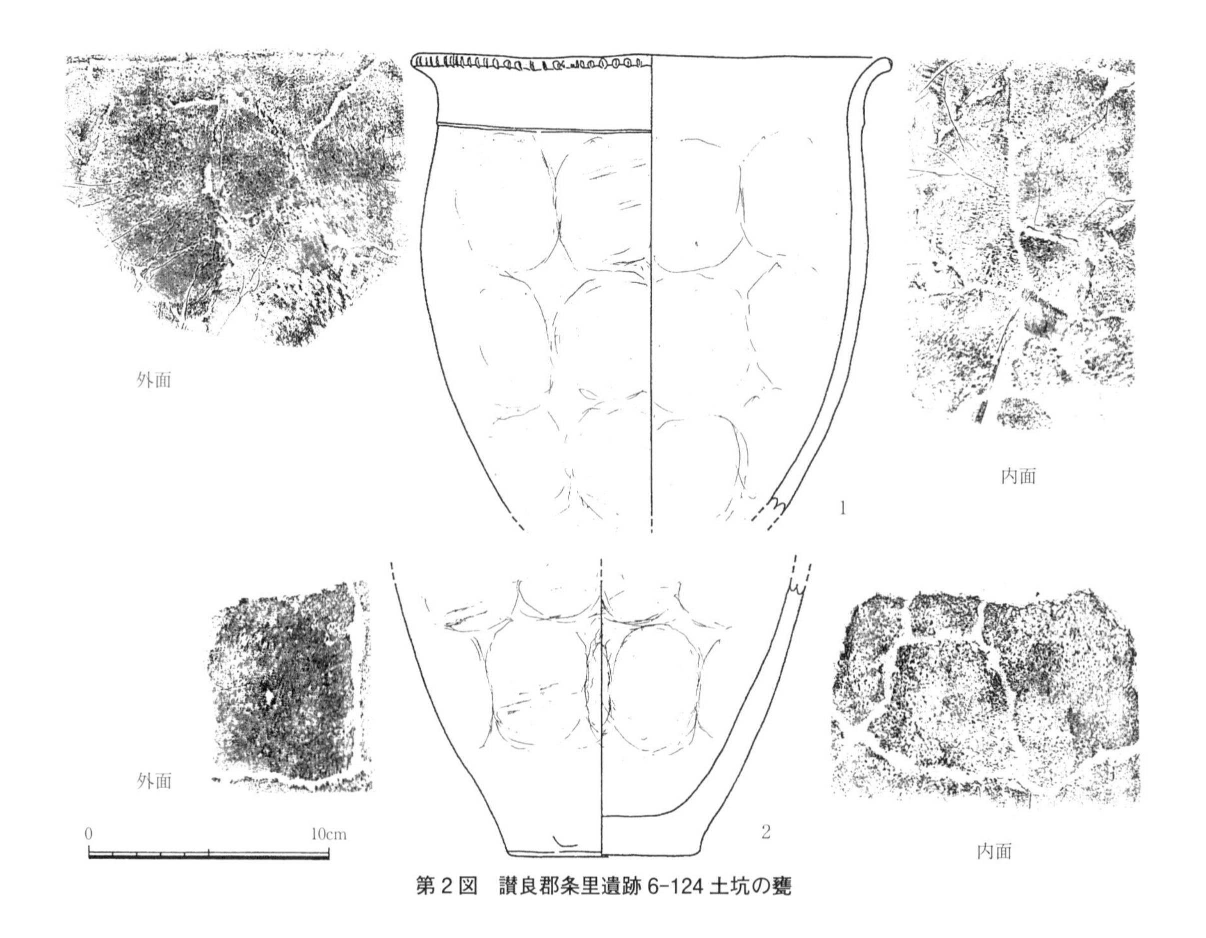

第2図　讃良郡条里遺跡6-124土坑の甕

やはり報告書でも「先述の図121-4の甕と同様の調整が施されていることで注意が促される」（(財)大阪府文化財調査研究センター1996：109頁）と記す。口縁部から底部までの破片がそろった図上完形品で，今回の実見でも外面の頸部付近に，右下がりのタタキ目が顕著にみられ，タタキ面も確認できた（図版1：2-2)。内面には，外面のタタキ面に対応する円形の窪みがある。

2　讃良郡条里遺跡の甕

第2図1（図版2：1-1～3）・2（図版2：2-1～3）は6-124土坑出土品（(財)大阪府文化財調査研究センター2009：図246-17・25）である。1は底部を欠く個体で，頸部に段をもつ。報告書ではタタキ技法に関する言及はない。今回の観察では胴部から頸部外面にタタキ面を確認し，一部で右上がりのタタキ目がかすかに認められる。内面でもタタキ面に対応して，当具の痕跡である円形の窪みが確認できた。2は甕の底部の破片で，立ち上がりの様相からみても板付ⅡA式に併行する時期でよい。報告書ではこの土器の記述はない。実見の結果では，外面にはタタキ面と共に右上がりのタタキ目も認められ，内面には，外面のタタキ面に対応する円形の窪みがある。

3　若干のまとめ

以上述べた4例は，いずれも弥生時代になって近畿地域に出現する前期の板付式系の如意形口縁の甕とその底部で，現在もっとも古式の「前期様相1（古)」に位置づけられ，北部九州から伝播した器形である。筆者はすでに朝鮮半島南部の平居洞遺跡で出た青銅器時代早期の突帯文土器に外面のタタキ面とタタキ目および内面の当具痕跡（円形窪み)，梨琴洞遺跡で出た青銅器時代前期の孔列文土器の外面にタタキ面を確認するとともに，青銅器時代後期に併行する日本の弥生時代早期（夜臼式単純期）の甕でも，雀居遺跡・板付遺跡・曲り田遺跡出土例に外面のタタキ面とタタキ目および内面の当具痕跡（円形窪み）を確認したため，青銅器時代無文土器の製作技法が伝播し，この時期からタタキ技法が存在したと考えた（武末2013)。本州西端の山口県下関市でも延行条里遺跡出土甕（板付ⅠB式～ⅡA式）と綾羅木遺跡の綾羅木Ⅰ式甕（板付ⅡA式）で，やはり外面のタタキ面とタタキ目および内面の当具痕跡（円形窪み）を確認している。こうした様相からみれば，板付ⅡA式期に北部九州から中国四国地域を経て近畿地域に，器形だけでなくタタキ技法も伝播した可能性が高いといえよう。

また，冒頭でも述べたように，今回提示した資料はタタキ面だけでなくタタキ目も認められた資料を中心に取り上げた。若江北遺跡第5次土坑15から出た甕には，ほかにもタタキ面を確認した資料がある。筆者はこの時期にすでにタタキ技法が普及しており，ただタタキ目を丁寧に消しているために確認できないだけだと認識している[2)]。したがって，諸賢には是非とも実際にこの時期の甕の内外面に触れて，外面のタタキ面とそれに対応する内面の当具痕跡（円形窪み）の有無を確認していただきたいと考えている。

成稿に当たっては，大阪文化財センターの三好孝一氏から資料観察に際して多大なご教示とご援助を頂き，福岡大学科研費研究員の輪内遼氏にご協力いただいた。記して謝意を表する次第である。

（2018年6月29日受付）

註

1) 若林は前期様相1の資料に，本文中では讃良郡条里遺跡3-267・268溝，若江北遺跡土坑14・15・溝25，八尾市田井中遺跡溝401・402などを挙げて古と新を区別してはいないが，本文に付された「表1　縄文晩期末～弥生時代前期基準資料」では様相1を古と新に分け，古に讃良郡条里3-267・268溝と若江北5次土坑15，新に田井中遺跡溝401・411を入れる（若林2015：219・220頁）。

2) 小林正史は拙稿（武末2013）について，「北部九州の弥生前期土器では，外面の叩き単位の観察から叩き技法の使用が指摘されているが」「溝のない叩き板を使っていることや内面の当て具痕については賛否が分かれていることから，叩き工程の復元が難しい」と述べる（小林2017：170頁)。筆者が「タタキ目は，第1次調整の条痕，さらにはハケ目の起点と終点が第2次調整の下にある場合に誤認しやすい。また，無文のタタキ具もある」（武末2013：502頁）と述べたのは，タタキ目で叩き技法の存在を認定する方法の危うさを示すための一般論であり，無文のタタキ具の存在をこの時期に実際に確定したわけでもない。この時期でも，木目に平行する溝（条線）を刻んだタタキ板が一般的であったと考えている。「無文のタタキ具の場合は認定できない」と述べるべきだったかもしれない。

引用・参考文献

(財)大阪府文化財調査研究センター　1996『巨摩・若江北遺跡発掘調査報告—第5次—』（財）大阪府文化財調査研究センター調査報告書第15集

(財)大阪府文化財センター　2009『讃良郡条里遺跡Ⅷ』(財)大阪府文化財センター調査報告書第187集

小林正史　2017「使い方との関連からみた土器の製作技術」『モノと技術の古代史　陶芸編』吉川弘文館

武末純一　2013「タタキ技法はいつまでさかのぼるか—弥生早・前期の甕を中心に—」『みずほ別冊　弥生研究の群像—七田忠昭・森岡秀人・松本岩雄・深澤芳樹さん還暦記念—』

武末純一　2016「タタキ技法東へ，南へ」『考古学は科学か　上　田中良之先生追悼記念論文集』

若林邦彦　2015「近畿」『考古調査ハンドブック12　弥生土器』ニュー・サイエンス社

出典

第1図：(財)大阪府文化財調査研究センター1996の図に加筆　第2図：(財)大阪府文化財センター2009の図に加筆
図版1・2：武末撮影

1－1全形（5次土坑14出土）

1－2外面部分（上）と1－3内面部分（下）

2－1全形

（5次土坑15出土）

2－3内面部分

2－2外面部分

図版1　若江北遺跡の甕

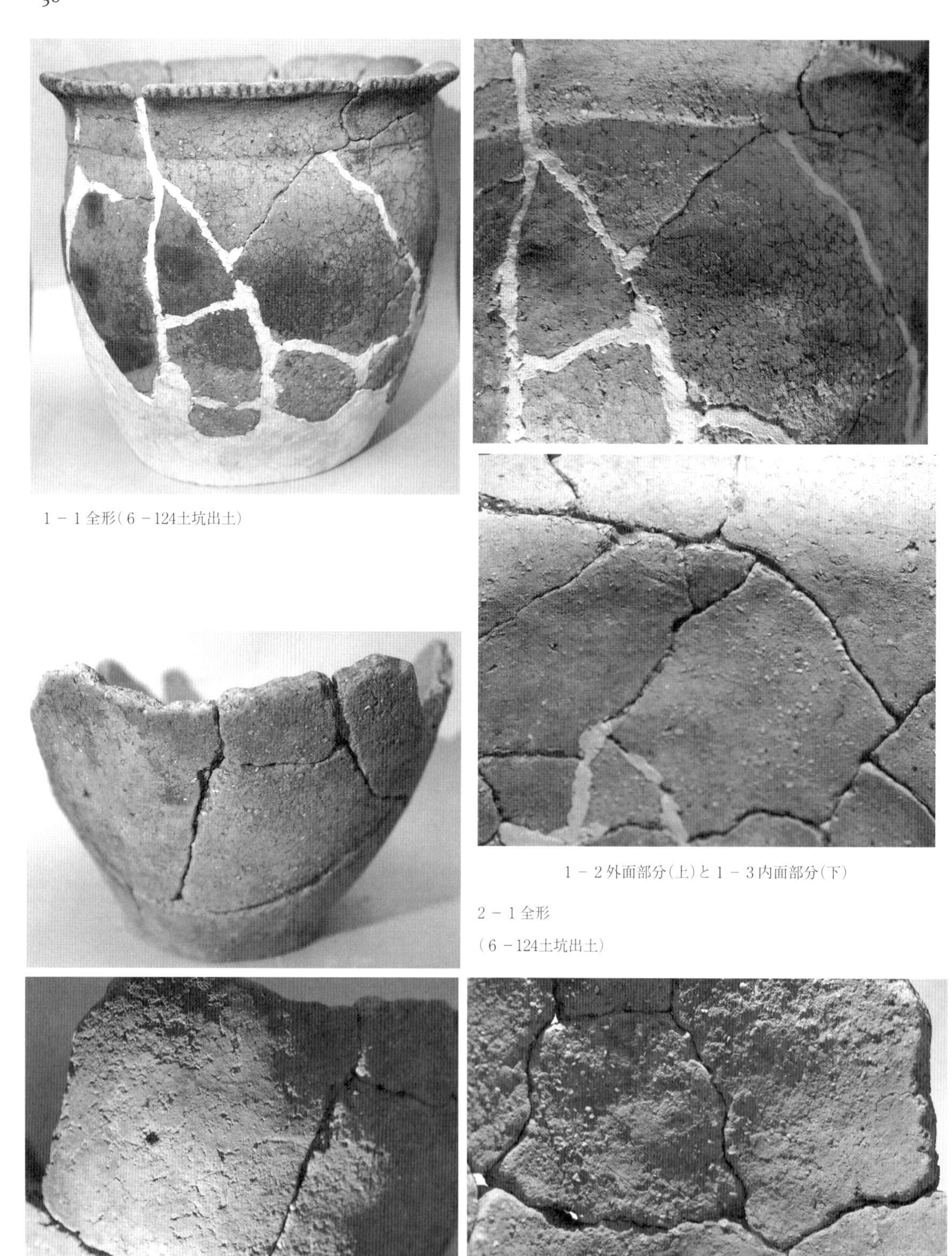

1－1全形（6－124土坑出土）

1－2外面部分（上）と1－3内面部分（下）

2－1全形

（6－124土坑出土）

2－2外面部分

2－3内面部分

図版2　讃良郡条里遺跡の甕

東海地方東部における中期弥生土器の展開過程

萩野谷正宏

はじめに

東日本における弥生時代中期中葉は，各地で灌漑農耕や大規模農耕集落の形成が開始された社会変動期とされる（石川 2001，設楽 2006）。またそれは，地域間交流の活性化，言い換えれば，広域における集団間の連絡・交渉が極めて活発化した時期でもあり，弥生土器の遠隔地間の移動や，各々の土器型式の成立・展開における地域間の連鎖から読み取ることができる。

本稿で対象とする東海地方東部もこうした現象が認められ，当該地方の中期弥生土器は，南関東地方や伊勢湾沿岸を含む東海地方西部と強い関わりを保ちつつ，さらに中部高地方面の内陸部も含めた各地の土器群が複雑に交錯して変遷していたと考えられる。

ところで，近年の当該地方における中期弥生土器研究は，議論が再び活発化しており，鈴木敏則による「嶺田式」の研究（鈴木 2017）や小泉祐紀による「有東富士見台式」の提唱（小泉 2017）等，遠隔地間の土器移動の解明や，広域編年の鍵となる土器型式の設定等の重要な研究成果が開陳されている。

一方で，各地の土器型式が他地域とどのような影響関係をもちつつ成立・展開したのかが依然として不透明な部分も多く，中期中葉から後葉に至る土器型式の変遷とともに，土器群に内在する諸属性から地域間の連鎖を読み解く作業が，当該期における地域間交流の実体の解明には必要と考えられる。

本稿は，東海地方東部，特に東遠江地域と西駿河地域を主な対象地域として，弥生時代中期中葉から後葉に至る土器群のうち，壺形土器（以下，壺と呼称する）の文様帯・文様帯構成の分析を通じてその展開過程を明らかにし，周辺地域を含む地域間の連鎖を読み解くことを目的とする。

1　嶺田式の変容と白岩式の成立

(1) 問題の所在

東遠江地域（天竜川東岸から菊川流域）の中期中葉から後葉の土器型式（様式）として「嶺田式」（久永 1955），「白岩式」（田辺 1951，久永 1955）が設定されている。「嶺田式」は，条痕文系土器群を基盤に新たに出現した長頸壺（「東遠江Ⅲ-1 様式」［佐藤ほか 2002］）が変容する過程で，連続爪形文が特徴的な阿島・嶺田型壺（佐藤ほか 2002）が生成した段階（「東遠江Ⅲ-3 様式」）を呼ぶ。また，阿島・嶺田型壺の生成は，「大地式」との接触が契機となった可能性があり（安藤 2005），その過程でヘラ描の流水文や重四角文が採用されたとみられる。一方，条痕地にヘラ描文施文の長頸壺（第 2 図 2･3）や，平沢型壺 (1) が組成する前段階（「東遠江Ⅲ-2 様式」）までを拡大して「嶺田式」として理解する意見もあり（鈴木 2017），本稿では後者の範囲を，ひとまずは広義「嶺田式」と呼び分けたい。なお，南信の伊那谷における「阿島式」に組成する当該壺は，東遠江地域の広義「嶺田式」からの搬入であるとする研究がある（鈴木 2017）。

一方「白岩式」は，前段階の「嶺田式」を基盤としながらも，「瓜郷式」や「貝田町式」等の伊勢湾沿岸各地から天竜川西岸に分布する土器型式の強い影響を受けて成立した（佐藤 1994，萩野谷 2000）。壺の装飾における主文様として在来のヘラ描文のほかに櫛描文を採用し，器種構成には壺（細頸壺・太頸壺），甕，鉢のほか，「嶺田式」には認められなかった高坏が組成する。なお，台付甕は従来「白岩式」で出現する器種と理解してきたが，近年の蓄積された調査成果より「嶺田式」にはすでに組成していた可能性が高い。

「白岩式」は，駿河地域（駿河湾沿岸）の「有東式」や南関東地方の「宮ノ台式」の成立に強く関与したことが指摘され（黒沢 1993，安藤 1990・2005 ほか），東海地方から南関東地方各地の土器型式相互の関係性を読み解くうえでも，その成立過程を明らかにすることが重要な課題である。

本章では壺形土器の文様帯構成の分析視角から「瓜郷式」等の隣接地域の土器型式との比較検討を行い，「嶺田式」の変容から「白岩式」が成立する過程についての見通しを述べたい。

なお，文様帯構成の分析を行うにあたり，便宜的な呼称ではあるが，口縁部外面を 1 文様帯，頸部を 2 文様帯，胴部を 3 文様帯と呼び（萩野谷 2003），以下検討を進める。

(2)「瓜郷式」の変容とその後

西遠江地域（天竜川西岸から浜名湖周辺）には，伊勢湾東岸の三河地域（矢作川流域から豊川流域）と共通する土器型式である「瓜郷式」が分布する[1]。

「瓜郷式」の細頸壺・太頸壺の文様帯構成には複数の類型が認められ（萩野谷 2015），このうち 1 文様帯の直下に無文帯等を配置する B2 型（第 1 図 1～3，第 2 図 4）は，2 文様帯を構成する x（上下沈線区画の無文帯や数条の沈線付加の横帯）と y（櫛描文やヘラ描文等，x と別種の横帯）の配置パターンに一定の法則性を認めることができ，B2 型はさらに複数の類型に細分が可能である。

B2 型にみる諸類型は，「瓜郷式」の古相（第 2 図 4，「西遠江Ⅲ-1・2 様式」）から新相（第 1 図 1～3，「西遠江Ⅲ -3 様式」前半，瓜郷遺跡「下層第 1 様式亜式」併行）に至り 3 文様帯の縮小や形骸化（一部は消失），2 文様帯の最下部の y の拡大等の変遷が共通して認められる。

つづいて，「瓜郷式」の直後に位置づけられる土器群をみよう。浜松市梶子遺跡・梶子北遺跡出土土器（第 1 図 4～8）では，①1 文様帯における櫛描文が省略され無文帯となる，②y がさらに拡大して 2 文様帯の櫛描文の重畳化が進む，③3 文様帯の縮小が一層進み（6・7），3 文様帯の消失した例（4・8）が明瞭に確認できる。これに伴い④2 文様帯の無文帯 x の形骸化（4・5・8）や，x の消失と 1 文様帯の拡大（6・7）という現象も生じている。また調整では，⑤無文帯 x におけるミガキの省略，⑥胴部下半の櫛条痕の省略とハケメ調整の顕在化が認められる。こうした現象から，「瓜郷式」における櫛描文と胴部下半の櫛条痕にみる同種工具の使用から，本段階に至り櫛描文とハケメ仕上げという施文と調整手法の明確な分化を認めることができる。

一方，東三河地域（豊川流域）では，これらに対応する変化として，豊橋市瓜郷遺跡「下層第 1 様式亜式」で認められた 2 文様帯における横位の櫛描直線文が，次段階以降は退化する傾向にあり，西遠江地域の前述②でみた 2 文様帯の櫛描文の重畳化とは異なる方向へと進む。また，文様は櫛描文，調整はナデ仕上げという施文と調整手法の分化は，西遠江地域における分化と同時期に生じた可能性がある。

つぎに，2 文様帯に配置する文様について着目する。梶子遺跡・梶子北遺跡出土土器では「瓜郷式」以来の複帯構成の丁字文が配置する例（第 1 図 4・8）のほか，単帯構成の丁字文や直線文を多段に重ねた構成（5・6）が目立ち，浜松市中村遺跡例では 10 段から 14 段程度の多段構成が確認できる。こうした現象は「瓜

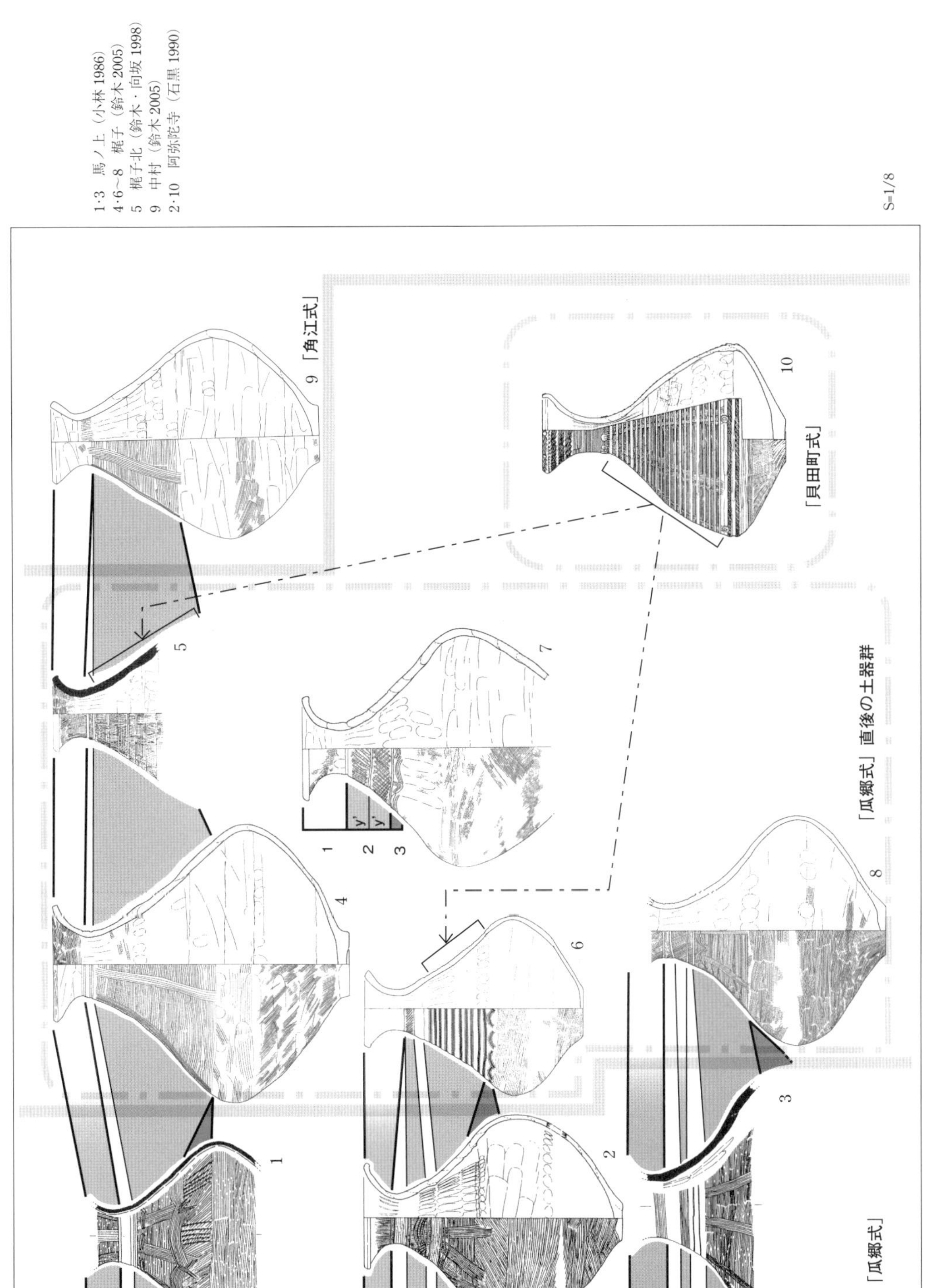

第１図　「瓜郷式」から「角江式」への文様帯構成の変遷

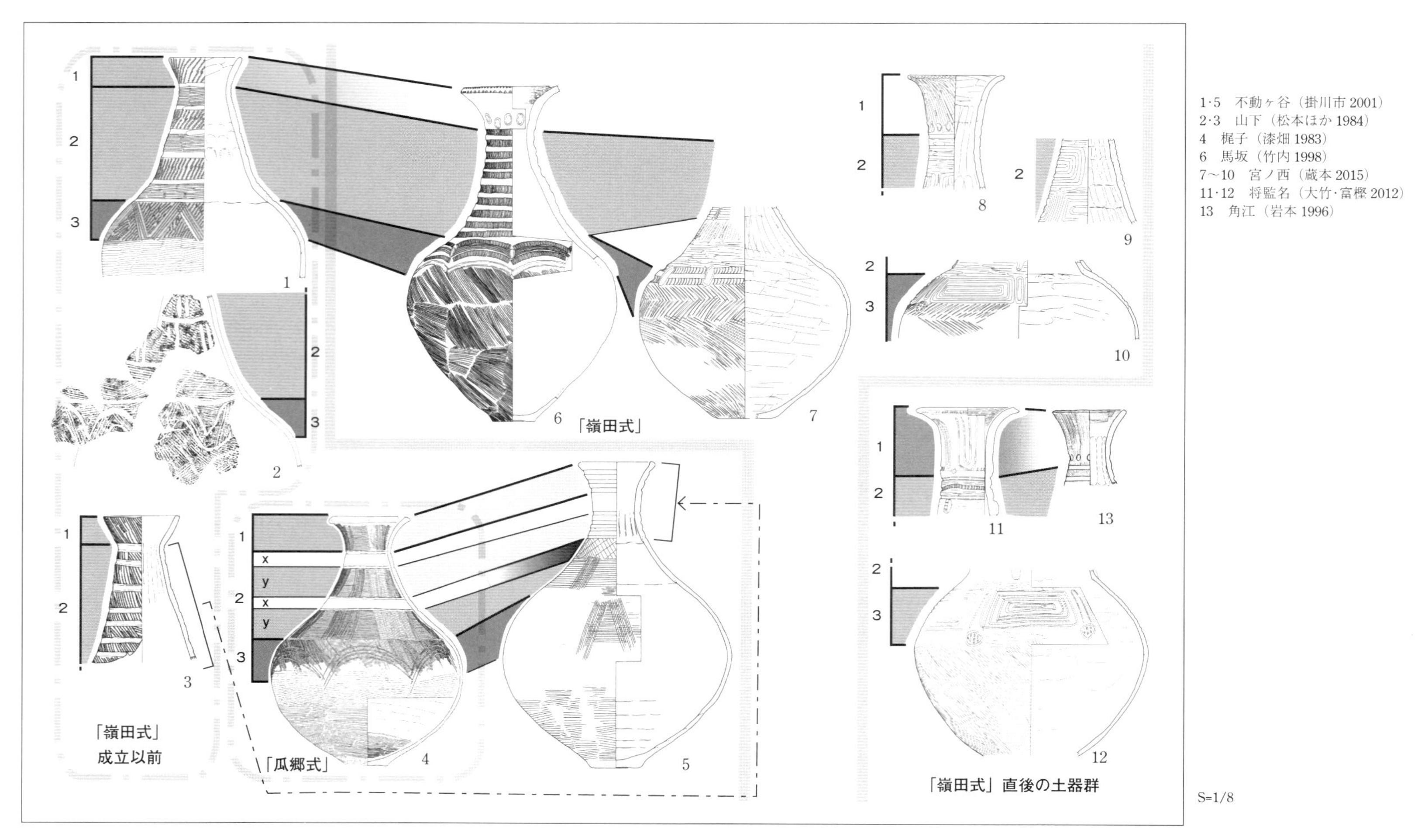

第２図　「嶺田式」とその前後の土器群における文様帯構成の変遷

郷式」の貝田町式模倣壺からの系譜とみるよりも,「貝田町式」の新相（「貝田町式」2期［石黒2014］）の細頸壺（第1図10）における著しい多段構成からの直接的影響とみたほうが理解しやすい。

このようにみていくと，西遠江地域における「瓜郷式」直後の土器群は,「瓜郷式」の文様帯構成からの系統的変遷のなかで理解できる一方で，2文様帯のyの拡大や3文様帯の縮小・消失，また施文と調整手法の分化という現象も,「貝田町式」からの影響を無視できない。後述する「白岩式」成立期で認められるような土器型式の構造的な転換を伴う「貝田町式」からの強いインパクトとは異なるが，限定的であるにせよその影響を評価していく必要がある。

なお，上記①から⑥の特徴は，浜松市角江遺跡や将監名遺跡出土土器の一部で「角江式」とされた土器群（鈴木ほか1998，轟2016）へと継承される。この段階では，2文様帯のyのみから構成される第1図9や，これに幅狭の3文様帯を付加した比較的単純な構成が確立し，しだいに主体化していくとみられる。

(3) 東遠江地域における「嶺田式」の変容

まず,「嶺田式」（「東遠江Ⅲ-3様式」）と，その成立以前の段階（「東遠江Ⅲ-2様式」）における長頸壺の文様帯構成をみよう（第2図）。「嶺田式」成立以前の段階では，1文様帯に櫛条痕や縄文が充填され，2文様帯は沈線と櫛条痕の組み合わせによる横帯が重畳し，2文様帯直下には比較的幅広の3文様帯が接している（第2図1～3）。「嶺田式」になると，1文様帯から3文様帯にかけて櫛条痕の脱落が顕著となるが，これに伴い1文様帯が無文帯となる例が現れ（6・8），2文様帯では多条の沈線（8）や連続爪形文（6），擬似流水文，重四角文（9）等が展開し（安藤2005），嶺田・阿島型壺が成立する。また櫛条痕の脱落により2文様帯・3文様帯間の空白部が顕著となり，無文帯が拡大する（7・10）。さらに，この無文部にはミガキ調整や赤彩が多用されることや，文様帯とは対照的に胴部下半の櫛条痕が堅持されることも，嶺田・阿島型壺の重要な特徴である。菊川市宮ノ西遺跡出土の「嶺田式」では，甕，広口壺等の他器種でハケメ仕上げが定着しはじめている様相が認められるが，嶺田・阿島型壺は胴部下半の櫛条痕は堅持されている。

なお，掛川市不動ヶ谷遺跡例（第2図5）は，細長い頸部に多条沈線が配置する「嶺田式」の要素と，胴部の櫛描文における「瓜郷式」の要素が併存する折衷土器であるが，その文様帯構成は「瓜郷式」のそれを堅持する。2文様帯のyが狭く，3文様帯が幅広である点で「瓜郷式」の古相（「西遠江Ⅲ-2様式」）と共通した特徴をもつ。「白岩式」の文様帯構成とは大きく異なり，数段階古く位置づけられる。

つづいて「嶺田式」直後に位置づけられ,「嶺田式」と「白岩式」成立期（「東遠江Ⅳ-1様式」）との間に位置づけられる資料は，西遠江地域の将監名遺跡例（第2図11・12）や角江遺跡例（13）で抽出することができる。12は「嶺田式」由来の3文様帯が健在であるが，胴部最大径が中位に移動して下半は条痕が省略されてハケメ仕上げである。これと共伴する11は「嶺田式」との相違点を見出しにくいが，1文様帯が幅広となる特徴は「白岩式」成立期に受け継がれる。また13は，ミガキ調整が脱落してハケメ仕上げであり,「嶺田式」直後に位置づける意見がある（安藤2005）。類例は少ないが，こうした型式学的に抽出できる一群は，宮ノ西遺跡出土の「嶺田式」に比して後出する特徴をもつ。また，天竜川中流域の飯田市井戸下遺跡例（第4図2）は2文様帯に多段の単帯構成の櫛描文を配置する。嶺田・阿島型壺の2文様帯における多段の沈線や爪形文を単帯構成の櫛描文に置換した例で，ヘラ描の斜線を付加した文様要素は「瓜郷式」やその直後の土器群からの系譜である。こうした無区画の単帯構成の櫛描文をもつ長頸壺も「嶺田式」直後に出現し,「白岩式」に受け継がれる可能性が高い。

以上の「嶺田式」直後の土器群は，文様帯構成における差異はあまり顕著ではないが，①ミガキ調整を省略したり，②胴部下半の櫛条痕が省略されハケメ仕上げとする一群が現れ，③文様では2文様帯におけるヘラ描文を単帯構成の櫛描文等に置換した一群の出現が想定され，特に①②は前述の西遠江地域における「瓜郷式」直後の土器群の成立と連動した変化とみられる。なお，胴部下半の櫛条痕が省略されハケメ仕上げとする一群は，次の「白岩式」1段階でその割合が増加し，2段階でハケ調整が主体化するという変遷が想定される。

(4) 文様帯構成からみる「白岩式」の成立

上記の諸段階を経て成立する「白岩式」では，成立期（「白岩式1段階」「東遠江Ⅳ-1様式」）における細頸壺の文様帯構成は多様となる。第3図2，第6図5～8は「嶺田式」以来の文様帯構成から変遷した一群である。第3図2は「嶺田式」(1) の2文様帯上部の数条の沈線が櫛描直線文に転化し，また3文様帯の連孤文が一帯の櫛描波状文に転化して3文様帯は著しく狭小となる。第6図6～8は2文様帯のヘラ描文が「嶺田式」の系譜下にあるが，6・7は1文様帯の拡大が著しい。

一方，第3図5は復元図よりもやや長頸の形態をとるとみられ，口縁部から胴部最大径付近までの1文様帯から2文様帯に広く櫛描文が展開し，「貝田町式」の文様帯構成の影響を受けている。「瓜郷式」の貝田町式模倣壺の影響である可能性も残るが，隣接する西遠江地域の「瓜郷式」直後や「角江式」ではその文様帯構成や形態を明瞭に受け継いだ事例は少ないから，可能性は低い。一方，搬入品である袋井市鶴松遺跡出土の6は波状文を垂下させた後に単帯間をミガキで消す「櫛描文e類」（石黒1990b）で，「貝田町式」2期の特徴をもつ。5は形態や文様帯構成，多段の単帯構成丁字文が6の在地化した姿とみられ，また「白岩式」成立期に定着する単帯構成丁字文の系譜の一部は，ここに求められる（萩野谷2000）。

さらに，第6図1・2のように複帯構成の丁字文や直線文を主文様とした例は，西遠江地域の「瓜郷式」直後や「角江式」の文様帯構成からの影響が明瞭で，1文様帯を無文帯とし，2文様帯をy，x，yとする構成 (1) や，2文様帯の拡大したyに幅狭の3文様帯を付加した構成 (2) をとる。

さらに複雑な文様帯構成もある。第4図3は「嶺田式」の系譜下にある幅広の2文様帯をもつが，多段の単帯構成櫛描文が前述の井戸下遺跡例 (2) に対比でき，口縁部形態とともに「瓜郷式」直後の土器群や「角江式」との関わりが想定される。また3文様帯が消失するという変遷が認められる。

第3図4は，1文様帯の幅広の無文帯と，2文様帯とを区画する刺突文は「嶺田式」の系譜であるが，幅広の2文様帯に配置する多段化した横帯は「貝田町式」の系譜であろう。さらに文様要素である複合鋸歯文は「嶺田式」の系譜であるが，屈曲する胴部形態や下半のミガキ調整は「貝田町式」からの影響とみてよい。3は頸胴部境界における連弧文形に連ねた半裁竹管状工具の刺突文が，「嶺田式」の頸胴部境界直下に位置する3文様帯に対比でき，3文様帯が縮小し区画文化したものと理解できる。一方で本来2文様帯に展開する単帯構成の櫛描文が，3文様帯相当の区画文を越えて胴部最大径付近まで幅広く展開しており，後者は「貝田町式」の文様帯構成の影響とみられる。

このように，「白岩式」の細頸壺の文様帯構成における多様性からは，その成立には在来の「嶺田式」とその直後の土器群の系譜のほかに，「貝田町式」や，西遠江地域で「瓜郷式」が変容した土器群等複数系統の土器型式の複雑な関与が想定される。特に成立期における「貝田町式」からの影響は大きく，文様帯構成のほかにも，文様，形態，調整の各属性において認められ，それは高坏の出現（第5図4）にみる器種構成の変化を含めた土器型式の構造的な転換を伴う。こうした段階をもって「白岩式」の成立と考えたい。

その後，「白岩式」2段階（第6図9～19，「東遠江Ⅳ-2様式」）の文様帯構成では，1文様帯を幅広く無文帯として，2文様帯は口頸部の境界付近から，胴部最大径より上位の範囲に展開する文様帯構成へと収斂していき，2文様帯の下部には幅狭の3文様帯が配置するものと（11・13・14・16），もたないものがある。また

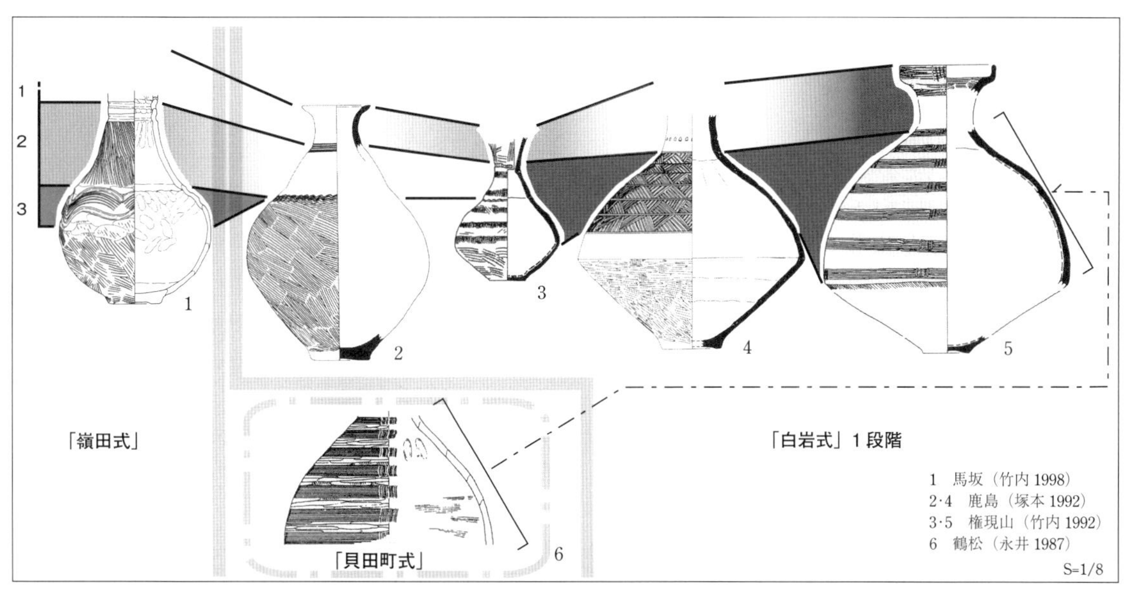

第3図　「白岩式」の文様帯構成

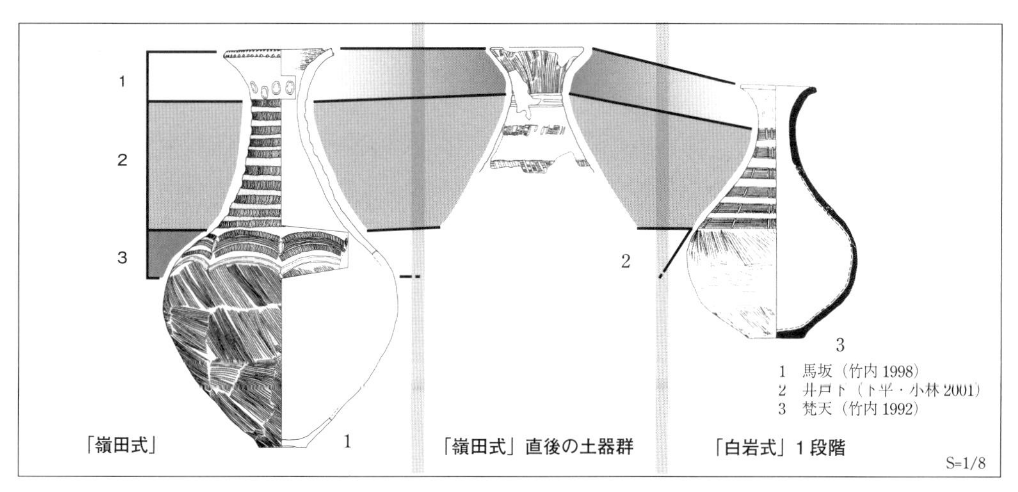

第4図　「嶺田式」から「白岩式」への文様帯構成の変化の一例

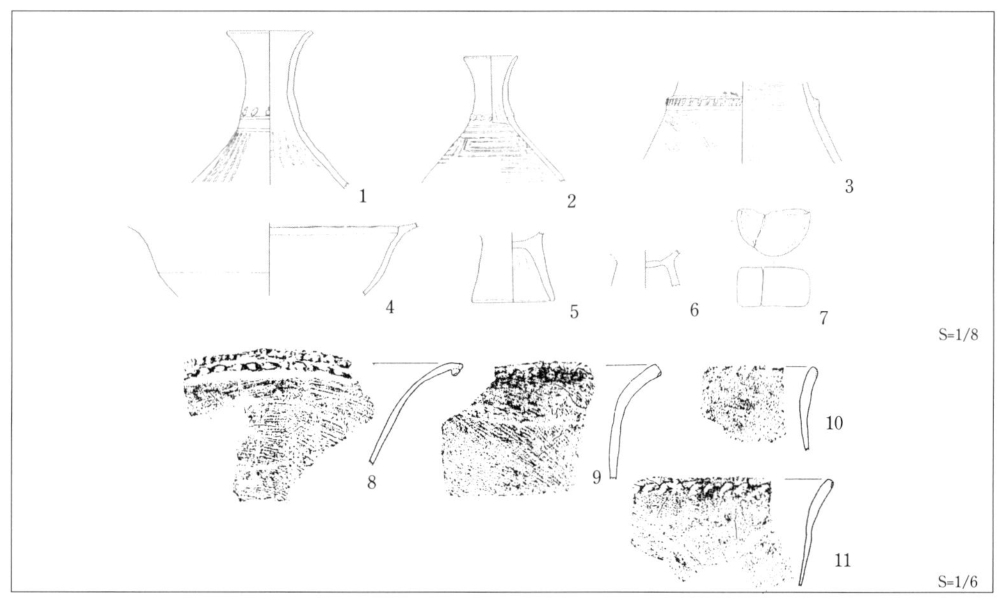

第5図　野際遺跡2号土坑出土土器（竹内 1992）

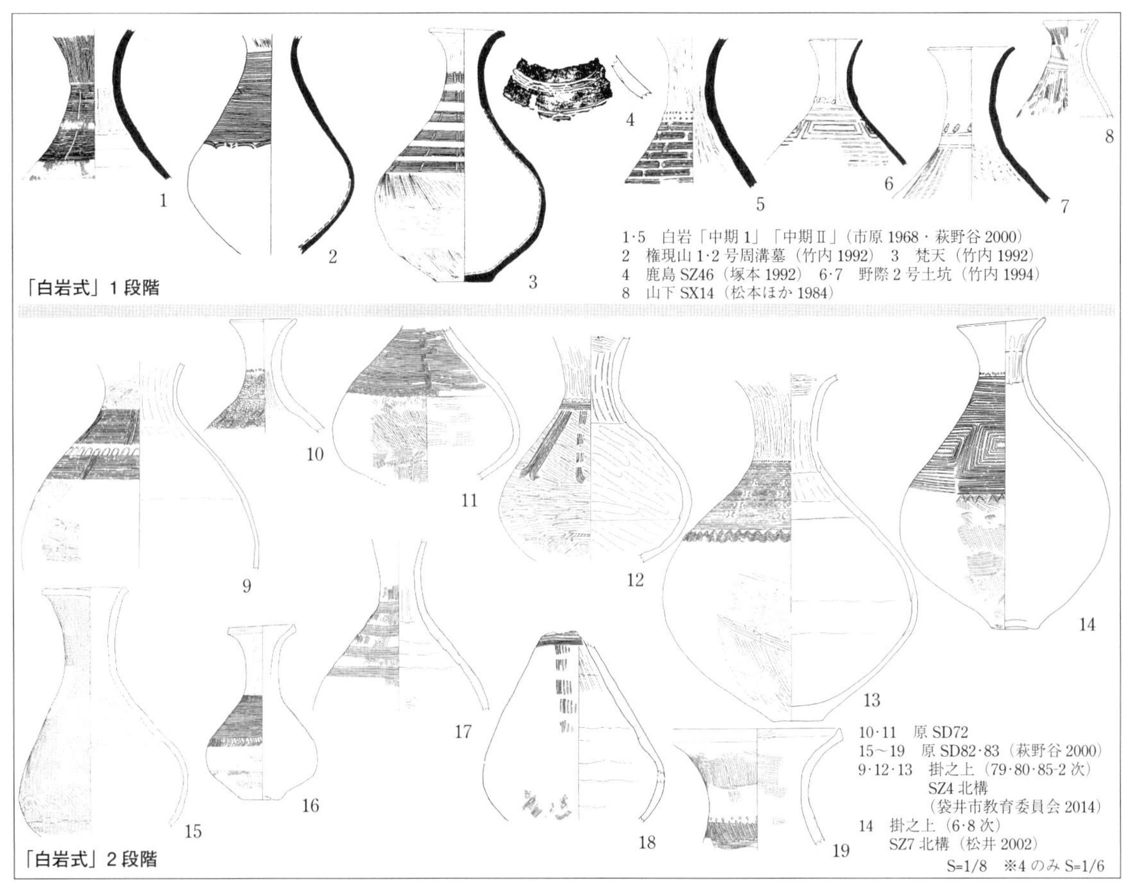

第6図 「白岩式」1段階・2段階の細頸壺・太頸壺

「白岩式」2段階では，2文様帯に展開する文様として，ヘラ描文を主文様とする例もあるが（14），櫛描文の定着が一層進行し，後者は文様の構成を変遷させながらも「白岩式」終末の4段階まで続いていく（萩野谷 2000，佐藤ほか 2002）。

(5) 東遠江地域における中期弥生土器の展開過程

以上，資料に制約のあるなかでの検討ではあるが，東遠江地域における中期中葉から後葉，特に嶺田・阿島型壺成立後の土器群の展開過程には，大きく二つの画期が想定される。

一つ目の画期は，「嶺田式」直後の土器群とした段階である。ここでは嶺田・阿島型壺を主体とする「嶺田式」が変容し，壺はミガキ調整や胴部下半の櫛条痕の省略，ハケメ仕上げとする一群が現れ，一部で櫛描文が採用されるという現象が生じたとみられる。しかし一方で，伝統的な文様帯構成やヘラ描の施文手法は維持されている点にも注意され，櫛描文の採用はむしろ限定的であった可能性がある。一方，隣接する西遠江地域では「瓜郷式」直後の土器群とした段階で，壺は「貝田町式」からの影響を受けて2文様帯の拡大・3文様帯の縮小という文様帯構成の変化と，ミガキや胴部下半の櫛条痕の省略とハケメ仕上げにみる施文・調整手法の分化が生じるが，うち後者の変化が，上述の東遠江地域で生じた「嶺田式」の変容を促したのではないか。

さらに両地域を比較すると，西遠江地域では「瓜郷式」直後に生じた文様帯構成の変遷が，その後の「角江式」の成立に至るまで円滑に進行しており，中期後葉の櫛描文系土器が成立・展開していくのに対して，東遠江地域における「嶺田式」直後の変化は調整手法等を主体としたものにとどまる可能性がある。この段階では，両地域の土器群の変容過程に質的な差異が内在する可能性も考慮すべきだろう。

以上のように，「嶺田式」から「白岩式」へ，「瓜郷式」から「角江式」への変遷においては，狭間にこうした段階を確実に設定することができ，将来的には前後の土器型式とは弁別して，新たな型式を定義した方が理解しやすい。

二つ目の画期は，櫛描文系土器である「白岩式」の成立である。前述のように「白岩式」は在来の伝統や西遠江地域との関わりのみならず，「貝田町式」の強い関与のもとで成立した土器型式である。壺では「嶺田式」由来の文様帯構成が解体し，「貝田町式」や西遠江地域の「瓜郷式」由来の文様帯構成の影響を受けてこれらが再編成され，かつ櫛描文が本格的に採用されるという現象を認めることができる。

「白岩式」の成立背景としては，伊勢湾沿岸の「貝田町式」が東遠江地域へ流入し，これが在来の土器型式の構造的な転換を促したことが考えられる。

2 「有東富士見台式」の変容と「有東式」の成立

(1) 問題の所在

近年，駿河地域の中期中葉の土器型式として「有東富士見台式」が小泉祐紀により提唱された（小泉2017）。三河から西遠江地域の「瓜郷式」併行期に，東遠江地域の広義「嶺田式」や南関東地方の「中里式」とともに「有東富士見台式」（「西駿河Ⅲ-2・3様式」）が相互に連関しつつ展開することを明らかにしたことは重要であり，東海地方東部における弥生土器研究上の意義は大きい。

小泉が提唱した「有東富士見台式」は，以下の特徴をもつ。①壺は，平沢型壺が在地化した長頸壺と「丸子式」（後続段階の「東遠江Ⅲ-1様式」を含む）の系譜を引く広口壺があり，前者が卓越する，②甕は，「丸子式」との断絶が認められ，磨消線文甕，上下分割調整甕，横位羽状文甕（伊藤1996）等が組成する，長頸壺は，③口縁部に縄文や，ヘラ描の三角文・菱形文等の意匠文が施され，文様帯は幅広で区画する沈線が下位にある，④頸部は中位で膨らみをもつものが多く，体部はなで肩ないし肩の張る形態をとる，⑤文様から条痕が欠落し，胴部文様下に帯状の区画線をもつ，⑥西駿河地域では頸部と体部に別の文様モチーフをもつものが多い，等である。また，当該型式は南関東地方からの影響を強く受けていることも強調した（小泉2017）。

さらに，「有東富士見台式」の文様帯構成の特徴を加えるならば，特徴⑥のごとく2文様帯と3文様帯で異なる単位文が配置して両文様帯が連動しない西駿河地域の特徴は（第7図2・4・5・6），これが連動して2＋3文様帯となる例の多い東駿河地域（3）や南関東地方の「中里式」との大きな相違点ともいえる。また2文様帯を構成する沈線区画の横位条痕帯（1）は，新段階に至り多条の沈線文帯（2）や沈線区画の無文帯（5）となるだけでなく，その部位に新たに単位文を配置する構成が現れ（4・6）特徴的である。以上からは，「有東富士見台式」における個々の文様帯の独立志向を読み取ることもできる。

「有東富士見台式」に係る課題は，その成立過程や変遷，平沢型壺との関わり等多岐にわたるが，ここでは「有東富士見台式」の変容から「有東式」の成立に関係する以下の二つの課題に着目する。課題の第一は，受口状口縁太頸壺についてである。壺は，小泉が指摘した長頸壺と広口壺に加えて，受口状口縁太頸壺が「有東富士見台式」に組成する可能性が高く，次段階の広義「有東式」[2)]に継承されたとみられる（佐藤ほか2002）。後述するように，その形態や文様等の特徴は伊勢湾沿岸の土器群との関連が示唆され，当該型式を特徴づける器種と考えられるため，本章ではまず受口状口縁太頸壺の変遷や系譜を検討する。

課題の第二は，「有東富士見台式」から「有東式」への変遷過程である。「有東式」成立の指標は，「有東富士見台式」の長頸壺の変容と「白岩式」の影響による櫛描文施文壺の出現と考えられるが，その過程は必ずしも明らかとはなっていない。ここでは，従来広義「有東式」の初頭と理解されてきた静岡市川合遺跡SX11607出土土器群の分析を行い，「有東式」成立に係る若干の見通しを得たい。

(2) 西駿河地域出土の受口状口縁太頸壺の分類

本節では類例の多い西駿河地域出土の受口状口縁太頸壺を検討対象とする[3)]。しかし破片資料が主体であり，かつ遺構出土資料が限られるため編年的位置を確定しづらい。ここでは最も顕著な特徴を現す口縁部に着目してA群からC群に分類し，型式学的検討により時間的変遷と系譜について検討する。以下，やや冗長となるが個々の資料の特徴を述べていこう（第10図）。

A群　A群は，器面に条線の太い条痕を密に施し，受口部が強く屈曲するか，幅広となる形態をとる一群である。受口部外面は条痕を施すものや，条痕上に単位文を描くものが多い。単位文は，楕円や方形を基調としたもの（2～6）で，間に棒状浮文を貼り付けするものもある。口径は20～25cmと大形の壺である。

1は，受口部外面の文様が横位条痕上に縦位条痕を付加しT字状の構成をとる。屈曲部下は縦位の条痕が密に施され，頸部は横位条痕により口縁部と区画される。条痕は5条単位で，条線は幅1.8～2.2mmと太い。口縁端部と屈曲部に刻みを有する。

2は受口部が強く屈曲して内傾し，屈曲部が粘土帯貼り付けにより突出する形態である。受口部外面は，条痕上にヘラ描の楕円文を上下2段に施す。受口の屈曲部下は羽状条痕が施され，その条線は幅2mm以上と比較的太い。屈曲部と口縁端部にはハケ状工具による刺突が施される。内面はハケ調整である。3もヘラ描による楕円文の構成や外面の条痕等，2と類似した特徴をもつ。

4は，受口部外面の条痕上に，棒状浮文と2条単位の櫛状工具による単位文を施す。単位文は方形基調で下辺に舌状の張り出し部をもつ。受口の屈曲部下は斜位条痕の後，3ないし4条単位の櫛状工具によるU字文を施す。条痕は条線が幅4mmと太く，上述の櫛状工具とは別工具とみられる。屈曲部と口縁端部上・下にハケ状工具による刻みをもつ。6は受口部外面の条痕上に，条痕と同工具とみられる3条単位の櫛状工具による単位文を施す。単位文は下開きのコの字文内に波状文を充填した構成である。屈曲部下は横位条痕が認められる。

なお，未実見ではあるが，5は受口部外面に楕円文，屈曲部下に羽状条痕が施され，大きく外反した後に強く内側へ屈曲する受口部の形態的からA群の可能性がある。

B群　B群は，器面の条痕下に1次調整のハケメが明瞭に認められるか，部分的に条痕自体が省略されてハケメ仕上げとなる特徴をもち，かつ受口部の形態はA群に比して屈曲がやや弱くなるものを主体とする。特に前者の特徴はA群が条痕を器面に密に施すこととの大きな相違点である。受口部外面の文様は，棒状浮文と楕円を基調とした単位文（7・8）の他，上下沈線付加の鋸歯文（10・11），ヘラ描の波状文（12），櫛描波状文（15），羽状条痕や斜位条痕（13・14）等が認められる。なお，条痕は櫛状工具によるものを原則とする。口径は復元径約16～18cmのものと，約20～23cmのものがある。

7は幅広の受口部をもち，外面はハケ調整後に，棒状浮文と3条単位の櫛状工具による楕円文が施される。受口の屈曲部下も同工具による横位条痕が施されるが丁寧ではなく，条痕間に1次調整のハケメが明瞭に観察できる。条痕は，条線が幅3mmと太い。屈曲部の刻みはハケ状工具により，口縁端部も摩滅するが刻みを有するとみられる。内面はハケ調整である。8は，受口部がやや狭く外面はハケ調整後に棒状浮文とヘラ描の楕円文を施し，楕円文内に2個単位の刺突文が充填される。屈曲部直下はハケメで，以下は斜位条痕の

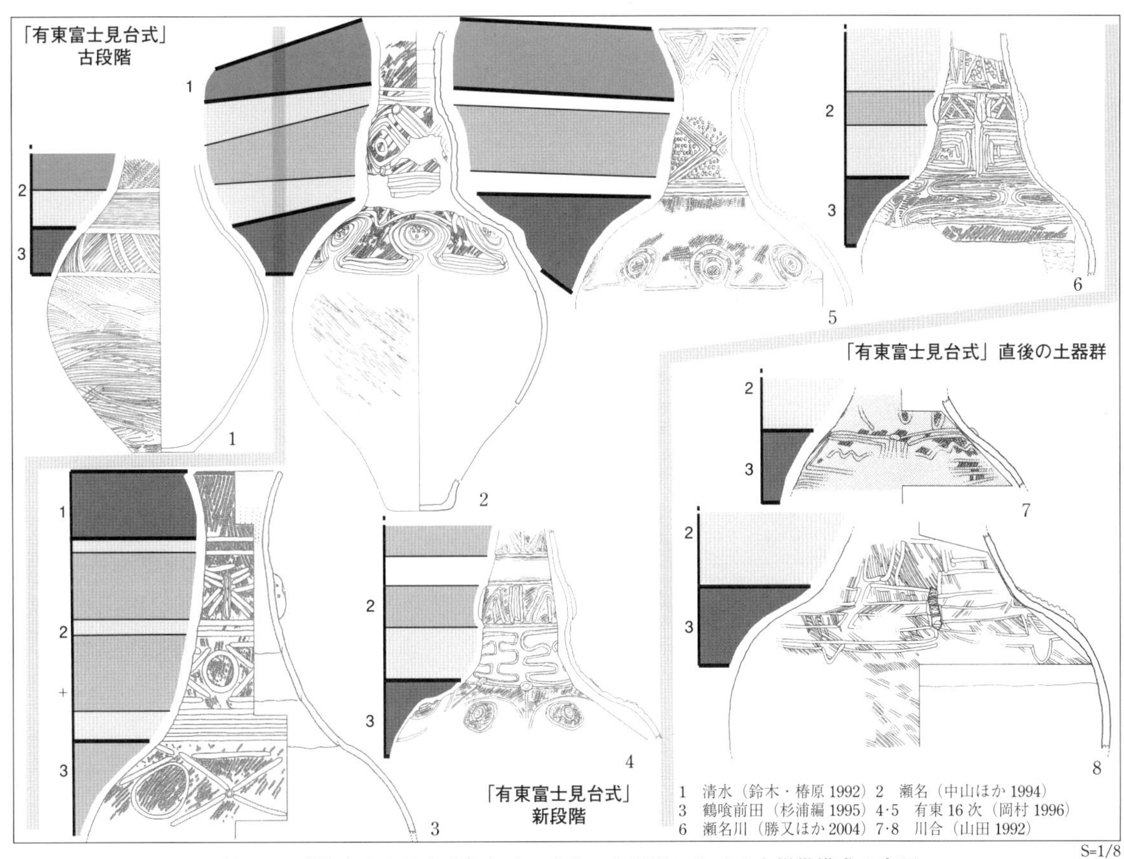

第７図　「有東富士見台式」とその直後の土器群における文様帯構成の変遷

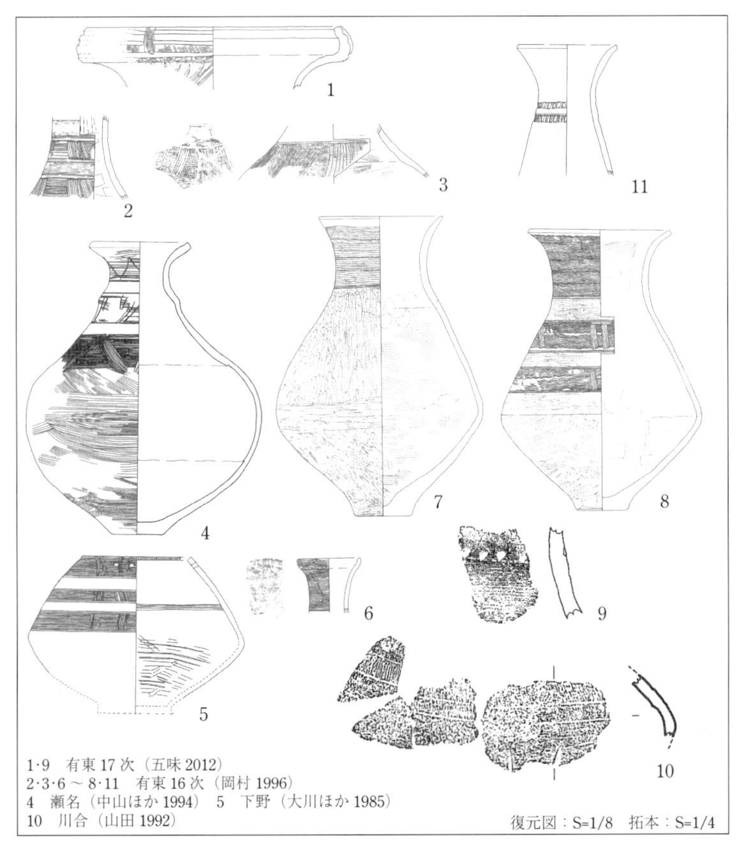

第８図　西駿河地域出土の外来系土器

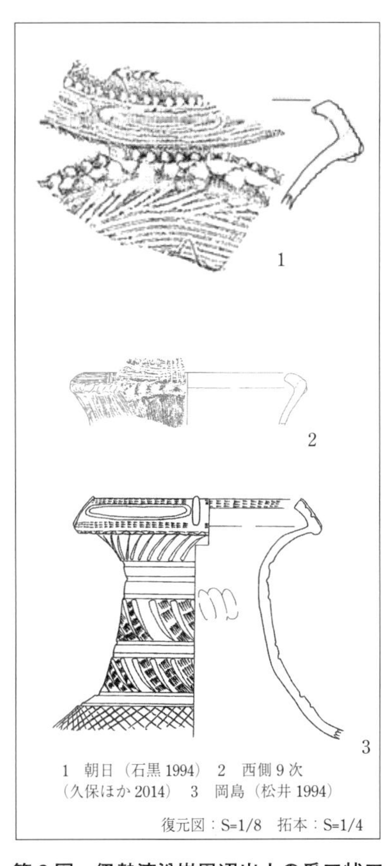

第９図　伊勢湾沿岸周辺出土の受口状口縁太頸壺

のちにヘラ描の複数の縦位沈線と，横位の沈線が付加されるが，これら沈線は「瓜郷式」の跳ね上げ文や区画沈線に由来するとみられる。条痕は，条線が幅1.5～2mmとやや細い。屈曲部と口縁端部にハケ状工具による刻みをもつ。

11は，受口部外面に斜位条痕のちヘラ描による上下沈線付加の鋸歯文が施される。屈曲部下はハケ調整後に縦位の条痕が施され，その条線は幅2mmである。屈曲部と口縁端部にハケ状工具による刻みをもつ。内面はハケ調整である。10も，受口部外面でハケ調整後に上下に複数沈線を付加した鋸歯文が施されるが，11に比して描き方が粗雑である。受口の屈曲部下はハケ調整後に2条単位の斜位条痕を施す。条痕は条線の幅2～3mmである。一方，14は受口部外面に単位文等は施文されず，ハケ調整後に斜位条痕が施され，屈曲部下も縦ハケ調整後に斜位条痕が施される。

12は，受口部外面に斜位条痕後にヘラ描による縦位直線と波状文が施される。条痕は4条以上を単位とし条線が幅1.6mmと細い。受口の屈曲部下はハケメで，図では不鮮明であるが頸部にヘラ描の浅い沈線が2条めぐる。口縁端面の刺突文はハケ状工具による。

C群　C群は，条痕が完全に脱落して器面にハケ調整ないしナデ調整を施す一群で，形態は受口部の屈曲が弱くやや内傾する程度のものが多く，17～20を典型例とする。ハケメは，粗い条痕様となるものも認められる。受口部外面の文様は，櫛状工具による波状文（16・23・28）や縄文地に沈線（26）等が認められるが，無文で斜位のハケ調整を施す例が多い。また，口径は20cmを超える大形品（16）もあるが，復元径約14～18cmとなるものが主体で，A群やB群に比して小形の壺が多い。

18は，受口部がやや内傾する程度で端面は水平に近い。外面は無文でハケ調整である。19も同様の形態であるが，ハケメは粗く条痕様である。

17は全面に粗いハケ調整を施し，受口部外面のハケメは斜位である。屈曲部と口縁端部にハケ状工具による刻みをもつ。頸部から胴部にかけては，ヘラ描による多条の沈線文帯を少なくとも上下に2帯配置する。23は，受口部外面にハケ調整後に二条単位の工具による波状文が施される。

16は，強く屈曲する受口部をもつ大形の壺で，口縁部形態はB群の特徴であるが，全面をハケ調整とする。受口部外面は櫛描波状文が施され，頸胴部には櫛描の波状文と直線文の組み合わせを上下2帯配置する。形態よりC群のなかでは古相に位置づけうる。

(3) 駿河地域における受口状口縁太頸壺の成立と展開

次に，A群，B群，C群の編年的位置と系譜を検討しよう。A群は，包含層や流路出土が多く良好な遺構一括資料にめぐまれないが，藤枝市清水遺跡例（第10図1）が「有東富士見台式」を主体とするA区18層（鈴木・椿原1992）より出土する。またA群を含む当該器種は，「丸子式」やその後続段階（「西駿河Ⅲ-1様式」）に組成する確実な事例は認められないから，「有東富士見台式」に至り出現する器種である可能性が高い。A群の特徴である条線の太い条痕を密に施す手法は条痕文系土器の伝統で広義「有東式」には衰退し，一方で刻みや内面調整にみるハケ状工具の使用は「有東富士見台式」以降に顕在化する。したがって，A群は「有東富士見台式」を中心とする時期に位置づけられ，西駿河地域における受口状口縁太頸壺の成立期の資料が含まれると考えられる。

また，A群は大形の壺で，受口部が強く屈曲するか幅広の形態をとることから，その系譜は西方各地域の土器群との関わりが想定される。伊勢湾沿岸では，受口状口縁太頸壺は条痕文系土器「岩滑式」に組成し，その後，西三河地域で「古井堤式」を経て「瓜郷式」へ継承される。そして「瓜郷式」が東三河から西遠江地域へ範囲を拡大する過程のなかで，受口状口縁太頸壺もこれらの地域に定着するとみられる（石黒2014）。

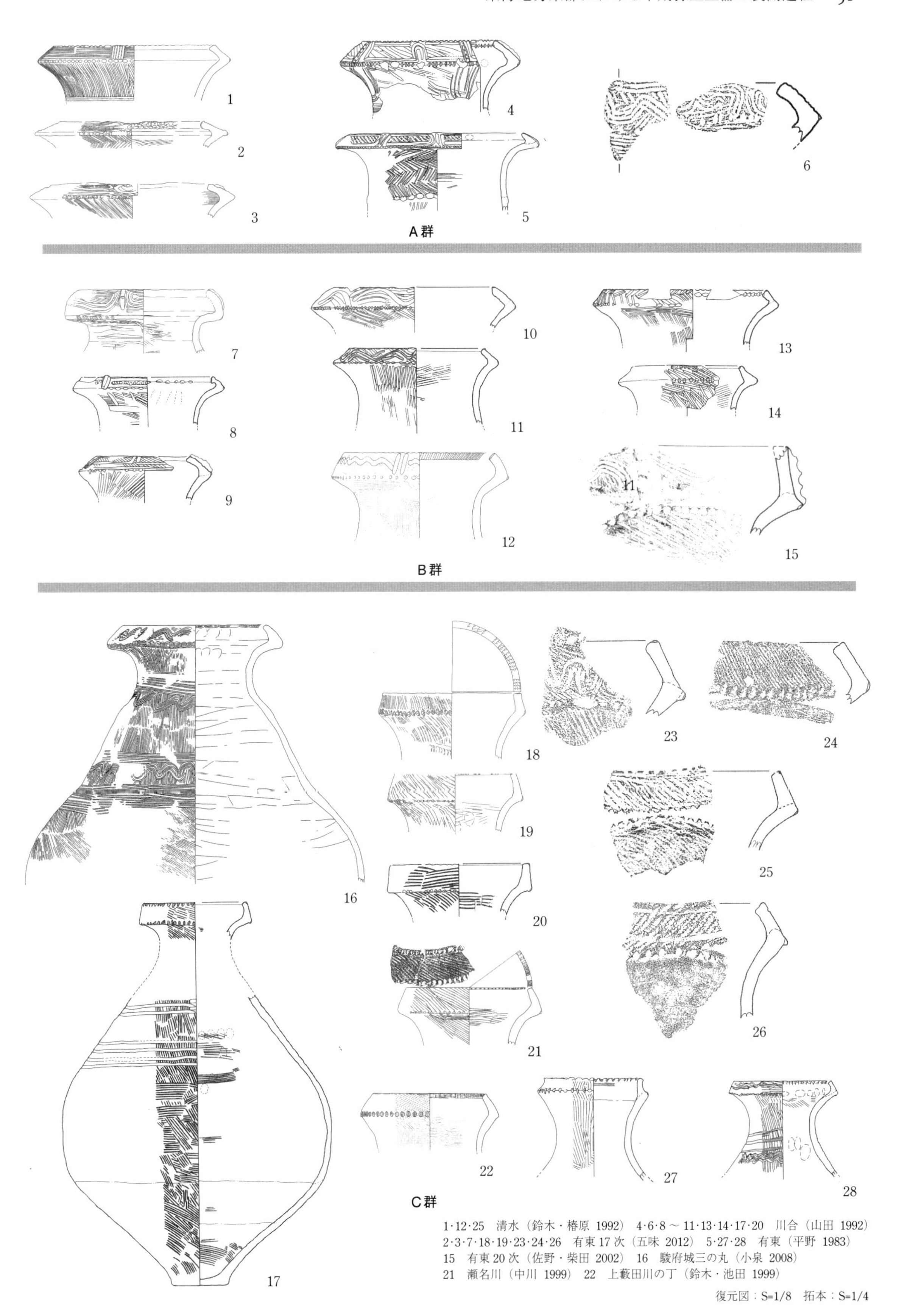

第10図　西駿河地域出土の受口状口縁太頸壺の分類

一方東遠江地域でも，当該器種は西駿河地域と同様に「丸子式」や「丸子式」後続段階（「東遠江Ⅲ-1 様式」）には組成せず，広義「嶺田式」（「東遠江Ⅲ -2・3 様式」）に至り「瓜郷式」の影響を受けてその存在が明瞭となる（佐藤ほか 2002・鈴木 2017）。「有東富士見台式」における受口状口縁太頸壺の出現は，こうした併行期の各地の土器群の動きと連動して生じた現象とみられる。

そこでＡ群の文様に着目すると，受口部外面における条痕や，条痕上に楕円・方形を基調とした単位文を施す特徴は，在来の伝統のなかで説明することは難しく，「瓜郷式」との関連が想定される。1 のＴ字状に施された条痕は，「瓜郷式」では豊橋市西側遺跡例（第 9 図 2）で類例が認められる。また，第 10 図 2・3・5 の楕円文は，「瓜郷式」では類例は多くはないが，西尾市岡島遺跡例（第 9 図 3）と対比できる。なお，この構成は「岩滑式」の受口部外面の文様（1）に由来し，「瓜郷式」に継承されたものであろう。以上より，Ａ群の受口部外面の文様は，「瓜郷式」との系譜関係が想定できる。

次にＢ群をみよう。Ｂ群は条痕下における 1 次調整のハケメの顕在化や，部分的に条痕自体が省略されてハケメ仕上げとなる等，条痕手法を保持しつつもハケ調整への傾斜が認められ，Ａ群よりも新しい特徴をもつ。受口部外面の文様は，棒状浮文と楕円を基調とした単位文（7～9）が，Ａ群との直接的な系譜関係にある。また，ヘラ描波状文（12）は「瓜郷式」の連弧文が波状文化したもので，屈曲部下から頸部に施された縦位沈線（8）や横位の沈線（8・12）も「瓜郷式」の跳ね上げ文や頸部の横帯に由来するから，これらは「瓜郷式」からＡ群を経て定着した要素と考えられる。一方，受口部外面における上下沈線付加の鋸歯文（10・11）についてはその系譜を明らかにしえないが，大地式や中部高地方面の土器群との関連も無視できない。

Ｂ群の編年的位置は，川合遺跡 SX11607 出土例（11）が「有東富士見台式」直後である広義「有東式」初頭（「西駿河Ⅳ -1 様式」）に，清水遺跡 16 層出土例（12）が広義「有東式」前半（「西駿河Ⅳ -2 様式」）に比定されるから（伊藤 1996，佐藤ほか 2002），おおむね当該期を中心とする時期に位置づけうる。

ただし，壺以外の器種では，例えば甕ではハケ調整の採用が「有東富士見台式」新段階で明瞭に認められ，さらに古段階である清水遺跡 ST22 出土例には条痕下に 1 次調整のハケメがすでに認められる。したがって，「有東富士見台式」期に類似した手法が壺の一部に採用されたとすれば，Ｂ群はその初現が「有東富士見台式」期にまで遡りうるかもしれない。それでもＡ群からＢ群への変遷は，型式学的な変化の方向性としては間違いなく，「有東富士見台式」から広義「有東式」へと漸移的に変遷していたとみられる。

つづいてＣ群について検討する。条痕が完全に脱落して器面にハケ調整等を施すＣ群の編年的位置は，川合遺跡 2 号方形周溝墓例（17）が広義「有東式」の中頃，「西駿河Ⅳ -3 様式」に比定されるから，当該期を中心とする時期に位置づけられる。Ｃ群はＢ群における条痕が省略され，ハケメ仕上げとなることで成立した。また，粗い条痕様のハケメとなるものも認められ，これらは条痕と同様の視覚効果を期待して施されたものと考えられる。Ｃ群の形態は，Ａ群・Ｂ群に比して受口部の屈曲が弱くやや内傾する程度のものが主体で，また口径や頸胴部の形態（17）よりＡ群・Ｂ群に比して小形化する可能性が高い。受口部外面の文様は，櫛状工具による波状文（16・23・28）を施す例はＢ群からの変遷で理解できる。また斜位のハケ調整は，Ｂ群における受口部外面の斜位条痕がハケメに置換したものであろう。頸胴部の文様における，沈線文帯や櫛描文帯を上下に 2 帯配置する構成（16・17）は，その淵源は「瓜郷式」2 文様帯の x（数条の沈線付加の横帯）や y（櫛描文による横帯）に求められ，Ａ群やＢ群に定着していたと考えられる。

以上より，Ａ群，Ｂ群，Ｃ群は，おおむね時間的差異を示している可能性が高く，「有東富士見台式」の段階で「瓜郷式」の影響を受けて受口状口縁太頸壺Ａ群が成立し，次段階の広義「有東式」初頭にかけて条痕が一部で省略されるＢ群主体へと漸移的に変遷する。その後，広義「有東式」の中頃までにハケメ仕上げを基本とする形態のC群へと変遷するという型式学的な変化が想定される[4]。

(4) 西駿河地域出土の伊勢湾沿岸系土器

西駿河地域では，伊勢湾沿岸周辺の「瓜郷式」(第8図1～4)，「貝田町式」(7・8・10) や東遠江地域の「嶺田式」(11) 等の外来系土器が確認される。特に，静岡市有東遺跡，川合遺跡，瀬名遺跡，藤枝市清水遺跡，上藪田・川の丁遺跡等でその存在が明瞭であり，上記各型式の搬入品のほかに，在地の模倣品とみられるものも少なくない。すでにいくつかの検討が行われているが (佐藤1994，石川2001，小泉2018)，以下では時期比定の可能な資料を中心に特徴を確認したい。

有東遺跡例 (1) は「瓜郷式」の受口状口縁太頸壺で，受口部外面はヨコナデ後に棒状浮文と3条のヘラ描沈線，沈線間に刺突文 (櫛状工具か) が施される。受口の屈曲部には二枚貝と推定される施文具による刺突文が，以下外面には跳ね上げ文が施される。図示されていないが，口縁端面には二枚貝による圧痕が1ヶ所で確認される。胎土は金雲母・石英を含み，搬入品であろう。施文具としての二枚貝の使用は，「瓜郷式」古相の特徴である (石黒2014)。

一方，3・4は「瓜郷式」新相の特徴をもつ。瀬名遺跡例 (4) は細頸壺で，1文様帯の直下に無文帯等を配置するB2型 (萩野谷2015) である。2文様帯を構成するx (上下沈線区画の無文帯) とy (櫛描文の横帯) の配置パターンより，1文様帯／2文様帯 (xyxy) ／3文様帯の構成となるが，最下部のyの拡大や，3文様帯が斜位条痕のみで形骸化すること，短頸化した形態等から，新相に位置づけられる。有東遺跡例 (3) も頸部の2文様帯でxに対してyが幅広となり，新相の特徴をもつ。この他，「瓜郷式」は静岡・清水平野を中心に比較的多く出土しており，その古相から新相にかけて流入していたことを示す。

「貝田町式」については，沈線区画された櫛描直線文を重畳する一群 (5) が，「貝田町式」ないし「瓜郷式」貝田町式模倣壺とみられるが，いずれかの判別が困難である場合が多い。一方，有東遺跡例 (7) は，口縁部外面に櫛描の横位直線文が幅広く施され「貝田町式」最古段階に比定され (石川2001)，また川合遺跡例 (10) はハケメ調整後に沈線区画された横帯へ一段おきにミガキを施す「ハケメ磨消帯」(石黒2014) とみられ「貝田町式」後半の特徴をもつ。したがって，「貝田町式」も最古段階から後半にかけて流入したとみられる。なお，三角形の刺突文をもつ9は伊勢湾西岸の「貝田町式」である可能性が高く，当地域に流入する「貝田町式」の淵源は濃尾平野に限定されないことも注意が必要である。

以上の伊勢湾沿岸各地の特徴をもつ土器群は，広義「有東式」初頭に併行する可能性のある10を除いて，その他はおおむね「有東富士見台式」を中心とする時期に併行するとみられる。「瓜郷式」を含む伊勢湾沿岸の土器群の流入という現象が，「有東富士見台式」に影響を与え，前節で検討した受口状口縁太頸壺成立の直接的な契機になったと考えられる。

(5) 川合遺跡SX11607出土土器の再検討

川合遺跡SX11607出土土器は，「有東富士見台式」に後続する広義「有東式」初頭 (「西駿河Ⅳ-1様式」) に位置づけてきた (伊藤1996，佐藤ほか2002)。

当該出土土器は，一部に異なる時期に帰属する可能性のある土器を含むが[5]，長頸壺 (第11図3・4) や広口壺 (1)，受口状口縁太頸壺 (2)，細頸壺 (5)，磨消線文甕 (6・9)，単斜方向の条痕甕 (7)，横位羽状文甕 (8)，ハケ調整甕 (10・11) 等は，一定の時間的なまとまりを示すと考えられる。

まず，先に検討した受口状口縁太頸壺 (2) 以外の土器群を確認しよう。

長頸壺 (3) は，頸部の2文様帯に矩形を連結させた文様を，胴部の3文様帯には浮文と王字文状の単位

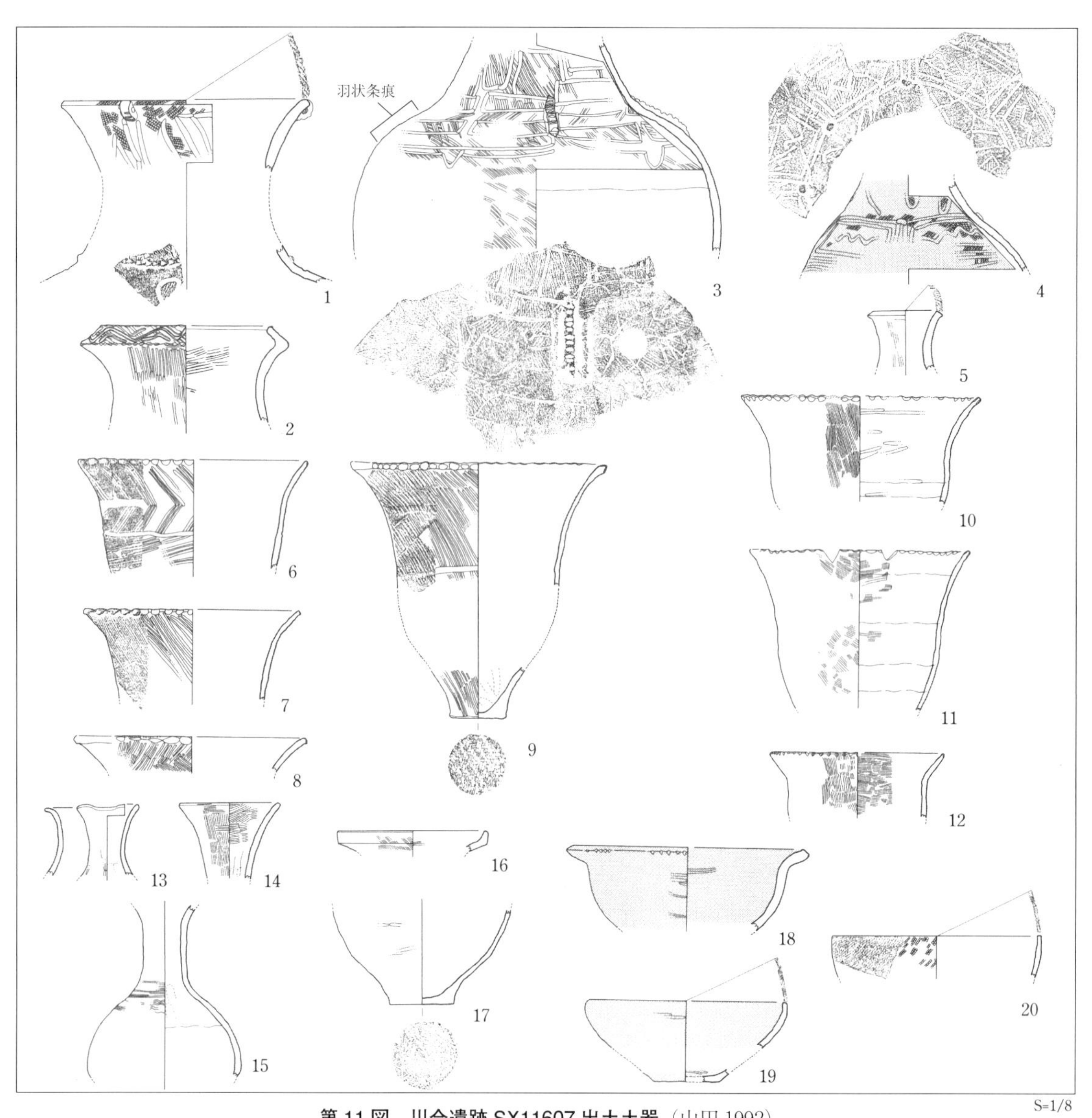

S=1/8

第 11 図　川合遺跡 SX11607 出土土器（山田 1992）

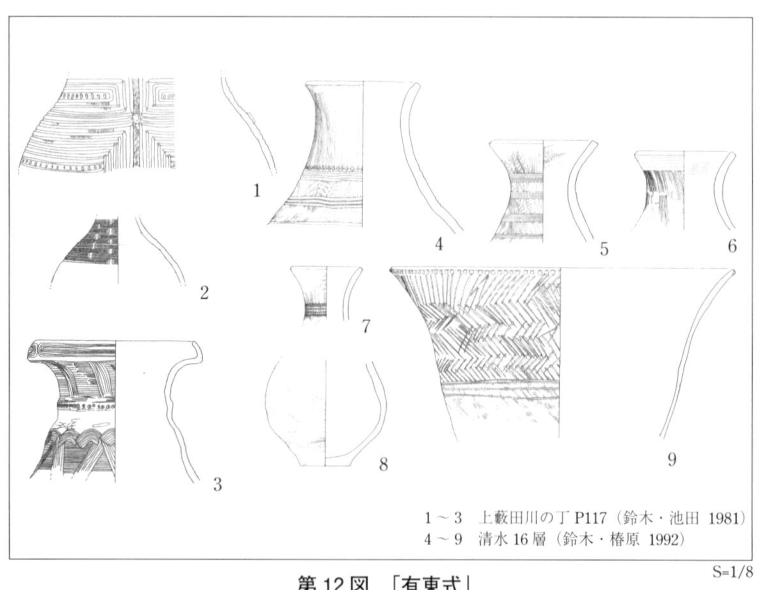

1 ～ 3　上藪田川の丁 P117（鈴木・池田 1981）
4 ～ 9　清水 16 層（鈴木・椿原 1992）

S=1/8

第 12 図 「有東式」

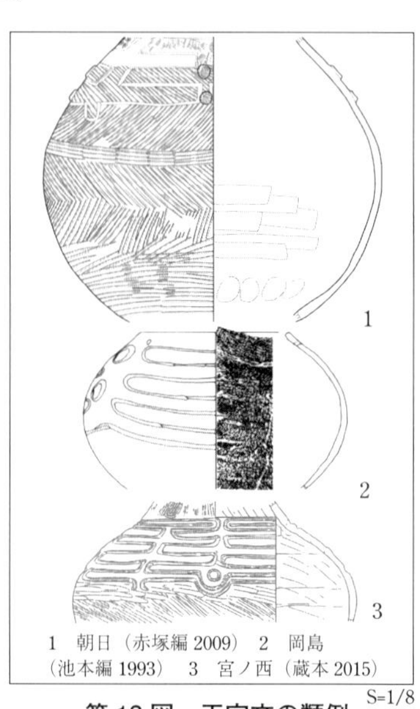

1　朝日（赤塚編 2009）　2　岡島（池本編 1993）　3　宮ノ西（蔵本 2015）

S=1/8

第 13 図　王字文の類例

文を配する（第7図8）。3文様帯の上端は，頸胴部境界よりやや上位に位置する。胴部上半には，頸胴部境界よりも下位に櫛状工具による羽状条痕が施され，王字文状の単位文と一部重複させている。頸部と胴部下半にハケ調整が施され，頸部のハケメは粗く条痕様である。王字文は沈線が浅く描き方が粗雑であることや，ハケメ仕上げであること等の特徴から，「有東富士見台式」より後出するとみられる。

なお，条痕地または無文部に王字文や王字文状の単位文を描く手法は，「有東富士見台式」のみならず東遠江地域の「嶺田式」でも認められ，第13図3は単位文間を連結する下端の沈線が舌状に張出して円文を配置する。こうした文様構成の系譜は東海地方西部の続条痕文系土器に求められる。石黒立人は「岩滑式」3期ないし続条痕文系土器成立期（「中期Ⅰc」「中期Ⅱa」）における三字文や王字文の単位文間に施された円形浮文（第13図1）が，ヘラ描の円文へと変遷する系列を想定し，「瓜郷式」(2) に継承されることを明らかにした（石黒2014）。第13図1は，舌状部を有する王字文が，地文の羽状条痕と一部重複して施文されており，時期的な隔たりはあるが第11図3の祖型となる可能性が高い。こうした構成が残存する様相は，川合遺跡SX11607出土土器群成立以前の「有東富士見台式」が，「瓜郷式」のみならず続条痕文系土器の影響を受けていた可能性も示唆している。

別の長頸壺4は，頸部の2文様帯に舌状部がハの字状に垂下する結紐文の可能性のある単位文を配し，3文様帯には重四角文を描く（第7図7）。重四角文は縄文を地文とする「地文」手法（大島2000）で，結紐文状の文様は縄文施文後に沈線で区画する「帯縄文」手法であろうか。「有東富士見台式」では結紐文状の単位文は顕著ではなく，2文様帯の連接三角文や山形文（第7図4・6）が，ヘラ描文の衰退と文様の簡素化・無文部の拡大の過程で沈線区画の縄文の表現に変容したものとみられる。これらは，後続する広義「有東式」（「西駿河Ⅳ-2様式」）の2文様帯の結紐文へ受け継がれる要素と考えられる。

大形の広口壺（第11図1）は重三角文を描き口縁部に棒状浮文を付加する。沈線後に縄文を充填する「充填」手法とみられる。当該器種は「有東富士見台式」や南関東地方の「中里式」以来の形態であるが，1は浅い沈線で文様の描き方が粗雑な特徴は明らかに後出する要素である。

一方，5は在来の系譜とは異なる細頸壺で，口縁端部が外側に拡張する形態で，端面にハケ状工具による刻みが施される[6]。こうした施文手法は在来の系譜ではなく，伊勢湾沿岸を含む外来系土器の影響を受け成立したと考えられる。

このように，川合遺跡SX11607出土土器群は，その主体が「有東富士見台式」直後に位置づけうる従来の見解に訂正は要しないが，「有東富士見台式」に比して，①長頸壺の文様構成や施文手法に変化が認められ，②胴部下半の櫛条痕が省略されてハケメ仕上げとする特徴が看取される。このうち②の特徴は，西遠江地域の「瓜郷式」直後の土器群や，東遠江地域の「嶺田式」直後の土器群に認められる変化と連動して生じた可能性がある。しかし一方で，「有東富士見台式」の文様帯構成を継承し，粗雑化しながらも「有東富士見台式」以来のヘラ描文の文様構成を採用していることにも注意される。さらに，「有東式」の指標とされる櫛描文は少なくとも各個体資料のなかには採用されておらず，当該期の櫛描文の採用については，限定的であった可能性が高い。

(6) 西駿河地域における中期弥生土器の展開過程

本章では，まず内傾する受口部をもつ受口状口縁太頸壺が「有東富士見台式」に組成し，当該器種が「瓜郷式」からの影響を受けて成立したことを明らかにした。この現象は，当該期を中心とした時期における伊勢湾沿岸の土器群の駿河地域への流入が背景にあるとみられる。また，受口状口縁太頸壺は後続する川合遺跡SX11607出土土器群にも認められ，さらに櫛描文系土器の影響が明瞭となる「有東式」（「西駿河Ⅳ-2・3様式」）まで継承される。受口状口縁太頸壺は，「有東富士見台式」とその後続段階，そして「有東式」に組成する器種として系統的変遷を辿ることができる点は重要である。

このことは，隣接する南関東地方に分布する「中里式」や後続する「宮ノ台式」では原則として同形態の受口状口縁太頸壺が組成しないこととの明確な相違点であり，こうした器種組成における差異は，「有東富士見台式」と「中里式」における伊勢湾沿岸の土器群の流入にみる多寡が背景にあったものと考えられる[7]。

一方，「有東富士見台式」の直後に位置づけられる川合遺跡SX11607出土土器群は，従来は広義「有東式」初頭（「西駿河Ⅳ-1様式」）として理解してきた（佐藤ほか2002）。しかし，改めて当該土器群を見直した結果，前述のように「有東式」に定着する新しい要素を認めつつも，「有東富士見台式」の文様や文様帯構成が色濃く残存していること，また「有東式」の指標とされる櫛描文が各個体資料のなかには採用されていないことが確認される。したがって，当該土器群をもって「有東式」の成立と理解することは再検討を要すると考えられ，「有東富士見台式」直後の土器群は，いったん「有東式」から分離して別型式を設定すべきかもしれない。

「有東式」は，上記に後続する上藪田・川の丁遺跡出土土器（第12図1～3），清水遺跡16層出土土器（4～9）（「西駿河Ⅳ-2様式」）のように，在来の文様（1）とともに擬似流水文（2），口頸部の刺突文（4）や単帯構成の櫛描直線文（4・5）などの「白岩式」の櫛描文が在地化して定着した段階をもってその成立と考えるべきであろう。

3　まとめにかえて

本稿では，壺を分析対象にして，東遠江および西駿河地域の中期中葉～後葉の土器群の分析を通じて，各土器型式の成立・展開過程を考察した。

中期中葉の広義「嶺田式」や「有東富士見台式」は，条痕文系土器の「丸子式」を基盤にしつつ新たに出現した長頸壺が，変容する過程で成立する。両者は「瓜郷式」の影響で受口状口縁太頸壺が新たに出現する等共通した特徴も認められる一方で，長頸壺は広義「嶺田式」ではやがて阿島・嶺田型壺が成立し，「有東富士見台式」では文様帯の独立志向が強まる等，個性的な文様や文様帯構成が展開していく。また，この段階では，搬入土器や在地の模倣品から，壺を中心に伊勢湾沿岸の「貝田町式」，「瓜郷式」等の土器群が両地域に流入するとみられ，遠隔地からの土器移動が顕著に認められる。

広義「嶺田式」，「有東富士見台式」の直後には，西遠江地域の「瓜郷式」の変容と連動して壺の胴部下半の櫛条痕の省略・ハケメ仕上げという調整手法の共通した変化が生じつつある一方，「瓜郷式」とは異なり在来の文様帯構成が依然として健在である段階が想定される。またこの段階では櫛描文の採用が限定的である可能性が高い。現時点では資料に制約があるが，こうした段階を中期中葉と後葉の既存の土器型式の狭間に明確に位置づけることにより，当該期の土器群の展開過程をより段階的に整理できる可能性がある。

こうした段階を経て中期後葉には，東遠江地域で「貝田町式」の強い関与のもとで「白岩式」が成立し，さらに駿河地域では「白岩式」の影響を受けて「有東式」が成立する。また「白岩式」は，南関東の「宮ノ台」成立にも関与したとされ，これらは外来の土器型式が在来の土器型式の構造的転換を促すことにより生じた広域に連動する現象と理解することができる。ここに中期後葉の櫛描文系土器の成立という大きな画期があると考えられる。

以上のように，東海地方東部各地の中期中葉から後葉の弥生土器は，長頸壺が在地化して各地で個性的な特徴をもつ土器型式が展開する中期中葉から，いわゆる櫛描文系土器が広域にわたり成立する中期後葉に至るまで，相互に連動しつつ，段階的に伊勢湾沿岸の土器型式からの直接的・間接的影響を受け変容する様相が看取される。

今後は，各地方における地域間連鎖を読み解く細かな議論を積み重ねるとともに，東日本や西日本におけるより広域間の連鎖を明らかにしてその動態を探る取り組みも必要である。小田原市中里遺跡で代表される遠隔地間の土器移動が各地で認められるこの時期，その背後にある歴史的事象をどのように読み取ることができるのか。そうした考察は筆者の力量を超えているかもしれないが，継続的に取り組んでいきたい。

謝辞　本稿は，1998年度に静岡大学大学院に提出した修士論文の一部を基礎として，その後に得られた知見や分析を踏まえて全面的に書き改めたものである。また，本稿のうち1章は，その概要をすでに述べたことがある（萩野谷 2017）。修論執筆当時，原秀三郎先生，湯之上隆先生，滝沢誠先生，篠原和大先生にご指導を賜った。また，学部時代の新潟大学在学中には，故甘粕健先生，橋本博文先生，小野昭先生，白石典之先生に，土器研究を含む考古学の方法論について基礎からご指導を賜った。近年の資料調査では中鉢賢治氏，中川律子氏，小泉祐紀氏に便宜を図っていただいた他，多くの方々にご教示を賜った。末筆ながら感謝申し上げます。

（2018年10月1日受付）

註

1）西遠江地域に分布する「瓜郷式」は，胎土の特徴から豊川流域からの搬入品を主体とすると考えられている（佐藤 1995，鈴木 2017）。一方で，「瓜郷式」からの系統的変遷を経て成立する「角江式」等の櫛描文系土器は併行期の豊川流域の土器群とは型式学的特徴が異なり，その分布から在地で製作された可能性が高い。したがって，型式学的な連続性が追跡できる一方で，土器の生産地が異なるという問題が内在することとなる。本稿ではそうした問題については取り上げることができなかった。今後の課題としたい。

2）後述するように，本稿では静岡市川合遺跡SX11607出土土器群を「有東式」から分離すべきと考えていることから，当該土器群を「有東式」に包括させてきた従来の定義については，広義「有東式」と呼称する。

3）東駿河地域においても，沼津市西通北遺跡例に認められるように受口状口縁太頸壺が組成する可能性が高い。

4）なお，上記A～C群に該当しない受口状口縁太頸壺として上藪田・川の丁遺跡例（第12図3）がある。3は，受口部外面にヘラ描による沈線充填の楕円文が施され，屈曲部以下は櫛描の丁字文帯と，無文帯を挟んで連弧文と丁字文帯が配置する。櫛描文は7条単位と多条で条線が幅1.5mm前後と細く，A・B群の条痕とは明確に区別される。受口部の楕円文や頸部の文様構成は「瓜郷式」からの系譜であり，また文様帯も「瓜郷式」2文様帯のx（無文帯）・y（丁字文帯）と共通する。しかし，竹管状工具の刺突文は「白岩式」等からの系譜であり，当該資料は「瓜郷式」新段階の特徴を継承した東遠江地域の土器群の系譜上に位置づけられ，A～C群とは別系譜と判断される。

5）細頸壺（第11図15）は，頸胴部に7条単位の工具（条線の幅約1.0mm）による櫛描直線文2帯と波状文2帯が重畳し，「白岩式」の丁字文における縦位直線が省略された構成とみられる。頸胴部の境界が明瞭で，かつ頸部が長く直線的に延びること，櫛描文帯を配する2文様帯が幅狭である特徴は，「白岩式」2段階以降の特徴であり，長頸壺（3・4）と同時期に位置づけることにはやや躊躇する。また，別の細頸壺（13・14）の頸部から緩やかに広がる口縁部形態は，広義「有東式」の中葉以降の特徴をもつ。さらに赤彩の施された鉢（18・19）も，形態的特徴から中部高地「栗林式」との関わりが想定される。「栗林式」からの影響は，広義「有東式」中葉以降に顕在化する特徴であることから，1～5等の土器群と一括資料として取り扱えるか否かについては，慎重に判断する必要がある。したがって，川合遺跡SX11607出土土器群は，1～11等については「有東富士見台式」の直後に位置づけられる評価に変更はないものの，一部の土器についてはより新相の時期に帰属する可能性がある。

6）『弥生土器の様式と編年　東海編』（630頁）において，当該資料を口縁端面に縄文が施されると記述したが明らかに誤りであり，これは筆者の1998年当時の資料調査における事実誤認に起因する。こうした誤りがあったことをお詫びしたい。

7) 受口状口縁太頸壺は小田原市中里遺跡でも確認され，「瓜郷式」に比定される資料を含む。ただし，中里遺跡において当該器種が在地の土器群のなかに安定して組成する様相は認められず，西駿河地域との大きな相違点とみてよい。

また，「宮ノ台式」の受口状口縁壺の形態は，「白岩式」に由来すると考えられ，「有東式」に組成する受口状口縁太頸壺とはその系譜を異にすると考えられる。

引用・参考文献

赤塚次郎　2009『朝日遺跡Ⅷ』愛知県埋蔵文化財センター

安藤広道　1990「神奈川県下末吉台地における宮ノ台式土器の細分―遺跡群研究のためのタイムスケールの整理―」（上）（下）『古代文化』第42巻第6号・第7号

安藤広道　2002「静岡県沼津市東椎路久保出土の弥生土器について」『民族考古』第6号　『民族考古』編集委員会

安藤広道　2005「テーマ2．宮ノ台式の地域差と周辺　報告（1）」『考古学リーダー5　南関東の弥生土器』六一書房

石川日出志　1996「東日本弥生中期広域編年の概略」『YAY !』弥生土器を語る会

石川日出志　1998「弥生時代中期関東の4地域の併存」『駿台史学』102号　駿台史学会

石川日出志　2001「関東地方弥生時代中期中葉の社会変動」『駿台史学』第113号　駿台史学会

石黒立人　1990a「弥生中期土器にみる複数の〈系〉」『考古学フォーラム』1　愛知考古学談話会

石黒立人　1990b「1　弥生時代の遺構と遺物」『阿弥陀寺遺跡』愛知県埋蔵文化財センター

石黒立人　2014「伊勢湾岸域の弥生中期土器にみる『型式』と構造」『弥生土器フォーラム2014　弥生土器研究の可能性を探る2』

石黒立人・宮腰健司　1996「尾張（付：美濃）」『YAY !』弥生土器を語る会

石黒立人・宮腰健司・池本正明　1994『朝日遺跡Ⅴ　土器編・総論編』（財）愛知県埋蔵文化センター

池本正明編　1993『岡島遺跡Ⅱ・不馬入遺跡』愛知県埋蔵文化センター

伊藤淳史　1996「太平洋沿岸における弥生文化の展開」『YAY !』弥生土器を語る会

市原壽文　1968「静岡県小笠郡菊川町白岩遺跡発掘調査概報」『東名高速道路関係埋蔵文化財発掘調査報告書』静岡県教育委員会

岩本貴・篠原充男　1996『角江遺跡Ⅱ　遺物編1（土器・土製品）』静岡県埋蔵文化財調査研究所

漆畑　敏　1983『国鉄浜松工場内（梶子）遺跡第Ⅶ次発掘調査概報』浜松市教育委員会

大川敬夫・新井正樹・佐藤秀作　1985『下野遺跡』清水市教育委員会

大島慎一　2000「出土遺物の分析」『王子ノ台遺跡　弥生・古墳時代編』東海大学

大竹弘高・富樫孝志　2012『将監名遺跡』静岡県埋蔵文化財センター

岡村　渉　1997『有東遺跡第16次発掘調査報告書』静岡市教育委員会

掛川市教育委員会　2001『不動ヶ谷遺跡・不動ヶ谷古墳群』

勝又直人・中川律子・新家和彦　2004『瀬名川遺跡Ⅱ』（財）静岡県埋蔵文化財調査研究所

久保友香理・丸山依美ほか　2014『眼鏡下池北遺跡（Ⅶ）・東側遺跡（Ⅲ）・西側遺跡（Ⅸ）・洗島遺跡（Ⅴ）』豊橋市教育委員会

蔵本俊明　2015『宮ノ西遺跡』菊川市教育委員会

黒沢　浩　1993「宮ノ台式土器の成立」『駿台史学』第89号　駿台史学会

黒沢　浩　1998「続・房総宮ノ台式土器考―房総最古の宮ノ台式土器―」『史館』第30号　史館同人

小泉祐紀　2008「駿府城内遺跡出土の弥生時代中期の土器」『静岡県考古学研究』40号　静岡県考古学会

小泉祐紀　2017「有東富士見台式」『三遠南信における中期弥生土器と交流』地域と考古学の会

小泉祐紀　2018「駿河の弥生時代中期社会と交流」『論集　弥生時代の地域社会と交流』地域と考古学の会

小林久彦　1986「馬ノ上遺跡出土の「瓜郷式」式土器」『ホリデー考古』第5号

五味奈々子　2011『有東遺跡　第二東名建設事業に伴う埋蔵文化財発掘調査報告書』（財）静岡県埋蔵文化財調査研究所

佐藤由紀男・萩野谷正宏・篠原和大　2002「遠江・駿河地域」『弥生土器の様式と編年　東海編』木耳社
佐藤由紀男　1994「中期弥生土器における朝日遺跡周辺と天竜川以東との対応関係」『朝日遺跡Ⅴ』愛知県埋蔵文化財センター
佐藤由紀男　1995「出土土器の考察（Ⅱ）」『大山Ⅰ遺跡』舞阪町立郷土資料館
佐野五十三・柴田睦　2002『有東遺跡―第20次発掘調査報告書―』（財）静岡県埋蔵文化財調査研究所
設楽博己　2006「関東地方における弥生時代農耕集落の形成過程」『国立歴史民俗博物館研究報告』第133集
篠原和大　2017「丸子式土器とその広がり」『三遠南信周辺における中期弥生土器と交流』地域と考古学の会
下平博行・小林正春　2001『井戸下遺跡』飯田市教育委員会
杉浦幸男　1995『御殿川流域遺跡群Ⅲ　鶴喰前田遺跡』（財）静岡県埋蔵文化財調査研究所
杉山和德編　2011『西通北遺跡』（財）静岡県埋蔵文化財調査研究所
鈴木隆夫・池田将男　1981『上藪田モミダ遺跡　上藪田川の丁遺跡　鳥内遺跡』藤枝市教育委員会
鈴木隆夫・椿原靖弘　1992『清水遺跡』藤枝市教育委員会
鈴木敏則　2005『梶子北（三永）・中村遺跡―弥生時代編―』（財）浜松市文化協会
鈴木敏則　2017「嶺田式土器・瓜郷式土器」『三遠南信周辺における中期弥生土器と交流』地域と考古学の会
鈴木敏則・向坂鋼二　1998『梶子北遺跡　遺物編（本文）』（財）浜松市文化協会
竹内直文　1992「弥生時代」『磐田市史』史料編1　磐田市
竹内直文　1998『馬坂』磐田市教育委員会
竹内直文ほか　1994『野際遺跡発掘調査報告書』磐田市教育委員会
田辺昭三　1951『小笠郡加茂村白岩下流遺跡調査報告』掛川西高等学校郷土研究部
塚本和弘　1992『鹿島遺跡発掘調査報告書』菊川町教育委員会
戸田哲也・河合英夫　2015「まとめと考察」『中里遺跡発掘調査報告書』玉川文化財研究所
轟　直行　2016「角江式土器の変遷と各地の併行関係」『古代』第139号　早稲田大学考古学会
永井宏幸・村木誠　2002「尾張地域」『弥生土器の様式と編年　東海編』木耳社
永井義博　1987『鶴松遺跡Ⅱ』袋井市教育委員会
中川律子　1999『瀬名川遺跡』（財）静岡県埋蔵文化財調査研究所
中山正典・中鉢賢治　1994『瀬名遺跡Ⅲ（遺物編Ⅰ）』（財）静岡県埋蔵文化財調査研究所
萩野谷正宏　2000「「白岩式土器」の再検討」『転機』7号　転機刊行会
萩野谷正宏　2003「関東中期弥生土器の展開過程における一様相―埼玉県上敷免遺跡住居跡等出土土器群の分析から―」『法政考古学』第30集　法政考古学会
萩野谷正宏　2005「コラム　白岩式・有東式」『考古学リーダー5　南関東の弥生土器』六一書房
萩野谷正宏　2015「「瓜郷式土器」の文様帯」『静岡県考古学研究』第46号　静岡県考古学会
萩野谷正宏　2017「白岩式土器―その成立をめぐって―」『三遠南信周辺における中期弥生土器と交流』地域と考古学の会
馬場伸一郎　2008「弥生中期・栗林式土器編年の構築と分布論的研究」『国立歴史民俗博物館研究報告』第145集
久永春男　1955「東海」『日本考古学講座　4弥生文化』河出書房
久永春男　1963「弥生式土器」『瓜郷』豊橋市教育委員会
久永春男　1966「三　東海」『日本の考古学 Ⅲ　弥生時代』河出書房新社
平野吾郎　1983『有東遺跡Ⅰ下』静岡県教育委員会
袋井市教育委員会　2014『平成21・22年度　掛之上遺跡　遺構・遺物図版編2』
前田清彦・鈴木とよ江　2002「三河地域」『弥生土器の様式と編年　東海編』木耳社
松井直樹　1998『毘沙門遺跡・岡島遺跡』西尾市教育委員会
松本一男・松井一明・前田庄一　1984『山下遺跡』掛川市教育委員会・袋井市教育委員会
山田成洋　1992『川合遺跡　遺物編1』（財）静岡県埋蔵文化財調査研究所

北陸における布掘り柱掘形をもつ掘立柱建物の出現と展開

髙橋　浩二

はじめに

布掘り柱掘形をもつ掘立柱建物[1)]について，筆者は先に基礎的な問題の検討を行った（髙橋2018）。ただし，それは呼称法と研究史，また分類や布掘り柱掘形の機能の推定を主としたものであり，紙幅の関係もあって，分布や変遷等については取り扱うことができなかった。そこで，本稿では布掘り柱掘形の分類や基礎構造について補足的に検討した後，若狭と越後，佐渡を加えた北陸を中心とする地における集成を踏まえて，分布の特徴や柱間数などの傾向を示し，さらに出現と消長について考えることを目的とする。

なお，以下からは多少なりとも煩雑さを避ける理由で，前稿と同じく布掘り柱掘形をもつ掘立柱建物を「布掘り柱掘形式建物」と呼ぶことにする。

1　布掘り柱掘形の分類と基礎構造について

(1) 布掘り柱掘形の分類

髙橋2018では，出越茂和の案（出越1995）を基礎に，山中敏史による分類（山中2003）を参考にして，布掘り柱掘形を次のように四つに分類した。検討をすすめるうえで重要であるため再掲する。

Ⅰ類は，布掘り柱掘形内の柱位置を壺掘りせず，底面が平らな溝状を呈するものである。よって，布掘り柱掘形内には壺掘り柱掘形が見られないのが特徴である。

Ⅱ類は，布掘り柱掘形を掘り，さらに柱位置を壺掘りするため，底面の柱位置が窪むものである。よって，布掘り柱掘形底面において壺掘り柱掘形が見られるのが特徴である。

Ⅲ類は，布掘り柱掘形内をいったん埋め戻した後に，柱位置を壺掘りするものである。よって，基本的には布掘り柱掘形の検出面において壺掘り柱掘形が認められることになる。また，縦断面においては布掘り柱掘形埋土を掘り込む形で壺掘り柱掘形が検出されることになる。

Ⅳ類は，柱抜取穴などの影響や後世の削平が及ぶものを除外して，当初から一部の柱間において布掘り柱掘形が途切れていたと判断できるものを一括した[2)]。

このうちⅢ類については，柱抜取穴が壺掘り柱掘形よりも大きく掘られたり，ほかの遺構が重複するなどして，布掘り柱掘形の検出面において壺掘り柱掘形が確認できないことが考えられる。また，布掘り柱掘形と壺掘り柱掘形の埋土の特徴がよく類似して見分けがたい場合，検出し損ねる可能性がある。最終的には，断面層位を観察して確認する必要があるが，これが的確に行われずに壺掘り柱掘形が見落とされてしまうと，Ⅲ類として正しく認識されないどころか，別の類型に誤認されてしまう危険がある。この場合，壺掘り柱掘形が布掘り柱掘形底面までの深さにおさまっていればⅠ類に（第1図Ⅲ類－左と左二つ目の壺掘り柱掘形），そ

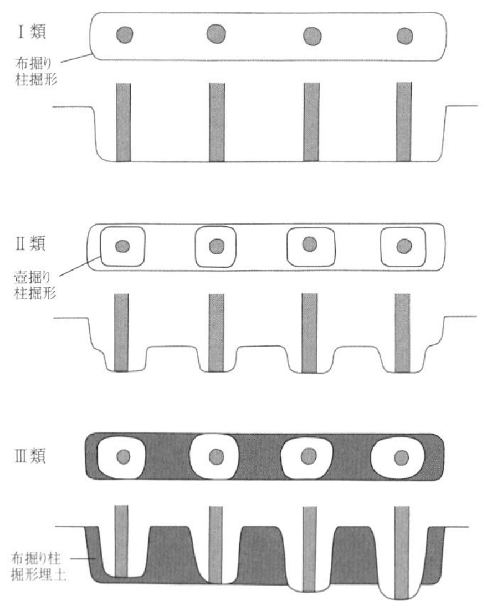

第１図　布掘り柱掘形の主な分類（図は柱設置時の状況を表す）

して布掘り柱掘形底面を若干掘り込む程度（同図Ⅲ類－左三つ目），またはさらに深く掘り込んでいたならばⅡ類として誤認されることになる（同図Ⅲ類－右）。したがって，布掘り柱掘形の検出面において壺掘り柱掘形が見られない場合でも，平面を慎重に掘り下げるとともに，布掘り柱掘形と壺掘り柱掘形，また柱痕跡との層位的関係を確認するための的確な位置，すなわち縦断面において層位の観察を行うことが必要である。

北陸の報告例を調べると，完掘後の平面図の他には，縦断面層位図ではなく，埋土部分が空白で層位が未表現の縦断面形図が掲載されている場合を多く見かけるが，Ⅰ類とⅡ類との違い，またⅣ類との差違を識別することはできても，それらの図面からⅠ類とⅢ類，Ⅱ類とⅢ類との違いを正しく見分けることは難しい。また，横断面層位図があっても一部の箇所しか図化されておらず，布掘り柱掘形埋土と壺掘り柱掘形埋土との関係が不明確な場合は，やはりⅢ類か否かの判断がつけがたい。このように，縦断面層位図や文章による記述がなく，完掘後の平面図および縦断面形図，一部の横断面層位図のみ掲載の場合には認識が難しく，Ⅰ類やⅡ類とした例のなかにⅢ類が含まれている可能性が完全には払拭できないと思われる。

また，桁行に施された一対の布掘り柱掘形は，大半は同じ分類に属するものであるが，分類が異なる場合もみられ，注意が必要である[3)]。

(2) 地中梁と筏地業と呼ばれる基礎構造

掘立柱の下には，柱の沈下防止や柱上端の高さを揃えるために，礎板や枕木などの木材を置く場合がある。布掘り柱掘形においても，長軸方向に長い礎板を据え付ける例が確認されており，柱の沈下防止や高さ調整と深く関係するものと考えられている。これに関して，山中は，柱相互を連結して基礎を堅固にする地下装置を，その連結方法如何に関わらず「地中梁」と仮称した（山中 2003：56 頁）。そして，Ⅰ類（本稿Ⅰ類）のなかには地中梁や長い礎板の設置を兼ねた布掘りが含まれ，Ⅱ類（本稿Ⅱ類）についても地中梁の設置を兼ねた可能性があるとしている。また，布掘り柱掘形の底面に長い礎板を据えた筏地業と呼ばれる基礎構造をもつものが，Ⅲ類（本稿Ⅲ類）に認められることを指摘した（山中 2003：50・56 頁）。この論考では地中梁の施工箇所が明記されていないものの，長い礎板を据えた筏地業と呼ばれる基礎構造と地中梁とは分けて使われていることがわかる。そして，この考え方はその後も継承され，奈良文化財研究所編 2010 では，布掘り柱掘形のうち，長軸方向の底面が平坦な例のなかには，細長い板を礎板として底面に据え置き，その上に複数の柱を立てるものを筏地業と呼ばれる基礎構造と呼称し，２本の掘立柱の根入れ部分を横材で連結して根固めする工法の地中梁とは明確に区分して用いている（176 頁）。

一方で，浅川滋男はⅠ類に属する新潟県蔵王遺跡や石川県大友西遺跡の例を説明するなかで，布掘り柱掘形底面に据え置かれた長い礎板に対して，地中梁あるいは地中梁（土台）の用語を使用している（浅川 1998：359 頁・2013：55 頁，浅川ほか 2018）。また，蔵王遺跡（第 4 表文献 63）や鳥取県松原田中遺跡の調査報告書のなかでも地中梁の用語が使われている（鳥取県教育委員会 2018ab）。

奈良文化財研究所編 2010 では例示がないが，山中 2003 において筏地業と呼ばれる基礎構造として取り挙げられている例は，山形県太夫小屋1遺跡SB985の9世紀前半代とされる建物で（山形県埋蔵文化財センター2001），蔵王遺跡や松原田中遺跡などの弥生から古墳時代前期のものとは時代が大きくかけ離れており，系譜関係も今のところ明らかにされていない。また，弥生から古墳時代における北陸の類例が布掘り柱掘形を桁行にしか基本的に構築しないのに対して，太夫小屋1遺跡SB985や，同じく筏地業と呼ばれる基礎構造をもつ同遺跡SB986・SB1074は両梁行にも構築するなどの違いがみられる。

これらのことから，本稿では筏地業と呼ばれる基礎構造という呼称を保留し，地中梁の用語を用いる。ただし，布掘り柱掘形の底面に据え置く事例が確認されていることに加えて，柱の根入れ部分を連結するものが存在する可能性も考えられることから，両者を区別して取り扱うこととし，前者を地中梁A，後者を地中梁Bと呼び分ける。

地中梁の設置という観点から布掘り柱掘形の分類をあらためて整理するならば，Ⅰ類は柱の底面に地中梁Aを据え置くことができるものである。それとともに，柱の根入れ部分に地中梁Bを連結することも可能である。Ⅱ類は，底面に地中梁Aを据え置くことはできないが，根入れ部分に地中梁Bを連結することができるものである。Ⅲ類は底面に地中梁Aを据え置くことはできるが，Ⅰ類とは違って布掘り柱掘形をいったん埋め戻して柱位置を壺掘りする必要があるため，根入れ部分に地中梁Bを連結することはできない。Ⅳ類は，地中梁A，Bともに柱筋全体を通しては設置することができないと考えられるものである。

他地域における地中梁の例を見ると，兵庫県武庫庄遺跡SB6は，弥生時代中期後葉に比定される4間以上×1間の独立棟持

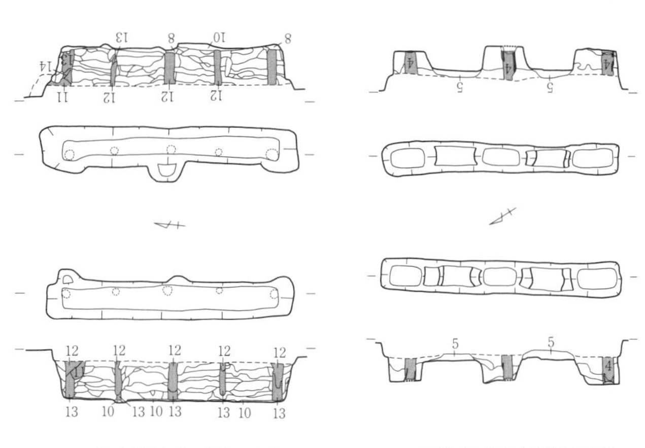

Ⅰ類（八里向山A遺跡SB06）　Ⅱ類（八里向山C遺跡SB05）

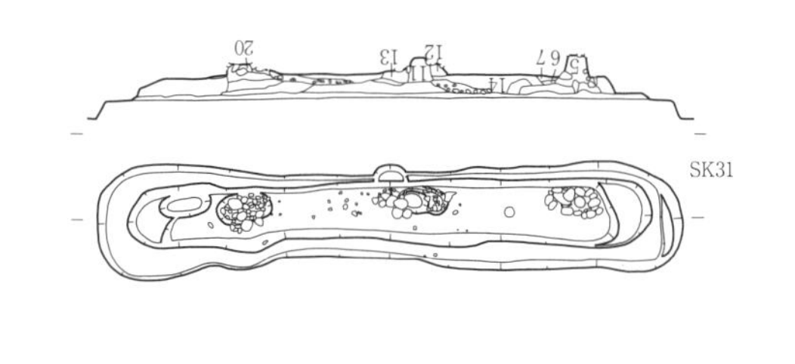

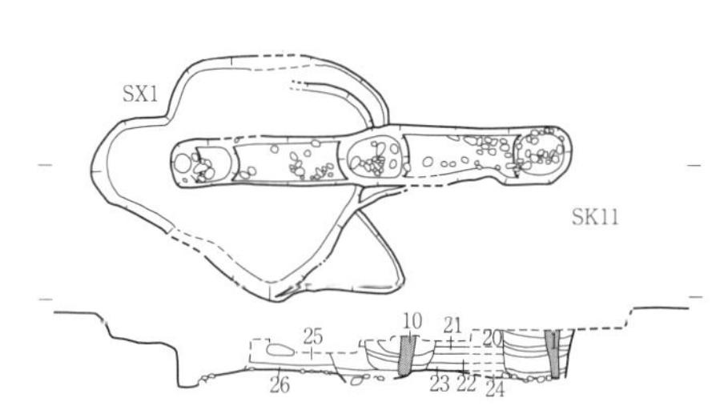

Ⅲ類（五歩市遺跡SK11・SK31）

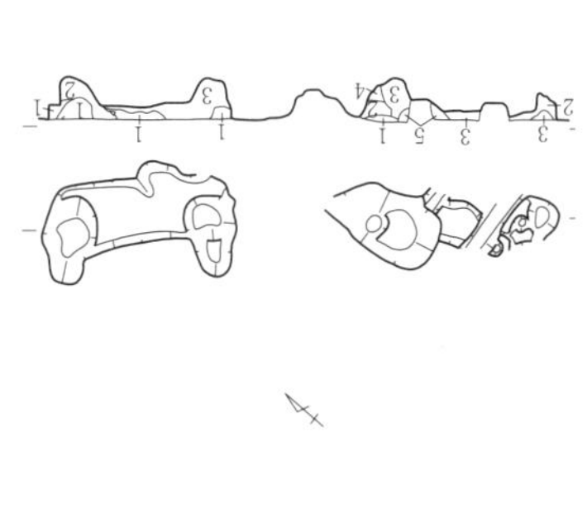

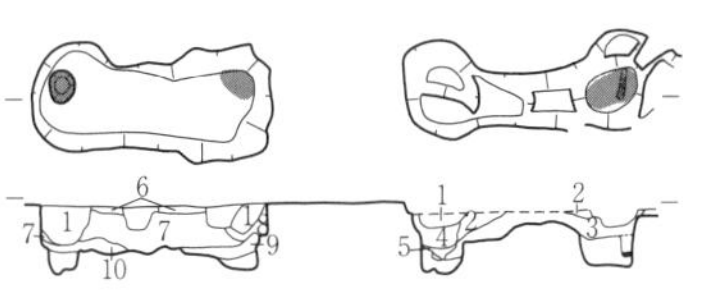

Ⅳ類（大友西遺跡SB55）

0　4m

＊層位図の数字は各報告書による

第2図　各分類の布掘り柱掘形をもつ掘立柱建物

柱をもつ布掘り柱掘形式建物（本稿Ⅱ類）で，ここでは壺掘り柱掘形に立てられた直径約50cmの柱の内側を繋ぐように板材が設置されている。板材は幅30～40cm，厚さ15cmのもので，壺掘り柱掘形の検出面，つまり柱の根入れ部分に連結されており，地中梁Bにあたる。桁行の柱間には，この板材を固定するための細い円柱が検出されている（尼崎市教育委員会1999：50–53頁）。また，弥生時代終末期に比定される鳥取県長瀬高浜遺跡SB30（本稿Ⅰ類）でも，布掘り柱掘形底面の内側に偏った位置から小規模な円柱ないし杭と考えられる痕跡が確認されており，同じく柱の内側に取り付けられた地中梁の存在が推定されている（高田2010：54–57頁）。さらに，松原田中遺跡では柱下端部を輪薙込仕口にして地中梁の上から落とし込んだことがわかる例（布掘建物0・3・7，本稿Ⅰ類）に加えて，片欠仕口をもつ柱根が原位置に遺存することから，柱根入れ部分の内側に地中梁を連結したことがわかる例（布掘建物1，本稿Ⅱ類），地中梁や枕木などに残る柱の痕跡から，柱下端部の外側に地中梁を連結したことがわかる例（布掘建物4，本稿Ⅰ類）が確認されている（浅川ほか2018）。

このように，Ⅰ類においては地中梁を柱の下に据え置くものの他に，柱下端部の外側に連結する例が確認されている。また，Ⅱ類においては柱根入れ部分の内側に連結する例が確認されている。北陸において地中梁が遺存するのは石川県近岡遺跡，大友西遺跡，蔵王遺跡のいずれも地中梁Aにあたる3例で，柱の下に据え置かれたことがわかるもの，またはそう推定されるものであり，柱の内側あるいは外側に連結することが確実な例は見つかっていない。ただし，布掘り柱掘形の内側あるいは外側に柱筋が偏る事例が少なからず確認されており，他地域の例を参考にするならば，これらは地中梁の設置位置と強く関係する可能性も想定されるところである。

この他，個々の柱位置に礎板や枕木を置く例，また礫で根固めする例，土を充填する例などが認められる。しかし，これらや地中梁を施す例のように，なんらかの基礎作業が確認できる例は相対的に少なく，認められないものが多数を占めており，さらなる細分は今後の課題としたい。

2　布掘り柱掘形式建物の集成からみた分布，柱間数，平面規模の特徴

布掘り柱掘形式建物は，平面規模が小さなものから大きなものへ変遷することが指摘されている（増山1990：146頁）。平面規模に関しては，出越が大友西遺跡と石川県上荒屋遺跡の比較を通して，桁行の規模を規準に3m未満，4m台，5m台，6m台，7m以上の五つに分けている（出越1995：263頁）。また，木田は当該期の掘立柱建物全般を検討するなかで，桁行5.5m以上のものを大型掘立として区分できるとしている（木田1996：56頁）。しかし，桁行と梁行の規模がわかる154例を対象に再検討した結果，第5図左上の全体図のように両氏が掲げた数値を境に明確なまとまりがみられるわけではないことがわかった。桁行9.0m以上の1例と桁行2.5m未満の2例に関しては明確に区分けできるが，桁行2.7～6.4mまではほとんど切れ目なく漸移的に推移している。そのため，今回の検討では桁行，あるいは梁行の規模を規準にして分類することはしない。布掘り柱掘形の分類と柱間数に基づいて主に検討をすすめる。

さて，布掘り柱掘形式建物を集成したものが第4表である[4)]。西は若狭の芝崎遺跡から，東は佐渡の蔵王遺跡までに認められる。まず全体の数を示すと，63遺跡から199例が確認されている。これを旧国別に集計してみると，きわめて興味深いことに著しい偏りがみられる。すなわち，若狭は1遺跡から3例，越前は10遺跡35例，加賀は45遺跡153例（建替え2例含む），能登は4遺跡から5例，越中と越後，佐渡はいずれも1遺跡1例である。このように，北陸南西部の越前から加賀の地において188例（全体の約94.5％）が確認されており，さらに言うならば，このなかでもとりわけ石川県白山市，野々市市，金沢市が位置する手取

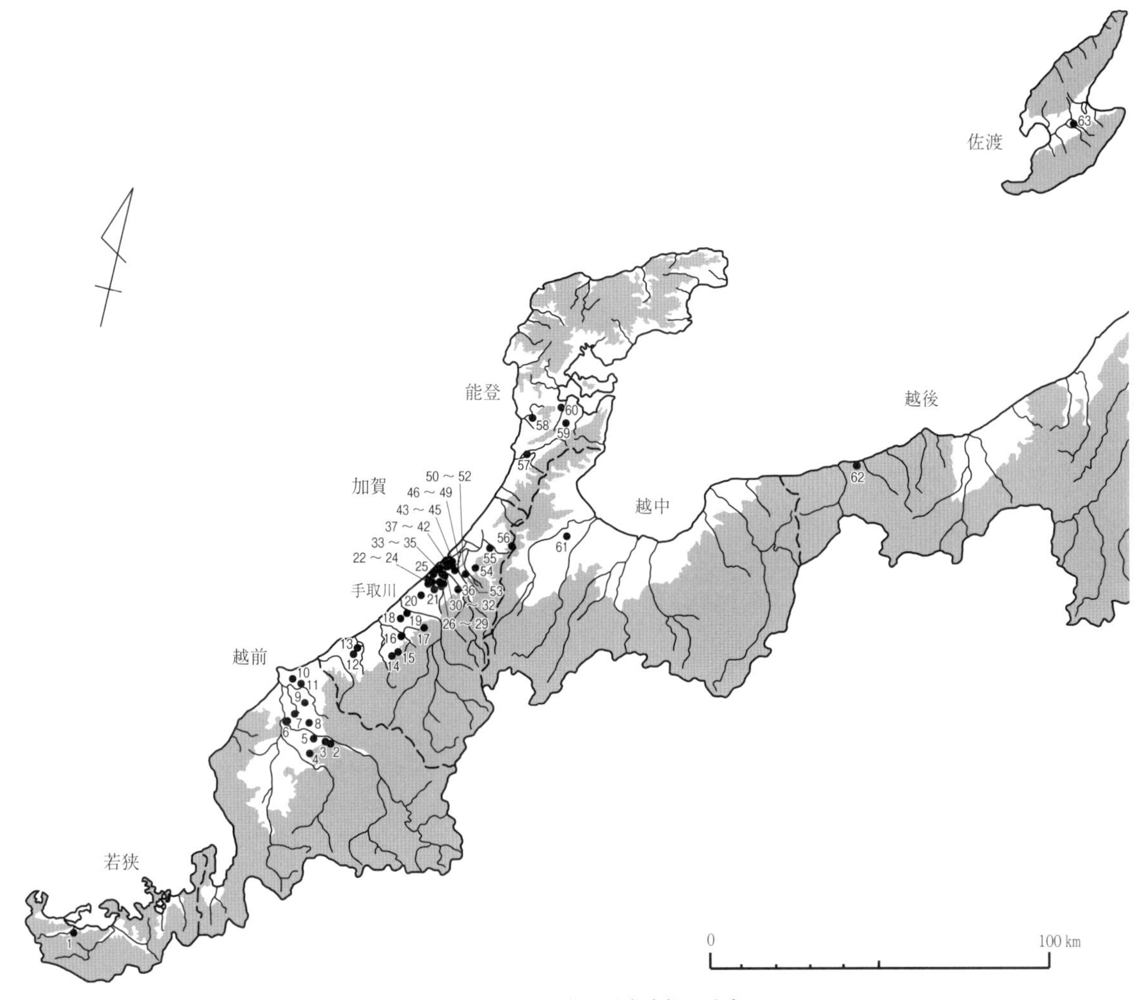

第3図　布掘り柱掘形式建物の分布

川以北の金沢平野に集中して119例が見つかっている5)（全体の約60％）。また，越前から加賀にかけての地では福井県中角遺跡や茱山崎遺跡，石川県御経塚シンデン遺跡や上荒屋遺跡，松寺遺跡，大友西遺跡のように一つの遺跡に9棟以上が存在する例も認められる。

これに関しては発掘の進展による影響も否めないが，当該期の集落遺跡は他地域でも数多く発掘されており，調査がすすんでいないというわけではない。また，布掘り柱掘形については柱への沈下防止策が講じられている点（楠1995：83頁）や，地中梁の敷設だけでなく，軟弱な地盤を改良する掘込地業の機能も担っている点（浅川ほか2018：956頁）から，布掘り柱掘形式建物の建築が低地のような軟弱な地盤環境と強く関係することが指摘されている。ただし，金沢平野における当該期の掘立柱建物すべてが布掘り柱掘形をもつわけではない。布掘り柱掘形式建物と同じく相対的に大形の柱掘形や共通する柱間数をもつにもかかわらず，布掘り柱掘形を構築していない掘立柱建物も多く認められる。また，茱山崎遺跡や石川県八里向山遺跡，塚崎遺跡などのように台地や丘陵上の遺跡でも確認されている。河川沿いや扇状地扇端部などの低地部への集落遺跡の進出は他地域でも認められるにもかかわらず，集中するあり方を示すところは他に見出すことができない。本稿では，越前から加賀にかけて，とりわけ手取川以北の金沢平野に集中するあり方は，建物基礎構築技術の共有や，建物機能の共通性などを示すものとして，さらには当該期における集団間の系譜的つながりや一定のまとまりなどを解明する糸口になるものとして重要と考える。

第１表　旧国別の布掘り柱掘形分類ごとの建物数

	Ⅰ類	Ⅱ類	Ⅲ類	Ⅳ類	不明	合計
若狭	1	2	0	0	0	3
越前	3	27	0	3	2	35
加賀	22	103	6	19	10	160
能登	1	4	0	0	0	5
越中	0	0	0	1	0	1
越後	0	1	0	0	0	1
佐渡	1	0	0	0	0	1
合計	28	137	6	23	12	206

第２表　柱間数と布掘り柱掘形分類との関係（数字は建物数）

	1 × 1	2 × 1	2 × 2	3 × 1	3 × 2	4 × 1	4 × 2	不明	合計
Ⅰ類		8	1	8		1		10	28
Ⅱ類	4	38	2	62	2	6	2	21	137
Ⅲ類		2		4					6
Ⅳ類				21	1	1			23
不明								12	12
合計	4	48	3	95	3	8	2	43	206

第４表のうち，桁行，梁行のいずれかが不明なものは除外して積算した

続いて布掘り柱掘形の分類ごとにみると（推定含む）[6]，第１表および第２表のようにⅠ類は22遺跡28例で，西は若狭の芝崎遺跡から，東は佐渡の蔵王遺跡までに認められる。Ⅱ類は50遺跡137例で，西は同じく芝崎遺跡から，東は越後の六反田南遺跡までに認められる。Ⅲ類は３遺跡６例で，加賀の五歩市遺跡と畝田西遺跡群，大友西遺跡に認められる。Ⅳ類は13遺跡23例で，西は越前の鷲塚遺跡から，東は越中の石名瀬Ａ遺跡までに認められる。分類不明は４遺跡12例である。このように，Ⅱ類が最も多く，次いでⅠ類，Ⅳ類の順となる。Ⅲ類の確認例は少ない[7]。また，Ⅰ・Ⅱ・Ⅳ類については広範な分布が認められる。全体の集計で示したのと同じく，いずれの分類のものも手取川以北の金沢平野に集中して見つかっている。

次に，柱間数をみると，第２表のように，桁行２間または３間のものが多数を占める。桁行１間のものは４例あるが，このうち２例は桁行に対して梁行が長い特異な形態のもの（石川県横江Ａ遺跡・御経塚シンデン遺跡），他の２例も桁行と梁行の長さが同等か，梁行が若干長いものである（石川県東的場タケノハナ遺跡・吉田南側Ｂ遺跡）。桁行４間のものも多くはないが認められる。桁行５間を越えるものは存在しない。また，梁行２間のものは少数しか認められない。このように，桁行２間・梁行１間または桁行３間・梁行１間のものが主体をなしていることがわかる。桁行４間のものは御経塚シンデン遺跡と上荒屋遺跡から２棟ずつ，茱山崎遺跡と吉竹遺跡，近岡遺跡，松寺遺跡，北中条遺跡，石名瀬Ａ遺跡からは各１棟が確認されており、一つの遺跡から布掘り柱掘形式建物が９棟以上見つかっているところに存在するケースが目立つが，後２者のように桁行４間のものが１棟のみ確認されている場合もある。

また，布掘り柱掘形分類との関係をみると（推定含む），桁行１間の４例はいずれもⅡ類である。桁行２間のものはⅠ類９例，Ⅱ類40例，Ⅲ類２例の合計51例である。桁行３間のものはⅠ類８例，Ⅱ類64例，Ⅲ類４例，Ⅳ類22例の合計98例である。主体をなす桁行２間・梁行１間または桁行３間・梁行１間の建物は，その多くがⅡ類やそう推定できるものである。また，桁行４間のものは近岡遺跡がⅠ類，石名瀬Ａ遺跡が

Ⅳ類で，これらを除くと他8例はすべてⅡ類というように，Ⅱ類はすべての柱間パターンに認められ，かつ多数を占めている。これに対して，Ⅰ類は桁行2間と3間の建物を中心に，またⅣ類は桁行3間の建物を中心に認められるが相対的に少なく[8]，さらにⅢ類は推定できるものを含めてみても類例が少ないという傾向の違いが認められる。

なお，棟持柱付と推定されるものが上荒屋遺跡で3棟，畝田西遺跡群で2棟，直江北遺跡と松寺遺跡で各1棟確認されている。このうち畝田西遺跡群SB126と直江北遺跡SB03は独立棟持柱で，他5例は近接棟持柱である（うち2例は片側のみ確認）。桁行2間が1例，他は3間で，いずれも梁間1間である。これら建物の梁行は3.8～5.0mで比較的長いといえるが，梁行がさらに長い建物でも棟持柱が認められないものも存在する。独立棟持柱付高床建築については，とくに両面棟持柱のものは祭式儀礼に関わる建物であった可能性が指摘され，近接棟持柱付のものも類似する性格が考えられている（宮本1996：182–186頁）。梁行の規模からみて平屋建や屋根倉形式の建物が含まれる可能性があるため[9]，高床建築に該当するか直ちに判断できないが，布掘り柱掘形式建物全体からみると類例が少なく，特異な建物として注意したい。

この章の最後に平面規模についても傾向を述べる。第5図の全体図のように，最小は桁行1.2m（1間）×梁行1.7m（1間），床面積2.04m^{2}の御経塚シンデン遺跡SB11である。最大は桁行9.4m（3間）×梁行4.95m（1間），床面積46.53m^{2}の上荒屋遺跡SB70である。いずれも布掘り柱掘形はⅡ類である。

Ⅰ類は桁行3.05～6.0m，梁行2.5～4.15mまでに収まるものがほとんどである。桁行6.9m，梁行5.6mを測る大友西遺跡SB14の1例だけがこの数値範囲から外れるもので，特徴的な建物といえる。また，梁行に対して桁行の長さが1～1.5倍程度に収まるものが多数を占めるが，2倍あるいはそれに近い長方形の平面形をもつものもわずかだが存在する。

Ⅱ類は桁行2.7～7.7mまで，梁行は2.0～4.8mまでに収まるものがほとんどである。御経塚シンデン遺跡SB11や桁行1.7m×梁行4.0mの横江A遺跡SK07・SK12は小形で，特異な形態であることは先述した。また，桁行6.4m×梁行5.4mの上荒屋遺跡SB68や同SB70はこの範囲から外れる大形で，やはり類例が少なく特徴的な建物といえる。主体をなす建物規模の数値範囲内は，ほとんど切れ目なく漸移的に推移している。Ⅰ類において主体をなす規模よりも数値範囲が広がっており，桁行・梁行の長さが多様であることがわかる。梁行に対して桁行の長さが1.5～2倍に達するものが多数あり，2倍を越える細長い長方形の平面形をもつものも少数だが存在する。

Ⅲ類は桁行4.7～5.52m，梁行3.3～4.8mまでに収まる。梁行4mの箇所で若干境目が見られ，これより梁行が短いのは1例である。Ⅰ類と比べて，梁行が伸長しているものが目立つ。梁行と桁行の長さがほぼ同等か，桁行の長さが1.5倍程度に収まる正方形あるいはそれに近い平面形をもつものが主体である。

Ⅳ類は桁行3.9～6.4m，梁行3.2～5.0mまでに収まるものがほとんどである。桁行6.8m×梁行5.2mの下安原遺跡4号掘立柱建物，桁行7.06m×梁行4.41mの畝田西遺跡群SB129，桁行7.1m×梁行4.56mの石名瀬A遺跡SB611の3例がこの数値範囲から外れる。Ⅰ類と比べて，梁行が伸長しているものがやや目立つ。主体をなす建物規模の数値範囲内では，桁行4.2m，梁行3.5mの箇所で若干境目が見られる。梁行に対して桁行の長さが1～1.5倍程度に収まるものがほとんどで，1.5倍を超えるものも少数ある。

以上のように，分布の特徴や分類ごとの数，主体をなす柱間数についてみてきた。また，柱間数や平面規模について分類ごとの傾向の違いを読み取った。それでは，これらの違いが何に起因するのかを考えるために，次に時期的な変遷について検討する。

3　布掘り柱掘形式建物の出現と消長

(1) 時期比定の方法と問題点

柱抜取穴や撹乱などの影響が認められないとき，布掘り柱掘形埋土や壺掘り柱掘形埋土から出土した土器等の遺物は，柱を埋め立てる過程で執り行われた祭祀や，あるいは掘形を埋め戻す際に混じり込んだと考えられるものであり，遺構の構築時期を判断する根拠となる。このような類例はさほど多くはないが，細分編年が整えられている土器の場合，遺構の構築時期を絞り込むにあたってとりわけ重要である。

祭祀を行う機会としては具体的に，①柱を立てる前，②柱を立てた後，掘形に土を充填する前まで，③掘形に土を充填する途上，④充填完了後などが考えられるが，これらを想定させる状況で出土した供献土器等の遺物は，まさに遺構の構築時期をさし示すものと考えられる[10]。また，柱抜取穴が認められる場合に，柱抜取後の祭祀に伴って出土した遺物については，遺構の廃絶時期を判断する根拠となる[11]。しかし，北陸の事例において，柱を埋め立てる過程で執り行われた祭祀や柱抜取後の祭祀であることが明確にわかるものは見られなかった。一方で，まとまりを欠く少数の土器片などのような，掘形を埋め戻す際に混入したと考えられる出土状況の例は比較的多く認められた。それらは厳密には遡りうる上限の時期を示すにすぎず，遺構の構築時期を直接さし示すものとはいえないが，他に判断する根拠がない場合には参考にせざるを得なかった。なお，掘形から土器が出土していても，細片等のため時期を絞り込むことができないものもあり，そのような場合は想定される時期幅を考慮して取り扱うこととした。

土器が未出土であっても，遺構の重複関係から構築時期の上限や下限を推定できる場合がある。また，他の掘立柱建物跡と主軸方向が共通する場合や，竪穴住居との配置状況から同時性が勘案される場合も，時間幅を考慮に入れながら構築時期を推定して取り扱うことにした。

しかしながら，土器等の遺物が未出土で，遺構の重複関係もなく，また建物の主軸方向や配置状況から構築時期を推定することが難しいものも多く見受けられる。このような場合は，ほかに遺構の構築時期を把握する手段が見つからないので，他の建物等や遺跡全体の継続期間を参考にしながら時期を推定することにした。したがって，時期幅を長く見積もらざるを得ないことになるが，当該遺構の変遷を考えるうえで参考になるものと思われる。

遺構の構築時期を考えるにあたって大きな問題が認められない場合は，基本的に報告書記載の時期に依拠したが，上記のような方法により検討した結果，一部については報告書とは異なる見解を導き出したものがある。このような方法で時期を検討し，各布掘り柱掘形式建物の消長を示したものが第３表である。

土器編年については，田嶋明人による石川県漆町遺跡出土土器を規準資料とする漆町編年を主として用いた。漆町２群が法仏式，漆町３群が月影Ⅰ式，漆町４群が月影Ⅱ式，漆町5～6群が白江式，漆町７群が古府クルビ式にそれぞれ時期的に対応するとされる[12]（田嶋 1986）。また，法仏式は谷内尾晋司によって，Ⅰ式とⅡ式に分けられている（谷内尾 1983）。法仏式の前が猫橋式で，このうち猫橋式新相（Ⅱ式）は谷内尾 1983 で法仏Ⅰ式・Ⅱ式と並行関係にあることが指摘されている。

そして，法仏式Ⅰ式・Ⅱ式は畿内第Ⅴ様式後半並行期の段階に比定されており（谷内尾 1983：315 頁），本稿では弥生時代後期後半として位置づける。これより前の猫橋式（Ⅰ式）期は後期前半とする。また，漆町４群，５群，６群はそれぞれ庄内式の古段階，中段階，新段階におおむね並行することが指摘されている（田嶋 2008）。漆町３群は第Ⅴ様式後半並行期まで遡る可能性をもつが，本稿では当該段階を含めて漆町４群ま

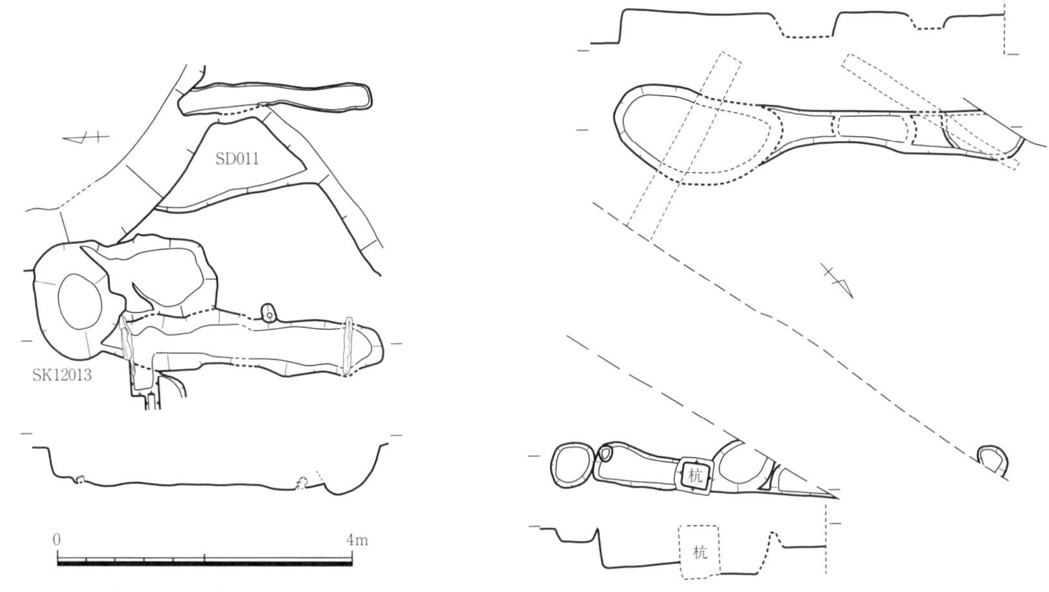

第4図　北陸における出現期の例（左：戸水B遺跡SB005，右：東的場タケノハナ遺跡SB2）

でを弥生時代終末期前半として，そして漆町5群と6群を終末期後半として位置づける。漆町7群は布留式古段階に，また次の漆町8群は布留式中段階古相に対応するものとされる（田嶋2008）。これを参考に，漆町7〜8群を古墳時代前期前半として位置づける。

なお，漆町6群は，その下限が布留式古段階前半と接触するものの，多くは庄内式新段階と併行するとされている（田嶋2008：46頁）。そして，庄内式新段階は，寺沢編年による布留0式のうち古相と併行関係にあることが，森岡・西村によって示されている（寺沢2002，森岡・西村2006：531-532頁第4・5表）。布留0式期に遡る箸墓古墳の築造以後を古墳時代とするならば，漆町6群期まで古墳時代の開始が遡る可能性が考えられるところだが[13]，漆町5群と6群の認定にあたっては時期比定が不分明な遺構も多く存在するため，両時期を合わせて取り扱う。

(2) 出現期の例

北陸において最も古い時期に遡る可能性があるのは，石川県戸水B遺跡10・12次調査区SB005とSB008（第4表文献50），同県東的場タケノハナ遺跡SB2（第4表文献57）である。

戸水B遺跡10・12次調査区SB005は，桁行2間，梁行1間で，規模3.0×3.3m，床面積9.9m^{2}である。布掘り柱掘形はⅠ類のものである。西側の布掘り柱掘形底面には，各柱位置に枕木が遺存している。布掘り柱掘形の上部には弥生時代中期末葉ないし後期前葉の土器が出土した土坑や溝が重複しており，SB005はこれ以前に遡るものと考えることができる。

さて，10・12次調査区においては，平地式建物6棟や掘立柱建物，土坑，溝などが検出されている。報告書によれば，これらの遺構のうち一部については後期前半まで降るものが見られるが，多くは弥生時代中期後半を四つに分けたうちの2〜4段階目に位置づけられるようである（第4表文献50：116頁第1表）。SB005の時期について，報告書では詳しく言及されていないが，3棟の平地式建物と近接しており関係性がうかがえることや，先述のように中期末葉ないし後期前葉に下限を想定できることから，弥生時代中期後葉〜末葉のものとして扱う。

なお，同調査区からは他に布掘り柱掘形式建物SB008が1棟確認されているが（布掘り柱掘形Ⅰ類のもの），時期を判断する根拠が乏しいため，上記のような遺跡の年代観に合わせて，弥生時代中期後半から後期前半頃に位置づける。

東的場タケノハナ遺跡 SB2 は，桁行 1 間，梁行 1 間で，規模 4.5 × 4.6m，床面積 20.7m² である。布掘り柱掘形はⅡ類のものである。壺掘り柱掘形 SK107 から土器 3 点が出土しており，弥生時代中期後半に比定されている。報告書には出土状況が未記載だが，いずれも供献されたと確実にいえるような特徴をもつ土器ではなく，遡りうる上限の時期を示すものとして扱う。

この SB2 は竪穴系建物跡 SI22・23 に重複すると考えられているが，新旧関係については言及されていない。竪穴系建物跡 SI22・23 はともに弥生時代中期に比定されているが，SI22 の柱穴からは弥生時代中期の土器とともに，有段口縁部をもつ甕やスタンプ文が施された脚部のような後期後半頃の土器が出土しており，私見では当該期まで降る可能性もあると考える。出土遺物について未記載の SI23 との関係は未詳といわざるを得ないが，後期後半頃に降る可能性がある SI22 との関係から推察するならば，SB2 の構築時期は中期後半を上限に，後期後半より前までの時間幅の中で捉えなおす余地を残す。

ここで参考になるのが，環濠集落の内部を分ける区画溝と考えられている SD44 との関係である。SB2 はこの SD44 に近接し，直交するようにつくられており，強い関係性がうかがえる。報告書では，SD44 は上部に弥生時代後期の遺構（竪穴系建物跡 SI26）が存在することから，中期に比定できるとされている。しかし，竪穴系建物跡 SI26 は弥生時代後期後半に比定されるものであり，SD44 はこの時期には機能を停止していたと考えられるが，後期前半に埋没していたかどうかは不明である。中期後半から後期前半にかけて，SD44 に重複する建物や土坑が見られないことを重視するなら，SD44 が当該期まで存続していた可能性も考えられる。つまり，後期前半まで存続する SD44 の規制を受けて，SB2 が構築されている可能性を考慮しておきたい。報告書によれば，後期前半段階には環濠は存続するものの，環濠の内側に建物跡が確認できない状況について，「遺物の出土状況から突然に集落が途絶えることも考えにくく，建物の存在は想像に難くない」とされている（第 4 表文献 57：207 頁）。このことも考慮するならば，SB2 の構築時期は中期後半を上限に，後期前半まで降る可能性があるものとして扱う。

以上のように，弥生時代中期後葉から末葉に遡るものとして 1 例，また中期に遡る可能性があるものとして 2 例を指摘することができる[14)]。手取川以南，また越中から東では，今のところ当該期の類例は確認できない。次節で述べる弥生時代後期後半以後の段階と比べて，確認例がきわめて少なく，分布のまとまりも見られないのがこの段階の特徴の一つといえる。また，北陸における出現期のこの段階において，布掘り柱掘形Ⅰ類とⅡ類をもつ建物の両方が認められることも特徴といえる。布掘り柱掘形Ⅲ類とⅣ類をもつ建物については，この段階に遡るものは未確認である。布掘り柱掘形Ⅰ類をもつ建物とⅡ類をもつ建物との新旧関係については，なお類例の増加を待って検討することにしたい。

(3) 弥生時代後期から終末期前半にかけての展開

後期前半の確実な例は今のところ認められない。石川県神野遺跡 SB304（布掘り柱掘形Ⅱ類）が可能性をもつが，土器片（把手）の出土から，構築時期が弥生時代後期頃と指摘されるにとどまる。

後期後半の時期に特定できるものとしては，福井県高柳・下安田遺跡 SB004 や同県林・藤島遺跡 SB120，石川県押野タチナカ遺跡 1 号掘立柱建物や塚崎遺跡第 3 号掘立柱建物がある。この他，当該期まで遡る可能性をもつものが多数あり，これらも含めて第 3 表に基づき検討すると次のようなことが指摘できる。

まず，全体的にこの時期から類例が増加するということである。第 3 表には時期が特定あるいは推定できるものとして 98 例を掲げたが，このうち後期後半にあたるものが 4 例で，これに当該期まで遡る可能性をもつものを合わせると14例になる。関連して分布についても，先に布掘り柱掘形式建物が多数存在する例として挙げた大友西遺跡や御経塚シンデン遺跡において築かれはじめるなど，手取川以北の金沢平野に集中するあり方がこの時期から見られるようになる。また，手取川以南の加賀南西部（石川県八幡遺跡）や越前でもこの時期に特定できる，または遡る可能性をもつ例が認められるようになる。

分類についてみると，1例ではあるが，片側の布掘り柱掘形のみⅢ類に比定できる五歩市遺跡SK11・SK31がこの時期まで遡る可能性をもつ。残りは，Ⅰ類が3例，Ⅱ類が10例である。Ⅳ類の例は，この時期まで遡る可能性をもつものを含めて認められない。

次に，柱間数についてみると，桁行3間のものがこの時期には確実に認められる。桁行3間のものは，Ⅰ類で2例，Ⅱ類で4例ある。柱間数不明の1例を除くと，残りは桁行2間のものが7例となる。桁行4間のもの，また梁行2間のものは見られない。桁行3間のもののなかには，5.6～5.9×3.7m（押野タチナカ遺跡1号掘立柱建物）や5.8×3.6m（寺中B遺跡SBN-01），6.0×4.15m（大友西遺跡SB13）のような平面規模の大きな例が存在する。また，桁行2間のものの中にも5.2×3.5m（御経塚シンデン遺跡SB18）や6.4×3.6m（大友西遺跡SB11）に達する例がある。一方で，桁行が3m台や4m台のものも数多く存在している。このことから，全体的に大形化しているというよりも，桁行が5mを越える規模のものがこの時期に出現すると考える。

終末期前半にはさらに類例が増加する。この時期に特定できるものは51例，これに当該期まで遡る可能性をもつもの12例を合わせると63例になる。分布についてみると，大友西遺跡や御経塚シンデン遺跡ではさらに多くの布掘り柱掘形式建物が建てられるなど，手取川以北の金沢平野への集中が一段と顕著になる。手取川以南の加賀南西部でも八里向山遺跡や吉竹遺跡，高堂遺跡などでまとまった数が認められる。こうした様相から越前でも類例が増えるものと推定する。能登の在江遺跡第1号掘立柱建物はこの時期に比定できる。蔵王遺跡SB5には出土土器片の中に有段口縁部が長く外反し，端部が先細り気味の甕が認められ（第4表文献63：図版27-61図），この土器が月影式に比定できるものと考える。ただし，隣接する掘立柱建物や平地建物には古墳時代まで降る例も存在するため多少の時期幅を考えることとする[15]。わずか1例だが，布掘り柱掘形式建物は佐渡の蔵王遺跡まで到達し，この時期に分布が最も広がる可能性をもつ。

分類についてみると，Ⅱ類が大幅に増加する。これに比べるとⅠ類は多いとはいえないが，一定数存続しているものと考える。また，この時期にはⅣ類が確実に出現している。少数だがⅢ類も認められる。

次に，柱間数についてみると，桁行4間のものがこの時期には確実に認められる。この時期まで遡る可能性があるものを含めて，Ⅱ類に3例，Ⅰ類とⅣ類に1例ずつ認められる。また，梁行が2間のものも少数だがⅠ類とⅡ類に認められる。桁行4間のもののなかには，7.0×3.4m（御経塚シンデン遺跡SB15）や7.1×4.56m（石名瀬A遺跡SB611）のようなさらに平面規模の大きな例が存在する。また，桁行3間のものの中にも，6.8×4.6m（八里向山遺跡A地区SB07）や6.8×4.7m（御経塚シンデン遺跡SB01），6.9×5.6m（大友西遺跡SB14），約7.0×3.8m（大味中遺跡SB22），7.2×3.2m（和田山遺跡1号掘立柱建物），7.7×4.0m（吉竹遺跡12号掘立柱建物跡）の例が存在する。一方で，桁行4m台やそれ以下のものも数多く存在しており，やはり全体的に大形化しているというよりも，桁行が5mや6mを越える規模のものがこの時期に増加ないし出現すると考えた方がよい。

このように，弥生時代後期後半から終末期前半にかけては布掘り柱掘形式建物が増加するとともに，分布が大きく広がる。Ⅲ類やⅣ類が出現するのもこの段階である。また，桁行3間や4間のものが確実に現れているとともに，桁行の規模が5mや6mを越えるものが出現し増加するなど，柱間数や規模において多様な布掘り柱掘形式建物が見られるのが特徴といえる。

第3表　布掘り柱掘形式建物の消長

	時期	中期後半	後期前半	後期後半	終末期前半		終末期後半		古墳時代前期前半	
	漆町編年		1群	2群	3群	4群	5群	6群	7群	8群
	土器型式(様式)			法仏式	月影Ⅰ式	月影Ⅱ式	白江式		古府クルビ式	
Ⅰ類　2×1										
50	戸水B	SB005								
		← SB008	→							
46	戸水ホコダ				← (SB14)	→				
17	八里向山					A地区SB06				
Ⅰ類　2×2										
63	蔵王				← SB5	―	―	→		
Ⅰ類　3×1										
38	寺中B（寺中BⅣ）			← SBN-01	→					
47	大友西			← SB13	→					
						← SB14	―	→		
52	南新保D						← (SB01)	→		
Ⅰ類　4×1										
44	近岡				← (SH1001)	―	―	→		
Ⅰ類　柱間数不明										
8	高柳・下安田			SB004						
22	宮永				← (掘立柱建物跡)	→				
Ⅱ類　1×1										
57	東的場タケノハナ	← SB2	→							
Ⅱ類　2×1										
54	塚崎			(第3号掘立柱建物)						
15	八幡			← SB-23	→					
				← SB-46	→					
25	郷クボタ			← SB2	―	→				
30	御経塚シンデン			← SB18	→					
						SB30				
47	大友西			← SB11	―	→				
						SB12				
17	八里向山				C地区SB05					
					C地区SB06					
						C地区SB01				
14	吉竹				(25号掘立柱建物)					
28	長池ニシタンボ				SB03					
59	在江				← 第1号掘立柱建物	→				
46	戸水ホコダ				← (SB12)	→				
						← (SB29)	―	→		
23	宮永市カイリョウ					(1号掘立柱建物)				
44	近岡						← (SH1002)	→		
62	六反田南						← SI7626a・b	→		
33	上荒屋							← SB15	→	
Ⅱ類　2×2										
33	上荒屋							← SB42	→	
Ⅱ類　3×1										
29	押野タチナカ			1号掘立柱建物						
						2号掘立柱建物				
30	御経塚シンデン			← SB09	→					
					← SB10	→				
					← (SB14)	→				
					← SB16	→				
					← SB19	→				
						SB01				
						SB03				
						SB06				
						SB21				
						← SB02	―	→		
						← SB20	―	→		
8	高柳・下安田				SB005					
17	八里向山				A地区SB07					

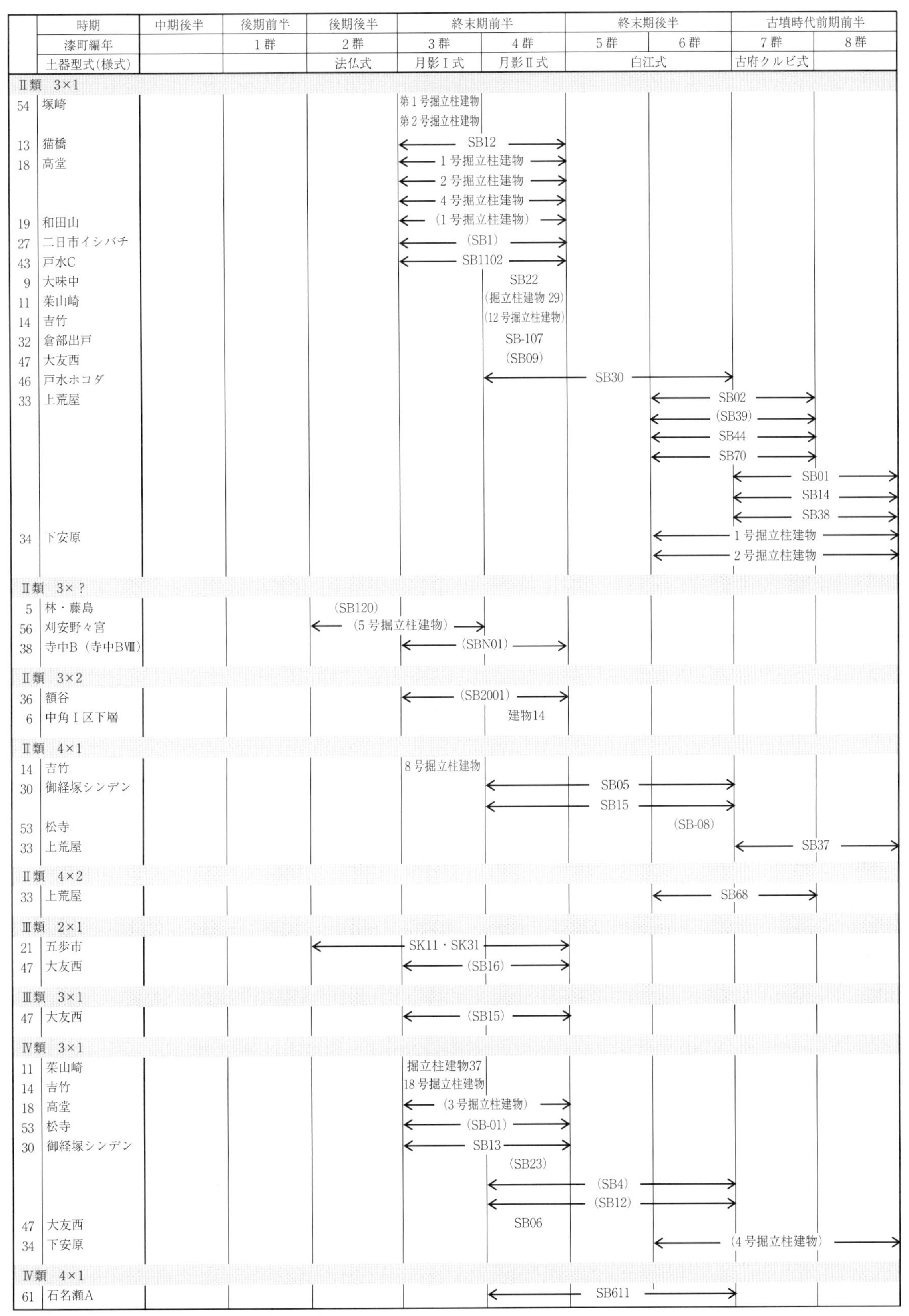

左端の番号は第4表の遺跡番号と分布図の番号に一致する
遺構名の矢印は時期幅を表す。遺構名カッコ付きのものは，布掘り柱掘形分類や柱間数が推定によるもの

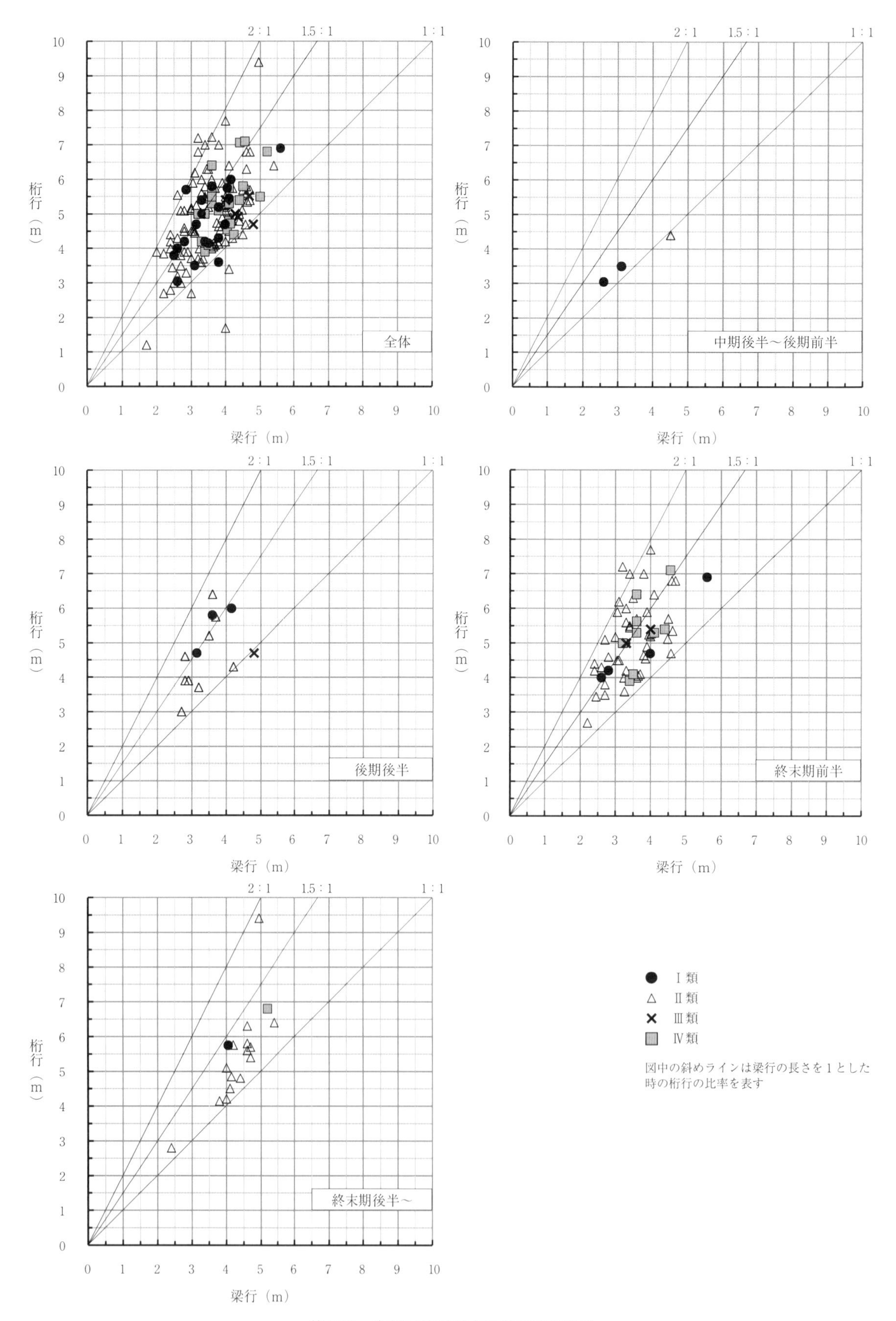

第5図　布掘り柱掘形式建物の平面規模

(4) 衰退と消滅時期

終末期後半の時期に特定できるものとしては，石川県南新保D遺跡SB01や近岡遺跡SH1002，松寺遺跡SB-08，新潟県六反田南遺跡SI7626a・bの4例がある。これに当該期まで遡る可能性がある上荒屋遺跡や下安原遺跡の10例を合わせると14例ほどになる。また，先に終末期前半に遡る可能性をもつものが12例あるとしたが，これらを仮に終末期後半まで降らせても大幅に増えるわけではなく，第3表からは減少傾向が読み取れる。分布についてみると，手取川以北の金沢平野においては依然として多数の類例が認められる。手取川以南の加賀南西部や越前では，遺跡全体の継続期間からみて可能性をもつものはあるが，この時期に特定できる例は未詳である。最も東側の例は越後の六反田南遺跡であるが，能登や越中においてはほとんど認められず，北陸北東部における分布は一貫して稀薄である。

上荒屋遺跡や下安原遺跡の例も含めてみると，分類についてはⅠ類とⅣ類は少数で，Ⅱ類が大半を占める。時期が特定できないため，第3表には示していないが，弥生時代終末期後半から古墳時代前期の畝田西遺跡群にはⅢ類の可能性をもつものが複数ある。

柱間数についてみると，桁行2間や4間の例は少数であり，上荒屋遺跡や下安原遺跡では3×1間の例がまとまって見られる。桁行4間のものの中には，5.75×4.2m（松寺遺跡SB-08）や6.4×5.4m（上荒屋遺跡SB68）のような平面規模の大きな例が存在する。また，桁行3間のものの中にも，6.3×4.6m（上荒屋遺跡SB44）や6.8×5.2m（下安原遺跡4号掘立柱建物），また北陸で最大の9.4×4.95m（上荒屋遺跡SB70）の例が存在する。一方で，依然として桁行4m台やそれ以下のものも少なからず存在しており，異なる規模の布掘り柱掘形式建物が並存していることがわかる。

終末期前半の月影式期を中心とする大友西遺跡と，上荒屋遺跡の建物規模を比較検討した出越は，桁行を1とした場合の梁行の比率が前者で0.71前後，後者で0.83前後に変化することから，梁行の拡張を新しい傾向として指摘している（出越1995：263頁）。第5図左下の終末期後半～の段階をみると，確かに梁行3.8m以上のものではとんど占められ，梁行が小規模なものは1例しか認められない。しかし，終末期前半やさらに後期後半の時期にも梁行が4mを越える例が多く存在している。また，上荒屋遺跡の比率に該当するものも認められる（第5図では1：1のラインに接近する建物）。したがって，規模が4mを越えるような梁行の長い布掘り柱掘形式建物は古い段階にも存在しており，梁行が拡張するというよりも，梁行が短い建物が減少した結果，梁行の長い建物が新しくなるにしたがい相対的に増えるものと考えることができる。弥生時代後期後半から終末期前半にかけての特徴として，多様な柱間数や規模の建物が見られるとしたが，3×1間で，梁行が4mを越える規模のものがまとまってある上荒屋遺跡や下安原遺跡は，前段階までの様相とは異なる新しいあり方の布掘り柱掘形式建物が存在する集落としても注目できる。

さて，上荒屋遺跡では布掘り柱掘形式建物が12棟確認され，上荒屋1期新相～2期に位置づけられるとともに，集落の変遷が示されている（出越1995）。時期に関しては，上荒屋2期を漆町8群に比定している。上荒屋1期新相の方は漆町編年との並行関係は未記載だが，この段階から外来系土器への転換が大幅に進行すると考えられており，また1期古相の規準資料である近岡ナカシマ遺跡2号溝上層出土土器は，漆町編年では5群に比定されていることから，本稿では1期新相を漆町6群～7群並行期に位置づける。

上荒屋遺跡の布掘り柱掘形式建物はいずれも布掘り柱掘形がⅡ類のものである。このうち，SB01は桁行3間，梁行1間で，規模5.4×4.7m，平面積25.38m^{2}である。1ヶ所を除き，柱位置には柱根が遺存する。SB02は桁行3間，梁行1間で，規模5.6×4.6m，平面積25.76m^{2}で，SB01と重複関係にある。柱位置の2箇所に礎板が認められるが，柱根は遺存しない。両建物はほぼ同規模であり，柱根が残るSB01への建替えが考えられるとともに，建物主軸方位との関係に関し，東西軸を指向するSB02→南北軸を指向するSB01への変遷が想定されている（出越1995：271頁）。また，SB68は桁行4間，梁行2間と考えられるもので，規模6.4×5.4m，平面積34.56m²である。重複関係から，上荒屋1期新相に比定されるSK60に先行することが確かめられており，SB68は1期新相の中でもより古い時期に位置づけられている。加えて，SB68は東西軸を指向する建物であり，主軸方向を揃えて隣接するSB39やSB44，SB70と同時存在が想定されている。一方，隣接しながらも主軸方向が異なるSB37や，SB39に重複するSB38は後出する可能性が想定されており，上荒屋2期までの時間幅のなかで考えることとする。SB01とSB02については具体的な時期が記されていないが，上記のような建替えや主軸方位との関係を考慮し，SB02はSB68などと同時期，SB01はSB38などと同様の時期幅で扱う。この他，東西軸を指向するSB15とSB42，南北軸を指向するSB08とSB14があり，同じく時期差を表す可能性が高いものと推定する。

下安原遺跡では，布掘り柱掘形式建物が3棟確認されている。1号掘立柱建物は桁行3間，梁行1間で，規模4.5×4.1m，平面積18.45m²である。布掘り柱掘形はⅡ類のものである。2号掘立柱建物は桁行3間，梁行1間で，規模5.8×4.6m，平面積26.68m²である。布掘り柱掘形は同じくⅡ類のものである。4号掘立柱建物は桁行3間，梁行1間で，規模6.8×5.2m，平面積35.36m²である。布掘り柱掘形はⅣ類と推定できるものである。時期に関して，報告書では古墳時代前期のものとしてよいだろうとし，また遺跡全体の出土土器の傾向は，漆町編年では6～8群並行期に相当すると考えられている（増山1990：147頁）。個々の建物に関する情報が少なく，詳細な検討ができないため，この時期幅のなかで取り扱う。

この他にも石川県畝田西遺跡群や藤江C遺跡のように，遺跡全体からみれば古墳時代前期まで継続する類例も存在するが，布掘り柱掘形式建物の時期を比較的短い期間の中に絞り込むことは難しい状況にある。なお、古墳時代中期および後期に降る布掘り柱掘形式建物は確認されていない。上荒屋遺跡や下安原遺跡のように，ある程度時期が特定できるものから判断するならば，北陸における布掘り柱掘形式建物は，漆町8群期と9群期を境にほぼ消滅する方向へむかうものと考えられる[16)]。

おわりに

本稿では，髙橋2018で挙げた今後の課題のうち，第一の分類の再検討と，第二の北陸における類例の集成，分布や変遷の解明を主に行った。内容をあらためて整理してみると，まず布掘り柱掘形の分類を通して，適切な図面や報告がない場合の分類認定の難しさや縦断面層位図の重要性について述べた。また，地中梁の用語や基礎構造について言及した。次に，北陸における布掘り柱掘形式建物を集成し，これに基づき手取川以北の金沢平野を中心に，北陸南西部の越前から加賀の地にまとまって分布すること，分布の西端は若狭，東端は佐渡まで達することを明らかにした。また，柱間数や平面規模の傾向について述べた。そして，布掘り柱掘形式建物の出現が弥生時代中期後葉から末葉に遡ること，後期後半から類例が増加した後，終末期前半に盛期をむかえること，終末期後半には衰退し，漆町8群期と9群期の境にほぼ消滅へむかうことを明らかにした。加えて，布掘り柱掘形式建物は平面規模が小さなものから大きなものへ，また梁行が拡張する方向へ変化するものと従来考えられてきたが，後期後半から終末期前半の段階に柱間数や平面規模の多様な建物が現れた後，終末期後半からは平面規模の小さな建物や梁行が短い建物が減少した結果，平面規模が大きく，また梁行の長い建物が相対的に増えることを明らかにした。

布掘り柱掘形式建物の変遷を検討するにあたっては，時期が特定できる例が少なく，第3表のようにある程度の時間幅をもつ例も含めた中で考えなければいけなかったので苦労した。そのため，平面規模の変化や平面規模が大きく梁行が長い建物の性格についてなど具体的な言及が不足していることは否めない。個々の建物の時期が確定した後は，改められるべき内容もあるかもしれない。また，紙幅の関係から取り扱った布掘り柱掘形式建物の図を掲載することができなかった。今後も補足の調査を行うとともに，残された課題である他地域の布掘り柱掘形式建物との比較や北陸への伝播過程の解明，一般の掘立柱建物との比較を通しての性格の再検討についてさらなる研究をすすめていきたい。

橋本博文先生には，新潟県妙高市観音平古墳群や斐太遺跡の調査でご一緒する機会をいただき，古墳の調査方法や研究姿勢などについて多くのことを学ばせてもらいました。記して感謝申し上げます。

本稿の作成にあたり，鹿取渉・北浩明・駒井正明・陶澤真梨子・林大智・本間元樹・牧本哲雄・米田克彦の各氏にご教示いただいた。記して感謝いたします。本研究は2018～2020年度科学研究費助成金 基盤研究(C)「布掘り柱掘形をもつ掘立柱建物の伝播からみた日本海ルートによる人移動の考古学的研究」(JSPS KAKENHI Grant Number JP18K01059) の成果の一部である。

（2018年8月1日受付）

註

1) 布掘り柱掘形をもつ掘立柱建物とは，掘立柱建物のうち，複数の柱を埋め立てるための溝状の掘形である布掘り柱掘形が認められる建物で，弥生時代から古墳時代前期にかけて特徴的に認められるものをいう。

2) 二つの壺掘り柱掘形を繋ぐ布掘り柱掘形が対をなして見られるもの，またはそう推定できるものをⅣ類としたが，一部の柱間のみ布掘り柱掘形が浅かったがため，後世の削平で布掘り柱掘形があたかも途切れて見える可能性も考えられる。この場合，Ⅳ類としたものはⅡ類あるいはⅢ類に分類するのが適切といえる。

3) これには削平や他の遺構の重複，また掲載図や記述が限られて認識を難しくさせている場合も考えられる。

4) 旧国別に分けて，西から順に遺跡または遺跡群ごとに表示した。同じ遺跡または遺跡群でも掲載報告書が異なる場合は，そのことがわかるように罫線を入れて分けた。また，集成は2018年1月までのものであり，この時点で報告書未刊のものは，限られた情報に基づく。一対の布掘り柱掘形で分類が異なる場合は，両方を併記した。布掘り柱掘形分類のカッコ付は推定のもの，桁行規模・梁行規模・平面規模のカッコ付は推定値。

5) 北陸における布掘り柱掘形式建物の分布についてはじめて言及したのは田嶋である。田嶋は1991年当時，推定を含めて20遺跡例を一覧表の形で集成するとともに，能登の1例を除けば，加賀から越前北・中部に集中した偏在的分布を示すことを指摘した（田嶋 1991：194頁）。また，出越も加賀地方を中心に福井県，鳥取県，滋賀県に認められることを述べている（出越 1995：268頁）。

6) 一対の布掘り柱掘形で分類が異なる場合は両者とも積算した。全体数の199例と合致しないのはそのためである。

7) Ⅲ類の確認例が少ないのは，先述のようにⅠ類やⅡ類としたなかに含まれる可能性も考える必要がある。

8) Ⅳ類は本稿の定義上，1間や2間のものは認められない。

9) 松原田中遺跡の検討のなかで，「一般的な壺掘掘形の場合，梁間3m未満が高床倉庫に復元しうる遺構」としたうえで，地中梁を伴うものは堅固な基礎構造のため，梁間3.3mの布掘建物1と3.5m前後の布掘建物4を高床建築に復元するものの，梁間4.0mの布掘建物0は平屋建もしくは屋根倉の形式であろうとしている（浅川ほか 2018：973頁）。

10) 伝世品が供献される場合はこの限りでないが，壊れやすく，また日常的に入手可能な土器は，1型式の時間幅を越えて伝世されるケースが稀であると思われる。

11) 柱抜取穴から出土しても柱抜取後の祭祀とは関係しない遺物は，柱抜取以前から存在したものが再堆積した結果である可能性が高いため，遺構の廃絶時期を判断する根拠としては厳密には適さないと考える。

12) 高橋 2011では，漆町4群と5群の土器との間の「変化は漸移的で明確な細分指標は用意できていない」という田嶋の指摘があり（田嶋 2006：278頁），明確な時期差がない，あってもごく短期間と考えられていることから，両者を合わせて取り扱った。しかし，その後の田嶋の論考では，漆町4群と5群は前後する時期に位置づけられるようになっており，筆者も旧稿以降は修正して取り扱うようにしている。

13）漆町5群期からを古墳時代とする研究者も多い。田嶋明人は漆町5群（または4群）に遡る白江式期からを古墳時代としている（田嶋 1996・2008）。

14）北陸における布掘り柱掘形式建物の出現と展開に関してはじめて言及したのも田嶋である。田嶋はⅥ期（法仏式～月影式期）には多くの類例があるが，確実にⅤ期（猫橋Ⅰ式期）に遡るものは明らかでない。以降，溝を退化させながらⅦ期（白江式～古府クルビ式期）以降も確実に存続するとしている（田嶋 1991：194頁）。同じく，出越も布掘り柱掘形式建物の出現を法仏式～月影式期と考えられるとしている（出越 1995：268頁）。このように従来は，弥生時代後期後半が出現の画期と考えられてきた。なお，戸水B遺跡の報告書では，「現在はさらに古い例が確認されている」と記しているが（第4表文献50：280頁），遺跡名等については言及されていない。管見の限り，戸水B遺跡10・12次調査区SB005よりも古い例を確認していない。

15）蔵王遺跡SB5からは土器片186点が出土しており，出土土器はⅡ期（弥生時代後期末葉～古墳時代前期前半）に比定されている。SB5は礎板や柱根の年輪年代の結果から，2世紀後半以降に建てられたものとされている（第4表文献63：46・116頁）。

16）上荒屋遺跡の3期（漆町9～11群並行期）には布掘り柱掘形式建物が認められなくなることから，出越もこの時期を消滅時期にあてている（出越 1995：268頁）。

参考文献

浅川滋男　1998「コメント‘神殿論’に対するコメント」『先史日本の住居とその周辺』浅川滋男編　同成社

浅川滋男　2013「‘最長の垂木’による大型建物の復元」『建築考古学の実証と復元研究』同成社

浅川滋男・宮本正崇・中田優人　2018「松原田中遺跡の布掘掘形と地中梁に関する復元的考察」『鳥取県鳥取市松原田中遺跡』Ⅲ第2分冊　鳥取県教育委員会

尼崎市教育委員会　1999『尼崎市内遺跡復旧・復興事業に伴う発掘調査概要報告書』

木田　清　1996「弥生時代後期から古墳時代の掘立について（加賀地域を中心にして）」『松任市宮永市カイリョウ遺跡 宮永市カキノバタケ遺跡』石川県松任市教育委員会

楠　正勝　1995「弥生時代後期末から古墳時代前期初頭の遺構」『金沢市南新保D遺跡』Ⅱ　金沢市・金沢市教育委員会

高田健一　2010「古墳時代集落と掘立柱建物」『出雲大社の建築考古学』同成社

髙橋浩二　2011「土師器の編年 ⑥日本海」『古墳時代の研究』1 古墳時代史の枠組み　同成社

髙橋浩二　2018「布掘り柱掘形をもつ掘立柱建物の基礎的研究―北陸を中心に―」『待兼山論集Ⅲ―大阪大学考古学研究室30周年記念論集―』大阪大学考古学研究室編

田嶋明人　1986「考察―漆町遺跡出土土器の編年的考察―」『漆町遺跡』Ⅰ　石川県立埋蔵文化財センター

田嶋明人　1991「北陸の掘立柱建物」『弥生時代の掘立柱建物』本編　第29回研究集会実行委員会

田嶋明人　1996「北陸地方の古墳時代の土器」『日本土器事典』雄山閣出版

田嶋明人　2006「‘白江式’再考」『吉岡康暢先生古希記念論集 陶磁器の社会史』桂書房

田嶋明人　2008「古墳確立期土器の広域編年―東日本を対象とした検討（その1）―」『石川県埋蔵文化財情報』20　石川県埋蔵文化財センター

出越茂和　1995「加賀における弥生終末～古墳中期の村落構造」『上荒屋遺跡』Ⅰ古墳時代編　金沢市教育委員会

寺沢　薫　2002「箸墓古墳の築造手順と築造時期」『箸墓古墳周辺の調査』奈良県立橿原考古学研究所

鳥取県教育委員会　2018a『鳥取県鳥取市松原田中遺跡』Ⅱ　鳥取県教育委員会

鳥取県教育委員会　2018b『鳥取県鳥取市松原田中遺跡』Ⅲ　鳥取県教育委員会

奈良文化財研究所編　2010「掘立柱建物」『発掘調査のてびき―集落遺跡発掘編―』文化庁記念物課

増山　仁　1990「下安原遺跡の変遷について」『金沢市下安原遺跡』金沢市教育委員会

宮本長二郎　1996「弥生・古墳時代の掘立柱建物」『日本原始古代の住居建築』中央公論美術出版

森岡秀人・西村歩　2006「古式土師器と古墳の出現をめぐる諸問題―最新年代学を基礎として―」『古式土師器の年代学』大阪府文化財センター
谷内尾晋司　1983「北加賀における古墳出現期の土器について」『北陸の考古学』石川考古学研究会々誌第26号　石川考古学研究会
山形県埋蔵文化財センター　2001『太夫小屋1・2・3遺跡発掘調査報告書』
山中敏史　2003「柱掘りかたの形状」『古代の官衙遺跡』Ⅰ遺構編　奈良文化財研究所

第4表文献

1　福井県教育庁埋蔵文化財調査センター　2008『芝崎遺跡』
2　福井県教育庁埋蔵文化財調査センター　1988『昭和62年度発掘調査報告会資料』
3　福井県教育庁埋蔵文化財調査センター　1990『平成2年度発掘調査報告会資料』
4　大西青二・沼弘・橋本幹雄　1970「福井県荒木遺跡の調査」『考古福井』第2号　福井考古学研究会
　福井市　1990『福井市史』資料編1考古
5　福井県教育庁埋蔵文化財調査センター　2009『林・藤島遺跡泉田地区』
6　福井県教育庁埋蔵文化財調査センター　2009『中角遺跡』2―Ⅰ区下層編―
7　福井県教育庁埋蔵文化財調査センター　2016『鷲塚遺跡』
8　福井県教育庁埋蔵文化財調査センター　2010『高柳・下安田遺跡』
9　福井県教育庁埋蔵文化財調査センター　2015『大味上遺跡　大味中遺跡　下番荒谷遺跡』
10　仁科　章　1986「杓子谷遺跡」『福井県史』資料編13考古
11　福井県教育庁埋蔵文化財調査センター　2000『茱山崎遺跡』Ⅱ
12　石川県教育委員会・石川県埋蔵文化財センター　2003『加賀市弓波遺跡』
　石川県埋蔵文化財センター　2016『加賀市弓波遺跡現地説明会資料』2016年9月22日開催
　石川県埋蔵文化財センター　2016『加賀市弓波遺跡第2回現地説明会資料』2016年11月27日開催
　石川県埋蔵文化財センター　2017『いしかわの遺跡』№54
　石川県埋蔵文化財センター　2017「平成28年度発掘報告会‘いしかわを掘る’当日配布資料」(2017年3月5日開催)
13　石川県埋蔵文化財センター　2002『加賀市猫橋遺跡』
14　石川県小松市教育委員会　2001『吉竹遺跡』
15　石川県埋蔵文化財保存協会　1998『八幡遺跡』Ⅰ
16　石川県立埋蔵文化財センター　1988『漆町遺跡』Ⅱ
　石川県立埋蔵文化財センター　1989『漆町遺跡』Ⅲ
17　小松市教育委員会　2004『八里向山遺跡群』
18　石川県立埋蔵文化財センター　1982『高堂遺跡―第Ⅲ次発掘調査概報―』
　石川県立埋蔵文化財センター　1990『小松市高堂遺跡』
19　石川県寺井町・寺井町教育委員会　1997『加賀 能美古墳群』
20　石川県教育委員会・石川県埋蔵文化財センター　2014『白山市松任城跡 成町遺跡 北安田南遺跡』
21　石川県教育委員会・石川県埋蔵文化財センター　2014『白山市五歩市遺跡』
22　石川県立埋蔵文化財センター　1984『松任市宮永遺跡』
23　石川県松任市教育委員会　1996『松任市宮永市カイリョウ遺跡・宮永市カキノバタケ遺跡』
24　白山市教育委員会　2013『白山市横江A遺跡Ⅱ・白山市横江荘遺跡Ⅹ』
25　松任市教育委員会　1992『松任市倉部出戸遺跡』
26　野々市市教育委員会　2014『郷クボタ遺跡』2
27　野々市市教育委員会　2013『三日市A遺跡』6
28　野々市市教育委員会　2012『二日市イシバチ遺跡』2

野々市市教育委員会　2013『二日市イシバチ遺跡』3
石川県埋蔵文化財センター　2016『いしかわの遺跡』No.50
29　野々市市教育委員会　1998『長池・二日市・御経塚遺跡群』
30　野々市町教育委員会　1989『押野タチナカ遺跡・押野大塚遺跡』
31　野々市町教育委員会　2001『御経塚シンデン遺跡・御経塚シンデン古墳群』
32　野々市町教育委員会　1984『御経塚ツカダ遺跡（御経塚B遺跡）発掘調査報告書』Ⅰ
33　金沢市教育委員会　1995『上荒屋遺跡』Ⅰ古墳時代編
34　金沢市教育委員会　1990『金沢市下安原遺跡』
35　金沢市教育委員会　2000『神野遺跡』Ⅰ
36　石川県教育委員会・石川県埋蔵文化財センター　2006『金沢市額谷遺跡』
37　石川県教育委員会・石川県埋蔵文化財センター　2009『金沢市金石本町遺跡』
38　金沢市埋蔵文化財センター　2000『金沢市内遺跡発掘調査報告書』Ⅰ
金沢市埋蔵文化財センター　2008『石川県金沢市内遺跡発掘調査報告書』Ⅳ
39　金沢市埋蔵文化財センター　2010『石川県金沢市畝田・寺中遺跡Ⅵ　木曳野遺跡群Ⅳ』
40　石川県立埋蔵文化財センター　1991『畝田遺跡』
41　石川県教育委員会・石川県埋蔵文化財センター　2003『畝田・無量寺遺跡　畝田B遺跡』
42　石川県教育委員会・石川県埋蔵文化財センター　2005『金沢市畝田西遺跡群』Ⅱ
石川県教育委員会・石川県埋蔵文化財センター　2006『金沢市畝田西遺跡群』Ⅲ
石川県教育委員会・石川県埋蔵文化財センター　2017『金沢市畝田・寺中遺跡，畝田遺跡，畝田大徳川遺跡，畝田B遺跡，畝田C遺跡，畝田・無量寺遺跡』
43　石川県教育委員会・石川県埋蔵文化財センター　2003『金沢市戸水C遺跡・戸水C古墳群（第11・12次）』
44　石川県教育委員会・石川県埋蔵文化財センター　2004『金沢市近岡遺跡―平成9～11年度調査の記録―』
45　金沢市埋蔵文化財センター　2014『石川県金沢市直江北遺跡』
46　金沢市埋蔵文化財センター　1999『戸水遺跡群Ⅰ　戸水ホコダ遺跡』
47　金沢市埋蔵文化財センター　2002『石川県金沢市大友西遺跡』Ⅱ（本文編）
48　金沢市埋蔵文化財センター　2016『石川県金沢市大友E遺跡』
49　金沢市埋蔵文化財センター　2016『石川県金沢市大友A遺跡・大友D遺跡・大友F遺跡・大友G遺跡』
50　石川県教育委員会・石川県埋蔵文化財センター　2004『金沢市戸水B遺跡（10・12・13次）』
51　石川県埋蔵文化財センター　2001『金沢市藤江C遺跡』Ⅰ
石川県教育委員会・石川県埋蔵文化財センター　2002『金沢市藤江C遺跡』Ⅳ・Ⅴ第2分冊弥生・古墳時代篇
石川県教育委員会・石川県埋蔵文化財センター　2002『金沢市藤江C遺跡』Ⅶ
52　金沢市・金沢市教育委員会　1995『金沢市南新保D遺跡』Ⅱ
53　金沢市教育委員会　1985『金沢市松寺遺跡』
金沢市教育委員会　1997『金沢市松寺遺跡（第2次）』
54　石川県教育委員会　1976『北陸自動車道関係埋蔵文化財調査報告書』Ⅱ
栃木英道　1999「塚崎遺跡」『金沢市史』資料編19考古
55　津幡町教育委員会　2002『津幡町北中条遺跡（B区）発掘調査報告書』
56　石川県立埋蔵文化財センター　1988『津幡町刈安野々宮遺跡』7
57　石川県教育委員会・石川県埋蔵文化財センター　2004『羽咋市東的場タケノハナ遺跡』
58　石川県埋蔵文化財センター　2016『いしかわの遺跡』No.51
石川県埋蔵文化財センター　2016『石川県埋蔵文化財情報』第35号
59　鹿島町教育委員会　1993『在江遺跡』
60　石川県教育委員会・石川県埋蔵文化財センター　2004『田鶴浜町吉田南側B遺跡』
61　高岡市教育委員会　2012『石名瀬A遺跡調査報告』

62　新潟県教育委員会・新潟県埋蔵文化財調査事業団　2016『一般国道8号糸魚川東バイパス関係発掘調査報告書XI　六反田南遺跡V』
63　佐渡市世界遺産推進室・佐渡市教育委員会　2017『蔵王遺跡・小谷地遺跡・平田遺跡』

挿図・表出典

第1図：山中2003：51頁掲載図を改変トレースした髙橋2018の図を一部修正
第2・4図：各遺跡報告書掲載図を筆者トレース
第3・5図，第1〜4表：筆者作成

第4表　北陸における布掘り柱掘形式建物一覧

No.	所在地	遺跡名	遺構名称	遺構時期	布掘り柱掘形分類	柱間数 桁行×梁行	桁行規模（m）	梁行規模（m）	平面規模（㎡）	備考
【若狭】										
1	福井県おおい町	芝崎遺跡	A区掘立柱建物		Ⅰ類	?×?	—	4.6	—	両布掘り柱掘形とも途切れ
			A~D区掘立柱建物		Ⅱ類	2以上×?	2.5以上	—	—	布掘り柱掘形片側のみ検出（途切れ）
			D区掘立柱建物		Ⅱ類	2以上×?	4.0以上	—	—	布掘り柱掘形片側のみ検出（途切れ）
【越前】										
2	福井県永平寺町	葵遺跡	1号建物		Ⅰ類	?×1	5.7	2.85	16.25	
			2号建物		Ⅱ類	3×1	5.8	3.4	19.72	
			3号建物		Ⅱ類	3×1	5.1	2.8	14.28	
			4号建物		Ⅱ類	3×1	5.55	2.6	14.43	
3	福井県永平寺町	室遺跡	2号建物		不明	—	—	—	—	
4	福井県福井市	荒木遺跡	溝状遺構		Ⅱ類	2×?	5.7	—	—	布掘り柱掘形片側のみ検出
5	福井県福井市	林・藤島遺跡	SB101		Ⅱ類	2×1	4.5	2.8	12.15	
			SB102		Ⅱ類	2×1	5.4	3.6	19.44	
			SB120	法仏式期か	（Ⅱ類か）	?×1	約3.0	約2.7	約8.1	
6	福井県福井市	中角遺跡Ⅰ区下層	建物3		Ⅱ類	3?×1	—	2.6	—	両布掘り柱掘形とも途切れ
			建物10		（Ⅱ類か）	2×1	5.12	3.0	15.36	
			建物14	月影Ⅱ式期	Ⅱ類	3×2	5.12	4.48	22.94	3間×1間の可能性あり
			建物16		Ⅱ類	3?×1	—	2.66	—	両布掘り柱掘形とも途切れ
			建物17		Ⅱ類	不明	—	—	—	布掘り柱掘形片側のみ検出（途切れ）
			建物19		Ⅱ類	2×?	3.6	—	—	布掘り柱掘形片側のみ検出
			建物20		Ⅱ類	3?×1	5.04	3.28	16.53?	両布掘り柱掘形とも途切れ
			建物22		Ⅱ類	不明	—	—	—	布掘り柱掘形片側のみ検出（途切れ）
			建物23		（Ⅰ類か）	不明	—	—	—	布掘り柱掘形片側のみ検出（途切れ）
7	福井県福井市	鷲塚遺跡	SB1		Ⅳ類	3×1	5.75	4.1	23.58	両布掘り柱掘形とも途切れ
8	福井県坂井市	高柳・下安田遺跡	SB004	法仏式期	Ⅰ類	?×1	4.7	3.15	14.81	
			SB005	月影Ⅰ式期	Ⅱ類	3×1	5.7	3.6	20.52	
9	福井県坂井市	大味中遺跡	SB22	月影Ⅱ式期	Ⅱ類	3×1	約7.0	約3.8	約26.6	両布掘り柱掘形とも途切れ
10	福井県坂井市	杓子谷遺跡	1号掘立柱建物		不明	不明	—	約2.6	—	遺構図未掲載
11	福井県あわら市	茱山崎遺跡	掘立柱建物19		Ⅱ類	2×1	3.3	2.85	9.41	布掘り柱掘形わずかに途切れ
			掘立柱建物20		（Ⅱ類）	2×1	4.5	3.0	13.5	両布掘り柱掘形とも途切れ
			掘立柱建物21		Ⅱ類	3×1	6.3	3.45	21.74	
			掘立柱建物25		Ⅱ類	2×1	4.0	2.4	9.6	布掘り柱掘形わずかに途切れ
			掘立柱建物26		（Ⅱ類）	3×1	4.75	3.75	17.81	両布掘り柱掘形とも途切れ
			掘立柱建物29	月影Ⅱ式期	（Ⅱ類）	3×1	4.9	3.9	19.11	布掘り柱掘形途切れ
			掘立柱建物31		（Ⅱ類）	4×1	7.23	3.6	26.02	両布掘り柱掘形とも途切れ
			掘立柱建物37	月影Ⅰ式期	Ⅳ類	3×1	5.63	3.6	20.27	
			掘立柱建物53		Ⅱ類	3×1	4.9	4.15	20.34	
			掘立柱建物55		（Ⅳ類）	3×1	5.0	3.4	17.0	布掘り柱掘形片側のみ検出（途切れ）
			掘立柱建物78		Ⅱ類	3×1	4.45	3.1	13.8	
			掘立柱建物81		Ⅱ類	3×1	5.25	3.15	16.54	
【加賀】										
12	石川県加賀市	弓波遺跡	2号掘立柱建物		Ⅱ類	3×?	4.25	—	—	布掘り柱掘形片側のみ検出
	石川県加賀市	弓波遺跡（A区）				不明				布掘り柱掘形式建物3棟検出
	石川県加賀市	弓波遺跡（Ⅰ・Ⅱ区）				不明				布掘り柱掘形式建物6棟検出
13	石川県加賀市	猫橋遺跡	SB12	月影式期	Ⅱ類	3×1	5.35	4.63	24.77	
			SB12建替え	月影式期	Ⅱ類	3×1	5.28	4.02	21.22	
14	石川県小松市	吉竹遺跡	8号掘立柱建物跡	月影Ⅰ式期	Ⅱ類	4×1	5.7	4.5	25.65	
			12号掘立柱建物跡	月影Ⅱ式期	（Ⅱ類）	3×1	7.7	4.0	30.8	両布掘り柱掘形とも途切れ
			18号掘立柱建物跡	月影Ⅰ式期	Ⅳ類	3×1	6.4	3.6	23.04	
			25号掘立柱建物跡	月影Ⅰ式期	（Ⅱ類）	2×1	3.8	2.7	10.26	布掘り柱掘形途切れ
15	石川県小松市	八幡遺跡	SB-23	漆町2~3群期	Ⅱ類	2×1	3.7	3.2	11.84	
			SB-46	漆町2~3群期	Ⅱ類	2×1	3.9	2.9	11.31	
16	石川県小松市	漆町遺跡	76号掘立柱建物		Ⅱ類	2×1	3.2	2.6	8.32	
	石川県小松市	漆町遺跡	1号掘立柱建物		（Ⅱ類）	2×1	3.9	2.0	7.8	
17	石川県小松市	八里向山遺跡	A地区SB06	月影Ⅱ式期	Ⅰ類	2×1	4.2	2.8	11.76	
			A地区SB07	月影Ⅰ式期	Ⅱ類	3×1	6.8	4.6	31.28	
			C地区SB01	月影Ⅱ式期	Ⅱ類	2×1	4.4	2.4	10.56	
			C地区SB05	月影Ⅰ式期	Ⅱ類	2×1	4.2	2.4	10.08	柱根遺存
			C地区SB06	月影Ⅰ式期	Ⅱ類	2×1	4.3	2.6	11.18	
18	石川県小松市	高堂遺跡	1号掘立柱建物	月影式期か	Ⅱ類	3×1	4.1	3.7	15.17	
			2号掘立柱建物	月影式期か	Ⅱ類	3×1	5.18	3.0	15.54	
			3号掘立柱建物	月影式期か	（Ⅳ類か）	3?×1	—	3.15	—	両布掘り柱掘形とも途切れ
			4号掘立柱建物	月影式期か	Ⅱ類	3×1	4.65	3.8	17.67	柱根遺存
			5号掘立柱建物		（Ⅱ類）	2×1	3.7	3.35	12.4	布掘り柱掘形片側のみ検出
19	石川県能美市	和田山遺跡	1号掘立柱建物	月影式期か	（Ⅱ類）	3×1	7.2	3.2	23.04	布掘り柱掘形片側のみ検出（途切れ）
20	石川県白山市	成町遺跡	SD27・SD28		Ⅰ類	2×1	3.6	3.8	13.68	
21	石川県白山市	五歩市遺跡	SK11・31，SX1	弥生後期後半~終末期	Ⅲ類，Ⅱ類	2×1	4.7	4.8	22.56	
22	石川県白山市	宮永遺跡	掘立柱建物跡	月影式期	（Ⅰ類）	2以上×?	1.8以上	—	—	布掘り柱掘形片側のみ検出（途切れ）
23	石川県白山市	宮永市カイリョウ遺跡	1号掘立柱建物址	月影Ⅱ式期	（Ⅱ類）	2×1	3.45	2.45	8.45	布掘り柱掘形片側のみ検出（途切れ）
24	石川県白山市	横江A遺跡	SK07・SK12		Ⅱ類	1×1	1.7	4.0	6.8	
25	石川県白山市	倉部出戸遺跡	SB-107	漆町4群期	Ⅱ類	3×1	3.5	2.7	10.15	
			SA-102		（Ⅱ類）	?	?	?	?	布掘り柱掘形片側のみ検出（途切れ）
26	石川県野々市市	郷クボタ遺跡	SB1		Ⅱ類	3×1	4.2	4.0	16.8	布掘り柱掘形片側のみ検出
			SB2	法仏式~月影式期	Ⅱ類	2×1	4.3	4.2	18.06	
27	石川県野々市市	三日市A遺跡（第26次）	SB1		Ⅱ類	2×1	3.8	2.55	9.69	
28	石川県野々市市	二日市イシバチ遺跡	SB1	月影式期	Ⅱ類	3?×1?	5.9	3.05	18.0	両布掘り柱掘形とも途切れ
			SB1		Ⅱ類	?×1	—	2.05	—	両布掘り柱掘形とも途切れ
			SB8		Ⅱ類	3×?	5.75	—	—	布掘り柱掘形片側のみ検出
	石川県野々市市	二日市イシバチ遺跡		弥生終末期	（Ⅱ類）	2×1				写真のみ掲載
29	石川県野々市市	長池ニシタンボ遺跡	SB03	月影Ⅰ式期	Ⅱ類	2×1	2.7	2.2	5.94	
30	石川県野々市市	押野タチナカ遺跡	1号掘立柱建物	法仏式期	Ⅱ類	3×1	5.75	3.7	21.28	
			2号掘立柱建物	月影Ⅱ式期	Ⅱ類	3×1	5.6	3.3	18.48	
31	石川県野々市市	御経塚シンデン遺跡	SB01	月影Ⅱ式期	Ⅱ類	3×1	6.8	4.7	31.96	
			SB02	月影Ⅱ式~白江式期	Ⅱ類	3×1	3.6	3.25	11.7	
			SB03	月影Ⅱ式期	Ⅱ類	3×1	4.9	3.9	19.11	
			SB04	月影Ⅱ式~白江式期	（Ⅳ類か）	3×1	5.3	4.1	21.73	布掘り柱掘形片側のみ検出
			SB05	月影Ⅱ式~白江式期	Ⅱ類	4×1	5.5	3.4	18.7	
			SB06	月影Ⅱ式期	Ⅱ類	3×1	4.5	3.05	13.73	
			SB07		Ⅱ類	3×1	3.6	3.3	11.88	
			SB08		Ⅳ類	3×1	4.2	3.3	13.86	
			SB09	法仏式~月影Ⅰ式期	Ⅱ類	3×1	4.6	2.8	12.88	
			SB10	月影式期	Ⅱ類	3×1	5.1	2.7	13.77	
			SB11		Ⅱ類	1×1	1.2	1.7	2.04	
			SB12	月影Ⅱ式~白江式期	（Ⅳ類）	3×1	3.9	3.4	13.26	布掘り柱掘形片側のみ検出
			SB13	月影式期？	Ⅳ類	3×1	4.1	3.5	14.35	
			SB14	月影式期	（Ⅱ類）	3×1	6.3	3.5	22.05	両布掘り柱掘形とも途切れ
			SB15	月影Ⅱ式~白江式期	Ⅱ類	4×1	7.0	3.4	23.8	
			SB16	月影Ⅰ式期	Ⅱ類	3×1	6.0	3.3	19.8	
			SB17		（Ⅱ類）	2×1	3.85	（2.2）	（8.47）	布掘り柱掘形片側のみ検出
			SB18	法仏式~月影Ⅰ式期	Ⅱ類	2×1	5.2	3.5	18.2	
			SB19	月影式期	Ⅱ類	3×1	5.9	3.9	23.01	
			SB20	月影Ⅱ期~白江式期	Ⅱ類	3×1	4.6	2.8	12.88	
			SB21	月影Ⅱ式期？	Ⅱ類	3×1	6.2	3.1	19.22	

			SB23	月影Ⅱ式期？	(Ⅳ類)	3 × 1	5.4	4.4	24.2	両布掘り柱掘形とも途切れ
			SB30	月影Ⅱ式期	Ⅱ類	2 × 1	4.2	3.3	13.86	
			SB46		Ⅱ類	2 × 1	3.0	2.5	7.5	布掘り柱掘形片側のみ検出
32	石川県野々市市	御経塚ツカダ遺跡	82-1 号掘立柱建物		Ⅰ類	不明	—	2.6	—	柱痕未検出につき，柱位置不明
33	石川県金沢市	上荒屋遺跡	SB01	漆町 7～8 群期	Ⅱ類	3 × 1	5.4	4.7	25.38	柱根遺存
			SB02	漆町 6～7 群期	Ⅱ類	3 × 1	5.6	4.6	25.76	礎板遺存
			SB08		不明	2 × ?	約 2.4	?	?	遺構図未掲載
			SB14	漆町 7～8 群期	Ⅱ類	3 × 1	4.8	4.4	21.12	
			SB15	漆町 6～7 群期	Ⅱ類	(近片) 2 × 1	4.2	4.0	16.8	
			SB37	漆町 7～8 群期	Ⅱ類	4 × 1	5.7	4.7	26.79	
			SB38	漆町 7～8 群期	Ⅱ類	(近) 3 × 1	4.14	3.8	15.73	
			SB39	漆町 6～7 群期	(Ⅱ類か)	(近片) 3 × 1	5.1	4.0	20.4	布掘り柱掘形わずかに途切れ
			SB42	漆町 6～7 群期	Ⅱ類	2 × 2	2.8	2.4	6.72	布掘り柱掘形片側のみ検出
			SB44	漆町 6～7 群期	Ⅱ類	3 × 1	6.3	4.6	28.98	
			SB68	漆町 6～7 群期	Ⅱ類	4 × 2	6.4	5.4	34.56	
			SB70	漆町 6～7 群期	Ⅱ類	3 × 1	9.4	4.95	46.53	
34	石川県金沢市	下安原遺跡	1 号掘立柱建物	漆町 6～8 群期	Ⅱ類	3 × 1	4.5	4.1	18.45	礎板・枕木遺存
			2 号掘立柱建物	漆町 6～8 群期	Ⅱ類	3 × 1	5.8	4.6	26.68	枕木遺存
			4 号掘立柱建物	漆町 6～8 群期	(Ⅳ類)	3 × 1	6.8	5.2	35.36	布掘り柱掘形片側のみ検出（途切れ）
35	石川県金沢市	神野遺跡	SB304	弥生後期？	(Ⅱ類)	? × 1	?	2.9	?	両布掘り柱掘形とも途切れ
36	石川県金沢市	額谷遺跡	SB2001	月影式期	(Ⅱ類)	3 × 2	4.05	3.65	14.78	布掘り柱掘形片側のみ検出
37	石川県金沢市	金石本町遺跡	布掘建物（10 号溝）		Ⅰ類	3 × 1	5.4	3.3	17.82	礎板・枕木遺存
38	石川県金沢市	寺中 B 遺跡	SBN-01	法仏式～月影Ⅰ式期	Ⅰ類	3 × 1	5.8	3.6	20.88	礎板確認
			SBN-02		(Ⅰ類)	? × 1	—	3.5	—	両布掘り柱掘形とも途切れ
	石川県金沢市	寺中 B 遺跡	SBN01	弥生終末期	Ⅱ類	3 × ?	6.8	—	—	布掘り柱掘形片側のみ検出，柱根遺存
39	石川県金沢市	畝田・寺中遺跡	SBN201		Ⅰ類，Ⅱ類	? × 1	—	3.7	—	両布掘り柱掘形とも途切れ
40	石川県金沢市	畝田遺跡	SB306	月影式期頃？	Ⅱ類	3? × ?	(5.05)	—	—	布掘り柱掘形片側のみ検出（途切れ）
			SB308	月影式期頃？	Ⅱ類	3? × ?	(3.7)	—	—	SB306 と SB308 は建替えの関係
41	石川県金沢市	畝田 B 遺跡（平成 11 年度調査）	SB06	弥生後期後半？	(Ⅱ類)	4 × ?	5.6	?	—	布掘り柱掘形片側のみ検出（途切れ）
42	石川県金沢市	畝田西遺跡群（L 地区）	SB101		Ⅳ類，Ⅱ類	(近) 3 × 1	4.4	4.24	18.66	礎板遺存
			SB103		Ⅱ類	3 × 1?	3.72	(3.0)	(11.16)	
	石川県金沢市	畝田西遺跡群	SB104		Ⅱ類	3 × 1	4.2	3.76	15.79	
			SB123		Ⅲ類か	3 × 1	5.52	4.68	25.83	布掘り柱掘形片側のみ検出
			SB126		Ⅲ類か	(棟) 3 × 1	5.0	4.28	21.4	
			SB127		Ⅲ類か	3 × 1	4.92	4.36	21.45	礎板遺存
			SB129		(Ⅳ類)	3 × 1	7.06	4.41	31.13	両布掘り柱掘形とも途切れ
			SB133		(Ⅱ類)	3? × 1	5.5	4.0	22.0	
	石川県金沢市	畝田・寺中遺跡，畝田遺跡，畝田大徳川遺跡	SB05	漆 5・6 群～ 漆 10・11 群期	(Ⅱ類)	2? × ?	—	—	—	布掘り柱掘形片側のみ検出
43	石川県金沢市	戸水 C 遺跡（第 11 次，B・C 地区）	SB1102	月影式期	Ⅱ類	3 × 1	4.55	3.85	17.52	
44	石川県金沢市	近岡遺跡	SH1001	月影式～白江式期	Ⅰ類	4? × 1	5.0	3.28	16.4	地中梁遺存
			SH1002	白江式期	(Ⅱ類)	2? × 1	—	約 3.3	—	
45	石川県金沢市	直江北遺跡	SB03	古墳前期前半？	(Ⅳ類)	(棟) 3 × 1	4.55	4.05	18.43	布掘り柱掘形片側のみ検出（途切れ）
			SB20	古墳前期前半？	(Ⅱ類)	? × 1	—	2.5	—	両布掘り柱掘形とも途切れ
			SBN01	古墳前期前半？	Ⅰ類	? × 1	—	3.2	—	
46	石川県金沢市	戸水ホコダ遺跡	SB12	月影式期	(Ⅱ類)	2 × 1	4.0	3.24	12.96	布掘り柱掘形片側のみ検出（途切れ）
			SB14	月影式期	Ⅰ類	2? × 1	4.0?	2.6	10.4?	
			SB29	月影Ⅱ式～白江式期	(Ⅱ類)	2 × 1	5.2	4.0	20.8	布掘り柱掘形片側のみ検出（途切れ）
			SB30	月影Ⅱ式～白江式期	Ⅱ類	3 × 1	6.4	4.1	26.24	礎板・枕木遺存
47	石川県金沢市	大友西遺跡	SB06	月影Ⅱ式期か	Ⅳ類	3 × 1	5.0	3.2	16.0	布掘り柱掘形途切れ
			SB09	月影Ⅱ式期か	(Ⅱ類)	3 × 1	4.5	3.1	13.95	両布掘り柱掘形とも途切れ，礎板遺存
			SB11	法仏Ⅱ式～月影Ⅱ式期	Ⅱ類	2 × 1	6.4	3.6	23.04	布掘り柱掘形途切れ，礎板・枕木遺存
			SB12	月影Ⅱ式期	Ⅱ類	2 × 1	4.0	3.6	14.4	
			SB13	法仏Ⅱ式～月影Ⅰ式期	Ⅰ類	3 × 1	6.0	4.15	24.9	礎板遺存，底面に枘穴ある柱根遺存
			SB14	月影Ⅱ式～白江式期	Ⅰ類	3 × 1	6.9	5.6	38.65	地中梁遺存
			SB15	月影式期か	Ⅲ類か	3 × 1	5.4	4.0	21.6	礎板・枕木遺存
			SB16	月影式期か	Ⅲ類か	2 × 1	5.0	3.3	16.5	
			SB19a	弥生・古墳時代	(Ⅰ類)，Ⅱ類	2? × 1	4.3	3.8	16.34	
			SB19b	弥生・古墳時代	(Ⅰ類)，Ⅱ類	2? × 1	4.2	3.4	14.28	
			SB55	弥生時代	Ⅳ類	3 × 1	5.8	4.5	26.1	基礎部分に木屑検出，桃核出土
48	石川県金沢市	大友 E 遺跡	SNB3001		Ⅰ類，Ⅱ類	2 × 1	約 3.8	約 2.5	約 9.5	
49	石川県金沢市	大友 F 遺跡	SNB01	弥生後期～終末期後半？	Ⅰ類	3? × 1	5.2	3.8	19.76	
			SB1005	弥生後期～終末期？	(Ⅳ類)	3 × 2?	5.5	3.6	19.8	両布掘り柱掘形とも途切れ
50	石川県金沢市	戸水 B 遺跡（第 10・12 次）	SB005	弥生中期後葉～末葉	Ⅰ類	2 × 1	3.0	3.3	9.9	枕木遺存
			SB008		Ⅰ類	2 × 1	約 3.5	3.1	約 10.85	柱穴未検出
51	石川県金沢市	藤江 C 遺跡（第 3 次）	SB10		(Ⅳ類)	3 × 1	4.72	4.14	19.54	両布掘り柱掘形とも途切れ
	石川県金沢市	藤江 C 遺跡（第 5 次）	SB522		(Ⅱ類)	3 × 1	4.15	3.65	15.15	布掘り柱掘形片側のみ検出
			SB524		(Ⅱ類)	3 × 1	5.0	4.4	22.0	両布掘り柱掘形とも途切れ，礎板遺存
	石川県金沢市	藤江 C（第 7 次）	SB7B040		Ⅱ類	3 × 1	4.8	4.2	20.16	柱根遺存
52	石川県金沢市	南新保 D 遺跡	SB01	白江式期か	(Ⅰ類か)	3 × 1	5.75	4.05	23.29	柱位置に礎板遺存，柱根 1 箇所遺存
53	石川県金沢市	松寺遺跡	SB-01	月影式期	(Ⅳ類)	3 × 1	5.3	3.6	19.08	布掘り柱掘形片側のみ検出（途切れ）
			SB-06	漆町 8 群期？よりも前	Ⅳ類	(近) 3 × 1	5.5	5.0	27.5	
			SB-07		(Ⅱ類)	2 × ?	3.7	—	—	布掘り柱掘形片側のみ検出
			SB-08，1 次 B4 号溝	漆町 6 群期	(Ⅱ類)	4 × 1	5.75	4.2	24.15	両布掘り柱掘形とも途切れ，枕木遺存
			SB-13		(Ⅳ類)	3 × 1	5.1	3.8	19.38	布掘り柱掘形片側のみ検出
			SBN-01		Ⅰ類	3 × 1	5.45	4.1	22.35	礎板遺存
			SBN-02		Ⅰ類，Ⅱ類	3 × 1	4.15	3.5	14.53	礎板遺存
			SBN-03		(Ⅱ類)	3 × 1	6.0	3.6	21.6	布掘り柱掘形片側のみ検出，礎板遺存
			SBN-04，1 次 5 号溝		(Ⅳ類)	3? × 1	4.8	4.1	19.68	両布掘り柱掘形途切れ，柱根・枕木遺存
54	石川県金沢市	塚崎遺跡	第 1 号掘立柱建物	月影Ⅰ式期	Ⅱ類	3 × 1	5.45	3.4	18.53	
			第 2 号掘立柱建物	月影Ⅰ式期	Ⅱ類	3 × 1	5.25	3.95	20.74	
			第 3 号掘立柱建物	法仏式期	(Ⅱ類)	2 × 1	3.9	2.8	10.92	両布掘り柱掘形とも途切れ
55	石川県津幡町	北中条遺跡	SB2		(Ⅱ類)	4 × 2	6.8	3.2	21.76	両布掘り柱掘形とも途切れ
56	石川県津幡町	刈安野々宮遺跡	第 5 号掘立柱建物	法仏～月影Ⅰ式期	(Ⅱ類)	3 × ?	5.1	—	—	布掘り柱掘形片側のみ検出
			第 6 号掘立柱建物		Ⅱ類	2 × 2	3.4	4.1	13.94	布掘り柱掘形片側のみ検出
【能登】										
57	石川県羽咋市	東的場タケノハナ遺跡	SB2	弥生中期後半～後期前半	Ⅱ類	1 × 1	4.5	4.6	20.7	布掘り柱掘形途切れ
58	石川県志賀町	北吉田ノシロタ遺跡			Ⅰ類	不明				写真のみ掲載
59	石川県中能登町	在江遺跡	第 1 号掘立柱建物	月影式期	Ⅱ類	2 × 1	4.7	4.58	21.53	布掘り柱掘形途切れ
60	石川県七尾市	吉田南側 B 遺跡	SB1		(Ⅱ類)	1? × 1	約 2.7	約 3.0	約 8.1	布掘り柱掘形途切れ
			SB2		(Ⅱ類)	2? × 1	—	約 1.8	—	布掘り柱掘形途切れ
【越中】										
61	石川県高岡市	石名瀬 A 遺跡	SB611	月影Ⅱ式～白江式期	Ⅳ類	4 × 1	7.1	4.56	32.31	
【越後】										
62	新潟県糸魚川市	六反田南遺跡	SI7626a・SB7626b	弥生終末期後半	Ⅱ類	2 × 1	4.84	4.14	18.82	
【佐渡】										
63	新潟県佐渡市	蔵王遺跡	SB5	弥生終末期～古墳前期前葉	Ⅰ類	2 × 2	4.7	3.99	18.75	地中梁遺存

左端の番号は第 2 図の分布図と一致する
布掘り柱掘形が片側だけ検出のものや途切れるものでも分類が特定できるものは表示した。確定できないものはカッコ付きで示した。一対の布掘り柱掘形で分類が異なる場合は両方を示した
柱間数の（棟）は独立棟持柱をもつもの，（近）は近接棟持柱をもつもの，（近片）は片側のみ近接棟持柱をもつもの
桁行・梁行規模，平面規模のカッコ付きは推定値によるもの。一対の桁行，梁行で長さが異なる場合は平均値を示した
松寺遺跡 SBN-04，1 次 5 号溝は，髙橋 2018 ではⅠ類と推定したが，改めて検討した結果Ⅳ類に訂正する

新潟県における弥生時代〜古墳時代の掘立柱建物

滝沢　規朗

はじめに

本県の遺跡で最も建物の検出例が多い縄文時代に対し，農耕社会が成立したとされる弥生時代から律令国家成立にいたるまでの古墳時代の建物は，集落数の検出例と比例して多いとはいいがたい。このためか本県の弥生・古墳時代の論考は，墳墓や遺物でも土器に焦点をあてたものが多く，集落では弥生時代後期以降に一定の検出例があり，日本海側最北の分布地となる高地性環濠集落，環濠集落を対象としたものが主体となる。集落の主要な構成要素となる建物は，発掘調査報告書で詳細が述べられているものもあるが，各時代を通した論考や県内の集成等は前後の縄文時代・古代に比して活発とはいいがたい状況にある。

農耕社会の成立から国家体制の成立に至る過程で，西日本の文化が北上する日本海側最北であり，かつ北方文化が南下する日本海側最南の地が本県と理解している。また，弥生時代後期の土器様相をみれば，少なくても三つの土器様相に区分される本県は様々な文化様相が交差する地域と認識しており，そのなかで集落はどのように変化していくか。特に重要な項目と考えており，当時の集落様相を検討する場合に基礎となる建物の様相把握は不可欠の作業となる。

筆者はかつて弥生・古墳時代の建物の概要を記す機会があり（滝沢 1999），その後資料の増加に伴い弥生時代に限定した記述を行った（滝沢 2009a）。前者からは約 20 年，後者からは約 10 年が経過しており，資料の増加が著しい。論考数は多くないが，特定の建物では研究の深化も見受けられる（中川 2018 など）。ここでは建物のうち近年増加が著しい掘立柱建物に焦点をあて，概要を記すことにしたい。

1　本稿で扱う掘立柱建物と分類

(1) 本稿で扱う掘立柱建物

最初に本稿で対象とする掘立柱建物について整理する。掘立柱建物という呼称は「学史的には元来，歴史時代以降の寺院あるいは官衙に盛行する中心的建物となった礎石建物との相違を前提に，それらの柱の基礎構造を準拠して流布した」とされる（岩崎 1991）。文化庁監修の『発掘調査のてびき―集落遺跡発掘編―』で確認すると，掘立柱建物は「地面を掘った穴の中に建物の軸部となる柱の根元を入れ，そのまわりの空間を埋め戻して柱を固定した，軸組構造の建物」「竪穴建物の場合も，大半はこの工法で立てられているが，掘立柱建物の床面が，通常地表面ないしはそれより高い位置にあるのに対し，竪穴建物は，地面を掘り下げて床面をつくる」という（文化庁 2010：158 頁）。

床の高さを区分の対象とすれば，竪穴建物・平地建物・高床建物となるが，「現在の考古学的方法では平地建物と高床建物を分別する方法論は確立されておらず」，掘立柱建物という用語は「両者を包括する用語は不可欠」とされる（岩崎 1991）。本稿で取り扱う掘立柱建物は，一義的には岩崎氏の提言に従い，「床の高さが地上（生活面）以上で，主柱に木柱を用いて上屋をささえる構造の様式」（岩崎 1991）とする。これは「地中に木柱を掘立て，あるいは打込んで建てた建物」で「床面を竪穴ではなく地表面上に設けた建物で，広義には高床式を含め狭義の土間床式あるいは低い床敷建物」とする宮本長二郎氏の定義（宮本 1991）と大きな差異はないものと考える。

「床の高さが地上（生活面）以上で，主柱に木柱を用いて上屋をささえる構造の様式」はさらに付属要素で区分が可能である。特に本稿で扱う時期には木柱の外側に溝があるものがあり，竪穴・平地構造を含め「周溝をもつ建物」として認識されている（岡本 2003）。岡本淳一郎氏は周溝を土坑式（土坑が連続的に巡るもの），広溝式（平均幅 100cm 前後），狭溝式（平均幅 30cm 前後）に区分し，床面の構造から広溝式竪穴建物，広溝式平地式建物等と呼称する。さらに竪穴構造以外のものは，周溝までの距離と柱穴間の距離の比率（周溝柱穴比）から 2 以上を広溝式・狭溝式平地建物，2 以下と近接したものを掘立柱建物と平地建物とする。前者は竪穴系統と異なる長方形の柱穴配置であり，溝は雨落ち溝的なもの，後者は壁溝を有する平地式建物または削平を受けた竪穴建物の可能性があるとした（岡本 2003）。

筆者は岡本氏の区分を踏襲して①竪穴建物，②平地式建物，③掘立柱建物に大別し，掘立柱建物は「桁行が 2 間以上で柱穴が長方形に配置されたものに加え，1 × 1 間のものでも柱間から一定の距離をおいた地点に溝が伴わないもの」，平地式建物は「床面と外のレベルが同一と判断されるもののうち，主柱穴の配置が円形ないしは 1 × 1 間の方形・長方形で，柱間から一定の距離をおいた地点に溝が伴うもの」とした（滝沢 2009）。平地式建物と掘立柱建物は，柱間から一定の距離をおいた地点の溝を根拠に，北陸地方で認知されている広溝式建物・狭溝建物（竪穴建物と平地建物が有り）を意識した区分である。本稿でも基本的にはこれを踏襲し，岩崎氏が掘立柱建物と定義したもののうち，柱間の大きく外側に溝を有するもの，近接して有するもののうち竪穴建物の柱穴と同様に方形配置を除いたものを検討の対象とする[1]。

（2）掘立柱建物の分類

弥生・古墳時代では全国的な集成に基づく宮本長二郎氏の分類がある（宮本 1991・2002a）。本県を含む東北地方の縄文時代後晩期を対象とした荒川隆史氏の分類（荒川 2009），宮本氏の分類を踏襲して本県の状況を検討した春日真実氏の論考（春日 2009）を参考として，縄文時代～中世までの変遷がある程度追求可能となり，加えて同時代の地域的な様相が把握できる分類に努めた。具体的には宮本長二郎氏の平面形式の区分を参考に，以下のように区分している。

①梁間 1 間型：棟持柱なし，独立棟持柱有（近接を含む），五角形（突出部に張出し有り）。

②梁間 2 間以上：棟持柱なし，独立棟持柱有（近接を含む）。宮本氏の壁芯棟持柱は本類とした。

③総柱型：棟持柱なし，独立棟持柱有。

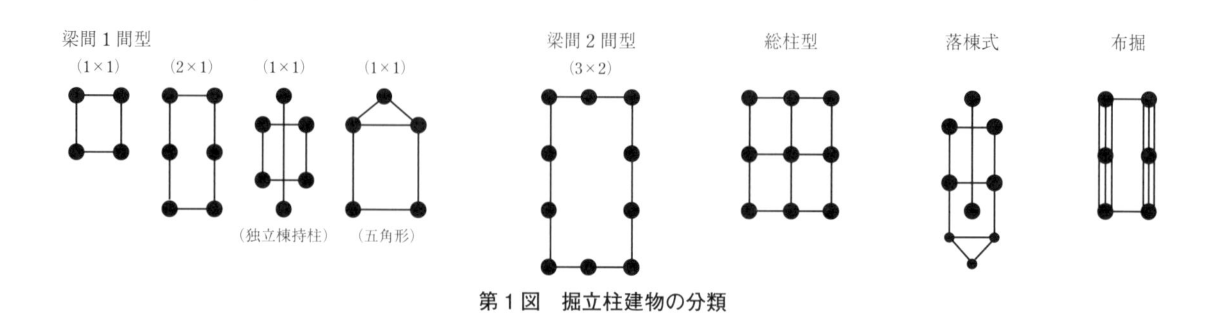

第 1 図　掘立柱建物の分類

①～③を桁行との組み合わせで呼称する。加えて，縄文晩期の本県で多い梁間1間型で独立棟持柱の妻側に張り出すよう2～3基の柱穴が付随するものを落棟式建物（宮本2002a），①②に長軸方向の両側に突出する柱穴が付くものを庇型建物とした。柱の掘り方は，主柱1本ずつ掘られたもの（壺掘り・打込み式）と，主柱を2本以上建てるためにひと続きで掘る布掘りで区分し，後者を布掘建物とした（第1図）。

(3) 大きさ

全形が把握できる195棟を対象に柱間の面積を求め，折れ線グラフを作成した。細別時期ごとで必ずしも分布の断絶は一致しないが，弥生・古墳時代内での比較のため，10m^{2}未満を小型，10～30m^{2}を中型（10～20m^{2}を中小型，21～30m^{2}を中大型），30～40m^{2}を大型，40m^{2}以上を特大型とした。

2　新潟県における掘立柱建物とその変遷

報告書等が刊行されたもののうち，帰属時期が比較的明確なものを平面形態と大きさの区分に従い，各時期の変遷を概観する。該当する県内の遺跡は41遺跡に及ぶ。

掘立柱建物は出土土器から時期比定が困難な場合が多い。複合遺跡の場合に帰属時期を誤認する可能性が残るが，掘立柱建物が検出された集落の存続時期を念頭におき，出土遺物等を加味して時期を比定した。

記述にあたり，遺構名称は報告書の記載に準拠した。県内の集落存続時期から①弥生時代前期～中期前葉，②弥生時代中期中～後葉，③弥生後期，④古墳早～前期，⑤古墳中期，⑥古墳後期に区分し，さらに細別時期の比定が可能な場合は第1表に従い，新潟シンポ編年（日本考古学協会新潟大会1993）や筆者らの区分で呼称する。上記の⑴～⑹の区分に合致しない遺跡は若干存在し，弥生後期～古墳前期の上越市子安遺跡（上越市教育委員会2009），古墳前～中期の新潟市上大川遺跡（新潟市教育委員会2009）・佐渡市畫場遺跡（佐渡市教育委員会2007）等がある。ここでは，これらの遺跡で検出された主要な遺構の時期や出土土器量を勘案し，子安遺跡は弥生時代後期に含めたが，上大川遺跡と畫場遺跡は古墳時代前～中期とした。以下，地域区分は新潟県考古学会2005に準拠して呼称する（第2図）。

第1表　編年対応表

	本稿の時間区分	越後・佐渡 渡邉1999	越後・佐渡 笹沢2006	越後・佐渡 新潟シンポ	越後・佐渡 川村2000	越後・佐渡 滝沢2008・2010～2012・2017	越後・佐渡 相田2004	北陸南西部 田嶋1986・2006・2007	北陸南西部 型式・様式	畿内 西村2008	須恵器
弥生	前期～中期前葉	前期									
		中期1									
		中期2									
	中期中～後葉		I期						小松		
			+						磯部		
			III期						戸水B		
	後期			1		様相1(1)		1群 V-1			
								1群 V-2	猫橋		
								1群 V-3			
				2		様相2(2-1)		2群 2-1	法仏		
						様相3(2-2)		2群 2-2			
						様相4(2-3)					
				3		様相5(3)		3群 3-1	月影		
								3群 3-2			
古墳	早・前期			4		様相1 古		4群	白江	庄内式 古段階	
				5	1段階	様相1 新		5群		庄内式 中段階	
				6	2段階	様相2		6群		庄内式 新段階	
				7	3段階	様相3		7群	古府クルビ	布留式 古段階古	
										布留式 古段階新	
				8	4段階	様相4		8群		布留式 中段階古	
				9	5段階	様相5		9群	高畠	布留式 中段階中	
				10	6段階	様相6		10群		布留式 中段階新	
	中期				7段階	様相7		11群			TG232
					8段階	様相8		12群			TK73
					9段階	様相9		13群			TK216
					10段階	様相10					TK208
					11段階						TK23
	後期				12段階	様相11	I期	14群			TK47
					13段階		II期	15群			MT15
					14段階						TK10
					15段階		III期				MT85
					16段階						TK43

(1) 弥生前期～中期前葉（第4図）

阿賀北の阿賀野市猫山遺跡（京ヶ瀬村教育委員会2003）・山口遺跡（新潟県教育委員

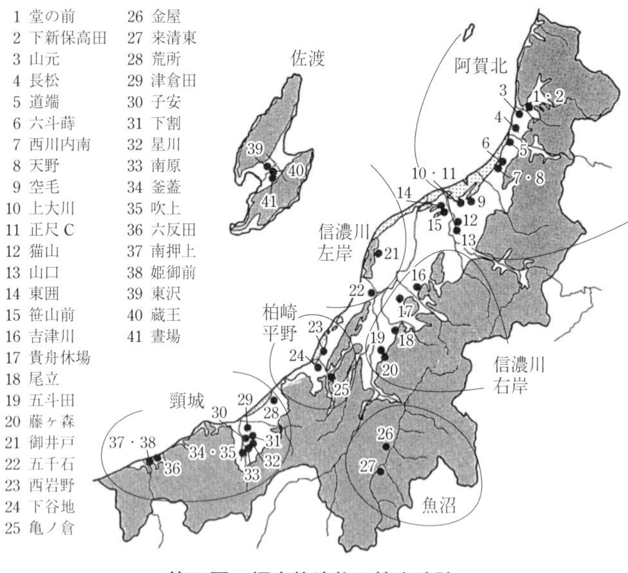

第２図　掘立柱建物の検出遺跡

会ほか2010b)，信濃川右岸の長岡市尾立遺跡（長岡市教育委員会1977）で確認されている。集落の立地は尾立遺跡が丘陵上で，それ以外は沖積地・砂丘縁辺地となる。

全形が把握できるものは８棟にすぎない。いずれも梁間１間型で，面積の内訳は小型３棟，中型４棟となる。阿賀北の２遺跡は梁間１間型で独立棟持柱をもち，片側に張出部をもつ落棟式建物と考える。一方，信濃川右岸の尾立遺跡は２×１間で独立棟持柱をもつ１号住居跡，これを欠く１号建物跡など１×１間が３棟となる。柱穴の掘り方は大きいものが多く，長軸50～80cmを主体に100cmを超えるものもある。深さも70～80cmを主体に100cmを超えるものもある。

旧稿では阿賀北猫山遺跡・山口遺跡例を縄文時代晩期に顕著な落棟式建物と位置づけた。これに対しては猫山遺跡例については，反論も提示されている（春日2016）。春日氏は猫山遺跡建物１の柱穴規模が母屋部分と落棟部分で大差がないことから，縄文時代後・晩期を対象とした荒川氏の分類ではＦ類（独立棟持柱建物の主軸上に屋内柱をもつもの）（荒川2009）で，落棟式建物とは区分すべきとする。縄文時代晩期末の新発田市青田遺跡（新潟県教育委員会ほか2004d）では，母屋に比して落棟側の柱が細いものが多い（宮本2002a）。猫山遺跡の建物１・２は青田遺跡例とは異なるものの，桁側の柱間は建物１で母屋側5m・落棟側が4m（第４図3），建物２（同図2）は母屋側5m・落棟側3.6mとわずかに間隔が狭い。荒川2009のＦ類の盛行時期は縄文時代中期後葉～後期前葉であり，今後の調査の進展で空白期が埋まる可能性もあろうが，縄文晩期に張出部が二重となる建物も存在しないことから，青田遺跡例とは様相差はあるものの縄文晩期以来の落棟式建物と考えたい。荒川氏の分類では，猫山遺跡建物１・２は張り出した主軸柱が突出するG1類，山口遺跡（第４図1）は突出しないG2類となる。

当期の特徴は基本的に縄文時代晩期の様相を引き次ぐ点にある。試みに筆者が集成した本県北半部における縄文時代後・晩期の掘立柱建物（滝沢2016）を種別に示したのが第２表である。縄文後期から晩期にかけて桁行が減じ，晩期後葉では落棟式建物を含め１×１間に限定される。長岡市尾立遺跡の２例を除いて１×１間であり，落棟式建物が定量残存することから，縄文晩期の状況を踏襲するという渡邉裕之氏の評価（渡邉2005）を支持したい。

第２表　新潟県北半における縄文時代後・晩期の掘立柱建物

	落棟 1×1（突出）		1×1			2×1			3×1		4×1	5×1	6×1	合計
	有	無	棟持無	五角	独棟持	棟持無	棟持有	独棟持	棟持無	独棟持	独棟持	独棟持	独棟持	
後期前葉			40		3	16	1	6	1	1	4	1	2	75
後期後葉			9											9
後期後葉～晩期			9	10	43			1						63
晩期		1	2	4	10			3		1				21
晩期後葉	17	15	6		38									76
合　計	17	16	66	14	94	16	1	10	1	2	4	1	2	244

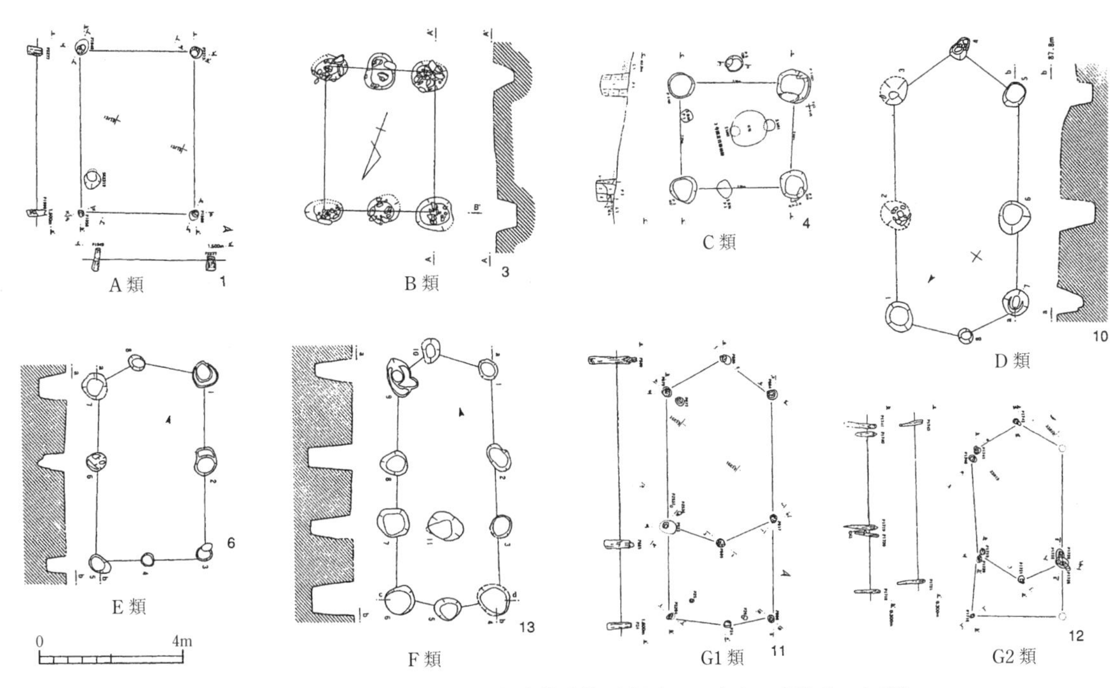

第3図　縄文時代後・晩期の掘立柱建物（荒川2009から一部抜粋・加筆）

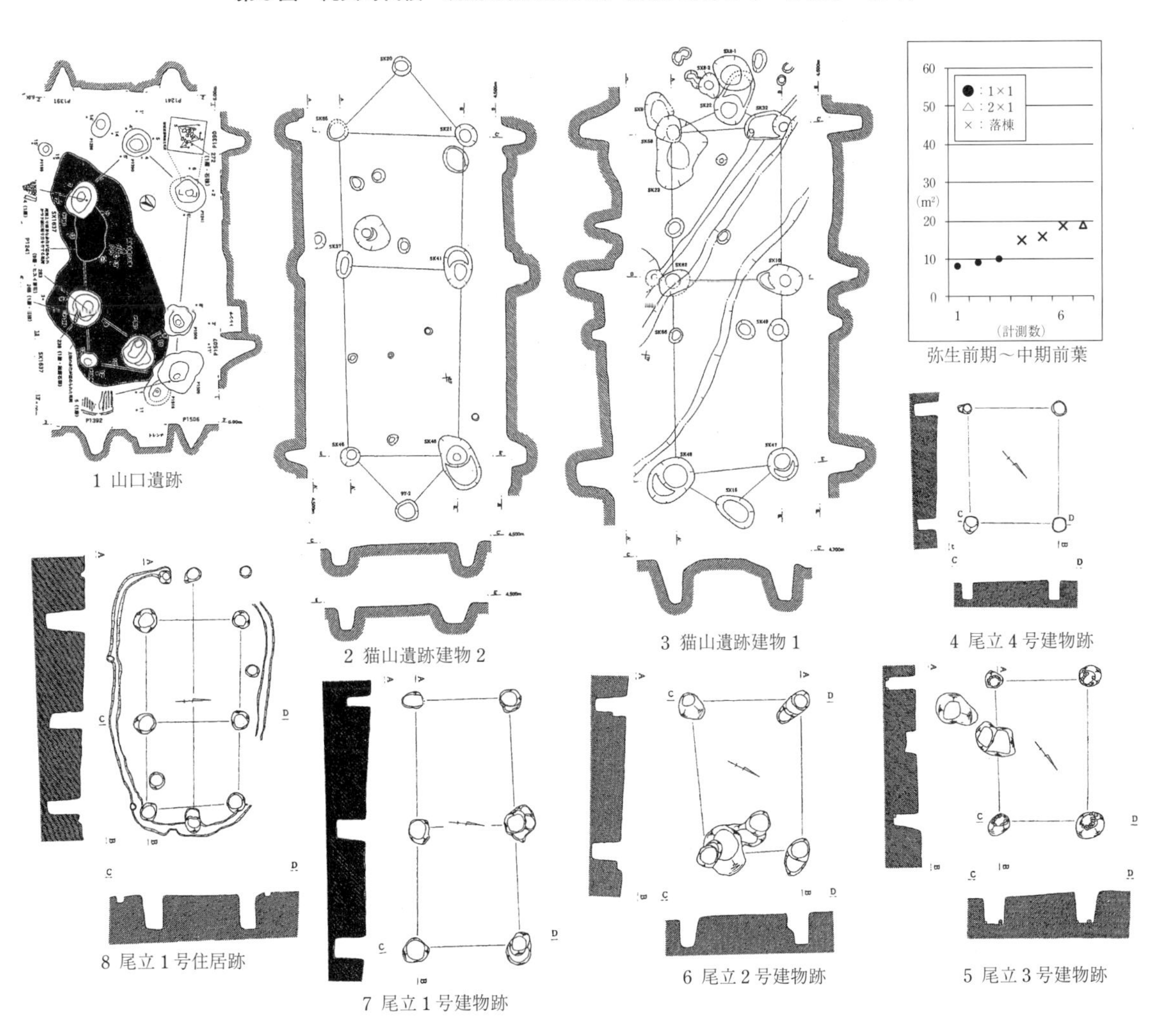

第4図　弥生時代前期～中期前葉（S=1/200）

(2) 弥生時代中期中～後葉（第5図）

土器様相では北陸系が主体となる柏崎市下谷地遺跡（新潟県教育委員会 1979）や信濃系主体の信濃川上流域（魚沼）の南魚沼市金屋遺跡（新潟県教育委員会ほか 2006c），信濃系と北陸系が拮抗する上越市吹上遺跡（上越市教育委員会 2006・2007）で掘立柱建物が確認できる。一方で，阿賀北で北陸系と東北系が混在する道端遺跡（新潟県教育委員会ほか 2006a）では検出されておらず，地域的なあり方を示している可能性がある。全形が把握できるものは 17 棟で，小型が 7 棟，中小型が 7 棟，中大型が 3 棟，大型が 1 棟である。

当期の大きな特徴は，前段階で顕著な落棟式建物の消失，下谷地遺跡で顕著な梁間 2 間型で桁行 4 間以上のものの出現である（第5図 14・19・20 など）。一方で，長軸の片側（第4図 15・16）ないしは両側（第4図 17）がわずかに突出しているものがある。近接棟持柱の範疇で理解すべきものかもしれない。どのように捉えるかが課題の一つとなる2)。

前段階に比して柱穴が小さい。直径 20～30cm のものが主体となり，深さも 30～60cm と前段階に比べて掘方が小さくなるなど変化が大きいと考えている。全形が判然としないが，桁行 3～4 間以上のものは上越市吹上遺跡，梁行が 2 間以上のものは上越市吹上遺跡や南魚沼市金屋遺跡でそれぞれ確認されていることからも，当期での変化は大きいと考えている。

この他の特徴として上越市吹上遺跡では 1 × 1 間で片側のみ突出する平面五角形のものが定量確認されている（第5図 10）。柏崎市下谷地遺跡では未検出の事例で，次の弥生時代後期では頸城を中心に数多く確認できる。北陸他地域の状況からも，本県では頸城が主体的な分布の最北地となろうか。

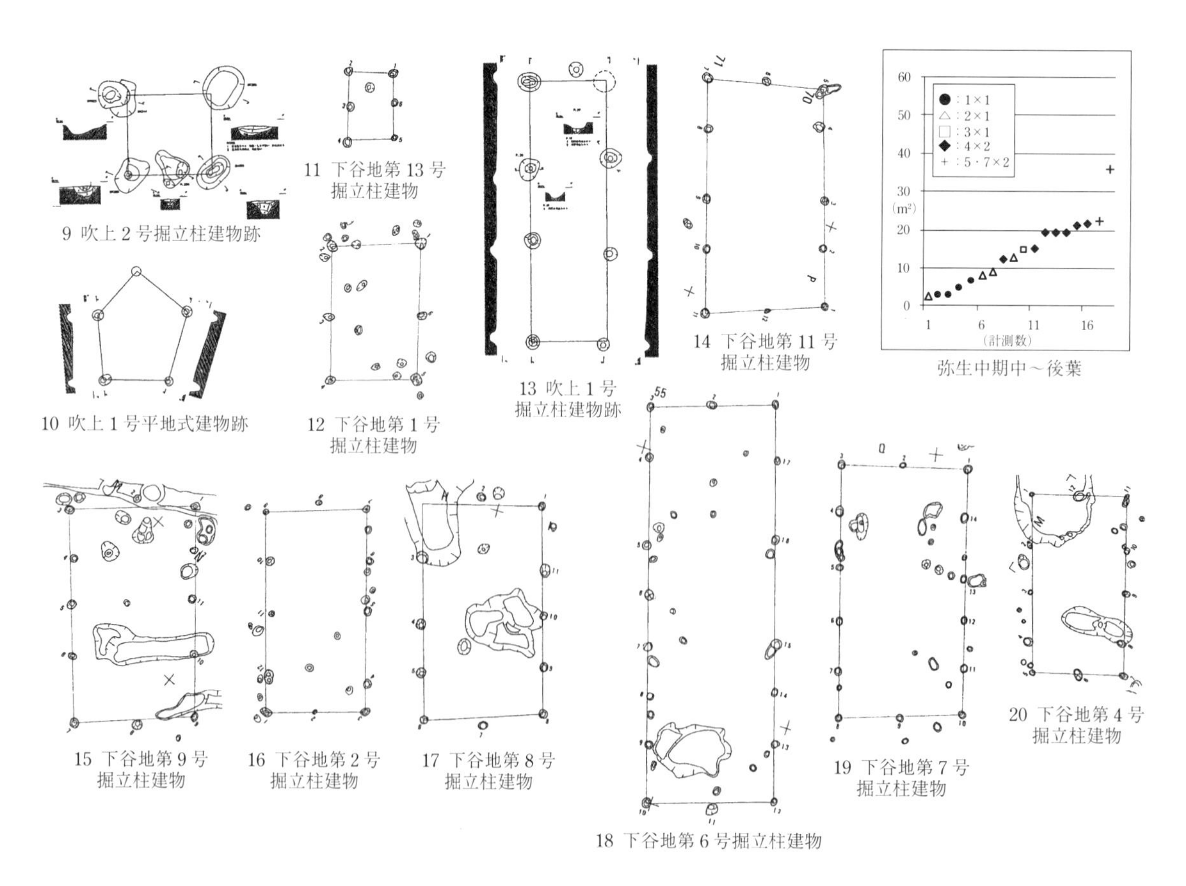

第5図　弥生時代中期中葉～後葉（S=1/200）

(3) 弥生後期（第6図）

当期の土器様相は，阿賀北地域から魚沼地域でも魚野川流域は東北系，阿賀野川以南の海岸平野部（信濃川左岸，柏崎平野，頸城の平野部）は北陸北東部系，魚沼地域の信濃川上流域・頸城でも頸城平野東部から山間部は信濃系など，少なくても三つの土器分布圏に分かれる（滝沢2009b）。

前段階より若干確認数が増加し，阿賀北の村上市堂の前遺跡（新潟県教育委員会ほか2010d）・山元遺跡（新潟県教育委員会ほか2009），頸城の上越市吹上遺跡（上越市教育委員会2006・2007）・子安遺跡（上越市教育委員会2009），柏崎平野の柏崎市西岩野遺跡（中島2018）や佐渡市蔵王遺跡（佐渡市ほか2017d）など県内のほぼ全域で確認されるようになる。ただし，掘立柱建物は多くの集落で採用されているとはいいがたい。当期の集落は周辺との標高差が30m以上の高地に立地するものが多いが，遺跡全面の発掘調査が実施された頸城・上越市裏山遺跡では検出されていない（新潟県教育委員会ほか2000）。また，比較的広範囲に調査が及んだ信濃川右岸・新潟市古津八幡山遺跡の環濠内は同じく未検出である（新津市教育委員会2001など）。掘立柱建物が検出された遺跡は，山元遺跡と西岩野遺跡を除き低地の遺跡である点も特徴的である。全形が把握できるもの21棟で小型が14棟，中小型が5棟，大型が1棟，特大型が1棟と小型が主体となる。

当期は，前段階の柏崎市下谷地遺跡（新潟県教育委員会1979）等で多かった梁間2間型が確認できなくなり，梁間1間型でも桁行1・2間が大多数を占める。これらは小型～中小型が多い。柱穴は前段階と同様に直径30cm内外，深さも30cmに満たないものが多いなど，後世の削平等を考慮しても小さなものが主体と考え

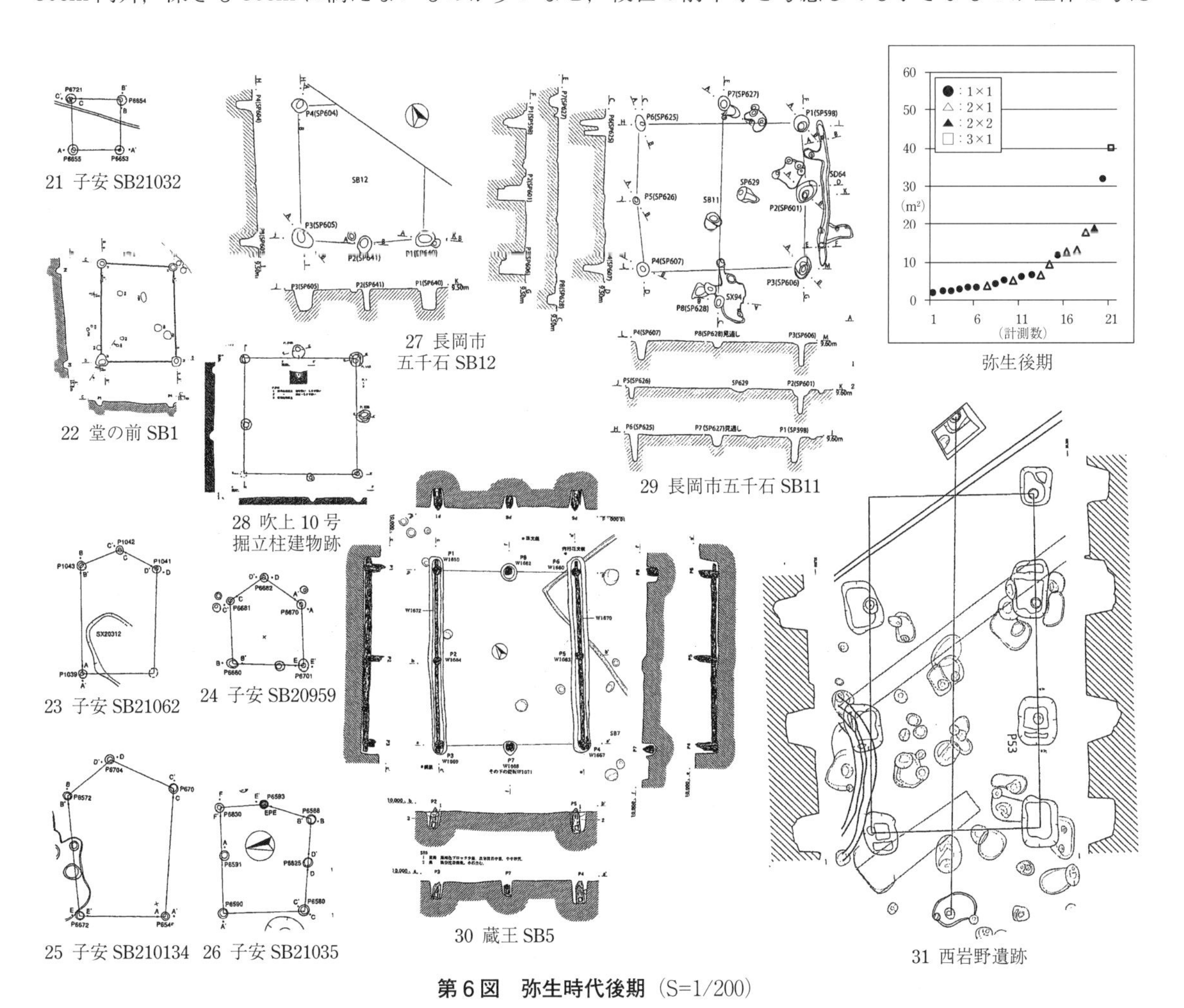

第6図　弥生時代後期（S=1/200）

られる。また，弥生時代中期中～後葉の頸城地域で定量確認された平面五角形のものが，同じく頸城・上越市子安遺跡で数多く確認できる。これらはいずれも小型に属するものである。同遺跡では竪穴建物でも同様の柱穴配置が確認されており，特徴的な存在となる。

一方，特異な事例が確認されている。佐渡市蔵王遺跡 SB5（佐渡市ほか 2017a）は布掘建物であり，横山貴広氏の ii 類に相当する桁行間が布掘されたタイプである（横山 2001）。北陸でも南西部の加賀に多い形式で，後期でも後半（新潟シンポ編年 2 期）に多くなるという（浜崎 1993）。蔵王遺跡 SB5 の年代は残存する柱の年輪年代からの比定である。西暦 123～166 年と幅をもつ年代のうち最も新しい 166 年を構築年代とすれば，後期後半でも最終末（3 期）と考えており，加賀地域より若干遅れて佐渡で受容されたと考えられる（滝沢・鹿取 2018）。

西岩野遺跡では 3 × 1 間で独立棟持柱をもつものが確認されている。面積は約 40m^2 と特大型の範疇に属し，加えて柱穴の掘方が方形・長方形を呈する（中島 2018）。柱穴の規模も大きく，長辺で約 150cm，深さは 90cm 程度のものが多いなど，特異な状況を示す。詳細は報告書の刊行後に検討したいが，神殿や祭殿との評価されるものの範疇に属すると考えており，際立った存在となる。

(4) 古墳早期～前期（第 7・8 図）

当期の土器様相は，早期段階では弥生後期以来の伝統を引き継ぐ可能性があるが，徐々に解消されて北陸北東部系に統一される。前期後半（9 期）には地域性が顕在化していくと考えている。

掘立柱建物の確認例は集落数の増加と比例して飛躍的に増加する。当期の集落は前段階と異なり高地が激減し，多くが低地に移行しており立地との関係も重要と考えている。全形が把握できるものは 106 棟と本稿の時期別では最も多い。主体となるのは引き続き梁間 1 間型が主体で，桁行は 1～2 間で方形・長方形が多いが，梁間 2 間型が少数認められるとともに，前段階で多かった五角形のものも若干確認できる。これ以外には総柱建物の出現，梁間 1 間型でも独立棟持柱建物（亀甲型）の増加等が特徴となる。大きさは小型が 28 棟，中小型が 48 棟，中大型が 21 棟，大型が 8 棟，特大型が 1 棟となる。

本期で出現する総柱型建物が複数棟検出された村上市道端遺跡（新潟県教育委員会ほか 2005）で確認する。柱構造は SB13（第 8 図 44）が打込み，SB1（第 8 図 45）の壺掘に分かれるが，いずれも 2 × 2 間である。打込み式の道端遺跡 SB13 は柱材が直径 10cm 前後と細く，強固な作りとはいいがたい。倉庫と評価されることが多いが，同形態の建物でも選択された柱材や柱の太さは大きく異なるようである。

同様なことが独立棟持柱建物にも当てはまる。上越市下割遺跡 SB1（第 7 図 38）の柱穴は掘方が 50～60cm が主体で，深さも 100cm 前後と大きい（新潟県教育委員会ほか 2004）。佐渡市蔵王遺跡 SB6（第 7 図 40）も柱穴の掘方は大きく，面積も 30m^2 弱と大きい（同図 40）。一方で長岡市五千石遺跡 SB13（第 7 図 37）は柱穴掘方が直径 30cm 前後，深さ 30～50cm など遺跡内の他の建物との際立った差は見出しがたい（長岡市教育委員会 2011）。独立棟持柱の片側の突出が小さい点で下割遺跡 SB1 と共通するが，面積に応じて柱穴の規模で差異が確認できる。また，突出の小さな三条市吉津川遺跡 SB301（第 7 図 39）は打込み式で，直径 10cm ほどと柱が細い（三条市教育委員会 2008）。独立棟持柱建物は特異な存在と捉えられることが多いが，柱は強固なものと比較的簡易と想定されるものに分かれ，後者に特異性は認めがたい。

弥生時代後期の柏崎市西岩野遺跡で確認された平面形が方形の掘方をもつものが上越市津倉田遺跡で確認できる（上越市教育委員会 1999）。SB364（第 8 図 43）は 4 間 × 2 間で，柱穴掘方も 50～80cm，深さ 50～60cm と大きい。面積は 42m^2 と当期としては最大となる。独立棟持柱建物ではないが，特別な建物と考えている。また津倉田遺跡 SB534（第 7 図 36）は 2 × 2 間で方形を呈し，面積こそ大きくないが，同じく柱穴掘方は平

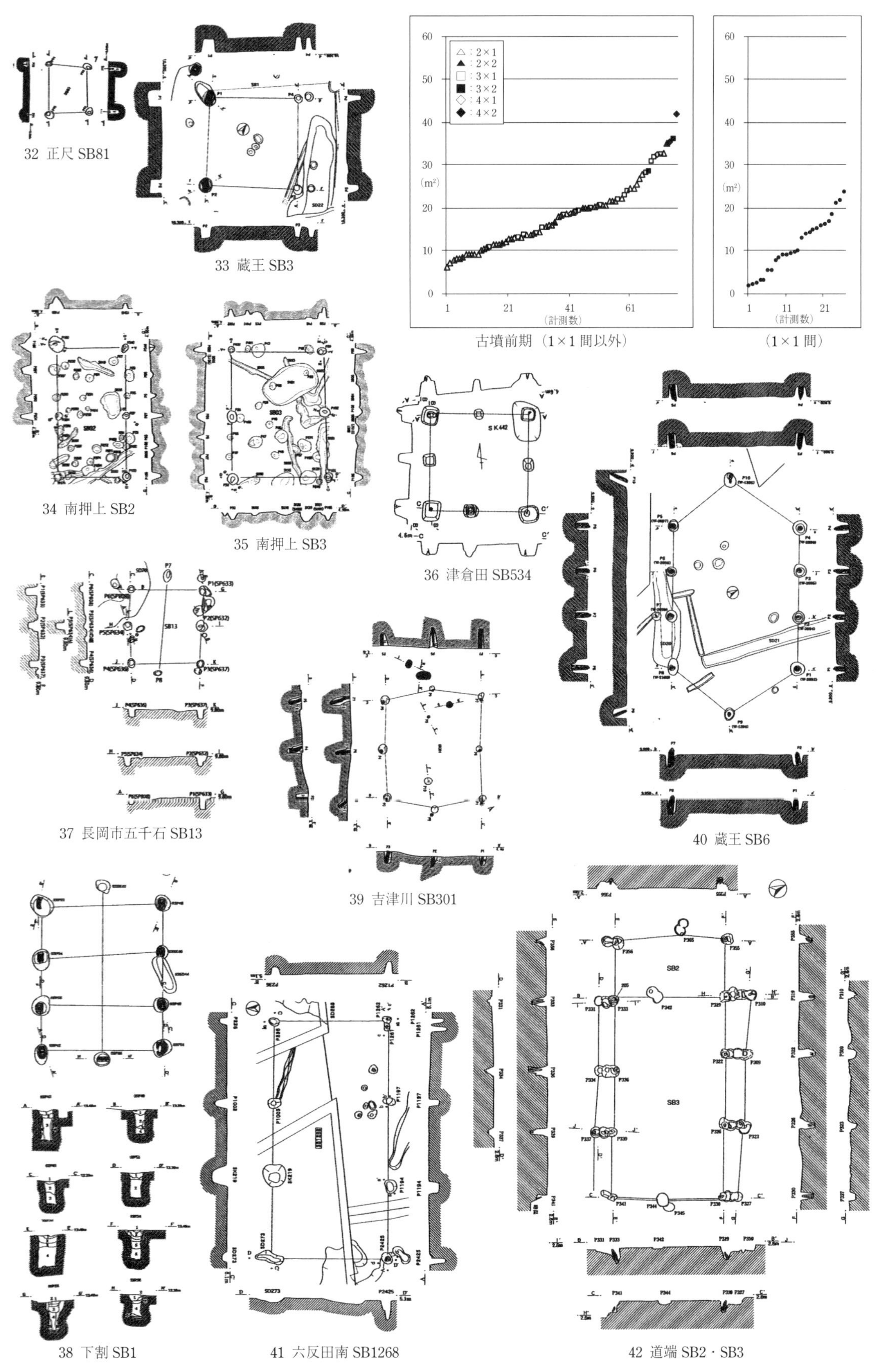

第 7 図　古墳時代前期（1）（S=1/200）

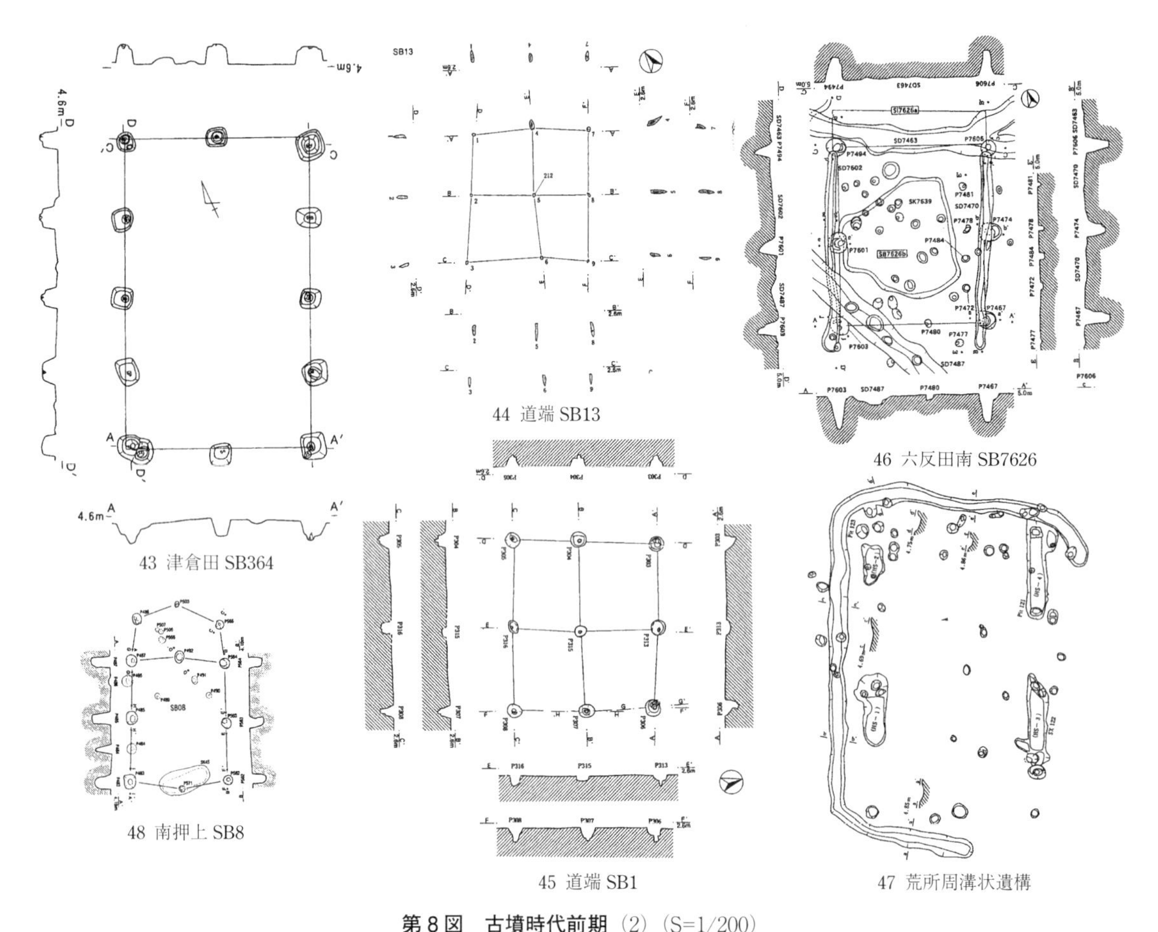

43 津倉田 SB364　44 道端 SB13　45 道端 SB1　46 六反田南 SB7626　47 荒所周溝状遺構　48 南押上 SB8

第8図　古墳時代前期（2）（S=1/200）

面・深さ共に 40～70cm と大きい。

前段階で確認された布掘建物は明確でないが，糸魚川市六反田南遺跡 SI7626（第 8 図 46）（新潟県教育委員会ほか 2016）はその可能性がある（滝沢・鹿取 2018）。浅い溝は桁行の両側にあり，横山氏のⅱ類に相当する可能性があろう（滝沢・鹿取 2018）。頸城・荒所遺跡の周溝状遺構（第 8 図 47）も注目される。4 × 1 間で柱筋の外側には狭小な溝が加わる（吉川町教育委員会 1998）。柱筋に沿って桁行側で部分的な溝を確認できるにとどまるが，布掘建物の可能性が指摘されている（笹澤 2005）。確実な事例とはいいがたいが，これは 2 例がいずれも頸城地域であることは興味深い。糸魚川市南押上遺跡では縄文時代晩期～弥生時代前期に確認できた落棟式建物が確認できる（第 8 図 48）。桁行 2 間は盛行期では未検出となるが，主軸の張り出さない点から荒川 2009 の G2 類の範疇と考えたい。柱穴出土土器が古墳時代前期であることから，当期に位置づけられている（新潟県教育委員会ほか 2011c）。盛行時期が大きく異なるため位置づけには苦慮するが，県内最南の事例であることには変わりない。なお，春日真実氏によれば 8 世紀前半の上越市北新田遺跡 SB383 + SA836（新潟県教育委員会ほか 2008a）も同様の特徴を有しており（春日 2016），数量はかなり限られるが盛行期以外にも類似の柱配置が確認できることになる。

(5) 古墳中期（第 9 図）

古墳時代中期の土器様相は，確認された資料数が少なく検討段階ではあるが，阿賀北，魚沼，柏崎平野・頸城の 3 地域に区分可能と考えるが（滝沢 2017），その差異は弥生時代後期に比べると微細である。

古墳時代中期では，確認された遺跡数に比例して非常に少ない状況にある。中期に限定できるものは阿賀

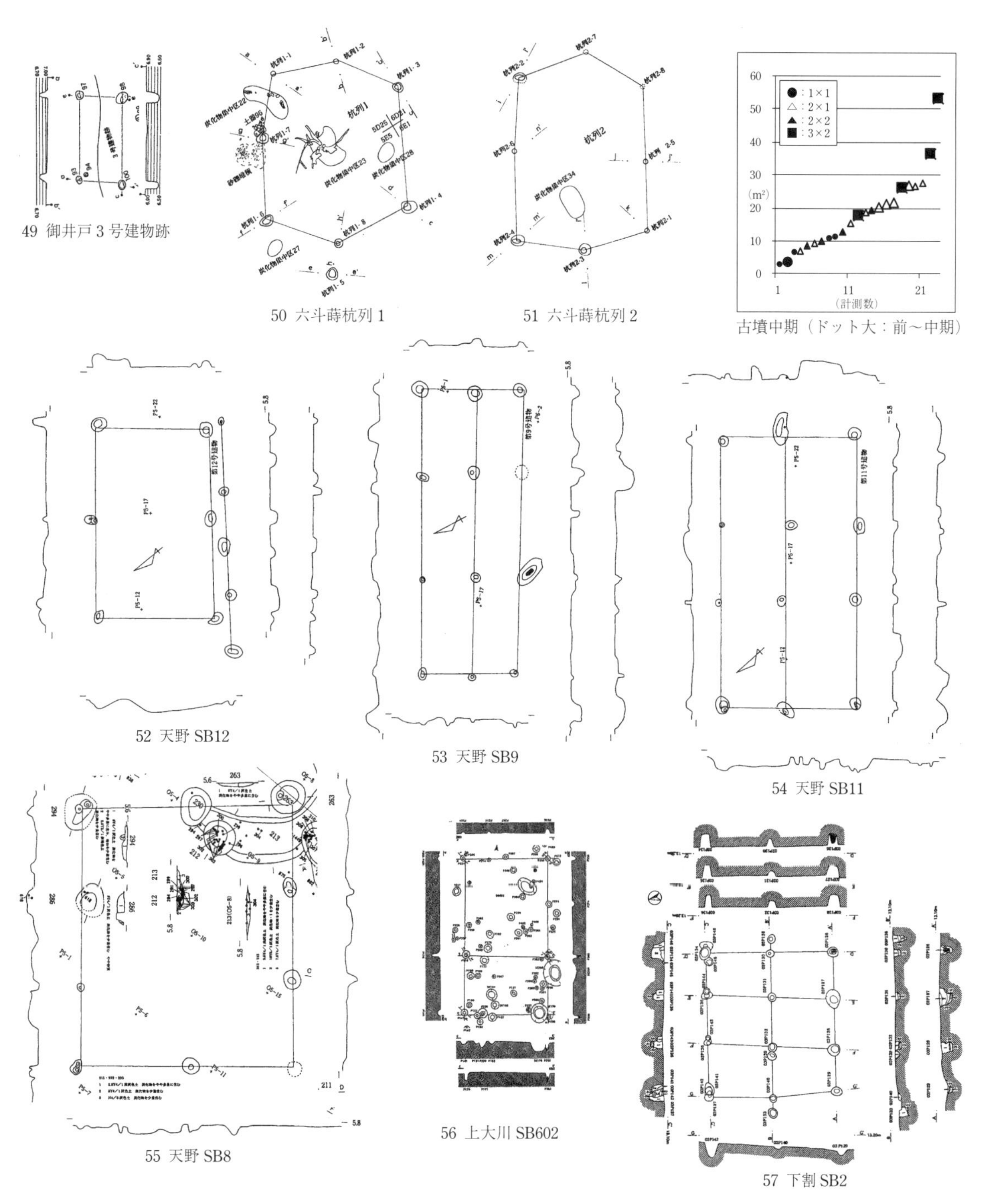

第9図　古墳時代中期（S=1/200）

北・胎内市天野遺跡（胎内市 2009）・六斗蒔遺跡（新潟県教育委員会ほか 2005a），信濃川左岸・新潟市御井戸遺跡（巻町教育委員会 2004），頸城・上越市下割遺跡（新潟県教育委員会ほか 2004b）などで，全形が把握できるものは8棟と少ない。前～中期と時期が特定できない新潟市上大川遺跡（新潟市教育委員会 2009）・佐渡市畫場遺跡（佐渡市教育委員会 2007）で14棟が存在する。資料が少ないため安定的な傾向の抽出は困難であるが，弥生後期～古墳前期にかけて主体の梁間1間型の比率が大きく減少し，梁間2間型の比率が増加する。これに伴い，比較的大きなものが増加し，小型1棟，中小型2棟，中大型3棟，大型1棟，特大型1棟となる。

阿賀北・胎内市天野遺跡 SB8は当時期最大規模となり面積が $50m^2$ を超える（第9図55）。同遺跡では

3 ×2間で平面形が長方形ながら総柱となる特異な事例である（第9図53・54）。同じく総柱型が確認された上越市下割遺跡SB2は3×2間で突出の少ない独立棟持柱を有する（第9図57）。独立棟持柱をもつものは，胎内市六斗蒔遺跡でも2棟確認できるが（第9図50・51），打込み式で残存する柱の直径8～15cmと極めて貧弱であり，祭殿等とは考え難い。古墳時代前～中期の新潟市上大川遺跡SB601・602（第9図56）などでは，桁行が一定の間隔とならずに大きく異なるなどの特徴を有するものが確認できる。

(6) 古墳後期（第10図）

後期も確認された遺跡は極めて限られ，阿賀北・村上市道端遺跡（新潟県教育委員会ほか2006a）・村上市長松遺跡（神林村教育委員会1991）・新発田市空毛遺跡（新発田市教育委員会2012），信濃川右岸・貴舟休場遺跡（見附市教育委員会2006），新潟市笹山前遺跡（新潟市教育委員会1997），信濃川左岸・燕市五千石遺跡（燕市教育委員会2010），頸城・上越市南原遺跡（板倉町教育委員会2001）がある。全形が把握できるものは27棟で，このうち燕市五千石遺跡が17棟を占める（燕市教育委員会2010）。後期の土器様相については検討未了のため，地域性は抽出できていない。細別時期では後期でも比較的古く，相田泰臣氏のⅠ～Ⅱ期（相田2004）が主体で，Ⅲ期～古代は長松遺跡に限られる。

当期の掘立柱建物の特徴は，中期の傾向を引き継ぐようで，梁間1間型と梁間2間型，総柱型が拮抗する点にある。大きさも小型8棟，中小型が12棟，中大型が4棟，大型3棟となり，小型の比率がやや高いものの，古墳時代中期に近い様相となる。数量が多い梁間2間型では，桁行が2間を主体として3間のものも若干確認されている。総柱型はいずれも2×2間となり，全体の数量比の増加が顕著となる。中期まで一定量確認できた独立棟持柱をもつものは燕市五千石遺跡SB5・10（第10図62・63）がある。いずれも短軸側が突出する。SB5は桁行側に小さい柱穴が付随する点で特異となる。

この他にも後期に入っての特徴がいくつか確認できる。燕市五千石遺跡SB6は3×2間で，両方の妻側に3本で構成される張出部が確認できる（第10図64）。庇付き建物で，本県では初例となる。柱筋に平行して3辺に周溝をもつものが燕市五千石遺跡に多く，少なくても5棟は確認できる。

確認された遺跡が少ないうえに，1遺跡で複数棟確認された遺跡が燕市五千石遺跡，新潟市笹山前遺跡，村上市長松遺跡に限られるため多分に遺跡の特徴である可能性があるが，新潟市笹山前遺跡例はいずれも柱穴の掘方が大きい。平面が1m以上，深さ70cmを超える2×2間の総柱建物が2棟（第10図65・66），斜路と推定される掘方をもつ3×2間のSB4がある（第10図60）。いずれも面積はそれほど大きくないものの，大型の掘方を有することから強固な建物と考えられる。

(7) 小結

これまで本県の状況を集落の存続時期とおおむね一致する時期区分で確認した。各時期の資料数に隔たりが大きいため予察の段階であるが，第3表に示した区分から大きな画期が三つあると考えている。一つ目は弥生中期中葉～後葉である。弥生時代前期～中期前葉は縄文時代以来の梁間1間型で，独立棟持柱主体に加え落棟式建物が阿賀北で確認できるが，弥生中期中葉～後葉に入って大きく変化し，梁間2間型でも桁行が4間以上のものの増加，独立棟持柱の比率減少，原則として落棟式建物の消失が挙げられる[3)]。

二つ目の画期は弥生後期で，梁間1間型でも桁行1～2間へ集約化される。また，特異な例ではあるが西岩野遺跡での柱穴が方形となる大型独立棟持柱建物（中島2018），佐渡市蔵王遺跡（佐渡市ほか2017）での布掘建物の受容などで前段階と区分される。古墳早・前期では弥生後期の傾向を引き継ぎながら総柱建物の出現，梁間2間型が増加するが，大きくは弥生後期からの継続的な流れと考えたい。

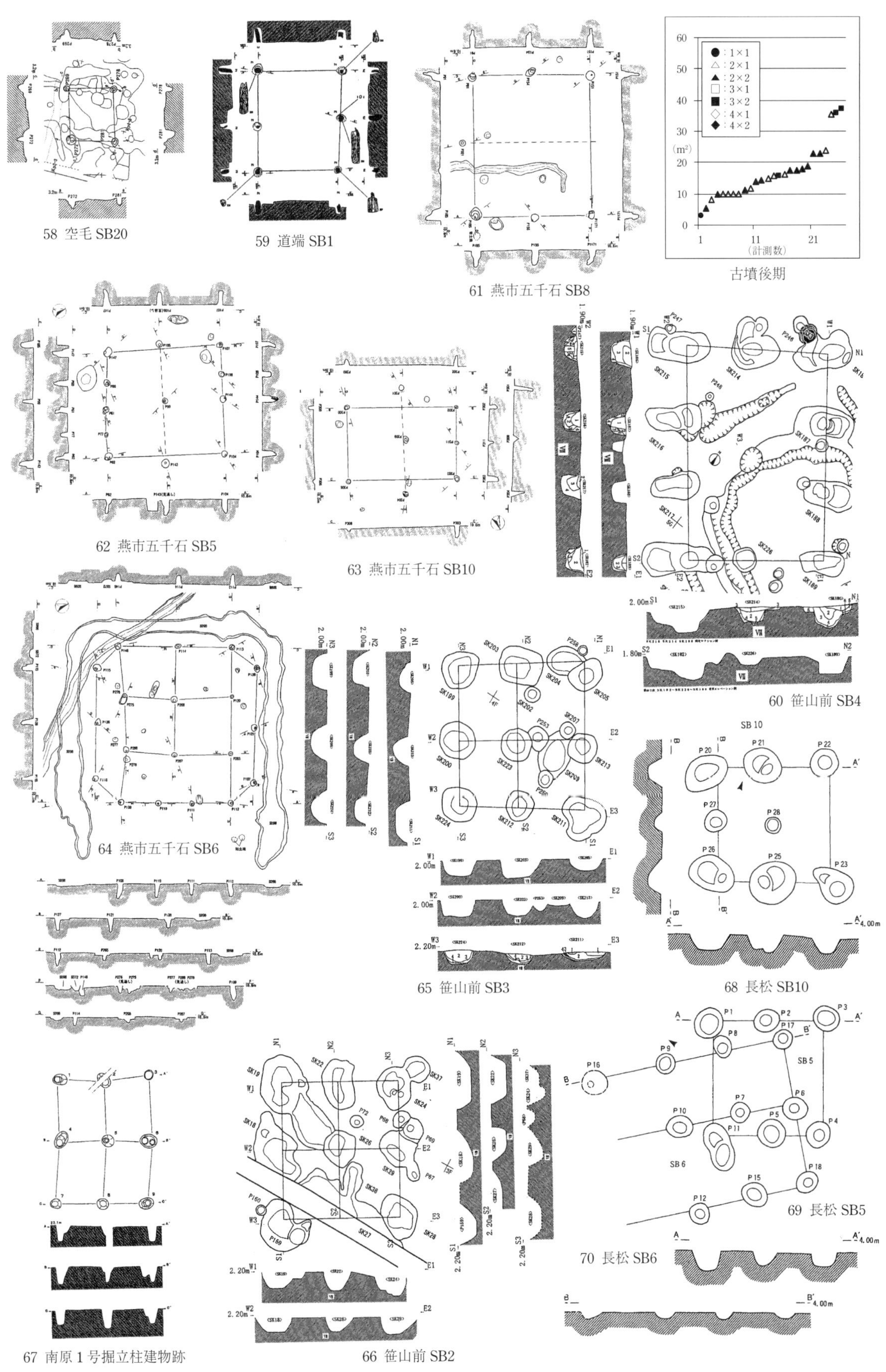

第10図　古墳時代後期（S=1/200）

第３表　掘立柱建物の分類別確認数

	落棟		布掘		梁間１間型									梁間２間型						総柱		合計
	1×1	2×1	2×1	4×2	1×1			2×1			3×1		4×1	2×2	3×2		4×2	5×2	7×2	2×2	3×2	
					方系	五角	亀甲	方系	五角	亀甲	長方	亀甲	長方	方系	方形	長方						
弥生前期～中期前葉	3				3			1		1												8
弥生中期中～後葉						4		3			1						7	1	1			17
弥生後期			1		3	8	1	3	3	1		1										21
古墳早・前期		1	1	1	25		2	34		6	15	2	1	4	1		2			5		100
古墳前～中期					4			5						2						3		14
古墳中期					1			1		2						1					3	8
古墳後期					1			9						6		2				9		27
合　計	3	1	2	1	37	12	3	56	3	10	16	3	1	12	1	3	9	1	1	17	3	195

第４表　新潟県と全国の比較（表１～４は宮本 1996 から）

表１　掘立柱建物平面形式の時期別棟数表

平面規模		1×1	2×1	2×2	3×1	3×2	3×3	4×1	4×2	4×3	4×4	5×1	5×2	5×3	5×4	5×5	6×1	6×2	6×3	6×4	6×5	7×1	7×2	7×4	7×5	7×6	8×5	9×1	計
弥生時代	前・中期	99	95	11	47	22	—	17	18	2	—	5	7	2	—	—	2	3	3	1	1	2	2	—	—	—	1		340
	後　期	45	62	12	13	8	—	6	4	—	—	2	—	—	—	—	—	—	—	1									153
弥生後期～古墳前期		13	37	2	5																								57
古墳時代	前　期	43	62	9・**9**	29	20・**2**	2・**2**	4	1	1	—	1	1	1・**1**															188
	中　期	8	30	21・**18**	5	9・**5**	2・**1**	—	1・**1**	3	2	—	—	—	7	**6**	—	—	1	1	1	—	—	1	1	1			125
	後　期	61	110	95・**63**	33	95・**24**	25・**6**	2	23・**1**	29・**5**	3・**1**	2	6・**1**	10	3	1	1	4	2	—	—	—	1	—	—	—	—	1	608

平面規模は桁行×梁行柱間数を表わす。ゴシック数字は総柱建物の棟数

表２　掘立柱建物形式別百分比

		梁行１間		梁行2～6間	総柱建物
		桁行1～3間	桁行4～9間	桁行2～8間	
弥生時代	前・中期	71.3%	7.1%	21.6%	—%
	後　期	77.9	5.2	16.9	—
弥生後期～古墳前期		98.2	—	1.8	—
古墳時代	前　期	71.3	2.7	18.6	7.4
	中　期	34.4	—	41.6	24.0
	後　期	33.5	1.0	48.9	16.6

表３　掘立柱建物の単位面積別棟数

		計	10 20 30 40 50 60 70 80 90 100m²										
弥生時代	前・中期	340	155	136	35	11	2	—	—	—	—	—	1
	後期	153	97	41	12	1	—	2					
弥生後期～古墳前期		57	32	22	3								
古墳時代	前　期	126	63	48	9	3	1	—	—	—	2		
	中　期	125	30	61	7	12	4	3	1	—	2	5	
	後　期	608	169	273	97	37	21	7	3	1			

表４　単位面積別百分比グラフ

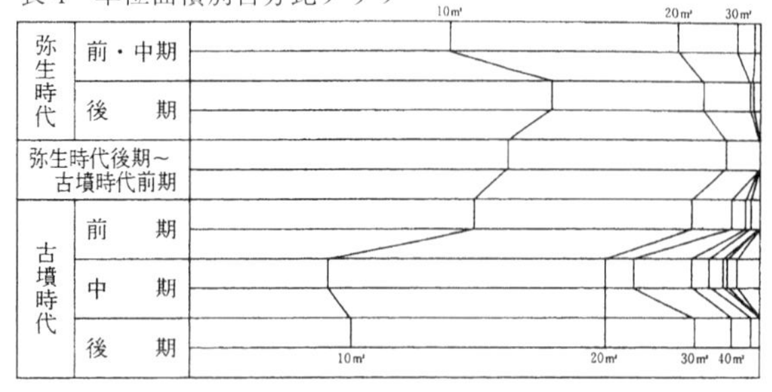

表５　新潟県における掘立柱建物形式百分比

	数量	梁間１間型		梁間２間型		総柱型	落棟等
		桁行１～３間	桁行４～９間	桁行１～３間	桁行４～９間		
弥生前期～中期前葉	8	62.5%					37.5%
弥生中期中～後葉	17	47.1%			52.9%		
弥生後期	21	95.2%					4.8%
古墳早・前期	101	84.2%	1.0%	4.9%	2.0%	4.9%	3.0%
古墳前～中期	14	64.3%		14.3%		21.4%	0
古墳中期	9	55.6%		11.1%		33.3%	0
古墳後期	26	30.8%		30.8%		34.6%	0

表６　新潟県における掘立柱建物の時期別の大きさ

		小型	中型		大型	特大	合計
		～10 m²	11～20 m²	21～30 m²	31～37 m²	40～55 m²	
弥生前期～中期前葉	数	3	5				8
	%	*37.5*	*62.5*				
弥生中期中～後葉	数	7	6	3	1		17
	%	*41.1*	*61.7*	*17.6*	*5.9*		
弥生後期	数	14	5		1	1	21
	%	*66.7*	*23.8*		*4.8*	*4.8*	
古墳早・前期	数	26	47	19	8	1	101
	%	*25.7*	*46.5*	*18.8*	*7.9*	*1.0*	
古墳前～中期	数	7	4	2			13
	%	*53.8*	*30.7*	*15.3*			
古墳中期	数	1	2	4	1	1	9
	%	*11.1*	*22.2*	*44.4*	*11.1*	*11.1*	
古墳後期	数	8	12	3	3		26
	%	*30.8*	*46.2*	*11.5*	*11.5*		
合　計		66	79	31	13	3	195

三つ目の画期は古墳時代中期と考えている。資料数は少ないが，梁間1間型と2間型，総柱型の比率が比較的拮抗する段階と捉えたい。中期の資料の少なさ，後期の資料が比較的古い資料に集約されため，古代との比較が課題だが，多柱梁間型の有無や大型が顕著でない。信濃川左岸・燕市五千石遺跡SB6の庇付き建物の出現などの変化を評価できていないため，資料の増加を待って再検討したい。

次にやや古い集成ではあるが，宮本長二郎氏が指摘した傾向（宮本1996）と比較してみたい（第4表）。宮本氏が集成した弥生・古墳時代の1,471棟は約90％が西日本で，東日本は愛知県・静岡県・長野県のみであることから地域的な偏りがあり，多分に西日本との対比となる。全国的には弥生時代前・中期は桁行・梁行ともに柱間数が多い大型のものが存在するという。本県では弥生時代中期中〜後葉の段階で縄文的な要素が払拭されて梁間2間型が増加するが，全国的な状況と連動している可能性がある。

弥生時代後期〜古墳時代に入ると桁行・梁行柱間数の小型が占める割合が急増するが，古墳時代中・後期には桁行・梁行ともに柱間数の多い大型が顕著となり，古墳時代に入ると総柱建物が出現とされる[4)]。弥生時代後期以降の本県の動向は，先にも確認したとおり宮本氏が全国的な集成をした状況と大きく見れば齟齬はないものと考える。総柱型建物が前期のどの段階で登場するか，古墳時代中・後期の柱間数の多さの程度など微細な状況の比較が課題と考える。

3　新潟県における掘立柱建物を巡る予察

(1) 柱材の樹種について

本稿で対象とする掘立柱建物に加え，参考として掘立柱建物以外から検出された柱材の樹種を第5表に示した。時期的・地域的な関係を検討する。これについては，すでに春日真実氏の先駆的な論考がある（春日2008）。春日は本稿の対象時期より広く，古代・中世を対象に県内の事例を集成しており，古墳時代については樹種と建物形態の対応関係が比較的明瞭で，竪穴建物はクリ主体，掘立柱建物・打込柱建物はトネリコ属・ヤマグワ・ヤナギ・エゴノキ属等となり，スギは希で特別な建物への使用を想定した。その後，筆者は佐渡市の状況について指摘したが（滝沢・鹿取2018），再度，春日氏の集成以降に蓄積された事例を集成して県内の傾向を確認する。

掘立柱建物・打込建物で柱材の樹種の分析例は27棟となる。本稿の時期区分による弥生前期〜中期中葉が未確認であり，細別時期の内訳は弥生後期〜古墳時代前期が最も多く18棟，古墳時代中期は2棟，古墳時代後期は7棟となる。分析例が少ない中期は阿賀北・胎内市六斗蒔遺跡（新潟県教育委員会ほか2005a）のみ，後期では信濃川左岸・燕市五千石遺跡（燕市教育委員会2010）が6棟を占めるため地域的な動向を考える場合には制約が多く，個別遺跡の特徴となる。

最も数量が多い古墳前期は資料数に地域的な偏りはあるが，佐渡と頸城でも西部の糸魚川市周辺は7棟全てがスギで占められる。一方で，阿賀北から頸城の上越市まではスギは確認できず，クリ主体の東囲遺跡SB2（新潟市教育委員会2003）・柏崎市亀ノ倉遺跡SB73（柏崎市教育委員会2011），ヤナギ主体の三条市吉津川遺跡SB301（三条市教育委員会2008），トネリコ主体の胎内市西川内南遺跡SB1136（新潟県教育委員会ほか2005c），クリ・コナラ・トネリコ・ヤマグワと多様な胎内市西川内南遺跡SB1042（新潟県教育委員会ほか2005c）など，多様な木材を使用する傾向にある。確認された数量は少ないが，スギを使用する頸城の糸魚川市と佐渡，多様な木材を使用する阿賀北から頸城の上越市とに区分が可能である。

古墳時代前期における他種別の建物木材で地域性が確認できる。佐渡は不明であるが，頸城の上越市を境にスギを使用する糸魚川市，多様な木材を使用する阿賀北から頸城の上越市と区分が可能である。広溝付平地式建物では糸魚川市姫御前遺跡 SI216（新潟県教育委員会ほか 2011a）・六反田南遺跡 SB2428（新潟県教育委員会ほか 2016）がスギである。一方，胎内市西川内南遺跡 1 号円形周溝（新潟県教育委員会ほか 2005c）はヤナギ，同 2 号円形周溝はスギである。上越市以北でスギの使用は限られるため，春日氏が指摘するように西川内南遺跡 2 号円形周溝は特別な建物の可能性があろう。

再び掘立柱建物に焦点を当てると，古墳時代中期は資料数が少ないが，胎内市六斗蒔遺跡（新潟県教育委員会ほか 2005a）はヤナギとなる。後期はヤマグワが多く，オニグルミ・トネリコ・カツラが次ぐ。後期のヤマグワの選択は，前期の傾向と異なることが予想される。竪穴建物の確認例は少ないが，上越市一之口東遺跡 SI113（新潟県教育委員会ほか 1994）・新潟市舟戸遺跡 SI1（新津市教育委員会 1995）はクリが主体となるなど，掘立柱建物とは異なり，古墳前期の竪穴建物と同様の傾向が確認できる。

第 5 表　掘立柱建物の柱木材種別

遺跡名	地域	所在地	遺構名	規模		時期	柱材														
							クリ	スギ	ケヤキ	ナラ	コナラ節	ヤナギ属	トネリコ属	エゴノキ属	ヤマグワ	キハダ	モクレン属	カツラ	オニグルミ	ハリスギ	合計
【掘立柱建物】				柱間	長・短軸(m)																
西川内南	阿賀北	胎内市	SB1136	3×1	6.9×4.2	古墳前期						1	4								5
西川内南	阿賀北	胎内市	SB1042	2×1	3.4×3.2	古墳前期	1				2		2		1						6
正尺 C	阿賀北	新潟市	SB732	1×1	2.3×2.0	古墳前期	1														1
道端Ⅲ	阿賀北	村上市	SB10	1×1	2.4×2.4	古墳前期							1								1
道端Ⅲ	阿賀北	村上市	SB⊠	2×1 棟	3.6×3.5	古墳前期							1								1
道端Ⅲ	阿賀北	村上市	SB⊠	2×1	6.3×3.5	古墳前期					1										1
道端Ⅲ	阿賀北	村上市	SB12	2×1 棟	3.8×3.6	古墳前期									1						1
道端Ⅲ	阿賀北	村上市	SB13	2×2 総	3.5×3.3	古墳前期								1							1
東囲	信濃右	新潟市	SB2	2×1 棟	4.2×3.3	古墳前期	6														6
吉津川	信濃右	三条市	SB301	2×1 棟	3.6×3.3	古墳前期						4			1		1				6
五千石	信濃左	長岡市	SB03	2×1	5.3×3.8	古墳前期							1								1
亀ノ倉	柏崎	柏崎市	SB73	−	−	古墳前期	2														2
六反田南Ⅴ	頸城	糸魚川市	SB1268	3×1	8.1×4.0	古墳前期		2													2
蔵王	佐渡	佐渡市	SB2	1×1	3.9×3.9	古墳前期		2													2
蔵王	佐渡	佐渡市	SB3	1×1	3.2×3.1	古墳前期		1													1
蔵王	佐渡	佐渡市	SB5	2×1 布	4.7×4.0	弥生後期		6													6
蔵王	佐渡	佐渡市	SB7	1×1	4.5×3.1	古墳前期		3													3
東沢	佐渡	佐渡市	SB01	1×1	4.6×4.6	古墳前期		4													4
六斗蒔	阿賀北	胎内市	杭列 1	2×1 棟	4.5×4.5	古墳中期						8									8
六斗蒔	阿賀北	胎内市	杭列 2	2×1 棟	5.0×4.2	古墳中期						8									8
道端Ⅴ	阿賀北	村上市	SB107	2×1	3.4×2.9	古墳後期									1						1
五千石	信濃左	燕市	SB4	2×2 総	4.8×3.8	古墳後期									2			1			3
五千石	信濃左	燕市	SB5	2×2 総庇	4.2×3.8	古墳後期									2						2
五千石	信濃左	燕市	SB6	3×2 総	7.4×7.0	古墳後期									1						1
五千石	信濃左	燕市	SB9	2×2 総	4.3×4.1	古墳後期									2						2
五千石	信濃左	燕市	SB10	2×1 棟	3.8×2.5	古墳後期							2						5		7
五千石	信濃左	燕市	SB11	2×1	3.5×3.2	古墳後期									3						3
【竪穴建物】				竪穴規模(m)	柱長・短軸(m)																
一之口東	頸城	上越市	SI113	11.7×11.0	6.6×6.6	古墳後期	3														3
下新保高田	阿賀北	村上市	SI1327	8.9×8.7	3.3×2.1	古墳前期										1					1
東囲	信濃右	新潟市	SI1	7.0×7.0	3.0×3.0	古墳前期	2														2
舟戸	信濃右	新潟市	SI2	7.6×7.4	3.3×3.1	古墳中期	5		1	1											7
釜蓋	頸城	上越市	SI83	10.1×9.9	5.2×5.0	古墳早期	4														4
【広溝式平地】				周溝内径(m)	柱長・短軸(m)																
西川内南	阿賀北	胎内市	1号円形周溝	9.4×8.5	2.2×2.2	古墳前期						2									2
西川内南	阿賀北	胎内市	2号円形周溝	11.2×9.3	3.3×3.0	古墳前期	1	3													4
姫御前Ⅱ	頸城	糸魚川市	SI216		3.7×3.2	古墳前期		4													4
六反田南Ⅴ	頸城	糸魚川市	SB2428	13.6×12.4	3.5×2.8	古墳前期		3													3

(2) 柱の間隔について（第11・12図）

全形が把握できるものの柱の間隔を計測した。弥生時代前期～中期前葉は1×1間が多く，長軸3.2～5.2m，短軸2～3.5mでまとまる。桁行2間も2.3～3.5mと間隔をあけたものが多い点が特徴となる。

弥生中期中～後葉では1×1間で長軸1.9～2.6m，短軸1.7～2.6mと間隔が狭くなる。梁間2間型では梁間が1.3～1.7m，桁側は0.9～1.8mが圧倒的に多く，柏崎市下谷地遺跡1号掘立柱建物（新潟県教育委員会1979）のみ2.2～2.5mと間隔が広くなる。この傾向は弥生後期でやや崩れ，1×1間は長軸2.5～5.9m，短軸は2.0～5.4mと幅をもち，五角形では長軸1.6～3.2m，短軸0.9～1.9mとなる。柏崎市西岩野遺跡（中島2018）で桁側は3m，梁間は4.5mと一際間隔が広く，これに伴い柱穴の掘方も長軸1.5mと大きい。

古墳時代前期には1×1間では長軸・短軸ともに2m未満のものと，長軸が2～3m，3～4m，4m以上のものに区分される。また，桁行2間以上のものでも弥生中期中～後葉と同様に2mに満たないものも一定量存在するが，2～3m，3～4mと間隔が広いものもある。おおむね，柱間の間隔は一定のものが大多数である

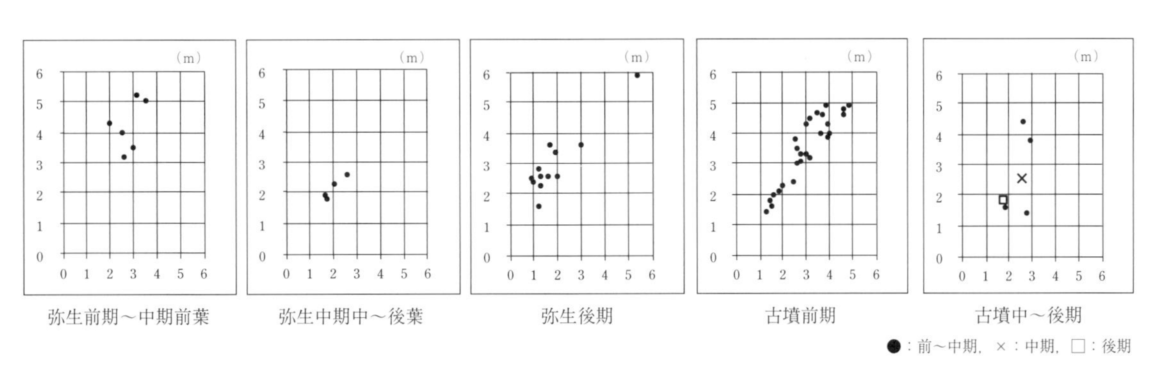

第11図　掘立柱建物の柱間1（1×1間）

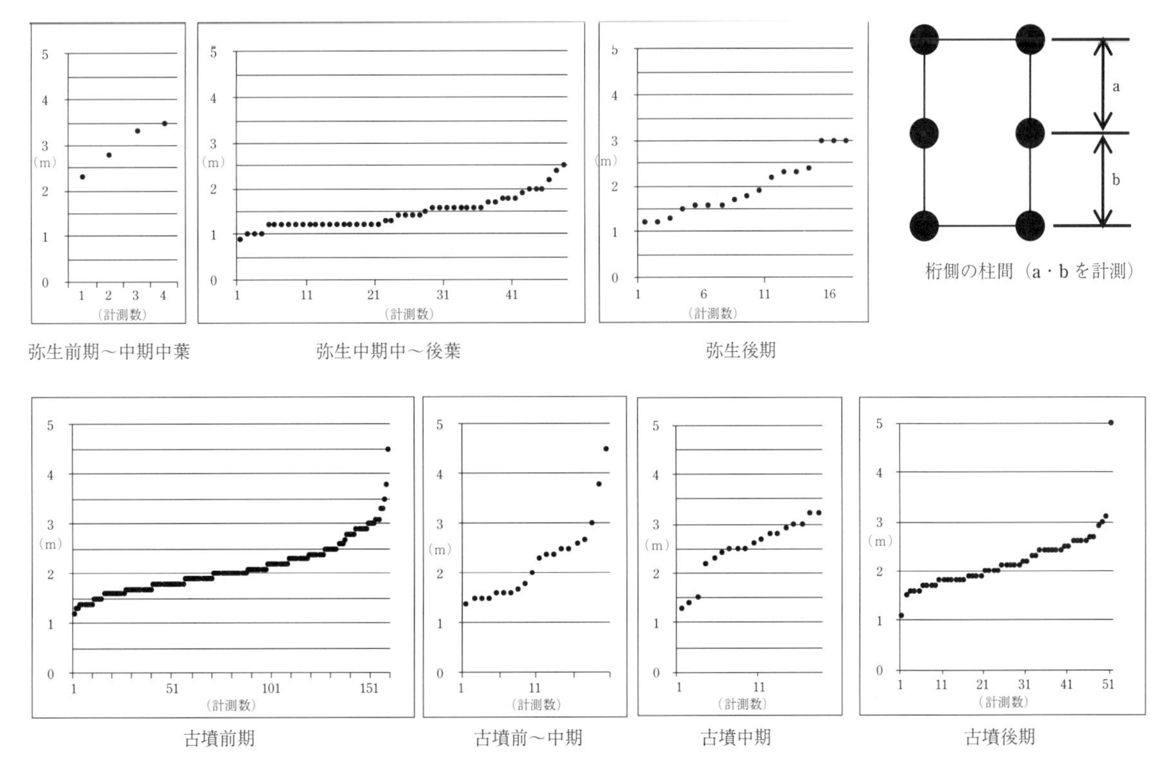

第12図　掘立柱建物の柱間2（桁行2間以上）

が，前述のとおり2×1間・3×1間の建物では間隔が異なるものも存在する。

古墳時代中～後期でもこの傾向に変化はない。古墳時代後期は1×1間のものが極端に少なくなり，柱間の傾向もおおむね一致すると考えている。柱間の間隔が一定ではないものとして古墳時代後期の見附市貴舟休場遺跡SB1（見附市教育委員会2006）は3.3mと4.8m，古墳時代中期では3×1間の天野遺跡SB9（胎内市教育委員会2009）は片側のみ2.4m，他は3mとなる（第9図54）。

おわりに

縄文時代後晩期に入って掘立柱建物が数多く確認されている本県では，これまで様々な分析が行われて多くの成果が蓄積されている（宮本2002a・荒川2009など）。筆者も何遺跡かで調査する機会を得たが，縄文時代のものは柱穴が大きく，規模が大きいものが多い。これに対し，弥生～古墳時代のものは柱穴が小さく，規模はそれほど大きくない印象を受けてきた。弥生～古墳時代では確認された遺跡数は多くなかったことから，古代を中心とした春日氏の論考で取り上げられる以外，それほど活発な見解が示されたとはいいがたい状況にあった。本稿では基礎整理としての意味合いが強いが，弥生～古墳時代の掘立柱建物で全形が確認できる195棟を集成して細別時期ごとの特徴を概観した。

その結果は，①弥生中期中葉～後葉，②弥生時代後期，③古墳時代中期が画期となり，①では縄文時代以来の梁間1間型から梁間2間型へ，独立棟持柱の減少，落棟式建物が原則認められなくなり，柱穴の小型化・柱間隔も狭くなる等の変化が確認できる。大きくは西日本の弥生集落と同様の傾向への変化と捉えたい。②弥生後期～古墳時代前期では，梁間1間型でも桁行1～2間への爆発的な増加にある。一方で当期には柏崎市西岩野遺跡での柱穴が方形となる大型独立棟持柱建物（中島2018），佐渡市蔵王遺跡（佐渡市ほか2017）での布掘建物の受容等が確認できる。古墳早・前期は弥生後期の傾向を引き継ぎながら総柱建物の出現，梁間2間型が増加するが，大きくは弥生後期からの継続的な流れと考えたい。③古墳時代中期は，梁間1間型の減少，梁間2間型・総柱型の増加に伴い，比率の拮抗する段階と考える。

柱材の木材種別では，各時代・時期，地域により資料数の隔たりが著しいが，佐渡と頸城・糸魚川市周辺がスギ，頸城・上越市以北は多様な木材が選択された可能性がある。

紙面の関係から他の建物との組み合わせ，他種別の建物との柱間比較，柱間と柱材の関係，集落内での掘立柱建物の位置等を触れることができなかった。大きな課題として別稿を記すこととしたい。

本稿を作成するにあたり，以下の各氏から様々なご教示を賜りました。記して感謝申し上げます。

相田泰臣　青山博樹　荒川隆史　稲垣自由　小野本 敦　春日真実　加藤 学　鹿取 渉　加藤由美子　小池勝典　田嶋明人　高橋浩二　中島義人　水澤幸一　安中哲徳　山崎忠良（五十音順敬称略）

（2018年9月15日受付）

註

1）判断に迷うものも存在する。例えば佐渡市蔵王遺跡の大型建物（佐渡市ほか2017）や上越市吹上遺跡4号玉作り工房（上越市教育委員会2006）は，1×1間で柱穴に隣接して一部に溝が付随するため除外した。

2）滝沢2009では下谷地遺跡例を梁間がわずかに外側に突出したものを独立棟持柱の可能性があるとした。片側のみのものを含め2・6・8号等である。笹澤正史は当遺跡例を，梁間中央がわずかに張り出す亀甲形・五角形となり，建物内に棟持柱を伴うもの（1類：2・6・8・9・11・12号），梁間2間型（2類：7・8号），③梁間1間型で桁行が2

間（3類：1・2・13号）に区分し，1類は落棟型建物の桁行の柱間数を増やしたとする（笹澤2012）。梁間中央がわずかに突出したものもあるが，突出度が極めて弱い点，梁間と梁側の桁行の間隔がほぼ同じものが多いことから前稿を改め，下谷地例は梁間2間型とする。

3）掘立柱建物が検出された遺跡は北陸系土器が主体で，当期に新出する広溝式建物・方形周溝墓とも関連すると考えている。両遺構が未確認の阿賀北・村上市道端遺跡（新潟県教育委員会ほか2006）では掘立柱建物が未検出である。

4）植木 久氏によれば弥生中期の北部九州・畿内に見られ，本稿の古墳早期に広く用いられるという（植木2016）。

引用参考文献

相田泰臣　2004「越後における古墳時代後期を中心とした土器の一様相―頸城・魚沼地域の土師器を中心として―」『新潟考古』第15号　新潟県考古学会

荒川隆史　2004「第Ⅳ章遺構 1節 E2掘立柱建物」『青田遺跡』本文・観察表編　新潟県教育委員会・(財)新潟県埋蔵文化財調査事業団

荒川隆史　2009「掘立柱建物と建材」『縄文時代の考古学8　生活空間―集落と遺跡群―』同成社

岩崎卓也　1991「弥生時代の建物」『弥生時代の掘立柱建物』本編　埋蔵文化財研究会

植木　久　2016「①建物の構造」『古墳時代の考古学6　人々の暮らしと社会』同成社

岡本淳一郎　1995「弥生時代周溝遺跡に関する一考察」『紀要　富山考古学研究』創刊号　(財)富山県文化振興財団埋蔵文化財調査事務所

岡本淳一郎　2003「「周溝をもつ建物」の基礎的」『蜃気楼』秋山進午先生古希記念論集刊行会　(有)六一書房

春日真実　2008「越後における古墳時代〜中世の柱材について」『新潟考古』第19号　新潟県考古学会

春日真実　2009「越後における古代掘立柱建物」『新潟県の考古学Ⅱ』新潟県考古学会

春日真実　2016「古代越後の竪穴・掘立柱併用建物」『三面川流域の考古学』第14号　奥三面を考える会

春日真実　2017「古代越後の周溝付建物」『三面川流域の考古学』第15号　奥三面を考える会

川村浩司　2000「上越市の古墳時代の土器様相―関川右岸下流域を中心に―」『上越市史研究』第5号

笹澤正史　2005「5 荒所遺跡・6 竹直下片南部遺跡」『新潟県における高地性集落の解体と古墳の出現』新潟県考古学会

笹澤正史　2006「第Ⅵ章第4節（1）弥生中期出土土器の特徴」「第Ⅶ章まとめ」『吹上遺跡』上越市教育委員会

笹澤正史　2012「下谷地遺跡の集落構造について」『新潟考古』第23号　新潟県考古学会

滝沢規朗　1999「第3章 弥生時代・古墳時代　第3節　集落」『新潟県の考古学Ⅰ』新潟県考古学会

滝沢規朗　2008「旧紫雲寺潟縁辺の西川内南遺跡出土土器について―阿賀北における古墳時代前期の土器検討―」『三面川流域の考古学』第6号　奥三面を考える会

滝沢規朗　2009a「新潟県における弥生時代の建物について」『三面川流域の考古学』第7号　奥三面を考える会

滝沢規朗　2009b「第Ⅵ章 2C　土器の年代について」『山元遺跡』新潟県教育委員会・(財)新潟県埋蔵文化財調査事業団

滝沢規朗　2010「新潟県弥生後期における北陸北東部系の高杯・器台について」『三面川流域の考古学』第8号　奥三面を考える会

滝沢規朗　2011「阿賀北における古墳時代前期の土器について（上）―器種分類と基準資料の提示―」『三面川流域の考古学』第9号　奥三面を考える会

滝沢規朗　2012「阿賀北における古墳時代前期の土器について（下）―細別器種毎の変遷について―」『三面川流域の考古学』第10号　奥三面を考える会

滝沢規朗　2016「新潟県北半部における縄文時代後晩期の建物」『三面川流域の考古学』第14号　奥三面を考える会

滝沢規朗　2017「新潟県における古墳時代中期の土器について（下）―細別器種の変遷と隣県との関係」『東生』第6号　東日本古墳確率期土器検討会

滝沢規朗・鹿取渉　2018「弥生時代後期〜古墳時代前期の佐渡蔵王遺跡について―報告書補遺」『三面川流域の考古学』

第16号　奥三面を考える会
田嶋明人　1986「漆町遺跡出土土器の編年的考察」『漆町遺跡Ⅰ』石川県埋蔵文化財センター
田嶋明人　1991「北陸の掘立柱建物」『弥生時代の掘立柱建物』埋蔵文化財研究会
田嶋明人　2006「「白江式」再考」『吉岡康暢先生古希記念論集　陶磁器の社会史』桂書房
田嶋明人　2007「法仏式と月影式」『石川県埋蔵文化財情報』第18号　(財)石川県埋蔵文化財センター
中川晃子　2018「新潟県における周溝をもつ建物の分類と変遷—竪穴建物との比較から—」『新潟考古』第29号　新潟県考古学会
新潟県教育委員会・(財)新潟県埋蔵文化財調査事業団　1994『一之口遺跡東地区』
新潟県教育委員会・(財)新潟県埋蔵文化財調査事業団　2000『裏山遺跡』
新潟県教育委員会・(財)新潟県埋蔵文化財調査事業団　2004a『青田遺跡』
新潟県教育委員会・(財)新潟県埋蔵文化財調査事業団　2008a『北前田遺跡Ⅰ・北新田遺跡Ⅰ』
新潟県考古学会　2005『新潟県における高地性集落の解体と古墳の出現』
新津市教育委員会　1995『舟戸遺跡』
新津市教育委員会　2001『八幡山遺跡発掘調査報告書』
日本考古学協会新潟大会実行委員会　1993『東日本における古墳出現過程の再検討』
西村　歩　2008「中河内地域の古式土師器編年と諸問題」『シンポジウム「邪馬台国時代の摂津・河内・和泉と大和」』香芝市教育委員会・香芝市二上山博物館
浜崎悟司　1993「加賀における集落構成要素」「加賀の集落構造の遷移」『東日本における古墳出現過程の再検討』日本考古学協会新潟大会実行委員会
文化庁文化財部記念物課監修　2010「第Ⅴ章 遺構の発掘　第4節 掘立柱建物」『発掘調査のてびき—集落遺跡発掘編』同成社
横山貴広　2001「第4章第2節3布掘式掘立柱建物について」『御経塚シンデン遺跡・御経塚シンデン古墳群』石川県野々市町教育委員会
宮本長二郎　1991「弥生時代・古墳時代の掘立柱建物」『弥生時代の掘立柱建物』本編　埋蔵文化財研究会
宮本長二郎　1996『日本原始古代の住居建築』中央公論美術出版
宮本長二郎　2002a「青田遺跡の住居と集落」『川辺の縄文集落』新潟県教育委員会・(財)新潟県埋蔵文化財調査事業団
宮本長二郎　2002b「古代末から中世の住居建築」『秋田県埋蔵文化財センター研究紀要』第16号　秋田県埋蔵文化財センター
渡邉裕之　1999「第3章第2節土器　第1項弥生前期・中期前葉」『新潟県の考古学』新潟県考古学会
渡邉裕之　2005「新潟県における弥生建物」『第11回例会発表要旨　中部弥生の会』(当日資料) 中部弥生の会

新潟県における掘立柱建物検出遺跡

佐渡

佐渡市教育委員会　2007『畫場遺跡』
佐渡市・佐渡市教育委員会　2015『東沢遺跡』
佐渡市・佐渡市教育委員会　2017a『蔵王遺跡・小谷地遺跡・平田遺跡』
佐渡市・佐渡市教育委員会　2017b『二宮加賀次郎遺跡第2次』

阿賀北

神林村教育委員会　1991『長松遺跡発掘調査報告書』
京ヶ瀬村教育委員会　2003『大割遺跡・猫山遺跡・大曲川端遺跡』
新潟県教育委員会・(財)新潟県埋蔵文化財調査事業団　2005a『六斗蒔遺跡』
新潟県教育委員会・(財)新潟県埋蔵文化財調査事業団　2005b『道端遺跡Ⅲ』

新潟県教育委員会・(財)新潟県埋蔵文化財調査事業団　2005c『西川内北遺跡・西川内南遺跡』
新潟県教育委員会・(財)新潟県埋蔵文化財調査事業団　2006a『道端遺跡Ⅴ』
新潟県教育委員会・(財)新潟県埋蔵文化財調査事業団　2006b『馬見坂遺跡・正尺A遺跡・正尺C遺跡』
胎内市教育委員会　2009『天野遺跡3次・4次』
新潟県教育委員会・(財)新潟県埋蔵文化財調査事業団　2009『山元遺跡』
新潟市教育委員会　2009『上大川遺跡 第2次調査』
新潟県教育委員会・(財)新潟県埋蔵文化財調査事業団　2010a『堂の前遺跡』
新潟県教育委員会・(財)新潟県埋蔵文化財調査事業団　2010b『山口遺跡』
新潟県教育委員会・(財)新潟県埋蔵文化財調査事業団　2010c『下新保高田遺跡』
新発田市教育委員会　2012『空毛遺跡発掘調査報告書』

信濃川右岸

長岡市教育委員会藤橋遺跡等発掘調査委員会　1977『藤橋遺跡・尾立遺跡・旧富岡農学校跡遺跡』
新潟市教育委員会　1997『笹山前遺跡・神明社裏遺跡・城山遺跡』
長岡市教育委員会　1999『藤ヶ森遺跡』
長岡市教育委員会　2001『五斗田遺跡』
新潟市教育委員会　2003『東囲遺跡』
見附市教育委員会　2006『貴舟休場遺跡Ⅱ』
三条市教育委員会　2008『吉津川遺跡』

信濃川左岸

巻町教育委員会　2004『御井戸遺跡Ⅱ―2003年度確認調査の概要―』
燕市教育委員会　2010『五千石遺跡2区・4区西地区』
長岡市教育委員会　2011『五千石遺跡』

柏崎平野

新潟県教育委員会　1979『下谷地遺跡』
柏崎市教育委員会　2011『南条遺跡群』
中島義人　2018「柏崎市西岩野遺跡」『新潟県考古学会第30会大会研究発表会要旨』新潟県考古学会

魚沼

塩沢町教育委員会　2001『来清東遺跡』
新潟県教育委員会・(財)新潟県埋蔵文化財調査事業団　2006c『金屋遺跡Ⅱ』

頸城

吉川町教育委員会　1998『荒所遺跡』
上越市教育委員会　1999『津倉田遺跡』
板倉町教育委員会　2001『南原遺跡』
新潟県教育委員会・(財)新潟県埋蔵文化財調査事業団　2004b『下割遺跡Ⅱ』
上越市教育委員会　2006『吹上遺跡』
上越市教育委員会　2007『吹上遺跡範囲確認調査報告書』
新潟県教育委員会・(財)新潟県埋蔵文化財調査事業団　2008b『六反田南遺跡・前波南遺跡』
上越市教育委員会　2009『子安遺跡』
上越市教育委員会　2011『星川遺跡』
新潟県教育委員会・(財)新潟県埋蔵文化財調査事業団　2011a『姫御前遺跡Ⅱ・竹花遺跡Ⅰ』
新潟県教育委員会・(財)新潟県埋蔵文化財調査事業団　2011b『下割遺跡Ⅲ』
新潟県教育委員会・(財)新潟県埋蔵文化財調査事業団　2011c『南押上遺跡』
新潟県教育委員会・(財)新潟県埋蔵文化財調査事業団　2016『六反田南遺跡Ⅴ』

墳丘構築法再考

小池　勝典

はじめに

従来，古墳時代墳墓の墳丘に対する研究は，墳形や規模など平面的な要素に関するものが多く，墳丘を構築・築造するうえでの「土の盛り方」，すなわち「墳丘構築法」はそれほど注目されてこなかった。

しかし，墳丘の断面から観察される墳丘構築法は，前方後円形・前方後方形・円形・方形といった墳形の違いに捉われることなく，あらゆる平面プランをもつ墳墓において追究することが可能であり，墳丘築造技術やその系譜等を考えるうえでも，多くの可能性を秘めているといえる。このような理由もあってか，近年「墳丘構築法」に関する研究は，ようやく盛んになりつつある。

本論は，恩師である橋本博文先生のご助言とご指導により，筆者が学生時代に墳丘構築法を研究する発端となった新潟県南魚沼市（旧南魚沼郡六日町）の飯綱山古墳群をはじめとする越後の墳墓の様相を検討すべく，全国的な墳墓の様相を加味しながら，再考を試みるものである。

1　「墳丘構築法」の研究史

古墳時代の墳墓を「墳丘の構築（築造）法」という観点から追究した研究は，1950年代頃より散見され，その後次第に増加していく。

古墳の断面からうかがえる「築造方法」に注目して書かれた論文の初期の例としては，昭和3（1927）年の『考古学研究』第二巻第四号に発表された森本六爾の「古墳の築造方法をうかがい得る一断面」がある（森本 1927）。その後，末永雅雄（末永 1955）や斎藤忠（斎藤 1961），茂木雅博（茂木 1968・1975），大塚初重・泉森皎（大塚 1983，泉森 1983）らによって，古墳の構築方法や，その変遷等についての考察がなされてきた。しかし，これらの考察は各地域における単体としての古墳・古墳群の検討が主であり，全国的な観点での総合的な研究には至っていなかった。

墳丘盛土の手法について，広域的に考察を行ったのは，北條芳隆である（北條 1990）。氏は，京都府鳥居前古墳の発掘調査成果を基に，他地域の古墳とも比較し，墳丘盛土の手法について考察を行っている。土盛りの手法には「土盛りの作業手順」と「具体的な土砂の積み上げ技法」の二つがあるとしたうえで，盛土量の差が土盛りの作業手順の基準となり，「土壇」（盛土中の土壇状の高まり）が「土砂の積み上げ作業における基本単位」をなす，とした。

古墳の墳丘構築法を細分し，全国的な古墳の築造方法について考察したのは，樋口吉文である（樋口 1997）。氏は，調査にたずさわった百舌鳥大塚山古墳の調査所見を基に，古墳の築造工法を「表土積換工法」「土盛拡張工法」「小丘連結工法」「プレート積重工法」の四つに大別し，さらに細分した。これらの工法が，墳丘の立地や埋葬施設に深く関わっており，それらの変化とともに築造工法が変化すると結論づけている。

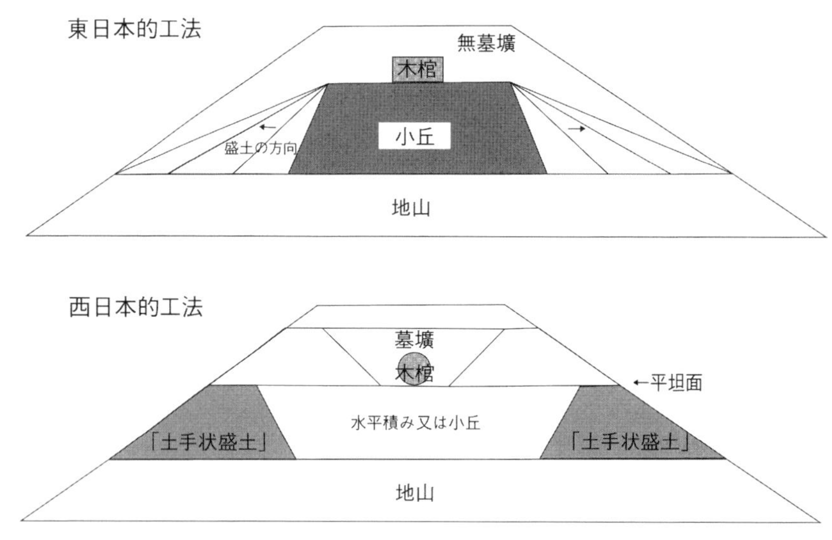

第１図　東日本的工法と西日本的工法の構築模式図（青木 2003 より引用）

全国各地の古墳を対象として，古墳築造技術の時系列的変遷や技術の地域差に迫ったのは，青木敬である（青木 2002・2003）。氏は，墳丘構築法（盛土技法）と墳丘における盛土の高さの問題，立面形態からの検討，葺石の構築法および使用尺度等の観点から分析を行っている。その結果，墳丘構築法は東海以西を中心に「土手状盛土」を使用し，盛土途上に明確な「平坦面」を数面造りながら側面を拡張して墳丘を形づくる「西日本的工法」と，石川県～静岡県以東を中心として認められる「小丘」に漸次盛土を追加していくことによって墳丘を形づくり，平坦面をつくり出さずに墳丘を築造する「東日本的工法」に大別されるとした（第１図参照）。

また，古墳の時期区分においては，ほとんどの事例において「東日本的工法」は前期においても前方後円墳集成の 2～3 期（広瀬 1991）までに集中し，前期後葉～末に至ると東日本地域においても，平坦面まではもたないが土手状盛土を採用するという点で「西日本的工法」を一部導入した準「西日本的工法」が採用され，同時に「西日本的工法」そのもので築造される古墳も出現するとした。この現象は，前期段階において東日本では埋葬儀礼が未整備であり，「東日本的工法」が「無墓坑」とセット関係として行われていた結果であると解釈している。また，盛土の高さや墳丘傾斜角，葺石の構築法，尺度の面からも前期段階に時系列的変遷や画期が認められる，としている。

古墳の封土を「区画築造」という観点から考察したのは，曺永鉉である（曺 2003（吉井秀夫訳））。氏は，韓国と日本における封土墳のうち，平面的にいくつかの区域に分けて築造した例について，「封土を盛土するときに一定の高さまで平面的に作業区域を分ける方法」として「区画築造」と定義した。また，どのような古墳においても営造者の施工計画があったという前提の下に，築造過程，特に盛土過程において，作業者群や作業単位が設定されていたとした。

韓国と日本における墳丘構築法の比較は，先述の青木敬もその研究を行っている（青木 2005）。氏は，韓国において墳丘断面が明らかにされた古墳の事例について，新羅・全羅南道・加耶地域を中心に検討を行った。新羅の古墳構築技術の影響が倭の古墳の一部に散見されること，倭の墳丘構築法に類似した事例が認められることなどから，倭韓，特に加耶・百済（熊津期以降）と倭のつながりは深く，横穴式石室の導入ばかりだけではなく，土木技術についても密接な関係があり，土木技術的なインパクトが双方に認められ，一方通行的な技術の流入ではなかったとまとめている。

青木は，近年では北魏・高句麗・新羅といった東アジア各地の先進的な土木技術と，それが古代日本に与えた影響等についても考察している（青木 2016abc）。また，氏は古墳のみならず，寺院や堤といった様々な古代の構築物からも，土木技術の伝播や技術交流の解明を試みている（青木 2017）。

このように，諸氏による研究や調査事例の増加に伴い，近年では古墳の構築技術・土木技術に焦点を当てたシンポジウムも開催されている（静岡県考古学会 2015 年度シンポジウム実行委員会 2016）。「墳丘構築法」の観点からも，古墳文化の解明に向けた研究が着実に進められているといえる。

2 「墳丘構築法」の概念とその分類

古墳時代における「墳墓」には，墳丘を有するものとそうでないもの，積石塚のように墳丘そのものが石で築かれるものなど多種多様である。しかし，ここで対象とする「墳墓」とは，あくまで盛土，ないしは地山の削り出し等で築かれた「土」主体の墳丘を有するもので，墳丘を有さない土坑墓や，「石」が積まれた積石塚などは考察の対象外とする。また，横穴式石室を主体部にもつ古墳については，石室の構築と盛土を一体的に進めるという性格上，「土嚢（どのう）」を用いたもの（植田 2001）など一部の例を除けば，盛土方法に顕著な違いは見出しがたくなる。したがって，これも本論の考察対象からは外すことにする。

さて，「墳丘」を構築する際の作業工程には，①墓地の選定（選地），②樹木の伐採・草の刈り払いおよび野焼き，③測量，④平面形設定，⑤整地・地山整形，⑥盛土供給地の掘削，⑦土盛り（内部施設が土盛りと並行して構築される場合もある），⑧墳丘整形・整備，⑨内部および外部施設の設置，などが想定される。

本論では，このうちの⑦の工程，すなわち「土盛り」作業における「土の盛り方」に焦点を当て，検討の対象としたい。

なお，具体的な土の盛り方・技法には，その方向性や種類から幾通りもの「分類」が可能である。そこで，ここでは先行研究を踏まえ，まず墳墓の盛土の方向性によるタイプ分けと，盛土における各部の名称を設定する。そのうえで，これらの墳丘構築法について分類を行い，個々の墳墓においてどのような構築法・技法が採用されているのかを検討していきたい。

(1) 盛土の方向性によるタイプ分けと盛土における各部の名称の設定

墳墓の盛土を行う際，その方向性から，①「墳丘の中央部から外表側に向かって行うもの」②「墳丘の外表側から中央部に向かって行うもの」③「墳丘の端から端にかけてほぼ水平に盛り上げるもの」の大きく3通りに分けることができる（第2図）。

ここでは，それぞれを青木の概念規定（青木 2003）におおよそ則り，①「外向タイプ」②「内向タイプ」③「水平積みタイプ」と呼ぶことにする。

「外向タイプ」の墳墓では，墳丘の中央部に墳丘構築における「核」ともいうべき小丘状の盛土が施され

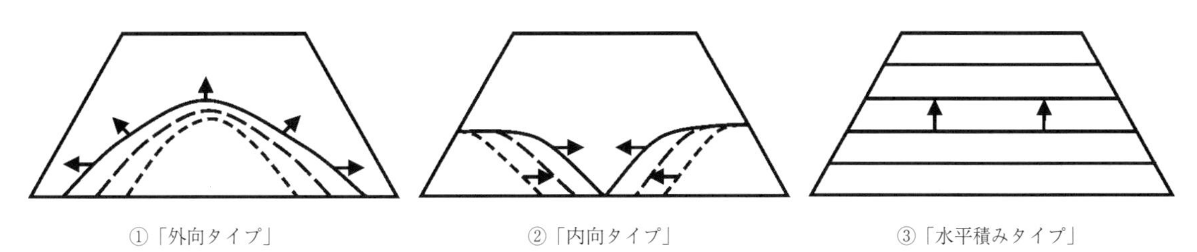

第2図　盛土の方向性によるタイプ分け（1）

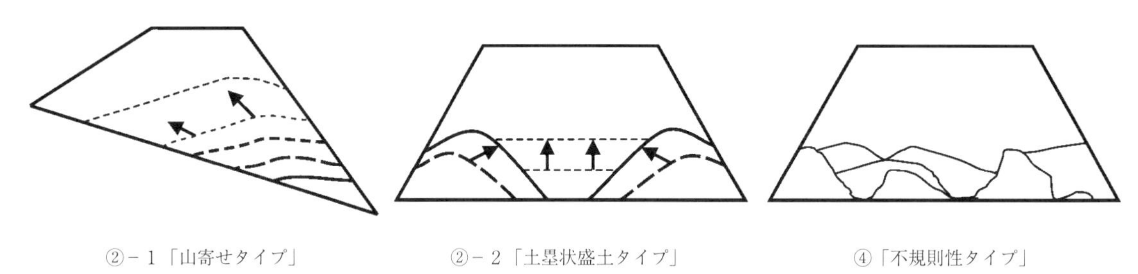

②－1「山寄せタイプ」　②－2「土塁状盛土タイプ」　④「不規則性タイプ」

第3図　盛土の方向性によるタイプ分け（2）

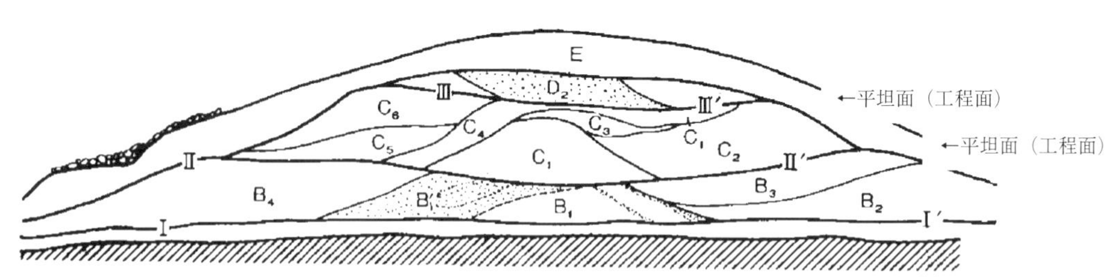

E　墳丘の全体を覆う部分で覆土と呼ぶ，礫まじりの砂層
D　封土の上層部を形成する。
C　封土の中層部を形成する。｝これら土台の上に構築されている封土を盛土と呼ぶ。主として砂でできている。
B　この部分の封土を土台と呼ぶ。黒土（粘土質）を主として構築してある。
A　古地表面の黒土
B，C，Dの部分は強く突き固めてある。B1からB4の順に構築してある。Ⅰ―Ⅰ′は古地表面，Ⅱ―Ⅱ′土台の表面，まん中の部分がゆるく窪んでいる。

第4図　平坦面（工程面）の実例（長野県新井原12号古墳）（今村・小林1983より引用・加筆）

る例が多い。この小丘状の盛土を，これまでの研究史に基づき「小丘」と呼ぶことにする。

続いて，②の「内向タイプ」の墳墓であるが，この種の墳墓は斜面下方から次第に墳丘中心部（上方）側へと盛土するタイプと，墳丘の外表側を「土手状」に囲んで盛土し，次第に内方を埋填するタイプの大きく2通りに分けることができる。前者は，主に墳丘が傾斜地において築かれる場合によく見られるもので，「山寄せタイプ」ともいえる。後者は，大阪府高槻市の弁天山C1号墳の調査において初めて明らかにされたものとされ，「土堤状の盛土」や「土手状盛土」とも呼ばれる。本論ではこの「土手状の盛土」を，墳丘中央部を埋填するにあたっての「土留めの役割を果たしていたもの」と想定し，「土塁状盛土」と呼称する。そして，この「土塁状盛土」を有するタイプを「土塁状盛土タイプ」と呼ぶことにする（第3図）。

なお，墳丘の盛土方法・方向に一定の法則性がみられないものは一括して「不規則性タイプ」と呼ぶ（第3図）。

盛土からなる墳墓には，盛土の方向性の他に重要な特徴がみられるものがある。それは，青木の定義する「平坦面」（青木2003）であって，盛土の断面においてはその下方と上方を明瞭に分割するラインとなって表れる（第4図）。この「平坦面」について，青木は「土手状盛土を構築後，その内側に盛土を行っていく際に，土手状盛土の上端レベル，もしくはそれに近い高さで平坦にした場合の土層ライン」と定義し，この平坦面までの高さが盛土の工程における基準となっている可能性を示している（青木2003）。

本論では，この「平坦面」には単なる「高さの基準」としてだけではなく，盛土安定・強固化のための作業工程の存在をあらわすものと想定したい。これは，「平坦面」が盛土高の高い古墳に多く見られることにも関連するが，盛土を高く積み上げるには，その土台（基盤）が十分安定していなければならない。したがって，盛土を上方へさらに高く積み上げるために，基礎となる下方の盛土を安定させる工程が存在していた，と推測するものである。

これを証明するのは容易ではないが，その上方と下方の不連続性からも，「平坦面」が墳丘構築における

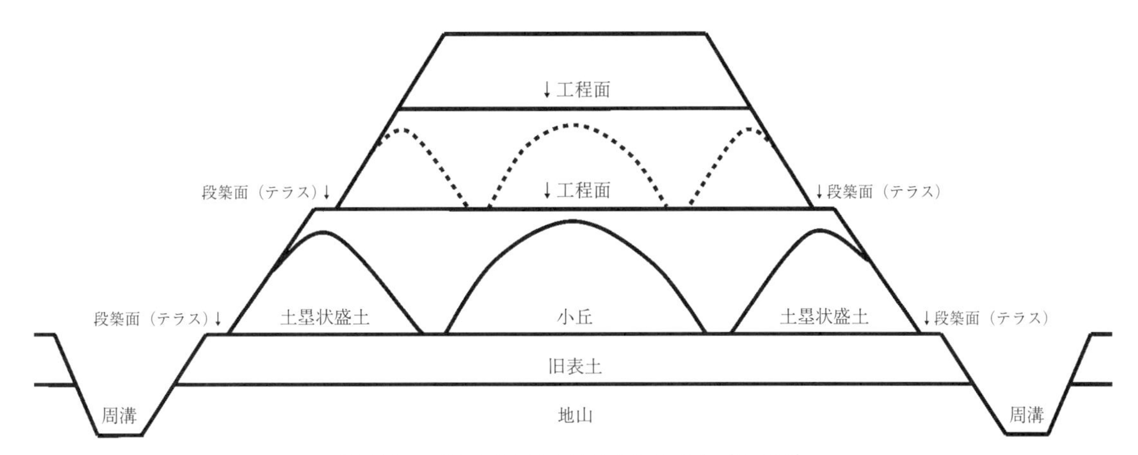

第5図　墳墓の盛土における各部の名称（断面図）

重要な作業工程を表していることは想像に難くない。なお，「平坦面」という名称は，いわゆる「墳頂平坦面」との混同・誤解を招きかねないことから，本論においては「墳丘構築作業工程面」，略して「工程面」と呼ぶことにしたい。

以上の設定に基づいて，墳墓の盛土における各部の名称を第5図に示す。

(2) 土の盛り方による分類

墳墓における「土の盛り方」の方法には，先行研究でも指摘されているとおり，いくつかのパターンが存在し，その分類が可能である。ここでは，研究史を踏まえながら「土の盛り方」の分類を行うことにする。

まず，(1) において盛土の方向性から大きく4タイプ6通りのタイプ分けを行ったが，これらをそのまま「A類」～「E類」の5類型，すなわち

「外向タイプ」の墳墓………………………「A類」

「山寄せタイプ」の墳墓……………………「B類」

「土塁状盛土タイプ」の墳墓………………「C類」

「水平積みタイプ」の墳墓…………………「D類」

「不規則性タイプ」の墳墓…………………「E類」

とする。

また，一つの墳墓において平面方向・立面方向それぞれに複数の「小丘」が確認できるものは「AA」類，「小丘」と「土塁状盛土」の両方が一つの墳墓において確認できるものを「AC類」，傾斜地において墳丘を構築するために谷側から内向させ，さらに土塁状の盛土を施して盛土崩落の防止を意図しているものを「BC類」とする。

このうえで，それぞれにおいて「工程面」の確認できないものを「1」類，「工程面」が確認できるものを「2」類と細分する。まとめると，次のようになる（第6図）。

A類：墳丘中心部に核となる単体の小丘を造り，その外側に向かって順次盛土し拡張していく方法（いわゆる「外向タイプ」の墳墓）

A-1類：墳丘中心部の一つの小丘から順次拡張していく（「工程面」が存在しない）

A-2類：「工程面」が存在し，場合によっては同様の盛り方が立体的に複数繰り返される

AA類：一つの墳墓において平面・立面共に複数の小丘を造り，それぞれにおいてその外側に拡張していく方法

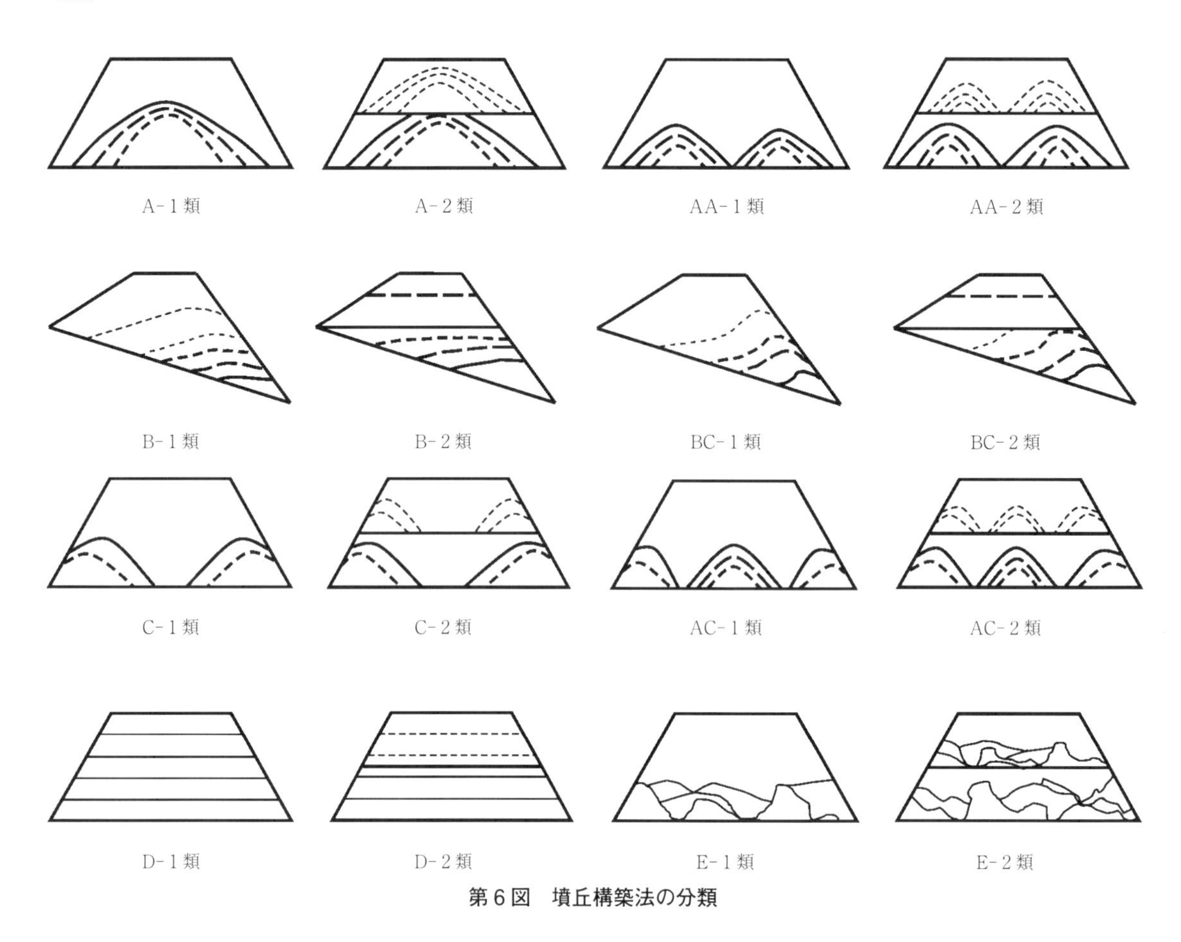

第6図　墳丘構築法の分類

AA-1類：小丘が平面的・立面的共に複数存在するが，「工程面」は存在しない

AA-2類：小丘が複数存在すると共に，立面方向は「工程面」によって分割される

AC類：一つの墳墓において「小丘」と「土塁状盛土」の両方が確認できるもの

AC-1類：「小丘」と「土塁状盛土」の両方が存在するが，「工程面」は存在しない

AC-2類：「小丘」と「土塁状盛土」の両方が存在し，かつ「工程面」が存在する

B類：傾斜地において墳丘を構築するために，傾斜の低いほうから次第に上方に向かって盛土する方法（いわゆる「山寄せタイプ」の墳墓）

B-1類：工程面が存在しない「山寄せタイプ」

B-2類：「工程面」が存在し，場合によっては同様の盛り方が立体的に複数繰り返される

BC類：傾斜地において墳丘を構築するために，傾斜の低い方から内向させ，さらに「土塁状の盛土」を併用することによって墳丘を構築する方法

BC-1類：工程面が存在せず，墳丘を谷側から一気に盛土することによって築いている

BC-2類：谷側から内向する盛土によってまず墳丘基盤を水平にし，これを「工程面」としてさらに上方を盛土していく

C類：墳丘周縁を堤状に高めた後内側を埋填する方法（いわゆる「土塁状盛土タイプ」の墳墓）

C-1類：墳丘の周囲，もしくは後円部周囲を環状，あるいは馬蹄形状の土塁状に盛る

C-2類：「工程面」が存在し，場合によっては同様の盛り方が立体的に複数繰り返される

D類：墳丘の端から端にかけて，ほぼ水平に土盛りを行う（いわゆる「水平積みタイプ」の墳墓）

D−1 類：墳丘の下方から上方まで，基盤にほぼ平行に盛る

D−2 類：明確な「工程面」が存在する場合のみ分類する

E 類：土の盛り方に一定の法則性がみられないもの（いわゆる「不規則性タイプ」の墳墓）

E−1 類：「工程面」が存在しないもの

E−2 類：土の盛り方は不規則だが「工程面」が存在するもの

(3)「盛土指数」

墳丘構築の作業量を表す一つの指標，「墳丘盛土高」と墳丘構築法の相関関係について検討するために，各墳墓の現存最大墳丘高に対する現存最大盛土高の割合を検討していくことにする。なお，この割合を「盛土指数」と呼ぶことにする。盛土指数の定義は，次の通りである。

盛土指数＝現存最大盛土高÷現存最大墳丘高×100

盛土高を検討する際には，墳丘の削平の影響が問題となるが，「盛土指数」においては「盛土」部分が削平されていたとしても，相対的に「墳丘高」も構築時に比べて減少していることになり，より構築時の墳丘高に対する盛土の割合に近い値が求められる。したがって，単に「現存盛土高」のみを比較するのではなく，「盛土指数」を求めて比較検討することにする。

3　全国における墳丘構築法判明墳墓の検討

文化庁の統計によると，平成 29 年 3 月現在，全国では 13 万基を超す古墳時代の墳墓（古墳・横穴）が現存するとされている（文化庁 2017）。このうち，学術的な調査がなされているのはほんの一部で，さらに墳丘の断面が詳細に調査されている例はごくわずかといえる。しかし近年，少しずつではあるがその調査事例は増加しており，全国ではすでに数百基を超える墳墓の墳丘断面調査がなされていると推測できる。

本章では，これまでに墳丘の断面が調査された弥生～古墳時代の全国の墳墓 198 基を検討の対象とする。これらは，全調査事例数からみればごく一部といえるが，全国的な傾向を知るうえでは一つの判断材料と成り得る。なお，紙数の都合上，個々の墳墓について逐一詳細に触れることはできないので，各種属性を一覧表としてまとめた（第 1～3 表）。

表の属性は，①所在地（都府県名）②墳墓名③墳形④墳丘平面規模（墳丘長・主墳（後円〈方〉部）規模）⑤立地⑥墳丘基盤整形⑦旧表土⑧周溝・堀割⑨盛土方法（小丘（外向）・土塁状盛土・工程面（数））⑩葺石⑪埴輪⑫段築成（主墳（後円〈方〉部）・前方部）⑬段築の位置⑭最大墳丘高⑮最大盛土高⑯盛土指数（盛土高／墳丘高×100）⑰築造時期⑱墳丘構築法の分類，である。

この表に基づき，ここでは主要な属性（地理的分布・墳丘平面規模・盛土指数・構築時期）と墳丘構築法との間にみられる相関性の分析を行うこととする。

(1) 墳丘構築法別の地理的分布

初めに，「構築時期」を考慮せずに，墳丘構築法別の全国的な分布を第 7 図に表す。

これらの分布図からは，次の事実が読み取れる。

① 青木の「東日本的工法」（青木 2003）によって構築された墳墓（本論の「A 類」の墳墓）は，少なからず「西日本」にも分布している。

第１表　全国における検討墳墓一覧（1）

都府県名	墳墓名	墳形	墳丘規模		立地	墳丘基盤整形	旧表土	周溝掘割	盛土方法			葺石	埴輪	段築成		段築の位置	最大墳丘高（m）	最大盛土高（m）	盛土指数	築造時期	分類
			墳丘長（m）	主墳（m）（長×幅）					小丘（外向）	土塁状盛土	工程面（数）			主墳	前方部						
宮城県	宇賀崎1号墳	方墳	20 × 23	—	台地上	×	○	×	×	×	×	×	×	1	—	—	2.9	1.2	41	4世紀末	D-1
宮城県	西屋敷1号墳	円墳	30	—	丘陵末端	○	×	×	×	×	×	×	×	1	—	—	5	1	20	4世紀末	E-1
宮城県	鷹の巣18号墳	円墳	22	—	丘陵上	○	○	×	○	×	×	×	×	1	—	—	3	2.1	70	5世紀代	A-1
宮城県	吉ノ内1号墳	円墳	27	—	丘陵上	×	○	不明	×	×	×	×	×	1	—	—	3.5	1	29	5世紀中葉から後葉	E-1
宮城県	松崎古墳	円墳	13	—	丘陵上	不明	○	×	○	×	×	×	○	1	—	—	2.5	2.5	100	5世紀代	A-1
宮城県	裏町古墳	前方後円墳	40	27	河岸段丘上	×	○	○	○	○	1～2	○	○	1？	1？	—	4.9	4	82	5世紀後半	AC-2
宮城県	台町175号墳	円墳	10	—	丘陵端部	×	○	○	×	×	×	×	×	1	—	—	3	0.8	27	6世紀中葉	D-1
宮城県	台町176号墳	円墳	8	—	丘陵端部	×	○	○	×	×	×	×	×	1	—	—	2	1	50	6世紀中葉	D-1
山形県	下小松陣が峰地区J-1号墳	前方後方墳	17.8	12.4×12.4	丘陵上	×	○	○	×	○	1	×	×	1	1	—	1.7	0.9	53	4世紀前半	C-2
山形県	天神森古墳	前方後方墳	75.6	43×51	平野上	△	○	×？	×	○	2～3	×	×	1	1	—	4.26	3.4	80	4世紀後半	C-2
山形県	管沢2号墳	円墳	50	—	丘陵先端	○	○	○	○	×	3～4	×	○	2	—	旧表土上	6.6	3.8	58	5世紀後半	A-2
福島県	北山田2号墳	前方後円墳	28	24.4	丘陵上	△	○	○	○	×	×	×	×	1	1	—	4	1.5	38	5世紀中葉を前後	A-1
福島県	仏坊古墳群11号墳	円墳	21.5	—	丘陵上	△	○	○	×	○	×	×	×	1	—	—	3.8	2	53	5世紀中頃から後半	C-1
福島県	仏坊古墳群12号墳	円墳	14.7	—	丘陵上	△	×	○	×	○	×	×	×	1	—	—	2.3	1.1	48	5世紀中頃から後半	C-1
福島県	仏坊古墳群13号墳	円墳	14～15	—	丘陵上	△	○	○	×	×	×	×	×	1	—	—	2.6	1.7	65	5世紀中頃から後半	E-1
福島県	荷渡古墳群1号墳	円墳	15.6	—	丘陵上	×	○	不明	×	×	×	×	×	1	—	—	2.75	1	36	5世紀後半から6世紀前葉	E-1
福島県	荷渡古墳群2号墳	円墳	14.3	—	丘陵上	×	○	不明	×	○	×	×	×	1	—	—	1.5	0.7	47	5世紀後半から6世紀前葉	C-1
福島県	荷渡古墳群3号墳	円墳	12	—	丘陵上	×	○	不明	×	×	×	×	×	1	—	—	1.75	0.8	46	5世紀後半から6世紀前葉	E-1
福島県	正直古墳群第30号墳	方墳	22.5	—	丘陵先端	×	○	○	○	○	×	×	×	1	—	—	2	1.5	75	5世紀後葉から6世紀初頭	A-1
茨城県	大上古墳群第4号墳	前方後方墳	30	20 × 13	丘陵先端	△	○	○	○	×	×	×	×	1	1	—	3.4	2	59	4世紀末～5世紀初頭	A-1
茨城県	愛宕山古墳	円墳	25	—	台地縁辺	△	○	○	×	×	○	×	×	1	—	—	2.5	2	80	5世紀中葉	E-2
茨城県	浜山古墳群1号墳	方墳	12.5	—	台地先端	×	○	○	×	○	×	×	×	1	—	—	2.8	1	36	5世紀後半	C-1
茨城県	明神後古墳	円墳	17	—	台地縁辺	×	○	○	×	×	×	×	×	1	—	—	2.1	1.2	57	5世紀後半	D-1
茨城県	常陸公事塚古墳群1号墳	円墳	27	—	丘陵尾根上	○	×	不明	×	×	×	×	×	1	—	—	4.2	1.4	33	5世紀後半	D-1
茨城県	国神古墳	円墳	9.3～10.9	—	台地先端	×	○	○	○	×	×	×	×	1	—	—	1.65	1.4	85	6世紀中葉から7世紀	A-1
茨城県	北屋敷第二号古墳	不明	15？	28？	台地縁辺	×	○	○	×	○	×	×	○	1	—	—	4	2.2	55	6世紀後半	C-1
茨城県	大塚戸篠山古墳群第5号墳	円墳	15	—	台地上	△	○	○	×	×	×	×	×	1	—	—	1.8	1	56	7世紀後半	E-1
栃木県	大日塚古墳	前方後方墳	35.8	20×20	台地上	△	○	○	○	○	×	×	×	1	1？	—	4.2	3.2	76	4世紀後半	AC-1
栃木県	愛宕塚古墳	前方後方墳	50	29×25	台地上	△	○	○	○	○	2～3	×	×	1	1	—	5.6	3.5	63	4世紀末	AC-2
栃木県	鍋小路古墳群1号墳	方墳	15.1×14.0	—	台地縁辺	×	○	○	×	○	×	×	×	1	—	—	1.91	0.5	26	古墳時代前期後葉	BC-1
栃木県	向北原1号墳	円墳	14.1×14.2	—	丘陵尾根部	×	○	○	×	○	×	×	×	1	—	—	1.8	0.6	33	6世紀初頭前後	C-1
栃木県	小丸山古墳群1号墳	円墳	15.4	—	台地上	×	○	○	×	○	×	×	×	1	—	—	2.4	1	42	6世紀前半	C-1
群馬県	北山茶臼山西古墳	前方後方墳	28	17.7	丘陵頂部	○	○	○	×	○	○	×	×	1	1		2.1	1.1	52	4世紀後半	B-2
群馬県	黒井峯第1号墳	方墳	10	—	台地上	×	○	○	×	○	×	×	×	1	—	—	3	1.48	49	5世紀前半	C-1
群馬県	黒井峯第2号墳	方墳	10	—	台地上	×	○	○	×	○	×	×	×	1	—	—	3	1.5	50	5世紀前半	C-1
群馬県	黒井峯第3号墳	方墳	15	—	台地上	×	○	○	×	○	×	×	×	1	—	—	2.1	1.6	76	5世紀前半	C-1
群馬県	黒井峯第4号墳	方墳	9.5	—	台地上	×	○	○	×	×	×	×	×	1	—	—	2.4	0.7	29	5世紀前半	E-1
埼玉県	中耕第21号方形周溝墓	方形周溝墓	13.7×15.8	—	沖積地上	×	○	○	○	×	×	×	×	1	—	—	2	0.8	40	廻間Ⅱ～Ⅲ式	A-1
埼玉県	中耕第42号方形周溝墓	方形周溝墓	13.0×17.4	—	沖積地上	×	○	○	○	×	×	×	×	1	—	—	1.5	0.75	50	廻間Ⅱ～Ⅲ式	A-1
埼玉県	安光寺古墳群1号墳	方墳	15.8×13.5	—	丘陵尾根上	○	×	○	×	×	×	×	×	1	—	—	1.8	0.7	39	5世紀前半の中頃	E-1
埼玉県	安光寺古墳群2号墳	円墳	27	—	丘陵尾根上	○	○	○	×	×	1	×	×	1	—	—	4.5	1.6	36	5世紀第2四半世紀	D-2?
埼玉県	花見堂古墳群1号墳	円墳	18	—	台地上	×	○	○	×	○	×	×	×	1	—	—	3.3	1.8	55	不明	C-1
千葉県	高部古墳群30号墳	前方後方墳	34.6	23.1×21.9	丘陵上	△	○	○	○	○	2	×	×	1	1	—	4	2	50	廻間Ⅰ-4～Ⅱ-1	AC-2
千葉県	高部古墳群32号墳	前方後方墳	31.9	15.8×19.5	丘陵上	△	○	○	○	○	1	×	×	1	1	—	4.2	2.7	64	廻間Ⅱ段階後半～Ⅲ段階前半	AC-2
千葉県	神田古墳群1号墳	前方後方墳	23.1	17.5×16.9	台地上	×	○	○	○	×	×	×	×	1	1	—	4.8	1.8	38	五領Ⅰ式古段階	A-1
千葉県	神田古墳群2号墳	前方後方墳	21.5	19.0×19.7	台地上	×	○	○	△	×	×	×	×	1	1	—	3.1	1.28	41	五領Ⅰ式	D-1 (A-1)
千葉県	神田古墳群3号墳	方墳	13～13.5	—	台地上	×	○	○	×	×	×	×	×	1	—	—	2.88	1.1	38	五領Ⅰ式	D-1
千葉県	大厩浅間様古墳	円墳	50	—	台地上	×	○	○	○	○	4	×	×	1	—	—	10	6.9	69	前期後葉	AC-2
千葉県	俵ヶ谷古墳群4号墳	方墳	12	—	丘陵上	△	○	○	×	×	×	×	×	1	—	—	3.3	1.5	45	前期	D-1
千葉県	俵ヶ谷古墳群7号墳	円墳	12.5	—	丘陵頂部	△	○	○	×	×	×	×	×	1	—	—	2	1.5	75	後期	D-1
千葉県	岩名古墳群2号墳	方墳	23.5×20.5	—	台地上	×	○	○	×	○	×	×	×	1	—	—	2.1	1.6	76	5世紀前葉古段階	C-1
千葉県	岩名古墳群3号墳	方墳	13.6 × 13	—	台地上	×	○	○	×	×	×	×	×	1	—	—	1	0.6	60	5世紀前葉古段階	E-1
千葉県	新皇塚古墳	前方後方墳	80以上	40×40	台地上	△	○	○	○	×	1	×	×	1(？)	1	—	7.8	7.1	91	5世紀初頭	A-2
千葉県	安須古墳群2号墳	方墳	14×13	—	台地上	△	○	○	×	×	×	×	×	1	—	—	2	1	50	5世紀中葉	D-1
千葉県	四留作第1古墳群第1号墳	円墳	15.8～14.2	—	丘陵上	△	○	○	×	×	×	×	×	1	—	—	1.75	0.4	23	5世紀中葉～6世紀前葉	E-1
千葉県	石神古墳群第1号墳	円墳	14	—	丘陵上	△	○	○	×	○	×	×	×	1	—	—	2.2	0.8	36	5世紀中葉	C-1
千葉県	石神古墳群第4号墳	円墳	28.5	—	丘陵上	×	○	○	○	×	×	×	×	1	—	—	3.5	1.5	43	6世紀第3四半世紀後半	A-1
千葉県	石神古墳群第6号墳	円墳	16.2	—	丘陵上	×	○	○	×	○	1	×	×	1	—	—	2.7	0.9	33	5世紀後葉	C-2
千葉県	台の内古墳	円墳	20.5	—	台地上	△	○	○	○	○	1	×	×	1	—	—	2.5	2	80	6世紀後半	AC-2
千葉県	松山2号墳	円墳	23.6～22.1	—	台地上	×	○	○	×	○	×	×	×	1	—	—	5.18	1.5	29	6世紀後半	BC-1
千葉県	塚原古墳群21号墳	前方後円墳	36.3	22	丘陵上	△	○	○	○	×	×	×	×	1	1	—	4.47	2.2	49	6世紀末葉～7世紀初頭	A-1
千葉県	塚原古墳群22号墳	円墳	19	—	丘陵上	×	○	○	×	×	1	×	×	1	—	—	2.68	1.2	45	5世紀後葉	D-2
千葉県	塚原古墳群24号墳	円墳	22.5	—	丘陵上	×	○	○	×	○	1	×	×	1	—	—	3.7	1.3	35	6世紀第1四半世紀	C-2
千葉県	塚原古墳群30号墳	円墳	19	—	丘陵上	×	○	○	○	○	1	×	×	1	—	—	3.4	1.5	44	6世紀第4四半世紀前半	AC-2
千葉県	塚原古墳群31号墳	円墳	18	—	丘陵上	×	○	○	○	△	1	×	×	1	—	—	3.7	2.2	59	6世紀第3四半世紀後半	A(C)-2
千葉県	椿古墳群30号墳	円墳	24	—	丘陵上	×	○	○	×	×	×	×	×	1	—	—	2.7	1.1	41	6世紀末～7世紀初頭	D-1
千葉県	大竹古墳群第13号墳	円墳	18	—	台地上	△	○	○	×	×	×	×	×	1	—	—	3	1.6	53	5世紀中頃	D-1
千葉県	寒沢古墳群1号墳	円墳	15	—	台地上	×	○	○	×	×	1	×	×	1	—	—	2.2	1	45	5世紀代	D-2
千葉県	四留作第2古墳群第1号墳	円墳	17.2～18.6	—	丘陵上	△	○	○	×	○	×	×	×	1	—	—	2.5	0.8	32	5世紀前半～中葉	BC-1
千葉県	星谷上古墳	前方後円墳	46	25	台地上	×	○	○	×	×	×	×	×	1	1	—	3	2	67	6世紀後半	E-1
千葉県	城山古墳群3号墳	方墳	19	—	台地上	×	○	○	○	○	×	×	×	1	—	—	4.5	2.5	56	7世紀前半	AC-1
東京都	扇塚古墳	円墳？	20	—	台地縁辺	○	×？	○	○	○	1	×	×	1	—	—	2.5	1.5	60	4世紀前半	AC-2
東京都	狛江白井塚	円墳	36	—	段丘上	×	○	○	○	△	2	×	×	1	—	—	4.5	3	67	5世紀中葉	A-2
神奈川県	久地伊屋之免古墳	円墳	16～17	—	台地上	×？	○	×？	×	○	1	×	×	1	—	—	2	1.8	90	4世紀第4四半世紀	C-2
神奈川県	矢崎山古墳	方墳	22～24	—	尾根頂部	○	×	×	×	×	×	×	×	1？	—	—	5	3.5	70	6世紀前半	E-1
新潟県	城の山古墳	円墳	40以上	—	沖積地	×	○	×	×	？	3～4	×	×	不明	—	—	6	5.4	90	4世紀第1四半世紀	D-2

第２表　全国における検討墳墓一覧（2）

都府県名	墳墓名	墳形	墳丘規模		立地	墳丘基盤整形	旧表土	周溝掘割	盛土方法			葺石	埴輪	段築成		段築の位置	最大墳丘高（m）	最大盛土高（m）	盛土指数	築造時期	分類
			墳丘長（m）	主墳（m）（長×幅）					小丘（外向）	土塁状盛土	工程面（数）			主墳	前方部						
新潟県	八幡山古墳	円墳	60	—	丘陵上	×	○	○	○	○	○	×	×	2	—	ほぼ旧表土・工程面上	3.8	2	53	5世紀初頭	AC-2
新潟県	保内三王山11号墳	円墳	23	—	丘陵頂部	×	○	○	?	?	?	×	×	2	—	地山削り出し？	3.9	1	26	4世紀後半	D-1？ E-1？
新潟県	保内三王山1号墳	前方後円墳	37.5	23	丘陵尾根上	○	△	○	?	?	?	×	×	?	1	—	5	1	20	4世紀末	D
新潟県	緒立八幡神社古墳	円墳	30	—	沖積地	○	×	×	×	○	×	○	×	1	—	—	2.4	1.2	50	4世紀後葉	C-1
新潟県	丸山古墳	方墳	18.5	—	微高地	△	○	○	○	○	1～2	×	×	2	—	ほぼ旧表土上	2.8	2.2	79	4世紀後半～5世紀前半	AC-2
新潟県	飯綱山27号墳	円墳	40	—	丘陵上	×	○	○	○	×	1～2	×	×	2	—	ほぼ旧表土上	5	2.6	52	5世紀初頭	A-2
新潟県	飯綱山65号墳	円墳	11	—	丘陵上	×	○	○	×	×	×	×	×	1	—	—	1.7	0.4	24	5世紀第2四半世紀	E-1
新潟県	飯綱山36号墳	円墳	7.6	—	丘陵上	×	○	○	×	×	×	×	×	1	—	—	1	0.5	50	5世紀後半	E-1
新潟県	黒田古墳群2号墳	円墳	17.5	—	丘陵上	×	○	○	×	×	×	×	×	1	—	—	3.8	1.6	42	5世紀第3四半世紀	D-1
新潟県	黒田古墳群3号墳	円墳	22.8	—	丘陵上	×	○	○	×	○	×	×	×	1	—	—	2.6	0.6	23	5世紀第3四半世紀	B-1
富山県	関野古墳群2号墳	円墳	29.5	—	丘陵尾根上	○	○	×	×	×	1	×	×	1	—	—	3.2	1	31	5世紀前半	E-2
富山県	イヨダノヤマ古墳群3号墳	円墳	20.5	—	丘陵尾根上	×	○	×	×	○	×	×	×	1	—	—	3.8	0.7	18	5世紀中葉～後半	C-1
石川県	冬野小塚第1号墳	方墳	20	—	丘陵先端	×	○	○	○	○	1	×	×	1	—	—	2.8	2.2	79	4世紀初頭	AC-2
石川県	宿東山1号墳	前方後円墳	21.4	15.6～15.8	丘陵上	△	○	○	○	×	×	×	×	1	1	—	2.9	0.8	28	4世紀前葉	A-1
石川県	寺井山5号墳	円墳	20	—	丘陵上	△	×	○	○	×	1	×	×	1	—	—	2.4	1.2	50	前期前葉	A-2
石川県	吸坂E1号墳	円墳	25	—	丘陵上	△	○	×	○	○	×	×	×	1	—	—	1.6	0.6	38	5世紀前葉	AC-1
石川県	黒瀬御坊山A2号墳	方墳	14	—	丘陵上	△	○	○	×	○	×	×	×	1	—	—	2.6	0.6	23	4世紀第4四半世紀	BC-1
石川県	小坂古墳群第1号墳	円墳	25	—	丘陵尾根上	△	○	×	×	○	1	×	×	1	—	—	5	1.6	32	5世紀前半の中葉	BC-2
石川県	後山無常堂古墳	円墳	23.5	—	丘陵上	×	○	×	○	×	×	×	×	1	—	—	1.5	0.7	47	5世紀中頃	A-1
石川県	八幡6号墳	円墳	26	—	丘陵上	×	○	○	○	×	1～2	×	×	1	—	—	4.1	1.6	39	5世紀初頭前後6世紀後葉	A-2
福井県	舞崎古墳群1号墳	方墳	12	—	丘陵尾根上	×	○	○	×	○	×	×	×	1	—	—	1.2	0.6	50	前期初頭	BC-1
福井県	舞崎古墳群2号墳	方墳	12	—	丘陵尾根上	×	○	○	×	○	×	×	×	1	—	—	1.2	0.9	75	前期初頭	BC-1
福井県	舞崎古墳群3号墳	方墳	12	—	丘陵尾根上	×	○	○	×	×	×	×	×	1	—	—	1.5	0.8	53	前期初頭	E-1
福井県	横垣古墳群1号墳	円墳	22	—	丘陵上	×	○	○	×	○	×	×	×	1	—	—	2	0.7	35	4世紀中葉～後葉	B-1
福井県	三尾野古墳群5号墳	方墳	14.8×14.1	—	丘陵尾根上	×	○	×	×	×	×	×	×	1	—	—	1.7	0.4	24	4世紀後半	D-1
福井県	三尾野古墳群9号墳	円墳	16.92×14.9	—	丘陵尾根上	×	○	×	○	×	×	×	×	1	—	—	2.1	0.8	38	4世紀中葉	A-1
福井県	井江霞古墳群10号墳	円墳	27	—	台地縁辺	○	×	×	×	○	×	×	×	1	—	—	4.25	2.25	53	4世紀後葉～5世紀代	C-1
福井県	安保山古墳群1号墳	前方後円墳	31.8	18.3	丘陵上	○	×	○	×	○	1	×	×	2？	1	ほぼ地山？	2.8	1.1	39	4世紀後葉	C-2
福井県	小羽山古墳群2号墳	円墳	23.2～24.9	—	丘陵尾根上	○	○	○	×	○	×	×	×	1	—	—	2.7	0.7	26	4世紀中葉	C-1
福井県	小羽山古墳群25号墳	円墳	15.7×15.3	—	丘陵尾根上	△	○	○	×	○	×	×	×	1	—	—	2.6	0.7	27	4世紀中葉	C-1
山梨県	馬乗山2号墳	前方後円墳	60	39.5	台地縁辺	△	○	○	○	×	×	○	×	2	2	地山削り出し？	5.4	1.2	22	5世紀後半～6世紀初頭	A-1
長野県	高遠山古墳	前方後円墳	50	28～33	丘陵尾根上	○	×	×	×	○	×	×	×	1	1	—	4	1.2	30	布留0式	C-1
長野県	大星山3号墳	円墳	16	—	丘陵尾根上	○	×	○	×	○	×	○（盛土）	×	1	—	—	4	1	25	4世紀第3四半世紀	BC-1
長野県	森将軍塚古墳	前方後円墳	100	55	丘陵尾根上	○	×	×	×	○	2	○	○	2	1	盛土上	10	2.8	28	4世紀末	C-2
長野県	森2号墳	円墳	20	—	丘陵尾根上	○	×	○	×	○	×	×	○	1	—	—	3.5	2	57	5世紀第2四半世紀	C-1
長野県	東平1号墳	円墳	16.7	—	丘陵上	○	×	○	×	○	1	×	○	1	—	—	2.5	0.7	28	5世紀第2四半世紀後半	BC-2
長野県	東平2号墳	方墳	12.1×12.8	—	丘陵上	○	×	○	×	×	×	○	○	1	—	—	1.8	0.3	17	5世紀第2四半世紀前半	D-1
長野県	砥沢古墳	円墳	14.5～15.4	—	丘陵上	△	○	○	×	×	1	○（盛土）	○	1	—	—	3.6	1.2	33	5世紀第3四半世紀	B-2
長野県	新井原12号墳	前方後円墳	36	22	河岸段丘上	×	○	○	○	×	2	○	○	2？	1	ほぼ工程面	5.5	4	73	5世紀後半	A-2
長野県	溝口の塚古墳	前方後円墳	47.5	28	河岸段丘上	△	○	○	○	×	3～4	○	○	不明	不明	—	6.7	4.2	63	5世紀中葉～後葉	A-2
長野県	布施塚1号古墳	円墳	20	—	尾根頂部	△	○	×	×	×	×	○	×	1	—	—	2	0.3	15	5世紀後半	D-1
岐阜県	保別戸古墳群1号墳	方墳	8.5	—	尾根先端	○	×	○	×	×	×	×	×	1	—	—	1.5	0.5	33	廻間Ⅱ式後半～Ⅲ式前半	E-1
岐阜県	象鼻山1号墳	前方後方墳	40.1	23.8×26.6	山頂	○	×	○	○	×	2～3	○	×	2	1	工程面？	4	2	50	廻間Ⅲ式初め	A-2
岐阜県	南青柳古墳	円墳	19.6	—	尾根頂部	△	○	×	×	×	×	×	×	2	—	地山面	2.6	0.8	31	5世紀後半	D-1
静岡県	赤門上古墳	前方後円墳	56.3	36.2	台地端部	△	○	×	○	×	×	×	×	1	1	—	4.9	4	82	4世紀後半	A-1
静岡県	堂山2号墳	円墳	17.5	—	台地縁辺	?	×	○	×	×	×	×	○	1	—	—	1.5	0.7	47	5世紀中頃	E-1
静岡県	目隠山古墳	円墳	31～37	—	台地縁辺	×？	○	×	○	×	1	×	×	1	—	—	5.8	4	69	5世紀代？	A-2
静岡県	京見塚古墳	円墳	47	—	台地上	×	○	○	○	×	4～5	○（上段）	○	2	—	ほぼ工程面	8	6	75	5世紀後半	A-2
静岡県	西の原2号墳	円墳	18.5～20.5	—	丘陵上	△	○	○	○	×	×	×	×	1	—	—	3	1.5	50	6世紀初頭～前半	A-1
愛知県	朝日遺跡SX185	方形周溝墓	9	—	平地上	×	?	○	×	○	×	×	×	1	—	—	1.5	0.5	33	弥生時代後期中葉	C-1
愛知県	朝日遺跡SX192	方形周溝墓	8～9	—	平地上	×	?	○	×	○	×	×	×	1	—	—	1.5	0.5	33	弥生時代後期中葉	C-1
愛知県	市杵嶋神社古墳	前方後方墳	60	32×？	段丘先端	△	○	×	○	×	×	○	×	1	1	—	5	4	80	廻間Ⅱ式後半～Ⅲ式前半	A-1
愛知県	三味線塚古墳	円墳	29	—	台地上	△	○	○	○	○	×	×	×	1	—	—	4	2.2	55	5世紀中葉	AC-1
愛知県	長坂古墳群第5号墳	円墳	12.5	—	丘陵上	△	○	○	×	○	×	×	○	1	—	—	3	1.7	57	5世紀後半	C-1
愛知県	長坂古墳群第6号墳	円墳	10	—	丘陵上	△	○	○	×	○	×	×	○	1	—	—	2	0.6	30	5世紀後葉	D-1
愛知県	駒前第1号墳	方墳	14	—	丘陵先端	△	○	○	×	○	×	×	○	1	—	—	1.6	0.6	38	5世紀末葉	BC-1
愛知県	大須二子山古墳	前方後円墳	75？	40？	平地上	×	○	×？	×？	○？	○	×？	○	?	?	—	7？	7？	—	古墳時代後期前半	？-2
三重県	金塚2号墳丘墓	円形	20	—	丘陵頂部	×	○	○	×	×	2	×	×	1	—	—	3.5	2.5	71	弥生時代後期	E-2
三重県	門脇北古墳	円墳	17.5	—	尾根先端	×	○	○	×	×	×	×	○	1	—	—	2.2	0.8	36	5世紀後半	D-1
三重県	落合古墳群2号墳	円墳	11	—	丘陵上	○	×	○	×	○	×	×	×	1	—	—	1.8	0.9	50	5世紀末	C-1
三重県	西岡古墳	方墳	13×10	—	丘陵頂部	○	×	○	×	×	×	×	○	1	—	—	2	1	50	6世紀初頭前後	BC-1
滋賀県	神郷亀塚古墳	前方後方墳	36.5	22×25	沖積地	○	×	○	×？	○	4？	×	×	2？	2？	工程面	5.3	3.3	62	3世紀前半代	C-2
滋賀県	田部古墳群1号墳	方墳	19.5×14.4	—	尾根先端	×	○	○	×	○	×	×	×	1	—	—	3.5	1.3	37	3世紀後半～4世紀前半	C-1
滋賀県	灰塚山古墳群3号墳	円墳	25	—	丘陵上	○	×	○	×	×	1～2	×	×	1	—	—	6	4	67	5世紀中頃以前	E-2
京都府	椿井大塚山古墳	前方後円墳	175	110	段丘上	○	×	○	×？	○	不明	○	×	4	2	地山削り出し・盛土上	20	10	50	3世紀後半～4世紀前半	C-？
京都府	鳥居前古墳	前方後円墳	50	40	丘陵上	○	×	×	×？	○	1	○	○	3	1	地山削り出し・盛土上	6.5	2.2	34	4世紀末～5世紀初頭	C-2

第3表　全国における検討墳墓一覧（3）

都府県名	墳墓名	墳形	墳丘規模		立地	墳丘基盤整形	旧表土	周溝堀割	盛土方法			葺石	埴輪	段築成		段築の位置	最大墳丘高（m）	最大盛土高（m）	盛土指数	築造時期	分類
			墳丘長（m）	主墳（m）（長×幅）					小丘（外向）	土塁状盛土	工程面（数）			主墳	前方部						
大阪府	瓜生堂遺跡第2号方形周溝墓	方形周溝墓	14.8×9.7	—	沖積地	×？	○？	×	×	○	1	×	×	1	—	—	1.8	1.2	67	弥生時代中期	C-2
大阪府	瓜生堂遺跡第13号方形周溝墓	方形周溝墓	8.0×7.5	—	沖積地	×？	○？	×	×	○	×	×	×	1	—	—	1.5	1	67	弥生時代中期	C-1
大阪府	巨摩廃寺遺跡第8号方形周溝墓	方形周溝墓	10×9	—	沖積地	×？	○？	○	×	×	1	×	×	1	—	—	1.84	0.55	30	弥生時代中期	D-2
大阪府	弁天山古墳群C1号墳	前方後円墳	73	46.9	丘陵尾根上	○	×	×	×	○	×	○	○	3	2	盛土で造出する	6.3	1.6	25	4世紀後半	C-1
大阪府	寛弘寺1号墳	方墳	20	—	丘陵上	○	○	×	○	×	×	×	×	1	—	—	2.6	1.3	50	5世紀前葉	A-1
大阪府	岡古墳	方墳	32	—	段丘上	○	×	×	○	○	2～3	○	○	2	—	工程面	3	1.7	57	5世紀前半	AC-2
大阪府	前塚古墳	前方後円墳	94	69	平野部	○	×	○	○	×	6	×	○	2以上	不明	工程面	7	5.5	79	5世紀中葉から後半	A-2
大阪府	百舌大塚山古墳	前方後円墳	168	102	台地上	○	×	○	○	×？	不明（10？）	○	○	3	3	工程面？	17	14.5	85	5世紀前半	AA-2
大阪府	峯ヶ塚古墳	前方後円墳	96	56	丘陵端部	○	×	○	×	○	3～4	○（上段）	○	2	2	工程面	9	9	100	中期末～後期前半	C-2
兵庫県	新宮東山古墳群1号墳	方墳	12.5×15	—	丘陵尾根上	○	×	○	○	○	×	○	×	1	—	—	2.6	0.5	19	4世紀前半～中頃	AC-1
兵庫県	新宮東山古墳群2号墳	方墳	12.5×14.5	—	丘陵尾根上	○	×	○	○	○	1	○	×	1	—	—	2	1	50	4世紀末	AC-2
兵庫県	五色塚古墳	前方後円墳	194	125	台地突端	○？	×？	○	×	○	不明（1以上）	○	○	3	3	地山削り出し	18	12	67	4世紀末～5世紀初頭	C-2
奈良県	三陵墓西古墳	円墳	40	—	丘陵上	△	○	×	×	○	×	○	○	1	—	—	5	1.5	30	5世紀前半	C-1
奈良県	佐味田坊塚古墳	円墳	60	—	尾根端部	△	○	○	○	×	1	○	○	2？	—	不明	6	3	50	5世紀中葉よりやや下る	A-2
奈良県	後出古墳群2号墳	円墳	15	—	丘陵尾根上	△	○	○	×	×	×	×	×	1	—	—	2	1.1	55	5世紀末	D-1
奈良県	近内古墳群堂城山古墳	方墳	11.5×10	—	丘陵上	○	×	○	×	×	×	×	×	1	—	—	1	0.6	60	6世紀前葉	E-1
奈良県	イノヲク古墳群12号墳	円墳	15～20	—	丘陵尾根上	×	○	○	×	×	×	×	○	1	—	—	3	0.5	17	6世紀中頃	D-1
奈良県	安部山古墳群第1号墳	前方後円墳	42	25	丘陵上	×	○	×	×	×	×	×	×	1	1	—	4	1.5	38	6世紀後半	D-1
和歌山県	天田古墳群28号墳	前方後円墳	30	19	丘陵上	×？	×？	×	×	×	×	×	○	1	1	—	3	1	33	6世紀前半の後葉	E-1
鳥取県	晩田山古墳群3号墳	前方後円墳	36	20	丘陵尾根上	×	○	○	○	×	1	×	×	2	1	旧表土面上	3.2	2.2	69	5世紀後半の中葉	A-2
鳥取県	尾高古墳群17号墳	円墳	20～21	—	台地先端	×	○	○	○	×	×	×	×	1	—	—	4.8	1.8	38	5世紀後葉	A-1
鳥取県	御崎古墳群7号墳	円墳	22	—	台地先端	×	○	○	×	×	×	×	×	1	—	—	2.1	1.2	57	6世紀初頭～6世紀前半	E-1
鳥取県	島古墳群5号墳	円墳	16～16.7	—	丘陵上	△	○	○	×	×	1	×	×	1	—	—	2.6	1.2	46	6世紀前葉	D-2
鳥取県	向原古墳群第6号墳	円墳	16	—	丘陵端部	○	×	○	○	×	×	×	○	1	—	—	3	2.2	73	6世紀初頭	A-1
鳥取県	上種西古墳群14号墳	前方後円墳	28	20	丘陵上	△	○	○	×	×	1	×	×	1	1	—	3	1.8	60	6世紀中葉～後半	D-2
島根県	宮山古墳群3号墳	前方後方墳	22	14.3×13.5	丘陵上	？	？	○	×	×	×	×	○	1	1	—	2.2	1.2	55	TK23～47	D-1
島根県	八色谷古墳群4号墳	方墳	9	—	丘陵上	△	○	○	×	×	1	○	×	1	—	—	1.5	1.4	93	5世紀末～6世紀初頭	D-2
島根県	七つぐろ1号墳	前方後方墳	45.1	20×20	丘陵尾根上	○	×	×	×	○	2～3	○	○	1	—	—	2.6	0.85	33	古墳時代前期初頭	C-2
岡山県	日上天王山古墳	前方後円墳	56.9	32.4	丘陵端部	○	×	×	×	○	4～5？	○	×	3	2	ほぼ工程面	6.4	5.5	86	4世紀前半	C-2
岡山県	近長丸山古墳群1号墳	円墳	19.8～20	—	丘陵上	○	×	×	×	○	×	○	×	2？	—	盛土中	3.9	1.4	36	前期前葉	BC-1
岡山県	日上畝山古墳群1号墳	方墳	19.9×20.4	—	丘陵上	○	×	×	×	○	×	×	×	1	—	—	2.4	1	42	4世紀後半	C-1
岡山県	長畝山北古墳群3号墳	円墳	10	—	丘陵端部	○	×	○	×	○	×	×	×	1	—	—	1.4	1	71	6世紀初頭	C-1
岡山県	長畝山北古墳群4号墳	円墳	11～12.3	—	丘陵端部	○	×	○	×	×	×	×	×	1	—	—	2.2	1.5	68	6世紀初頭	D-1
岡山県	長畝山北古墳群5号墳	円墳	14.5	—	丘陵端部	○	×	×	○	×	×	×	×	1	—	—	2.2	1.5	68	5世紀末	A-1
岡山県	長畝山北古墳群6号墳	円墳	11	—	丘陵端部	○	×	○	×	○	×	×	×	1	—	—	2.5	1	40	5世紀末	C-1
岡山県	長畝山北古墳群7号墳	円墳	9.5	—	丘陵端部	○	×	○	×	○	×	×	×	1	—	—	1.2	0.7	58	5世紀末	C-1
岡山県	長畝山北古墳群8号墳	円墳	19.5	—	丘陵端部	○	×	○	×	○	×	×	×	1	—	—	2.4	2	83	5世紀末	C-1
岡山県	長畝山北古墳群9号墳	円墳	14～14.5	—	丘陵端部	○	×	○	×	○	×	×	×	1	—	—	2.7	1.4	52	5世紀末	C-1
岡山県	井口車塚古墳	前方後円墳	35.5	21.8	丘陵尾根上	？	○	○	○	×	×	○（上）	○	2	1	ほぼ旧表土面	5	3	60	5世紀末～6世紀初頭	A-1
岡山県	茶山古墳群1号墳	前方後円墳	20.6	15	尾根先端	○？	×？	○	○	×	×	×	×	1	1	—	2.1	1.2	57	6世紀初頭	A-1
岡山県	大年古墳群	前方後円墳	18.5	12.5	丘陵先端	×？	○	○	×	○	1	×	×	1	1	—	2	1.2	60	6世紀第3四半世紀	C-2
広島県	一の谷第6号古墳	円墳	13	—	丘陵尾根上	×	○	○	×	×	×	×	×	1	—	—	1.6	0.8	50	6世紀中葉	E-1
広島県	一の谷第7号古墳	円墳	6.3	—	丘陵尾根上	×	○	×	×	×	×	×	×	1	—	—	1.3	1.1	85	6世紀中葉	D-1
香川県	国分寺六ツ目古墳	前方後円墳	21.4	12.4	尾根先端	×？	○	×	×	○	1	×	×	1	1	—	1.9	0.6	32	3世紀末～4世紀初頭	BC-2
愛媛県	朝日谷2号墳	前方後円墳	25.5	16.4	丘陵上	○	×	×	×	○	1	×	×	1	1	—	3.3	1.5	45	3世紀第3四半世紀	C-2
愛媛県	桧山峠7号墳	前方後円墳	不明	16～17	丘陵上	○	×	×	○	×	×	×	×	1	1	—	2.8	1.8	64	5世紀後半～末	A-1
高知県	高岡山古墳群2号墳	円墳	18	—	丘陵尾根上	○？	×	○	×	○	1	×	×	1	—	—	4.3	1.2	28	5世紀代前半	B-2
福岡県	経塚古墳群2号墳	円墳	22	—	丘陵尾根上	×？	○	×	○	×	×	×	×	1	—	—	4	1.8	45	4世紀後半～5世紀前葉	A-1
福岡県	七夕池古墳	円墳	29	—	丘陵先端	○	×	○	○	○	2	○	×	3	—	地山面・工程面	3	2.5	83	4世紀末～5世紀初頭	AC-2
福岡県	奴山5号古墳	円墳	32	—	丘陵先端	○	？	×	○？	○	1	○	×	×	—	—	2.8	2.7	96	5世紀前葉	AC-2
福岡県	千鳥古墳群第22号墳	円墳	13～14	—	丘陵上	×	○	○	×	○	×	×	×	×	—	—	1.8	0.8	44	5世紀前半	C-1
福岡県	三国の鼻1号墳	前方後円墳	66	38.3	丘陵尾根上	○	×	×	○	○	1	×	×	2	1	ほぼ工程面	6.3	2.4	38	4世紀中頃～後半	AC-2
佐賀県	多蛇古古墳群2号墳	円墳	21	—	丘陵上	×	○	○	×	×	1	×	×	2？	—	ほぼ工程面？	3.4	2.5	74	5世紀中頃	E-2
熊本県	灰塚古墳	円墳	28	—	丘陵尾根上	×？	？	？	○	×？	×	○	×	？	—	—	？	1.6	？	5世紀初頭	A
大分県	免ヶ平古墳	前方後円墳	50	28	段丘縁辺	？	？	○	×	○	2～3	○	×	？	—	不明	4.5	4.2？	？	4世紀末葉	C-2
大分県	大在古墳	円墳	35	—	浜堤上	×？	○	？	○	×	1～2	×	○	？	—	—	5	4.4	88	5世紀中頃	A-2

存在の確認ができるものを「○」，存在しないものを「×」，一部認められるものを「△」，不明なものを「？」，該当の無いものを「-」としている。
表の作成にあたっては，各墳墓の発掘調査報告書の記載を基とし，全国の研究者・調査担当者等からも御意見・御教示を頂いている。
発掘調査報告書に記載の無い数値については，実測図面等を基に筆者が測り出しを行った。

第７図　全国における墳丘構築法別の分布（白印：1 類，黒印：2 類）

② 対照的ともいえる「A 類」と「C 類」の墳墓の分布には，それぞれ集中域が認められるようである。特に，「A 類」の墳墓は東海地方周辺に一つの集中域が認められるのに対し，「C 類」の墳墓は東海地方周辺では比較的希薄である。

③「土塁状盛土」が採用される墳墓（「C 類」「BC 類」「AC 類」）においては，いずれも似通った分布の在り方がうかがえる。

以上は，「構築時期」を無視した「工法別」の分布の様相であるが，墳丘構築法には「西日本」「東日本」といった大局的な分布に限らず，いくつかの「地域性」が存在する可能性を示唆している。同時に，墳丘構築の技術・情報が，それぞれの近接地域に伝播・共有された結果を示すものともいえそうである。今後，これらの様相について，より詳細な検討が必要といえる。

(2) 墳丘平面規模と墳丘構築法

続いて，それぞれの構築技法が「墳丘平面規模」とはどのような相関関係を示すのかを検討する。なお，「前方後方墳」と「前方後円墳」については，便宜的に「墳丘全長」を墳丘平面規模として比較する。

第 1～3 表の墳墓について，「構築時期」を考慮せず，工法分類別・墳形別に墳丘平面規模の平均値を表したのが第 4・5 表である。

ここからは，次の事実が読み取れる。

① 墳形を問わず，「A 類」「AA 類」「AC 類」「C 類」の墳丘平面規模が，相対的に大きな値を示している。すなわち，より大型の墳墓には，企画性・計画性の高い構築法が採用されているといえる。

② 同時に，「B 類」「D 類」「E 類」の墳丘平面規模が，相対的に小さな値を示している。すなわち，小型の墳墓には，それほど企画性・計画性の高くない，単純な構築法が採用されているといえる。

③ 同じ構築法の墳墓でも，「工程面」を有する「2 類」の方が相対的に大型である傾向がつかめる。

以上より，全国的な墳墓の傾向として，より「大型の墳墓」にはより「複雑な墳丘構築法」が採用される

第 4 表　墳丘平面規模と墳丘構築法（1）

<table>
<tr><th>分類</th><th>墳形</th><th>検討数</th><th>墳丘平面規模（平均値・m）</th><th>分類</th><th>墳形</th><th>検討数</th><th>墳丘平面規模（平均値・m）</th></tr>
<tr><td rowspan="4">A-1 類</td><td>前方後方墳</td><td>3</td><td>37.7</td><td rowspan="4">A-2 類</td><td>前方後方墳</td><td>2</td><td>60</td></tr>
<tr><td>前方後円墳</td><td>7</td><td>36.8</td><td>前方後円墳</td><td>4</td><td>53.4</td></tr>
<tr><td>方墳</td><td>2</td><td>21.3</td><td>方墳</td><td>0</td><td>—</td></tr>
<tr><td>円墳</td><td>9</td><td>19.3</td><td>円墳</td><td>9</td><td>39</td></tr>
<tr><td rowspan="4">AA-1 類</td><td>前方後方墳</td><td>0</td><td>—</td><td rowspan="4">AA-2 類</td><td>前方後方墳</td><td>0</td><td>—</td></tr>
<tr><td>前方後円墳</td><td>0</td><td>—</td><td>前方後円墳</td><td>1</td><td>168</td></tr>
<tr><td>方墳</td><td>0</td><td>—</td><td>方墳</td><td>0</td><td>—</td></tr>
<tr><td>円墳</td><td>0</td><td>—</td><td>円墳</td><td>0</td><td>—</td></tr>
<tr><td rowspan="4">AC-1 類</td><td>前方後方墳</td><td>1</td><td>35.8</td><td rowspan="4">AC-2 類</td><td>前方後方墳</td><td>3</td><td>38.8</td></tr>
<tr><td>前方後円墳</td><td>0</td><td>—</td><td>前方後円墳</td><td>2</td><td>53</td></tr>
<tr><td>方墳</td><td>2</td><td>17</td><td>方墳</td><td>4</td><td>21.3</td></tr>
<tr><td>円墳</td><td>2</td><td>27</td><td>円墳</td><td>7</td><td>32.9</td></tr>
<tr><td rowspan="4">B-1 類</td><td>前方後方墳</td><td>0</td><td>—</td><td rowspan="4">B-2 類</td><td>前方後方墳</td><td>1</td><td>28</td></tr>
<tr><td>前方後円墳</td><td>0</td><td>—</td><td>前方後円墳</td><td>0</td><td>—</td></tr>
<tr><td>方墳</td><td>0</td><td>—</td><td>方墳</td><td>0</td><td>—</td></tr>
<tr><td>円墳</td><td>2</td><td>22.4</td><td>円墳</td><td>2</td><td>16.7</td></tr>
</table>

第５表　墳丘平面規模と墳丘構築法（2）

分類	墳形	検討数	墳丘平面規模（平均値・m）	分類	墳形	検討数	墳丘平面規模（平均値・m）
BC-1 類	前方後方墳	0	—	BC-2 類	前方後方墳	0	—
	前方後円墳	0	—		前方後円墳	1	21.4
	方墳	6	11.4		方墳	0	—
	円墳	4	19.6		円墳	2	20.9
C-1 類	前方後方墳	0	—	C-2 類	前方後方墳	4	43.8
	前方後円墳	2	61.5		前方後円墳	9	69.2
	方墳	7	15.8		方墳	0	—
	円墳	22	17.8		円墳	3	18.6
D-1 類	前方後方墳	2	21.8	D-2 類	前方後方墳	0	—
	前方後円墳	1	42		前方後円墳	1	28
	方墳	6	15		方墳	1	9
	円墳	16	15.9		円墳	4	22.7
E-1 類	前方後方墳	0	—	E-2 類	前方後方墳	0	—
	前方後円墳	2	38		前方後円墳	0	—
	方墳	7	13.6		方墳	0	—
	円墳	12	16.8		円墳	4	25.1

第６表　各分類における盛土指数の平均値

分類	検討数	盛土指数の平均値	分類	検討数	盛土指数の平均値
A-1 類	22	54	A-2 類	15	65
AA-1 類	0	0	AA-2 類	1	85
AC-1 類	5	49	AC-2 類	16	65
B-1 類	2	29	B-2 類	3	38
BC-1 類	10	38.4	BC-2 類	3	31
C-1 類	31	47	C-2 類	16	56
D-1 類	25	43	D-2 類	6	63
E-1 類	21	45	E-2 類	4	63

傾向があるといえる。墳丘平面規模と墳丘構築法の間には，密接な相関関係が存在しているといえる。

(3) 墳丘盛土指数と墳丘構築法

次に，墳丘構築時の作業量を表すもう一つの指標，「墳丘盛土高」と墳丘構築法との相関関係について，「盛土指数」（現存最大墳丘高に対する現存最大盛土高の割合）から検討する。

第 1～3 表の墳墓について，「構築時期」を問わず，墳丘構築法別に盛土指数の平均値をまとめたのが第 6 表である。

第 6 表からは，「BC 類」を除く全ての墳丘構築法において，工程面をもたない「1 類」の墳墓よりも工程面を有する「2 類」の墳墓の方が盛土指数の平均値が大きくなっていることがわかる。これにより，「工程面」を有する墳墓が，墳丘平面規模だけではなく盛土の割合も大きな墳墓である傾向をつかむことができる。「工程面」は，墳丘規模・墳丘盛土高ともに大きな墳墓に採用される場合が多く，より高度な企画性・計画性を有し，作業量も大きな大型墳を構築するうえで重要な意味・役割を果たしていたといえる。

(4) 墳丘構築時期と墳丘構築法

続いて，墳丘構築時期別に，それぞれの墳丘構築法がどのような分布を示すのかを確認する。なお，ここでは青木の「東日本的工法」「西日本的工法」として分類する墳丘構築技術の時期的な様相を検討するため，弥生時代を除いては「A 類」「C 類」「AC 類」「BC 類」の構築法に限ってその分布を検討したい。

第 8 図の構築時期別における分布図を見ると，次の事実が浮かび上がってくる。

① 弥生時代における墳墓で墳丘構築法が判明している例は少ないが，現在の大阪府を中心に，「土塁状盛土」「工程面」を有する墳墓がすでにこの段階で存在していることがわかる。また，九州北部の吉野ヶ里遺跡では，「小丘」と「工程面」の両方を有する墳墓も存在している。後に続く古墳時代の墳丘構築技術を考察するうえで，重要な事実といえる。

② 古墳出現期～前期にかけては，調査例が増加するため分布の様相が顕在化する。なかでも，「小丘」を

第 8 図　構築時期別の墳丘構築法分布

有する「A類」の墳墓が東海地方を中心に北陸～関東北部にかけて，また「土塁状盛土」を有する「C類」の墳墓が瀬戸内海沿岸部から近畿・北陸・東北地方南部の日本海側にかけて，それぞれ集中域が認められる。そして，近畿北部～北陸地方にかけては，そのいずれもが混在していることがわかる。

③ 古墳時代中期においては，「小丘」を有する「A類」と，「土塁状盛土」を有する「C類」が，共に全国的に拡散したかのような分布の様相を示している。これは，墳墓の構築技術の伝播が「西から東へ」という一方的なものではなく，双方向であった可能性を示すと共に，各地でそれぞれの墳丘構築技術が周辺地域に広がっていった可能性も示しているといえる。

④ 古墳時代後期～終末期においては，横穴式石室の導入・普遍化により，竪穴系の埋葬施設を有する墳墓は相対的に減少するが，小規模墳を中心として竪穴系の埋葬施設が採用される地域が存在する。これらの地域では，引き続き「小丘」や「土塁状盛土」を構築している例がみられる。これらの分布には，一定のまとまりもうかがえる。

以上より，弥生時代～古墳時代における墳丘構築法は，「構築時期」によって分布の傾向に特徴がみられ，単純に「東日本的」「西日本的」とは言い切れない様相も存在していることがわかる。「小丘」「土塁状盛土」の構築技術が，それぞれどの地域でどのように発生し，伝播していったのか，今後より丁寧に検討していく必要があるといえる。

4　越後における墳墓の様相

前章で，墳丘構築法における全国的な傾向を概観した。本章では，特に「越後」の墳墓においてはどのような傾向があるのか，さらに詳しくみることにしたい。

(1) 墳丘平面規模と墳丘構築法

越後において，墳丘断面の調査からある程度墳丘構築法が判明している主要な墳墓について，構築時期を考慮せずに「墳丘平面規模」によって比較すると第7表の通りとなる。

墳丘平面規模のみで比較した場合，越後では大型の部類に属する30m以上の墳墓には「A類」もしくは「C類」の構築技法が認められるのに対し，10m前後の小型の部類に属する墳墓には「D類」もしくは「E類」の構築技法が認められることがわかる。また，大型の円墳である古津八幡山古墳や城の山古墳，飯綱山古墳群中最大規模の飯綱山27号墳には，「工程面」も確認されている。

このことから，越後においても大型の墳墓には，「より計画的・規則的」な墳丘構築法が採用されると共に，盛土の工程が複数段階存在し，複雑な工程が存在した可能性を示している。

全国的な墳墓の傾向と同様に，越後の墳墓においても「墳丘平面規模」と「墳丘構築法」には密接な相関性が認められるといえる。

(2) 墳丘盛土指数と墳丘構築法

越後の墳墓における「盛土指数」を時期別にまとめると，第8表の通りとなる。

時期別に見た盛土指数の相対的な特徴と変化であるが，前期古墳においては丘陵尾根上に築かれた山谷古墳が「28」，三王山11号墳が「26」，三王山1号墳が「20」と総じて小さな値を呈している。これに対し，平野部に築かれた前期古墳（城の山古墳・緒立八幡宮古墳・丸山古墳など）や，中期の飯綱山古墳群等は，盛土指数が高い傾向を示す。なかでも，城の山古墳の「90」，丸山古墳の「79」が突出している。そして，6世

第7表　越後の墳墓における墳丘平面規模と墳丘構築法

規模	墳墓名	墳形	分類
40m 以上	古津八幡山古墳	円墳	AC-2 類
	城の山古墳	円墳	D-2 類
35～40m	飯綱山古墳群 27 号墳	円墳	A-2 類
	山谷古墳	前方後方墳	A 類
	保内三王山古墳群 1 号墳	前方後円墳	D 類
30～35m	緒立八幡宮古墳	円墳	C-1 類
25～30m	判明例なし		
20～25m	黒田古墳群 3 号墳	円墳	C-1 類
	保内三王山古墳群 11 号墳	造出付円墳	D-1 類または E-1 類
15～20m	飯綱山古墳群 38 号墳	円墳	A 類
	丸山古墳	方墳	AC-2 類
	黒田古墳群 2 号墳	円墳	D-1 類
10～15m	保内三王山古墳群 12 号墳	方墳	D-1 類
	飯綱山古墳群 65 号墳	円墳	E-1 類
5～10m	飯綱山古墳群 36' 号墳	円墳	E-1 類

第8表　越後の墳墓における盛土指数と墳丘構築法（時期別）

構築時期	墳墓名	詳細構築時期	盛土指数	墳丘構築法
前期	山谷古墳	4 世紀前半	28	A 類
	城の山古墳	4 世紀前半	90	D-2 類
	緒立八幡宮古墳	4 世紀後葉	50	C-1 類
	保内三王山古墳群 11 号墳	4 世紀後半	26	D-1 類または E-1 類
	保内三王山古墳群 1 号墳	4 世紀末	20	D 類
	丸山古墳	4 世紀後半～5 世紀前半	79	AC-2 類
中期	古津八幡山古墳	5 世紀初頭	53	AC-2 類
	飯綱山古墳群 27 号墳	5 世紀前葉	52	A-2 類
	飯綱山古墳群 65 号墳	5 世紀第 2 四半世紀	24	E-1 類
	飯綱山古墳群 31 号墳	5 世紀中頃～後半	68	不明
	飯綱山古墳群 10 号墳	5 世紀第 3 四半世紀	50	不明
	飯綱山古墳群 35 号墳	5 世紀後半	57	不明
	飯綱山古墳群 36' 号墳	5 世紀後半	50	E-1 類
	飯綱山古墳群 38 号墳	5 世紀末～6 世紀初頭	45	A 類
	黒田古墳群 3 号墳	5 世紀第 3 四半世紀	23	C-1 類
	黒田古墳群 2 号墳	5 世紀第 3 四半世紀	42	D-1 類
後期	保内三王山古墳群 12 号墳	6 世紀前葉	38	D-1 類

紀前葉，すなわち古墳時代後期前葉に構築された竪穴系の木棺直葬墳である三王山古墳群 12 号墳では，盛土指数は「38」となっている。

これらは，古墳の立地が大きく関係しているものと考えられる。すなわち，越後の前期古墳の多くは丘陵の突端部などに位置し，墳丘の大部分が地山の削り出しによって築かれるため，おおむね盛土の割合は小さくて済む。これに対し，周辺に高い丘陵が存在しない沖積平野の中心部においては，自然堤防上や微高地の先端など，わずかな高まりを選地せざるをえなかったものと考えられる。このような微高地に古墳を築くためには，相当量の盛土が要求されたことは想像に難くない。

また，中期古墳の多くは，緩傾斜地や平野部に築造されるため，丘陵の突端部に築かれた前期古墳に比べると盛土指数が増大している。古墳時代中期の群集墳，飯綱山古墳群での「盛土指数」を比較すると，おおむね「50」前後で平均している。なお，具体的な墳丘構築法が判明している，古墳群中最大規模の27号墳（A-2類）では，盛土指数が「52」であるのに対し，古墳群中もっとも規模が小さいグループに属する65号墳（E-1類）では「24」と小さな値を示している。このことから，平面規模のみでなく，盛土量からみた墳丘規模と墳丘構築法の間においても，密接な相関関係が存在しているといえる。

さらに，墳丘断面の様相が調査されている飯綱山古墳群27号墳や丸山古墳，城の山古墳といった盛土指数が大きな古墳には，「工程面」が存在していることがわかる。これは，平面的な墳丘規模のみならず，盛土量の大きな古墳においても，より計画的で複雑な工程によって墳丘が築かれたことを物語っている。

(3) 墳丘構築時期と墳丘構築法

最後に，墳丘構築法が判明している越後の14基の墳墓について，構築時期別における検討を行う（第8表）。時期別に墳丘構築法をみると，古墳時代前期段階においてすでにA類，C類のいずれもが認められることがわかる。A類については青木の「東日本的工法」，「C類」については「西日本的工法」におおむね該当するが，青木は前期後葉～前期末には東日本地域においても，「西日本的工法」を一部導入した事例が認められるとしている（青木2003）。越後においても，4世紀後葉の緒立八幡宮古墳において，「土塁状盛土」が確認されている。

なお，青木は「こうした事例には小丘は既に認められなくなっている」としているが，4世紀後半～5世紀前半の丸山古墳や，5世紀前葉の飯綱山古墳群27号墳など，越後では引き続き「A類」（墳丘の中心部から外方に向けて盛土する外向タイプ）の古墳が築かれている点は見逃せない。

また，「D類」や「E類」といった比較的単純な盛土方法については，古墳時代全時期を通して認められるようである。

おわりに

以上，弥生時代・古墳時代墳墓の「墳丘構築法」と各種属性との間にみられる相関関係について，その様相・傾向を概観してきた。本章では，これらの様相を基に，「墳丘構築法」からうかがえる全国と越後における古墳文化の一端をまとめてみたい。

まず，「墳丘構築法別の地理的分布」であるが，墳丘構築法には「西日本」「東日本」といった大局的な分布に限らず，いくつかの「地域性」が存在する可能性が指摘された。「小丘」を有する墳墓が「東日本的」で，「土塁状盛土」や「工程面」を有する墳墓が「西日本的」といえるのか，今一度精査する必要がある。

次に，「墳丘平面規模と墳丘構築法」においては，より企画的・計画的な「A類」や「C類」の構築法が大型墳に採用されていることが判明した。このことは，各地域における首長墳，またはそれに準じる墳墓が綿密な企画・計画性の下に構築されていたことを示している。同時に，「2類」とした墳墓，すなわち「工程面」を有する墳墓も相対的に大型である傾向がつかめた。このことは，「工程面」が，より大型の墳墓を築く際に必要とされた構築技術であったことを物語っている。逆に，「小規模（小型）墳」においてはそれほど企画性・計画性を必要としない墳丘構築法，すなわち「D類」や「E類」の割合が高いことも明らかとなった。これにより，「墳丘平面規模」や「副葬品」が被葬者の「階層性」を可視的に表すものであるとすれば，非可視的な「墳丘構築法（墳墓の土の盛り方）」においても，可視的な部分と比例的な「階層性」が潜在している，と指摘することができる。

続いて，「墳丘盛土指数と墳丘構築法」の相関関係においては，「2類」とした墳墓，すなわち「工程面」を有する墳墓の盛土指数の平均値が相対的に高い傾向にあることも明らかになった。このことは，盛土を高く積み上げる際には「工程面」を活用する，段階的で計画的な盛土技術が必要とされたことを示している。また，越後においては平野部，あるいは緩傾斜地に築かれた古墳時代前期～中期の古墳において，盛土指数が高い値を示すことも明らかになった。これは，越後においては古墳時代前期段階からすでに，盛土が高く大規模な墳丘を築くことのできる墳丘構築技術が伝播し，発達していったことを物語っている。

「墳丘構築時期と墳丘構築法」においては，「構築時期」によって墳丘構築法の分布の傾向に特徴がみられると同時に，単純に「東日本的」「西日本的」とは言い切れない様相も存在していることが判明した。また，越後では古墳時代前期段階において，すでに「A類」と「C類」の両者が認められる，という事実も明らかとなった。そして，これらの構築法は，古墳時代中期においてもそれぞれ確認することができた。古墳時代後期に至ると，竪穴系の埋葬施設を有する古墳は小型化しており，墳丘規模に応じた単純な盛土方法が多く採用されたものと理解できる。

越後はもちろん，全国の墳墓においては先学の研究・指摘（橋本1998・2001・2002・2003，藤沢1997など）のとおり，墳丘規模や副葬品の点において，周辺他地域に対する優劣や同じ古墳群中においても被葬者のピラミッド構造が存在する点は明らかである。今回の「墳丘構築法」の検討によって，墳丘平面規模や副葬品といった顕在的な要素の他に，潜在的な「墳丘構築法」にも階層的な要素が存在している事実と，越後の墳墓も例外ではない事実を明らかにできた点で，本論の目的の一つを果たせたものといえる。

同時に，先行研究による「東日本的工法」「西日本的工法」といった墳丘構築法が，時期的にも，そして地理的にもさらなる精査を要する点を指摘できたのも，本論の成果の一つといえる。

とはいえ，本論で推察できた墳墓の属性はごく一部であり，その他の要素（例えば葺石・段築等の外部施設，埋葬施設等）と墳丘構築法との相関性における検討は，紙数の制約もあり，今回検討することができなかった。今後，これらの要素を加味し，「墳丘構築法」をさらに多角的な角度から検討することによって，墳丘構築技術の起源や系譜，伝播といった様々な課題に迫ることが可能となろう。

なお，本論は著者の卒業論文・修士論文の成果の一部をまとめるとともに，『電子考古学』第2号（2006年）の成果に追記を行ったものであるが，これらの作成にあたっては論文指導教官である橋本博文先生，副指導教官である故 藤本 強先生，白石典之先生，長野県埋蔵文化財センターの石丸敦史氏に多大なる御教示・御助言を賜った。

橋本先生，藤本先生，白石先生，石丸氏の御教示・御助言なくしては，本論を作成することは不可能であった。また，新潟県内各地域をはじめ，全国各地における研究者の方々や関係諸機関の方々にも多大なる御教示・御助言を賜っている。末筆ながら，この場をお借りして心より御礼申し上げる次第である。

（2018年7月28日受付）

主要参考文献※各種発掘調査報告書は，紙数の都合により割愛した。

青木　敬　2002「前期古墳の構築法と玉手山古墳群」『玉手山古墳群の研究Ⅱ』柏原市教育委員会　121–152頁
青木　敬　2003『古墳築造の研究―墳丘からみた古墳の地域性―』六一書房
青木　敬　2005「韓国の古墳における墳丘構築法―墳丘断面からみた検討―」『専修考古学』第11号　専修大学考古学会　39–64頁

青木　敬　2014「城の山古墳の墳丘構造」『解き明かされた城の山古墳』第3回城の山古墳シンポジウム資料集　胎内市教育委員会　7-13頁
青木　敬　2016a「日韓王陵級古墳における墳丘の特質と評価」『日韓文化財論集Ⅲ』奈良文化財研究所学報第95冊　国立文化財機構奈良文化財研究所
青木　敬　2016b「土木技術（古墳構築・築堤・道路）」『季刊考古学』第137号　雄山閣　42-46頁
青木　敬　2016c「日本古墳における墳形と墳丘構築技術」『韓日의古墳』「韓日交渉의　考古学―三国・古墳時代―」研究会　241-272頁
青木　敬　2017『土木技術の古代史』吉川弘文館
泉森　皎　1983「封土の積み方と葺石の敷き方」『季刊考古学』第3号　雄山閣　36-38頁
今村善興・小林正春　1983「新井原12号古墳」『長野県史　考古資料編』全1巻(3)　主要遺跡（中・南信）　長野県史刊行会　1108-1113頁
植田隆司　2001「土のうを使った古墳」『開館記念特別展　古代の土木技術』大阪府立狭山池博物館図録3　大阪府立狭山池博物館　30-31頁
大塚初重　1983「古墳の築造と技術」『季刊考古学』第3号　雄山閣　14-17頁
小池勝典　2002「飯綱山古墳群の墳丘構築法」『新潟大学考古学研究室調査研究報告4』新潟大学人文学部　16-29頁
小池勝典　2006「墳丘構築法から見た越後の前期・中期古墳―南魚沼市飯綱山古墳群を中心として―」『電子考古学』第2号　電子考古学会
斎藤　忠　1961「第五章　古墳の築造」『日本古墳の研究』吉川弘文館　185-205頁
静岡県考古学会　2015年度シンポジウム実行委員会　2016『土を盛る―古墳から命山までの土木技術を考える―』2015年度静岡県考古学会シンポジウム資料集　静岡県考古学会
末永雅雄　1955「占地による前方後円墳の形式分類」『文学論集』創立70周年記念特輯　関西大学
曺永鉉（吉井秀夫訳）　2003「古墳封土の区画築造に関する研究」『古墳構築の復元的研究』雄山閣　89-211頁
橋本博文　1998「5　飯綱山10号墳1996年度の調査のまとめと今後の課題」『新潟大学考古学研究室調査研究報告1』新潟大学人文学部　78-92頁
橋本博文　2001「4　考察」『新潟大学考古学研究室調査研究報告3』新潟大学人文学部　65-81頁
橋本博文　2002「本年度の調査のまとめと成果」『飯綱山古墳群（35・36´号墳）発掘調査現地説明会資料』新潟大学考古学研究室　9-11頁
橋本博文　2003「調査成果とまとめ」『2003年度　飯綱山古墳群（36´・38号墳）発掘調査現地説明会資料』新潟大学考古学研究室　10-11頁
樋口吉文　1997「古墳築造考」『堅田直先生古希記念論文集』真陽社　203-220頁
広瀬和雄　1991「前方後円墳の畿内編年」『前方後円墳集成』山川出版社　24-26頁
藤沢　敦　1997「仙台平野における埴輪樹立古墳の墳丘と外部施設」『東北文化研究室紀要』通巻　第39集　東北大学文学部・東北文化研究室　1-15頁
文化庁　2017『埋蔵文化財関係統計資料』―平成28年度―
北條芳隆　1990「墳丘築成における土壇の意味」『鳥居前古墳―総括編―』大阪大学文学部考古学研究報告第1冊　大阪大学文学部考古学研究室　93-102頁
茂木雅博　1968「古式古墳墳丘構築論」『古代学研究』第52号（「出現期古墳墳丘構築論」として1987雄山閣刊『墳丘よりみた出現期古墳の研究』39-59頁に再録）
茂木雅博　1975「関東地方における発生期古墳の墳丘構築について」『私学研修』69号（「関東における出現期古墳の墳丘」として1987雄山閣刊『墳丘よりみた出現期古墳の研究』135-149頁に再録）
森本六爾　1927「古墳の築造方法をうかがい得る一断面」『考古学研究』第二巻第四号

古墳時代の「頸部有孔突起付甑」について

相田　泰臣

1　研究史

頸部に穿孔を行い，穿孔部分の外側下部に受口状あるいは舌状の突起を貼り付けた土器が新潟県と山形県で認められる。この種の土器について最初に報告されたのは矢馳A遺跡の発掘調査報告書においてであり，体部以下を欠損する破片資料であったが甑（V類）として分類された（阿部ほか 1988）。

また，助作遺跡の発掘調査報告書では，口縁部から単孔のつつ抜けの底まで遺存する同種資料について甑（FⅠ類）として分類され，形態および調整の手法などは大形の甕（DⅥ類）と同等で，体部外面に施されるハケメは同様の工具によるものと推定された（黒坂 1990）。

筆者は以前この種の土器について，甕と形態が類似し，また同様の調整が施されていることや，山形県庄内平野の助作遺跡での事例から甑となる可能性があるものの，他の資料においては底部まで遺存する土器がなかったことなどから，「頸部有孔受口付甕形土器」と仮称し，集成や若干の考察を行った（相田 2009）。そのなかで，細かな時期について不明な資料があるものの，共伴土器があるものに限ればMT15・TK10型式並行期を中心とする時期に位置づけられるとした。

また，分布に関しては，新潟県では阿賀野川流域および阿賀野川以北に限られ，新潟市の沖ノ羽遺跡例を除けばいずれも阿賀野川以北でのみ確認されることから，該期の内水面交通を利用した阿賀野川流域および阿賀野川以北での連帯がうかがえるとし，さらに分布が山形県の庄内平野まで広がりをみせることから，該期における阿賀野川流域および阿賀野川以北と庄内平野との密接なつながりを示す資料とした。なお，この時期は新潟平野および佐渡において古墳の造営が再開する時期であるとともに，日本海沿岸部では初期の横穴式石室が採用され，集落の再編も行われるなど，社会の大きな動きがあったと考えられるとし，それらの動きにおいて新潟県内では阿賀野川以北の集団が中心的役割を担った可能性が高いと推測した。

春日真実は6・7世紀における越後の甑を総括的に検討するなかで，「頸部付近に桟木孔があり，桟木孔のU字型の突起があるもの（「頸部有孔受口付甕形土器」と呼称されるもの）」について，把手がなく，頸部が屈曲し胴部に張りのある器形で，底部単孔の甑（B3Id類）として分類した（春日 2013）。

以上，主な研究史を概観したが，本稿ではこの種の土器についての類例が増加したことなどから，現時点における集成を行うとともに，若干の私見を述べることとする。

なお，この種の土器については，突起部分が剥落したものや，突起の形状において受口状というよりは舌状に近いものも存在すること，事例の増加などもありいずれも甑と考えられることなどから，本稿では「頸部有孔突起付甑」と

第1表　編年対応表

本稿		川村編年(2000)	田嶋編年(1986)	田辺編年(1981)
1期	古墳時代中期	12段階	14群	TK47
2期	古墳時代後期	13段階	15群	MT15
3期		14段階		TK10
4期		15・16段階		MT85・TK43

して記載する。

また，本稿で使用する時期区分や時代名称および既存の編年との並行関係については第1表のとおりとして，以下記述する。

2　資料の概要

頸部有孔突起付甑については，現時点で山形県と新潟県において管見のかぎり9遺跡16例を確認できる（第1図）。本項では，出土遺跡別にそれらの概要を記す。

1　山形県鶴岡市矢馳A遺跡

矢馳A遺跡は庄内平野の南西部に位置し，大山川と湯尻川によって形成された標高約14mの低地部に位置する。発掘調査で，古墳時代と奈良・平安時代の集落跡の他，中世の居館跡が確認されている。頸部有孔突起付甑はこれまでに計4点が出土，報告されている（阿部ほか1988，黒坂・伊藤2012）。第1次調査でST31住居跡から1点（第1図1）が，第3次調査でSG160河川跡から3点（第1図2～4）が出土している。

第1図1は体部以下を欠損する破片資料で，報告書で甑Ⅴ類として分類されている（阿部ほか1988）。穿孔部の外面下には受口状の突起が貼り付けられている。他のST31住居跡出土の土師器・須恵器（第2図）は3期を中心とした時期と考える。

2・3は口縁部から底部まで遺存する資料で，いずれも底部が単孔のつつ抜けタイプの甑である。頸部には焼成前に内側から穿たれた1対の孔があり，その外面下部には受口状の突起が貼られている。なお，頸部の孔は両者とも内面側に下斜して穿たれており，直線ではつながらない。

また，2・3とも体部外面の中位から下位にススが付着するが，底付近には付着しておらず，横方向にススの付着の有無による境界ラインが観察できる。頸部の穿孔や受口状の突起を除けば，形態や調整，ススの痕跡などは，同遺構で出土している他の甑と同じである。

4は頸部部分の破片資料である。2・3の甑に比べ穿孔径はやや大きく，また，外面の突起は受口状というよりは舌状に近い形態のもので，角度も水平気味に貼り付けられている。

SG160河川跡からは2期・3期の土師器と須恵器が出土している。

2　山形県鶴岡市助作遺跡

助作遺跡は，矢馳A遺跡の南約600mに位置し，標高約14mの低地部に立地する。

頸部有孔突起付甑はSD98の溝跡から1点出土している（第1図5）。口縁部から底部まで遺存する資料で，底はつつ抜けタイプの甑である。頸部には1対の孔があり，その外面下部に突起が貼り付けられている。突起の形状は矢馳A遺跡の第1図4と同様に受口状というよりはむしろ舌状に近いものである。頸部の穿孔や突起を除けば，器形や外面のハケメ調整などは黒坂雅人が指摘するように（黒坂1990），在地の甕や甑と同じである。

外面には口縁部から体部下半までススが付着するが，矢馳A遺跡の第1図2・3と同様，底部付近には付着しておらず，横方向にススの付着の有無による境界ラインが観察できる。また，頸部もススの付着は希薄である。SD98出土の土師器や須恵器（第3図）は，形態などから3期・4期を中心とする時期と考える。

第 1 図　頸部有孔突起付甑の分布

3　新潟県村上市道端遺跡

道端遺跡は，旧胎内川によって形成された扇状地に位置し，標高は約3.5mを測る。頸部有孔突起付甑は3点確認できる（第1図6～8）。いずれも包含層出土資料で，7・8が比較的近い位置で同一層から出土しているのに対し，6は確認調査出土資料で，7・8とは90mほど離れた位置関係にある。

6は口縁部から体部上位にかけての破片資料で，頸部に穿孔があり，その外面下部には比較的小さい受口状の突起が貼り付けられている。体部内外面ともハケメ調整が認められる。また，7・8は頸部の破片資料で，孔とその外面下部に比較的小さな受口状の突起が貼り付けられている。

包含層出土資料であるため詳細な時期については不明であるが，他の包含層出土土器は3期を中心とし，2～4期の幅に収まると推測する。

4　新潟県胎内市屋敷遺跡

屋敷遺跡は旧塩津（清水）潟の北方約600mに位置する。南西約500mには古墳時代前期の城の山古墳が存在し，周辺一帯は古墳時代を通して集落が比較的密に分布する。

頸部有孔突起付甑はこれまでの調査で1点出土している（第1図9）。口縁部から体部中位までの破片資料で，外面の穿孔部下にU字状に剝落した痕跡が認められることからこの種の土器と判断される。口縁部は外反する特徴をもち，口縁部および体部外面にはススが付着する。なお，剝落のため突起部分の形状は不明であるが，剝落痕跡から受口状の突起と推測される。包含層出土資料であるため詳細な時期については不明であるが，報告書中では古代の資料として分類・報告されている。同グリッド内出土資料のなかに古墳時代後期（2～4期）の土器が定量存在することや，他遺跡での類例などから，古墳時代後期の資料と考える。

5　新潟県新発田市蚤取橋遺跡・同神明裏遺跡

蚤取橋遺跡と神明裏遺跡は，加治川により形成された標高約9mの扇状地に立地する。両遺跡は隣接した位置関係にあり，本稿で報告する資料が出土した調査区は近い場所で約8mの距離関係にある。遺構や出土資料の様相などから，両遺跡は同一集落と考えられている（鶴巻ほか2008）。

蚤取橋遺跡では，南地区川跡5から頸部有孔突起付甑が2点出土している（第1図10・11）。なお，川跡5は，覆土について上から第1層群～第5層群の五つに大別されている。報告書によれば第1図10は川跡5の第2層群（11～18層）から，第1図11は川跡5の第3層群（19～26層）からの出土である。両資料とも頸部付近の破片資料で，穿孔部外面下部に受口状の突起が貼り付けられており，外面にはススが付着している。

神明裏遺跡では，蚤取橋遺跡と同一の河川と考えられている川跡5の第2層群中から頸部有孔突起付甑の突起部分の破片が1点出土している（第1図12）。

川跡5については，報告書中でTK47型式並行期～9世紀前半の年代幅が指摘されており，出土土器から第2層群，第3層群ともTK10型式並行期を中心とする時期として捉えられている（鶴巻ほか2008）。第2層群からはMT15型式およびTK10型式並行期の須恵器が，第3層群からはTK10型式並行期の須恵器が出土している（第4図）。土師器の形態も含め，筆者も川跡5の第2層群，第3層群資料については3期を中心とした時期と考える。

6　新潟県阿賀野市腰廻遺跡

腰廻遺跡からは頸部有孔突起付甑が2点出土している（第1図13・14）。報告書中で両資料とも遺構外の包含層出土資料とされているが，出土位置に基づけば，第1図13は河川跡のSR5、第1図14は河川跡のSR9

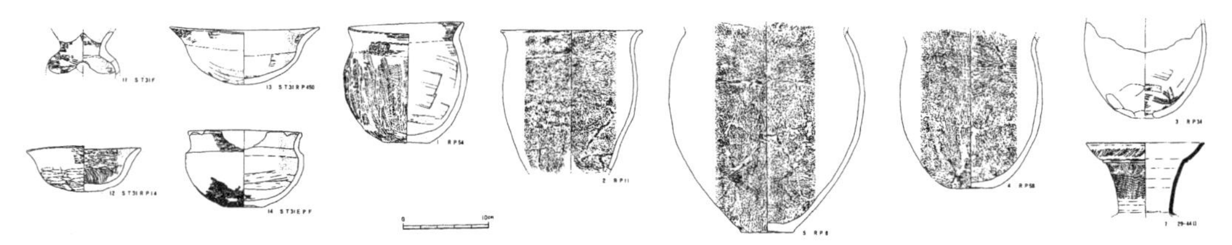

第２図　矢馳Ａ遺跡 ST31 住居跡出土土器（阿部ほか 1988）

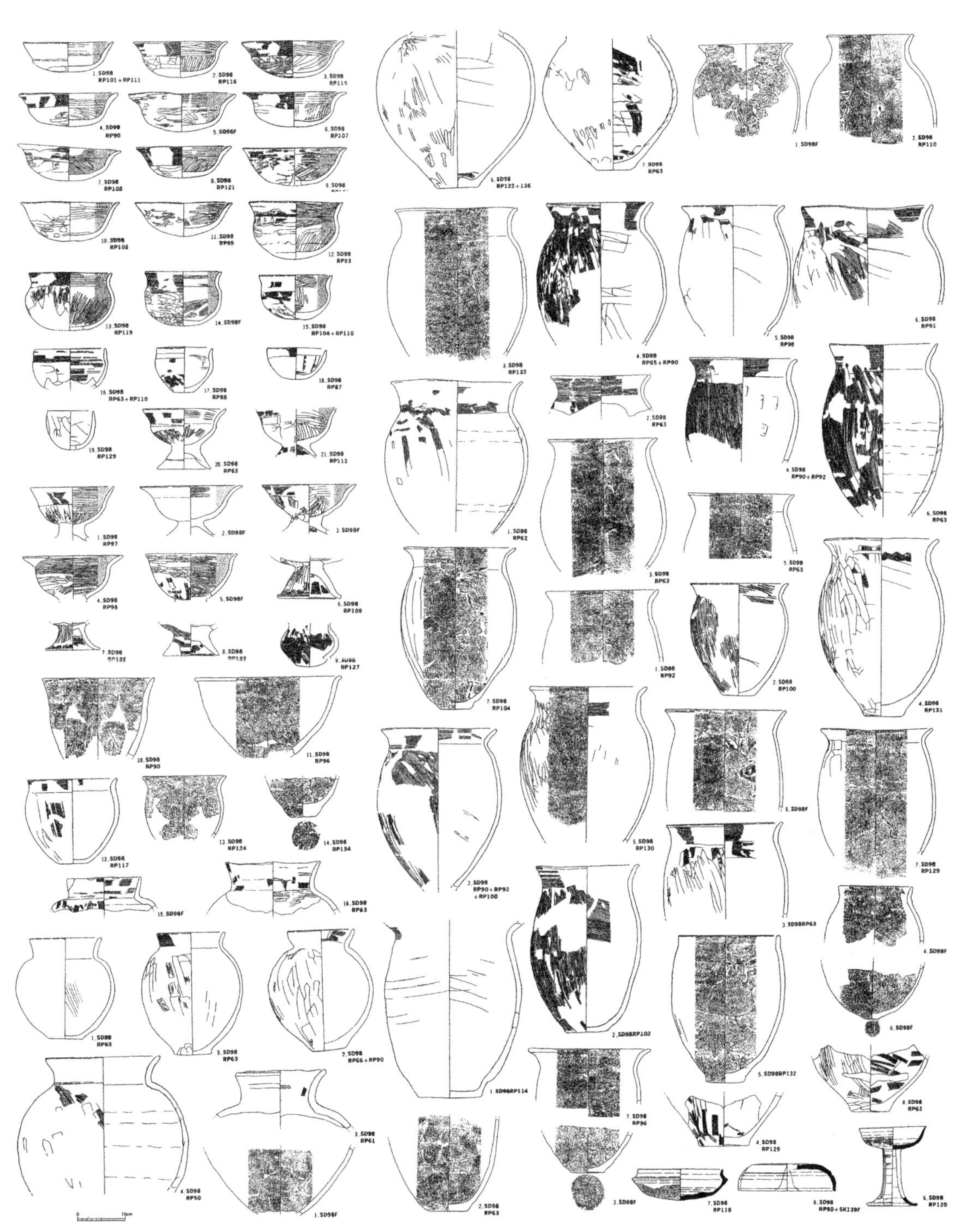

第３図　助作遺跡 SD98 出土土器（黒坂 1990）

の位置にあたっており，両河川跡は直結する可能性も指摘されている（川上 2002）。

第 1 図 13 は頸部から体部中位までの，第 1 図 14 は頸部付近の破片資料で，両資料とも口縁部および体部下半以下を欠損している。どちらも穿孔部外面下に比較的大きめの受口状の突起が貼り付けられている。包含層出土資料のため詳細な時期は不明であるが，本遺跡では古墳時代中・後期の資料が多く出土している。

7　新潟県新潟市秋葉区沖ノ羽遺跡

沖ノ羽遺跡は，標高約 4m の沖積地に立地する。阿賀野川の西約 2.5km に位置し，阿賀野川の支流である小阿賀野川から派生する能代川と至近距離に位置するなど，内水面交通によって阿賀野川と結ばれた阿賀野川流域の集落といえる。

頸部有孔突起付甑はこれまでの調査で 1 点出土している（第 1 図 15）。2005 年に発掘調査が行われた 4 区の包含層から出土した資料で，口縁部から頸部までの破片資料である。口縁部は緩やかに外反する形態をなす。頸部には穿孔が確認でき，穿孔部の外面下には受口状の突起が貼り付けられている。器面の摩耗が激しく調整は不明な点が多いが，突起部外面には指頭圧痕が，頸部外面には一部ハケメが認められる。

4 区では古墳時代後期の土器が定量出土している（第 5 図）。SX3 出土の須恵器杯身は TK10 型式の特徴をもつもので，土師器の杯・高杯は内面黒色処理されたものが大半を占める。杯の多くは半球状の体部に外反する口縁部が延びる形態で，体部の器壁は比較的厚いものが多い。高杯の脚部は全て短脚で，ハの字状に裾が広がる形態をなす。これら土師器杯や高杯の特徴は SX3 出土の須恵器の年代観とも矛盾せず，頸部有孔突起付甑についても 3 期頃の年代が推測される。

8　新潟県加茂市千刈遺跡

千刈遺跡は加茂川と大皆川によって形成された標高約 9m の低地部に位置する。これまでに古墳時代後期の土器や紡錘車などの他，中世の遺物が出土している。

頸部有孔突起付甑は突起部分の破片が 1 点出土している（第 1 図 16）。穿孔部外面下には指圧や指ナデによって成形された受口状の突起が貼り付けられており，突起部外面にはススが付着している。

古い発掘調査ということもあり，遺構や遺物の出土状況などについての詳細は不明であるが，出土資料は数十 m の範囲でまとまって出土したとされる（尾崎 2016）。須恵器は杯身が 2 点出土しており，いずれも MT15 型式並行期に比定し得る（第 6 図）。一定量出土している土師器の杯や高杯は 2・3 期を中心とする時期と推測され，頸部有孔突起付甑もその時期の資料と考えられる。

3　頸部有孔突起付甑の形態・年代・分布

前項では頸部有孔突起付甑について出土遺跡別に概観したが，本項ではそれらの形態や年代，分布についてまとめる。

1　形態

全体の形態については不明な資料も存在するが，いずれも中・大形の甑で，口縁部は緩やかに外反し，体部はやや膨らみをもち，底は単孔のつつ抜けとなる。頸部には対になる位置関係で 2 孔穿たれ，孔の外面下部にはそれぞれ突起を貼り付けている。突起の形状には受口状のものと舌状のものとが存在し，指頭圧痕やナデ調整で成形されている。調整は体部外面にハケメ，体部内面にハケメやヘラナデが認められ，穿孔や突

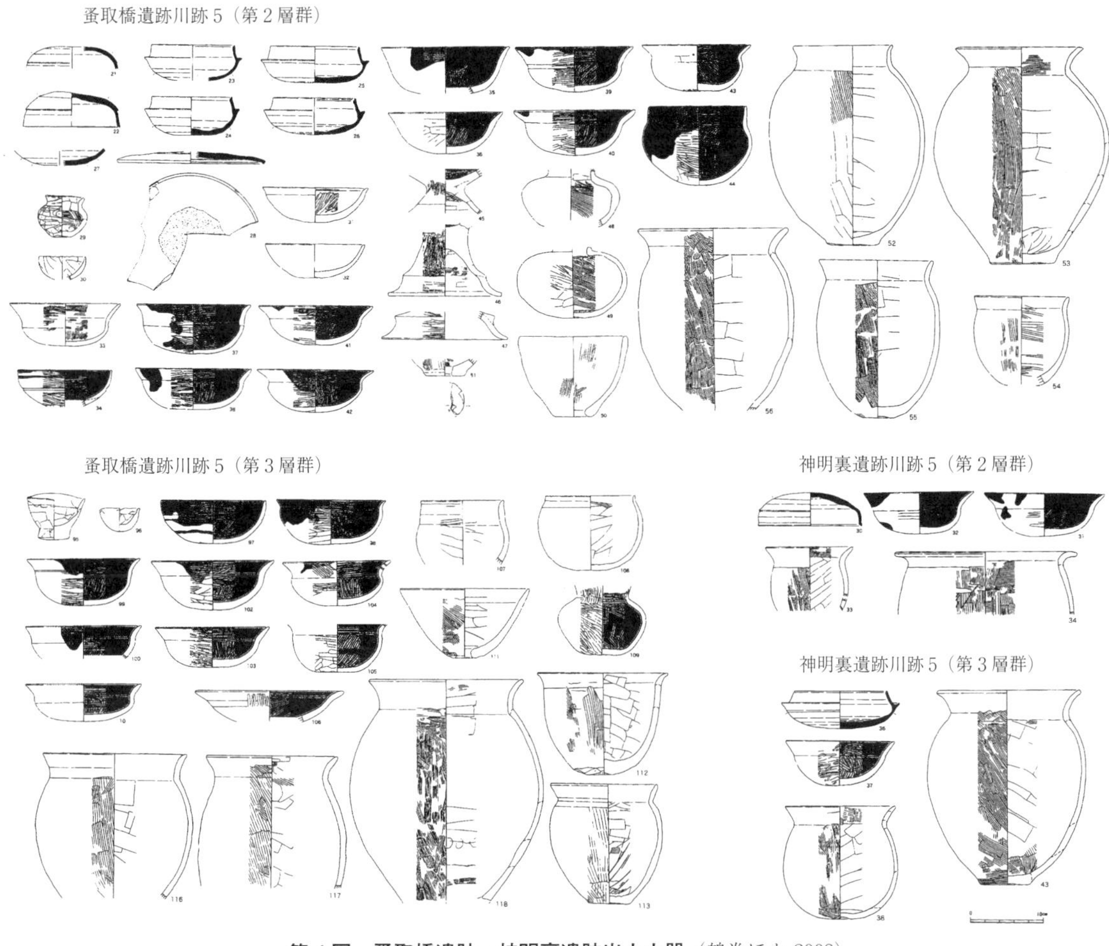

第4図　蚕取橋遺跡・神明裏遺跡出土土器（鶴巻ほか2008）

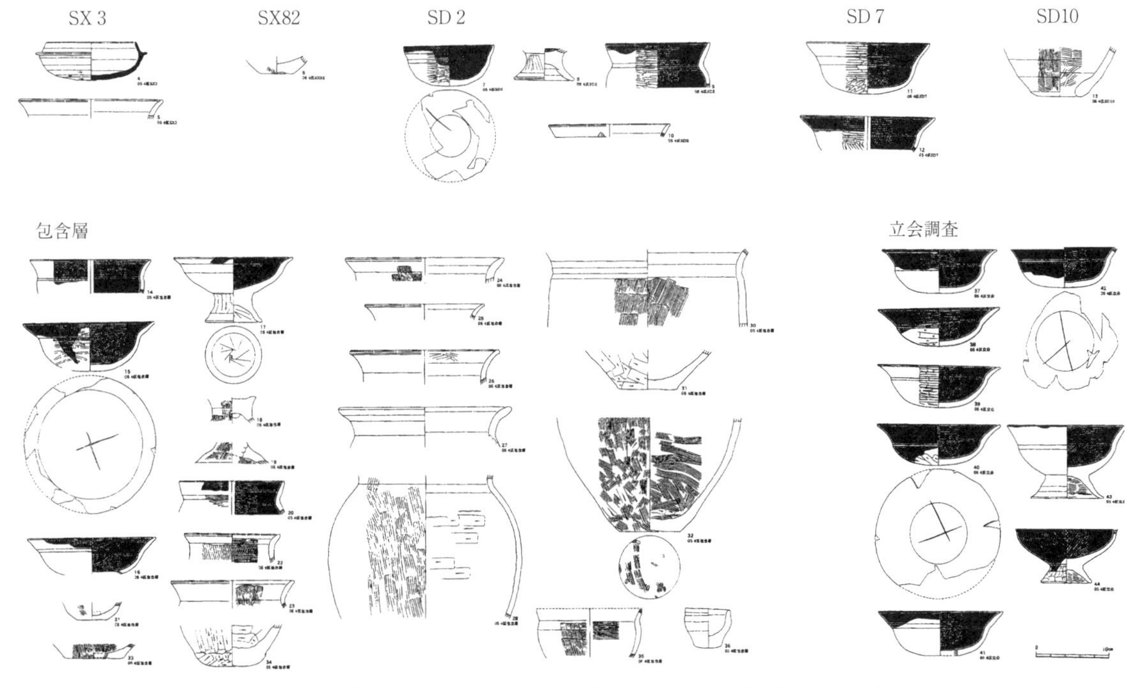

第5図　沖ノ羽遺跡4区（2005年調査）出土土器（遠藤ほか2014）

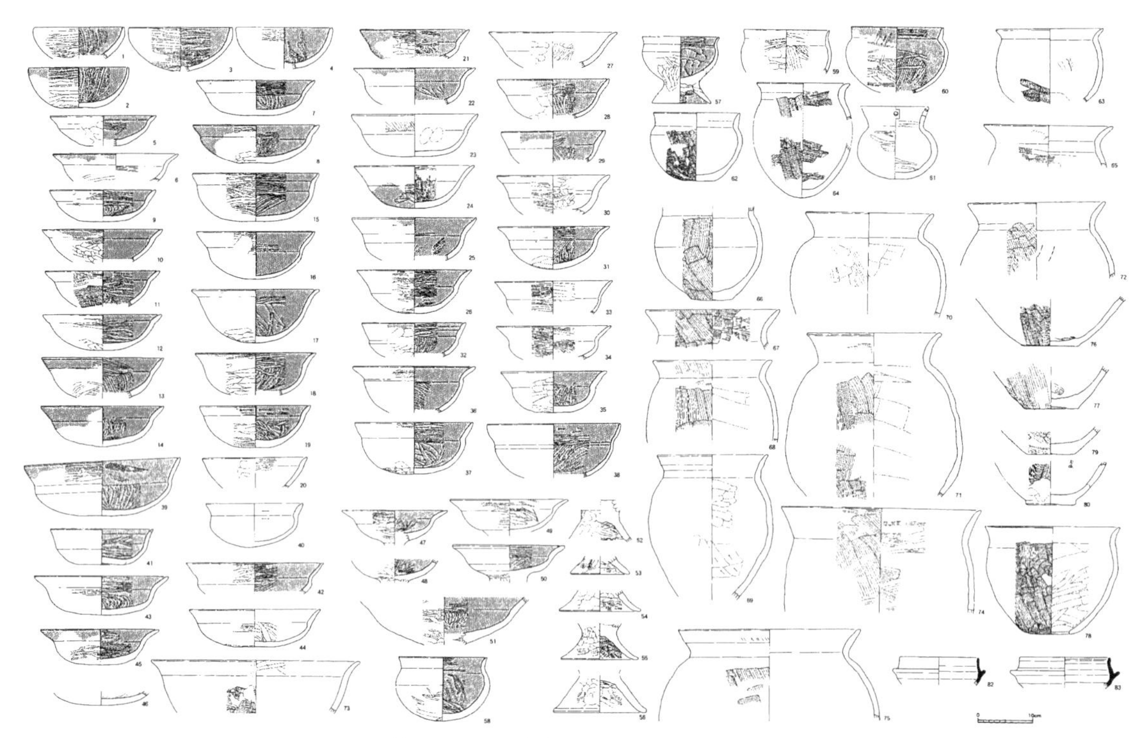

第６図　千刈遺跡出土土器（尾崎 2016）

起，底を除けば当該地域の甕や中・大形の甑の形態・調整と共通する。

2　年代

細かな時期が不明なものも存在するが，遺構出土資料についてはいずれも２期〜4 期の幅に収まると考えられる。また，包含層出土資料についても，全体の出土遺物の時期から２期〜4 期に収まる可能性が高い。なお，現状で確実に２期・３期以外の時期に位置づけられる資料は認められない。

3　分布

現時点において，分布は新潟平野と庄内平野に限られる（第１図）。新潟平野では，沖ノ羽遺跡と千刈遺跡を除けばいずれも阿賀野川以北に分布する。また，沖ノ羽遺跡は阿賀野川の支流付近に位置しており，阿賀野川流域および阿賀野川以北におけるつながりが推測される。なお，新潟平野と庄内平野とは日本海を介した関連性が想定される。

おわりに

突起の用途については不明であるが，突起の形状をみると矢馳Ａ遺跡 SG160 河川跡出土資料（第１図４）と助作遺跡 SD98 溝跡出土資料（第１図５）は舌状の突起をもつ。前者の遺構からは２期・３期，後者の遺構からは３期・４期を中心した土器が出土している。舌状の突起がいずれも庄内平野の資料で認められることや，受口状の突起よりも新しい時期の傾向にあることから，舌状の突起は受口状の突起が形骸化したものの可能性がある[1]。

また，頸部有孔突起付甑が現状において２期・３期を中心とする短期間に限って認められることや出土事例が少ないこと，2期・3期は新潟平野でカマドや大形の甑が普及・定着しはじめる時期であることなどからは，他地域で把手付甑を見たり，あるいはその情報を聞いた新潟平野北部の人が，把手部分を模倣して受口状の突起を付けた可能性が推測される。そして4期以降，甑の普及に伴い把手部分について正確な情報に基づいて作られるようになったため，この種の土器が姿を消していったものと推定しておく。なお，古墳時代後期の越後は，頸城の関川付近を境に把手をもつ甑が定量存在する地域とほとんど存在しない地域とに分けられ（春日 2013），頸部有孔突起付甑が後者の地域から出土することは先の推論と矛盾しない。いずれにせよ，頸部有孔突起付甑はカマドや大形の甑が普及・定着していく過渡期における甑の一形態と考える。

頸部の穿孔については，桟木孔あるいは紐通し孔の可能性が想定されるが，矢馳A遺跡例のように，対になる2孔が直線で結ばれず，2孔とも内面に向かって下斜する事例があることや，穿孔部において明確な擦痕や削痕が認められないことなどからは，軟質な木材あるいは布や紐といった繊維状のものを孔に通して使用した可能性が想定される。

頸部有孔突起付甑が限られた地域に分布する背景については今後の検討課題であるが，分布状況からは2期・3期前後における内水面交通を利用した阿賀野川流域および阿賀野川以北における地域間のつながりがうかがえる。また，庄内平野にも分布することからは，該期における日本海を介した阿賀野川流域および阿賀野川以北と庄内平野との強い関係性を指摘し得る。

さて，2期前後は，新潟平野および佐渡において横穴系の埋葬施設をもつ古墳が出現する[2)]とともに，集落の消長においても出現・断絶が多くの遺跡で認められるなど，社会の大きな変化のあったことが推測される。新潟県内における該期の横穴系埋葬施設は日本海ルートで飛び石的に伝播してきたと考えられ[3)]（小黒 1999・2014 など），古墳時代前期の日本海を利用した北方への動き[4)]（甘粕 1993 など）が，古墳時代後期前半に再度活発化する状況が推測される。本稿で扱った頸部有孔突起付甑からは，古墳時代後期における日本海を介した庄内平野など北方への動きに関して，阿賀野川以北の地域を中心とする新潟平野の集団が深く関わった可能性が高いと考える[5)]。

以上，本稿で新たに明らかになったことは多くはないが，現時点における頸部有孔突起付甑の集成を行ったことに加え，この種の土器の分布や時期などから，古墳時代後期の新潟平野北部と庄内平野との関連性について指摘し得た。

本稿の作成にあたり，春日真実氏，田嶋明人氏，中久保辰夫氏，久田正弘氏からは有益な御助言や各種ご教示をいただいた。また，阿賀野市教育委員会，加茂市教育委員会，公益財団法人山形県埋蔵文化財センター，新発田市教育委員会，胎内市教育委員会，村上市教育委員会の諸機関からは資料見学に際して多くのご配慮を受けた。ここに記して感謝申し上げます。

新潟大学在学時から現在に至るまで橋本博文先生から受けた多くの学恩に感謝申し上げるとともに，今後，研究や遺跡の保存，活用などを進めていくことで，これまでの学恩に少しでも報いることができればと思います。今後も引き続きご指導くださいますようお願いいたします。

（2018年7月2日受付）

註

1）道端遺跡における頸部有孔突起付甑（第1図6～8）について，受口状の突起部分が他と比べて小さく，受口状の突起が退化したものの可能性がある。

2）藤田富士夫は，古墳時代後期前半の佐渡の台ヶ鼻古墳は潟湖を拠点に活動した海人集団の墓である可能性を指摘し，日本海を舞台とした交易活動による富の蓄積を主要な勢力基盤と考えた（藤田 1990）。旧岩船潟周辺に形成された浦田山古墳群についても同様の性格の被葬者像が推測される。

3） 古墳時代後期前半頃には，台ヶ鼻古墳や浦田山古墳群など日本海に面した丘陵上に横穴系埋葬施設を新たに採用した古墳が出現する一方，内陸に位置する三条市の保内三王山 5 号墳や 12 号墳，南魚沼市の大久保古墳群などでは横穴系埋葬施設は確認されておらず，横穴系埋葬施設の採用が海岸部よりも内陸部で遅れる可能性がある。

4） 南赤坂遺跡では，古墳時代前期後半を中心に続縄文土器や土師器と続縄文土器との折衷土器，石器などが出土しており，北方から来た集団と在地の集団との交流がうかがえる。また，阿賀野川の支流とつながる福島潟の周辺でも弥生時代後期から古墳時代初頭頃の続縄文土器が定量出土しており（滝沢 2014），古墳時代前期に日本海を利用した北方との交流が比較的活発であった状況が推測される。秋田県宮崎遺跡では北陸北東部系土器が出土しており（納谷 2001），同寒川Ⅱ遺跡の鉄斧は城の山古墳あたりの首長を介して入手した可能性が指摘されている（橋本 2013）。

5） 該期は新潟県と山形県庄内平野，福島県会津盆地，長野県北部で比較的類似した土器様相が認められるが（相田 2004），頸部有孔突起付甑については，これまでのところ福島県会津盆地や長野県北部では確認できない。

引用・参考文献

相田泰臣　2004「越後における古墳時代後期を中心とした土器の一様相―頚城・魚沼地域の土師器を中心として―」『新潟考古』第 15 号　新潟県考古学会

相田泰臣　2009「古墳時代の角田山麓と阿賀北における土器の一様相」『新潟県の考古学』Ⅱ　新潟県考古学会

阿部明彦・黒坂雅人・吉田洋一　1988『鶴岡西部地区遺跡群　矢馳 A 遺跡　矢馳 B 遺跡　清水新田遺跡発掘調査報告書』山形県教育委員会

甘粕　健　1993「基調報告　みちのくを目指して　日本海ルートにおける東日本の古墳出現期にいたる政治過程の予察」『東日本における古墳出現過程の再検討』日本考古学協会新潟大会実行委員会

遠藤恭雄・澤野慶子・立木宏明・相澤央・相澤裕子・四柳嘉章・㈱古環境研究所　2014『沖ノ羽遺跡Ⅴ　第 18・19 次調査』新潟市教育委員会

小黒智久　1999「横穴式石室」『新潟県の考古学』新潟県考古学会

小黒智久　2014「新潟県佐渡市台ヶ鼻古墳石室の再検討」『古代学研究』202　古代學研究會

尾崎高宏　2016「第 3 章第 2 節 9　千刈遺跡」『加茂市史』資料編 4　考古　加茂市

春日真実　2007「越後における古代の煮炊具について」『新潟考古』第 18 号　新潟県考古学会

春日真実　2013「越後の甑」『研究紀要』第 7 号　財団法人新潟県埋蔵文化財調査事業団

川上貞雄　2002『腰廻遺跡』笹神村教育委員会

川村浩司　2000「上越市の古墳時代の土器様相―関川右岸下流域を中心に―」『上越市史研究』第 5 号　上越市

黒坂雅人　1990『助作遺跡第 1 次発掘調査報告書』財団法人山形県埋蔵文化財センター

黒坂雅人・伊藤純子　2012『矢馳 A 遺跡第 2～4 次発掘調査報告書』財団法人山形県埋蔵文化財センター

杉井　健　1999「甑形土器の地域性」『国家形成期の考古学』大阪大学考古学研究室 10 周年記念論集　真陽社

滝沢規朗　2014「続縄文土器と在地土器の並行関係―越後の事例を中心に―」『古墳と続縄文文化』東北・関東前方後円墳研究会

田嶋明人　1986「漆町遺跡出土土器の編年的考察」『漆町遺跡』Ⅰ　石川県立埋蔵文化財センター

田辺昭三　1981『須恵器大成』角川書店

鶴巻康志・吉田好孝・内田仁・佐久木正治・井上巌・辻本崇夫　2008『蚤取橋遺跡・神明裏遺跡　発掘調査報告書』新発田市教育委員会

納谷信広　2001「西目町宮崎遺跡出土の土師器について」『秋田考古学』第 47 号

橋本博文　2013「北陸・中部・関東からみた城の山古墳」『眠りから覚めた城の山古墳』胎内市教育委員会

藤田富士夫　1990「佐渡と沿岸地方の考古学」『日本海と北国文化』小学館

水澤幸一・吉村光彦　2004『屋敷遺跡 2 次』中条町教育委員会

吉井雅勇　2006『道端遺跡』荒川町教育委員会

群馬県前二子古墳の出土遺物をめぐって
―明治と平成の調査から―

前　原　　豊

はじめに

前二子古墳は群馬県のほぼ中央に位置する前橋市西大室町に所在する。前橋市では前二子古墳を含むこの一帯37haを都市公園として整備することとなった。公園予定区域には史跡前二子古墳，中二子古墳，後二子古墳，小二子古墳の4基の国指定史跡の前方後円墳が存在する（第1図）。この古墳群も公園整備事業と併行しながら史跡整備事業を実施するため，平成3年から平成8年まで6年間にわたって史跡の範囲確認調査を前橋市教育委員会で実施した。

範囲確認調査の対象となった古墳は，この4基であったが，ほかに公園整備に伴い区域内の古墳の発掘調査も実施した。筆者はこの大室古墳群の史跡整備に伴う範囲確認調査と公園整備に伴う発掘調査を7年にわたって担当してきた。それらの成果については，すでに大室公園史跡整備発掘調査報告書として刊行したが，前二子古墳の石室と副葬品について若干の検討をくわえていきたい。

1　前二子古墳の石室開口 ―明治時代の発掘調査―

前二子古墳開口当時（明治11年）に初代県令楫取素彦に提出された「室内出品書上簿」の一節によれば，村人がキツネやムジナを追いかけて穴を掘ったところ偶然石室にあたり，その内部から多くの遺品が発見されたと書かれている。しかし，実際は明治8（1875）年に豊城入彦命の陵墓に認定された前橋市総社二子山古墳が，明治9年に指定解除されたことに連動している。当時の群馬県は，新たに豊城入彦命の陵墓の候補を探すため，なかば公的な発掘調査を前二子古墳と中二子古墳，後二子古墳で実施したことが，外池昇氏によって指摘されている（外池 1997）。

これらの石室探査の裏には明治政府の天皇制の復活を目的とした陵墓決定にむけての全国調査があった。この陵墓の全国調査は，明治4（1871）年2月に太政官布告として全国に通知され，群馬県は明治7（1874）年，教部省に上毛野君・下毛野君の始祖とされる豊城入彦命の陵墓として総社二子山古墳の申請をした。翌明治8年には教部省から豊城入彦命の墓として治定，管理者が置かれることとなったが，明治9（1876）年に地元のトラブルによって自然解消のやむなきにいたった。群馬県は大きな打撃に受けたが，総社二子山古墳に代わってすぐに豊城入彦命の墓として注目を集めたのが前二子古墳であった。

群馬県は再度，豊城入彦命の墓の治定を受けるため，前二子古墳の石室調査を組織的・計画的に実行した。これらの経緯については，明治11（1878）年4月14日，地元の西大室村の井上真弓が石上神宮大宮司の菅政友に宛てた書簡にくわしく書かれている。『古制徴証』をみると，前二子古墳の発掘に関しては入念な記録が残されている。古墳の平面図，石室内の遺品配置図，出土品略図があり寸法や注書きを施している。とくに前二子古墳の室内並出品位置之図，出土品は入念に描かれている（第2図）。考古学史上においてもこの

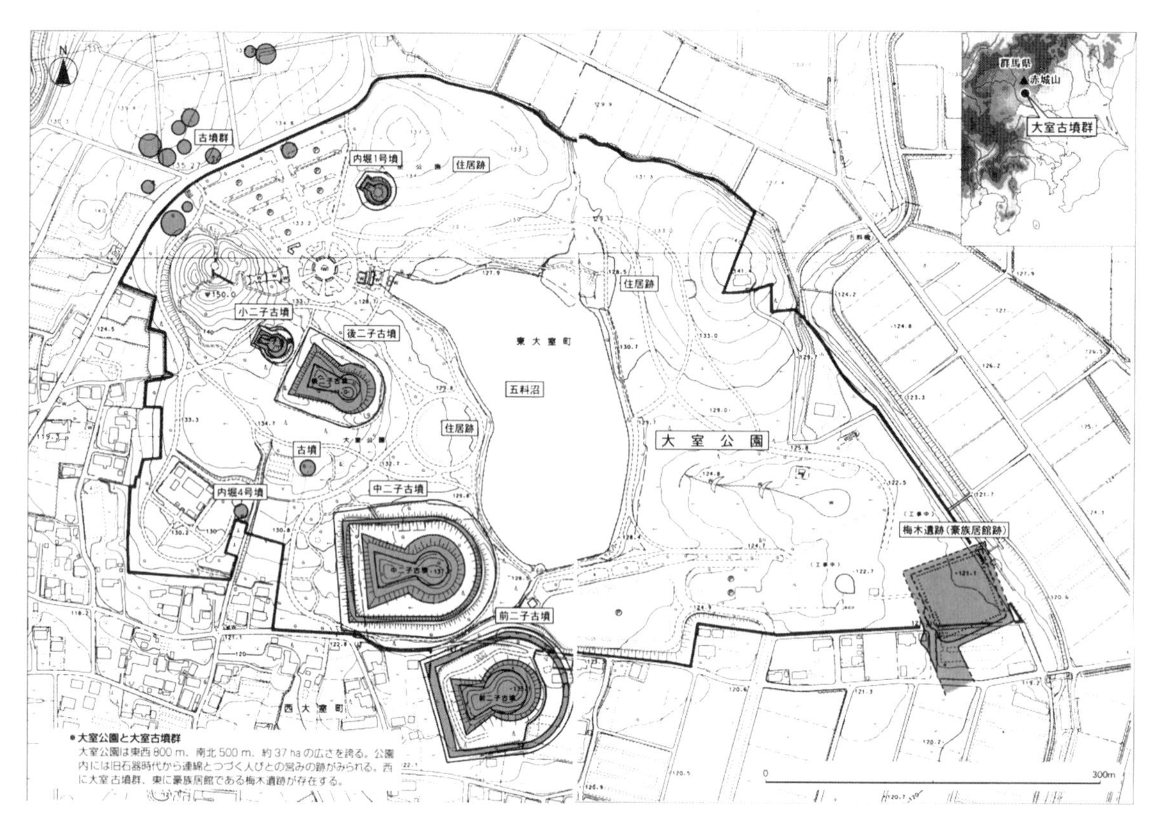

第１図　大室公園の古墳と館跡

時代に詳細な発掘調査記録図面はほとんど存在していない。現代の学問水準からいっても，当時の絵図の精度はきわめて高く，副葬品配置を知るうえで，欠かせない資料となっている。

このように前二子古墳調査の根底には，群馬県が政府からの陵墓治定を切望しており，県の命令で西大室村が動いた結果と受けとれよう。しかし，県が中心となり，入念な計画のもとに実行されたにもかかわらず，政府に提出した報告には，偶然の発見として処理されている。そこには古墳の乱掘を戒める政府の意向，治定されなかった場合の県の体面を守る姿勢が見え隠れしている。

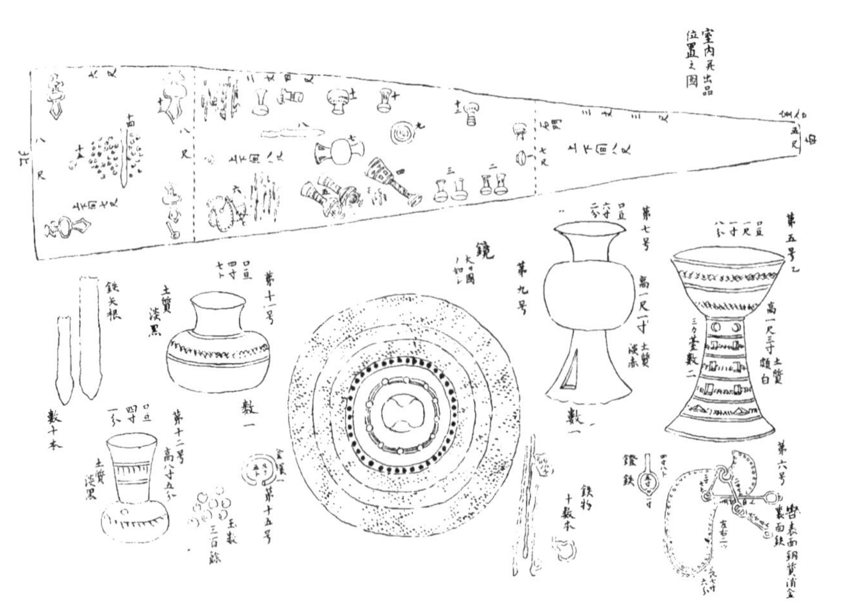

第２図　『古制徴証』に描かれた前二子古墳の副葬品

ちなみに，この調査結果は明治11（1878）年３月に古墳が開けられてから１ヶ月後の４月に群馬県令楫取素彦から宮内卿宛に「管内古陵墓之儀ニツキ」として提出された。その内容は，前二子古墳を豊城入彦命墓，中二子古墳を彦狭嶋王墓，後二子古墳を御諸別王墓として上申した。しかし，これに対して宮内省は11月に官員を派遣し調査したが，豊城入彦命の墓に治定されずに終わった。陵墓指定はされなかったものの，出土品の展覧が行われ，当時，一大センセーションを巻きおこした。日本全国から5,179名もの人々が出土品の見学に訪れた記録が残っている。

日本の近代考古学は幕末以降明治初期に，「殖産興業」などを目的として，欧米の先進技術や学問，制度を輸入するために雇用された欧米人によって開始された。そういった外国人のなかで，イギリス政府から派遣され外交官という立場にあったアーネスト・サトウ（Sir Ernest Mason Satow）も天皇制や日本史に興味を抱いていた。このサトウが大室を訪れるのは，発掘から2年たった明治13（1880）年3月のはじめである。その様子は，サトウの著した『日本旅行日記』のなかにくわしく記述されている。多忙な公使館の用務の合間をぬって，3月8日には前二子古墳を訪れ，出土品のスケッチや測定をして1日過ごした。サトウは大室で調査してから1ヶ月後の4月13日に日本アジア協会で調査した内容の講演を行った。そのときの講演内容は日本アジア協会会報vol. Ⅷ part. Ⅲに「上野地方の古墳群」（Ancient Sepulchral mounds in kaudzuke）として収録された。

2　前二子古墳の概要 ―平成時代の発掘調査―

（1）墳丘の概要

平成3（1991）年の調査では，史跡整備の基礎資料を得る目的で範囲確認を行った。その結果，古墳の周囲には外周溝と内堀を巡らす2段築成の墳丘長93.7m，前方部幅64.8m，後円部径68m，高さ13.6mである（第2図）。墳形や前方部が発達しないずんぐりした前方後円墳である。馬蹄形の周堀に囲まれた墳丘は，N-70°-Eと前方部を西に向け，外周溝での全長148m，幅127mであり，面積15,900m^{2}を計る。下段の墳丘は地山を削り出した上に盛土によって造られ，上段の墳丘は盛土の後に葺石が葺かれる。

円筒埴輪は4条突帯の口径45cm，高さ60cm前後と斉一性のある大型品である。中二子古墳や後二子古墳の円筒埴輪は個体差が大きいものが存在するが，前二子古墳の円筒埴輪は個体差が少ない。円筒埴輪列は，出土状態から堤の内外縁，テラス部外縁，墳長部外縁に設置されたものと思われ，その数は1,340本と算出できる。

石室の閉塞状態や入り口は，すでに明治11年に開口されたため不明な点が多い。下段墳丘の中位に開口する石室に入るには墓道が必要となってくる。明治の開口時に掘削された溝状の墓道は，上幅4m，下幅2m，深さ1.5m，長さ7mとなる。墓道から南にさがった所に棚状のテラスが存在する。テラスは，ロームを削り出して作り出したものである。上面はロームを平らに削っており，長さ9m・幅1mを測る。棚状テラスの前面には3m間隔で4個の柱穴が検出された。この棚状テラスは，祭儀に用いられた施設と考えられる。

墳丘からは，普通円筒埴輪，朝顔形円筒埴輪，大刀，盾，靫，蓋，盾持人，石見型などの器財埴輪類，人物埴輪，馬形埴輪，土師器，須恵器，紡錘車が出土した。土器をはじめとする遺物は5世紀末から6世紀前半の特徴を有するもので，須恵器は田辺編年MT-15の古い様相を中心としている。また，墳丘下の地山からは5世紀終末から6世紀初頭に榛名山から噴出されたHr-FA層の純層が堆積していたので，墳丘築造は6世紀前半でもより初頭に近い時期に築造されたことが考えられる。

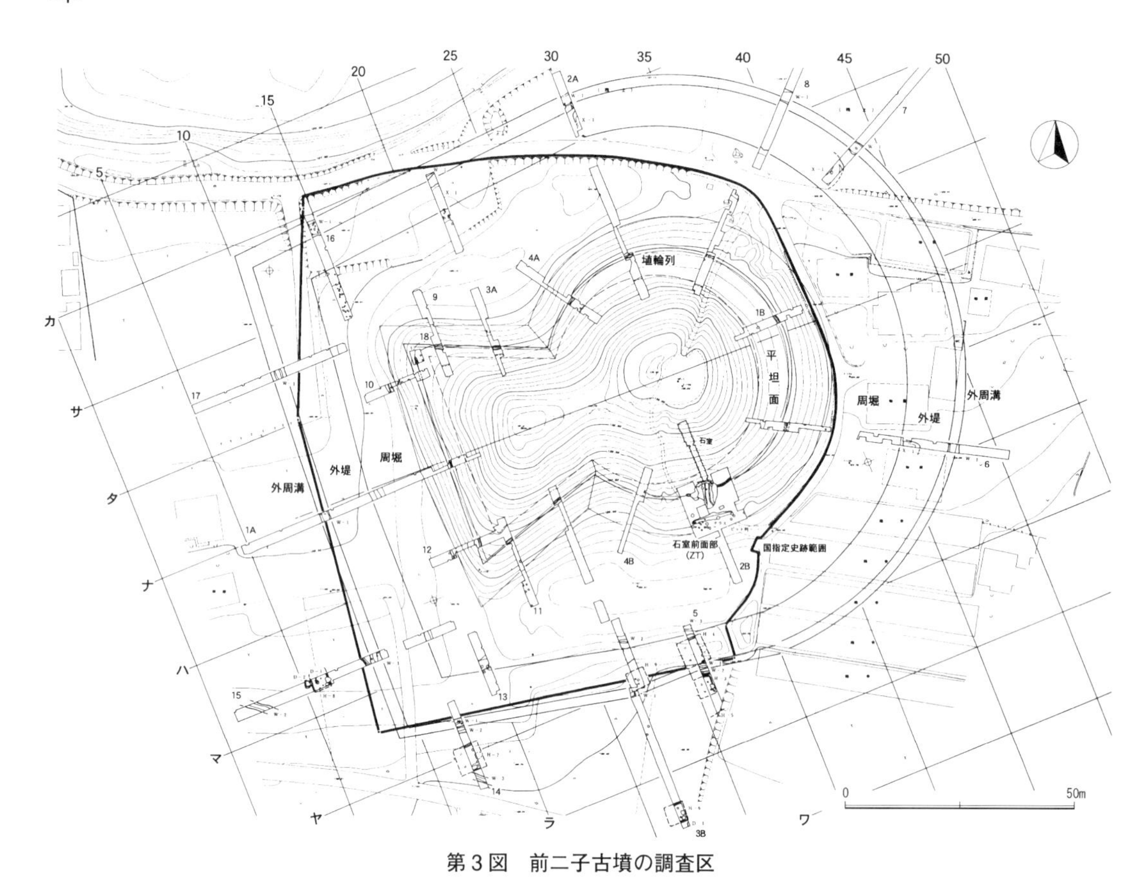

第3図　前二子古墳の調査区

(2) 横穴式石室の概要

明治11年に開口した石室は，地山面に構築された両袖型の横穴式石室である。地山には5世紀終末から6世紀初頭にかけて榛名山から降下したHr－FA層の純層が観察できたことから地山面をあまり削平することなく石室の構築を行っている。石室の羨道部は玄室に向かって緩やかに上り，玄室部では水平となる。石室の全長13.9m，最大幅2m，最大高2.1mを測り，ベンガラによる赤色塗彩が全面的に認められた。石室の構築材のうち，天井，壁，玄門と羨門の立柱石，まぐさ石には赤城山起源の流れ山から採掘した粗粒安山岩を使用している。床石，框石，玄門を閉塞するための扉石にはみどり市天神山産の凝灰岩を用いている。床石はほぼ水平に設置されているが，奥壁から1石挟んで仕切り石が設置される。仕切り石は3石で構成されL字の切組を2ヶ所に有する。床石のサイズは奥壁に接したものが最大で幅1.5m，最大幅1m，厚さ0.2mである。これと同じ大きさになるものが仕切り石を挟んで南側のものである。北と南では180度回転する線対称の配置をとる。報告では，ひび割れを表現していたため，修正したものを掲載する。他の石のサイズは幅1m前後で厚さは0.2mである。表面には丁寧にノミによる加工がなされている。床石は水平に設置されていたが，明治11年の開口時に一度持ち上げたため，完全に戻されていなかった。玄室の最奥部にはL字状の切組を用いた仕切り石で遺体を安置する屍床を設置する。

明治11年に石室が開口され，その時に絵図に描かれたものは以下の通りである。珠文鏡1，鉄鉾，鉄鏃多数，鉄製轡（f字形鏡板）1，鉄製輪鐙1，鉄製鉸具，留金具，鎖等若干，金銅製剣菱形杏葉4，金銅製双葉剣菱形杏葉4，ガラス小玉約300，金製耳環1，須恵器小像付筒形器台1，同高坏形器台2，同提瓶2，同直口壺1，同高坏3，同䟭1，土師器台付壺1，同高坏4，同坏1であった。

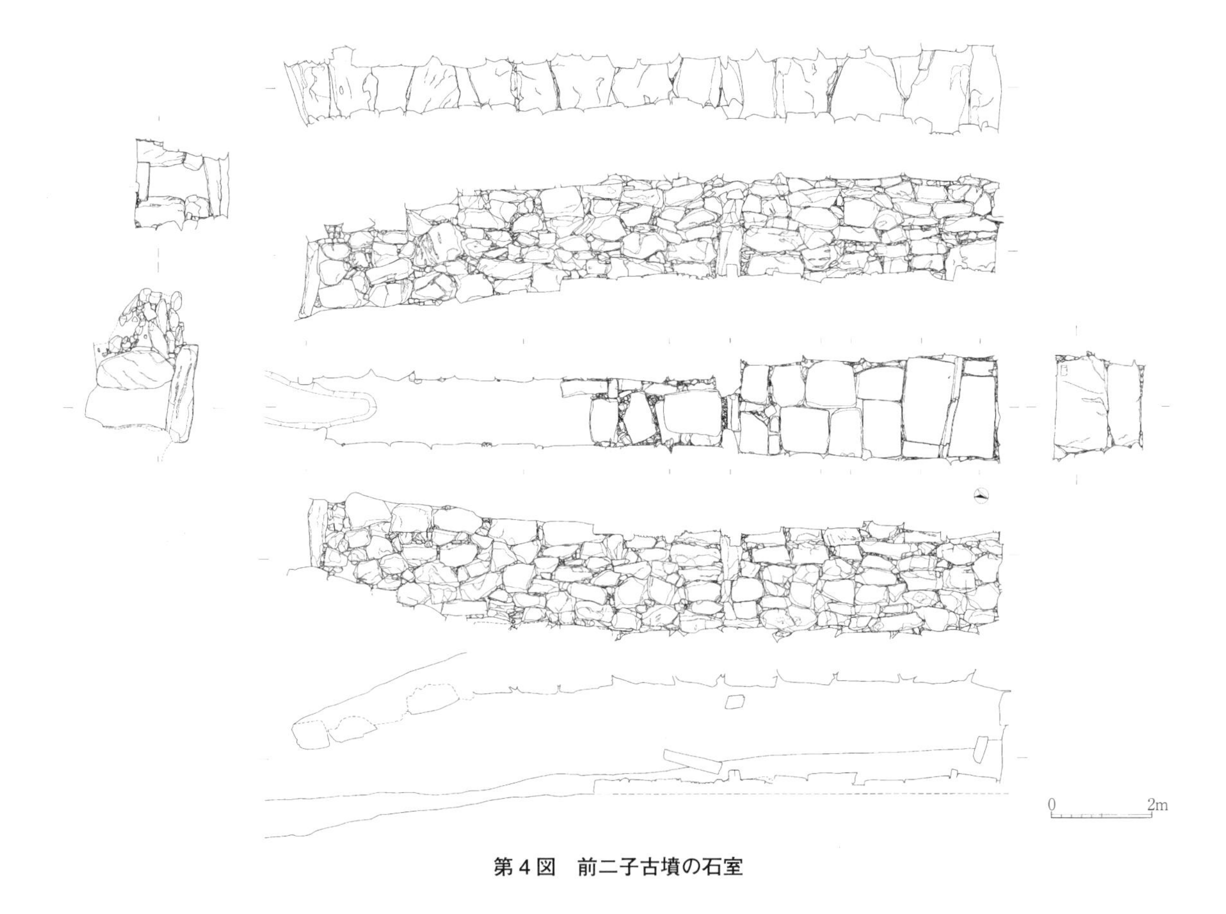

第4図　前二子古墳の石室

平成4年の調査で石室の覆土について水洗いをした結果，197個の装身具（ガラス製青色丸玉，水晶製丸玉，ガラス製黄色小玉，ガラス製緑色小玉，大加耶系の金製耳環，銀製空玉，管玉，臼玉）をはじめ金属製品（武器，馬具，農工具），土器（須恵器，土師器）等の多量な遺物を収集することができた。これらの副葬品は比較的原位置に近い状態で分布していた。さらに石室整備に伴う平成14年の調査で鞍縁金具片や雲母片も検出されている。

3　前二子古墳を特色づける出土遺物

前二子古墳から出土した特色ある遺物についてみてみよう。これらの遺物については，いずれも国内と朝鮮半島の双方から出土が認められる遺物である。これらの遺物について検討していきたい。

(1) 石見型製品

石見型埴輪は威杖形埴輪や杖形埴輪とも呼ばれるが，奈良県の石見遺跡から最初に発見されたもので，末永雅雄により盾形埴輪と認識され，1985年に楠元哲夫によって通常の盾形埴輪と区別して，「石見型」の名称が付けられている。前二子古墳の調査では，多くのトレンチから石見型埴輪が出土している。北側のトレンチでは2A，3A，4A，9トレンチ，西側では1A，12トレンチ，南側では5，11トレンチ，東側の8トレンチとほぼ全周していたものと思われる。復元された石見型埴輪のうち3段構成（第8図）のものは後円部北側の3Aトレンチで，4段構成（第9図）が2Aトレンチから出土している。3段構成は復元高106cm，基部の径20cmで赤彩の縁取り，4段構成は復元高102cm，底径22cmである。いずれも小穿孔を有する。な

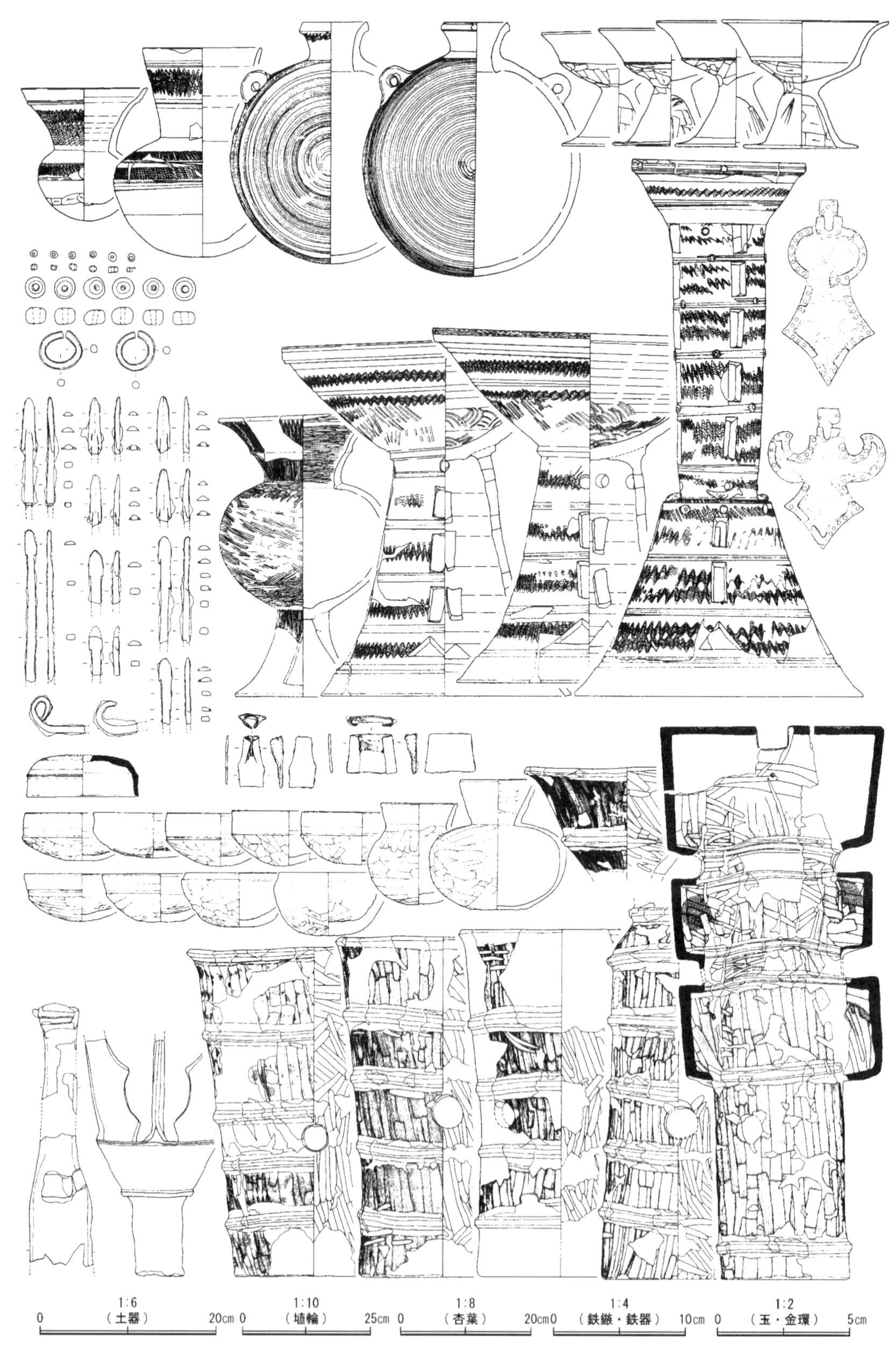

第５図　前二子古墳の出土遺物

お，中二子古墳では盾持人埴輪の盾に小穿孔を開けている。復元された石見型埴輪であるが形状から九州に分布する石見型石製品を彷彿させるものである。

しかし，二つの石見型埴輪には文様描写はないが「抉り」,「切り欠き」,「粘土の貼付」といった仕方が，大阪府羽曳野市軽里4号墳の埴輪と共通する部分があるが,「切り欠き」箇所や粘土の貼付箇所が異なっている点，粘土を貼り付けたままで突帯を表現しているなど，前二子古墳の石見型埴輪には変容が認められる。また，前二子古墳のものは，形状や全体のプロポーションも直線的になっているなど，伝播の過程で生じた変容が多分にみとめられる。

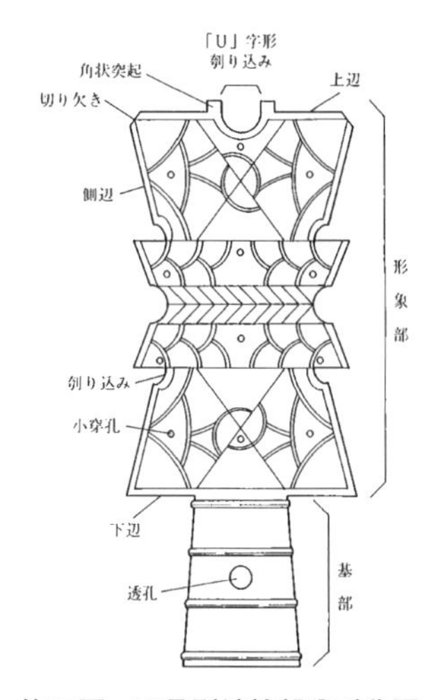

第６図　石見型埴輪部分呼称図

石見型埴輪については，和田一之輔（2006）によれば5世紀後半から6世紀後半まで存在し，分布は畿内を中心に濃厚で，西は瀬戸内海北岸である岡山県まで，東は静岡県，飛んで群馬県まで及び，その総数は100個体を超えるという。また，石見型製品は埴輪のほかに木製品や石人石馬のある九州では石製品も存在する。さらに朝鮮半島の月桂洞1号墳からも木製の石見型製品が出土している。

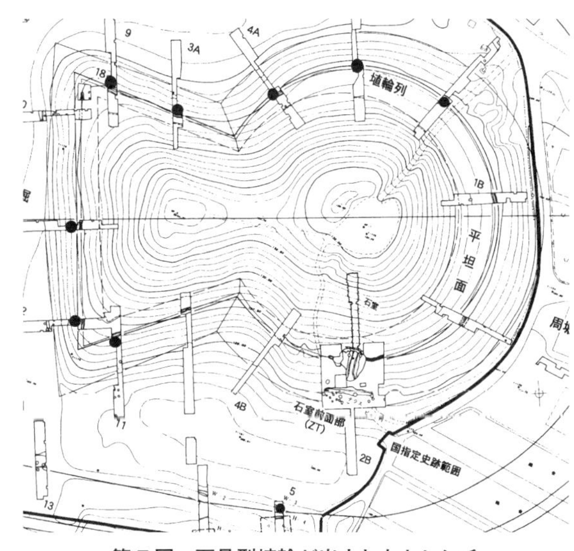

第７図　石見型埴輪が出土したトレンチ

ここで注目すべきは，関西において100mを超す大型古墳には石見型埴輪がほとんど存在しないことである。また関西以外でも大型古墳から出土しておらず，墳長60m以下の中小の前方後円墳に多い。とくに石見型埴輪の定型期とされる6世紀前半には大王や盟主的な首長墓には樹立されることが少ない。新たに台頭してきたとされる中小首長層に採用された埴輪であった。石見型埴輪は中心地帯である畿内地域のほかとして瀬戸内海北岸に分布が集中し，埴輪と同様な形をもつ石見型石製品は有明海沿岸域に限って認められる。瀬戸内北岸や有明海沿岸の地域は5世紀後半から6世紀前半にかけて対朝鮮半島交渉において重要な役割を果たしたことが多くの研究者から指摘されている。和田（2015）によれば，石見型埴輪は朝鮮半島交渉にかかわっていた中小首長層の相互のつながりを示す器物の一つとしてとらえることができるとされる。

ところで前二子古墳は100mに近い大型墳である。関西から離れた関東の古墳といえ石見型埴輪を樹立する古墳としては群を抜いた大きさである。なぜ，ここで大型墳に石見型埴輪が存在するか，九州で墳丘長135mを誇り石見型石製品を有する岩戸山古墳と比較してみたい。岩戸山古墳は後に反旗を翻すが，6世紀前半の古墳としては今城塚古墳（181m），断夫山古墳（150m），七輿山古墳（145m）に次ぐ大きさの北部九州の盟主的な首長墓である。おそらく九州や関東といった畿内から離れた遠隔地の大型古墳の豪族は朝鮮半島での対外交渉の中心的な任務にあたったことが十分に考えられる。そうなれば，朝鮮半島交渉の紐帯ともいうべき石見型埴輪をそれぞれの地域に積極的に持ち帰り導入する理由があるのかもしれない。

群馬県の石見型埴輪は数年来，前二子古墳だけの存在であったが，近年になって県内各所から発見される

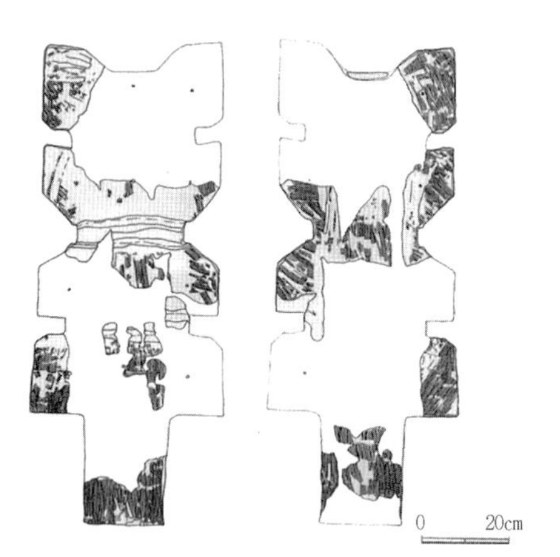

第８図　前二子古墳の４段構成の石見型埴輪

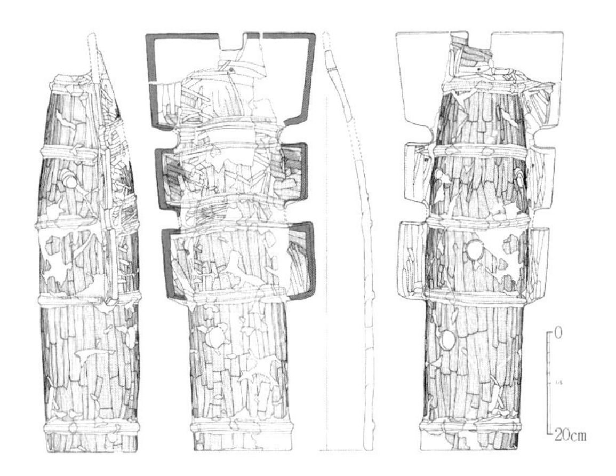

第９図　前二子古墳の３段構成の石見型埴輪

第 10 図　石見型埴輪の分布

ようになった。今後その数は増加するものと考えられる。まず県の西部に位置する富岡市一ノ宮４号墳である。墳丘長 48m の前方後円墳で約 20 基の古墳群の中心をなす。２個体以上の石見型埴輪を有する。前二子古墳例に近似し飾り板の縁のナデおよび赤彩がみられる。次に安中市松井田町にある琴平山古墳は，墳丘長 50m の前方後円墳である。周囲に４基の円墳があり小規模な古墳群を形成する６世紀前半の古墳である。石見型埴輪は４個体以上認められたが，前二子例に比べると小形である。東の太田市西長岡東山３号墳は６世紀中葉の墳丘長 40～50m 級の前方後円墳である。飾り板の縁のナデは前二子例に類似する。このように群馬県内の石見型埴輪は基本的には前二子例に類似したものといえる。ただし，西長岡東山３号墳には時期的に遅れるため小穿孔がないが単一の様相といえ，前二子古墳経由で製品の伝播がなされているものである。このように前二子古墳の被葬者は対外交渉で得られた文化をその地域に広めるといった役割もまた有していたものと考えられる。

(2) 須恵器小像付筒形器台

小像付筒形器台は，「四神付飾土器」として昭和 10（1935）年 12 月 18 日に重要美術品として指定を受けたものである。白色から灰色を帯びるやや焼きのあまい須恵器であり，藤野（2016）によって群馬県藤岡産と同定されている。小像付筒形器台は，口径 19.7cm，復元高 65.0cm，底径 33.5cm である。

小像は，円錐形の基部と筒形の円柱部の付け根にあたる段に４ヶ所付けられていたが，１組は剥落して残っていない。残された像は，時計回りで鳥，亀，剥落痕，蛇と蛙の組み合わせである。鳥は長さ 4.4cm，亀は長さ 2.7cm，蛇は長さ 2.7cm，蛙は長さ 1.2cm である。これらはかつて，鳥を朱雀，亀を玄武，蛇と蛙を青龍，欠落した像を白虎と推定されたものであるが，四神の方位と異なることや青龍が「蛇と蛙」の意匠である点から異なるものである。

筒形器台については朝鮮半島南部の加耶地域の陶質土器にその祖型を求めることができる。特に筒形器台は5世紀から6世紀にかけて金官加耶，阿羅加耶，大加耶，小加耶などの加耶諸国を中心として古墳の副葬品として盛んに制作され，新羅や百済においても制作された。しかし，小像の付いた筒形器台は加耶地域でも数例を数えるだけと極めて少ない。第13図は，釜山にある福泉洞31・32号墳から出土した口径19.2cm，高さ46.9cm，底径30.5cmの陶質土器である。装飾付筒形器台で5世紀後半のもので，前二子例と同様に円柱部と円錐部の段に馬，猪，犬が3ヶ所に付けられている。このほかに福泉洞11号墳出土の筒形器台の筒部には1匹の亀の小像が付けられる。

日本国内での筒形器台は池野（2014）によれば179点が数えられている。このうち古墳から出土したものが82点，遺跡出土が97点である。このなかで飾りがついた筒形器台は前二子例を含め3例と少ない。第14図は伊勢神宮徴古館に収蔵される福岡市羽根戸古墳の筒形器台である。5世紀後半の硬い焼きの須恵器で高さ57cmを測る。小像は段部に犬2，鹿1，猪1，人1がつけられ，筒部に亀5匹が螺旋状によじ登っている。ほかに勾玉11個や円形貼付など多彩な装飾が付けられる。ほかに島根県松江市金崎古墳の高さ54.2cmの筒形器台があるが，器受部に勾玉がつけられるだけである。

一方，朝鮮半島では小像が付いた土器が三国時代，新羅の都のあった慶州市を中心に多数発見されている。とくに著名なものが韓国の国宝195号に指定されている鶏林路30号墳から出土した長頸壺である。鶏林路30号墳は5～6世紀とされ，高さ34cm，口径21.8cmの長頸壺である。頸部と肩部に蛇に後足をくわれている蛙3匹，鴨3匹を交互に一定間隔で配置し，その間には性器が強調された男性，鳥，亀，加耶琴を奏でる人物，性交姿勢の男女，魚類などを配置している。実用品ではなく埋葬に使用された土器と考えられている。

同じく5世紀から6世紀とされる韓国慶州月城路11-1号石槨墓に代表される高杯か長頸壺の蓋である。高さ11.5cm，口径20.0cmである。蓋の頂部には円点文が等間隔に，下半には鋸歯文が背紋されている。台脚倒置形のつまみを中心に蛙の後足を加える蛇を同心円状につける。新羅土偶の装飾された動物土偶のなかには蛇や蛙と蛇を一緒に表現したものが多く蛇神信仰をうかがえる。前二子古墳の筒形器台にみられる小像は，福岡市羽根戸古墳例などと共通して朝鮮半島の系譜を引いて制作されたものと考えられる。とくに土器に付ける小像は，三国時代である5～6世紀の新羅や加耶地域の一

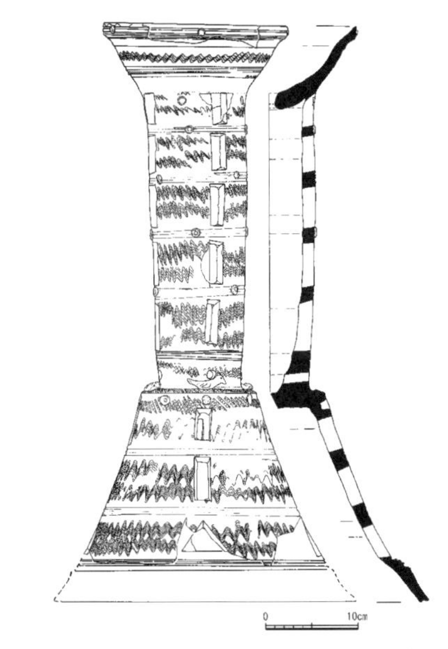

第11図　前二子古墳の装飾付筒形器台

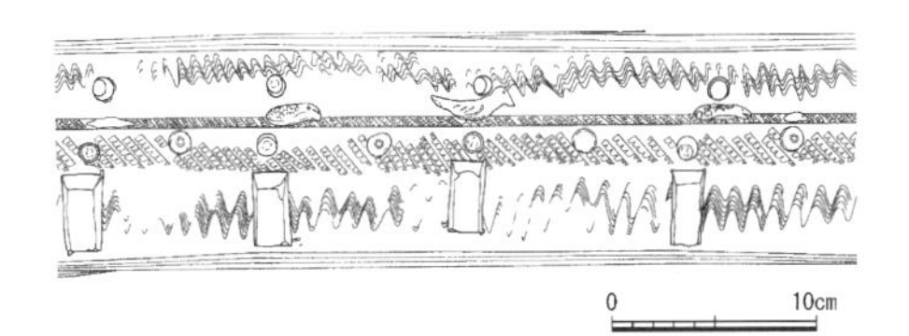

第12図　前二子古墳器台の小像

第13図　福泉洞11号墳の装飾付筒形器台

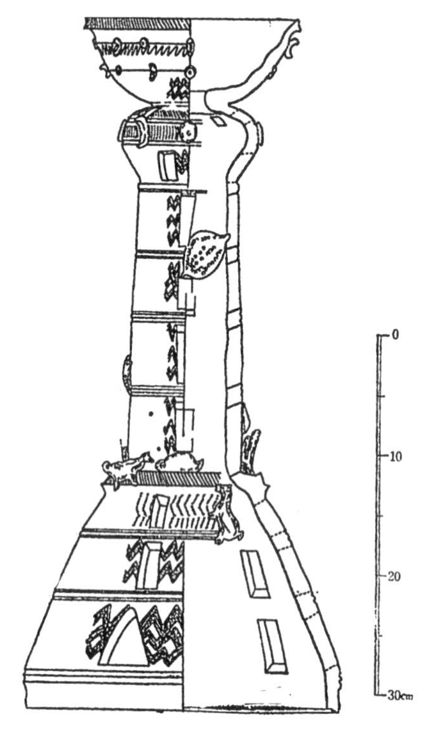

第 14 図　羽根戸古墳の装飾付筒形器台

第 15 図　鶏林路 30 号墳の装飾付長頸壺

第 16 図　月城路 11-1 号墓の装飾付蓋

部に限定された分布がみられることから，三国時代の新羅にその系譜が求められるものである。このように前二子古墳の筒形器台の出自は，器形が加耶土器，動物土偶が新羅土器の影響を受けたものであることは明白である。地元藤岡で生産されたものとされるため，県内に在住の朝鮮半島の出身者か陶質土器に詳しい工人が製作にあたったものと考えられる。加耶地域でも数少ない小像がついた筒形器台を発注すること自体，朝鮮半島の情報に詳しくなければなしえなかったと思われる。

(3) 双葉剣菱形杏葉

明治 11 年，石室が開口されたときには馬具類は双葉剣菱形杏葉 4 枚のほか剣菱形杏葉 4 枚，f 字形鏡板付轡 1 組が存在していたことを第 2 図から知ることができる。また，鞍の縁金具の存在から前輪や後輪の鞍の存在も想定できる。出土品の大部分が地元の大室神社宝物殿に保管されていたが，遺物整理作業を行って復元できたものは剣菱形杏葉 2 枚，双葉剣菱形杏葉 2 枚に過ぎなかった。おそらく鉄地金銅貼馬具は遺存状態が良好で縁金具以外の金メッキ部分が持ち出された結果といえる。f 字形鏡板付轡も 1 組存在していたが細かな破片となってしまい復元できなかった。復元された双葉剣菱形杏葉は上が長さ 17.3cm，幅 17.85cm，下が長さ 17.15cm，幅 17.8cm である。

双葉剣菱形杏葉の巻き方は，基本的には 3 種類に分類される。第 17 図は橋本（2005）によるものを引用した。上巻き・上下巻き・下巻きの 3 種とその他の計四つに分類される。

1　上巻　　福井県十善の森古墳，群馬県前二子古墳，岡山県西郷免古墳

2　上下巻　大阪府梶原 D-1 号墳，福井県丸塚山古墳，國學院大學所蔵品

3　下巻　　福井県大谷古墳，奈良県野神古墳，奈良県芝塚 2 号墳，広島県勇免古墳群，鳥取県仏山古墳，奈良県南郷池古墳

4　その他　静岡県翁山古墳，大阪府今城塚古墳，軽里 4 号墳群馬県恵下古墳，保渡田薬師塚古墳

このように双葉剣菱形杏葉は，福井 3 例，奈良 4 例，群馬 3 例，大阪 2 例，静岡 1 例，広島 1 例，岡山 1 例，鳥取 1 例，韓国 1 例とその分布にはや福井や群馬，畿内に分布が多く偏在性が認められる。時期的にみれば福井県十善の森古墳が 5 世紀後半とされ最も古く，残りは 6 世紀初頭から前半で収まる。福井県の 3 例はそれぞれ上，下，上下の 3 種類であり，若狭地方の

上中古墳群に所属するものである。入江（2008）によれば，これらの古墳は若狭を代表する3世代連続する首長墓であり，双葉剣菱形杏葉という飾りをつけるのが系譜的意味合いであったようである。群馬の3基の古墳も系譜的なつながりは求められないが，地域を代表する首長墓である。双葉剣菱形杏葉については加耶の古墳である韓国松鶴洞1A–1号墳からも出土している。恵下古墳や福井県十善の森古墳の馬具の一部が舶載品との考えも提出されているが，内山（2018）によれば，恵下古墳や軽里4号墳や今城塚古墳などの変形双葉剣菱形杏葉は大加耶から輸入した杏葉のデザインをヒントにして近畿地方の王権が双葉剣菱形杏葉をつくりはじめている。それが肯定されれば続く時代の杏葉も同じようにヤマト王権，この時代は継体王の権力が製作し，各地に与え配ったものと考えられる。

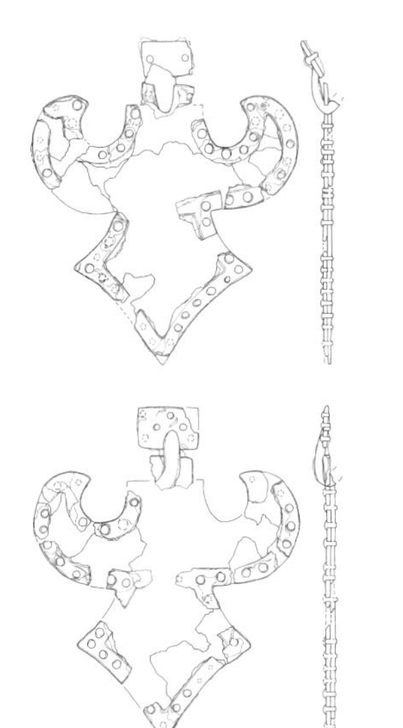

第17図　前二子古墳の双葉剣菱形杏葉

なお，双葉剣菱形杏葉の用途については，坂靖（2015）によれば「野神古墳と芝塚2号墳では，通有の剣菱形杏葉に加え，双葉文の剣菱形杏葉が1点ずつ出土している。これらは，その組み合わせから，胸繋に取り付けたものと考えられる」と触れている。馬の胸繋を飾る杏葉や馬鐸を釣り下げる金具が，横に長い事例が西郷免古墳，梶原D–1号墳にあるので，双葉剣菱形杏葉を馬の胸繋に取り付けたという考え方である。前二子古墳の双葉剣菱形杏葉の金具も横に長い事例であるため胸繋とされる。以上のように前二子古墳の被葬者は胸繋をつけた豪華な格式高い馬装であったことといえる。奇しくも石見型埴輪で関係を有する軽里4号墳や韓国松鶴洞1A–1号墳でもつながりを有する。

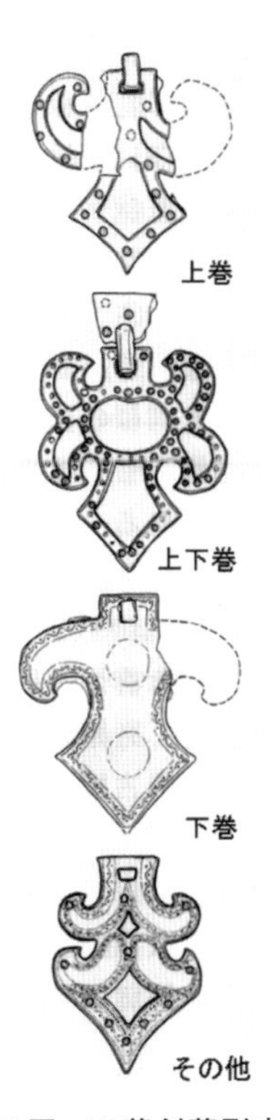

第18図　双葉剣菱形杏葉の種類

(4) 鉤状鉄製品

石室の調査では，「鉤状鉄製品」と呼ばれる玄室内に掛けた布帛を留める鉄製品が明治の調査で13点ほど出土している。いずれも欠損しているが，最大長21.6cm，幅0.85cmであり，さらに石の間に差し込む部分があったため長くなるものと思われる。先端の形状は丸く曲げられる。1992（平成4）年の調査により，玄室の西壁の奥，東壁と奥壁の交点から2点，2009年の調査で，西壁から3点，東壁から1点が追加された。これで前二子古墳の鉤状鉄製品は，19点となった。玄室内に掛けた布帛を留める機能が想定されているこの鉤状鉄製品は右島（2001）によれば，鉤状鉄製品を出土した古墳は9基，鉤状鉄製品以外の転用品は20基である。まず，鉤状鉄製品を出土した韓国と日本の古墳は，前二子古墳の鉤状鉄製品19点をはじめ，綿貫観音山古墳（群馬県高崎市）は6世紀第3四半期の98mの前方後円墳。4点出土。八幡観音塚古墳（群馬県高崎市）は6世紀末から7世紀初頭の105mの前方後円墳。3点出土。藤ノ木古墳（奈良県斑鳩町）は6世紀第3四半期の40mの大型円墳。4点出土。甲山古墳（滋賀県野洲市）6世紀第2四半期ないし中葉の30mを超える大型円墳である。5点出土。城山第1号古墳（千葉県小見川町）6世紀後半の68mの前方後円墳。2点出土。韓国の古墳では，固城松鶴洞古墳群1B号墳1号石室（慶尚南道固城郡）は6世紀初頭の築造が推定され，6点が出土。武寧王陵（忠清南道公州市）は523年に亡くなり525年に埋葬された百済王墓。径20mの円墳。28点出土。宋山里1号墳（忠清南道公州市）

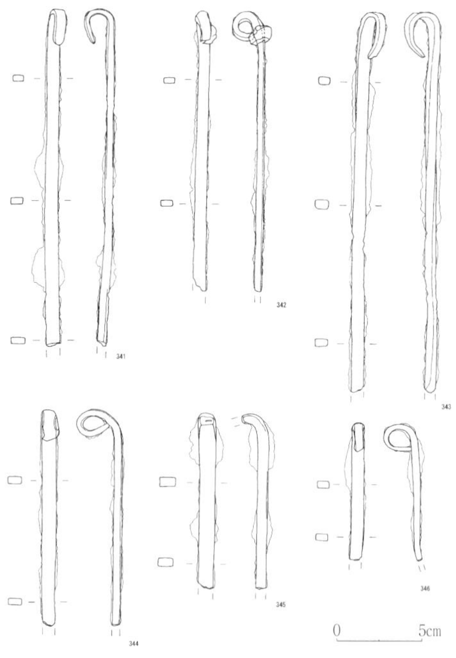

第 19 図　前二子古墳の鉤状鉄製品

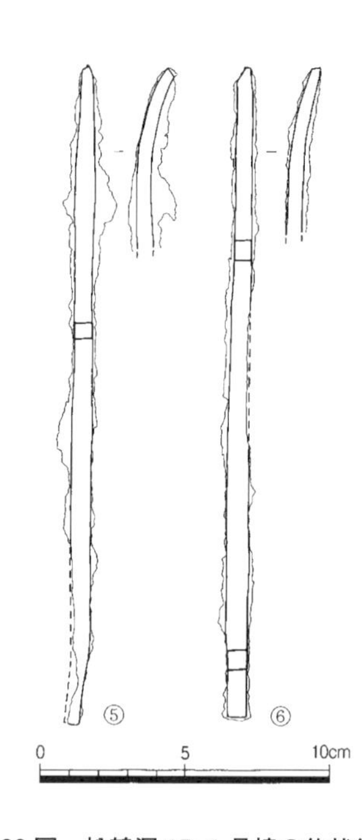

第 20 図　松鶴洞 1B-1 号墳の鉤状鉄製品

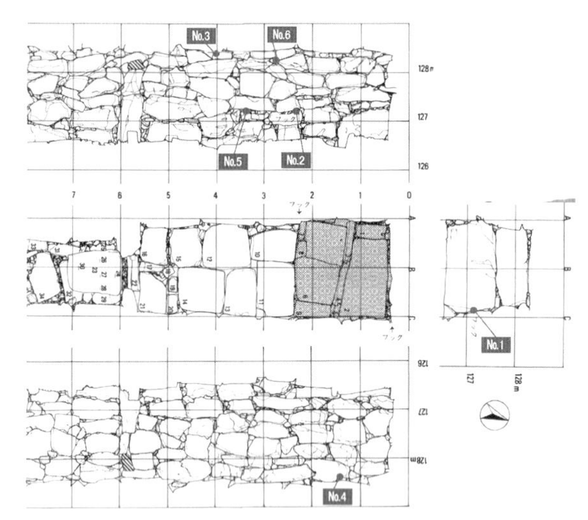

第 21 図　前二子古墳の鉤状鉄製品分布

は戦前の調査で漆喰塗りのドーム状の横穴式石室から 11 点出土している。さらに形状の異なる鉤状の金具を有する古墳が高句麗と加耶地域に顕著に存在するようである。また，中国吉林省集安にある高句麗墳墓も同様な鉤状の金具が多数存在しており紀元後から 5 世紀まで存在するようである。鉤状鉄製品の出自については今後の研究に委ねる部分が多いが，日本と韓国の鉤状鉄製品をみた場合に 6 世紀初頭のグループと 6 世紀中葉から末葉ないし 7 世紀初頭までのグループに 2 区分される。6 世紀初頭に採用されるのは前二子古墳と，慶尚南道に存在する松鶴洞 1B 号墳 1 号石室である。松鶴洞 1B 号墳 1 号石室は 3 基の円墳が連結した古墳で，たくさんの埋葬の施設がある。1B 号墳 1 号石室は横穴式石室で長方形の玄室に，細長い羨道の平面の形態をもち，断面でも玄室の天井の部分と羨道の天井の部分の高さが一致し，構造的に前二子古墳の石室と一致している。この二つの石室に鉤状鉄製品が採用されるのは，偶然とは考えることができない。また，鉤状鉄製品は国内では前二子古墳が最古とされるが，すでに加耶や高句麗で使用されている製品をもとに製作されたものであろう。

4　初期横穴式石室構造の比較と検討

5世紀末から6世紀前半にかけて上毛野地域には大型横穴式石室が出現する。前方後円墳であり大型の両袖型石室の代表例として，前二子古墳（全長14m・幅2.0m）をはじめとして，安中市簗瀬二子塚古墳（全長11.5m・幅2.3m），前橋市正円寺古墳（全長9.7m・幅1.8m），富岡市一ノ宮4号墳（全長6.3m・幅1.3m），前橋市王山古墳（全長16.4m・幅1.6m）があげられ，それぞれ特徴的な形態と構造を示すが，石室の全長は王山古墳の16.4mを最大とし，石室幅は簗瀬二子塚古墳の2.3mを最大とする。

このうち，簗瀬二子塚古墳や王山古墳では2段築成の基壇面に開口し，河原石が豊富な河川の近接地に立地することから石室構築には川原石を多用する。それに比べ前二子古墳や正円寺古墳は，河川から離れるため川原石とは異なる赤城山起源の流れ山から採掘された山石を多用する。また，石室開口位置も前二子古墳では2段築成の基壇面ではなく地山面に石室を造るため，古墳築造工程が大きく異なっている。前二子古墳の場合は石室構築から墳丘構築の順をとるのに対して，簗瀬二子塚古墳では墳丘構築から石室構築，墳丘構築といった順番である。

これらの石室は，基本的には両袖型石室であるが，前二子と王山の二つの横穴式石室には玄室と羨道の境に細長い棒状の梱石が配置される。正円寺も玄室の境よりも少し前面側に川原石を並べた梱石が認められる。また石室の上部が残っている前二子と正円寺の二つの石室天井部は，玄室から羨道はほとんど水平に天井石が架構されるが，羨道の入口部寄りが少しずつ低くなる。これは地形の傾斜による要因である。

このように，初期横穴式石室には形態や構造に共通する部分が多く認められるが，古墳の築造年代は出土した土器からみると簗瀬二子塚古墳から前二子古墳の順となる。横穴式石室の築造を起点にして，部分的な改変を加えながら，短期間のあいだに連続してつくられた可能性が高いものである。ところが，前二子古墳の横穴式石室には，近接する王山古墳や正円寺古墳の石室には認められない特異な構造が存在する。

一つは，羨道入口と玄室入口の2ヶ所の境に板状の石材を立てて配置し，玄室・羨道の側壁よりも内側に突出させる立柱石を設置する。立柱石の間の床面には梱石を置き，さらに立柱石と天井石と

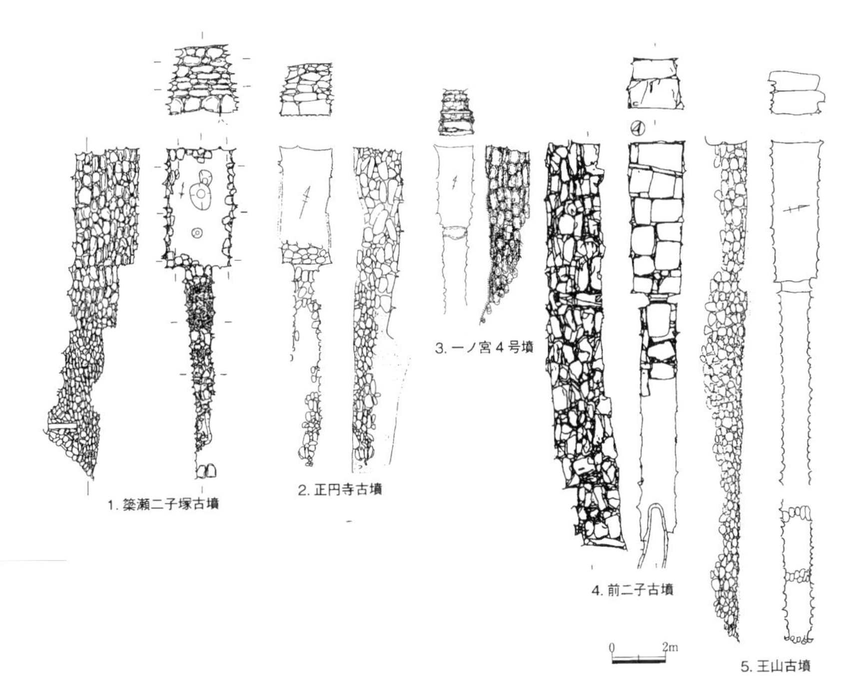

第22図　上毛野地域の初期横穴式石室

の間に，細長い石材を梁状に左右の壁に架け渡して，玄室と羨道を区画する玄門を設える。このような構造は九州北部地方に一般的に認められるものである。さらに，玄室と羨道の床面に丁寧に加工した大型の床石を並べて配置し，奥壁に沿って遺体を安置する屍床をつくりだす。床面に大型石材を配置する工法は他に例がないため比較しようがないが，石橋（2009）によれば凝灰岩加工の舟形石棺文化圏の影響もかんがえられるという。この屍床配置と部分的な床石は九州中北部でしばしばみられる手法である。このように，前二子古墳の横穴式石室は九州北部との関連がつよくみとめられるが，九州北部には例のない形態と構造がある。それは，玄室の前面に接続する幅が狭くて長い羨道である。前二子古墳がつくられた６世紀初頭頃の九州北部に一般的な横穴式石室，玄室前面に狭長な羨道が接続することはない。前原（1993）で，前二子古墳の石室に北部九州や肥後地域にみられる石室との関連性には注意を払っていたが，細長い羨道や床石は存在しなかった。これを一転させたのが，柳沢一男（2002）による朝鮮半島南部に分布する倭系古墳の調査成果と前二子古墳石室の比較であった。

5　朝鮮半島南部の倭系古墳と横穴式石室

朝鮮半島で前方後円墳や倭系横穴式石室を構築した古墳は倭系古墳と呼ばれ，朝鮮半島南部の全羅南・北道と慶尚南道に分布する。前方後円墳は朝鮮半島南西部の全羅南道に13基，北道に１基が確認され，分布の中心域は栄山江とその支流，海南半島であるが，一部，蘆嶺山脈を越えた北部にも広がる。長鼓峯古墳の墳長が77mともっとも大きく，60m台が２基，50m台が２基，残る６基は30～40m台と比較的小型のもので，墳丘規模，周堀・段築の有無や，埴輪・木製立物も存在する。

これらの前方後円墳は，1991年から発掘調査がすすめられ，現在までに10基近くが発掘され，墳丘や周堀の形態や構造がかなり明らかになりつつある。墳丘構造が判明しているものは，すべて２段築成で上段斜面に葺石が施され，基壇に円筒埴輪列がめぐる明化洞古墳や，石見型などの木製立物を伴うチャラボン古墳や月桂洞２号墳などもあり，日本列島の前方後円墳と共通した要素で構成される。これらの前方後円墳について調査の進展と資料の蓄積がすすんだ現在では，５世紀末頃から６世紀前葉までの限られた期間に集中的に築造され，その後は途絶えてしまい一過性のものであることが判明してきた。

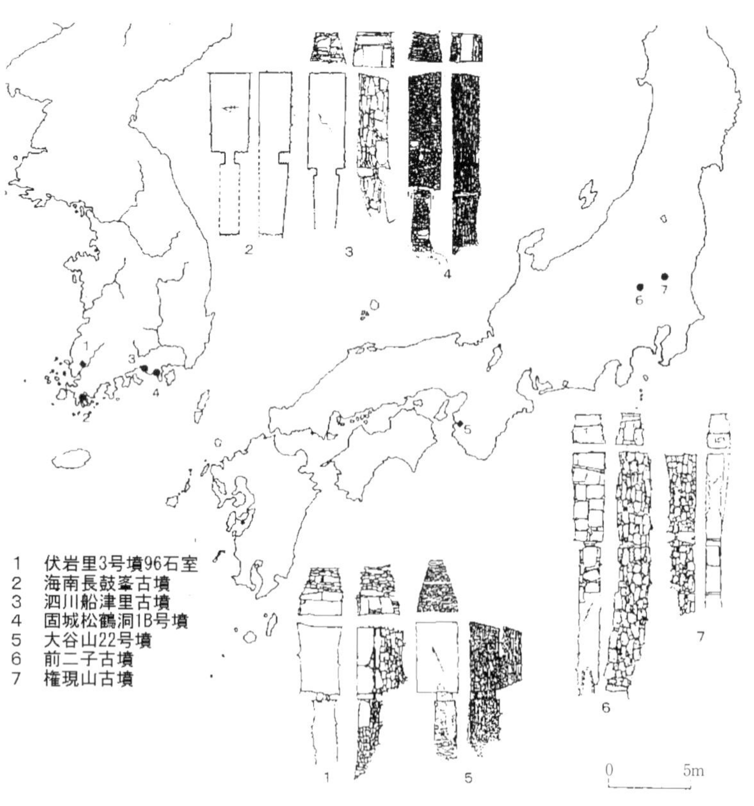

第23図　長鼓峯類型石室の分布

倭系古墳の横穴式石室の分類は，柳沢（2002）によれば，第1は，北部九州型グループ，第2に，中部九州の肥後型的な横穴式石室。第3は，北部九州型・肥後型といった典型的な九州系横穴式石室そのものではないが，玄室平面形や立柱石・梱石の配置を伴う玄門構造を備えた九州的な横穴式石室グループ，第4は，前二子古墳石室のグループに大きく分類される。九州系の石室がストレートに構築された移植型のほか，北部九州型と肥後型の合体形式や紀伊地域の横穴式石室をベースに朝鮮半島で発案された型式が生み出されたため，多様な様相と解釈されている。

この第4のグループには朝鮮半島の海南長鼓峯古墳，泗川船津里古墳，固城松鶴洞1B号墳があげられ国内では前二子古墳，宇都宮市権現山古墳が所属するという。これらのグループの特色は①長く狭い羨道を有する。②羽子板状の両袖型石室を有する。③鉤状鉄製品を有する。④立柱石を有する。⑤内面が赤色塗彩されるといった点である。しかし，平面プランは似るものの，前二子古墳では山石使用，1枚構成の凝灰岩製閉塞石，凝灰岩製の床石をもつことや固城松鶴洞1B号墳は片岩石材使用などと多種多様といえる。北部九州型や肥後型の要素を含みながら新しい要素の石室が朝鮮半島南端で発生し拡散したとも考えられる。しかし，日本国内では今のところ前二子古墳と宇都宮市権現山古墳例しかなく特別な存在といえよう。

遠く離れた地点に同時期に石室が出現する背景には，5世紀から6世紀にいたる高句麗・百済・新羅の三国ならびに加耶諸勢力間の複雑な抗争関係と，海峡を挟んだ倭との複雑な国際関係が関係するものといえる。また，漢城百済が滅亡した475年以降の百済の動き，5世紀前葉から勢力を拡大し積極的に対外交渉を展開する大加耶勢力，西方への勢力の拡張を目論む新羅の関係は，たえず和合と敵対を繰り返した。百済と隣接する大加耶勢力は，倭王権との関係を維持しながら互いに牽制し合う関係にあった。とくに，熊津に遷都した百済は勢力を回復するために，南の全羅南道一帯と蟾津江流域一帯を領有化しようと倭王権に働きかけたと指摘されている。全羅南道や慶尚南道南岸域に出現した前方後円墳や倭系横穴式石室古墳は，九州勢力をはじめとする日本各地の有力勢力がこの地域に派遣されたことを物語っていよう。

上毛野地域の出現期横穴式石室を採用した簗瀬二子塚古墳の副葬品には，大加耶系の装身具や馬具，百済系の装身具のほか，倭製の捩り環頭大刀があるが，前二子古墳にも捩り環頭大刀が含まれている。上毛野地域からは捩り環頭大刀が8基の古墳が出土している。高松雅文（2010）によれば，継体王権を象徴する威信財として広帯二山式冠と捩り環頭大刀が重視されると指摘されている。また，双葉剣菱形杏葉の分布も継体王の出身や関連地域と関係をもつ若狭地方に多く分布する。このように前二子古墳の出土品には6世紀初頭から前半の新式の副葬品をいち早く入手し，朝鮮半島との往来も見え隠れする。おそらく6世紀前半，上毛野地域の有力勢力は継体大王の要請を受けて加耶・百済に渡海したことが考えられ，新しい情報や多くの品物，優秀な朝鮮半島の人材を連れ帰ったことも考えることができよう。そのなかの構成メンバーの中に前二子古墳の関係者がふくまれていたことも想像に難くない。

おわりに

最後に，前二子古墳に隣接した地点から二つの重要な遺構が検出されている。

その一つは，大室公園の東南部にある居館遺構の梅木遺跡である。前二子古墳から東へ500mの位置である。居館遺構は四方を堀と柵列で囲まれることが想定される。堀の外側で一辺が約85m，内側で65mである。確認された南側の堀の幅は4～6.6mで東側が狭くなる。深さは1～1.2m前後である。堀の内側約5mに1.8m間隔で柵列が巡り，面積は7,200m^{2}を測る。残念なことに遺跡のすぐ東を流れる桂川によって居館の8割にあたる部分が削り取られている。堀底には5世紀終末から6世紀初頭に榛名山から噴出したHr-FAの

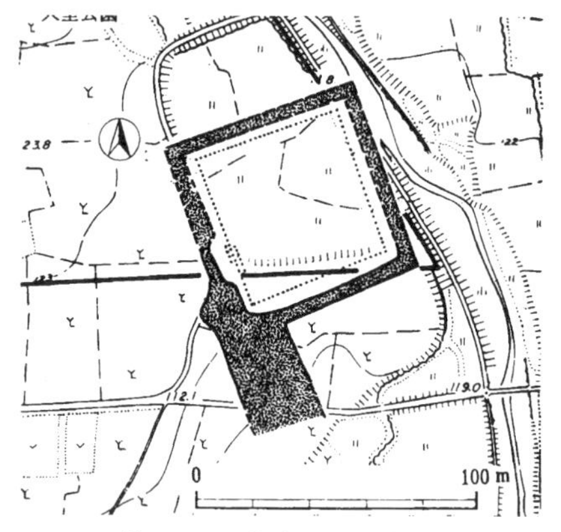

第24図　梅木遺跡の豪族館跡

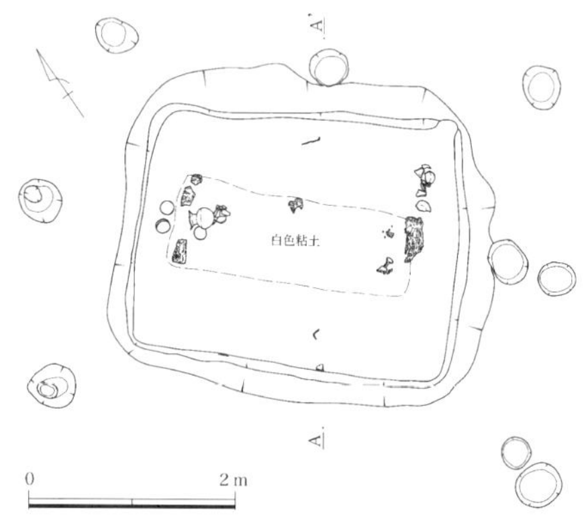

第25図　多田山古墳群の69号竪穴状遺構

テフラが堆積することから，その後に機能停止したことが考えられる。この館跡と時期的に近接するのが前二子古墳である。館の全貌は流出のため解明できないが，前二子古墳の方向である西側にコの字状の突出部があり，複数の柱穴の存在から門跡を想定できる。なお，桂川から引き込んだ水流は，南西コーナーから南へ流下させ，眼下に拡がる水田に使われた。

さらにその南東400mに位置する伊勢崎市多田山古墳群からは3.6×3.1mの69号と名付けられた特殊な竪穴が見つかっている（深澤2007）。5世紀末から6世紀初頭の土器類，鉤状鉄製品，盾隅金具などの特殊遺物とともに棺床粘土と共通する遺構や短期間の使用，意図的な焼失を受けている点などから「葬送に関する一時的な小屋」の可能性が想定されている。竪穴が発見された多田山古墳群は6世紀初頭以降に形成され7世紀まで存続するというが，この竪穴は古墳形成に先立って構築，使用，廃棄されたものである。前二子古墳との近しい位置，時期に築造されたものある。前二子古墳被葬者の「喪屋」としての可能性も検証する必要があろう。

このように周辺の調査では前二子古墳に関連した発掘調査の成果も提出されており，こういった資料を検討しながら，石室や出土遺物から九州や朝鮮半島といった巨視的な視点も交え被葬者の解明を行っていきたいと考える。また，平成4年の範囲確認調査の出土品については，発掘調査概報作成を目標にした短期間の整理作業しか実施していない。報告に掲載した実測図は出土品の一部であり，ほかに多くの埴輪や土器等は未整理の状態である。今後，機会をとらえて作業を実施したいと考えている。それらの整理作業の成果の公表にあわせて，再度，前二子古墳の被葬者の実像に迫りたいと考えている。

橋本博文さんとの出会いは昭和44年の秋，今から50年前に遡る。私の通う桐生高校の文化祭に太田高校の生徒であった橋本さんが見学にみえた。初対面であったが考古の話ですっかり意気投合したことを覚えている。大学に入ってからは桐生市梅田町の不動穴洞穴で一緒に調査を行い，社会人となってからも，昭和54年の藤岡市小林古墳群で七条突帯の円筒埴輪を使った円筒棺の指摘や平成5年の前橋市中二子古墳調査で埴輪片から海綿骨針化石をみつけ出す等の適切な助言をいただいている。新潟大学では考古学研究のほかにも文化資産活用事業に邁進されており，さらなるご活躍を祈念いたします。

（2018年8月1日受付）

参考文献

愛知県立陶磁器資料館　1995『装飾須恵器展』
池野正男　2014「筒形器台の分類と編年」『中華文明の考古学』同成社
石橋　宏　2009「井出二子山古墳出土石棺の系譜とその意義」『山麓の開発王　井出二子山古墳の世界』かみつけの里

博物館
伊藤雅文　2013「馬具」『若狭と越の古墳時代』雄山閣
入江文敏　2008「若狭・越地域における古墳時代の実相」『古墳時代の実像』吉川弘文館
内山敏行　2018「前二子古墳の馬具をめぐって」『大室古墳の教室　講座の記録 3』前橋市教育委員会
小田富士雄　1979『九州考古学研究　古墳時代編』学生社
群馬県　1978『前二子古墳』群馬県史資料編　第 3 巻
国立金海博物館　1999『加耶の器台』通川文化社
国立慶州博物館　2001『新羅黄金』
小林孝秀　2014『横穴式石室と東国社会の原像』雄山閣
斉藤忠編著　1979『日本考古学史資料集成 2 明治時代 1』斉藤忠考古学研究所
高崎市教育委員会　2009『井出二子山古墳』
高松雅文　2010「継体大王の時代を読み解く」『継体大王の時代　百舌鳥・古市古墳群の終焉と新時代の幕開け』大阪府立近つ飛鳥博物館
外池　昇　1997『幕末・明治期の陵墓』吉川弘文館
東亜大学校博物館 2005『固城松鶴洞古墳群』
東京国立博物館　1992『伽耶文化展』
奈良国立博物館　2004『黄金の国・新羅―王陵の至宝―』
新山保和　2008「前二子古墳の石見型埴輪」『群馬県内の器財埴輪Ⅱ』群馬県古墳時代研究会
橋本英将　2005「双葉剣菱形杏葉の検討」『大谷古墳』上中町教育委員会
坂　靖　2015『継体大王とヤマト』奈良県立橿原考古学研究所附属博物館
深澤敦仁　2007「「喪屋」の可能性をもつ竪穴」『考古学に学ぶ』Ⅲ　同志社大学考古学シリーズ刊行会
藤野一之　2016「藤岡でつくられた前二子古墳の須恵器」『大室古墳の教室　講座の記録 1』前橋市教育委員会
前原豊ほか　1993『大室公園史跡整備事業に伴う範囲確認調査概報Ⅱ　前二子古墳』前橋市教育委員会
前原　豊　2009『東国大豪族の威勢・大室古墳群』新泉社
前原豊編　2015『東アジアから見た前二子古墳―記録集・資料集―』前橋市教育委員会
前橋市教育委員会　2005『大室古墳群―史跡前二子古墳・中二子古墳・後二子古墳ならびに小古墳保存整備報告書―』
右島和夫　2011「横穴式石室の鉤状鉄製品」古文化談叢第 65 集
右島和夫　2018「簗瀬二子塚古墳の基礎調査とその成果」『簗瀬二子塚古墳整備事業報告書』安中市教育委員会
柳沢一男　2001「全南地方の栄山江型横穴式石室の系譜と前方後円墳」『朝鮮学報』　第 179 輯
柳沢一男　2002「日本における横穴式石室の受容を一側面～長鼓峯類型石室をめぐって～」『清渓史学』16・17 合輯
横浜開港資料館　2001『図説アーネスト・サトウ』有隣堂
和田一之輔　2006「石見型埴輪の分布」『考古学研究』60–3
和田一之輔　2015「石見型埴輪の東国波及と上番」『利根川 37』利根川同人会

挿図出典

第 2 図：斉藤忠編著 1979，第 3 図：前原豊ほか 1993，第 6 図：和田一之輔 2006，第 8 図：新山保和 2008，第 10 図：和田一之輔 2006，第 13 図：東京国立博物館 1992，第 14 図：小田富士夫 1979，第 15・16 図：奈良国立博物館 2004，第 18 図：橋本英将 2005，第 20 図：東亜大学校博物館 2005，第 22 図：小林孝秀 2014，第 23 図：柳沢一男 2002，第 25 図：深澤敦仁 2007

長野県大室古墳群大室谷支群225号墳出土の鉄鏃
—合掌形石室における追葬の検討—

風間　栄一

はじめに

長野県北部の善光寺平に分布する大室古墳群は積石塚古墳の集中的な築造によって古くから渡来系集団との関係が指摘されている。ただし，ここ10年ほどの間に公表された調査成果によると，積石墳丘上には埴輪が立て並べられ，副葬品には典型的な渡来系遺物がみられないなど，積石墳丘や合掌形石室から導かれる特異性を裏付けるような期待どおりの資料はなかなか見出すことができない。

こうしたなか，大室3期（風間2017c，以下時期区分は同じ）の築造である合掌形石室を埋葬施設とする積石墳丘の大室225号墳からは鉄鏃編年と全く合致しない棘状関をもつ鉄鏃の出土が報告されていて注目される。棘状関の出現は鉄鏃の機能進化によると考えられてきたが，同様の変化とされてきた短頸鏃と長頸鏃がそれぞれ三燕と高句麗に系譜をもつと明らかにされた（水野2009）ように，棘状関自体も朝鮮半島等からの影響による可能性を十分予想すべき段階に来ていると考えられる。すると列島内での変遷から逸脱した資料の存在は渡来系遺物である可能性が想起され，これが大室谷支群大石単位支群の形成初期の積石墳丘・合掌形石室の古墳に副葬されているということになると，俄然，大室古墳群と渡来系集団との関わりがクローズアップされてこよう。

そこで本稿ではこの大室225号墳から出土した鉄鏃を取り上げ，この鉄鏃をめぐってこれまでに示された解釈案を再検証する。また，この鉄鏃の解釈上重要な位置を占めている「合掌形石室の追葬」という事象については，これまで全く検証が行われないままそれぞれの論者にとって自明の理として取り扱われていて，共通理解が形成されていない課題となっている。横口構造からは機能上追葬が可能となるが，横口の規模や妻入という位置などからは実質的に追葬は難しい。

以上の認識に基づき，渡来系の可能性も想起される特異な鉄鏃について取り上げるとともに，果たして追葬は行われたのか否か，合掌形石室の有する特性の一端を探ってみることとしたい。

1　大室225号墳の概要

大室225号墳（第1図参照）は大室古墳群大室谷支群大石単位支群に属している（佐藤ほか2006）。大室谷支群のほとんどの古墳は谷底を開析する音無川の両岸に分布しているが，大石単位支群はこの谷に突き出した痩せ尾根上に位置し，積石墳丘・合掌形石室の221号墳・225号墳，積石墳丘状の集石遺構とされる226号墳，土石混合墳丘・横穴式石室の227号墳の4基が一直線に並んでいる。また，その東側の小支谷には222号墳・223号墳・224号墳・230号墳の4基の横穴式石室墳が位置する。特に尾根上に合掌形石室墳が並ぶ事例は大室古墳群内では他にみられない特異な景観となる。

大石単位支群は1984年～1986年にかけて，明治大学文学部考古学研究室によって発掘調査が実施されている（大塚ほか2006）。前記の8基と220号墳の計9基の古墳が調査され，単位支群の全体像が把握できる稀有な事例となっている。大室225号墳はこの調査の一環として，墳丘および埋葬施設である合掌形石室の清掃調査が実施された。墳丘は石のみが使用された積石墳丘で，裾石は確認されていないものの13.5×13.0m，残存墳丘高2.5mの円墳と考えられている。埋葬施設は合掌形石室で，内法長1.93m，幅1.17m（奥壁側）1.03m（横口側）を測る。側壁は長側板・小口板ともに一枚石から構成され，床は二枚の板石によっている。天井石は二枚一組の板状石二組から構成され，石室内に崩れ落ちていた。

墳丘上からは埴輪（円筒・壺形）と土師器（高杯・二重口縁壺）が出土している。埴輪の出土量は多くはなく，立て並べられた密度は粗で位置は不明となるが，大室221号墳とともに大室古墳群の積石墳丘・合掌形石室墳に埴輪が使用されることを報告した最初の事例となる。土器は清掃調査であるため，土器集中の様相はつかめていないうえ，土師器のみで須恵器の出土は認められていない。

合掌形石室内はすでに開口している状況であったため副葬品などの出土はなかったが，石室床石を除去して調査を実施した結果，床石の脇からその直下の礫敷上で鉄鏃16点と鉄鎌1点が出土している。ただし，鉄鏃群には平面的なまとまりや切っ先の方向を揃えるなどの状況は認められていない。こうした床石直下からの鉄鏃や鉄鎌出土は報告でも重視されていて，(1)床石下の礫敷きの性格，(2)板石下の遺物の性格，(3)遺物の混入の仕方という3項目をそれぞれ大・中・小条件とし，さらにそれぞれ追葬が有る場合と無い場合に分けた都合17項の場合を想定し，本墳の状況に照らし合わせながら消去法による検討が行われている。その結果，追葬時に床石が加えられたとする場合，追葬の有無に関わらず床面設置時の祭祀に伴うとする場合が蓋然性が高い解釈として提起されている。

墳丘上から出土した土師器高杯と壺は本村東沖編年4段階（TK208型式期）に，鉄鏃は鏃身部に逆刺をもつ片刃箭式長頸鏃で杉山編年Ⅷ期・水野編年中期5段階（TK23～47型式期）に位置づけられ，225号墳は合掌形石室を埋葬施設とする5世紀後半代に築造された直径13m台の積石墳丘の円墳と報告された。

2　大室225号墳出土鉄鏃の提起する問題

大室225号墳から出土した16点の鉄鏃は鏃身形態がわかるものはいずれも片刃箭式長頸鏃で，関部形態に台形関と棘状関の二種があることが報告で指摘されている（第5図参照）。この二種の鉄鏃の位置づけに関して，少し長くなるが，報告文を引用しておきたい。

> 「本古墳においては，その出土状況から副葬品が一括である可能性が極めて高く，台形関と棘関の長頸鏃に時間的な差を見出しがたい。また，当地域において，台形関の長頸鏃と棘関の長頸鏃の間に時間的な共伴関係があることは，既に指摘されている（松尾1992）。以上の点を考慮すると，長頸片刃鏃の年代に関しては，本来の長頸片刃鏃（台形関）に与えられた年代を採用すべきであると考えられ，よって225号墳の年代は，杉山のⅧ期（杉山1988），水野の中期5段階（水野2003），対応する須恵器編年では陶邑TK23～47型式の範疇に収まるものと考えられる。」（佐藤ほか2006：106頁）。

報告では台形関・棘状関ともに松尾昌彦の提起した見解（松尾1992）に準拠して，TK23～TK47型式期に位置づけられている。一般的に鉄鏃編年における棘状関の出現は6世紀後半（TK43型式期）に全国的に同調した動きとされているが，松尾は森将軍塚古墳や周辺の古墳・小型埋葬施設群から出土した鉄鏃を中心に善光寺平南部地域の鉄鏃変遷を検討するなかで，棘状関を有する長頸鏃のⅢ-a-4類のうち，県主塚古墳（長野市）と森将軍塚古墳4号埴輪棺（千曲市）の出土鉄鏃がⅢ期（TK47型式5世紀後半～末）に，観音塚古墳（長野市）出土鉄鏃がⅣ期（6世紀初頭～前半）に位置づけられることから，善光寺平南部地域における棘状関の

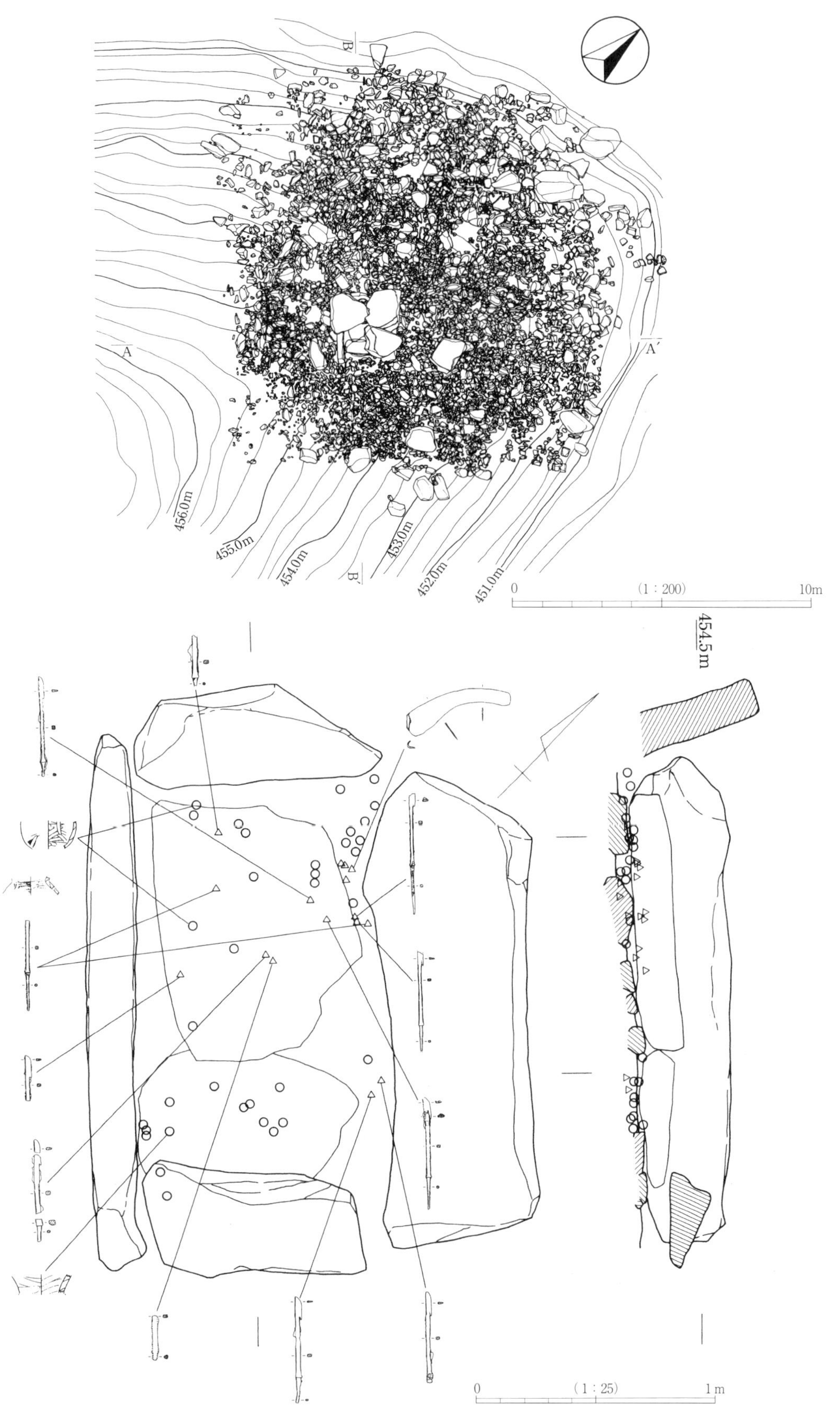

第 1 図　大室 225 号墳墳丘および合掌形石室の遺物出土状況図（佐藤ほか 2006 より引用・改変）

出現は5世紀末まで遡り，6世紀後半まで台形関と棘状関が共伴することを見出した（松尾 1992）。さらに，田中新史による古墳時代中期鉄鏃の事例分析（田中 1999）から一時坂古墳（諏訪市）にも同様に片平造広身系長三角形鏃に1点，棘状関があることを指摘し，善光寺平南部地域に限定されない現象としている（松尾 2002）。こうした松尾の見解に対しては，長野県下の鉄鏃の地域的変遷を分析した平林大樹（平林 2013）や中村新之介（中村 2015）によってすでに批判がなされているが，改めて根拠となる資料について確認しておきたい（第2図参照）。

県主塚古墳は長野市北部の浅川東条に位置する単独古墳であるが，1922（大正 11）年に避病院建設のための石材採取で破壊・消滅し，墳丘規模・墳丘形態ともに明らかになっていない（米山 1976）。矢口忠良は由来石碑・区有文書・伝承や資料調査による遺物相から横穴式石室の可能性を指摘し（矢口 1980），長野県史では横穴式石室とされている（長野県 1981）。病院建設に伴う石材採取が目的だったとすれば，横穴式石室を想定することは穏当であろう。

出土遺物は長らく浅川東条公民館に地区の至宝として大切に保管・展示されてきたが，現在は長野市立博物館に寄託されている。これまで記載された出土遺物の種別と数量をまとめると，第1表のようになる。

轡2，勾玉2とすべての報告で種別・数量が合致するものがある一方で鉄鏃や刀子は報告ごとに大きく異なっていて，県主塚古墳から出土したとされる遺物の数量を確定することは難しい。ただし，浅川東条公民館において資料調査を行った矢口報告が現在寄託されている資料に種別・数量で最も近いことから，これをもって県主塚古墳の出土品と捉えておきたい。

鉄鏃は現在13点残されていて，柳葉形の長頸鏃で鏃身部に大小二種が認められる。共に平林分類の両刃Ⅰ式（平林 2013）に該当し，通有に認められる古墳時代後期鉄鏃と判断される。また，轡2点はともに大形矩形立聞環状鏡板付轡で，TK209型式併行期に比定されている（宮代 2015）。横穴式石室の可能性が考えられるものの埋葬施設の種別や出土状況が定かでないため，追葬の有無などは明らかにできないが，すくなくとも古墳時代中期に遡る遺物の存在は認められなく，横穴式石室が一般的となる古墳時代後期後半以後の遺物相とみて誤りないと考えられる。

森将軍塚古墳4号埴輪棺（森田 1992）は，千曲市有明山に所在する森将軍塚古墳の前方部東側墳丘裾のテラス面に位置し，竪穴式石槨状の内部に円筒埴輪・朝顔形埴輪を用いた埴輪棺である。棺として使用された埴輪は前方部東側墳丘斜面出土破片との接合関係が確認されていて，墳丘に設置された埴輪を転用していることが確実である。棺内からは管玉1・臼玉7点が出土し，臼玉は粗雑な整形であるが側面に稜をわずかに

第1表　県主塚古墳出土遺物数量一覧表

	米山 1976	矢口 1980	県史 1981
直刀	3	4	4
刀子		7	2
鉄鏃	19	14	3
耳環	3	3	2
勾玉	2	2	2
管玉	9	9	8
ガラス玉	9	2	
丸玉・臼玉・小玉	10以上	鐸2	
その他	鉄鐸2 馬具破片 須恵器	切子玉12 土器多数	

残していて，竪穴式石槨の形状からも古墳時代中期中葉を前後する時期に位置づけることが可能と考えられる。ただし，棘状関を有する長頸鏃を含む4点の鉄鏃は棺内出土ではなく，埴輪棺を覆う角礫層中の出土と報告されていて，棺内出土の玉類同様に副葬遺物として取り扱うことはできない。

鏃身部を欠損する1点を除く3点はいずれも鏃身関が直角関となる柳葉形で，鏃身の3倍程度の長さとなる頸部に棘状関を有する長頸鏃で，平林分類両刃Ⅰ式に該当する（平林2013）。問題となる棘状関を除く鏃身や頸部などの各要素をみても，森将軍塚古墳群中では6号墳・7号墳・14号墳出土鉄鏃，このほか大室224号墳（長野市）出土鉄鏃など水野編年後期2～3段階や平林編年1期に該当する資料と同一型式と把握できる。このように，4号埴輪棺出土鉄鏃は出土状況・鉄鏃の編年観ともに4号埴輪棺の埋葬時に直接伴うとは考えがたく，4号埴輪棺の年代観をもって鉄鏃の時期決定が行える資料ではないと判断される。

観音塚古墳は長野市松代町平林・村北にかつて所在した古墳で，直径18mを測る積石墳丘の円墳とされている。1875（明治8）年に発掘調査が実施されて消滅した。出土遺物は一部散逸したようで全てではないが，六鈴鏡1，玉類（勾玉（瑪瑙6・碧玉2）・切子玉3・丸玉7・ガラス小玉20），金環4・銀環4・鉄環1，鉄刀（鐔），鉄鏃12，甲冑片，馬具（雲珠1・辻金具3・轡1）が確認されている（米山1978）。

長野市誌には個人所有の遺物として，六鈴鏡1，馬具2（杏葉・雲珠），耳環6，玉類（勾玉4・切子玉2・管玉1・丸玉8・ガラス小玉21・不明1），鉄鏃9の実測図が掲載されている（長野市誌編さん委員会2003：277頁 図40）。鉄鏃はすべて長頸鏃で，片刃箭式1と鑿箭式とされた柳葉形長頸鏃8となる。棘状関を有するのはいずれも柳葉形であり，これらはいずれも平林分類両刃Ⅰ式（平林2013）に該当し，古墳時代後期後半代に位置づけられる。これに対し，片刃箭式は棘状関ではなく台形関で，鏃身部に逆刺があるなど柳葉形よりも確実に遡る。六鈴鏡や杏葉などとともに6世紀前半代に位置づくと考えられ，本墳の築造時期を示していよう。このように，松尾が本墳を6世紀初頭から前半の築造とした点に異論はないが，棘状関をもつ柳葉形の鉄鏃群を初葬まで遡らせるのは難しい。埋葬施設の形態・構造などは伝えられていなく不明であるが，金環・銀環とされる耳環が複数セットで出土していることなどから追葬が確実視でき，横穴式石室である可能性が最も高いと考えられる。つまり，本墳は6世紀前半代に遡る導入期の横穴式石室を埋葬施設とする古墳として築造されたが，棘状関の鉄鏃群は6世紀後半代以降の追葬に伴うと考えられ，これらを築造期に位置づけて棘状関の出現が遡る一事例とすることは難しいと考えられる。

以上のように，鉄鏃編年が飛躍的に整備された今日的な目で改めて再検証すると，松尾が善光寺平における棘状関の出現が遡る根拠とした鉄鏃事例はいずれも古墳時代後期後半に位置づくとでき，善光寺平においても棘状関の出現は平林や中村が主張するように，全国的な動向と軌を一にしたTK43型式期とすることが妥当であろう。すると，225号墳の台形関と棘状関の長頸鏃の時間的共伴性は根拠となる前提が崩れたこととなり，新たな解釈が求められる。

棘状関の出現をTK43型式段階とする平林大樹は225号墳出土鉄鏃に関して「出土状況等も含め，慎重な判断が必要である。」（平林2013：134頁）と見解を保留しているが，中村新之介は二者を異なる時期の所産と捉えている。以下，中村の見解を引用しておきたい。

「長頸鏃台形関片刃箭式のうち，2点は台形関である。TK23～TK47型式期の時期と考えられる。この2点を除いた長頸鏃台形関片刃箭式と長頸鏃棘状関片刃箭式は，棘状関がやや未発達であり，棘状関出現期と考えられる。このことから，長頸鏃棘状関片刃箭式はTK43型式期と言える。以上のことから，第225号墳はTK23～TK47型式期に初葬が行われ，TK43型式期以降に追葬が行われたと理解したい。鉄鏃がすべて床石の下から出土している現象については，TK43型式期以降の追葬後に床石が貼られたか何らかの改変を受けた結果であると考えたい。」（中村2015：196頁）。

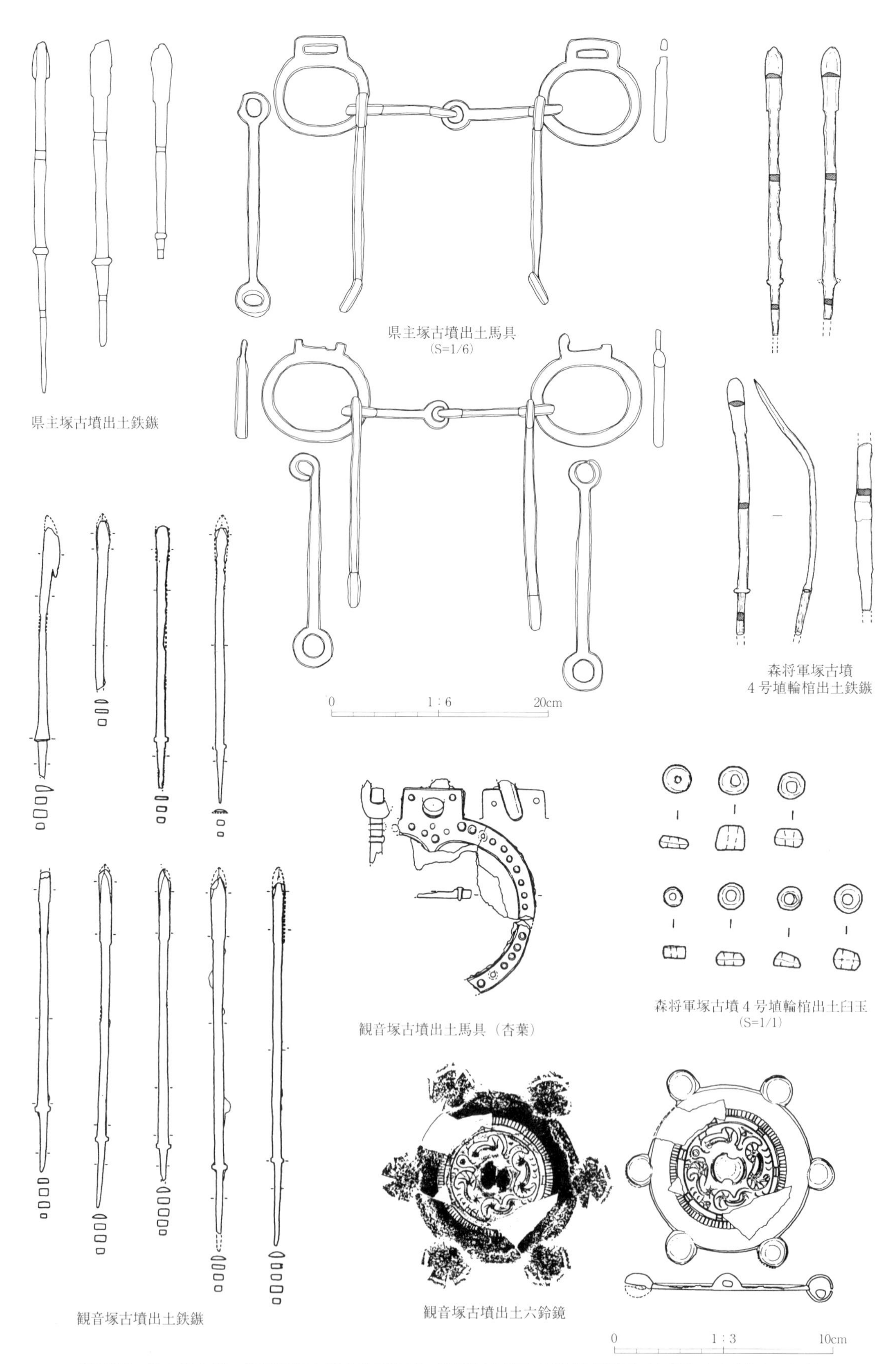

第2図　県主塚古墳・森将軍塚古墳4号埴輪棺・観音塚古墳出土遺物実測図（各報告より引用・改変）

この中村の見解は棘状関の出現をTK43型式期に求める立場からは当然の解釈となる。しかし，初葬・追葬による副葬遺物の時期的な分別は横穴式石室であれば一般事象となるが，追葬について未だ解明されていない合掌形石室においてはすぐに肯首し得る解釈とはならない。つまり，台形関の長頸鏃と棘状関の長頸鏃の間に時間的差異があり，それが初葬と追葬に対応するとみた中村の見解は，ひとり鉄鏃の属性による整合性のみでは解決されない，「合掌形石室における追葬」を前提にしていると指摘できよう。

3　大室225号墳における追葬について

千曲川流域に分布する「合掌形石室」には，下部構造が箱形石棺状を呈するものと横穴式石室状を呈するものの二者がある。このうち，後者は竹原笹塚古墳や桑根井空塚古墳を代表例とし，竹原笹塚古墳では時期の異なる馬具セットが見出されていて，追葬が確実視される（松尾1987，宮代2015）。検討の対象となる大室225号墳は前者に該当することから，本稿において以下使用する「合掌形石室」は下部構造が箱形石棺状を呈する前者に限定して用いる。

合掌形石室については箱形石棺同様に竪穴系の埋葬施設と考えられてきたため，学史上，追葬が問題にされることはなかった。しかし，青木和明が地附山古墳群の合掌形石室について，「天井部を蓋として埋葬施設を閉塞した構造とは異質な石室構造」（青木ほか1988：17頁）として横口式の石室構造を指摘したことを嚆矢に，大星山2号墳に関して土屋積が「北壁は四壁のうちで最後に置かれたものであり，その構造は他の三壁と異なり，横穴式石室の玄門部を思わせるような構造」（土屋ほか1996：70頁）とし，さらに，土生田純之は地附山古墳群における青木の見解を追認（土生田1996）したうえで，大室古墳群の合掌形石室も地附山古墳群同様に横口構造を有する竪穴系横口式石室の一種と指摘している（土生田2000）。こうした合掌形石室の横口構造については出現期の大星山2号墳から終焉に至るまで継続する基本構造として理解されていて（飯島2003），追葬が構造上可能となる。

しかしながら，これまでに調査された合掌形石室は基本的にすでに開口しているものばかりで，横口部における閉塞状況の把握も十分に行われていない。特に，横口部の上部を覆う合掌形天井と閉塞状況が共に確認された事例はなく，狭小な横口部が実際どのように機能したのかについては，追葬のみならず築造契機となる埋葬時の状況も理解できていない。このため，合掌形石室における追葬の有無を検討するにあたっては，合掌形石室内より出土した副葬品の組合せや墳丘出土の埴輪・土器との時間的な相互関係を検討し，追葬以外には考えづらい時間差を見出し得るか否かを検証する方法によった[1)]。

大室196号墳は大室谷支群ムジナゴーロ単位支群に位置し，直径19mを測る積石墳丘・合掌形石室の古墳である（第3図参照）。合掌形石室は大破していたが，石室内より珠文鏡・横矧板鋲留短甲・鉄製内湾楕円形鏡板付轡・鉄剣・鉄鉾・鉄鏃・玉類・砥石などの多種目にわたる遺物が，墳丘上から土師器・須恵器などが出土している（大塚1992，佐々木ほか2015）。これほど多彩な副葬品が確認された事例は大室古墳群内では他例がないだけではなく，大室古墳群の合掌形石室被葬者が中期中葉以降善光寺平で稀少事例となる珠文鏡・鋲留短甲や馬具を入手し得る立場にあったことを示す事例として注目される[2)]。横矧板鋲留短甲は細片化しているが，全体的に鉄包覆輪を用いる金銅装蝶番「方形4鋲グループ」に属することが明らかにされ（内山2015），滝沢編年Ⅱｂ式に該当し，TK208～TK23型式併行期に位置づけられる（滝沢2015）。鉄製内湾楕円形鏡板付轡はTK208～TK23型式併行期に位置づけられ，現在，大室古墳群内で最も古い馬具と評価されている（宮代2015）。鉄鏃は長頸鏃（片刃箭式・柳葉式・三角形式）と短頸鏃（柳葉式・腸抉三角形式）から構成され，報告者の中村新之介は柳葉形長頸鏃を除く鏃群をTK23～TK47型式期に，柳葉形長頸鏃のみMT15

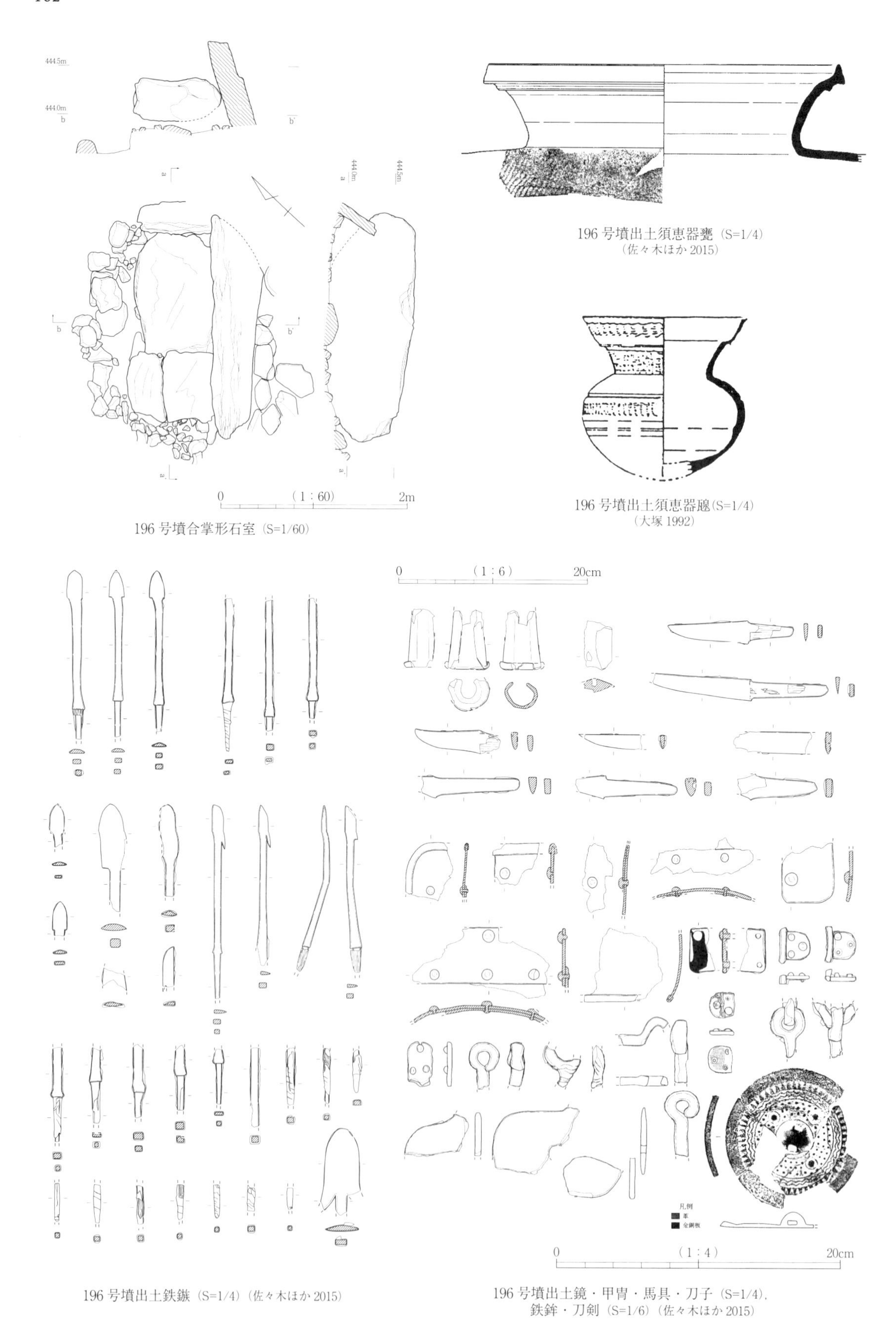

196 号墳合掌形石室（S=1/60）

196 号墳出土須恵器甕（S=1/4）
（佐々木ほか 2015）

196 号墳出土須恵器䍃（S=1/4）
（大塚 1992）

196 号墳出土鉄鏃（S=1/4）（佐々木ほか 2015）

196 号墳出土鏡・甲冑・馬具・刀子（S=1/4），
鉄鉾・刀剣（S=1/6）（佐々木ほか 2015）

第 3 図　大室 196 号墳合掌形石室および出土遺物実測図（大塚 1992，佐々木ほか 2015 より引用・改変）

型式期に下降させて位置づけている（中村2015）。しかし，柳葉形長頸鏃はTK216～208型式期に位置づけられる林畔1号墳（中野市）をはじめに長頸鏃の出現段階から中期後葉を中心に認められ，この型式のみを特に取り上げて時期を下降させる必要性は見当たらない。妙前大塚古墳（飯田市）などと同様に多数型式少数副葬の事例として一括の鉄鏃群と捉えられる。この他，鉄鉾は袋部のみの破片で，袋部端を折り返す類似例の少ないものであり，鉄剣は小片で全体像が把握できない。ただし，鏡や甲冑，馬具等の遺物群と時期を異にするとは考えがたく，196号墳の合掌形石室内から出土した副葬品は単一時期の遺物群と把握できる。墳丘から出土した須恵器は甕（佐々木ほか2015），𤭯（大塚1992）ともにTK23型式と把握でき[3]，副葬品群とともにTK23型式期に位置づけられる。

大室155号墳は大室谷支群ムジナゴーロ単位支群に属する直径9.2×10.4mを測る積石墳丘の円墳である（第4図参照）。積石墳丘上からは埴輪（円筒・壺形），土師器（高杯・甕・二重口縁壺），須恵器（高杯・甕・蓋）が出土している。埴輪と土師器は墳丘西側に多い傾向があるが，埴輪の原位置や特別な土器集中は確認されていない。埴輪はタテハケ二次調整で赤色塗彩され，野焼き焼成による。土師器は細片化が著しく全体形がわかるものがないが，中期後半代（TK208～TK47型式期）に，須恵器は後期後半代（TK43～TK217型式）に位置づけられている。埋葬施設は合掌形石室で，石室内からは鉄刀片が1点出土したのみであったが，床石下より片刃箭式長頸鏃が13点出土している。これらの鉄鏃は杉山編年Ⅷ期，水野編年中期4段階，大谷編年中Ⅳ期に位置づけられている（田村ほか2015）。墳丘出土の土師器と合掌形石室床石下から出土した鉄鏃は同時期となり，一括とみて誤りがない。また，鉄刀片は小片であるが茎尻が隅抉となり，鉄鏃と共伴することに問題はなかろう。埴輪については窖窯焼成埴輪が導入されている時期であるが，大室古墳群大室谷支群では6世紀前半代まで野焼き焼成の埴輪が使用されているので，同時期の特徴とできる。須恵器のみ時期が大きく離れるが，甕を含むにもかかわらず出土総量が1kg未満と少量で復元率も極めて悪いことや石室内に土器が持ち込まれた（副葬された）痕跡が認められないことから追葬に伴い使用されたとは考えづらい。鉄刀・鉄鏃・土師器・埴輪が伴うTK23～TK47型式併行期の単一時期と把握できよう。なお，本墳では周囲に近接して後期古墳が存在せず，須恵器が別の後期古墳から流入したと想定することは難しい。墓前祭祀等が後期後半代に至っても行われていたことを示す一事例と解される。

大室168号墳は直径14mを測る積石墳丘・合掌形石室の古墳である。合掌形の天井石が残る希有な事例であるが，古くから開口していたこともあって合掌形石室内から副葬遺物は出土していない。墳丘上からは埴輪（円筒埴輪・朝顔形埴輪・壺形埴輪）と土器群（土師器・須恵器），馬形土製品が出土している（小林ほか2008）。これらの遺物は，①斜面上方側（墳丘南側）の墳丘裾部（土師器高杯・𤭯・鉢・坩・蓋・二重口縁壺，須恵器蓋杯・高杯・広口壺，馬形土製品），②墳丘中段から裾部（埴輪・土師器壺・須恵器甕），③合掌形石室の斜面上方側（須恵器𤭯）と大きく3ヶ所から出土し，①配置された遺物群（土器集中），②墳丘を囲繞する遺物群，③石室への供献に関わる遺物群とそれぞれ性格づけがなされている。土師器・須恵器ともにそれぞれ異なる箇所での出土遺物の間で型式差はなく，TK23型式併行期に位置づけられている。埴輪はタテハケとナデを主体とする調整で，一部に赤色塗彩が認められ，焼成は野焼き焼成となる。前記した大室155号墳同様で，土師器・須恵器との年代的な齟齬はなく，いずれもTK23型式期の単一時期と考えられる。

大室356号墳は北谷支群に位置する積石・合掌形石室墳で，発掘調査は実施されていないものの，直刀1・鉄鏃1・須恵器𤭯1が出土（採集）されていて（第4図参照），これらはいずれもMT15型式期の一括遺物と把握される（風間2017a）。

このように大室古墳群の合掌形石室は盛行期である大室3期（196号墳・168号墳・155号墳），終焉期となる大室4期（大室356号墳）ともに石室内出土の副葬品や墳丘出土の土器や埴輪に追葬を示すような時間差

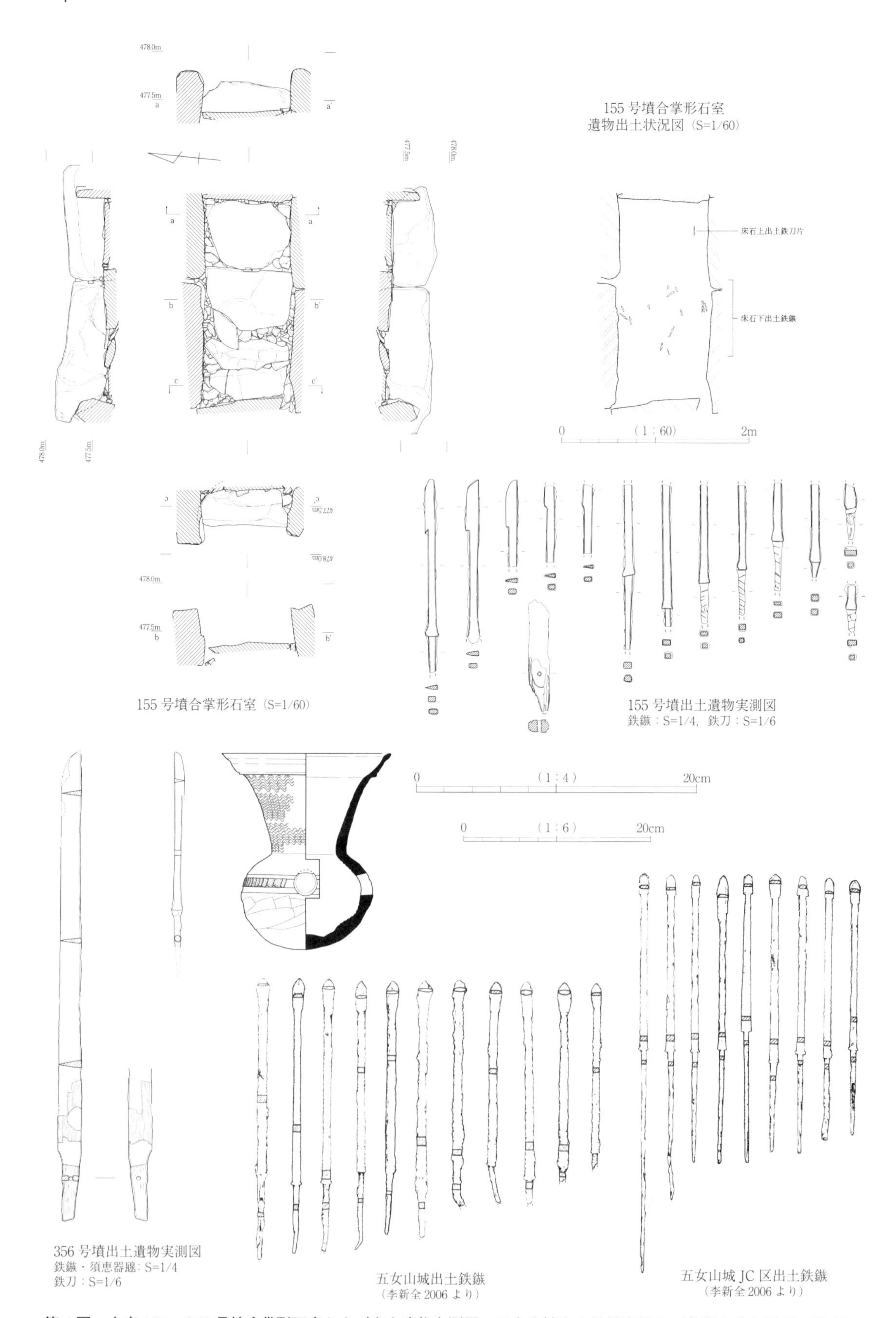

第 4 図　大室 155・356 号墳合掌形石室および出土遺物実測図，五女山城出土鉄鏃実測図（各報文より引用・改変）

を見出すことはできなかった。また，165号墳や176号墳など同一墳丘内に合掌形石室が複数構築される事例が少なからず認められることに加え，大室古墳群外となるが地附山古墳群上池の平1号墳における2基の合掌形石室と1基の箱形石棺が同一墳丘内に構築された事例（青木ほか1988）をみると，木棺直葬等の竪穴系埋葬施設の墳頂部多葬事例と通底し，横口構造であっても単一埋葬を基本とした施設と考えられる。以上の検討結果より，大室225号墳も追葬を伴わない単一埋葬と考えられるが，特異な遺物の出土状況をみせているため，この点について検討を加えておきたい。

大室225号墳の合掌形石室内からは鉄鏃・鉄鎌・土師器の出土があるが，いずれも合掌形石室の床石の下および脇から出土している。床石下から出土した土師器（直口壺と壺）のうち，肩が張らない壺の頸部とほぼ球胴の胴部下半はハケメ調整後にミガキ調整が施されているが，ハケメが完全に消されていない。小破片であるため明確さに欠けるが，こうした形態や調整の特徴は古墳時代中期後葉に認められ（風間2017a），直口壺を含めて墳丘から出土した土師器に与えられたTK23型式併行期[4]（小坂2008）と同時期とできる。少なくとも棘状関の鉄鏃の追葬とされる後期後半まで下ることはなく，合掌形石室の床石下から出土した土師器は墳丘構築時と捉えて誤りない。また，問題となる棘状関の長頸鏃も合掌形石室の床石下・脇の両方から台形関の長頸鏃に混ざって出土していて，床石上に追葬された棘状関の長頸鏃が自然に転落し，他の遺物と混在したと捉えることはできない。このため，出土遺物が225号墳築造時の一括であれば，床石設置以前に置かれたものとなり，棘状関の長頸鏃を追葬と想定する場合はすでに設置されていた床石を動かしたことが必然となる。あるいは，合掌形石室における床構造は大半の事例で床石を使用しているが，出現期の大星山2号墳（長野市）や大室168号墳・196号墳が礫敷であることをもって，初葬時には礫敷であったものを追葬時に床石を追加したと想定することもできよう。いずれにしても，合掌形石室は狭小な空間であるため，追葬を想定する場合，床石を動かすあるいは追加するためには横口部を使用するだけでは不可能で，合掌形の天井石を一度取り払うなど，かなり大掛かりな作業を実施しなければならないこととなる。もはや横口構造による追葬とはいい得ない異なる行為となろう。

合掌形石室の床石下から遺物が出土することは大室谷支群155号墳でも確認されている。155号墳は合掌形石室を埋葬施設とする直径10m前後の積石墳丘の円墳で，墳丘上には円筒埴輪と壺形埴輪が立て並べられている（田村ほか2015）。報告ではTK208～TK47型式併行期の古墳時代中期後半とされているが，225号墳と同時期の大室3期に築造された古墳と考えられる。埋葬施設は合掌形石室の可能性が指摘されているが，両小口の設置高に差がなく，通例みられる合掌形石室とは異なる。ただし，西側小口の設置深は東側に比べて浅く，床石も東側が大きく，西側で小型の石材が使用されている点から横口を意識した構造であった可能性が高く，使用された石材や石室規模からみても合掌形石室とする想定は妥当であろう。

遺物の出土は，石室内から鉄刀片が1点出土したほか，崩落石に混じって埴輪・土師器・須恵器の破片が出土している。また，床石下からは鉄刀片2点，鉄鏃13点，土師器片，須恵器片が出土している。鉄鏃は鏃身部が残るものはすべて逆刺を有する片刃箭式長頸鏃で，土師器高杯片とも時期差は認められない。ただし，須恵器高杯片1はTK43型式以後の新しい時期のものが含まれている。この須恵器高杯片については残念ながら報告では出土位置が明示されていないが，残存した破片は杯脚接合部で比較的大きく，特に高さがある。これが床石下に意図的に入れられた（追葬された）とするならば，床石の自重を受けて，さらに細片化していたはずである。それが見られないことからは他の須恵器片同様に崩落石とともに石室内に落ち込んだものが，さらに床石と床石の隙間から床石下のレベルまで落ち込んだと捉えることが自然であろう。

さて，この155号墳における鉄鏃を中心とした床石直下より出土した遺物について，調査報告者の田村隆太郎は「墳丘の積石段階の途中，石室構築前もしくは床石施工前 の埋葬や儀礼にかんする痕跡である可能性を考慮する必要がある。」と指摘している（田村ほか 2015：60 頁）。大室古墳群における合掌形石室では，いずれの事例も基本的に長側板と小口板は床石設置高よりも深く墳丘内に設置されていて，長側板や小口板と床石の設置高がほぼ同一となる箱形石棺とは異なる（風間 2017b）。墓壙を掘り込むことが現実的でない積石墳丘では，箱形石棺であれば構築墓壙が整えられたと想定できるが，合掌形石室ではまず長側板と小口板が設置され，その後石室の内外ともに石材を積み上げながら壁板を固定し，石室内部では床石設置面で，石室外部では 168 号墳の調査成果を参照すると合掌形の天井石を設置する面で整地が行われるという構築手順がとられたものと考えられる。つまり，合掌形石室は内外ともに墳丘構築と同時に行われる積石の最終段階の整地工程を経て床石や天井石の設置という合掌形石室の固有の構築工程に移る。このように捉えると，床石下の整地礫層面から出土した遺物群は墳丘構築から合掌形石室の構築に工程が移る段階で使用されたものとなる。さらに，155 号墳と 225 号墳と現時点で二例ではあるが，別の単位支群に属する同一時期の古墳で認められることは特殊事例の偶然の一致とは考えがたく，田村が指摘する墳丘の積石段階の途中，石室構築前もしくは床石施工前の儀礼に伴い使用された遺物群との評価は支持できる[5)]。

以上，大室 225 号墳の合掌形石室の床石下から出土した遺物は大室 155 号墳同様に古墳構築に係る儀礼に伴う可能性が高く，埋葬後時を隔てて床石下へ埋納されたとは考えがたい。これは合掌形石室は基本的に追葬を行わない単一埋葬施設であるとした先の検討結果とも整合し，大室 225 号墳では他の合掌形石室同様に，追葬は行われなかったと結論づけることができよう。

4　大室225号墳出土鉄鏃について

合掌形石室を埋葬施設とする積石墳丘の大室 225 号墳から台形関と棘状関の二種の鉄鏃が出土しているという報告に端を発し，まずは善光寺平で棘状関の出現が 5 世紀代まで遡るとする学説を再検証して，今日的には成立しがたいことを示した。続いて，台形関の鉄鏃と棘状関の鉄鏃が初葬と追葬にそれぞれ伴い，二種の鉄鏃の製作・使用の時期が異なるとする理解に関し，合掌形石室では追葬が確認されず単一埋葬施設と考えられること，さらに床石下での使用は古墳築造過程における儀礼に伴う可能性が高いことから，二種の鉄鏃は同時使用と考えられることを示した。つまり，棘状関の出現は鉄鏃研究の定説どおりに 6 世紀後半とした一方で，大室 225 号墳出土の棘状関と報告された鉄鏃は大室 3 期（5 世紀後半）に遡るとし，両者が相反してまったく整合しない結果となった。この例外事例を説明していくためには，鉄鏃変遷が異なる列島外から持ち込まれた渡来系遺物と考えるか，棘状関の認識が誤っているかという二者を検討する必要性が認められる。

鉄鏃の変遷上，日本列島と朝鮮半島南部は古墳時代中期以降歩調を合わせていて，棘状関についても朝鮮半島南部・日本列島ともに 6 世紀後半の出現と考えられている（鈴木 2003，水野 2003・2009 ほか）が，高句麗の鉄鏃研究では注目される見解が提起されている。李新全は高句麗・五女山城出土の鉄鏃と日本の古墳出土鉄鏃との比較検討を行うなかで，五女山城出土鉄鏃を A～K の 11 種に分類し，①日本の古墳出土品には高句麗鉄鏃の主要形状がすべて含まれていること，②B 型鑿形・C 型剣形・D 型錐形は日本の古墳で見られないこと，③A 型蛇形は五女山城出土鉄鏃の 68 %を占める主力形態であり，三燕にはなく高句麗にいち早く認められることから，高句麗から朝鮮半島南部や日本へ伝播した鉄鏃であることなどを指摘している（李新全 2006）。これら五女山城出土の鉄鏃は 4 世紀末から 5 世紀初めに位置づけられていて，柳葉形長頸鏃に該当する蛇形鏃は棘状関を備えるなど，本稿で問題としている古墳時代中期後半代の棘状関を考えるうえで非常に注目される資料となる（第 4 図参照）。

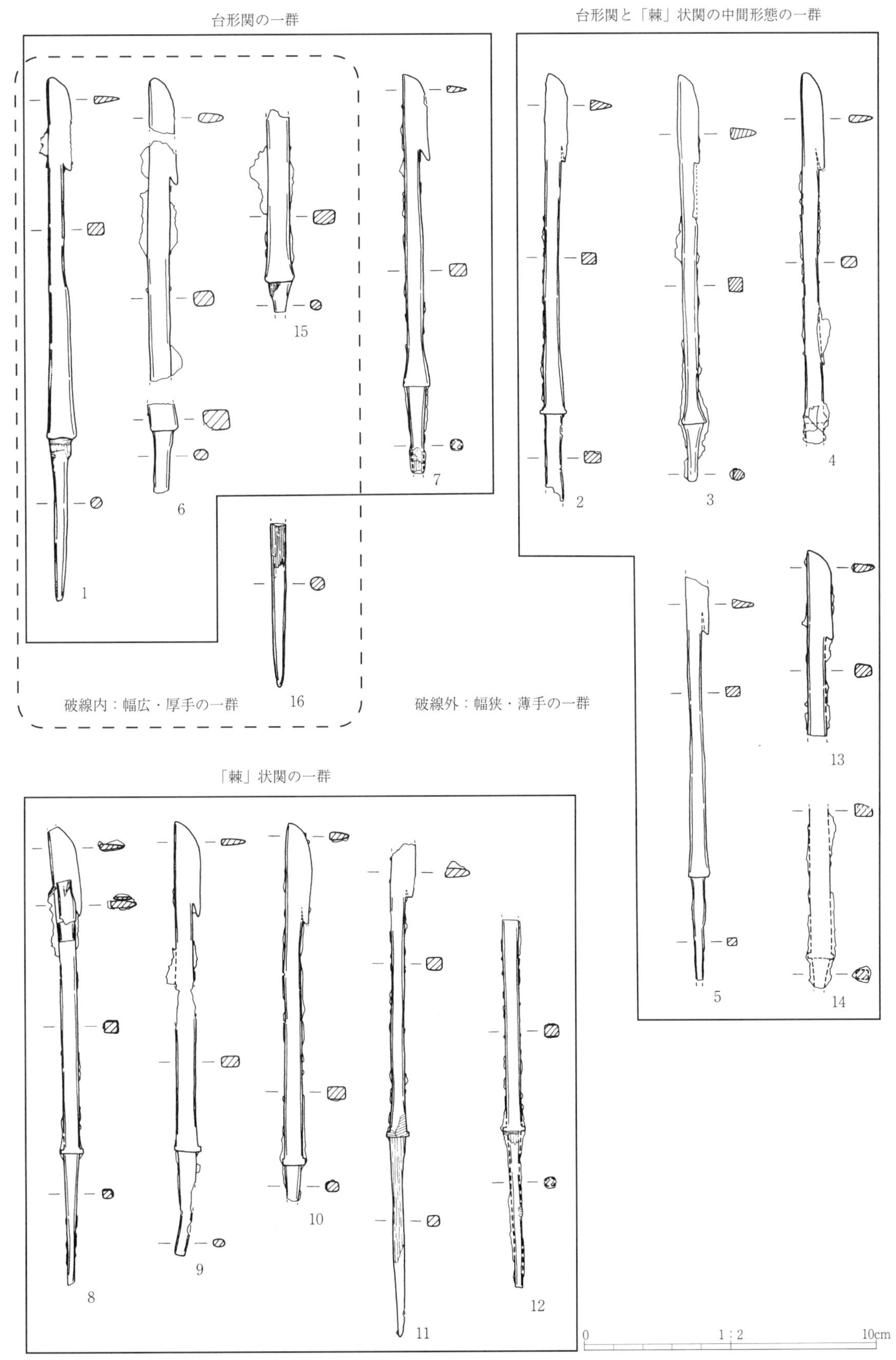

第5図　大室225号墳出土鉄鏃（佐藤ほか2006より引用・改変）

しかし，この五女山城出土資料の年代的な位置づけについては批判もある。五女山城出土A型蛇形鏃257点のうち，187点と実に70％以上が出土した五女山城JC区（鉄器窖蔵）からは鏡板轡・環板轡・壺鐙といった馬具も出土し，鉄鏃同様に4世紀末から5世紀初めに位置づけられている。諫早直人はこの馬具について，壺鐙は「杓子形木心鉄板装壺鐙」に該当すること，環板轡は漢江流域の嵯峨山第四堡塁出土品が型式学的に先行し，これが475年～551年の間に収まることから，五女山城JC区出土馬具は6世紀代の製品であると推断し，高句麗Ⅵ段階に位置づけている（諫早2008）。宋桂鉉や桃崎祐輔も同様な指摘を早くにしており，五女山城JC区出土の柳葉形長頸鏃は4世紀末から5世紀初めと捉えることは難しく，6世紀以降とする意見に従うべきと考えられる。

こうした認識で改めてこれらの鉄鏃を見ると，日本列島で古墳時代後期後半代に棘状関を備えて出現する長頸鏃に形態的に非常に近く，後期後半代の棘状関の長頸鏃が高句麗からの影響で出現したと考えることは十分できよう。しかしながら，5世紀後半代まで棘状関を遡らせる資料は現時点で見当たらず，さらに高句麗に片刃形が希薄である点も225号墳出土鉄鏃との繋がりを見出すことを困難にしている。

そこであらためて225号墳出土の鉄鏃を見直すこととしたい[6)]。225号墳から出土した鉄鏃は16点が図化され，台形関8点（01・02・03・04・05・06・07・15），棘状関6点（08・09・10・11・12・14），不明2点（13・16）と報告されている。

鏃身形態がわかるものは全て片刃箭式で，しかも全ての個体で逆刺が確認できる。鏃身形態は報告された関形態の違いに関わらず共通している。関部は台形関・棘状関ともにスカート状に広がる形態で共通するが，棘状関とされたものは関部で急激に開き「棘」状を呈する。「棘状関としては未発達」と中村新之介が表現したように，定型的な「棘」状の突起とは少し様相が異なる。

台形関と報告された8点のうち，01・06・07・15の4点は典型的な台形関である。一方，棘状関と報告された6点のうち，08・09・10・11・12は前記した「棘」状関となる。なお，14は錆により関の形態把握はできなかった。台形関と報告された残り4点の02・03・04・05はスカート状の広がりが関部に向けてさらに強く開く形状を呈し，ちょうど台形関と「棘」状関の中間形態と評価できる。頸部については，01・06・14・15・16の5点が幅広で厚みがあるのに対し，02・03・04・05・07・08・09・10・11・12・13の11点は細く薄い華奢な一群となる。幅広・厚手とした一群は台形関の鏃群とほぼ合致するが，幅狭・薄手とした一群には台形関の07および棘状関の一群，さらには中間形態とした台形関の一群が含まれていて，頸部の特徴と関の形態差との間に相関関係は見出されない。

このように，台形関と棘状関の鉄鏃は鏃身部が明確な逆刺をもつ片刃形で共通している。さらに，関部もスカート状に広がる形態を基本として共通し，台形と「棘」状，そしてその中間を埋める形態が確認されている。頸部についても幅広・厚手と幅狭・薄手に大きく二分でき，幅広・厚手と台形関の間に関連性はみられるものの幅狭・薄手には全ての関形態が含まれている。以上の諸点からは，台形関とされた一群と棘状関とされた一群の間には多くの共通項が認められるものの，関形態の相違による別型式と区分されるほどの違いは見出されない。つまり，関の形態差は台形関の製作に関わる端部処理の違いで，225号墳から出土した鉄鏃は全てが逆刺が明瞭な台形関の片刃箭式長頸鏃と把握でき，棘状関は含まれていないと考えられる。

まとめ —合掌形石室における追葬について—

大室225号墳から出土した鉄鏃の検討を通じて，「善光寺平では他地域に先んじて棘状関の鉄鏃の出現が5世紀後半代まで遡る」という従来の見解について認めがたいことを示し，台形関と棘状関の二種があるとされた225号墳出土鉄鏃は全て台形関と結論づけた。その一方でスカート状の広がりが端部で強く開く形態は少なくとも棘状関と認識されるほどに特徴的であることも確かであって，鉄鏃の地域生産という棘状関の遡上とともに想定されている問題にはまったくふれることができず積み残すこととなった。大室古墳群では合掌形石室を埋葬施設とする古墳に片刃箭式の鉄鏃を副葬する傾向が強いが，大室4期の事例でも逆刺が明確であるなど一般的な片刃箭式の変遷に比べて逆刺の残存期間が長い可能性がある。地域生産の問題についてはこうした点も含めて検討を行う必要があると考えている。

さらに，鉄鏃の副葬に関連して「合掌形石室の追葬」についても検討し，下部構造が箱形石棺状の合掌形石室は横口構造でありながらも追葬が伴わない埋葬施設であると理解した。大室古墳群内ではこの形態の合掌形石室に併行して積石墳丘内に箱形石棺を埋葬施設とする古墳もみられるが，同時期の合掌形石室と箱形石棺の間には横口という構造的な差異がありながら，埋葬原理を異にするような様相は見出されないということになる。天井形態と規模の違いに性格差が想定できようか。また，下部構造が箱形石棺状を呈する合掌形石室は大室4期に終焉を迎えるが，この大室4期には下部構造が横穴式石室形態となる合掌形石室が出現する。この新たな合掌形石室では追葬が認められていて，同じ合掌形石室でも構造や規模の大幅な変化とともに埋葬に関わる思想の変化が生じていることは見逃せない。

この大室4期の変容は急激で，次の大室5期には様相が一変する（風間2017b）。この大室4期の変容を経て大室5期に成立する新たな古墳群を理解していくためには，大室古墳群において象徴的とさえいいうる合掌形石室の変化と終焉が避けては通れない大きな課題となろう。下部構造が箱形石棺様の合掌形石室は横口構造を備えていながら単一埋葬の施設であるとした本稿での検討結果は，こうした次の課題に取り組むうえで重要な事象と考えられる。合掌形石室ひとつを取り上げても課題は山積しているが，さらに分析を進めるために必要な合掌形石室の特性の一端が把握できたことに今は満足し，ひとまず擱筆することとしたい。

1989年の栃木県四斗蒔遺跡の調査，橋本博文先生とご一緒させていただいた一番の思い出です。極寒期のきつく苦しい調査でしたが，今ではとても楽しい思い出となっています。あれから30年。この間，私がどの程度成長したのか心もとありませんが，「横穴式木室」やら「積石塚」やら「合掌形石室」やら普通ではない古墳を追いかけていることに変わりはありませんでした。これまでのご指導・ご厚情に心から感謝申し上げ，ますますのご活躍を祈念いたします。

また，小稿を成すにあたって先学諸兄，資料収蔵機関から数々のご教示を賜りました。末筆ながら記して感謝いたします。
諫早直人　佐々木憲一　忽那敬三　土生田純之　水野敏典　鈴木一有　平林大樹
長野県立歴史館　長野市立博物館　森将軍塚古墳館　明治大学博物館（順不同　敬称略）

（2018年7月14日受付）

註

1）古墳時代中期後半代には，同一墳丘に木棺直葬を主とした複数の埋葬施設による多葬が行われている。時期が近接する複数埋葬が横口構造を備える一つの合掌形石室で行われた場合，認識できない可能性が考えられる。ただし，本稿で問題としている棘状関の鉄鏃が50年以上の時間差をおいた追葬の結果か否かは分別可能となる。

なお，後述するように，合掌形石室も一墳丘内に複数が構築された事例があり，多葬にあたっては木棺直葬と同様であったと想定している。

2）　金鎧山古墳（中野市）や合掌形石室の可能性が指摘される林畔1号墳（中野市）では馬具や甲冑の出土が知られていて，古墳時代中期中葉から後葉にかけての盛土や土石混合墳丘の合掌形石室墳は一般的な古墳では見られない優品を副葬する有力古墳であることが知られている。大室古墳群内の合掌形石室からはほとんど遺物の出土がなかったことから不明であったが，196号墳の調査によって積石墳丘の合掌形石室も同様の副葬品をもつことがわかった。

3）　196号墳出土須恵器䍉は大塚1992に実測図が掲載されTK208型式に位置づけられているが，2003年1月25日（土）に明治大学考古学博物館にてこの須恵器䍉を実見し，TK23型式と把握すべきと捉えた。

4）　225号墳の調査報告では出土した土師器群をTK208型式併行期に位置づけられたが，168号墳の出土土器群の検討時にTK23型式併行期に修正している（小坂2008）。

5）　田村は埋葬の可能性も視野に入れるなど慎重であるが，155号墳・225号墳とも遺物は床石直下の出土で，埋葬の空間がなく別の構造物も確認されていないことから，その可能性は低いと考えられる。また，古墳築造に係る儀礼に伴うとする見解は225号墳における草野潤平による検討結果とも合致している。

6）　大室225号墳出土資料は何回か実見の機会を得ているが，2018年1月29日に明治大学博物館で本稿に関わる最終確認を行っている。資料実見にあたっては，佐々木憲一さん（明治大学教授），忽那敬三さん（明治大学博物館）のお世話になった。

　なお，資料実見は肉眼観察による確認作業を目的とし，新たな実測図は作成していないため，観察所見の記述のみとする。

引用・参考文献

青木和明・横山かよ子・矢口忠良・和田博　1988『地附山古墳群―上池の平1～5号古墳緊急発掘調査報告書―』（長野市の埋蔵文化財第30集）長野市教育委員会

飯島哲也　2003「合掌形天井の埋葬施設について―いわゆる合掌形石室についての再整理―」『帝京大学山梨文化財研究所研究報告』第11集　帝京大学山梨文化財研究所

諫早直人　2008「古代東北アジアにおける馬具の製作年代―三燕・高句麗・新羅」『史林』91巻4号　史学研究会

内山敏行　2015「大室第196号墳の鋲留短甲」『信濃大室積石塚古墳群の研究Ⅳ―大室谷支群ムジナゴーロ単位支群の調査―』考察篇　明治大学文学部考古学研究室

大塚初重　1969「長野県大室古墳群」『考古学集刊』第四巻第三号　東京考古学会

大塚初重　1992「東国の積石塚古墳とその被葬者」『国立歴史民俗博物館研究報告』第44集　国立歴史民俗博物館

大塚初重・小林三郎編　2006『信濃大室積石塚古墳群の研究Ⅱ―大室谷支群・大石単位支群の調査―』（明治大学人文科学研究所叢書）東京堂出版

風間栄一　2017a「長野市大室古墳群北谷支群356号墳の出土遺物―長野市立寺尾小学校収蔵資料の調査―」『長野県考古学会誌』153号　長野県考古学会

風間栄一　2017b「六世紀前半の大室古墳群―変容する大室古墳群―」『考古学・博物館学の風景　中村浩先生古稀記念論集』芙蓉書房出版

風間栄一　2017c「大室古墳群の実態」『積石塚大全』雄山閣

小坂延仁　2008「第3章　2.大室168号墳出土土師器の位置付けについて」『信濃大室積石塚古墳群の研究Ⅲ―大室谷支群・ムジナゴーロ単位支群第168号墳の調査―』明治大学文学部考古学研究室

小林三郎・大塚初重・石川日出志・佐々木憲一・草野潤平編ほか　2008『信濃大室積石塚古墳群の研究Ⅲ―大室谷支群・ムジナゴーロ単位支群第168号墳の調査―』明治大学文学部考古学研究室　六一書房

佐々木憲一・小野寺洋介・岩田薫・北山大熙・土屋志帆・中村新之介・河野正訓・宮代栄一・新井悟・石村史・斎藤あや・宮崎哲平・谷畑美帆・畑中成美・古庄千織　2015「第196号墳」『信濃大室積石塚古墳群の研究Ⅳ―大室谷支群ムジナゴーロ単位支群の調査―』報告篇　明治大学文学部考古学研究室

佐藤祐樹・草野潤平・時信武史・太田雅晃・小坂延仁　2006「第225号墳」『信濃大室積石塚古墳群の研究Ⅱ―大室谷支群・大石単位支群の調査―』（明治大学人文科学研究所叢書）東京堂出版

鈴木一有　2003「中期古墳における副葬鏃の特質」『帝京大学山梨文化財研究所研究報告』第11集　特集「古墳時代中

期の諸様相」帝京大学山梨文化財研究所
滝沢　誠　2015『古墳時代の軍事組織と政治構造』同成社
田中新史　1999「古墳時代中期前半の鉄鏃(2)—東国の事例分析—」『土筆』第5号　土筆舎
田村隆太郎・小野寺洋介・岩田薫・柳田佑・須藤美保子・中村新之介・河野正訓　2015「第155号墳」『信濃大室積石塚古墳群の研究Ⅳ—大室谷支群ムジナゴーロ単位支群の調査—』報告篇　明治大学文学部考古学研究室
土屋積・青木一男・町田勝則　1996『上信越自動車道埋蔵文化財発掘調査報告書7—長野市内その5—　大星山古墳群・北平1号墳』((財)長野県埋蔵文化財センター発掘調査報告書20)（財)長野県埋蔵文化財センターほか
長野県編　1981『長野県史』考古資料編 全一巻（一）遺跡地名表
長野市誌編さん委員会編　2003『長野市誌』第12巻 資料編 原始・古代・中世
中村新之介　2015「古墳時代北信における鉄鏃—大室古墳群を中心に—」『信濃大室積石塚古墳群の研究Ⅳ—大室谷支群ムジナゴーロ単位支群の調査—』考察篇　明治大学文学部考古学研究室
土生田純之　1996「長野市地附山古墳群（上池ノ平古墳）について」『専修考古学』第6号　専修考古学会
土生田純之　2000「積石塚古墳と合掌形石室の再検討—長野・大室古墳群を中心として—」『福岡大学総合研究所報』第240号
平林大樹　2013「信濃における後期・終末期古墳副葬鏃の変遷」『物質文化』93号　物質文化研究会
松尾昌彦　1987「善光寺平南部の飾馬具」『比較考古学試論』雄山閣（「第三章第一節ニ，馬具の流入と展開」として松尾昌彦　2002に加筆所収）
松尾昌彦　1992「森将軍塚古墳群出土の鉄鏃について」『史跡森将軍塚古墳—保存整備事業発掘調査報告書—』更埴市教育委員会
松尾昌彦　2002「第三章第一節　善光寺平南部地域の武器と馬具」『古墳時代東国政治史論』雄山閣
水野敏典　2003「古墳時代中期における日韓鉄鏃の一様相」『帝京大学山梨文化財研究所研究報告』第11集　特集「古墳時代中期の諸様相」帝京大学山梨考古学研究所
水野敏典　2009『古墳時代鉄鏃の変遷にみる儀杖的武装の基礎的研究』（平成18年度〜平成20年度科学研究費補助金基盤研究(C)（課題番号18520598）研究成果報告書）　奈良県立橿原考古学研究所
宮代栄一　2015「長野県出土の馬具の研究—北信出土の環状鏡板付轡を中心に—」『信濃大室積石塚古墳群の研究Ⅳ—大室谷支群ムジナゴーロ単位支群の調査—』考察篇　明治大学文学部考古学研究室
森田久男　1992「4号埴輪棺」『史跡森将軍塚古墳』更埴市教育委員会
矢口忠良　1980「県主塚古墳覚書」『しなのろじい（科野学)』100号　千曲川水系古代文化研究所
米山一政　1976「5　三登山古墳群　県主塚」『長野県上水内郡誌』歴史篇　上水内郡誌編集委員会
米山一政　1978「第一章第三節 更埴地方の古墳　ハ 観音塚古墳」『更級埴科地方誌』
李　新全　2006「五女山城と日本古墳出土鉄鏃の比較研究」『東アジア考古学論叢—日中共同研究論文集—』日本奈良文化財研究所・中国遼寧省文物考古研究所

北陸における古墳時代馬具の受容と展開に関する問題提起

田中　祐樹

はじめに

古墳時代馬具研究は，非常に多岐にわたるが，それを支えるのは各地域における地道な資料化作業にほかならず，その成果が地域へフィードバックされることで，馬具研究は着実な歩みを進めてきた。この図式に従えば，北陸という地は馬具研究の進展から取り残された地域であろう。だが，そうした地域だからこそ，明らかにすべき課題は多く，研究者にとって魅力的なフィールドと言い換えることが可能である。本稿では，今後活況を呈することが期待される北陸の古墳時代馬具研究について，主に馬具の受容と展開に焦点を当て，問題提起をおこなうことで，筆者なりに研究の指針を示したい。

1　北陸における馬具研究小史

筆者は，北陸における古墳時代馬具研究について，簡便ながらまとめたことがある（田中 2018）。ここでは，本稿の問題提起と密接に関わる部分のみ掻い摘んで取り上げておきたい。

はじめに，北陸の馬具研究が全国的にみても非常に低調であることは，馬具出土遺跡が少ないことに主因がある（第1図）。加えて，伊藤雅文が指摘するように，北陸の古墳時代研究が，前中期の首長墓系列の復元作業に重点が置かれ，個別の副葬品研究への視座がなかなか芽生えなかった点にも大きな問題があった（伊藤 2013）。一方で，北陸という地が今後，活発化していくことが望まれる研究フィールドであるという意見を多くの古墳時代研究者が抱いていることも事実である。そのような状況において現状での到達点と課題を明確化するためにも，これまでの調査・研究史を振り返っておくことは必要な作業である。

そこでまずは主に県単位で調査・研究動向について概観し，到達点そして課題を明確にしておきたい。加えて筆者は，出土遺跡一覧の集成作業を継続的に実施しており，適宜公表している。本稿でも現時点（2018年6月現在）での集成結果を提示する（第2～5図，第1表）。

福井県　集成数　32遺跡

福井県は北陸で最も馬具出土数が多く，その大半は若狭湾沿岸部の中期後葉～後期前葉の有力墳からの出土事例である。垂飾付耳飾や冠帽の存在から，若狭地域の首長層が5世紀後葉以降に大伽耶系文物の搬入窓口として，活動していた点は，朴天秀らによって指摘されており（朴 2008・2013など），馬具も同様の経緯で齎されたと考えられる。福井県における馬具研究では，入江文敏による総括的研究（入江 2012）が出色の労作である。入江は福井県に留まらず，北陸の馬具全般を種別ごとに概観しており，今般の北陸馬具研究の到達点を提示している。また，青木豊昭は，鯖江市丸山4号墳出土馬具の位置づけを検討するなかで，越前，若狭の馬具出土古墳の集成作業を行った（青木 1990）。

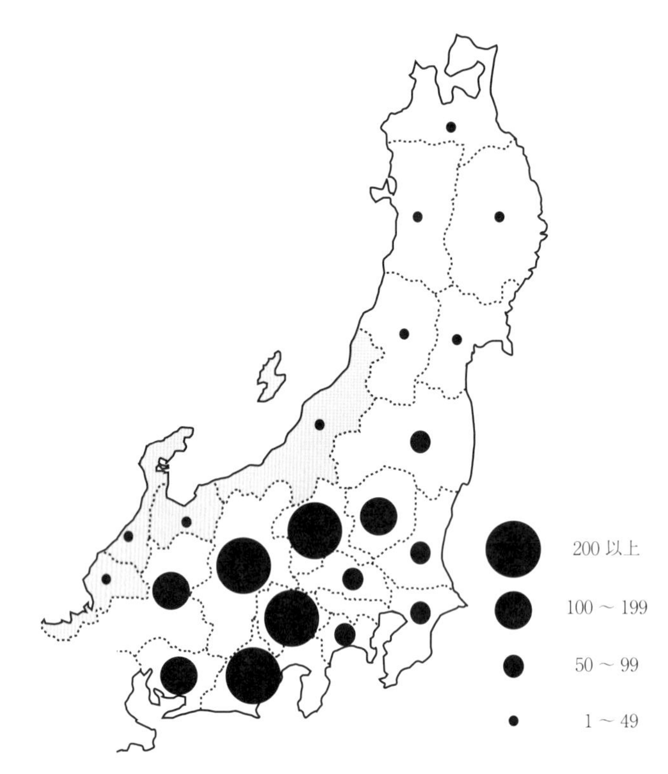

第１図　東日本の馬具出土遺跡数

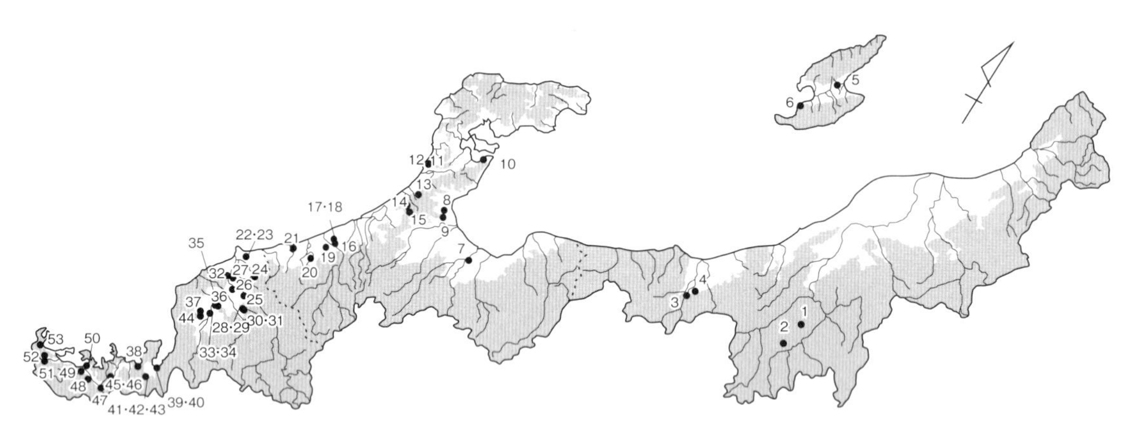

第２図　北陸の馬具出土遺跡分布図

集成作業では，永平寺町教育委員会による横穴式石室集成が特筆すべき仕事として評価できる（永平寺町教育委員会 2007）。本書は，北陸３県（福井・石川・富山）の横穴式石室を収録したものだが，副葬品についても併録しており，馬具についても一部図面が提示されている。

個別馬具を対象とした研究では，若狭町大谷古墳や同町十善の森古墳といった若狭湾沿岸の有力墳からの出土事例が多い，いわゆる「変形剣菱形杏葉」を巡る一連の研究が特筆される。入江文敏は，形状から三種類に区分，その系譜を韓国松鶴洞一号墳に求めている（入江 2012）。一方，橋本英将は，変形部分が三葉文や楕円忍冬文からの影響を指摘するとともに，列島製品の可能性を示唆している（橋本 2005）。この種の杏葉については，群馬県の高崎市周辺の有力墳からも多く出土していることが大野義人によって指摘されており，地域首長間の関係性を示す可能性がある（大野 2017）。

一方，福井市漆谷1号墳からは，破損した剣菱形杏葉を鏡板付轡に改変した資料が確認されている（鈴木2008）。いわゆる「補修馬具」や「修理痕馬具」の範疇で理解されるものだが，破損したパーツの交換ではなく，他の種別の馬具への改変は，馬具の構造の把握が大前提の，極めて高度な技術が要求される。現時点で，北陸では他に補修痕馬具として羽咋市滝3号墳（羽咋市教育委員会1980）が確認されているが，少なくとも6世紀前葉の段階で北陸でも部分的な馬具生産の素地が整っていたことを示す好例である。

ところで，永平寺町鳥越山古墳から出土した鉄製f字形鏡板轡は，中條英樹によって見出され，列島最古級の重要資料に位置づけられている（中條2003など）。この資料を巡っては，列島製品とするか舶載品とするか未だに議論がある。このような個別馬具の研究の俎上に載るような資料は，他にも多く存在するが，残念ながら現在の研究水準から検証に耐えうる図面がない，もしくは未報告といったものが間々みられる。資料化の徹底を痛感するが，清喜裕二による若狭町西塚古墳出土馬具の再資料化作業は，北陸の馬具研究がこれから取り組むべき課題である「一定水準での資料化」の指針ともいうべき内容である（清喜2011）。こうした作業の積み重ねが今後の北陸の馬具研究の進展に大きく寄与することはいうまでもない。

石川県　集成数　11遺跡

石川県の馬具出土遺跡数は福井県に次いで2番目に多い。その多くは，6世紀後葉以降に急速に普及する環状鏡板付轡や鉄製輪鐙といった実用馬具だが，いわゆる後期群集墳からの出土事例は少なく，小地域内の有力墳から出土する場合が多い。群集墳から馬具が出土しない傾向は北陸全般で指摘できる事象であり，その背景については今後追求しなければならない。

石川県での馬具研究では，伊藤雅文が中心となり進めた石川県考古学会による集成作業が大きな成果を上げた（中屋1996，伊藤2001）。この集成は，初めて北陸4県（新潟・富山・石川・福井）を対象とした仕事で，ようやく朧げながら北陸の馬具を俯瞰できるようになった功績は大きい（伊藤2013）。そのうえで，伊藤は，北陸の馬具について特筆すべき資料をピックアップし，論点整理をおこなっている。なかでも「変形剣菱形杏葉」（伊藤2013では双葉剣菱形杏葉）については，若狭を特色づける馬具として四類に分類し，地域性や系譜について言及している。

富山県　集成数　4遺跡

富山県の馬具出土遺跡は4遺跡と，後述する新潟県同様，北陸のなかでもとりわけ少ない。そのため，富山県の出土馬具に関する研究はほぼ皆無といえ，富山県考古学会による古墳時代遺物の集成作業（大野2003）が目立つ程度である。ただし，氷見市朝日長山古墳（氷見市教育委員会1973）では日本海側最北事例の剣菱形杏葉が確認されるなど看過できない事例もあり，今後の調査研究が期待されるフィールドといえる。

新潟県（佐渡含む）　集成数　6遺跡

新潟県では富山県同様，北陸のなかでも馬具出土遺跡が少なく，馬具を総括した研究は皆無である。そのような状況ではあるが，新潟大学人文学部考古学研究室による南魚沼市飯綱山10号墳の発掘調査は，新潟県内の馬具出土遺跡のなかで詳細な出土記録が残された唯一のものとして特筆される。

調査を主導した橋本博文は，新潟県や魚沼地域の古墳時代史を素描するなかで，初期群集墳としての飯綱山古墳群の評価，古墳群中の個別古墳位置づけ，古墳同士の時間的先後関係について度々言及している（橋本2008・2014など）。とりわけ10号墳については，馬具を中心に半島系遺物が多い点を指摘しており，その被葬者像理解のためには馬具をはじめとする半島系遺物の系譜の解明が必須であると強調する。

第１表　北陸の馬具出土遺跡一覧

県	No.	所在地	古墳名	墳形	規模	時期	主体部	馬具の種類	副葬品	文献
新潟県	1	南魚沼市	飯綱山 10 号墳	円墳	36	TK23～47，MT15	竪穴式石室	鉄製鑣轡，鉄製楕円形鏡板付轡，環板轡，環状鏡板付轡，木芯鉄板張輪鐙，三環鈴 2，馬鐸	鉄鏃，鉄斧，鉄覆輪鋲留式短甲等	1
	2	南魚沼市	万貝古墳	円墳		TK209	横穴式石室	環状鏡板付轡，辻金具	鉄鏃，耳環，勾玉，須恵器（短頚壺）	2
	3	上越市	菅原古墳群	円墳		TK43 ？	横穴式石室	轡，鉸具	鉄刀，鉄鏃，冑，土師器，須恵器	2
	4	上越市	宮口 26 号墳	円墳		TK209	横穴式石室	辻金具	鉄刀，鉄鏃，耳環	3
	5	佐渡市	住吉 1 号墳	円墳		TK43～209	横穴式石室	鐙金具	鉄刀 2，鉄鏃 3，耳環 2，須恵器	2,4
	6	佐渡市	飯田清次郎古墳	円墳		TK209	横穴式石室	馬具	鉄刀，金環，須恵器 2（短頚壺）	5
富山県	7	富山市	伊豆宮古墳	方墳	15 × 23	TK209～217	横穴式石室	鐙	刀子，鉄製紡錘車，須恵器（坏蓋，坏身，壺）	7,8
	8	氷見市	朝日長山古墳	前方後円墳	43	MT15	横穴式石室	剣菱形杏葉，鞍橋金具，鞖	鉄刀 5，鉄剣 1，刀子 2，鉄鉾 1，鉄鏃 50 × 2，胡籙金具，冠帽片，管玉 2，ガラス小玉 6，須恵器（坏蓋 6，坏身 7，高坏 1，器台 1，壺蓋 1，壺 1，台付壺 1），土師器（坏，壺 2）	10,11
	9	高岡市	矢田上野 11 号墳			TK209 ？	横穴式石室	轡，花形杏葉		6
	10	七尾市	三室まどがけ 1 号墳	円墳	21	TK43	横穴式石室	環状鏡板付轡，鉸具，帯金具	鉄刀 5 以上，鉄製鍔 1，刀子 3，鉄鏃 13，碧玉製管玉 6，ガラス小玉 8，耳飾 6，土師器，須恵器	7,9
石川県	11	羽咋市	山伏山 1 号墳	前方後円墳	49	MT15	横穴式石室	心葉形杏葉，環状雲珠，辻金具，帯金具	鉄刀 1，刀子 2，鉄鏃 50，碧玉製管玉 8，滑石製臼玉 1，須恵器	14,18
	12	羽咋市	滝 3 号墳	円墳		TK47～MT15	横穴式石室	鉄製楕円形鏡板付轡，鈴付杏葉，環状雲珠，辻金具	鉄刀 2，鉄鏃 30，須恵器	13,14,17
	13	羽咋市	福水円山古墳	円墳	13	TK43	横穴式石室	杏葉	鉄刀 1，刀子 1，土師器，須恵器	14,16,18
	14	宝達志水町	散田金谷古墳	円墳	21	TK43	横穴式石室	鉸具，帯金具	鉄刀，鉄製鍔 2，鉄鏃 2，金環，銀環，土師器，須恵器	14,15
	15	宝達志水町	散田鍋山古墳	円墳	30	TK43	横穴式石室	鐙鎖金具	ガラス小玉，須恵器	13
	16	能美市	西山 1 号墳	円墳	18	TK209	横穴式石室	環状鏡板付轡，帯金具	鉄刀 3，刀子 5，鉄鎌 1，鉄鏃 30，金環，管玉 2，棗玉 1，ガラス玉 10，須恵器 32（坏蓋 11，坏身 14，有蓋高坏蓋 1，有蓋高坏身 1，無蓋高坏 2，提瓶 3）	14,19
	17	能美市	西山 8 号墳	円墳	20	TK43	横穴式石室	鐙金具？	鉄刀 2，刀子 3 以上，鉄鏃 8 以上，銀環 6，土師器壺 1，須恵器 37 以上（坏蓋 6，坏身 12，有蓋高坏身 1，無蓋高坏 4 以上，はそう 2 以上，短頚壺 1，長頚壺 1，長頚瓶 1，有台長頚瓶 1，壺蓋 1，横瓶 1，甕 3）	14,19
	18	能美市	西山 9 号墳	不明		MT85・TK43	横穴式石室	鈴付杏葉，馬鐸，辻金具	鉄鏃多数，刀子 11，針 13，銅鏡 1，銅環 1，管玉 6，土玉 4，須恵器 47 以上（坏蓋 16，坏身 14，高坏 3，はそう 3，有台長頚瓶 5，横瓶 3，提瓶 1，甕 2）	14,19
	19	能美市	和田山 2 号墳	円墳	20	TK10	木棺直葬	f 字形鏡板付轡，剣菱形杏葉，環状雲珠，鉸具	鉄刀，鉾，鉄鏃，鈴釧，神獣鏡，短甲，管玉，須恵器	13,14
	20	小松市	後山明神 2 号墳	円墳		TK43		環鈴	鉄刀，甲冑	13,14
	21	小松市	石山古墳			TK43	横穴式石室	轡，鐙鎖金具，鞖，磯金具	鉄刀，鉄鏃，刀子，耳環，土師器，須恵器	13,14
福井県	22	あわら市	清王 1 号墳	楕円形	16 × 14	TK209	横穴式石室	環状鏡板付轡	鉄刀 1，刀子 3，鉄鏃 4，鉄釘，耳環 8，ガラス玉，勾玉，須恵器多量	39,69
	23	あわら市	清王 2 号墳	楕円形	14 × 11	TK209	横穴式石室	鉸具	耳環 1，須恵器，胡籙金具？	39,69
	24	あわら市	神奈備山古墳	前方後円墳	59	TK10～TK43	横穴式石室	轡，鐙鎖金具，鞖，磯金具	鉄刀，鹿角装刀子 3，鉄鏃，銅鏡，耳環 1，ガラス小玉 22，須恵器	39,46,56,57,60
	25	坂井市	椀貸山 2 号墳	前方後円墳	30	TK10	横穴式石室？	環状鏡板付轡，木芯鉄板張輪鐙，鞖，雲珠		31,39
	26	福井市	法土寺 16 号墳	円墳	16	TK209	横穴式石室	鐙鎖金具，貝製雲珠	鉄刀 4，刀子 4，鉄鏃 22，耳環 1，ガラス製小玉 34，碧玉製管玉 11，蛇紋岩製小玉 3，土製小玉 6，土師器埦 1，須恵器（坏蓋 4，坏身 1，横瓶 1）	39,44
	27	福井市	漆谷 1 号墳	円墳	14	TK10	横穴式石室	鉄製楕円形鏡板付轡，辻金具	長頚鏃，金環，管玉，須恵器	39,51
	28	永平寺町	鳥越山古墳	前方後円墳	53	TK208	竪穴系横口式石室	鉄製 f 字形鏡板付轡	石室内からの出土なし	67
	29	永平寺町	春日山古墳	円墳	21	TK10	横穴式石室	f 字形鏡板付轡，環状鏡板付轡，楕円形杏葉	鉄刀，刀子，鉾，土師器，須恵器	39
	30	福井市	天神山 9 号墳	円墳		TK217	横穴式石室	環状鏡板付轡，鐙金具，辻金具	鉄刀，鉄鏃，玉類，須恵器（坏，有蓋台付壺，提瓶）	31,39
	31	福井市	天神山 10 号墳	円墳		TK217	横穴式石室	花形鏡板付轡，辻金具，鉸具		31,36
	32	福井市	上河北遺跡 A 溝	-	-	-	-	木製壺鐙		64
	33	鯖江市	丸山 4 号墳	円墳	20	TK209	横穴式石室	楕円形杏葉	鉄刀，小刀，円頭柄頭，水晶製切子玉，碧玉製管玉，ガラス玉，銀環，須恵器	31,39

福井県	34	鯖江市	上山古墳	円墳		TK209	横穴式石室	環状鏡板付轡，鉸具		31
	35	鯖江市	天神山三つ禿9号墳	楕円形	16 × 14	TK43	横穴式石室	環状鏡板付轡	鉄刀，鉄鏃，玉類，須恵器（坏蓋，有蓋台付壺，提瓶）	39,48,49
	36	鯖江市	天神山三つ禿11号墳	円墳	12	TK209	横穴式石室	環状鏡板付轡，鐙金具	鉄剣，刀子，鉄鏃，鐔，須恵器（高坏，蓋坏，平瓶）	39,48,49
	37	越前市	茶臼山馬塚1号墳	円墳	9	TK209	横穴式石室	鉸具，帯金具	鉄刀，鉄鏃，環状鉄器，責金具，耳環，須恵器（坏蓋，有蓋高坏）	39,45
	38	敦賀市	穴地蔵1号墳	円墳	12	TK209	横穴式石室	鉸具	土師器（坏，甕），須恵器（坏3，坏蓋2，短頸壺2）	37,38,39,41,42,43,47
	39	敦賀市	向出山3号墳	円墳	14	TK209	横穴式石室	環状鏡板付轡2	鉄刀3，鉄鏃2，耳環3，須恵器（坏17，坏蓋13，脚付長頸瓶，直口壺，短頸壺，有蓋高坏，脚部付はそう，提瓶	39,61,68
	40	敦賀市	向出山4号墳	円墳	8	TK43	横穴式石室	鐙鎖金具		39
	41	敦賀市	衣掛山4号墳	円墳	15	TK43	横穴式石室	心葉形鏡板付轡　心葉形杏葉，鞍，雲珠，辻金具，帯金具，鉸具	刀子，鐔，鉄製鍬先，鉄製鉇，土師器，須恵器（高坏4，脚付長頸壺2，長頸壺2，はそう1）	39,40
	42	敦賀市	衣掛山18号墳（第1号石棺）	円墳	14	TK43	横穴式石室	環状鏡板付轡，鐙鎖金具	鉄刀1，鉄族11，耳環2，須恵器（坏13，坏蓋3，高坏1，はそう1，提瓶1，壺2）	39,40
	43	敦賀市	衣掛山西1号墳	円墳	13	TK43	横穴式石室	轡，鐙鎖金具	小刀1，鉄鏃7，曲刃鎌1，鎌1，刀子2，耳環1，空玉3，管玉1，ガラス小玉4，土製小玉1，滑石製小玉6，須恵器（坏1，坏蓋4，有蓋高坏1，無蓋高坏3，高坏蓋5，壺2，長頸壺1，脚付壺2，はそう1，器台1）	39,55
	44	美浜町	獅子塚古墳	前方後円墳	32	MT15	横穴式石室	十字文楕円形鏡板付轡，剣菱形杏葉，三環鈴	鉄剣，鉄鏃，曲刃鎌，鹿角製装刀子，勾玉，管玉，須恵器（坏，坏蓋，有蓋高坏，高坏蓋，はそう，筒形器台，脚付広口壺，装飾付脚付広口壺，装飾付脚付有蓋壺，短頸壺，広口壺，壺，埦，角杯）	32,37,52,62
	45	若狭町	きよしの2号墳	円墳	13	TK10	横穴式石室	鉄製楕円形鏡板付轡，環状鏡板付轡，鐙鎖金具，辻金具，鉸具	鉄刀6，鐔4，鉄鏃27，勾玉3，管玉44，切子玉8，そろばん玉5，棗玉3，丸玉4，平玉1，ガラス玉66，土玉1029，刀子10，鉄斧1，土師器（甕1，埦4），須恵器（坏身10，坏蓋7，有蓋高坏11，無蓋高坏3	39,53,54
	46	若狭町	きよしの3号墳	円墳	16	TK10	横穴式石室	轡，鐙鎖金具，鞍，磯金具	鉄刀3，鐔1，鉄鏃2，勾玉1，管玉4，棗玉1，土玉103，刀子2，石突2，鎌1，須恵器（坏身16，坏蓋6，有蓋高坏4，高坏蓋1，無蓋高坏1，はそう1，提瓶4，壺1，瓶1）	39,53,54
	47	若狭町	大谷古墳	円墳	28	TK43	横穴式石室	瓢形立聞環状鏡板付轡，双葉剣菱形杏葉，鐙，鞍，辻金具	捩り環頭大刀，鉄鏃18，衝角付冑，刀子，須恵器（有蓋高坏2，有蓋高坏蓋2，坏蓋1，提瓶1	33,39,66
	48	若狭町	西塚古墳	前方後円墳	74	TK23	横穴式石室	鈴付楕円形鏡板付轡，剣菱形杏葉，木芯鉄板張輪鐙，辻金具，花弁形金具	鉄刀，鉄鉾，甲冑，四獣鏡，耳飾，勾玉，鈴，須恵器	26,39,58,63
	49	若狭町	十善の森古墳（後円部石室）	前方後円墳	68	MT15	横穴式石室	双龍鈴付楕円形鏡板付轡，鈴付剣菱形杏葉，双葉剣菱形杏葉，花弁形杏葉，木芯鉄板張輪鐙，鞍	鉄剣，鉄刀，鉄鏃，胡籙金具，刀子，鉄斧，方格規矩四神鏡，冠帽，帯金具，勾玉，管玉，蜻蛉玉，棗玉，丸玉，平玉，空玉，小玉，黒漆塗容器，土師器，須恵器	27,34,39,59
	50	若狭町	丸山塚古墳	円墳	50以上	TK10	横穴式石室	剣菱形杏葉，双葉剣菱形杏葉，鐘形杏葉，楕円形杏葉，鞍	双龍環頭大刀，三葉環頭大刀，鉄刀，鉄鏃，衝角付冑，挂甲，三輪玉，画文帯神獣鏡，勾玉，丸玉，小玉，須恵器（坏身，坏蓋，有蓋高坏，無蓋高坏，はそう，二重はそう，器台等）	28,35,65
	51	おおい町	鹿野1号墳	円墳	10	TK209	横穴式石室	環状鏡板付轡，鐙鎖金具，辻金具	鉄刀2，鐔1，鉄鏃6，土師器（埦1，皿1，壺1），須恵器（坏身5，坏蓋1，高坏1，横瓶1，壺3，はそう2）	39,50
	52	高浜町	二子山3号墳	前方後円墳	26	MT15	横穴式石室	鉄製楕円形鏡板付轡，鐙鎖金具	鉄刀3，鉾1，鉄鏃20，刀子5，鎌1，斧1，勾玉2，管玉5，ガラス玉48，耳環1，土師器（壺6），須恵器（坏身12，坏蓋16，はそう4，短頸壺3，短頸壺蓋3，有蓋高坏1，無蓋高坏1，脚付短頸壺3，脚付短頸壺蓋3，広口壺1，有蓋脚付壺1，長銅壺1，小型壺1，横瓶2）	22,24,25,30,39
	53	高浜町	行峠古墳	前方後円墳	34	TK10～TK209	横穴式石室	轡，辻金具	装飾付大刀，鉄刀2，鉾1，鉄鏃30，刀子15，鎌2，斧3，鍬先1，紡錘車1，ヤリガンナ，管玉，ガラス玉，水晶製切子玉，土玉，耳環，土師器，須恵器	20,21,23,29,39

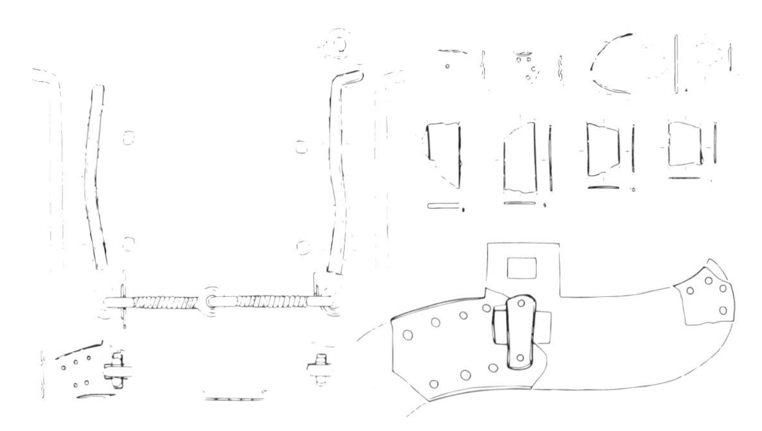

1. 鳥越山古墳（S：1/5）

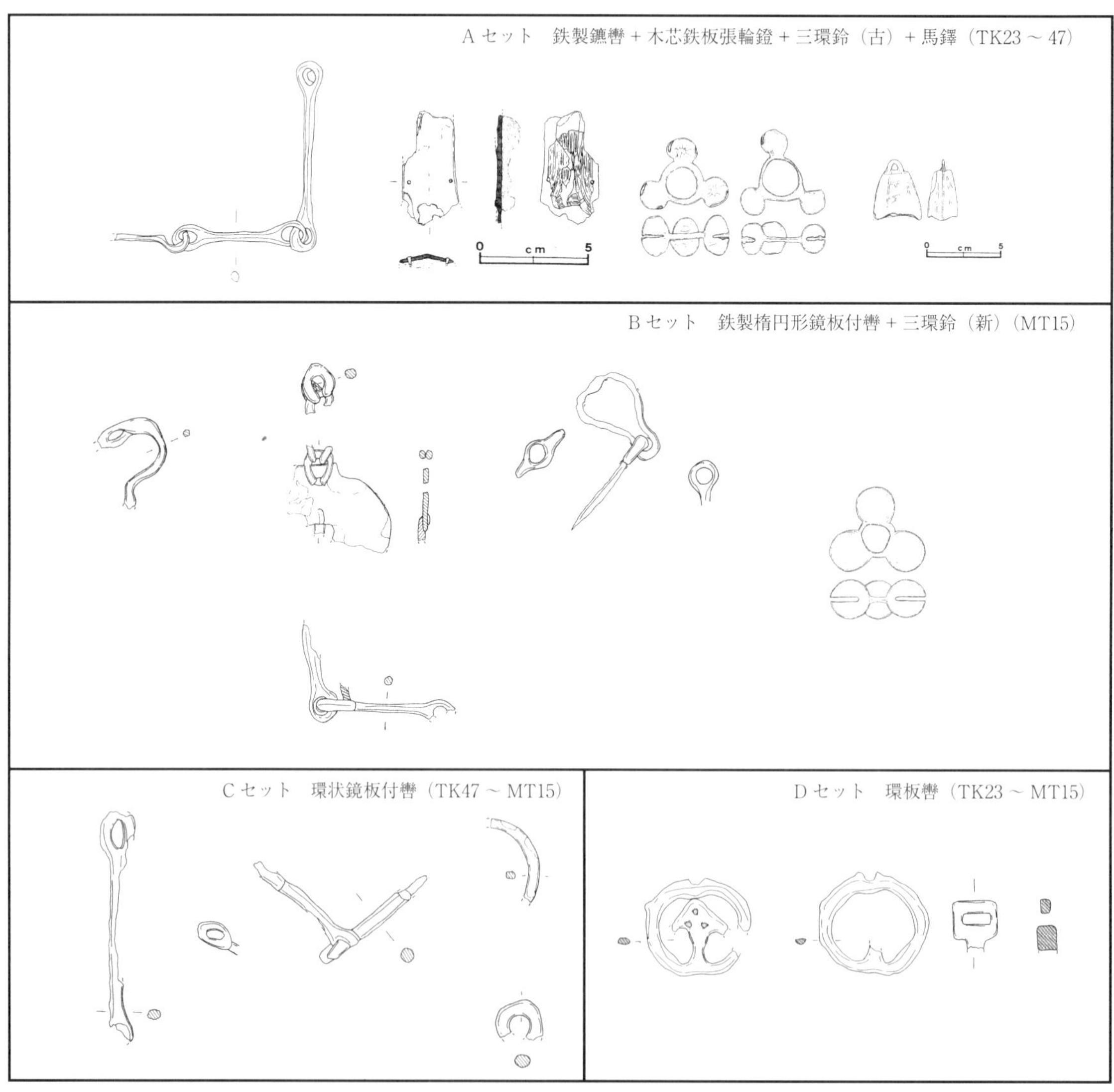

2. 飯綱山10号墳（S：1/5）

第3図　北陸の馬具・馬形埴輪（1）

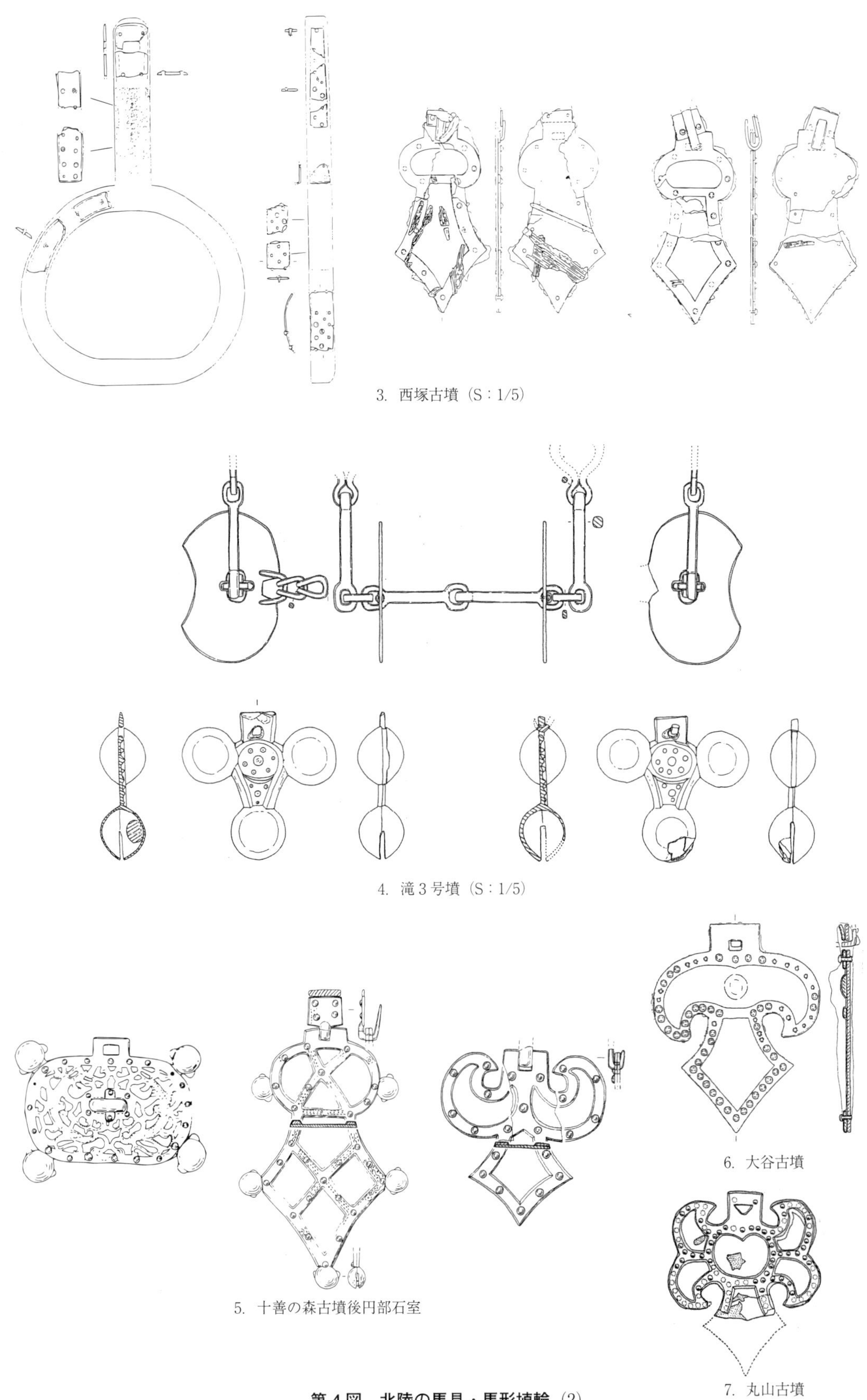

第４図　北陸の馬具・馬形埴輪（2）

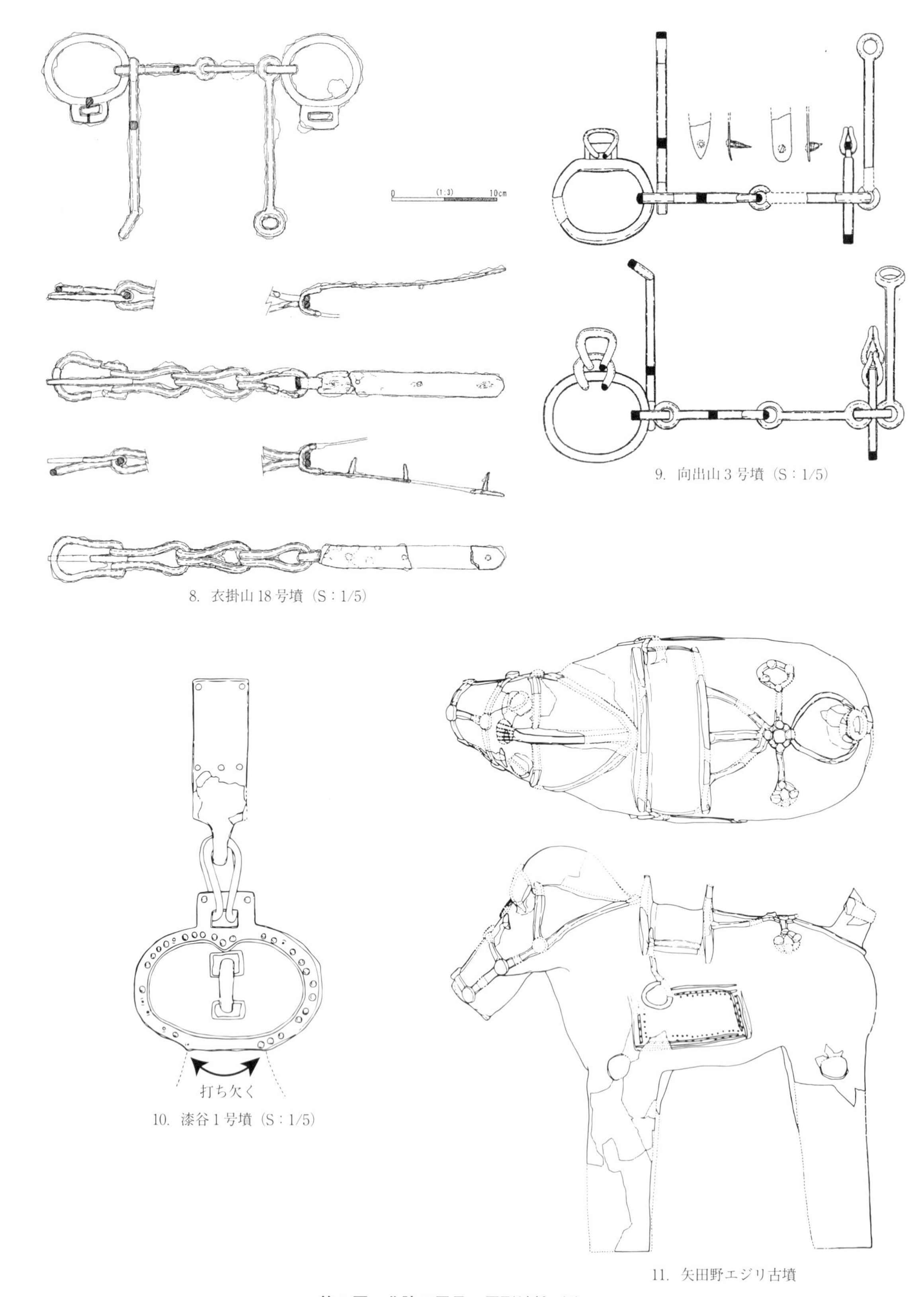

8. 衣掛山18号墳（S：1/5）

9. 向出山3号墳（S：1/5）

10. 漆谷1号墳（S：1/5）

11. 矢田野エジリ古墳

第5図　北陸の馬具・馬形埴輪（3）

個別馬具の研究では，田中祐樹による南魚沼市飯綱山10号墳出土馬具の分析がある（田中2012）。田中は，新潟大学による発掘調査資料と飯綱考古博物館所蔵資料の再資料化を通じて，馬具のセット関係の復元をおこなった。その結果，馬具が大きく二時期に分かれる点を指摘し，古い馬具セットが半島系，新しい馬具セットが列島系に峻別できることを明らかにした。また，田中は，佐渡市真野古墳群中の飯田清次郎古墳の出土遺物の検討のなかで，馬具出土記録について言及している（田中2009）。真野古墳群からは複数の古墳に馬具が副葬されていたことは間違いなく，今後詳細な資料調査によって新出資料の発見が期待される。

研究史を振り返って

北陸における馬具研究の歩みを辿ると，研究を進めていくうえでの集成作業と一定水準での資料化が，地域によってムラがあることが浮き彫りになった。

現在の馬具研究で要求される実測図水準は，ここ10〜20年で飛躍的に上昇した。それは実測図作成にあたってX線撮影がほぼ必須になりつつある現在と，錆化部分と鉄地部分を区別せずに外形線をただトレースした実測図が横行していた過去との観察者が持ち得る認識の差である。これまで北陸の馬具を製作技術的な視野からアプローチした研究が，ほぼ皆無に等しいのは，そのような認識によって作成された実測図が非常に少ないためである。検討に耐えうる資料が非常に少なく，基礎的な研究も遅々として進んでいない。繰り返しになるが，まずは基礎資料の整備が急務であることを強調したい。

2　馬具の組み合わせ（アセンブリッジ）にかんする問題

前項では，北陸における馬具をめぐる調査研究の歩みを概観し，基礎資料の未整備が研究の進展を阻む要因であると指摘した。筆者は第22回東北・関東前方後円墳研究会大会「馬具副葬古墳の諸問題」において，「北陸」（福井県・石川県・富山県・新潟県）を担当し，当該地域における馬具副葬古墳（出土遺跡）にかかわる問題点についていくつか言及した（田中2017a）。そのなかで，馬具の組み合わせ（アセンブリッジ）については紙幅の都合から十分な検討ができなかった。後述するが，北陸の馬具にみられる組み合わせには，通有とは異なる組み合わせが認められる場合が多く，ある種北陸の地の地域色とでも呼べるような様相を呈する。そもそも馬具の組み合わせの問題は，古くは後藤守一（後藤1928など）や森貞次郎（森1988）によって先鞭がつけられ，近年では宮代栄一（宮代1993・2002など）による精力的な研究が知られる「古くて，新しい」テーマであり，議論が尽きない。桃崎祐輔の言葉を借りれば，まさに「究極の馬具研究」といえる（桃崎2005）。それは，馬具の組み合わせをめぐる問題が，馬装復元という太い幹から枝葉が伸びるように多岐にわたる論点を提供するからにほかならない。そこでまずは，北陸における馬具の組み合わせの問題に焦点を当て，そこから浮き彫りになる北陸における馬具受容の問題について言及する。

北陸の馬具を概観すると，総じてf字形鏡板付轡＋剣菱形杏葉や十字文楕円形鏡板付轡＋三葉楕円形杏葉といった列島出土の装飾馬具にみられる強固なセット関係を有する組み合わせが少ないことがわかる（第2表）。北陸のなかで，明確なセット関係が把握できる事例は，石川県能美市和田山2号墳でf字形鏡板付轡と剣菱形杏葉が確認されているに過ぎない。他の事例はいずれも本来セット関係にない組み合わせや，轡単体，杏葉単体が副葬される。つまり，セット関係を有する馬具を保有する和田山2号墳例は，北陸ではむしろ例外的な存在といえる。しかしながら，北陸のなかでは馬具副葬古墳が集中する若狭地域では，轡と杏葉が同意匠と考えられる造りの資料が認められる。そこでまずは若狭地域の馬具の概要について触れておきたい。

第２表　北陸のセット馬具一覧

古墳名	所在地	時期	轡	鐙	雲珠・辻金具・帯金具	杏葉	鞍
和田山２号墳	石川県能美市	TK10	f字形鏡板付轡			剣菱形杏葉	
衣掛山４号墳	福井県敦賀市	TK43	心葉形鏡板付轡		○	心葉形杏葉	○
十善の森古墳（後円部石室）	福井県若狭町	MT15	双龍鈴付楕円形鏡板付轡	○		鈴付剣菱形杏葉 双葉剣菱形杏葉	○

若狭町十善の森古墳後円部石室からは，双龍楕円鈴付鏡板付轡，鈴付剣菱形杏葉，花形杏葉，木芯鉄板張輪鐙が出土している（入江 1986c）。TK47 型式並行段階の所産であり，鈴意匠のセット馬具である。このような若狭地域でみられる同意匠の馬具セットは，そのほとんどが大伽耶で製作されたものを直接入手した可能性が高く，列島内では類例を見出すことが困難な資料が大半を占める[1)]。

このように若狭地域でみられる同意匠の轡と杏葉の存在を北陸の普遍性と理解することができないことは，同じ若狭地域でも馬具セットの認識に大きな差異を見出せる事例の存在から指摘できる。

鯖江市丸山塚古墳は４種類の杏葉のみを複数保有する特異な馬具構成である（網谷 1991c）。ここからは，剣菱形杏葉をはじめとして，変形（双葉）剣菱形杏葉，鐘形杏葉，楕円形杏葉が確認されている。本来的には，剣菱形杏葉に f 字形鏡板付轡，鐘形杏葉に鐘形鏡板付轡，楕円形杏葉に十字文楕円形鏡板付轡という組み合わせ[2)]がみられるが，丸山塚古墳には轡が一切伴わない。４種の杏葉が一頭の馬への装着なのか，複数なのかは明らかにしがたいが，少なくとも本来の馬具セット，つまり馬装表現を意識していない，もしくは認識していないことは明らかであろう。丸山塚古墳は，径 50m 以上の大型円墳で，双龍環頭大刀や三葉環頭大刀といった装飾付大刀をはじめ，衝角付冑，挂甲といった武具，画文帯神獣鏡など豊富な副葬品で知られる６世紀中葉の有力墳である。古墳ランク的には，地域の首長墳クラスといっても過言ではなく，階層的に馬具セットを入手し得なかったと考えるよりも，金銅製の杏葉という希少性から杏葉のみ入手したと考えた方が妥当と考える。

同様の事例は若狭地域に限られた事象ではない。氷見市朝日長山古墳では，剣菱形杏葉，鞍金具が確認されるが，轡は伴わず，馬装表現としては不十分な構成である。

このような馬具出土古墳の様相は，完成した馬装表現を志向し続けた列島において，極めて特異な現象に映る。筆者はここでの馬装表現志向の乏しさは，馬匹文化に対する北陸のスタンスに起因する可能性を指摘しておきたい。

結論を先に述べれば，北陸における馬匹文化受容は当初から積極的なものとはいいがたく，この傾向は時代が下るにつれ顕著となるといえる。その一つの根拠として馬形埴輪の存在の希薄さが挙げられよう。北陸において馬形埴輪が矢田野エジリ古墳で確認されるに過ぎない（樫田 1992）。馬形埴輪の受容と馬匹文化需要を結びつけることは短絡的ではあるが，少なくとも馬具出土古墳数と馬形埴輪樹立古墳数にはある程度の相関性がある点は間違いない。馬形埴輪製作については，まだまだ議論すべき点が多いが，馬形埴輪が希薄な主因として馬匹文化受容に対する消極的なスタンスにあることは，井上裕一による一連の研究からも首肯できる（井上 2017 ほか）。翻って，馬匹文化の受容そのものが他地域に比べ消極的であった可能性がある。繰り返しになるが，後述する後期以降の実用的馬具の需要と展開においても，このような消極性が認められる。そこで次項では，６世紀以降に普及する実用的馬具の普及・拡散をめぐる問題について言及していくこととする。

3　実用的馬具の普及・拡散をめぐる問題 ―環状鏡板付轡を中心に―

前項でみてきた馬具セットをめぐる問題は，主に装飾性豊かな金銅製馬具からみたものであった。北陸では轡と杏葉の強固なセット関係にある組み合わせが採用されず，本来セット関係にない組み合わせや轡，杏葉単体での副葬が目立つ点を指摘し，その背景に北陸における馬匹文化受容への消極性を見出した。先の検討でも述べたように，このような北陸の状況は6世紀以降に普及する実用的馬具についても同様，むしろその傾向が強まる状況さえ確認できるのである。

ここでは，6世紀以降にみられる環状鏡板付轡に代表される実用馬具のあり方から，前項で検討した北陸における馬匹文化受容についてさらに踏み込んで考えたい。

「環状鏡板付轡」について

装飾性に富んだ金銅製馬具とは対照的に，簡素な鉄製馬具を「実用品」とみなす風潮は，古墳時代馬具研究者間でいわば「暗黙の了解」として長らく蔓延っており，今でもそのように考える研究者は少なくない。しかし，古墳時代馬具が金銅製，鉄製問わず実際に馬に装着され，騎乗に供したことは古くは小野山節（小野山 1959），近年でも尼子奈美枝（尼子 1991 ほか）らの実証的研究からも証明されており，その意味において基本的に古墳時代馬具はすべて「実用品」である。当然，装飾的要素が高い馬具，馬装は儀仗的な側面での実用的用途が，簡素な造りの馬具，馬装は騎乗，そして運搬用という側面での実用的用途が想定される。また，両者の中間的な用途を想定し得る状況や騎乗・運搬に供した馬具を儀仗に用いる事例などさまざまである。つまり，「実用的」という用語にはさまざまなレヴェル，研究者による解釈があり単に「実用的」という言葉だけでは大きな誤解が生じるおそれがある。事実，「実用品」という言葉が一人歩きしてしまうことで，議論の矮小化が生じている点は否めない。このような用語を用いる場合には，研究者が考える定義について明確に提示することで無用の混乱を未然に防ぐことが肝要であろう。

本題にはいるが，筆者がここで用いる「実用品」とは，装飾的要素に乏しく，騎乗もしくは運搬に供するに適した鉄製馬具を総称している。具体的には，6世紀以降，汎列島的に爆発的に普及する環状鏡板付轡を中心に取り上げることで，6世紀以降の馬匹文化受容の動向について検討する。

筆者は環状鏡板付轡について，立聞の作出方法によって大別可能と考えている（田中 2011・2013・2015b）。つまり，環状鏡板に鍛接された立聞が造り付けられるタイプ（以下，造付立聞タイプ）と造り付けの立聞がないタイプ（以下，素環タイプ）である。詳細については前稿（田中 2011・2013）に譲るが，前者が列島内で開発されたのに対し，後者は朝鮮半島に系譜を辿れる可能性が高い。両者は時期的に併存するが，5世紀後半に素環タイプが列島内に齎され，その後6世紀初頭に造付立聞タイプが出現することが明らかになっており，その後，古墳時代後期から終末期にかけて列島各地の群集墳や横穴墓を中心に副葬されていく。

この環状鏡板付轡であるが，北陸ではその導入が他地域に比べその普及が若干遅れる可能性をはじめに指摘しておきたい（第3表）。南魚沼市飯綱山10号墳からは，TK23～47型式並行段階の鉄製鑣轡に代表される舶載馬具とMT15型式並行段階前後の環状鏡板付轡，鉄製楕円形鏡板付轡といった列島製馬具が出土しており，これが現時点で北陸最古の環状鏡板付轡出土事例である（田中 2012）。その後，TK10型式並行段階に，若狭地域できよしの2号墳，椀貸山2号墳，春日山古墳で造付立聞タイプの環状鏡板付轡が確認されるが，この段階では広く普及せず，北陸全域への普及はTK43～209型式並行段階まで待たなければならない。つまり，北陸では，確実に5世紀代に遡る環状鏡板付轡がなく，6世紀代でも終末に近い段階でようやく普

第3表　東日本における導入期の環状鏡板付轡

県	古墳名	墳形	規模	種別	年代			
					~MT15	MT15	TK10	MT85
北陸	飯綱山10号	円	約50m	環状鏡板付轡	○			
	椀貸山2号	前方後円	30m	環状鏡板付轡			○	
	春日山	円	21m	環状鏡板付轡			○	
	きよしの2号	円	13m	環状鏡板付轡			○	
福島県	八幡2号	横穴		矩形立聞環状鏡板付轡				○
	龍門寺2号	円	12.2m	矩形立聞環状鏡板付轡				○
	餓鬼堂12号	横穴		環状鏡板付轡				○
	真野寺内20号	円		矩形立聞環状鏡板付轡			○	○
茨城県	沖洲大日塚	帆立貝		環状鏡板付轡	○	○		
	王里舟塚	前方後円	88m	環状鏡板付轡	○			
	大串稲荷神社境内			矩形立聞環状鏡板付轡		○	○	
	笠谷6号	前方後円	43m	矩形立聞環状鏡板付轡				○
	真崎10号	円	17m	矩形立聞環状鏡板付轡		○		
	舟塚1号	前方後円	38.5m	矩形立聞環状鏡板付轡				○
栃木県	益子天王塚	前方後円	43m	矩形立聞環状鏡板付轡				○
	七廻り鏡塚	円？	28.4m	複環式環状鏡板付轡		○		
	小野巣根4号	円	20m	兵庫鎖立聞環状鏡板付轡		○	○	
	七ツ塚2号	円	12m	矩形立聞環状鏡板付轡				○
	飯塚31号	帆立貝	29m	兵庫鎖立聞環状鏡板付轡				○
群馬県	小泉大塚越3号	前方後円	46m	環状鏡板付轡				○
	恵下古墳	円	27m	兵庫鎖立聞環状鏡板付轡		○	○	
	洞山	前方後円	22m	環状鏡板付轡		○		
	後二子	前方後円	76m	矩形立聞環状鏡板付轡			○	
	上陽村24号	円	25m	環状鏡板付轡		○		
	王山古墳	前方後円	72m	環状鏡板付轡		○	○	
	多田山19号	円	21.5m	矩形立聞環状鏡板付轡		○	○	○
	樽いなり塚	円	20m	環状鏡板付轡			○	○
	筑縄小星山	円	25m	矩形立聞環状鏡板付轡				○
	少林山台12号	円	11m	兵庫鎖立聞環状鏡板付轡		○		
	富岡5号	円	30m	環状鏡板付轡			○	
	下高田衣沢1号	前方後円	36m	矩形立聞環状鏡板付轡			○	○
	下郷71号	円	11.6m	矩形立聞環状鏡板付轡		○	○	○
埼玉県	黒田4号	円	18m	環状鏡板付轡		○	○	
	黒田古墳群			環状鏡板付轡		○	○	
	一夜塚	円	30m	環状鏡板付轡	○	○	○	
	永明寺	前方後円	73m	環状鏡板付轡			○	○
千葉県	法皇塚	前方後円	55m	矩形立聞環状鏡板付轡				○
	鶴崎天神台3号	円	20m	環状鏡板付轡		○		

及するようである。ところで，環状鏡板付轡の列島への普及状況は未だ確固とした検討がなされたとはいいがたいが，参考までに東日本における環状鏡板付轡の普及状況を振り返れば，おおむね6世紀前半（MT15型式並行段階~TK10型式並行段階）には造付立聞タイプが群集墳もしくは地域の有力墳クラスの古墳に副葬される状況が確認できる。本稿冒頭でも述べたように，北陸の馬具資料化が他地域に比べ遅れている現状で，

どこまで言及できるか疑問もあるが，北陸において環状鏡板付轡の導入が他地域に比べ，一段階遅れる可能性について指摘しておきたい。実用的な馬具である環状鏡板付轡の導入が遅れる要因については今後の検討課題ではあるが，繰り返し述べている北陸における馬匹文化受容のあり方と無関係ではないことは間違いない。

究極の実用的馬具「鉸具立聞環状鏡板付轡」

ここでは，北陸における環状鏡板付轡のあり方について，もう少し掘り下げて検討してみたい。注目するのは，造付立聞タイプのなかでも，立聞部をベルトのバックル状に作出する，いわゆる「鉸具立聞」と呼ばれるタイプの資料である。このタイプの資料については，岡安光彦によってその規格性の高さから中央政権による「量産品」との指摘がなされている（岡安 1985）。筆者も前稿（田中 2011）においてこのタイプの造付立聞環状鏡板付轡について検討を行い，その機能性・規格性の高さ，東日本への偏在性，横穴墓への副葬の多さから，6 世紀末葉以降，律令体制確立を目指して各地域に派遣された新興集団が中央政権より支給された轡と評価した。このような実用的要素が高い環状鏡板付轡のいわば最もその性格が反映された轡である「鉸具立聞環状鏡板付轡」であるが，現時点で，北陸において確認できない点は看過できない（第 1 表）。岡安や筆者らによる研究で，中央政権との関わりが強いとされるこの種の轡が全く確認できないことは，北陸における実用馬具の需要そのものが低かった可能性もある。当然，馬具の分析だけでは論証できることではないが，これまで述べてきたように，北陸における馬具受容の消極性を多分に反映された状況ともいえよう。

このような実用馬具普及の低調さは，北陸における補修馬具の少なさからも追認できる。北陸では，明確な補修痕が残る資料が滝 3 号墳例と漆谷 2 号墳の二例に限られる。補修馬具については馬具ライフサイクルの検証などまだまだクリアすべき課題は多いが（田中 2015a・2017），その地域においてどれだけ馬具が普及しているかの指標にはなり得る。当然，資料化と並行した丹念な資料観察が今後必要になるが，現状における問題として指摘しておきたい。

では，ここまでみてきた北陸における実用馬具普及の低調さの要因をどのように理解すべきなのか。伊藤雅文は北陸における軍団編成が歩兵中心であった可能性に言及している（伊藤 2013）。傾聴すべき見解である。北陸は，古墳時代後期以降に整備が進んだ東山道ルートには直接面しておらず，軍事的かつ交通的な重要性が相対的に低かったと中央政権からみなされた可能性がある。北陸では古代牧の存在も極めて低調である。古墳時代中期末から後期初頭に若狭地域の首長層が独自の動きで馬具を入手するといった動き以降，馬匹文化そのものが希薄な地域であった北陸で，新たに官営牧を経営するコストは計り知れないのは想像に難くない。翻って，古代の諸国牧，近都牧がことごとく古墳時代馬具の集中域と重なるのは，古墳時代からの馬匹文化と馬匹生産がその下地となったからに他ならないことは，岡安光彦の一連の研究（岡安 1986 ほか）からも十分肯けよう。

まとめにかえて

本稿における馬具の組み合わせ（アセンブリッジ），そして実用的馬具の普及にかんする問題提起は，前半の研究小史の項で述べた「一定水準での資料化」を通じて，議論が深化することが期待される。群馬や長野，山梨といった馬匹文化の先進地域に比べ，北陸のそれが希薄であることは，認めざるを得ない事実である。だからこそ，東日本における馬匹文化の受容，そして展開を考えるうえで北陸が今後重要なフィールドとなることに筆者は確信をもっている。今後，馬具研究を志すものの一人としてこの問題に向き合っていく所存である。

謝辞　橋本先生には博士前期課程の二年間，指導教官をお願いしてご指導を賜りました。群馬県伊勢崎市での豪族居館の調査，佐渡島における資料調査等を通じて，遺跡，遺物と真摯に向き合う先生の研究姿勢から多くのことを学ばせていただきました。思えばこの二年間が，研究者としての基礎固め期間であったと強く思うこの頃です。

かけがえのない学恩を受けた教え子の一人として，先生のこれからのますますのご活躍を祈念いたします。

（2018 年 7 月 1 日受付）

註

1)　若狭地域における大伽耶文物の存在について，朴天秀は，大伽耶が高句麗や新羅の軍事的な進出に対抗するために，若狭地域を中心とする北陸の豪族の軍事力を活用した際の見返り品との指摘がある。

2)　変形（双葉剣菱形杏葉とセット関係にある轡は明確ではない。轡が伴う出土例をみても金銅製鏡板付轡だけでなく，群馬県恵下古墳例のような初現期の環状鏡板付轡に伴う場合もある。

引用参考文献

青木豊昭　1990「丸山 4 号墳と馬具等出土遺物について―越前・若狭の馬具出土古墳の中での位置づけ―」『福井県考古学会誌』第 8 号　福井県考古学会

尼子奈美枝　1991「古墳時代後期の馬装の性格」『関西大学考古学等資料室紀要』8　関西大学考古学等資料室

伊藤雅文　2001「馬具」『石川県考古資料調査・集成事業報告書　補遺編』石川考古学研究会

伊藤雅文　2008『古墳時代の王権と地域社会』学生社

伊藤雅文　2013「馬具」『若狭と越の古墳時代』雄山閣

井上裕一　2017「馬形埴輪の馬具・馬装表現」『馬具副葬古墳の諸問題』第 22 回東北・関東前方後円墳研究会大会発表要旨資料　東北関東前方後円墳研究会

入江文敏　1986「若狭地方における首長墓の動態」『福井県史　資料編一三　考古』福井県

入江文敏　2012「北陸地方における馬匹生産と馬具の様相（一）」『郷土研究部活動報告』六　福井県立若狭高等学校郷土研究部

永平寺町教育委員会　2007『北陸の横穴式石室集成』

大野　究　2003「富山県古墳副葬品集成・馬具」『大境』23　富山県考古学会

大野義人　2017「群馬県」『馬具副葬古墳の諸問題』第 22 回東北・関東前方後円墳研究会発表要旨資料　東北関東前方後円墳研究会

岡安光彦　1985「環状鏡板付轡の規格と多変量解析」『日本古代文化研究』第 2 号　古墳文化研究会

岡安光彦　1986「馬具副葬古墳と東国舎人騎兵―考古資料と文献史料による総合的分析の試み―」『考古学雑誌』71-4　日本考古学会

小野山節　1959「馬具と乗馬の風習　半島経営の盛衰」『世界考古学体系』第 3 巻　日本Ⅲ古墳時代　平凡社　88-104 頁

樫田　誠　1992『矢田野エジリ古墳』小松市教育委員会

後藤守一　1928「原始時代の武器と武装」『考古學講座』6　国史講習会・雄山閣

鈴木篤英　2008『漆谷遺跡』福井県埋蔵文化財調査報告第 31 集　福井県教育庁埋蔵文化財センター

清喜祐二　2011「福井県西塚古墳出土遺物の来歴調査について」『書陵部紀要』63　宮内庁書陵部

田中祐樹　2009「飯田清次郎古墳の副葬品」『佐渡・越後文化交流史研究』9　新潟大学人文学部

田中祐樹　2011「造り付け立聞環状鏡板付轡の出現と展開」『歴史民俗研究』8　板橋区教育委員会
田中祐樹　2012「飯綱山10号墳出土馬具の再検討―飯綱山考古博物館所蔵資料を中心に―」『新潟考古』第23号　新潟県考古学会
田中祐樹　2013「造付立聞環状鏡板付轡の出現年代」『土曜考古』35　土曜考古学会
田中祐樹　2015a「古墳時代補修痕馬具分析の可能性―古墳時代馬具実用品論試考―」『土曜考古』39　土曜考古学会
田中祐樹　2015b「造付立聞環状鏡板付轡に関する新視点―面繋への接続方法による分類試案―」『古代文化』67-2　古代学協会
田中祐樹　2017a「北陸の馬具について」『馬具副葬古墳の諸問題』第22回東北・関東前方後円墳研究会発表要旨資料　東北関東前方後円墳研究会
田中祐樹　2017b「実用性に着目した古墳時代馬具分析からみえたこと，みえてくること」『第14回古代武器研究会発表要旨』古代武器研究会
田中祐樹　2018「北陸における古墳時代馬具研究小史」『新潟県考古学談話会会誌』
中條英樹　2003「鉄製f字形鏡板付轡の編年とその性格」『帝京大学山梨文化財研究所研究報告』11集　帝京大学山梨文化財研究所
中屋克彦　1996「馬具類」『石川県考古資料調査・集成事業報告書　武器・武具・馬具』Ⅰ　石川県考古学研究会
橋本英将　2005「双葉剣菱形杏葉の検討」『大谷古墳』上中町教育委員会
橋本博文　1998「飯綱山10号墳1996年度の調査のまとめと今後の課題」『新潟大学考古学研究室調査研究報告』1　新潟大学人文学部考古学研究室
橋本博文　2008「魚沼地域の初期群集墳」『新潟県考古学会第20回大会　研究発表会発表要旨』新潟県考古学会
橋本博文　2014「飯綱山古墳群が提起する問題―畿内政権の東国支配の変化―」『平成25年度　越後国域確定1300年記念事業　記録集』新潟県教育委員会
朴　天秀　2008「古代の韓半島からみた若狭との交流」『若狭の古墳時代　若狭町歴史シンポジウム記録集』若狭町
朴　天秀　2013「古代北陸における韓半島文物と移入背景」『若狭と越の古墳時代』季刊考古学別冊19　雄山閣
林　大智　2013「鉄器」『若狭と越の古墳時代』季刊考古学別冊19　雄山閣
宮代栄一　1993「5・6世紀における馬具の「セット」について―f字形鏡板付轡・鉄製楕円形鏡板付轡・剣菱形杏葉を中心に―」『九州考古学』68　九州考古学会
宮代栄一　2002「古墳時代の馬装の変遷―アセンブリッジに基づく馬具の複合的分析―」『地域考古学の展開』村田文夫先生還暦記念論文集
桃崎祐輔　2005「馬具研究の現状と課題」『七隈史学』6　七隈史学会
森貞次郎　1988「岩戸山古墳石馬の杏葉馬装具について」『考古学叢考』下巻　吉川弘文館

馬具出土遺跡集成表文献（頭番号は表中文献番号に対応）

新潟県

1　田中祐樹　2012「飯綱山10号墳出土馬具の再検討―飯綱山考古博物館所蔵資料を中心に―」『新潟考古』23　新潟県考古学会
2　新潟県　1983『新潟県史』考古資料編　新潟県
3　秦繁治ほか　1976『宮口古墳群』牧村教育委員会
4　椎名仙卓　1968「海辺に築かれた古墳」『考古学雑誌』53-4　日本考古学会
5　田中祐樹　2009「飯田清次郎古墳の副葬品」『佐渡・越後文化交流史研究』9　新潟大学大学院現代社会文化研究科・新潟大学人文学部

富山県

6　伊藤雅文　2013「馬具」『若狭と越の古墳時代』雄山閣
7　永平寺町教育委員会　2007『北陸の横穴式石室集成』永平寺町教育委員会
8　富山市教育委員会　1988『昭和62年度　富山市埋蔵文化財発掘調査概要』富山市教育委員会

9　橋本澄夫　1960「三室古墳群」『能登高木森古墳』七尾市文化財保護委員会
10　氷見市教育委員会　1973『富山県氷見市朝日長山古墳調査報告書』氷見市教育委員会
11　氷見市史編さん委員会　2002『氷見市史　資料編五　考古』氷見市
石川県
12　伊藤雅文　2001「馬具」『石川県考古資料調査・集成事業報告書　補遺編』石川考古学研究会
13　伊藤雅文　2013「馬具」『若狭と越の古墳時代』雄山閣
14　永平寺町教育委員会　2007『北陸の横穴式石室集成』永平寺町教育委員会
15　河村好光　1980『能登散田金谷古墳』志雄町教育委員会
16　玉井敬泉ほか　1954「羽咋郡飯山町福水円山古墳調査報告」『石川県考古学会々誌』6　石川考古学研究会
17　羽咋市教育委員会　1980「滝3号墳」『拓影』4　石川県立埋蔵文化財センター
18　羽咋市史編さん委員会　1973『羽咋市史　原始・古代編』羽咋市
19　吉岡康暢・河村好光　1997『加賀能美古墳群』寺井町教育委員会
福井県
20　安部善治　1991「行峠古墳」『平成3年度発掘調査報告会資料』福井県教育庁埋蔵文化財調査センター
21　安部善治　1997a「行峠古墳」発掘された北陸の古墳報告会資料』まつおか古代フェスティバル実行委員会
22　安部善治　1997b「二子山3号墳」『発掘された北陸の古墳報告会資料』まつおか古代フェスティバル実行委員会
23　安部善治　2002a「行峠古墳」『福井県嶺南地方の考古学』嶺南地方の考古学を学ぶ会
24　安部善治　2002b「二子山3号墳」『福井県嶺南地方の考古学』嶺南地方の考古学を学ぶ会
25　網谷克彦　1989『二子山3号墳発掘調査』高浜町教育委員会
26　網谷克彦　1991a「西塚古墳」『躍動する若狭の王者たち』若狭歴史民俗資料館
27　網谷克彦　1991b「十善の森古墳」『発掘された若狭の王者たち』若狭歴史民俗資料館
28　網谷克彦　1991c「丸山塚古墳」『躍動する若狭の王者たち』若狭歴史民俗資料館
29　網谷克彦　1991d「行峠古墳」『躍動する若狭の王者たち』若狭歴史民俗資料館
30　網谷克彦　1991e「二子山3号墳」『躍動する若狭の王者たち』若狭歴史民俗資料館
31　伊藤雅文　2013「馬具」『若狭と越の古墳時代』雄山閣
32　入江文敏　1986a「獅子塚古墳」『福井県史』資料編13　考古　福井県
33　入江文敏　1986b「大谷古墳」『福井県史』資料編13　考古　福井県
34　入江文敏　1986c「十善の森古墳」『福井県史』資料編13　考古　福井県
35　入江文敏　1986d「若狭地方における首長墓の動態―主体部・副葬品の分析を通じて―」『福井県史』資料編13　考古　福井県
36　入江文敏　2012「北陸地方における馬匹生産と馬具の様相(1)」『郷土研究部活動報告』6　福井県立若狭高等学校郷土研究部
37　上田三平　1922『若狭及び越前に於ける古代遺跡　福井縣史蹟勝地調査報告』福井県
38　梅原末治　1915「越前敦賀郡の遺跡遺物」『考古学雑誌』5-8　日本考古学会
39　永平寺町教育委員会　2007『北陸の横穴式石室集成』永平寺町教育委員会
40　川村俊彦　1988「第3章　調査の成果」『衣掛山古墳群』敦賀市教育委員会
41　川村俊彦　1989「穴地蔵古墳」『穴地蔵古墳　松原遺跡　平成元年度櫛川地区分布・試掘調査および穴地蔵3号墳発掘調査』敦賀市教育委員会
42　川村俊彦　2001「第Ⅲ章　発掘調査」『穴地蔵古墳　福井県指定史跡保存修理事業報告書』敦賀市教育委員会
43　川村俊彦　2004「事例報告3　穴地蔵古墳の調査とその活用」『美浜町歴史シンポジウム資料集　浄土寺古墳群を考える』美浜町教育委員会
44　櫛部正典　2001『法土寺遺跡Ⅰ』福井県教育庁埋蔵文化財調査センター
45　斎藤秀一ほか　2001『茶臼山古墳群』武生市教育委員会
46　斎藤　優　1971「横山古墳群」『文化財調査報告（福井県）』第21集　福井県教育委員会

47　斎藤　優　1979「穴地蔵古墳」『文化財調査報告』27　福井県教育委員会
48　斎藤　優　1986「鯖江市天神山古墳群」『福井県史』資料編 13　考古　福井県
49　斎藤優ほか　1973『天神山古墳群』鯖江市教育委員会
50　白石太一郎　1966「2　古墳の調査(12) 鹿野 1 号墳」『若狭大飯—福井県大飯郡大飯町考古学調査報告』大飯町
51　鈴木篤英　1997「漆谷遺跡」『発掘された北陸の古墳報告会資料集』まつおか古代フェスティバル実行委員会
52　高橋克壽　1991「若狭の埴輪と地域政権」『躍動する若狭の王者たち』若狭歴史民俗資料館
53　田辺常博　1975「Ⅲ　各古墳の発掘調査」『三方町文化財調査報告 1 若狭きよしの古墳群』三方町教育委員会
54　田辺常博　1986「きよしの古墳群」『福井県史』資料編 13　考古　福井県
55　坪田聡子ほか　2006「第 3 章　遺構と遺物　第 2 節遺構・第 3 節　遺物」『衣掛山古墳群』福井県教育庁埋蔵文化財調査センター
56　中司照世ほか　1978「神奈備山古墳群」『重要遺跡緊急確認調査報告(1)』福井県教育委員会
57　中司照世　1986a「神奈備山古墳」『福井県史』資料編 13　考古　福井県
58　中司照世　1986b「西塚古墳」『福井県史』資料編 13　考古　福井県
59　中司照世　1997「5　十善の森古墳」『若狭地方　主要前方後円墳総合調査報告書』福井県教育委員会
60　中司照世　2001「椀貸山・神奈備山両古墳と横山古墳群」『福井県立博物館紀要』第 8 号　福井県立博物館
61　中司照世・山口充　1977「第Ⅳ章　山の上 1 号墳」『北陸自動車道関係遺跡調査報告書』福井県教育委員会
62　中村　浩　1992「福井県美浜町所在獅子塚古墳出土須恵器について—東京国立博物館列品の再検討—」『MUSEUM』500　東京国立博物館
63　畠中清隆　1999『若狭の古代遺跡　発掘の成果と出土品』若狭歴史民俗資料館
64　福井県　1986『福井県史』資料編 13　考古　福井県
65　堀田直志　2004「Ⅴ附編　丸山塚古墳出土の須恵器」『上中町文化財調査報告第 9 集　市場古墳』上中町教育委員会
66　堀田直志　2005『上中町文化財調査報告書第 10 集　大谷古墳』上中町教育委員会
67　松井政信　2005『石舟山古墳・鳥越山古墳・二本松山古墳』松岡町教育委員会・永平寺町教育委員会
68　森川昌和　1985「第 6 章　総括　2 大飯神社 1 号墳の提起する問題」『福井県埋蔵文化財調査報告書』75　福井県教育委員会
69　山口充・富山正明ほか　1989『清王 1・2 号古墳発掘調査報告書』金津町教育委員会

図版出典

第 1 図　田中 2018 を改変し，筆者作成
第 2 図　田中 2017a を改変し，筆者作成
第 3 図　田中 2017a を改変し，筆者作成
第 4 図　田中 2017a を改変し，筆者作成
第 5 図　各報告書を改変し，筆者作成
第 1 表　田中 2017a を基に，筆者作成
第 2 表　筆者作成
第 3 表　筆者作成

三角縁神獣鏡の位相

水澤　幸一

はじめに

筆者が勤務する新潟県胎内市に所在する城の山古墳の発掘調査以来，橋本博文先生には発掘指導委員会委員長として大変お世話になっている。今回は，先生が研究テーマの一つ（橋本1988など）とされている古墳時代の鏡，そのなかでも特に三角縁神獣鏡についての研究の現状に鑑み私見を述べるものである。ただし，三角縁神獣鏡に関する研究史は膨大であり，本稿ですべてを取り上げることはかなわない。個別の研究は，『三角縁神獣鏡研究事典』（下垣2010）等に譲り，本稿では筆者の関心に沿って部分的にみていくこととしたい。なお，本文中の敬称は省略する。

1　前提

三角縁神獣鏡は，小林行雄が自説の要として取り上げて以来，卑弥呼が魏からもらった鏡という前提のもとに語られてきた。しかしそれは，当然ながら邪馬台国が畿内にあったことを前提としている。同時期に畿内に強大な勢力体があったとしても，それが魏と通交した邪馬台国であるかどうかということは，別の問題である[1]。そのことは，藤田憲司が以前から指摘しているし（藤田2009・2016），文献からも門脇禎二や若井敏明が述べているところである（門脇1999，若井2010・2015）。

もし，『魏志』東夷伝倭人条に記された「銅鏡百枚」の記事がなければ，ほぼ日本からしか出土しない他の大多数の日本固有の遺物（例えば腕飾形石製品など）と同じ出土傾向を示す三角縁神獣鏡を誰が中国鏡といおうか。誰が倭系遺物であることを疑おうか。

「銅鏡百枚」の記載から論を組み立てることは，モノを扱う考古学という学問の常道から外れる。そして，三角縁神獣鏡の分布・数量からは，ヤマトの勢力がそれを管理し，近隣を中心に配布していたこともまた明らかであるようにみえる。ヤマトの勢力がコントロールできる鏡が，わざわざ中国へ行ってもらってこなければならないモノであるはずがない。もちろん，三角縁神獣鏡が中国の鏡工人の手によるものであることは，そのモチーフ・銘文等から明らかである。その解明こそが必要であるにもかかわらず，たびたびの特鋳などという彼我間でありえない想定をし，景初4年銘には目をつぶる。本来陳氏が作った景初4年銘鏡が出土した時点で，魏国産説は潰えたとすべきところを，なぜか今も変わらず，富岡謙蔵以来の旧説を順守し続けている。魏王朝が景初4年という存在しない年号の入った鏡を「親魏倭王」に，すなわち宗主国と冊封国という最も重要な関係において下賜することなどありえない（菅谷1991）。

穴澤咊光がいうように，鏡の製作地がどこかという問題は，それほど重要ではない，とする考えもあろう（穴澤1985）。しかし，三角縁神獣鏡に魏の権威を被せようとする論調に対しては，前提をはっきりさせる必要があろう。

そこでまず三角縁神獣鏡が置かれている当時の倭国の状況についてみていく。

荒野泰典は，「大まかな見通しとしては，国家が人類にとってこれほどの規定性を発揮するようになるのは近代以降のことと言ってよいだろう。それ以前は，国家，あるいは王権は，家や村・都市，あるいは座・仲間などの同業者集団，土豪や大名などの地域的な権力などと比べて，人々の生活や意識にとって，それほど際立った存在ではなかった」（荒野 2010：40 頁）とし，さらに「エスニシティとしての「日本人」の形成過程がほぼ一段落するのは，篠田の想定する律令国家の段階からはるかに遅れて，いわゆる戦国時代だという見通しを持っている」（同 45 頁）とする。そして，「そもそも，ヤマト政権を無前提に「日本」の政権とするところに従来の説の無理があるのではないか。すなわち，それまでのヤマト政権は，文字通り「倭」の，つまり，朝鮮半島から日本列島にかけての地域（つまり「倭」の地域）を足場にしたいくつかの政権のうちの一つで，ヤマト政権は，半島南部から列島の西部（九州北部・西日本から近畿地方）を足場にした政権だった」（同 46 頁）という。

そして坂靖は，庄内式期における纏向遺跡が卓越した規模・内容ではないことから，邪馬台国の所在地ではなく，ヤマト王権の成立は布留式期であると述べた。そして 3 世紀半ば以降のホケノ山古墳築造後に，北部九州や河内地域の在地集団を通じて，間接的に後漢鏡を入手したものと理解した（坂 2018：241-244 頁）。さらに古墳時代前期にあっては「おおやまと」古墳集団は，奈良盆地内の小地域の政治的集団にすぎないと喝破した[2]（同 249 頁）。

それは，若林邦彦が討論のなかで「（畿内の）弥生社会を幾ら分析しても，なぜ古墳ができるのかということは全くわからない（中略）基本的には近畿の優位性は認め難い，弥生の中には」（考古学研究会編 2013：303・304）という発言や辻田淳一郎がいう 240 年以降の鏡の変化（辻田 2007：354-357 頁）とも符合する。

また，久住猛雄が遺跡動態から説くように，布留 1 式期（古墳前期前半）までの「瀬戸内―畿内の勢力は，自らのエリアや列島外における直接的な対外交易は果たせずに，博多湾岸の西新町に出向いての交易が基本であったと想定され」（久住 2007：31 頁）るのであるから，そのようなエリアに邪馬台国があるわけはない。正しく，「「博多湾貿易」の成立と維持は，畿内との強い関係があるがその覇権下にあるとは言えない北部九州の首長連合の一定の主体的関与を考えるべき」（同 32 頁，下線筆者）であろう。

2　三角縁神獣鏡魏鏡説とそれへの論駁

（1）面径論と鏡種論

三角縁神獣鏡は，おおむね面径 20cm を超える大型鏡であることから，それが議論の対象となることが多い。

下垣仁志は，後漢鏡 4～6 期の出土分布パターン図から大型鏡が畿内地域に集中することを明らかにし，それが弥生末期（庄内式期）から始まっていたとした（下垣 2013・2018）。畿内の勢力が大きな鏡を嗜好していること，すなわち畿内で三角縁神獣鏡をつくった，とならないところが不可思議なところであるが，それはさておき，車崎正彦がいうように，「じつは魏晋の大型鏡はほとんど三角縁神獣鏡に限られる」（車崎 2008：100 頁）のであるから，三角縁神獣鏡は魏晋鏡ではないと考えるべきであろう[3]。

上野祥史は，盤龍鏡の分析のなかで，中期前葉以降の盤龍鏡は，いずれも小型鏡もしくは中型鏡であり，面径で表現する鏡の序列は低く，卓越するこれら共伴副葬品に比べて不相応な存在であると述べた（上野 2018：96-98 頁）。また「古墳の副葬鏡には，面径の異なる大小の鏡が共伴する事例が数多いが，主題の異なる多彩な鏡式を組合せて副葬していることは，まさに鏡式ではなく面径に価値を集約した鏡の取扱いを示すものである」（同：102頁）と結論づけた。しかしこれは，面径論に拘った見方であり，卓越する共伴遺物にふさわしいのが中・小型の盤龍鏡であったと考えるべきであり，共伴する大小の鏡の出土状況を検討すれば，前期でも小型舶載鏡に高い価値が置かれていたことが多いことも明らかであるように思われる（岩本2004など）。

第一に面径にのみ意味があるなら，背面の紋様は，意味をなくす。鏡背の紋様は，「願いごとを現実とするためにも強い力が求められた。その力は鏡の文様にかかっていた。だからこそ，複雑で規範に則った文様が求められたのである」（中村1999：44頁）。

複雑な技術や知識をもつ工人を独占すれば，生産と流通のコントロールは可能になる（関2008：167頁）。関は，Schortman と Urban の所説を引いて，威信財をまさに威信あふれるものたらしめているのは，その所有だけでなく，図案そのものが，権力や不平等性（支配―被支配の理由）のイデオロギーを強化させるための情報を運んでいるからであるという見方を紹介している（同167・168頁）。このことは，面径ではなく，鏡種（鏡背紋様）こそがより重要であることを示唆する。

三角縁神獣鏡の画一的なサイズは，官営工房を思わせる。もちろん倭国の官営工房である。中国からもたらされたとするならば，かえってあれほどの画一的なサイズを揃えるのは困難である。そこから特鋳説が出てきたが，それについては後述する。倭鏡は，中国から来た鏡職人の一部と倭人の弟子が需要に応じて色々な鏡種の特徴を繋ぎ合わせて作成したものと考えられる。もちろんこの時代に工人が独立して商売していたとはいわないが，有力なパトロンの下なら可能性があろう。おそらく三角縁神獣鏡の配布主体はのちに畿内とよばれる地域のなかのヤマトの王であったのであろうが，すべての鏡を倭王が掌握していた証拠はない。三角縁神獣鏡と他の倭鏡には技術的交流があまり認められないことから，おそらく両者は異なった体制で作られていたということはわかる（辻田2007：272頁等）。倭王に比肩する権力者達は，少なからずいたであろうから，鏡製作集団も個々にかかえていた可能性があろう。

弥生中期末に中国鏡の模倣として始まった倭鏡生産（林2010）は，弥生後期を経て古墳前期には中国鏡に見劣りしない倭鏡（雪野山古墳出土倭製内行花紋鏡）や中国にない径40cmを超えるような大型鏡を生み出したのである。中国にないものを創作したのが，倭鏡であり，三角縁神獣鏡もまた同列である[4]。

中国にほとんどない大きな鏡をもらって，誰がありがたがるのか。それは，中国の鏡を知らない人々である。したがって九州の人々ではなく，山陰でも東国の人々でもない。大きな鏡は，誰にとって宝物となりえたのか。

車崎正彦は，「三角縁神獣鏡は圧倒的に近畿地方に集中する」が，「魏晋鏡の中小型の鏡は集中度が低」く，「近畿地方にもあるけれども，むしろ周辺部に比較的多い傾向を示している」（福永ほか2003：186頁）。そして「鏡式の違いより，大きさの違いの方がより重視されている」というが，確かに畿内はそうであったかもしれない[5]（辻田2007：109・120頁）が，他の地域は果たしてどうか。前方後円墳を創出するにあたって，各地の諸要素を統合したのであれば，鏡においてもそれを実現しようとしたものではなかろうか。

廣坂美穂は，鏡と古墳の規模の関係性を追究し，超大型鏡については，大和の古墳から半数以上が出土している（廣坂2008：92頁）が，舶載鏡単独出土の場合，面径の大小と古墳の規模の大小はあまり関係ないことを明らかにした（同97頁）。また，仿製鏡については，古墳時代前期前半では面径の大小と墳丘規模の大小はかなり相関があることも指摘している。すなわち舶載鏡は，コントロールできないということであり，仿製鏡のみがコントロール可能であった。したがって三角縁神獣鏡は，径がそろっていることから仿製鏡と考えざるをえない。

(2) 配布論

小林行雄の三角縁神獣鏡配布論においては，椿井大塚山被葬者の役割が重視されたわけであるが，このような多種の三角縁神獣鏡が出土したこと自体，配布者としての役割を否定するものである（下垣 2018）。さらに森下章司は，黒塚古墳の調査によって「実は配布先というのは近畿の古墳があまりに多すぎて，全国に広く配っているようにはみえない。畿内からガバッと出ていて，周りにチョロチョロ流れ出ているような状況であるというのが，むしろ実態に近い」と指摘している（福永ほか 2003：188 頁）。まして，最重要なはずの三角縁神獣鏡の紀年銘鏡が大古墳ではなく畿内から離れた地方の小古墳から出土していることは，三角縁神獣鏡＝貴重品であるはずの「銅鏡 100 枚」を否定するものである。

三角縁神獣鏡研究の泰斗，樋口隆康は，その紀年銘鏡について「商人をとおして分配，売られたとみるのが一番妥当であろう」（樋口 1992：233 頁）として，椿井大塚山古墳被葬者から三角縁神獣鏡が配布されたという小林説を否定した。それは踏襲され，椿井大塚山古墳被葬者自身が「直接鏡工場から入手したか，商人を通して買ったか，あるいは服属者から献納されたものであろう。けっして被葬者が服属者に配分した残り物ではありえない」とした（樋口 2000：183 頁）。なお樋口は，「誰でもが輸入，入手できるものの分配論は成り立たない」（同 184 頁）として，特鋳説をとるのであるが，商人を通して買えるなら特鋳説は成り立たないし，逆もまたしかりである。

景初四年という魏国内ではありえない年号をもつ鏡の存在は，それを後世に造るということも考えがたく，正始年号の制定が製作者に伝わる前に造ったとしか考えがたい。また，魏が倭国のためだけに中国にない三角縁の鏡を開発し，それも朝見のたびに特鋳するなどという議論が成立する余地はない。当時の中国にとっての倭国は，現実的な問題としてそれほど特別な存在であったなどと考えるのは無理があるし，魏で新式鏡を開発したのなら，魏国内各地で多数発掘されてしかるべきである。

さらにいえば，三角縁神獣鏡ではない魏鏡 100 枚をもらった卑弥呼に対抗するためにヤマトの勢力は，それを超えるより大きな面径の鏡の創作を欲した。わざわざ景初三年の年号を入れたのは，卑弥呼に付された親魏倭王の後継者を主張するためであったと考えたい。そのために魏の複数の鏡師集団（ただし呉から公孫氏に送られた呉の鏡師も含まれていた可能性が高い）をたびたび招請して三角縁神獣鏡を作らせたのであろう。そのように考えた方が，魏がわざわざ魏にない三角縁神獣鏡を特鋳したと考えるよりはありえる想定のように思われる。

三角縁神獣鏡は，大和へ出向いてもらってきた解釈が有力（参向型：川西 2004）であり，さらに具体的には，王権への奉仕（古墳築造等）の証として配布されたのではないのか。したがって近隣の有力者は，その機会を多く得たがゆえに多数の[6]三角縁神獣鏡をもらったため，彼らの古墳から多く出土するのであろう。

(3) 魏をルーツとする諸説

① 魏の鏡概要

徐苹芳は，1984 年のシンポジウムで，魏および西晋時代の中国北方の銅鏡は，方格規矩鏡・内行花文鏡・獣首鏡・夔鳳鏡・盤龍鏡・双頭龍鳳文鏡・位至三公鏡・鳥文鏡などであり，そのうちで内行花文鏡と変形獣首鏡の数が最も多いとした（徐 1985：68・69 頁）。

30 年後に出版された『洛陽銅鏡』（2016）から，魏・西晋期の鏡種をカウントすると（不明および鉄鏡を除く），方格規矩（博局）鏡 4 点，内行花文系の鏡 15 点，獣首鏡・夔鳳鏡・双頭龍鳳文鏡・位至三公鏡 33 点，盤龍鏡 1 点，禽獣系鏡 9 点，画紋帯神獣鏡 3 点，神獣鏡 2 点となり，ほぼ状況は変化していない。わずかに神獣鏡が増えたにすぎない。史家珍・張翠玲両氏も西晋時代の洛陽地区でもっとも流行した類型は,「位至三公」(虁鳳)鏡であると述べている(史家珍・張翠玲 2016:41頁)。

同じく洛陽出土の後漢の鏡種をピックアップすると,方格規矩(博局)鏡13点,内行花文系の鏡25点,虁鳳鏡2点,位至三公鏡12点,(四乳)禽獣系鏡7点,三獣紋浮彫系鏡4点,画像鏡2点となり,基本的にそのままの流れで魏・西晋鏡が製作されて流通していたことが明らかである。

西川寿勝も「三国式鏡は後漢式鏡と共通するものの,概して粗略化が進み,大型鏡はほとんどみられない」(西川 2006:147頁)とする。

このような流れのなかで,卑弥呼が魏の皇帝からもらった鏡種として,三角縁神獣鏡が考え得るであろうか。獣首鏡・虁鳳鏡をはじめとする位至三公鏡もしくは内行花紋鏡のいずれか100枚が下賜されたと考えるのが通常の思考であろう。そこに三角縁神獣鏡が登場する余地はほとんどないように思われる。

しかるに岡村秀典は,「洛陽出土の後漢鏡や魏晋鏡はほとんどが貧弱な小型銅鏡か鉄鏡であった」(岡村 2016:446頁)と認識しているにもかかわらず,「一方,山東南部から江蘇北部にかけての徐州では,画像鏡を制作していた鏡工が2世紀後葉に神獣鏡の要素を取り込んで斜縁神獣鏡を創作し,同時に同向式神獣鏡をはじめとする各種の神獣鏡も徐州で制作された。魏の都洛陽では235年ごろから後漢鏡を忠実に模倣した鏡生産がはじまり,239年に「銅鏡百枚」の発注を受けた陳氏は,同向式神獣鏡をモデルとして三角縁神獣鏡を創作したのであろう。」(同頁)と結ぶ。また別のところで,「三角縁神獣鏡は,2世紀後半に出現した画文帯の四神四獣鏡をベースに(中略)画像鏡の要素を取り入れて成立したもので」,「宇宙を表した中国鏡の流れを受けながら,思想的にはまったく異質」な,中国鏡には「絶対ありえない図像構成をもつ鏡」(福永ほか 2003:18・19頁)であるという。しかし,なぜ陳氏が儀軌をはずれた鏡を創作しなければならなかったのか,理解に苦しむ。

さらに岡村は,「鏡は大きいほど価値が高いのはいうまでもない」とし,三角縁神獣鏡の大きさは中国でも王侯クラスに送られる特別な大きさであったとする(岡村 2017:223頁)。しかしそのような評価は,自身が引用した唐代に議論された魏にとって負担が小さかったという論旨(同:224・225頁)と矛盾する。王侯に送られる特別な大きさの新作鏡を100枚も造ることは,魏にとって非常な負担であったとはいえまいか。

また魏の皇帝が倭王用に特注したのなら,黄武5年銘「呉国孫王」鏡のように「魏国」「親魏倭王」といった文言をなぜ入れさせなかったのか。なぜ鏡師の自信作の鏡であることや,長寿や子孫繁栄,出世についてばかり記すのか。まして「買市」などという文言は,まったくふさわしくない。

西田守夫は,ほぼ半世紀前に次のように述べていた。「三角縁神獣鏡を魏志倭人伝に見える魏から邪馬台国に賜与された銅鏡に当てることができるとすると,魏の王室の官工である尚方が作った三角縁神獣鏡は殆どなく(中略)三面一組が発見されているにすぎないのは奇妙な事実である」[7](西田 1971:216頁)。そして「その尚方作三角縁神獣鏡さえ,画像鏡の影響を特に強く受けた粗製の鏡であることは無視できないことである」(同 233頁)と結んだ。なお,銘文については,「三角縁神獣鏡の銘文が諸形式の神獣鏡からではなく,直接には画像鏡から継承されたものであることは認めないわけにはゆかない」(同 233頁)と指摘していた。

上野祥史は,「第4期 214-240　華北東部系でも神獣鏡生産は行われていたと思われるが,対置という新しい神獣配置は定着」せず,「第5期 240-280　魏や西晋の華北でも若干の神獣鏡を生産していたが,体系的は生産には至らなかった」(上野 2000:62頁)と把握した。しかしながら,「華北系では(中略)3世紀以後も画文帯神獣鏡を(中略),華南系では2世紀後半段階に画文帯神獣鏡と銘文帯神獣鏡を生産していたものの,3世紀以後は銘文帯神獣鏡の生産に集約していく」(上野 2010:76頁)ため,「三角縁神獣鏡は,華北系における3世紀中頃の神獣鏡の模倣生産に位置づけられるが,その模倣対象となった神獣鏡は,上記の華北系の各種画紋帯神獣鏡である」（上野 2007：202 頁）とした。三角縁神獣鏡のルーツとして華北が支持されるゆえんである。

なお上野が明らかにしたように，三角縁神獣鏡にみられる「吾作明竟」銘は，240 年までに「造作明竟」へと変化するのであり（上野 2000：56・57 頁），景初以前の知識で作られていることは明らかである。

福永伸哉が指摘した「魏尚方工人の技術的特徴とされる長方形鈕孔を持つが故に三角縁神獣鏡が魏鏡とされている」（福永 2005：6 頁）のであるが，その妥当性は「長方形鈕孔」の定義とともにさらに検討する必要があろう（藤本 2016）。また，鋳造技術的にも長方形孔は，複製技術に適したものという指摘がある（新井 2011）。この点で最も重要なのが，北京北東郊の大営村西晋墓出土鏡で，8 面中 5 面が長方形鈕孔であるということであるが（福永 2005：64-66 頁），鈕孔は図示されておらず，その鏡種は，内行花紋鏡 2 面・鳥紋鏡 2 面・双頭龍紋鏡 2 面・獣首鏡 1 面・方格規矩鏡 1 面であり，神獣鏡は見出せない。さらに，外周突線については，呉の領域である浙江省や鄂城でもままみられるものであり（古代学研究会訳 1987），華北系特有の技法とはいえないであろう。

これまで三角縁神獣鏡は，魏鏡説をとるために必死に資料を求めてきた。確かに華北の技術の影響を受けていることは確かなように思われるが，それとともに呉の影響も看過できないであろう（王 1998）。まず，原料の銅は，後漢を境に華南産に替わる（4 後述）。そして呉は，232 年以降遼東の公孫氏に多数の人員を派遣している[8]（仁藤 2016）。このなかには鏡職人も含まれていたと考えた方がよかろう。彼らは，公孫氏滅亡の前後に一部が倭に渡ったと考えておきたい。

そのように考えてきた場合，田中琢が古くに発したの三つの疑問に答えねばならないであろう。それは，①呉の工匠が渡来したならば，なぜ三角縁神獣鏡以外の銅鏡を制作しなかったのか，②仿製鏡の工人に影響を与えなかったのか，③当時の日本列島の社会条件からして，数百面もの三角縁神獣鏡を制作しえたのか，というものである（田中 1985：53・54 頁）。

①については，現在の鏡研究からみて，呉ではなく魏の工人が主体的に渡来したと考えているが，本当に三角縁神獣鏡以外の鏡を鋳ていないかどうかは，不明である。彼らなら，中国で鋳ていた日本でいうところの舶載鏡を鋳ることができ，それは中国で鋳造した鏡と区別することはできないであろうから。②まったく影響を与えなかったわけではないことは，今では多くの研究者が論及している（下垣 2010：294-295 頁註 95）。③おそらく数千面になるかと思われるが，渡来工人であればそれは可能であろう。

②　三角縁神獣鏡自体の検討

西村俊範は，「倭国向け中国鏡群」として原鏡の紋様を忠実に模した模倣鏡・三角縁模倣鏡と，それが一部にとどまる三角縁神獣鏡に分け（西村 2015：63 頁），その区別の必要性を説いた。「三角縁神獣鏡」に含まれる鏡は，思想的意味を失った形ばかりの神仙と獣形の，これまた意味を見出しえない配列に特色があるとし（同 64 頁），同向式神獣鏡（A 式）陳是作鏡は，中国製の同向式神獣鏡の文様の配置を正確に理解しないままなんとかコピーしようと試みたものであり，逐一原鏡に立ち返ってのその都度のコピーを行ったもので（同 65 頁），優先すべきであった事項は，文様コピーの忠実性，高度な表現技術水準の発揮などではない他のもの，たとえば時間の制約・大量の生産といった別の要素であったと思われると結ぶ。

三角縁神獣鏡については，「相対的なモデルは三角縁画像鏡であ」（同 75 頁）り，中国鏡に見出せない捧日月象像と玄武を組み合わせた文様が三角縁神獣鏡には，かなり見出せるが，三角縁神獣鏡の製作者に文様の細かい意味が理解できていない以上，随意に紋様を選択すれば，このような状況が多く出現するのは当然のことで，このような選択が行われること自体が，中国鏡の在り方としては異様であることを強く認識する必要があるとまとめた（同78頁）。そして，極めて単純に計算しても，10種の鏡で20タイプ程度は認識している必要があるとされ，その場所としては，洛陽・長安の2ヶ所であろうとした（同79頁）。

このように，三角縁神獣鏡作者は，洛陽あるいは長安で多種の鏡を認識していた工人であるが，紋様の意味を理解していないことを指摘されているのである。

森下章司は，「製作地問題はともかく，三角縁神獣鏡自体の性格評価については一致する点が多いことに気づく。まず中国の工人が製作したものであり，文様，銘文，製作技法が中国鏡の系統をひくものであることは確実である。（中略）生産系統としては魏鏡と関係がきわめて深いこともまちがいない。（中略）魏鏡説では，中国で出土しない理由を倭向けに特別に製作されたからだと説明する（特鋳説）。（中略）ただし三世紀中ごろ以降，三角縁神獣鏡のように大型の銅鏡が中国で生産されていた形跡がいまのところ認められていない点がむずかいしいところだ。三角縁神獣鏡は一定期間継続して作られていたことが分かっている。そうした特殊で孤立的な生産が，倭向けにのみおこなわれ続けたということになる。倭鏡説では，中国の鏡製作工人が倭へ渡来して製作したものと説明して，中国鏡の特徴を備えながら中国での出土例がないことの説明をはかる。これを認めるなら，各種の知識をもった多くの工人が前方後円墳出現期にやってきたことになり，「飛躍」にも大きな役割を果たしたことになる。（中略）王仲殊さんは呉の工人の渡来による倭での製作説を主張したが，その後の銅鏡研究の成果からみるなら，魏を中心とした華北の工人の渡来としなければならない」とした（森下2016b：114・115頁）。この文章は，三角縁神獣鏡倭国産説ともとれる書きぶりである[9]。

(4) 三角縁神獣鏡の銘文

まず，中国においては「本来銘文というものが思想的に確定して公認されたうえで初めて記しうるものであるために，作鏡者の個人的判断で勝手に変更ができない性格を有していた」（西村2012：119頁）ということが大前提である。

しかるに，林裕己によれば，三角縁神獣鏡の銘文は，「他の神獣鏡諸形式とは隔絶した独自のものであり」（林1998：61頁），「神獣鏡表現の多様性を超えて鏡の銘文が一致することは，三角縁神獣鏡が当時の中国鏡にはない鏡式であり，新たに創出された」（同64頁）ものである。さらに，「単位述語を任意に取り出し多用した（適当につなぎ合わせた）思想のない銘文で」（同65頁），かつ「継ぎ接ぎだらけの妙技の銘文」（同66頁）であり，「銘文の一貫性のなさ，ポリシーのなさは，他形式の鏡との違いを際立たせる」（同68頁）ということになる。

そのような銘文のどこが「妙技」なのか私には理解できないが，上の西村の定義に照らせば中国鏡といえないことは確かである。中国では，まったく通用しない銘文がなぜ存在するのか。それはそれを読解できない僻遠の倭の地であるからこそ許された現象といえよう。そして意味のない銘文は，早々に消えていくのである。

また，中国語音韻史の森博達は，魏は曹操親子を中心として詩壇が形成された詩文隆盛の時代であるとされ，三角縁神獣鏡の銘文は押韻の意識すらもたない拙劣さであり，このような銘文をもつ鏡を特鋳するはずがないという（森2001：63頁）。また樋口康隆分類の三角縁神獣鏡の21銘式のうち，魏の時代に韻文として体をなすのは2種しかなく，それらも後漢鏡から写した可能性が高いとされる（森2003）。

そして，最も注目されることの多い景初三年銘鏡の読み下し文をあげると，「景初三年。陳是鏡を作り，自より経述有り。本より是れ京師よりかの地に出だす疋なればなり。吏人之にてらせば，位三公に至らん。母人之にてらせば，子を保ち孫に宜し。寿は金石の如くあらん」（光武2006：184頁）となる。

ここからみれば，不特定の大衆向けの吉祥句をもつ景初三年銘三角縁神獣鏡は，魏の皇帝が倭王に給うには実にふさわしくない鏡といえよう。またこの鏡には，「京師よりかの地へ出だす」とある。岡村秀典は，「もとより都の洛陽から他の地に輸出するところのものである」という意味にとり，「はるばる大海を渡って朝貢してきた倭王卑弥呼に送るものとして製作されたと解釈できる」と読解した（岡村 2017：220 頁）。しかし，これこそまさに，洛陽の鏡師である陳氏が他地である倭国に出て鏡を作ったことを伝えているようにもとれる[10]（武光 2006：183 頁）。

（5）下垣仁志『三角縁神獣鏡研究事典』

三角縁神獣鏡について述べるとき，下垣仁志の大著『三角縁神獣鏡研究事典』（2010）にふれないわけにはいかない。ここでは，下垣の論述を中心に順に追ってみていこう。以下本章の頁数は，本書の頁数をさす。

下垣は，「華北東部の神獣鏡および華北北部の方格規矩鏡が，三角縁神獣鏡の成立に大きくあずかっていた蓋然性が高まって」おり，「徐州あるいは華北東部での生産が推定される鏡群（吾作系斜縁神獣鏡・斜縁同向行式神獣鏡・画文帯同向式神獣鏡・画文帯環状乳神獣鏡・袁氏系の画像鏡）が（中略）三角縁神獣鏡の成立に深く関与したことが明らかにされ」，「三角縁神獣鏡は「華北地域の画紋帯神獣鏡の模倣製作」と位置づけうる」とした。そして，森下章司の原図「2 世紀後半～3 世紀の銅鏡の諸系譜とその分布」（58 頁Ⅲ- 図 1，後に森下 2011 に加筆所収）から「日本列島に分布する神獣鏡の大半が，これら華北東部系統の鏡群であることも実証されて」（57 頁）いるとした。

その第 1 図を読み込もう。まず華北東部系とされる一群について，●上方作系獣帯鏡は，ほぼ楽浪でのみ出土している。★画紋帯同向式神獣鏡は，黄河や淮河ではわずかに認められる程度であり，やはり楽浪に多い。■飛禽紋鏡は，楽浪とともに徐州から多くが出土している。▲斜縁同向式神獣鏡および◆袁氏作系画像鏡は数が少なく，不詳。

次いで，華北北部系とされる一群については，□魏晋規矩鏡・関連鏡が華北北部から多く出土している。日本では，日本海側および九州西海岸沿いに多くが出土している。

そして，洛陽およびその周辺から最も多く出土している鏡はといえば，◇双頭龍紋鏡（西村分類Ⅲ式）であり，長安や徐州，華北にも分布している。本図からみれば，本鏡こそが卑弥呼がもらった鏡 100 枚の最有力候補となりそうなものであるが。また本鏡の日本における出土分布をみれば，出雲以西に多くが認められるのである。

したがって，本図を読み解くと，三角縁神獣鏡は楽浪（≒公孫氏）および徐州，特に前者の鏡の影響をかなりの程度受けているが，洛陽とのかかわりは薄いようにみえる。

そして三角縁神獣鏡の製作地としての結論は，「華北東部ないし華北北部が有力な候補となる」としつつ，「当時の歴史状況を勘案し，工人集団が楽浪地域に招致され，その地で三角縁神獣鏡の製作に従事した可能性も残しておくべきだろう。」（60 頁）とする。この場合，倭人伝原文の「皆装封」を虚辞とでもいうのだろうか。

製作体制としては，「洛陽の尚方工人と華北東部（・北部）の工人集団がその製作に従事した可能性が高い」（60 頁）としながらも，「鏡背文様の理解がとぼしく「お粗末」な出来であることから，かれらは「思想のない芸術家」とも称しうる「ノンプロレベルの人間」と推測しうる」とする。どうしてそのような事態が生じるのか。どうして両工人が「合同で中国製三角縁神獣鏡を創出し」（63 頁）ねばならないのか，まったく理解に苦しむ。それらがなぜ「魏王朝の意志のもとに製作されたものとみるのが適当」（63 頁）となるのかさらに不明である。

仿製三角縁神獣鏡については，「これを列島で製作されたとするならば，同時期のほかの仿製諸鏡式と共

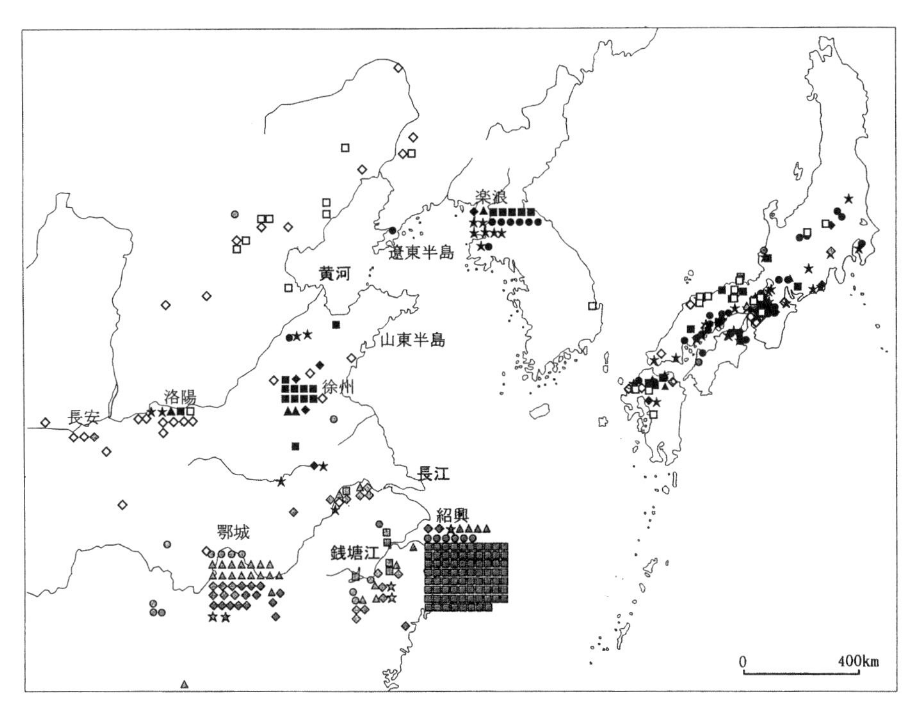

（華北―北部系：□魏晋規矩鏡・関連鏡。華北系：◇双頭龍紋鏡（西村分類Ⅲ式）。華北―東部系：★画紋帯同向式神獣鏡・斜縁神獣鏡・斜縁四獣鏡，▲斜縁同向式神獣鏡，◆袁氏作系画象鏡，●上方作系獣帯鏡，■飛禽文鏡。長江中・銭塘江流域系：■画象鏡，●環状乳神獣鏡，▲銘帯重列式神獣鏡，◆★銘帯対置式神獣鏡）
註　本図版は森下章司氏の提供による。

第１図　２世紀後半～３世紀の銅鏡の諸系統とその分布（下垣 2010：58 頁より引用）

通点がほとんどなく，両者は別個の集団により没交渉裡に製作されたことになる」。それは「中国製三角縁神獣鏡の製作工人が渡来し」て製作したことになる（63 頁）とした。さらに西晋鏡である場合も言及しているが，この理論でいえば，それ以前の「中国製」三角縁神獣鏡についても列島で製作された可能性に言及しないのは片手落ちであろう。

後段では，「他鏡式の影響が成立時のみに限定されないことや，既存の要素のみが導入されているわけではないことも判明してきている（中略）このことは，三角縁神獣鏡の製作地や製作体制を闡明するうえできわめて重要である。なぜなら「工人側が大陸の間をその都度行き来して製作にあたったというような極端な想定を別にすれば，それらがすべて大陸において製作されたと理解するのが最も自然」（福永 1996a：18 頁）だからである」（174 頁）とする。

しかし「工人側が大陸の間をその都度行き来して製作にあたった」という想定は，特鋳説よりも極端な想定であろうか。魏晋王朝が，自国で使わない鏡を遣使のごとに特鋳してやったという突飛な想定よりは，大陸の鏡職人と倭人との交渉のなかで，彼我を行き来し，最新の流行技術を持ちこんだという想定の方がよほどあり得る事態ではなかろうか。中国からは，多くの文物が入ってきているのであり，それに伴って人の往来も可能であったと考えた方がよいだろう。

三角縁神獣鏡の性格については，福永伸哉の中央政権が「象徴的器物（神獣鏡）の入手・製作・配布コントロール，総合的な葬送儀礼の創出と複雑化といった儀礼の管理を通じて，列島各地の首長に対する政治的主導権を強化」（福永 1999b：62 頁）させてゆくための，すぐれて政治的な器物」（234 頁）という見解を説得力に富むものと評価する。そのとおり，ヤマトの勢力範囲内で製作しなければ配布をコントロールすることはできないのである。魏頼みでは如何ともしがたい出土品の何倍もの数量が予測される三角縁神獣鏡が製作されていたのであり，それを彼の地での製作とするのは無理というものである。

そして，全長200mを超える王陵級の古墳である桜井茶臼山古墳の出土鏡の主体を占めるのが，三角縁神獣鏡ではなく別型式の中国製鏡であることを指摘しながらも，三角縁神獣鏡が26面以上あることから，三角縁神獣鏡が王権中枢を頂点とした列島広域を被覆する関係締結財としての性格を有し，その被葬者が三角縁神獣鏡の流通に強く関与していた可能性が物証により補強されたと結論づけている（265頁）。

しかし，王陵級ではない全長130mの黒塚古墳において三角縁神獣鏡が主体で，200m超の桜井茶臼山で三角縁神獣鏡が3割ほどを占めるに過ぎないという物証からすれば，王権中枢において三角縁神獣鏡が重視されていなかったという想定ができよう。鏡数からみれば，中国鏡（52％）→三角縁神獣鏡（32％）→仿製鏡（16％）の順になる[11]（豊岡・奥山2011）。そして桜井茶臼山の内行花紋鏡をはじめとする仿製鏡は三角縁神獣鏡よりも径の大きな製品が多かったと考えられることから面径秩序があるならば三角縁神獣鏡より上位の鏡ということになろう。当初の在り方は不明であるが，想像をたくましくすれば三角縁神獣鏡は黒塚のように棺外に置かれ，その他の鏡が棺内に入れられていた可能性があろう。大和の王権は，この大型仿製鏡より下位に位置づけられる三角縁神獣鏡を各地に配布して関係を締結したということになるのだろうか。

3　鈴木勉『三角縁神獣鏡・同笵（型）鏡論の向こうに』（2016）

（1）同笵（型）鏡研究の現状

森下章司は，笵ないし型を異にするにもかかわらず，線状の（笵）傷を共有する2組の仿製三角縁神獣鏡の存在を指摘し，紋様の異なる鏡群間でも鏡笵ないし型に共通するものがあったことを示した（森下2005）。これは，岩本崇が指摘する挽型を共有する三角縁神獣鏡の存在（岩本2005）と合わせて，製作の連続性および同一工人群が多様な紋様の三角縁神獣鏡を制作していたことが明らかとなった。そして森下は，そのような結果が生じる製作技法として鈴木勉が明らかにした「二層式鋳型」が使用されていた可能性を想定している。

鏡の三次元計測を推進する水野敏典は，「非常に多数の三角縁神獣鏡が必要とされ」，「同笵技法を主力とし（中略），銅鏡の多少の傷は度外視したうえで，鋳型の数を最小限にして最大の枚数を製作するのに適した手法である」[12]。「つまり，製作にかかる省力化もしくは鋳型製作の時間短縮に技法選択の主眼がある」。「他の中国鏡だけではなく倭鏡とも異なり，技術的に孤立するようにみえ」るが，「その一方で，舶載三角縁神獣鏡と仿製三角縁神獣鏡の間に，量産技術において決定的な違いを見い出せ」ず，「三角縁神獣鏡の製作地はすべて中国製か，あるいは日本製となる可能性をも示してい」ると述べた（水野2015：222・223頁，下線筆者）。中国鏡とも倭鏡とも異なる三角縁神獣鏡は，中国の工人が中国の儀軌から外れて倭国で作ったという説明の場合のみに成り立つのではないのか。

舶載と仿製三角縁神獣鏡間において同笵を利用しているものがあることは，同じ橿原考古学研究所の清水康二によっても指摘されている（清水2014・2015）

三次元計測による精密なモノの比較によって，これまでの舶載三角縁神獣鏡が中国産で，仿製三角縁神獣鏡が国産であるという議論は，どちらかの根拠が誤っていたことが明らかとなった。

（2）鈴木勉『三角縁神獣鏡・同笵（型）鏡論の向こうに』三次元計測による技術的分類

そこで，三角縁神獣鏡そのモノの詳細な観察と鋳造実験に基づいた鈴木の研究を三つに分けてみていく。以下引用が長くなるがお許しいただきたい。なお，本文中の頁数は，断らないかぎり本書のものである。

まずは，三次元計測によって，同笵鏡とされてきた黒塚12号鏡と31号鏡は，同笵法ではなく，原鏡または31号鏡を踏み返して12号鏡が作られ（中略）工人は別人であるが技術水準はほとんど同じで，鋳型は土型。その理由として，高精度の断面比較，乳・へら押しの修正，へら押し工人の癖，三次元計測によるへらの角度測定，鋸歯紋の鋳放しと仕上げ加工の違いを挙げる（32-43頁）。また，乳の修正は，ほとんどの場合，文様が不鮮明な鏡において行われていて，その不鮮明さをカバーするためであったことが推定されており（37頁），「外周突線」は工人の癖ではなく，数多い鋸歯文を同じ高さに彫るためのガイドラインとして無くてはならない技術要素」であり，「三角縁の外区との境目」「に合わせる場合」は不要となる（56頁）と指摘した。

そして，異なった型式の鏡同士でも同一工人の手になるものがあり，同笵（型）鏡同士でも原鏡と複製鏡では工人の手が異なるものがあるとし（66頁），型式学的研究方法を採る人たちは，それで製作地を論ずることが出来るかのように考えているようだが，それは系譜論までであり，製作地は製作痕跡の探索と製作技術研究の過程であきらかになってくる（81頁）とまとめる。

そして，これまでの型式学的分類が技術の違いを表すものではないとし，以下の技術的分類を提案した（59・227-229頁）。

①精妙薄肉彫り鏡群　ホケノ山古墳・黒塚古墳・椿井大塚山古墳出土画紋帯神獣鏡等。三角縁神獣鏡にはない。

②高度薄肉彫り鏡　①からの直接継承型技術移転，なめらかで黒光りする鋳肌。

三角縁神獣鏡目録1～3（盤龍鏡）・9（椿井M25）・29（佐味田宝塚）・40（黒塚10）・43・44（黒塚24・椿井M3）・52・100-101（黒塚8），正始元年銘蟹沢古墳・森尾古墳（目録8）と景初3年銘和泉黄金塚鏡（西田守夫説234頁），黒塚24・椿井M03（目録44）と黒塚10（目録40）は，同一工人（工房）の作（235頁）。

③疑似薄肉彫り鏡　形状模倣型技術移転で，表面がざらつく。

目録46（椿井M13・14・15）・53（黒塚13・26・椿井M06）・68（黒塚9・椿井M34）・70（黒塚29・30）・74（黒塚2・27・33）。目録53の黒塚13・26と椿井M06には相当な技術上の距離があり，工房間の空間的・社会的距離が隔たっている（233頁）。

④稚拙薄肉彫り鏡　仿製三角縁神獣鏡

この分類は，先述（213）②の西田俊範の「模倣鏡・三角縁模倣鏡」が②と，その他の三角縁神獣鏡が③に対応しよう。

(3) 鈴木勉『三角縁神獣鏡・同笵（型）鏡論の向こうに』鋳造復元実験

前節の①・②は，鋳型のひびによる凹凸が全く観察されない一層式鋳型や陶笵であったのに対し，③・④は，実験により二層式鋳型で製作され，収縮しないためにひびが発生し，寸法がほとんど収縮しないことがあったとした（166・173頁）。二層式鋳型の例としては，奈良県唐古・鍵遺跡から出土した銅鐸の外型がそれにあたり，ヤマトには三角縁神獣鏡出現以前からその技術が存在していたことを指摘した（174頁）。

このひびに起因する突線は，三角縁神獣鏡と他の鏡を峻別することさえできる舶載・仿製を含むほとんどすべての三角縁神獣鏡最大の特徴といえ（119頁），その理由は鋳型の二層構造にあり，鋳造実験によって同笵鏡の製作に成功し，突線と凹線がひびの補修という工程の存在を証明するものであることを明らかにした（156頁）。

ここで重要なのは，「実験では，鋳型のひび自体の長さが成長するということがほとんどなかった。（中略）

鋳型のひびの長さが余り変わらないのであれば，仮説とは逆に，先に鋳造した鏡が湯の流れが良い場合には突線は長く表れ，後に鋳造しても湯の流れが悪ければ突線は短く現れる。突線の長さはひびの長さを反映するとは言えず，従って突線の長さは同笵法における鋳造順序を表さないと考えなければならない」（151頁）という指摘である。ひびの長さの異なりで前後関係を考えてきたこれまでの研究は，再検討を強いられるであろう。

また，文様の鮮明度の変化は必ずしも鋳造順序を表さず，その度に変化する鋳造条件に左右される湯流れの良否が，文様の鮮明度に影響することが大きいことを実験で確認し（145頁），同笵法では，鋳造面数を重ねることとと鮮明度の劣化は直接的な関係になく，鮮明度の変化（劣化）は，踏み返し法の可能性を強くするとした（148頁）。そして反りは，踏み返す度に，例外なく減少する（167頁）ということも指摘している。

なお，倭鏡と三角縁神獣鏡に技術交流が認められないのは，このように鋳型が異なる技術体系のためであるといえよう。

(4) 鈴木勉『三角縁神獣鏡・同范（型）鏡論の向こうに』仕上げ加工痕

鈴木は，鏡背面の鋸歯文周辺の仕上げ加工に注目し，①ヤスリ切削・②砥石研削・③砥粒研磨・④鋳放し（＝原鏡に近い）の4種に分類した（186–189頁）。

そして8組の同笵（型）鏡群内で仕上げ加工を観察した結果，いずれも仕上げ加工が異なっていることが判明した[13]（189–195頁）。次いで，同一古墳出土鏡の場合は，仕上げ加工は，配置や表現にかかわらず古墳（湯迫車塚・佐味田宝塚・椿井大塚山）ごとにまとまりをもつことを明らかにした。これら各地の三角縁神獣鏡の仕上げ加工は，鋳造製作時の最終工程で行われ，出土古墳近くで一括生産されたと結論づけた（208・237・244頁）。

三角縁神獣鏡の複製鏡の製作については，異なる鏡群や異なる表現の鏡を一括して鋳造し，仕上げ加工していたのであり，その製作地は列島内の三角縁神獣鏡出土古墳の近くであるとした（209頁）。すなわち，出吹を主とする列島内の移動型工人集団の存在を想定し（212頁），黒塚古墳には鋳放し鏡が33面中20面と高比率で認められることから三角縁神獣鏡の製作をする工人集団の本願の候補地として大和盆地を想定した（201・214頁）。

さらに，これまで古代における工人あるいは工人集団は，各地の政権や大和王権の下にあって，為政者の管理下にあったと考える傾向があった（213頁）とし，それに対しては，5世紀代の九州に「渡来系工人ネットワーク」の存在を推定し，王権や各地の政権の指揮下に入らない列島内を覆うかたちの移動型工人ネットワークの存在を提案した（213頁，鈴木2014参照）。

多くの考古学説が小林行雄の三角縁神獣鏡下賜説に則って展開されてきた（245頁）が，鈴木は三角縁神獣鏡の仕上げ加工から「工人が王権に従属する」という考え方に異議を唱え（248頁），「三角縁神獣鏡の型式学的分類は，「三角縁神獣鏡の分布に基づく「王権論」」を展開するために利用され」「製作背景などを全く明らかに出来ないはずの型式学的分類をもとにして，敢えて製作背景を作り上げ，「王権論」に都合良く展開した」（252・253頁）と断じ，同笵鏡の分有関係の研究を基礎にして組み立てられた首長間の関係性は，根本的に考え直さなければならないとした（250頁）。

工人と権力者の関係を考えた場合，どれだけ工人に自由度があったのかが問題である。しかし，鏡自体の加工痕跡から提出された見解は重く，三角縁神獣鏡がヤマトを中心とした地域で鋳造されたことは動かしがたいように思われる。

4　馬淵久夫「三角縁神獣鏡の製作地について」(2018b)—鉛同位体比から

鉛同位体比について『三角縁神獣鏡事典』(下垣 2010) では，わずかに数頁 (36・37・227-230 頁) しか割いていないが，鏡自身の履歴を物語る重要な研究成果を看過することはできない。もちろん下垣がいうように，「分析データが示すのは原産地であり，製作地を決定する根拠にはならない」(同 72 頁) のであるが，後述するように看過できない大きな成果が上がってきているため，本章で取り上げる。

鉛同位体比法による研究の始まりは，1970 年代後半頃からで，山﨑一雄・馬淵久夫・平尾良光・齋藤努らによる多数の分析結果の研究報告の集積がある (山﨑 1987，馬淵編 1996，平尾編 1999・2004，齋藤編 2001・2006，齋藤・藤尾編 2010 等)。

ここでは，三角縁神獣鏡前後の時代を対象とした馬淵久夫の 2010 年以降の一連の研究成果のなかから筆者が重要だと考える部分を抽出する。もちろんそれ以前の論考にも参照すべき点は多々あるが，紙幅の関係で省略する。

馬淵 2010b　三角縁神獣鏡の福永舶載 A～C 段階と仿製段階では原材料が異なる (3 頁)。そして D 段階の仿製鏡の分布範囲に入る鏡は，すべて表現⑪⑫の鏡である (7 頁)。波紋帯鏡群のなかで表現⑩と⑪⑫⑬で原料が異なる (9 頁)。仿製三角縁神獣鏡の作成にあたっては，舶載三角縁神獣鏡の破片を銅素材に混ぜたため，錫分が低くなった (10 頁)。

馬淵 2013　舶載三角縁神獣鏡のいくつか (5 %) に朝鮮半島の鉛を含む (1 頁，齋藤 2009･2010 を受けたもの)。漢鏡 4 期の一部～5 期 (1 世紀) に領域 W と E が混合される。漢鏡 6 期 (2 世紀) 以降魏晋まですべて E 領域となる。領域 W は前漢丹陽 (安徽省銅陵一帯)，領域 E は江南 (4 頁)。後漢鏡の鉛の産地は二つ (11 頁)。呉—浙江省紹興・江蘇省蘇州—黄岩 (五部) 鉱山 (長江下流呉県・山陰＝呉会系)，魏—湖南省桃林鉱山 (長江中流域鄂城＝武昌系) ＋大治銅緑山の銅材 (14 頁)。「骨格」ラインからのずれは，鏡の鋳造地が鉛の産地から離れていることを示している。鋳造地が鉛の産出地から離れるほど，同位体比の異なる他の産地の鉛に汚染される可能性が大きくなるからである (22 頁)。

ここに三角縁神獣鏡の原料地が確定したといえよう。馬淵が最後に記しているように，なぜ三角縁神獣鏡をはじめとする「魏鏡」が敵対する呉の都付近の原材料で作られていたのかが問題となる。

漢式鏡の化学的研究 (1)～(7)

(1)　**馬淵 2010a**　三角縁神獣鏡の製作においては，鉛を加えない鏡の鋳造が早い段階から時々あり，それは四神四獣鏡群と陳氏作鏡群の両方の工程で起こっていた (11 頁)。

(2)　**馬淵 2011**　漢鏡 2 期・3 期ではすべての鏡が領域 W に収まるのに対して，漢鏡 6 期の鏡と 3 世紀復古鏡のすべてが領域 E に収まる (47 頁)。領域 Es は「舶載」三角縁神獣鏡が集中する領域として定義された。したがって，復古鏡の原材料が三角縁神獣鏡に関連づけられることになる＝両方同じ原料 (54 頁)。

(3)　**馬淵 2012**　神岡鉱山の鉛は，三角縁神獣鏡と無関係 (18・19・21 頁)。

(4)　**馬淵 2014**　景元四 (263) 年銘 (AD263) 規矩鏡が「魏」鏡群の分布のなかに入っている (5 頁)。後漢時代に華南から北に原材料が供給されていたのが，呉の成立，特に黄龍元年 (229) 武昌 (鄂州) から建業 (南京) への遷都で，東部地区 (江蘇省) での南から北への流通が困難になり，役所や軍隊の主力が去った長江中流域からの原材料調達を容易にしたのではないかとする (8 頁，馬淵 2013 最後の問いへの回答)。徐州系では図 9 の上方作系浮彫式獣帯鏡の多くと同様に呉会系の原材料が使われていた (10 頁)。斜縁二神二獣鏡に

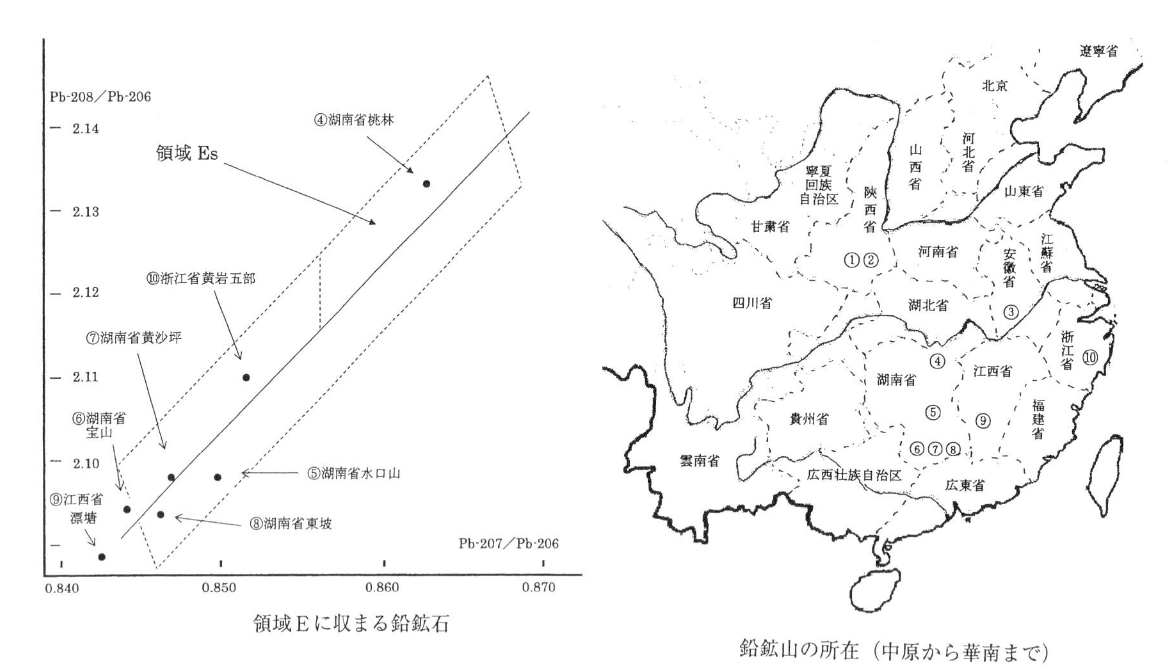

第２図　中国の鉛同位体比（馬淵 2013 より引用）

は，たとえば福永伸哉が発見した外周突線のように，三角縁神獣鏡との関連要素もあるが，原材料の系統は違うことが明らかとなった（15 頁）。古墳時代の日本列島に将来した中国鏡を原材料の産地別にみると，武昌系と呉会系があり，ほぼ１：２であるが，意図的な抽出であるため，２系統の中国鏡の割合は半々で，①武昌系原材料が多い鏡式は，盤龍鏡，位至三公鏡，盤龍座獣帯鏡，画像鏡（中後期古墳出土），画紋帯仏獣鏡で，これらの鏡の製作地の多くは武昌ではなく，長江より北の地域である魏・西晋の領域。②呉会系原材料が多い鏡式は，双頭龍紋鏡，上方作系浮彫式獣帯鏡，浮彫式獣帯鏡（後期古墳出土で同型），画像鏡（前期古墳），八鳳鏡，画紋帯神獣鏡（環状乳・同向式・求心式・対置式），斜縁二神二獣鏡で，呉会でつくられたものがあるかもしれないが（特に神獣鏡），それより北の地域でつくられたものがある。また，徐州系鏡群の多くは，呉会系の原材料で作られ，ときには武昌系原材料も使われた（16 頁）。

(5)　馬淵 2016　漢の工人が原材料を携えて，数次にわたって渡来して，伊都国で工房を開いたと想定すれば，平原遺跡出土鏡のような状況は成立する＝現地製作（43 頁左）。平縁で大きい鏡は，遠路を運搬するさいに破損の危険性が高い。大型の鏡がほしいという注文を（商人経由で）受けたとすると，リスク・マネジメントの点で，現地生産が良いという現代的な発想は，商工業が展開された後漢時代ならばあってもよさそうに思う。鏡のニーズが高い東方の地へ移住して世業を続けようという工人がいるかぎり，製品でよりも，原材料インゴットを運ぶ方が格段に安価で容易なことはあきらかだからである（43 頁右）。王莽前の前漢の鏡は長江の北の秦嶺山脈系の鉱山の鉛（前漢鏡タイプＷ）を含み，王莽後の後漢三国晋の鏡は江南（文字通り長江の南）の鉱山の鉛（後漢鏡タイプＥ）を含む。ただし，王莽直後の後漢前期（漢鏡５期）は新旧両タイプの鉛が混用されていた時期である（44 頁）。

(6)　馬淵 2017　錫の産地としては，雲南および湖南省南部〜広東省北部があり，近隣の MVT 鉛が用いられる鏡がある。

(7)　馬淵 2018a　仿製三角縁神獣鏡は，舶載三角縁神獣鏡のスクラップに銅を混ぜてつくった。他の工人から独立していた（８頁）。一般の仿製鏡は，舶載鏡に銅材を加えて作られた（16 頁）。三角縁神獣鏡は，はじめは魏で作られ持ち込まれたが，かなり早い段階で倭国内（たぶん畿内）で作られるようになる（16 頁）。

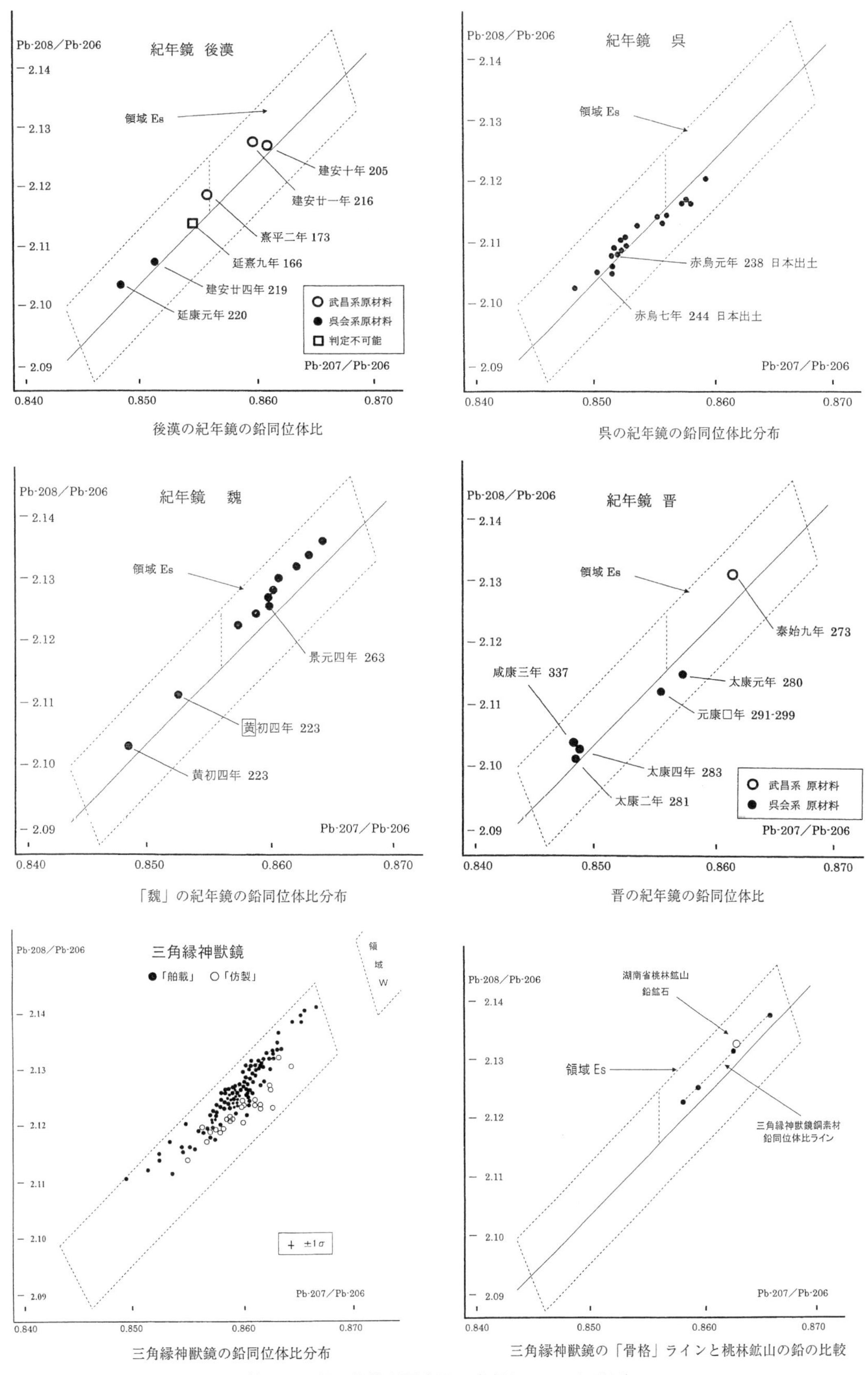

後漢の紀年鏡の鉛同位体比

呉の紀年鏡の鉛同位体比分布

「魏」の紀年鏡の鉛同位体比分布

晋の紀年鏡の鉛同位体比

三角縁神獣鏡の鉛同位体比分布

三角縁神獣鏡の「骨格」ラインと桃林鉱山の鉛の比較

第3図　鉛同位体比関連図1（馬淵2013より引用）

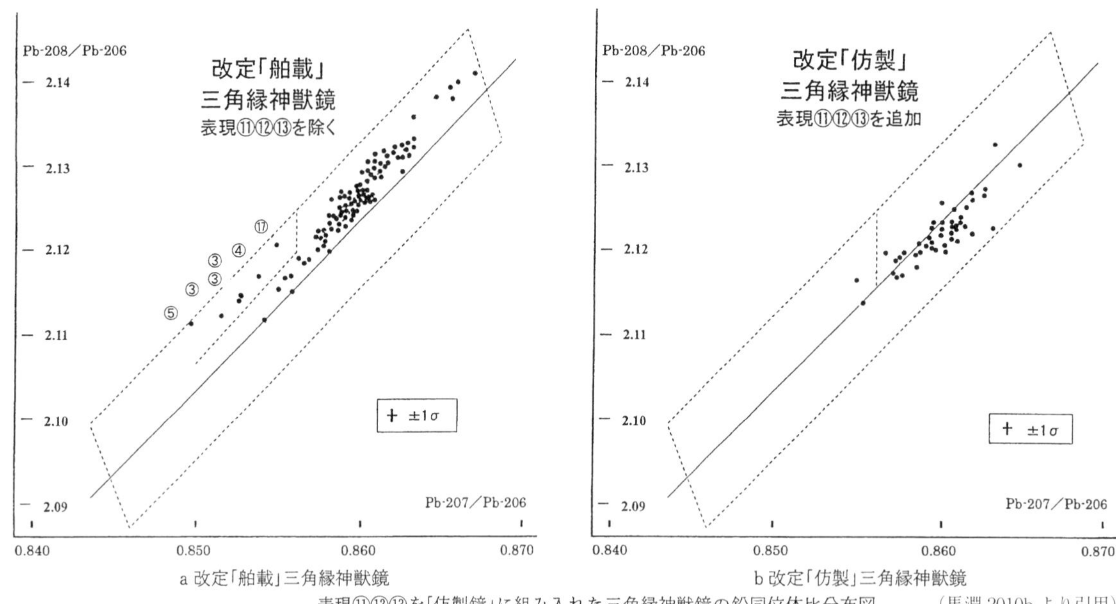

a 改定「舶載」三角縁神獣鏡　　b 改定「仿製」三角縁神獣鏡

表現⑪⑫⑬を「仿製鏡」に組み入れた三角縁神獣鏡の鉛同位体比分布図　（馬淵 2010b より引用）

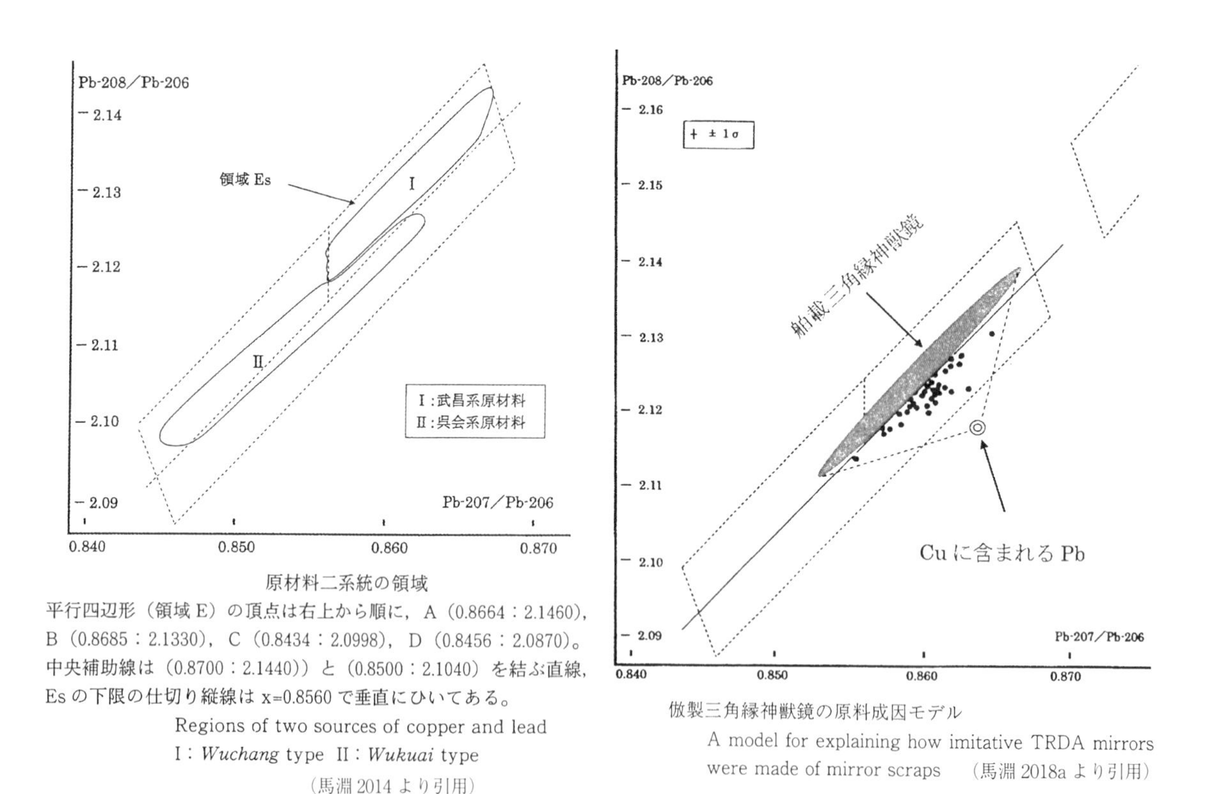

原材料二系統の領域

平行四辺形（領域 E）の頂点は右上から順に，A（0.8664：2.1460），B（0.8685：2.1330），C（0.8434：2.0998），D（0.8456：2.0870）。中央補助線は（0.8700：2.1440））と（0.8500：2.1040）を結ぶ直線，Es の下限の仕切り縦線は x=0.8560 で垂直にひいてある。

Regions of two sources of copper and lead

I：*Wuchang* type　II：*Wukuai* type

（馬淵 2014 より引用）

倣製三角縁神獣鏡の原料成因モデル

A model for explaining how imitative TRDA mirrors were made of mirror scraps　（馬淵 2018a より引用）

第 4 図　鉛同位体比関連図 2

馬淵 2015　錫鉱床が存在しない魏では，錫材不足が生じたため，漢鏡と同じような良質の鏡を作ることができなかった（54 頁）。

馬淵2018b「三角縁神獣鏡の製作地について」

「異種鉛」を含む三角縁神獣鏡については，日本に存在した朝鮮の多鈕細文鏡を原料に含んでいることにより説明できる[14]。そして異種鉛を含む三角縁神獣鏡の鏡種としては，岸本（1989）の表現③④⑤⑰の工人（四神四獣鏡群・二神二獣鏡群）が用いており，陳氏作鏡群には含まれない。そして結論的には，中国の三派の工人は，遅くとも三角縁神獣鏡製作の中段階には倭国に渡って三角縁神獣鏡を製作していた。陳氏作鏡群は，異種鉛を含む多鈕細文鏡をほぼ原料に用いず，銅材を入手して仿製三角縁神獣鏡を作り続けた（25-29頁）。

王金林の所説（王1989）を引きつつ，呉の工人であった陳氏は，武昌（〜呉：黄武8年）から洛陽の尚方（魏：太和3〜景初3年の10年），そして日本列島へとやってきたとする[15]（33・34頁）。

分布と系譜から，表現③の三角縁神獣鏡は，途中で製作地が中国から倭国内に変ったとは考えがたいので，出土した24面はすべて畿内産としてよいとした（34-38頁）のに対し，最初期の紀年銘鏡の分布からは，畿内での生産が始まる前の魏国からの流入の結果で，銅鏡百枚にあたるものとした（38・39頁）。

しかしながら魏国内で景初三年銘画紋帯同向式神獣鏡（和泉黄金塚古墳出土）が倭国に将来され，それをもとにして倭国内で景初三年銘三角縁神獣鏡（蒲原神社古墳出土）等が作られたが，それは正始元年の倭国への使節団に伴って陳氏がやってきて，丹後あたりから上陸し，大阪北部辺で工房を開いた。したがって，三角縁神獣鏡の倭国内での生産は最も早い段階から始まっていたとした（40・41頁）。

そして，原材料の化学的研究から導かれた結論は，「三角縁神獣鏡は倭国産の魏鏡」で，魏の工人が作り，魏に固有の様式を備えていたというものである（41・42頁）。

以上みてきたように，馬淵久夫の一連の研究によって，三角縁神獣鏡のほとんどは，畿内で作られたことが化学分析から明らかになったといえよう。

しかし，正始元年の使節団に同行した陳氏が，「景初三年」「正始元年」はわかるにしても，存在しない年号である「景初四年」銘の鏡を作るはずがない。陳氏は改元を知らなかったということであろう。すなわち使節が来る前の景初三年に来倭し，景初四年鏡を鋳た後に改元を知ったため，その後に改めて正始元年銘鏡を作ったとしか考えがたいのではなかろうか。したがって，和泉黄金塚古墳出土景初三年銘画紋帯同向式神獣鏡は魏国内で作られた可能性は残るにせよ，魏にはない「三角縁」神獣鏡は倭国で創出されたと考えるのが妥当であろう。

なお，柳田康雄は，1990年の段階で福岡県出土青銅器の鉛同位体比の分析報告（馬淵・平尾1990）に続いて，「鉛同位体比法による青銅器研究への期待」と題して，以下のように述べていた。「舶載」三角縁神獣鏡と同時期の仿製鏡（三角縁鏡・珠文鏡等）・鏃・筒形銅器に同じ値の鉛が含まれることから，「舶載」三角縁神獣鏡と同じ原料が日本に輸入されていることが確実となった。少なくとも三角縁神獣鏡以外は，国産品であることが証明できるから，多量の原料が輸入され（ママ）「舶載」三角縁神獣鏡も国産の可能性が一段と強くなった（柳田1990：27頁）と指摘していた。

おわりに

今回は，新たな資料から論点を生み出すということはまったくできていないが，前提から三角縁神獣鏡魏鏡説への反論，鈴木勉らによる製作技術からの視点，馬淵久夫らによる鉛同位体比分析の現状と結論，すべてが倭国の畿内での三角縁神獣鏡の生産を示していた。

本稿のきっかけは，筆者が城の山古墳の報告書（胎内市教育委員会2016）作成にあたって感じた，三角縁神獣鏡に対する不当な扱いであった。

三角縁神獣鏡がヤマト勢力の戦略的配布にかかわった器物であることは明らかであるように思われるが，城の山古墳からそれが出土しなかったことや墳形から，ランクが落ちると考えられている（第Ⅶ章第3節・第

Ⅷ章第4節)。面径による秩序（辻田2007，下垣2011等）から考えれば一見もっともな見解であるようにも思われる。

しかし，肝心の三角縁神獣鏡のヤマト膝下での扱いは，棺外に33面の三角縁神獣鏡を立てかけていた黒塚古墳（橿考研1999）の例に明らかであり（森2015（初出1998)），棺内に副葬されていた，すなわち最も大事にされていた鏡は，径13.5cmの中国鏡である画紋帯神獣鏡であった。三角縁神獣鏡は，異なった価値観を有する鏡種ということができよう（藤田2016）。

そして報告書のなかで，三角縁神獣鏡と他種の鏡が複数出土した代表的な出土事例を集成した岩本崇の論考（岩本2004）に拠りながら興味深いものをいくつか抽出した結果，出土状況からは畿内およびその近隣地域でさえ面径による秩序は認めがたく，まして三角縁神獣鏡が重要視されていたようには思えないと結論づけた（第Ⅸ章総括：521-525頁)。

福永伸哉は，このような事実に対して，伝統的鏡種を従来通り被葬者の頭側に，政治的意味を帯びた新しい威信財である三角縁神獣鏡を宗教的意図も込めながらそれ以外の場所に配置するという折衷的な方式が生まれたと解釈した（福永2005（初出1995)）。その場合，例えば雪野山古墳の頭の真上に仿製内行花紋鏡が置かれたこととの整合性が問題となってこよう。三角縁神獣鏡が他の倭鏡と技術的に異なる存在であることは明らかであるが，ヤマト内部におけるその格付けは，新たな意味を付して流通させたにもかかわらず，中国鏡はいうまでもなく中国鏡を真似た倭鏡群よりも下位になってしまっていることもまた明瞭であるように思われる（辻田2007：345頁)。

三角縁神獣鏡の性格は，大和政権の葬送儀礼に用いられるもので（上林2002，山木2002)，直接脅威のない地方にとっては必要のない鏡であり，属人性の薄い器物であるように思われる。したがって，畿内の葬送儀礼を受け入れていない地域には出土しないのであろう。

また三角縁神獣鏡については，前期のヤマトの勢力とからめて数量が問題とされることが多いが（河野1998，下垣2013)，実に500面を超えるありふれた鏡（総数2,300面を超えるとされる：菅谷2017のシンポジウム当日の発言）が威信財といえるのであろうか。数量が多いということは，これまでの研究が語るように編年的研究にとって非常に重要な鏡種であることはいうまでもないが（福永2005，岩本2018ほか多数)，そのような膨大な大型鏡がコンスタントに入手－配布されるためには，その生産組織をヤマトの膝下に握っていたと理解せざるを得ない。

このように三角縁神獣鏡が倭国産だとすると，これまで同鏡を中国鏡として集計して出されてきた結論が揺らぐのは，当然である。

（2018年6月7日受付）

註

1） 例えば，寺澤薫は「考古学的に見て，三世紀前半の政治の中心は纒向遺跡以外は考えられません。とすれば，自動的に，卑弥呼の政権中枢が置かれていた場所は纒向遺跡であり，そこは邪馬台国の領域内であったことになります」(寺澤2016：79頁）というが，どうして「自動的に」纒向遺跡と邪馬台国が結ばれるのか私には理解できない。同時期の最も強大な勢力が邪馬台国であるというのは，あくまでも仮定の問題であって，幻想である可能性もある。これは，ほとんど根拠のない箸墓古墳＝卑弥呼の墓説も同様である。

2） 同書のなかで岸本直文は，まったく異なる理解（岸本2018）を示しているが，集落論からみた纒向遺跡については，坂の見解を採るべきであろう。岸本の所説は，まったくの想像にすぎない部分が多いように思われる。例えば，3世紀中頃の時点で「倭王権が全体をコントロールしている」(同24頁）という想定は，律令期でさえ達成されていない体制を「倭王権」が有していたことになり，あり得ない想定といわざるをえない。

3)　車崎は,「他形式の魏晋鏡に大型鏡はほとんどない。にもかかわらず二面の太康年間の大型鏡（が認められるのは）（中略）呉を併合した西晋が鏡製作の拠点を呉郡に移したからと考え」た（車崎 2008：101・102 頁)。この指摘は重要で，呉併合以前の魏晋には，大型鏡を鋳造する生産基盤が不足していたことを物語るものと考えられよう。なお，下垣の表にみられる径 14 cm以下の鏡（真の舶載鏡）が北部九州に集中していることこそが重視すべき事象である。

4)　「古墳時代仿製鏡の文様は，基本的に中国鏡の模倣によるということがある。独自にデザインを生み出したのではなく，中国鏡の主文様や部分を真似し，それらに変形を加えたり，組合せを変えたりして利用している。(中略）仿製鏡の文様は，中国漢代の鏡とは異なり，信仰や思想など強固な背景をもったものではなかった。そのため文様は変化しやすく，同一工人の一連の作品中でも違いが生じている」(森下 2015：92 頁)。私は，このような仿製鏡の説明を読むと，いつも三角縁神獣鏡の解説を読んでいるように思われてならない。しかしながら，三角縁神獣鏡のみは例外であり，特別であるということで除外され，魏晋鏡とされているのである。

また，下垣仁志は,「上方作系浮彫式獣帯鏡や画文帯神獣鏡などの中国鏡は，集団への帰属性が倭製鏡よりもはるかに強かったため,「長期保有」される傾向が顕著であった」(下垣 2018：135 頁）という。では，なぜ三角縁神獣鏡は長期保有されることが少ないのか。それは，中国鏡ではないからであろう。

なお，直接のテーマではないが，古墳時代初頭に完形中国鏡が近畿地方へ移動したという辻田淳一郎の所説（辻田 2007）に対し，下垣は「漢鏡 4〜7 期鏡は基本的に弥生時代末期後半頃以降に，中四国以東の諸地域の有力集団にもたらされたと判断している」(下垣 2018：100-107・136 頁)。

この時期に北部九州に保管されていた中国鏡が畿内に入った契機としては,『日本書紀』に記されている神武東遷が最も合理的に説明できる仮説ではないかと思われる。もちろん神武という個人の存在や所伝が問題ではなく，北部九州の勢力が能動的にかかわったことを示しているとみるべきであろう。畿内の勢力が強権的に鏡を集められたとは考え難く，自発的に持ち込まれたと考えるべきであろう。すなわち，両者の協調のうえに成り立っていたと考えざるをえない。

5)　辻田は,「銅鏡百枚」について,「後漢鏡の諸形式を主体とし一部魏鏡がそれに加わる構成」を想定している（辻田 2007：130・224・342 頁)。しごくまっとうな想定であるが,「皇帝の授ける物は，あれこれ寄せ集めてということはありえない」という話を佐原真が紹介しており（佐原 2003：295 頁)，限られた種類の鏡であったと思われる。

なお，西川寿勝は，卑弥呼用の金銀を用いた宝飾鏡と量産品の三角縁神獣鏡多数を想定している（西川 2000)。現状では，鍍金の銅鏡がその候補であろうか。

6)　ほかならぬ小林行雄が引用した石山寺の造営に伴う鏡の鋳造見積りによれば，鋳造工程 2 日に対し，鏡磨きに 14 日かかっていることが知られる（小林 1962：268 頁)。すなわちバリを残し，鏡面を磨かない三角縁神獣鏡は，磨き工程を省略した手抜きの急造多造鏡であったといえる。

7)　「銘文の「尚方」は，はじめのうちこれらは御用器物が尚方のつくったものであることを表示したが，のちには民間で鋳造された鏡も「尚方」の 2 字を銘文に盛り込むようになった」(史・張 2016）という指摘どおり,「尚方」銘＝官営工房と安易に結びつけるのは危険であろう。なお，魏の官営工房であれば甘露 4・5 年銘獣首鏡のように「右尚方」と記される（福永・森下 2000）べきであろう。

8)　岡村秀典も「神獣鏡のなかで 220 年代に作られた椿井大塚山古墳の対置瓷器神獣鏡とか神戸市の夢野丸山古墳の重列式神獣鏡などは，確実に江南の鏡であることが言えますので，それは 230 年代の呉と公孫氏との政治的な外交関係のなかで呉から公孫氏に入ってきた」(福永ほか 2003：236 頁）ととらえており，三角縁神獣鏡にみられる華南系要素は，その交流に伴う呉の工人によるものと考えられよう。

9)　森下は，以前より，三角縁神獣鏡へ「の変化は，工人が来たか，物が来たか知りませんが」(福永ほか 2003：244 頁）とか,「三角縁神獣鏡中国製説ということで発表してください」という依頼に対して「中国製説にも日本製説にも立たないという視点」(森下 2011：63 頁）で発言しており，一歩引いたスタンスで叙述している。

10)　光武は，紀年銘鏡の銘文について,「こうした難解な紀年銘を好んで記す工人に，会稽山陰の師藤豫や太師鮑唐，さらには大師陳世などの呉の鏡師たちがあった。(中略）鋳金術という，むしろ方士や道士に連なる術者としての偉大な鏡師のみが行ない得る陰陽五行の秘密の大法則として，存在したのではあるまいか。秘法であるから，難解であるのは当然である」(光武 2012：84 頁）　とし，呉の鏡工人の影響を指摘している。

11）（下垣 2010）の段階では，正確な内訳が知られていなかったが，三角縁神獣鏡は本報告でも 26 面とされており，主体を占めるのが中国製鏡であることも認識されている（265 頁）。

12） 原口正三は，早くに「同じ地域で 10 回も順番をつけて同じ鋳型からつくるという追いかけ鋳型は，製作地でないと出てきません。したがって，これは魏でつくった鏡ではなく，日本列島のなかで魏の系統の渡来工人がつくった鏡だ―こう断定していいと思います」（高槻市教育委員会編 1999：109 頁）と指摘している。

13） 三角縁神獣鏡の同笵鏡については，30 年以上も前に「同位体比が一致せず，同じ紋様のものが同時に同じ原料で製作されたとは考え難い」（山崎 1987：339 頁）という分析結果が出ている。ただ本例の場合は，椿井大塚山古墳での一括出土品についての言及であり，問題が複雑である。

14） なお，齋藤努によっても，三角縁神獣鏡に「朝鮮半島産の鉛」が含まれている可能性が考えられている（齋藤ほか 2009：68 頁）。

15） 馬淵のオリジナルは，同位体分析から陳氏が呉の武昌から銅等の材料を持って移動したということにある。

引用・参考文献

穴澤咊光　1985「三角縁神獣鏡と威信財システム」（上）（下）『潮流』第 4・5 報

新井　宏　2011「鉛同位体比から見た三角縁神獣鏡」『古代の鏡と東アジア』学生社

荒野泰典　2010「民族と国家」『日本の対外関係Ⅰ　東アジア世界の成立』吉川弘文館

岩本　崇　2004「副葬配置からみた三角縁神獣鏡と前期古墳」『古代』第 116 号

岩本　崇　2005「三角縁神獣鏡の規格と挽型」『三次元デジタル・アーカイブを活用した古鏡の総合的研究』第 2 分冊　橿原考古学研究所研究成果第 8 冊

岩本　崇　2018「銅鏡・青銅製品」『前期古墳編年を再考する』六一書房

上野祥史　2000「神獣鏡の作鏡系譜とその盛衰」『史林』第 83 巻第 4 号

上野祥史　2007「3 世紀の神獣鏡生産―画文帯神獣鏡と銘文帯神獣鏡」『中国考古学』第 7 号

上野祥史　2010「神獣鏡の生産実態―イメージからの脱却」『泉屋博古館紀要』第 26 巻

上野祥史　2018「古墳時代における鏡の分配と保有」『国立歴史民俗博物館研究報告』第 211 集

王　金林　1989「陳氏鏡に関する若干の問題」『別府大学紀要』30

王　仲殊　1998『三角縁神獣鏡』（尾形勇・杉本憲司編訳，新装普及版）学生社

岡村秀典　2016「洛陽出土鏡と日本―監訳者あとがき」『洛陽銅鏡』下巻　科学出版社東京

岡村秀典　2017『鏡が語る古代史』岩波新書

橿原考古学研究所編　1999『黒塚古墳調査概報』学生社

橿原考古学研究所編　2018『黒塚古墳の研究』八木書店

門脇禎二　1999「付論「魏志倭人伝」という文献史料」『邪馬台国と安満宮山古墳』吉川弘文館

上林史郎　2002「副葬品配置が意味するもの」『未盗掘古墳の世界』大阪府立近つ飛鳥博物館図録 27

川西宏幸　2004『同型鏡とワカタケル』同成社

河野一隆　1998「副葬品生産・流通システム論―付・威信財消費型経済システムの提唱―」『第 44 回埋蔵文化財研究集会　中期古墳の展開と変革―5 世紀における政治的・社会的変化の具体相（1）―』

岸本直文　1989「三角縁神獣鏡製作の工人群」『史林』72-5

岸本直文　2018「倭王権と倭国史をめぐる論点」『国立歴史民俗博物館研究報告』第 211 集

久住猛雄　2007「「博多湾貿易」の成立と解体―古墳時代初頭前後の対外交易機構」『考古学研究』53-4

車崎正彦　2008「三角縁神獣鏡の年代と古墳出現の年代」『史観』第 159 冊

考古学研究会編　2013『吉備弥生社会の新実像・吉備弥生時代のマツリ・弥生墓が語る吉備』考古学研究会例会シンポジウム記録 9

古代学研究会訳　1987『鄂城漢三国六朝銅鏡』（原著 1986 中文）

小林行雄　1962『古代の技術』塙書房

齋藤努編　2001『同位体・質量分析法を用いた歴史資料の研究』『国立歴史民俗博物館研究報告』第 86 集

齋藤努ほか　2006『東アジア地域における青銅器文化の移入と変容および流通に関する多角的比較研究』平成15～17年度科学研究費研究成果報告書
齋藤努・土生田純之・亀田修一・福尾正彦・鄭仁盛・高田貫太・風間栄一・藤尾慎一郎・柳昌煥・趙榮濟　2009「鉛同位体比分析による古代朝鮮半島・日本出土青銅器などの原料産地と流通に関する研究」『考古学と自然科学』第59号
齋藤努・藤尾慎一郎編　2010『日韓青銅製品の鉛同位体比を利用した産地推定の研究』『国立歴史民俗博物館研究報告』第158集
佐原　真　2003『魏志倭人伝の考古学』岩波現代文庫
史家珍・張翠玲　2016「洛陽銅鏡の発展と変遷」『洛陽銅鏡』上巻　科学出版社東京
清水康二　2014「製作技術からみた三角縁神獣鏡」『駿台史学』第150号
清水康二　2015「［舶載］三角縁神獣鏡と［仿製］三角縁神獣鏡との境界」『考古學論攷』38　橿原考古学研究所紀要
下垣仁志　2010『三角縁神獣鏡研究事典』吉川弘文館
下垣仁志　2011『古墳時代の王権構造』吉川弘文館
下垣仁志　2013「青銅器からみた古墳時代成立過程」『新資料で問う古墳時代成立過程とその意義　発表要旨集』考古学研究会関西例会
下垣仁志　2018『古墳時代の国家形成』吉川弘文館
徐　苹芳　1985「三国・両晋・南北朝の銅鏡」『三角縁神獣鏡の謎』角川書店
菅谷文則　1991『日本人と鏡』同朋舎出版
菅谷文則　2003「三角縁神獣鏡の出土傾向」『橿原考古学研究所論集』第十四　八木書店
菅谷文則　2017「古墳出土の鏡から歴史を考える」『三角縁神獣鏡と3～4世紀の東松山』六一書房
鈴木　勉　2014「九州の円弧状なめくりたがねと（渡来系）工人ネットワーク」『文化財と技術』第6号
鈴木　勉　2015「三角縁神獣鏡の仕上げ加工痕と製作体制」『河上邦彦先生古稀記念献呈論文集』
鈴木　勉　2016『三角縁神獣鏡・同笵（型）鏡論の向こうに』雄山閣
関　雄二　2008「古代アンデス社会におけるエリートの誕生と工芸品生産」『國學院雑誌』109-11
胎内市教育委員会　2016『城の山古墳発掘調査報告書』第26集
高槻市教育委員会編　1999『邪馬台国と安満宮山古墳』吉川弘文館
田中　琢　1985「日本列島出土の銅鏡」『三角縁神獣鏡の謎』角川書店
辻田淳一郎　2007『鏡と初期ヤマト政権』すいれん舎
寺澤　薫　2016「王権はいかにして誕生したか」『纒向発見と邪馬台国の全貌』KADOKAWA
豊岡卓之・奥山誠義　2011「銅鏡」(『Ⅳ.桜井茶臼山古墳第7・8次調査概要報告』)『東アジアにおける初期都宮および王墓の考古学的研究』科学研究費補助金研究成果報告書（代表寺澤薫）
中村潤子　1999『鏡の力　鏡の想い』大巧社
西川寿勝　2000『三角縁神獣鏡と卑弥呼の鏡』学生社
西川寿勝　2006「三国時代の中国鏡」『三角縁神獣鏡・邪馬台国・倭国』新泉社
西田守夫　1971「三角縁神獣鏡の形式系譜諸説」『東京国立博物館紀要』第6号
西村俊範　2012「漢鏡の二・三の問題について」『人間文化研究』29
西村俊範　2015「三角縁神獣鏡の二・三の問題について」『人間文化研究』35
仁藤淳史　2016「公孫氏政権とは何か」『纒向発見と邪馬台国の全貌』KADOKAWA
橋本博文　1988「関東の「出現期古墳」とその背景」『古墳はなぜつくられたか―倭王権形成史の再検討』大和書房
林　正憲　2010「古墳時代における階層構造―その複雑性と等質性―」『考古学研究』第57巻第3号
林　裕己　1998「三角縁神獣鏡の銘文―銘文一覧と若干の考察―」『古代』第105号
坂　靖　2018「ヤマト王権中枢部の有力地域集団」『国立歴史民俗博物館研究報告』第211集
樋口隆康　1992『三角縁神獣鏡綜鑑』新潮社
樋口隆康　2000『三角縁神獣鏡新鑑』学生社

平尾良光編　1999『古代青銅の流通と鋳造』鶴山堂
平尾良光編　2004『古墳時代青銅器の鉛同位体比』平成14・15年度科学研究費研究成果報告書
廣坂美穂　2008「鏡の面数・大きさと古墳の規模」『古文化談叢』第60号
福永伸哉　2005『三角縁神獣鏡の研究』大阪大学出版会
福永伸哉・岡村秀典・岸本直文・車崎正彦・小山田宏一・森下章司　2003『シンポジウム三角縁神獣鏡』学生社
福永伸哉・森下章司　2000「河北省出土の魏晋鏡」『史林』第83巻1号
藤田憲司　2009「箸墓古墳は卑弥呼の墓か」『大阪府立近つ飛鳥博物館館報』12
藤田憲司　2016『卑弥呼の鏡が解き明かす邪馬台国とヤマト王権』えにし書房
藤本　昇　2016『卑弥呼の鏡—鉛同位体比チャートが明かす真実』海鳥社
馬淵久夫　2007「鉛同位体比による青銅器研究の30年」『考古学と自然科学』第55号
馬淵久夫　2010a～2012・2014・2016～2018a「漢式鏡の科学的研究」(1)～(7)『考古学と自然科学』第61～63・66・70・73・75号
馬淵久夫　2010b「鉛同位体比からみた三角縁神獣鏡の舶載鏡と仿製鏡」『日本考古学』第29号
馬淵久夫　2013「三角縁神獣鏡の原材料産地に関する考察」『考古学雑誌』第98巻第1号
馬淵久夫　2015「漢式鏡に含まれる錫の産地について」『考古学と自然科学』第68号
馬淵久夫　2018b「三角縁神獣鏡の製作地について」『考古学雑誌』第100巻第1号
馬淵久夫編　1996『弥生・古墳時代仿製鏡の鉛同位体比の研究』平成5・6・7年度科学研究費研究成果報告書
馬淵久夫・平尾良光　1990「福岡県出土青銅器の鉛同位体比」『考古学雑誌』第75巻第4号
水野敏典　2015「三角縁神獣鏡を科学する」『邪馬台国』洋泉社
水野敏典編　2017『三次元計測を応用した青銅器製作技術からみた三角縁神獣鏡の総合的研究』
光武英樹　2006「所謂，卑弥呼の鏡とされる『陳是紀年銘』銘文の釈読」(上)(下)『東アジアの古代文化』126・127
光武英樹　2012「漢三国西晋紀年鏡銘における干支と作鏡年月日の研究」『東方学報』第87冊
森　浩一　2015『和泉黄金塚古墳と銅鏡』森浩一著作集2　新泉社
森下章司　2005「三次元計測と鏡研究—傷の比較検討」『三次元デジタル・アーカイブを活用した古鏡の総合的研究』第2分冊　橿原考古学研究所研究成果第8冊
森下章司　2011「古代東アジアの銅鏡」『古代の鏡と東アジア』学生社
森下章司　2015「倭の鏡」川崎市市民ミュージアム編『古鏡—その神秘の力』六一書房
森下章司　2016a「銅鏡からみた邪馬台国時代の倭と中国」『纒向発見と邪馬台国の全貌』KADOKAWA
森下章司　2016b『古墳の古代史—東アジアのなかの日本』筑摩書房
森　博達　2001「「特鋳説」は幻想だ・訂正増補版」『東アジアの古代文化』107
森　博達　2003「音韻学から見た三角縁神獣鏡」『東アジアの古代文化』115
柳田康雄　1990「鉛同位体比法による青銅器研究への期待」『考古学雑誌』第75巻第4号
山崎一雄　1987『古文化財の科学』思文閣出版
山本　彰　2002「前期古墳の副葬品出土状況」『未盗掘古墳の世界』大阪府立近つ飛鳥博物館図録27
若井敏明　2010『邪馬台国の滅亡』吉川弘文館
若井敏明　2015「北九州の視点から邪馬台国を探る」『邪馬台国』洋泉社

同一文様鏡の断面形と収縮

水野　敏典

はじめに

銅鏡は立体的な形状をもち，かつ脆く接触しての計測が難しい。しかし，同一文様鏡の断面形の差異は微細であり，作図には一定の精度が求められる。その点から手計りによる断面図では作図精度に限界があり，これを基礎資料とした比較研究の深化は困難であった。その問題点の解決手段として三次元計測を用いる。断面図の作成は三次元計測のもつ客観性と精度が有効な分野といえる。

三次元計測とは三次元の座標を与えた点群としてモノの形状を記録する技術である。計測した点群を用いて，3点間を結ぶ面としてポリゴン化することで形状を再現し，その精度は点群の数と密度，そして計測点の計測精度に依存する。三次元計測を行うことで立体として比較も可能であるが（水野 2010，奥山 2010），土圧による歪みや付着物による誤差があり，比較は容易でも解釈は単純とならない場合がある。そこで本稿では，まず断面図による比較を取り上げる。これまでにも，同一文様鏡間の断面形の比較は行ってきたが（水野ほか 2011 ほか），本稿では新たな資料と視点も加えて，整理しておきたい。

1　同一文様鏡における鏡径収縮の有無

断面形の高精度な比較で判明する現象の一つに鏡径の収縮の有無があり，その現われ方に注目する。なお，同一文様鏡を量産する技術には，大別して同笵技法と同型技法があり，その概要は以下である。

同笵技法　同じ鋳型を繰り返し使用することで同一文様鏡を量産する。この時，鋳型表面が剥落することで笵傷が発生し，笵傷は「同笵鏡」間で共有しながら増加する。「同笵鏡」間では鏡径の変化が起きない。ただし，現代の青銅器製作において，土製鋳型による同笵技法の使用は稀であり，その実現性が疑問視されていたが，鈴木勉氏らの福島県会津大塚山古墳出土鏡の復元実験において同笵技法が成功したことで（まほろんほか 2001），その可能性に目が向けられた。

同型技法　原型をもとに鋳型を複数製作することで同一文様鏡を量産する。この時，原型は青銅製品でなくともよい。原型に伴う笵傷はすべての鏡に共有されるが，鋳型の複製時の笵傷は1回性のもので他と共有しない。原型（親鏡）に対して，量産した鏡（子鏡）との間に鏡径の収縮が起きる場合がある。鏡径収縮は，土製鋳型の乾燥時の収縮の結果とみられ，製作技法の識別に有効である。しかし，収縮現象は発生条件や収縮率等に不明な点が多く，また，これまでのノギス等による計測では鏡径収縮の有無の検出精度に問題があり，収縮を確認できないことが同型技法を使用していないことの証明になるとは言い切れない。

2　誤差についての考え方

三次元計測を用いた2点間距離と断面図の誤差について触れておく。第1に，同一文様鏡であっても基本的に別の物体であり，厳密には近似点はあっても三次元的に同一点は存在しない。そのうえで2点間距離は，起点と終点を定める必要があり，計測点の選択時の誤差はほぼ2倍になる。第2に，同一資料において同一点を探す作業を反復しても，㎛を単位とする点群密度の中で同一計測点を選択することは困難であり，一定の誤差は避けられない。作業を反復して最大値，最小値を捨てて平均を取り人為的な誤差を減らす必要がある。第3に，対象資料は出土品であり，破片の接合や土圧による歪みとともに，錆びや付着物の影響を受けて同一点を探すことが困難である。第4に，銅鏡は鋳造したままではなく，ほぼ全ての面，特に鏡面，鏡縁は強く研磨される。結果として鏡縁は必ずしも正円を描かず，鏡径も研磨量で変化する。さらに，鏡背面でも外区上面や鈕上に強い研磨が行われることがあり，断面形は影響を受ける。第5に，三次元計測の計測誤差がある。我々が現在使用しているGOM社製のATOSシリーズを例にとれば仕様による計測点の点間ピッチは30～60㎛前後で，計測点は±5㎛の誤差をもつ。実際の計測誤差はこれ以上とみるべきで，これより小さい数値の差は有意とならない。しかし，誤差の第1～4，特に第2と3が大きく影響して，2点間距離の比較は，値の差が0.2mm以下の違いは有意との評価が難しい場合が多い。より単純に比較しやすいものとして点の連続としての線，つまり断面図がある。計測点群から一定の条件で集めた点群であり，研磨などの影響を受けにくい特徴的な点を重ね合わせ起点として，断面図を重ねれば，断面形のずれは目視でも明確であり，直感的な鏡径収縮の有無判定には有効である。これらを踏まえて，鏡径の収縮現象に注目して分析を行いたい。

3　三角縁神獣鏡「同笵鏡」にみる鏡径の収縮の有無

「舶載」三角縁神獣鏡と「仿製」三角縁神獣鏡の「同笵鏡」を取り上げる。両者の製作技術的な連続性を重視して「三角縁神獣鏡」として一連の製作ととらえる立場をとる（水野2017）。断面図の比較は，三角縁の鏡縁などの研磨を受ける箇所ではなく，研磨の影響を受け難い外区下端の一方を重ね合わせ起点として断面図を重ねた。しかし，第1図－③では断面図に目視可能なズレは確認できなかった。その代わりに三角縁神獣鏡は内区が薄いためか，内区の反りが歪みやすく，断面が鈕付近で上下に大きくずれるものが多かった。

外区下端における2点間距離の比較では，第1図②では，黒塚古墳11，25号鏡で，それぞれ150.57mmと150.66mmで，バラツキは0.06％，黒塚13，26号鏡で，それぞれ148.30mmと148.33mm，バラツキは0.04％となる。結論として，断面形の比較においても，2点間距離においても，今回の分析では有意な鏡径の収縮現象は確認できなかった。これは鋳型表面の剥落傷の増加傾向から，同笵技法を主力とする製作モデルと合致し，「同笵鏡」は基本的に同一の鋳型で量産された可能性が高いといえる（水野ほか2005）。

4　同型鏡にみる鏡径の収縮の有無

同型鏡の研究は，近年大きく進展をみせており（辻田2018，加藤2018），そのなかで鏡径の収縮現象に重点を置くのはやや偏った視点であるが，同型技法を使用した場合の鋳型収縮率についての基礎データを確認しておきたい。今回，鏡径（圏線径）収縮を確認できた鏡群は，いずれも同型鏡と呼ぶ鏡群であり，同型技法

①三角縁神獣鏡

黒塚13号鏡	黒塚26号鏡
148.3	148.3

黒塚25号鏡	黒塚11号鏡
150.7	150.6

②外区下端２点間距離計測値
（単位mm）小数点第２位を四捨五入

目録番号 53
黒塚 26 号鏡
重ね合わせ起点
近似点
黒塚 13 号鏡

目録番号 52-53
黒塚 25 号鏡
重ね合わせ起点
黒塚 11 号鏡

目録番号 110
大丸山鏡
重ね合わせ起点
坂尻 1 号墳鏡

大丸山鏡
重ね合わせ起点
寺谷銚子塚鏡

目録番号 213
大将塚鏡
重ね合わせ起点
出川大塚（2599）鏡

出川大塚（2606）鏡
重ね合わせ起点
出川大塚（2599）鏡

目録番号 234
谷口（6196-2）鏡
阿武山鏡
重ね合わせ起点
谷口（6196-1）鏡

③断面図比較

第１図　三角縁神獣鏡「同笵鏡」

を使用したとみられている。

①**画文帯神獣鏡**　熊本県江田船山古墳鏡，奈良県新沢千塚109号鏡を含む26面以上の同型鏡が確認されており，他の同型鏡群と比べても突出して面数が多い。遺存状況が良いものを6面抽出し，分析をまとめたのが第2図である（水野2010）。すでに川西宏幸氏が指摘するように（川西2004），鋳型の傷は1回性の笵傷と2面以上で共通する笵傷に分けられ，共通する笵傷によりA群とB群に大別できる（第2図②）。奥ノ原古墳鏡にはヒビ割れがあり，他にも目視できないヒビをもつ可能性があるが，今回分析した3種類の同型鏡のなかでも資料の遺存状況は一番良好である。そのうえで，笵傷による分類であるA群とB群と相関するように，鏡径（圏線径）の収縮傾向が認められた。代表的な先行研究である川西氏の分析では鏡縁を計測して収縮の傾向を把握しようとしていたが，鏡縁は鋳造後に大きく研磨されており，鏡径収縮の有無を判定するには不向きであった。そこで，研磨が及ばない圏線下端を使い，三次元計測による点群を用いて2点間計測を行った。その結果，大小の鏡群間には圏線径差は最大1.5mmを超えた明らかな差が確認できた。笵傷の観察と併せた解釈として，原型（原鏡）を親とすると，分析した鏡群には子鏡と孫鏡という製作世代が混在すると考えた（第2図④）。しかし，A群とB群の圏線径は大小に分離できるが，各群中の計測値は一定の幅をもつ。これは鋳型複製時の土型の乾燥による収縮量と計測誤差によるとみられるが，収縮の条件には不明な部分が多い。第2図④の製作モデルは現象に即しているが単純化しており，今後，分析面数を増やし，未確認の共通する笵傷が確認できれば世代差や従兄弟鏡などを含んだ，より複雑な製作系統となる可能性がある。現状の理解では，子鏡と孫鏡の間で，約1％の収縮が起きたと考えている。

②**神人歌舞画像鏡**　12面が確認されており，①画文帯神獣鏡に次ぐ同型鏡の面数をもつ。そのうちの4面，郡川西塚古墳鏡，脇袋西塚古墳鏡，狛江亀塚古墳鏡，トヅカ山古墳鏡の4面を比較した。断面図は，鏡の最大径の横断を用い，外区下端を重ね合わせの起点として断面図を重ねた。郡川西塚古墳鏡と狛江亀塚古墳鏡を比較すると反対側の外区下端でも大きなズレは起きなかった。この2面に対して脇袋西塚古墳鏡とトヅカ山古墳鏡は明らかに小さく，断面図のズレは明確であった（第2図②）。これらの銅鏡には，割れた接合部分やヒビで歪んだ部分が確認できたため，それらを避けるようにA–A′，B–B′，C–C′の3ヶ所で2点間距離を計測した（第2図③）。B–B′では最大の郡山西塚古墳鏡が170.5mmに対して最小のトヅカ山古墳鏡が166.5mmとなり，その差は4.0mmと大きな差が出た。A–A′，C–C′でも同様に4.0mm，3.5mmの差が確認でき，収縮率は，計測値の差を大きい方の鏡の計測値で割ると，約3％以上の収縮となる。

これらの製作の世代差を把握するには，原鏡に由来した共通する笵傷の比較が必要である。2点間距離の値の小さい鏡群である脇袋西塚古墳とトヅカ山古墳鏡には共通する傷a（櫛歯文の傷）と傷b（外区圏線の傷）が確認できたが（B群），値の大きい鏡群である郡川西塚古墳鏡と狛江亀塚古墳鏡には傷aと傷bは確認できなかった（A群）。これは脇袋西塚古墳とトヅカ山古墳鏡の製作世代が若いことを示している。

同一文様鏡の収縮率を整理すると，A群とB群を製作1世代差とみれば，A–A′では4.0mm差で3.6％，B–B′では4.2mm差で2.5％，C–C′では3.5mm差で3.1％となる。単純に平均すると約3％の収縮となる。2点間距離の大小は笵傷の多少のA群，B群に相関することを確認した。

なお，A群中の郡川西塚古墳鏡と狛江亀塚古墳鏡には，共通する笵傷がいずれも共有されて明確な違いがなく，製作世代差は確認できなかった。つまり共通する笵傷が発生しなければ製作世代の差は収縮率が大きかったとしても認識できない。また，同世代の原鏡が1面のみと確定できておらず，製作の系統図は一系統とは限定できない。他の神人歌舞画像鏡の同一文様鏡のうち，伝郡川鏡，根津美術館鏡には，分析した4面とは別の共通の笵傷をもつことが指摘されており（川西2004），同型鏡群全体としてはより複雑な製作系統図となることが予想される。

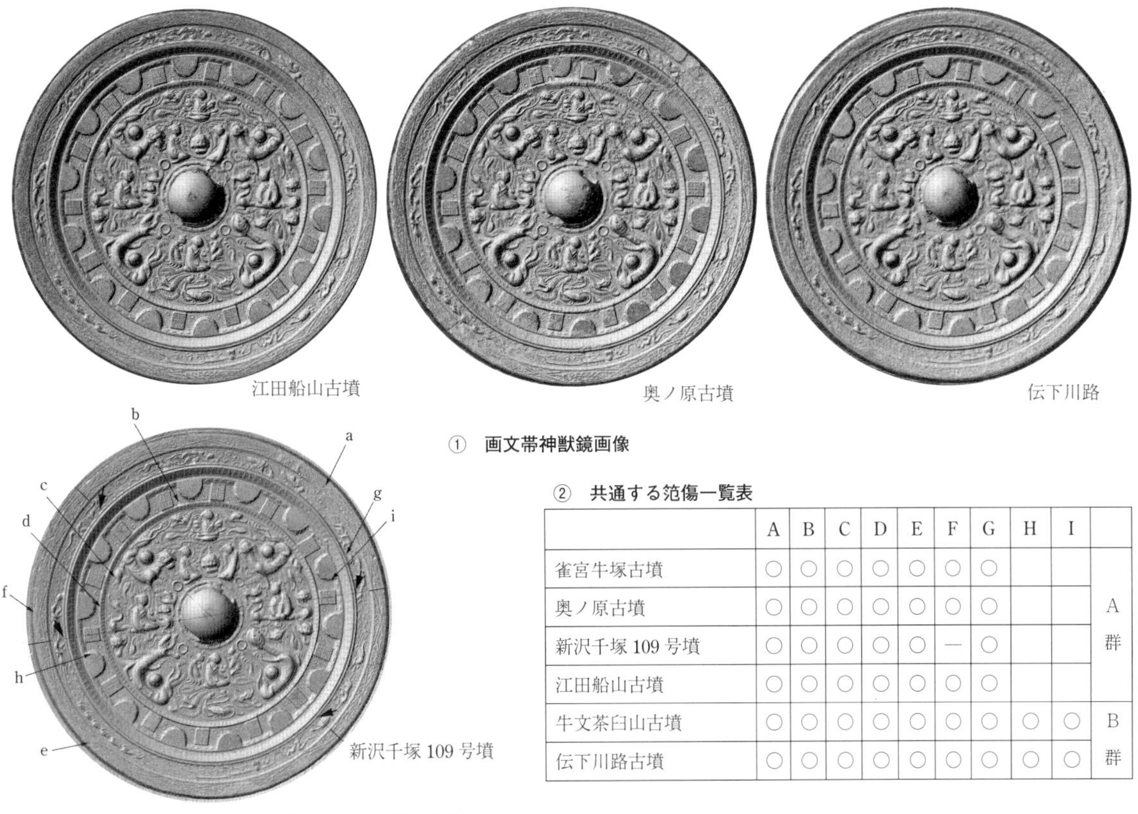

	A	B	C	D	E	F	G	H	I	
雀宮牛塚古墳	○	○	○	○	○	○	○			A群
奥ノ原古墳	○	○	○	○	○	○	○			
新沢千塚 109 号墳	○	○	○	○	○	—	○			
江田船山古墳	○	○	○	○	○	○	○			
牛文茶臼山古墳	○	○	○	○	○	○	○	○	○	B群
伝下川路古墳	○	○	○	○	○	○	○	○	○	

③ 2点間距離計測表

	雀宮牛塚古墳	奥ノ原古墳	新沢109号墳	江田船山古墳	牛文茶臼山古墳	伝下川路
Aライン	173.7	(173.1)	173.2	172.8	172.2	172.0
Bライン	173.6	(173.0)	173.3	172.9	172.5	172.2

(単位mm)　小数点第2位を四捨五入

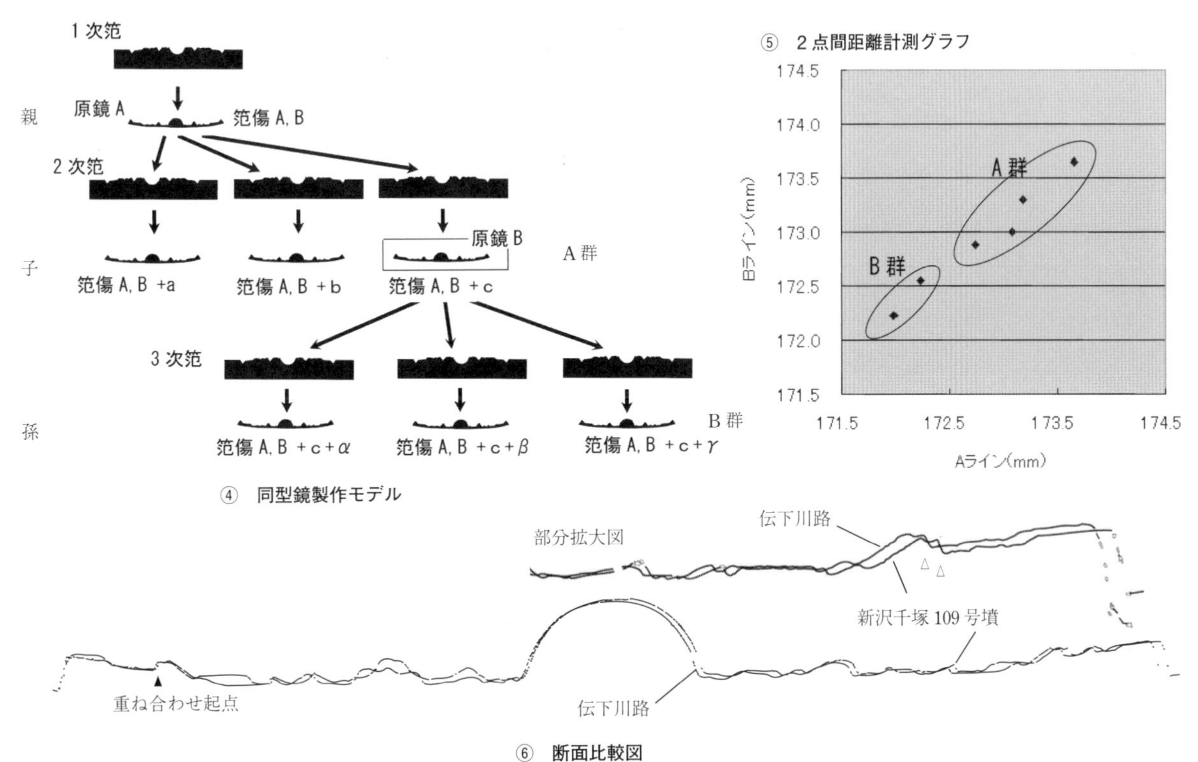

第2図　画文帯神獣鏡（水野 2010 より一部改変）

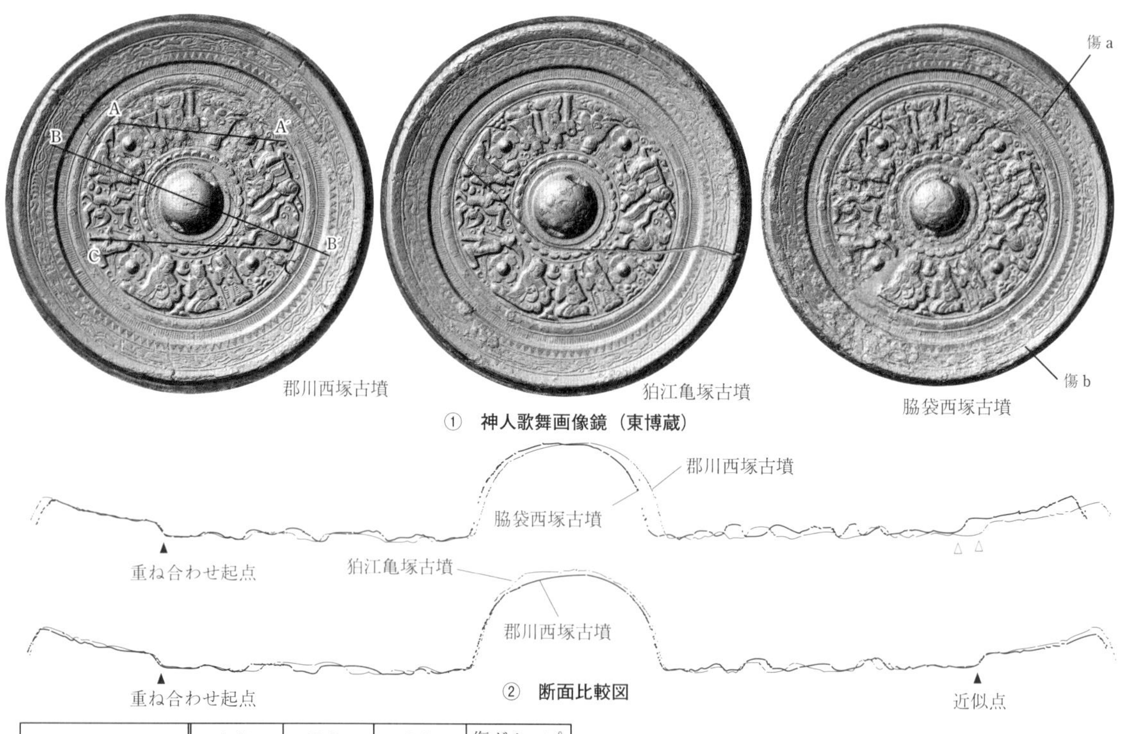

① 神人歌舞画像鏡（東博蔵）

② 断面比較図

	A-A′	B-B′	C-C′	傷グループ
郡川西塚古墳鏡	111.4	170.5	112.9	A群
狛江亀塚古墳鏡	110.4	170.7	112.2	A群
脇袋西塚古墳鏡	108.2	166.9	111.1	B群
トヅカ山古墳鏡	107.4	166.5	109.4	B群

③ 2点間距離計測表
（単位mm）小数点第2位を四捨五入

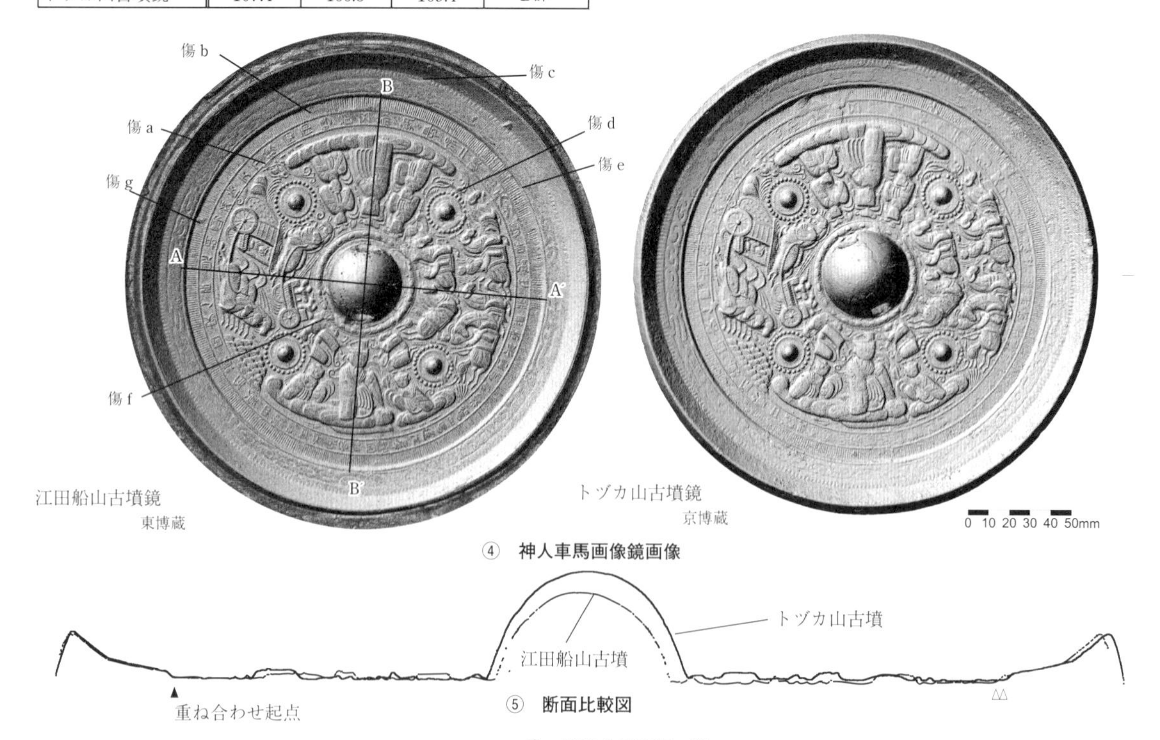

④ 神人車馬画像鏡画像

⑤ 断面比較図

⑥ 2点間距離計測表

	A-A′	B-B′
江田船山古墳	178.7	178.2
トヅカ山古墳	180.2	180.8

（単位mm）小数点第2位を四捨五入

⑦ 共通する笵傷一覧

	傷a	傷b	傷c	傷d	傷e	傷f	傷g
江船山古墳鏡	○	○	○	○	○	○	○
伝京都郡鏡	○	○	○	○	○	○	○
トヅカ山古墳鏡	×	○	○	○	○	×	×

第3図 同型鏡の比較

③神人車馬画像鏡　現在，3面が確認されており，三次元計測ができたのは江田船山古墳鏡とトヅカ山古墳鏡の2面である。2点間距離は外区圏線下端間のA–A′とB–B′で計ったところ，トヅカ山古墳鏡がそれぞれ1.5mm，2.6mmほど大きく，その収縮率は0.8％，1.4％で，平均すれば約1.1％となる。同様に断面図の比較でもトヅカ山古墳鏡が一回り大きかった。同一文様鏡における鏡径（2点間距離）の収縮現象は同笵技法では起きないと考えられるため，両者は別の鋳型によるものと考える。

笵傷の分析は，2面だけでは1回性の笵傷と共通する笵傷が識別できないため，銅鏡写真と川西氏の観察をもとに伝京都郡鏡の分析を加えた（第2図⑦）。この観察結果は辻田氏もほぼ同様の見解とみられ（辻田2018），江田船山古墳鏡と伝京都郡鏡が同様の共通する笵傷をもつのに対して，トヅカ山古墳鏡は一部の共通の笵傷が確認できなかった。つまり，共通する笵傷の少ない鏡群の鏡径が大きいということになり，2面は製作世代差をもつと理解できる。ただし，トヅカ山古墳鏡は鈕が他鏡と比べて明らかに大きく鈕孔方向も異なり，大規模に鋳型を修正している。これは一回性の修正の可能性はあるが，鏡背文様は江田船山古墳鏡の方が精緻に鋳上がっていることからも，江田船山古墳鏡の原鏡はトヅカ山古墳鏡と同世代の別の鏡を2次原鏡とした可能性が高い。川西氏が指摘するように亀裂状笵傷が進行するようにも見えるが，2点間距離の収縮が示すように別の鋳型であれば，両者の間には一回性の笵傷しか起きないので，原型に関わる現象となり，今回の分析では，同笵技法と同型技法の複合は考慮しなくてよいと考える。原型を親とした場合，トヅカ山古墳鏡が子世代で，江田船山古墳鏡が孫世代であり，トヅカ山古墳鏡に対して叔父甥となるとみられる。

まとめ

ほぼ同様の計測方法を採用しても，三角縁神獣鏡「同笵鏡」と比べて画文帯神獣鏡等の同型鏡の2点間距離は値のバラツキが明らかに大きく，これは製作技法の差を反映したといえる。三角縁神獣鏡「同笵鏡」間の数値のバラツキは小さく，断面図の比較においても有意な収縮は確認できなかった。これは同笵技法を主体とした量産とみる見解と矛盾しない（水野2017）。それに対して同型鏡では，2点間距離の値が大きく異なった。整理すると，共通する笵傷の少ない鏡群の鏡径が大きく，共通する笵傷の多い鏡群の鏡径が小さいという相関関係を確認した。これは共通する笵傷の多少が製作世代差を示し，子世代を2次原型として孫世代の鏡群を生み出す際に鏡径が収縮したためと考える。しかし，同一世代間における計測値のバラツキ幅は鏡種ごとに大きく異なった。今回確認した子－孫の世代間での最大の収縮率は①画文帯神獣鏡で約1.0％，②神人歌舞画像鏡間で約3％，③神人車馬画像鏡で約1.1％となった。②神人歌舞画像鏡群のみ突出しており，A・B鏡群のなかで計測値の差の小さい狛江亀塚古墳鏡と脇袋西塚古墳鏡の比較でも約2.0％，約2.2％，約1.0％と，他の同型鏡の最大収縮率と比べても大きかった。加えて，同一世代と解釈された郡川西塚古墳鏡と狛江亀塚古墳鏡の間の差も，A–A′で1.0mm，C–C′で0.7mmと，約1％の違いがあった。現状では鋳型を複製しても新たな共通する笵傷が発生しなければ製作世代差は認識できない。そのため，鋳型の複製時の素材等の条件によっては大きく収縮率が異なるのか，あるいは確認できない世代差があるのか不明である。今回の分析の重点は実物観察による笵傷の確認にあり，製作系統のモデルは引き続き検討の余地がある。今後，他の鏡種の同一文様鏡の分析を進め，同一文様鏡（同型鏡）の製作世代差における収縮率について検討し，同一文様鏡の製作技術を明らかにしていきたい。

本稿は，JSPS科研費JP 17H02423の成果の一部である。
調査にあたり，東京国立博物館，京都国立博物館，奈良県立橿原考古学研究所から協力を受け，計測と分析では科研メンバーから協力を受けた。記して感謝したい。

参考文献

奥山誠義　2010「三次元デジタルアーカイブを活用した新しい検証法」『考古資料における三次元デジタルアーカイブの活用と展開』科研費報告書
加藤一郎　2018『後期倭鏡の研究』
川西宏幸　2004『同型鏡とワカタケル』同成社
まほろんほか　2001『復元！三角縁神獣鏡』福島県文化財センター白河館第2回開館記念特別展図録
辻田淳一郎　2018『同型鏡と倭の五王の時代』同成社
水野敏典・山田隆文編　2005『三次元計測デジタルアーカイブを活用した古鏡の総合的研究』橿原考古学研究所研究成果　第8冊
水野敏典　2010「三次元計測を応用した画文帯神獣鏡「同型鏡」の検討」『考古資料における三次元デジタルアーカイブの活用と展開』科研報告書
水野敏典・奥山誠義・古谷毅・徳田誠義　2011「三次元計測を用いた三角縁神獣鏡「同笵鏡」鏡径収縮の有無」『日本考古学協会第77回総会研究発表要旨』日本考古学協会
水野敏典　2017「青銅器製作技術からみた三角縁神獣鏡」『三次元計測を応用した青銅器製作技術からみた三角縁神獣鏡の総合的研究』科研報告書

銅鏡画像の出典

水野敏典・山田隆文編　2005『三次元計測デジタルアーカイブを活用した古鏡の総合的研究』橿原考古学研究所研究成果　第8冊（橿原考古学研究所編　2006『古鏡総覧』学生社）より
①画文帯神獣鏡　江田船山古墳鏡，奥ノ原古墳鏡，伝下川路鏡（以上，東博蔵），新沢千塚109号墳（橿考研蔵）
②神人歌舞画像鏡　郡川西塚古墳鏡，狛江亀塚古墳鏡，脇袋西塚古墳鏡（以上，東博蔵）
③神人車馬画像鏡　江田船山古墳鏡（東京国立博物館蔵）
水野敏典編　2017『三次元計測を応用した青銅器製作技術からみた三角縁神獣鏡の総合的研究』より
③神人車馬画像鏡　トヅカ山古墳鏡（京都国立博物館蔵）

岩橋千塚古墳群の形象埴輪配置
―〈構造〉と〈論理〉への接近―

犬木　努

はじめに

岩橋千塚古墳群（和歌山市所在）では，近年，大日山35号墳や大谷山22号墳の発掘調査・整理作業が行われるとともに（和歌山県教育委員会2013・2016），井辺八幡山古墳出土埴輪の再整理作業が精力的に行われている（佐藤ほか2007）。その過程で，様々な新見解が提示され，岩橋千塚古墳群をめぐる埴輪研究は活況を呈している。本稿では，それらを概観し，問題の所在を明らかにするとともに，岩橋千塚古墳群の形象埴輪配置について再検討することを目的とする。

第1～3節では岩橋千塚古墳群における代表的事例として，大谷山22号墳・大日山35号墳・井辺八幡山古墳の形象埴輪配置について基礎情報を整理しておく（第1図）。それを踏まえて，第4節では岩橋千塚古墳群以外の関連事例について，第5・6節では岩橋千塚古墳群における形象埴輪配置について考察する。

1　大谷山22号墳の形象埴輪配置 ―岩橋千塚古墳群における事例①―

(1) 古墳の概要および既往の調査

大谷山22号墳は，岩橋山塊北西部の大谷山山頂（標高132m）に立地する，墳長約68mの前方後円墳である（第1図）。岩橋千塚古墳群「大谷山地区」の最高所に占地する首長墳である（第1図）。

1963（昭和38）年・1966（昭和41）年に，和歌山市教育委員会および関西大学考古学研究室による墳丘測量および発掘調査が実施された。後円部南側に開口する横穴式石室の発掘調査が行われるとともに，墳丘各所をめぐる円筒埴輪列や，南側造出上面の形象埴輪配置が確認されている（第2図）（猪熊ほか1967）。

また2015（平成27）年には，墳丘の規模や構造の確認を目的とする発掘調査が和歌山県教育委員会によって実施された。その結果，①全長約80mの盾形の基壇の上に，二段築成の墳丘が構築されていること，②墳丘南側の造出は，基壇の外側に取り付くように付設されていること，③基壇上の円筒埴輪列には，いわゆるⅣ群系円筒埴輪とⅤ群系円筒埴輪の両者が共存していることが明らかになった（和歌山県教育委員会2016）。

(2) 形象埴輪配置の概要

大谷山22号墳では，1963・1966年の発掘調査で，「墳裾」を巡る円筒埴輪列が検出されている。後円部東側においても「墳裾」の円筒埴輪列が検出されていたが，2015年の発掘調査において，さらに下から円筒埴輪列が検出されたことにより，第1次調査時に検出された円筒埴輪列は，「墳裾」ではなく墳丘第1段目平坦面の円筒埴輪列であり，2015年の発掘調査で検出された円筒埴輪列は，従来の認識での「墳裾」―すなわち「基壇」上を巡る円筒埴輪列の一部であることが判明した。墳頂部における円筒埴輪列の有無は不

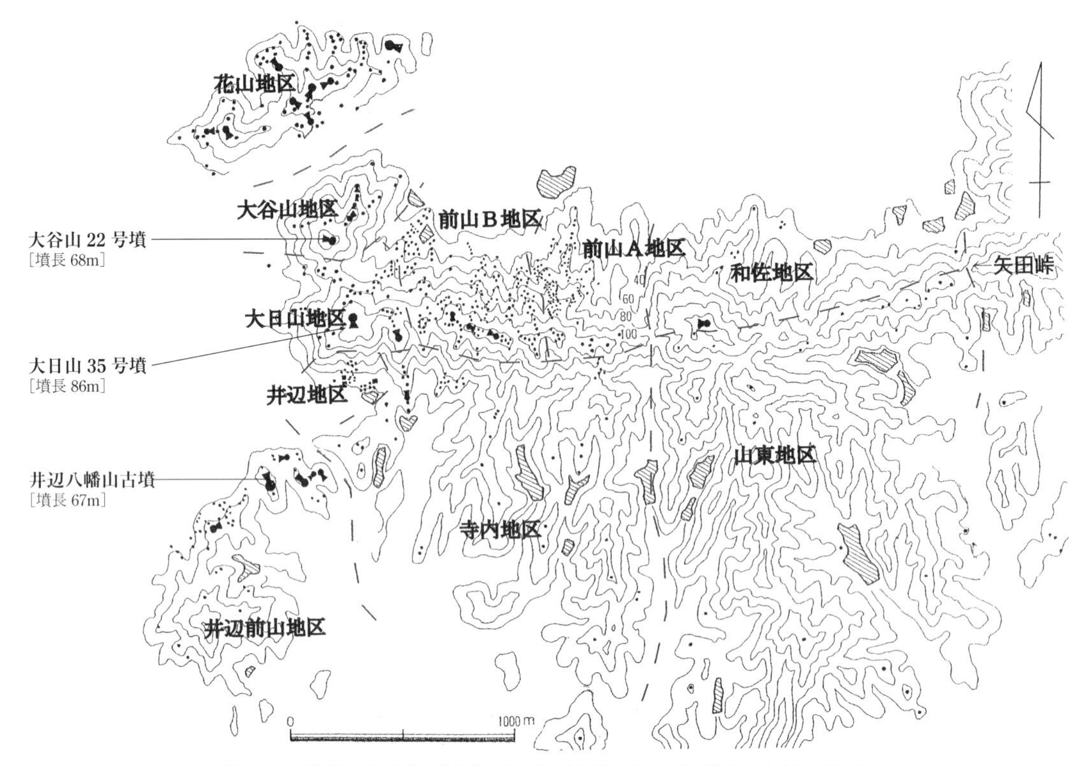

第１図　岩橋千塚古墳群全体図および本稿で取り上げる３古墳の位置

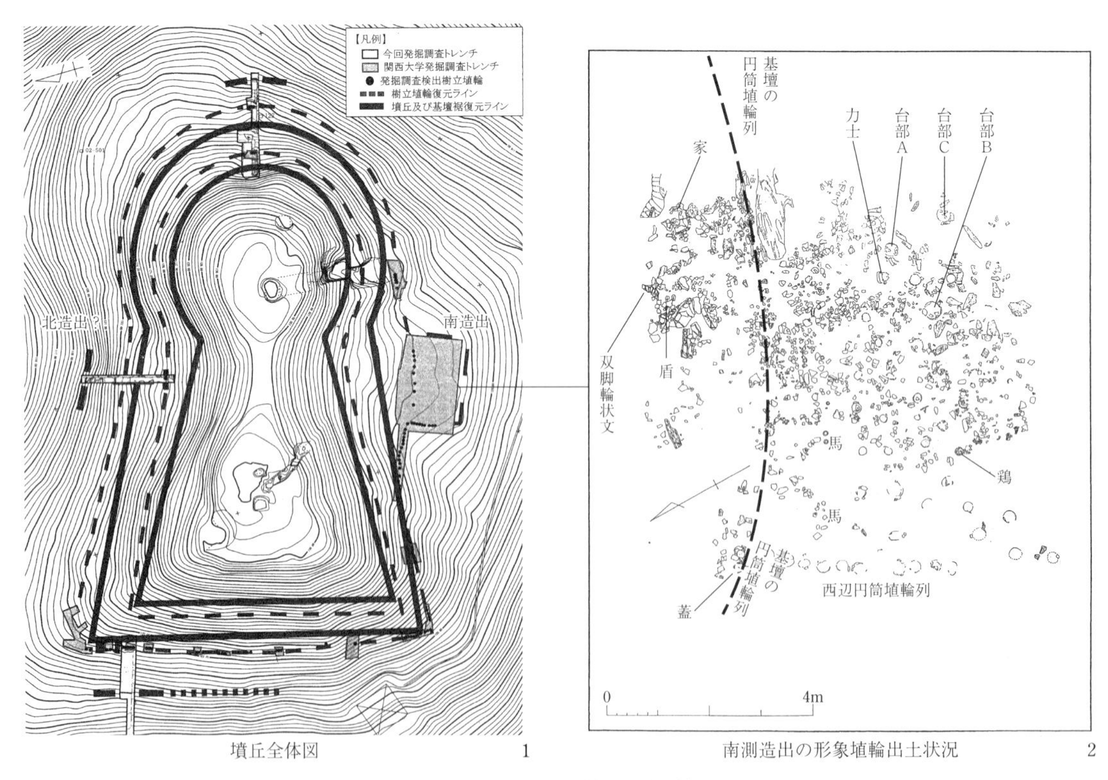

墳丘全体図　1

南測造出の形象埴輪出土状況　2

第２図　大谷山 22 号墳の形象埴輪配置

明だが，本古墳の円筒埴輪列は，基壇，墳丘中段平坦面，墳頂部平坦面に巡らされていた可能性が高い。

また，本古墳では，墳丘南側「造出」に形象埴輪群が配置されているが，近年では，この「造出」は墳丘に付設されたものではなく，「基壇」に付設された突出部である可能性が指摘されている（藤井 2012）。

なお，2015 年の発掘調査では，北側くびれ部の外側のトレンチから人物埴輪や動物埴輪の破片が出土していることから，墳丘北側にも形象埴輪群を配置した「造出」が付設されていた可能性が指摘されており，今後の検討課題である。

本古墳の墳頂部における形象埴輪配置の有無については，現状では未確定である。

基壇上面の円筒埴輪列は盾形をなし，造出の外側を「コ」字状に画す円筒埴輪列が，くびれ部外側に取り付く形になっている。造出の墳丘側には基壇上面の円筒埴輪列が巡らされるが，その内側（墳丘側，北側）くびれ部付近にも複数の形象埴輪が配置されている。

南造出では，多数の形象埴輪が原位置で検出されているが，発掘調査時の原図が確認されておらず，形象埴輪の配置や向きの検討は困難である（和歌山県立紀伊風土記の丘 2011）。ここでは，報告書の記述にしたがいながら，南造出周辺に配置されたと推測される形象埴輪の器種構成を確認しておく（猪熊ほか 1967）。

まず，南造出上面で確認されている形象埴輪は，人物埴輪 10 体以上（武人を含む），馬形埴輪 5 体分，鶏形埴輪 1 体などである。

一方，南造出の墳丘側（円筒埴輪列の北側）では，家形埴輪 1 点・盾形埴輪 1 点・蓋形埴輪・双脚輪状文埴輪 2 点・盾持人埴輪 1 点等の出土が確認されており，円筒埴輪列の内側（墳丘側，北側）くびれ部付近にこれらの埴輪が配置されていた可能性が指摘されている。

2　大日山35号墳の形象埴輪配置 ―岩橋千塚古墳群における事例②―

(1) 古墳の概要および既往の調査

大日山 35 号墳は，岩橋山塊北西部の大日山山頂（標高 141m）に立地する，墳長約 86m の前方後円墳である（第 1 図）。岩橋千塚古墳群「大日山地区」の最高所に占地する首長墳である（第 1 図）。

1963（昭和 38）年に，和歌山市教育委員会および関西大学考古学研究室による墳丘測量調査および，後円部西側に開口する横穴式石室の実測調査が行われた（泉森ほか 1967）。

また 2003（平成 15）年度から 2005（平成 17）年度にかけて，和歌山県教育委員会および和歌山県立紀伊風土記の丘によって，保存整備事業に伴う墳丘および横穴式石室内部の発掘調査が実施されている（第 3 図）。その結果，①全長約 105m の盾形の基壇の上に，二段築成の墳丘が構築されていること，②墳丘下段の東側および西側に造出を付設すること，③両造出の上面に多数の形象埴輪が配置されていたことが明らかになった（和歌山県教育委員会 2013・2015）。

(2) 形象埴輪配置の概要

大日山 35 号墳では，2003 年度以降の発掘調査において，基壇（墳丘最下段）および，墳丘中段，墳頂平坦面に円筒埴輪列が確認されている。墳丘中段の円筒埴輪列は，くびれ部付近で緩やかな曲線をなし，造出の外側を「コ」字状に画す円筒埴輪列がくびれ部円筒埴輪列に取り付いている。基壇の円筒埴輪列は，基壇の外形に沿うように盾形に巡る。

本古墳の墳頂部では形象埴輪は検出されていないが，東側くびれ部付近で家形埴輪や蓋形埴輪の破片が出

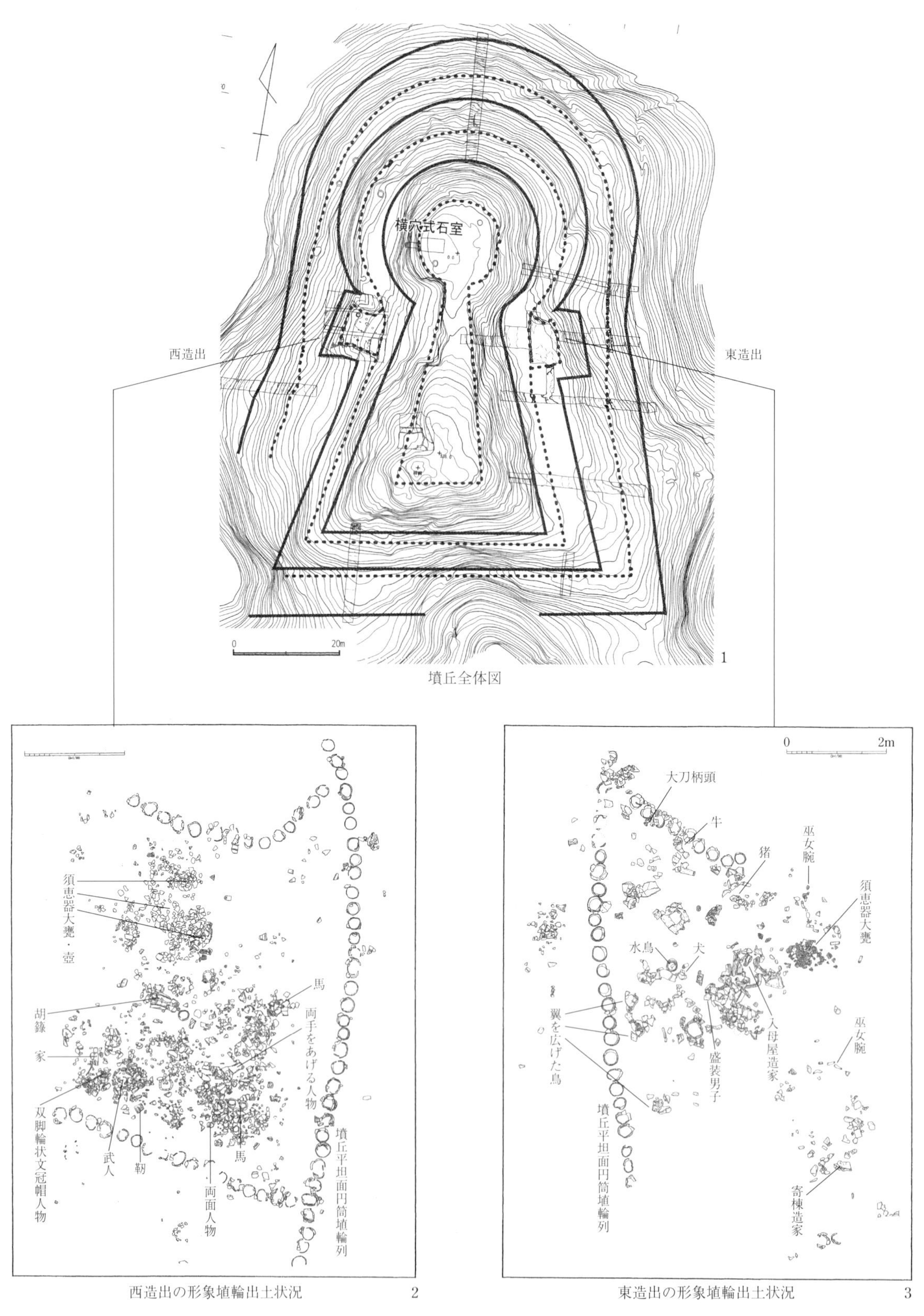

第3図　大日山35号墳の形象埴輪配置

土しており，墳頂部に家形埴輪や蓋形埴輪が配置されていた可能性が指摘されている。

東西の造出では多数の形象埴輪が出土しているが，基部が原位置を保っているものは少なく，各埴輪の「向き」まで確認できる個体はごく一部に限られている。以下，報告書に依拠しながら，両造出に配置されていた形象埴輪の概要を確認しておく（和歌山県教育委員会 2013）。

東造出には，家形埴輪 4 棟，大刀形埴輪 2 点，靭形埴輪 1 点，蓋形埴輪，盛装男子埴輪 1 体，巫女埴輪 4 体，力士埴輪 2 体，馬形埴輪（横座り）1 体，牛形埴輪 2 体，猪形埴輪 1 体，犬形埴輪 1 体，鳥形埴輪（翼を広げた鳥）4 体，水鳥形埴輪 3 体，が確認され，須恵器の大甕，器台，高杯，壺なども出土している。東造出の墳丘側（くびれ部付近）に形象埴輪は配置されていなかったと推測している。

西造出には，家形埴輪 3 棟以上のほか，胡籙形埴輪 2 点，靭形埴輪 1 点，蓋形埴輪，双脚輪状文形冠帽をかぶった人物 2 点，両面人物 1 点，武人，盛装男子，両手を上げる人物 1 点，巫女形埴輪，馬形埴輪 2 体以上，鳥形埴輪（翼を広げた鳥）が配置されていたことが確認され，須恵器の大甕，器台，高杯，壺なども出土している。西造出の墳丘側（くびれ部付近）に形象埴輪は配置されていなかったと推測している。

3　井辺八幡山古墳の形象埴輪配置 —岩橋千塚古墳群における事例③—

(1) 古墳の概要および既往の調査

井辺八幡山古墳は，岩橋山塊南西部の独立丘陵である八幡山山頂（標高 54m）に立地する，墳長約 67m の前方後円墳である（第 1 図）。同地区（「井辺前山地区」）の古墳群は，岩橋千塚古墳群と区別して，井辺前山古墳群とも呼称される。本古墳は，同地区最大規模の首長墳である。

1969（昭和 43）年，和歌山市教育委員会および同志社大学考古学研究室による墳丘測量調査および発掘調査が行われ，東造出および西造出の発掘調査が実施され，多種多様な形象埴輪や須恵器の配置が確認された（森編 1972）。本古墳の両造出において検出された形象埴輪群については，その後，様々な見解が提示され，現在に至るまで非常に大きな学史的意義を有している。調査当初は，三段築成とみなされていたが，近年では，基壇の上に二段築成の墳丘が構築されているという理解がなされている。

本古墳では，1969（昭和 43）年の調査において，基壇（墳丘最下段）および，墳丘中段，墳頂平坦面に円筒埴輪列が確認されている。墳丘中段の円筒埴輪列は，くびれ部で緩やかな曲線をなし，造出の外側を「コ」字状に画す円筒埴輪列がそこに取り付いている。基壇の円筒埴輪列は，基壇の外形に沿うように盾形に巡る。

本古墳の墳頂部における形象埴輪配置の有無については，墳頂部の調査が行われていないため未確定である。

東西造出における形象埴輪配置については，発掘調査時に詳細な出土状況図が作成されていることもあり，古墳時代後期の造出上面形象埴輪配置の典型例の一つとして引用されることが多い。

(2) 形象埴輪配置の概要 —井辺八幡山古墳検討会による再検討—

近年，井辺八幡山古墳検討会の諸氏により，本古墳の形象埴輪配置の再検討作業が行われた（佐藤ほか 2007）。埴輪出土状況を記録した 10 分の 1 縮尺図や写真，調査日誌，埴輪の注記などを丹念に照合し，原位置で出土した形象埴輪の大部分について，各埴輪の「向き」の復原を行っている（第 4 図）。

以下，同研究会の報告に依拠しながら，東造出および西造出の形象埴輪配置について概観する。

東造出および西造出の形象埴輪群は，それぞれ，造出上面に配置された一群と，墳丘中段円筒埴輪列を挟

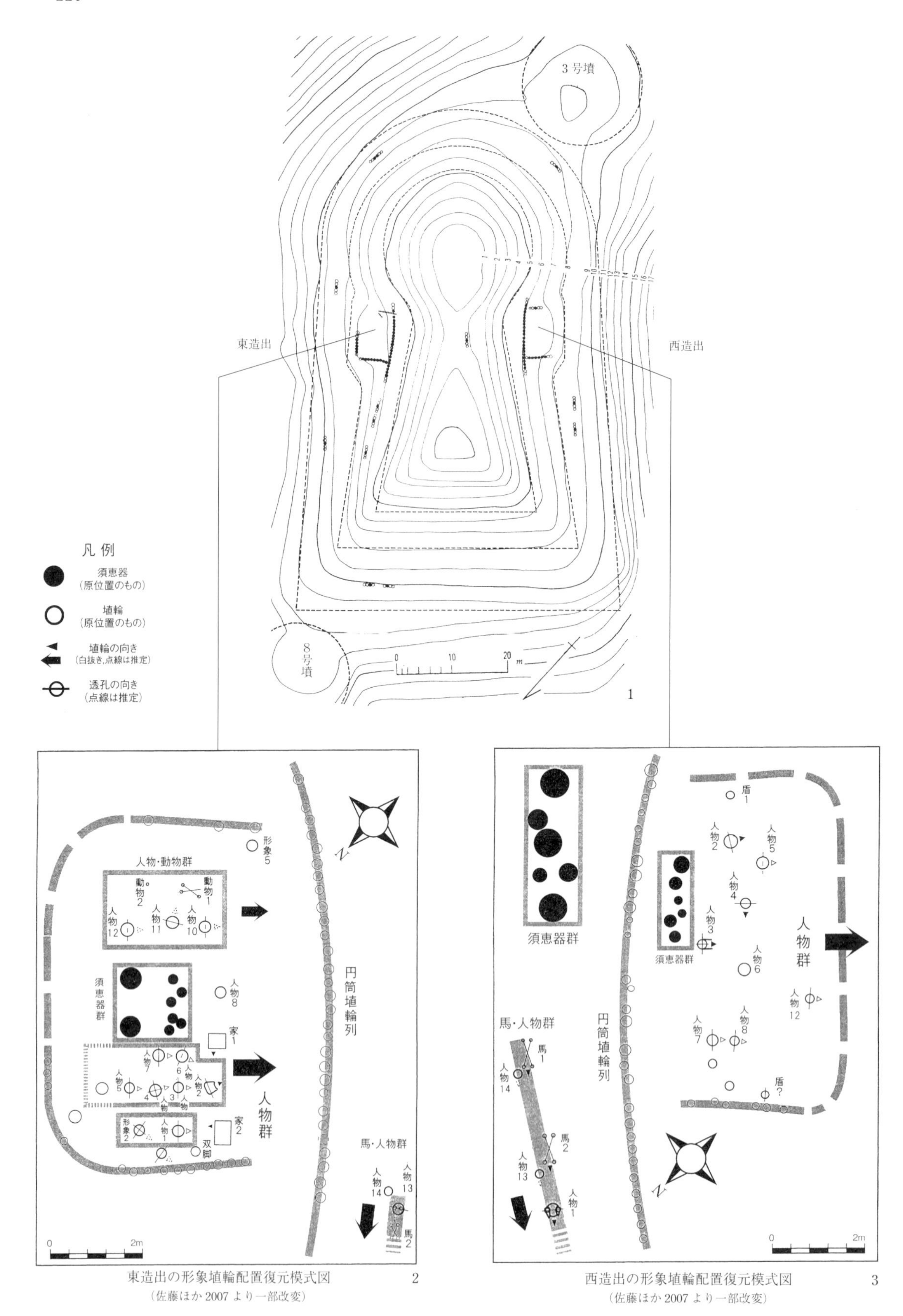

第4図　井辺八幡山古墳の形象埴輪位置

んで墳丘側（内側）くびれ部付近に配置された一群に大別できる。東造出・西造出および西くびれ部の一角には，大甕・器台・高杯などの須恵器を集中的に配置する。

東造出には，人物埴輪12体，馬形埴輪1体，家形埴輪2棟，器財埴輪2体のほか，種類不明の形象埴輪2体などが配置されていたことが確認されている。また，東くびれ部には，馬形埴輪1体，馬曳1体，武人1体が配置されているほか，正確な配置場所は不明ながら，蓋形埴輪がくびれ部円筒埴輪列の墳丘側（内側）くびれ部付近に配置されていたものと思われる。

西造出には，人物埴輪11体，盾形埴輪2点が配置されていたことが確認されている。一方，西くびれ部には，馬形埴輪2体，馬曳2体の配置が確認されているほか，蓋形埴輪や鶏形埴輪の破片も確認されている。このほか，家形埴輪の破片が造出上面から出土しているが，本来，西くびれ部に配置されていた可能性もあるという。

4　岩橋千塚古墳群の形象埴輪配置を検討する前に

本節では，岩橋千塚古墳群の形象埴輪配置を検討する前提作業として，①大阪府・今城塚古墳中堤の形象埴輪配置，②群馬県・保渡田八幡塚古墳中堤の形象埴輪配置，③古墳時代後期・関東地方に盛行する形象埴輪「列状配置」を取り上げ，その構造的特質について検討する（犬木2007・2016aなど）。

(1) 今城塚古墳における〈共方向化〉された女子埴輪群

近年，今城塚古墳の形象埴輪配置については，丹念な整理作業が進められており（高槻市立今城塚古代歴史館2013・2014・2015・2016・2017など），その過程で興味深い事実が多々明らかにされている（第5図）。

今城塚古墳の形象埴輪群は，柵形埴輪によって1区から4区に分けられているが，そのうち，3区中央付近に配置された女子埴輪7体および，2区と3区を隔てる「塀列3」の3区側に配置された女子埴輪1体，同じく「塀列3」の2区側に配置された女子埴輪2体が，全て「西向き」に配置されている事実が明らかになった点は非常に重要である（第5図3）（高槻市立今城塚古代歴史館2016：1頁）。

あらためて付言するならば，「西向き」というのは，2区や3区からみて4区側を向く，ということである。今城塚古墳の形象埴輪配置において，1区・2区・3区を「儀礼空間」の「内部」とすれば，4区は「儀礼空間」の「外部」ということになり，上記の人物埴輪は，全て「外向き」に配置されていたということになる[1)]。

今城塚古墳の形象埴輪配置において，全ての人物埴輪の「設置方向」が明らかになっているわけではないが，2区・3区に配置された女子埴輪の多くが，「外向き」に設置されていた点は重要である。今城塚古墳の形象埴輪配置において，「亡き首長」の霊威が所在するのは1区であるとみなし得るが，「外向き」に配置された上記の女子埴輪群は，最も「神聖」な空間である1区に対して背を向けていることになる。

ここでは，今城塚古墳の女子埴輪群のように，各埴輪が一定方向を向くように配置（整序）された形象埴輪群を〈共方向型〉の形象埴輪配置（形象埴輪群）と呼称する。

(2)〈多方向型〉の形象埴輪配置から〈共方向型〉の形象埴輪配置へ

今城塚古墳以前の「大王墓」において，いかなる形象埴輪配置がなされていたのか，現状では不明である。ただし，群馬県・保渡田八幡塚古墳の形象埴輪配置において，多くの人物埴輪が様々な方向を向き，様々な所作を行っている様子などをみると，今城塚古墳以前の「大王墓」においても，多種多様な人物埴輪が様々

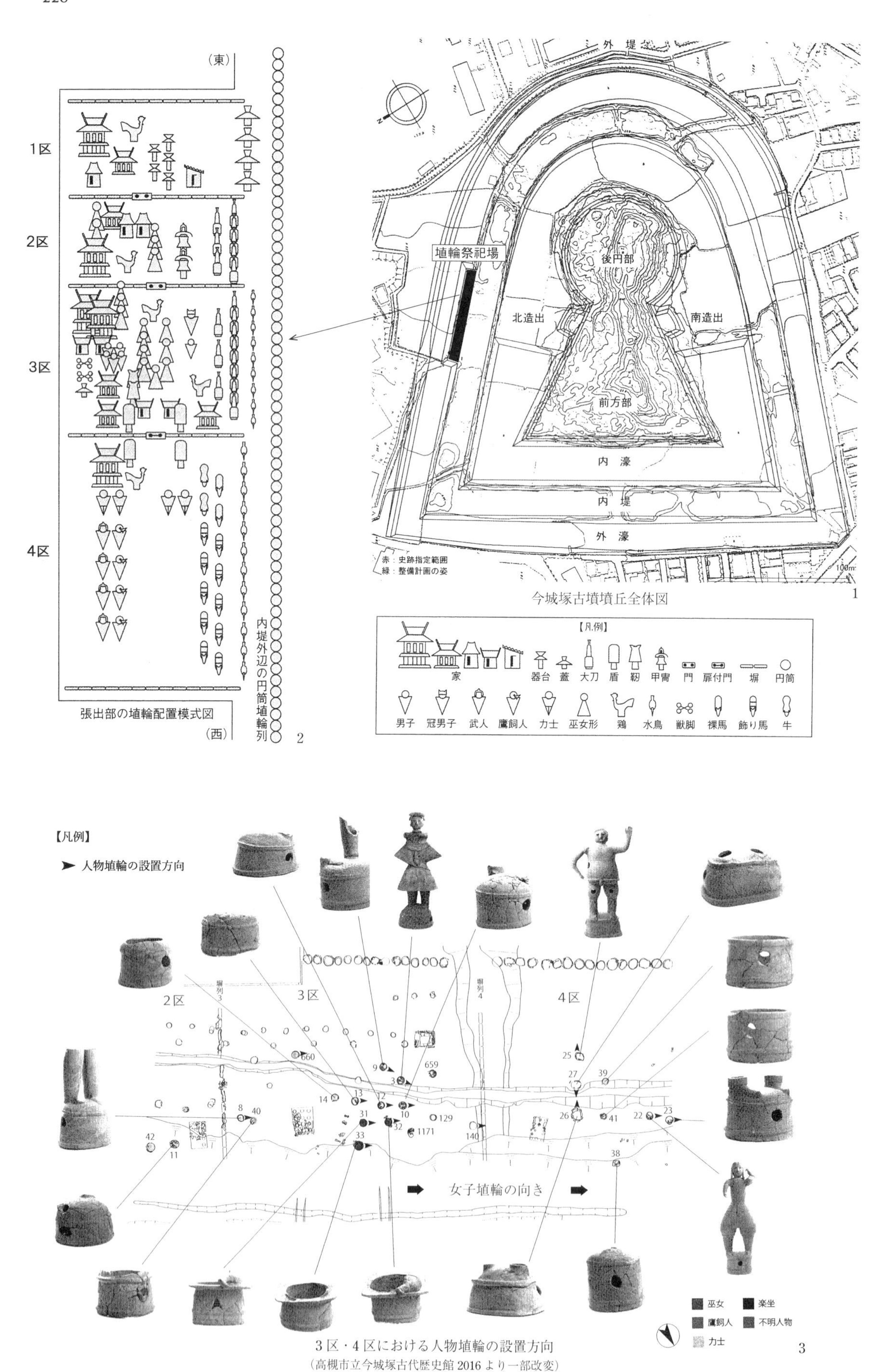

第5図　今城塚古墳（大阪府高槻市）の形象埴輪配置

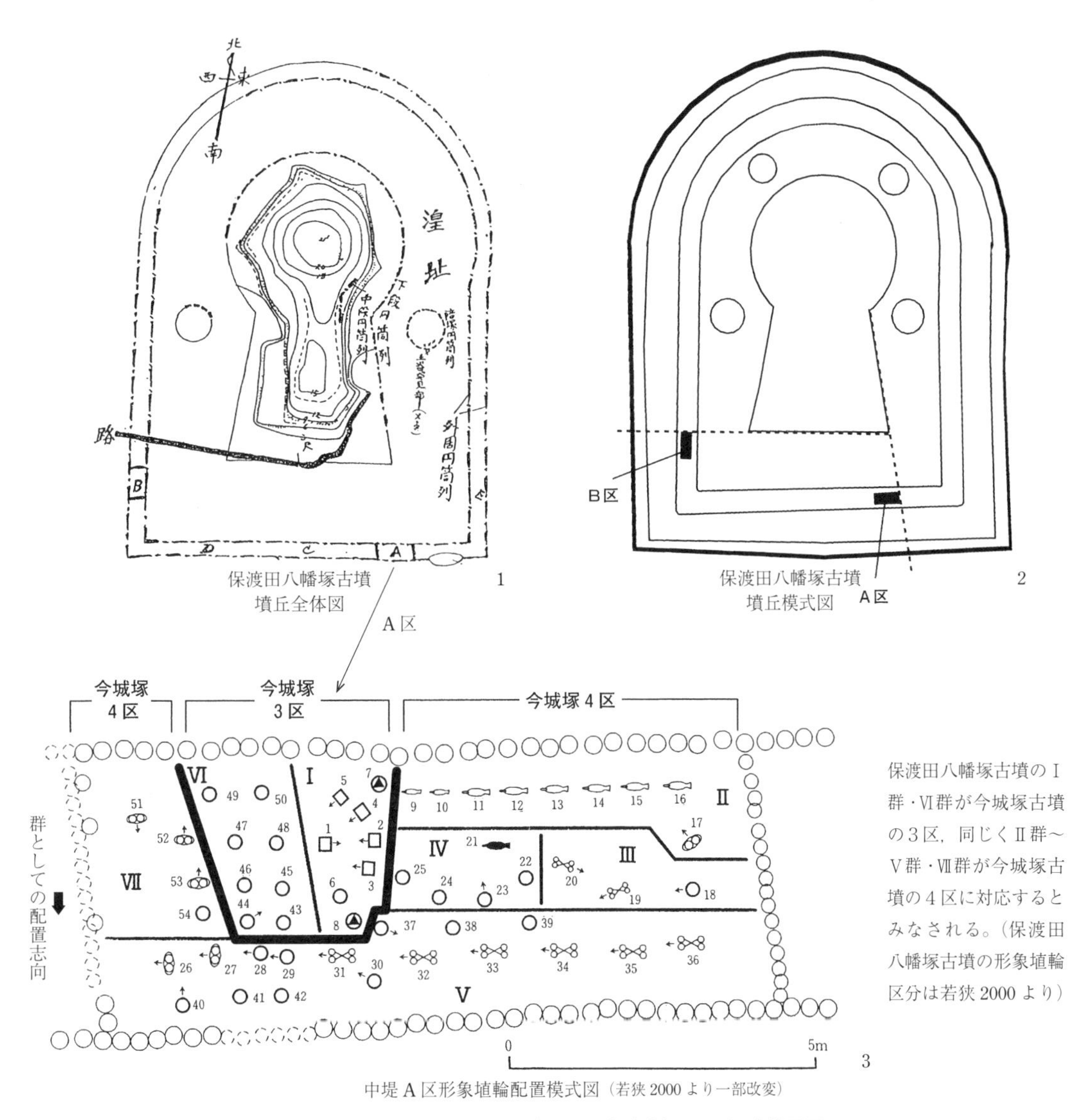

第6図　保渡田八幡塚古墳（群馬県高崎市）の形象埴輪配置

な方向を向いて配置されていたことは想像に難くない。

前項では，今城塚古墳の女子埴輪群のように，各埴輪が一定方向を向くように配置された形象埴輪群を，〈共方向型〉の形象埴輪配置（形象埴輪群）と呼称したが，それに対して，保渡田八幡塚古墳のように様々な方向を向く人物埴輪を含むものを〈多方向型〉の形象埴輪配置（形象埴輪群）と呼称する（第6図）。通時的には，〈多方向型〉の形象埴輪配置（形象埴輪群）から〈共方向型〉の形象埴輪配置（形象埴輪群）へと推移する可能性が高い。

さらに付言するならば，各埴輪の〈個体としての設置方向〉と〈群としての配置志向〉が一致するものが〈共方向型〉形象埴輪配置であり，各埴輪の〈個体としての設置方向〉と〈群としての配置志向〉が一致しないものが〈多方向型〉形象埴輪配置であると言い換えることもできる[2)]。

(3)〈共方向型〉形象埴輪配置としての形象埴輪「列状配置」

かつて市毛勲は，人物埴輪を含む形象埴輪配置を，「隊」と「列」に区分している（市毛 1985）。前者は「墳丘中段を一列に囲繞する」もの，後者は「墳丘の中段・裾・周堤などに一定の範囲内に複数列の一括配置，短列の集りとしてとらえられる」もの，とする（同前353頁）。

近年，今城塚古墳の中堤突出部における形象埴輪群の発掘調査を契機として，古墳時代後期・関東地方に盛行する，いわゆる形象埴輪「列状配置」が，今城塚古墳の埴輪配置の派生形態ないし省略形態に他ならないことが明らかになっている（第7図）（犬木2007・2008）。今城塚古墳の形象埴輪配置は，市毛のいう「隊」に他ならないので，「埴輪「隊」」と「埴輪「列」」は型式論的な先後関係としてとらえるべきもので，両者の間に質的な相違は存在しないということになる。

このような視点から，古墳時代後期・関東地方に盛行する，いわゆる「列状配置」の形象埴輪群をあらためて見ていくと，「列状配置」を構成する形象埴輪は，馬形埴輪や馬曳きの男子埴輪など一部の埴輪を除け

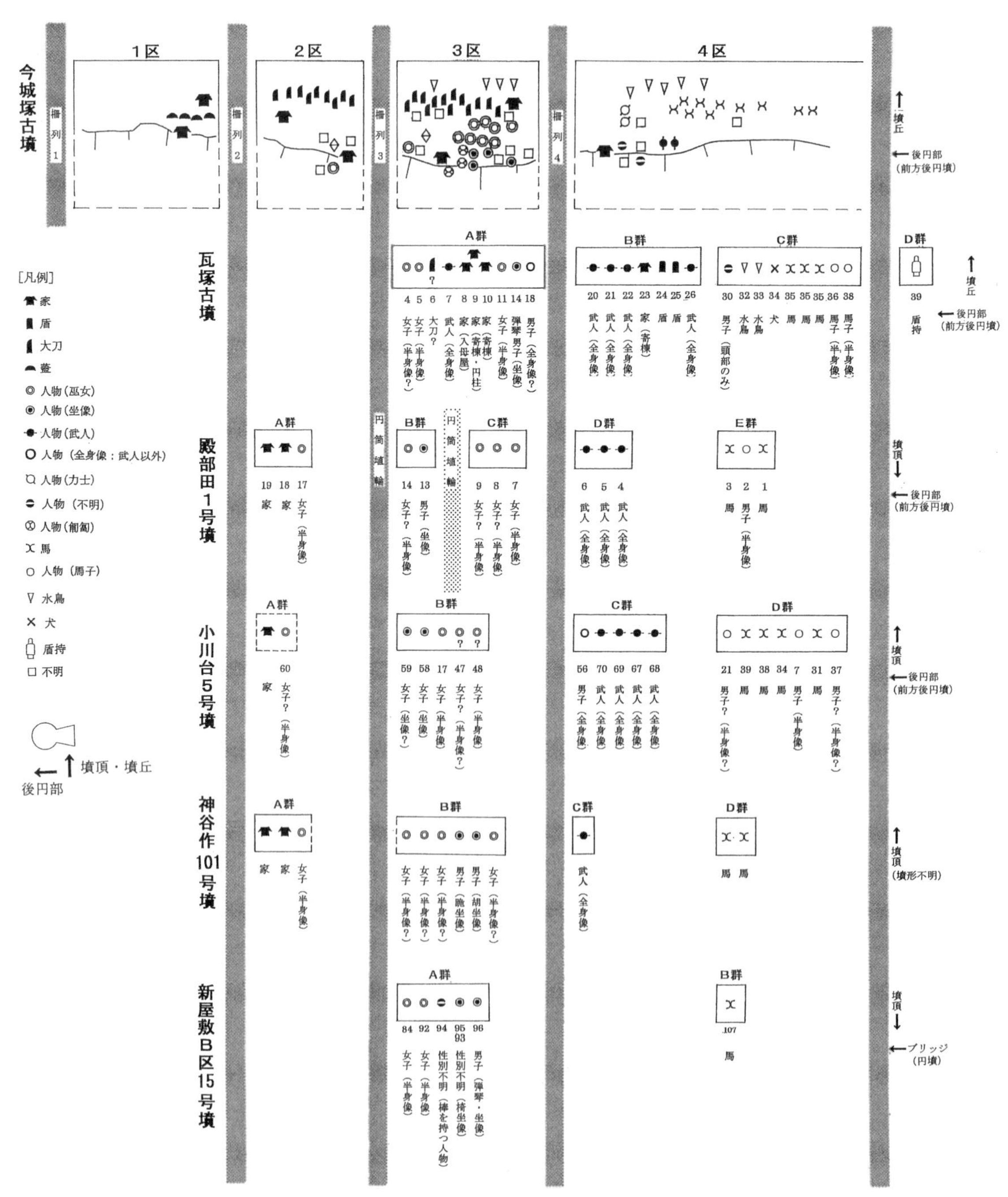

第7図　今城塚古墳の形象埴輪配置と東日本における形象埴輪「列状配置」の事例（犬木2007より）

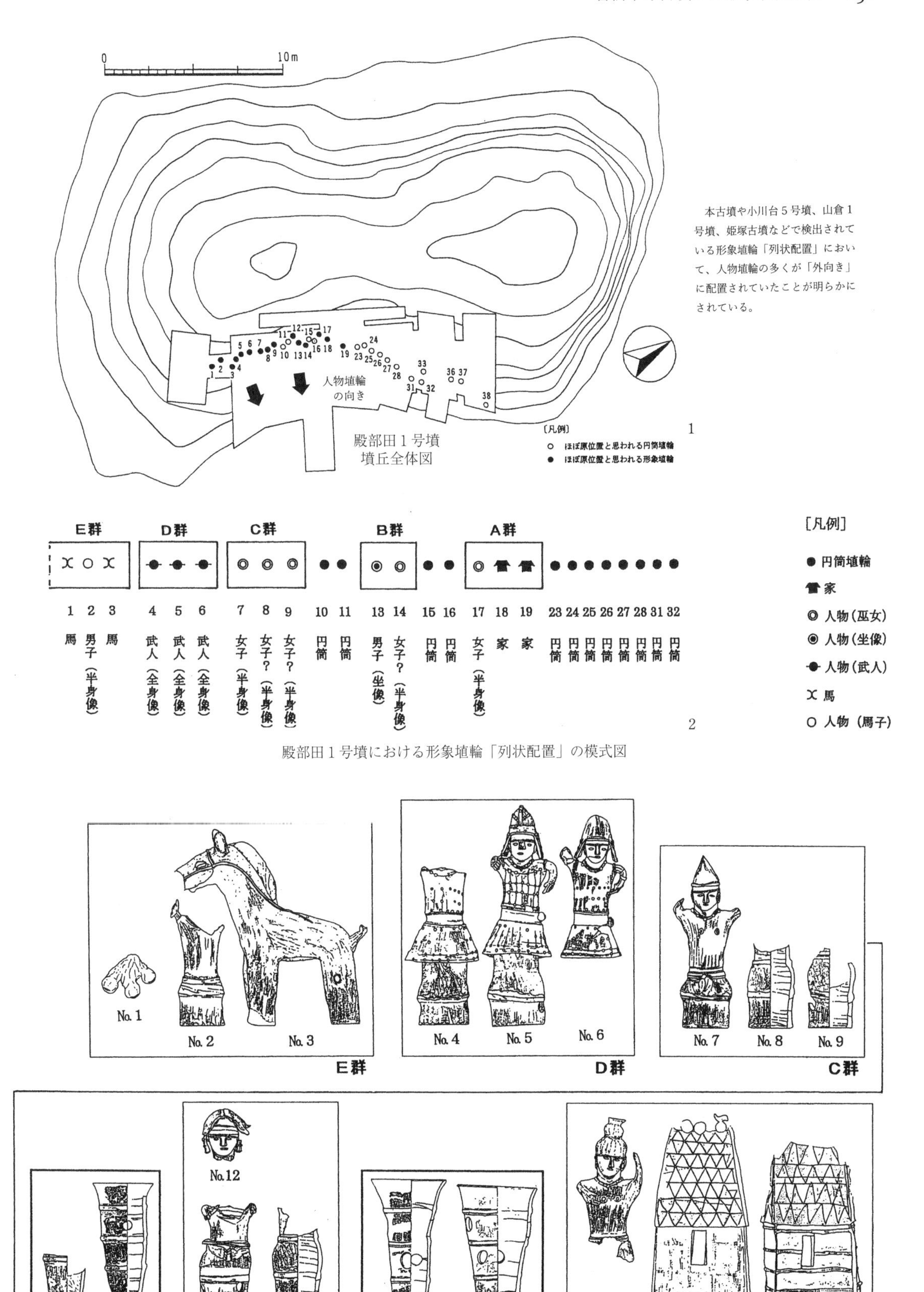

殿部田1号墳における形象埴輪「列状配置」の模式図

殿部田1号墳の「列状配置」を構成する形象埴輪および円筒埴輪

第8図　殿部田1号墳（千葉県山武郡芝山町）における形象埴輪「列状配置」（犬木2007より一部改変）

ば，これらが全て，墳丘の外側（「側外方」）を向くように配置（整序）されているという点において，紛れもなく，〈共方向化〉された形象埴輪配置である（例：殿部田1号墳（千葉県山武郡芝山町），第8図）。「列状配置」を構成する形象埴輪は，横穴式石室との位置関係において「縦列」（すなわち「葬列」）をなすわけではないのである[3]。

筆者は，今城塚古墳の形象埴輪配置において，2区・3区の女子埴輪の多くが「外向き」（「前外方」向き）に配置されている現象と，古墳時代後期・関東地方における，いわゆる「列状配置」をなす人物埴輪が「外向き」（「側外方」向き）に配置されているという現象は，「相同」な現象とみなしている。

別稿で論じたように（犬木2007），古墳時代後期・関東地方における形象埴輪「列状配置」が，今城塚古墳の形象埴輪配置（「今城塚類型」）の派生形態・省略形態であることを踏まえれば，両者が，「外向き」の〈共方向型〉形象埴輪配置であることは，非常に合理的な事象として理解できる。

(4)〈多方向型〉形象埴輪配置の「方向性」―〈個体としての設置方向〉と〈群としての配置志向〉―

近年，群馬県・保渡田八幡塚古墳の中堤における形象埴輪配置の再検討作業が行われ，各埴輪の設置方向について，詳細な分析結果が提示されている（若狭2000，若狭編2000など）[4]。保渡田八幡塚古墳は，市毛勲のいう「埴輪「隊」」の典型例とみなされており，本稿における〈多方向型〉形象埴輪配置の典型例でもある（第6図）。

若狭の分析によれば，保渡田八幡塚における形象埴輪配置はいくつかの「ゾーン」に分けられる。各人物埴輪は，各「ゾーン」のなかで，それぞれ一定の役割を与えられ，一定の所作を表示している。言い換えれば，各埴輪が置かれている「向き」を丹念に復元することにより，各「ゾーン」を明確に区分することが可能になったともいえる。

その一方で，個々の形象埴輪の設置方向に加えて，形象埴輪群が全体としてどちらを向いているのかについての検討作業も不可欠である。本稿では，既述のように，前者を〈個体としての設置方向〉，後者を〈群としての配置志向〉と呼称している。〈個体としての設置方向〉にとらわれ過ぎると，〈群としての配置志向〉を前提とした，全体としての意味を読み誤る可能性があるので注意が必要である。

今城塚古墳の形象埴輪配置において，全ての埴輪の「向き」が明らかになっているわけではないが，女子埴輪の多くが〈共方向化〉されている一方で，他の埴輪については様々な「向き」に配置されているように思われる（〈多方向型〉形象埴輪配置）[5]。

なお，保渡田八幡塚古墳の形象埴輪配置については，若狭のいうⅠ群・Ⅵ群が〈今城塚3区〉[6]，Ⅱ～Ⅴ群・Ⅶ群が〈今城塚4区〉に対応すると考えている（第6図3）（犬木2016b）。保渡田八幡塚古墳では，墳頂部に家形埴輪などの器財埴輪が配置されていた可能性が指摘されているが，保渡田八幡塚古墳中堤A区では，〈今城塚3区〉に対応するⅠ群・Ⅵ群が「内側」に，〈今城塚4区〉に対応するⅡ～Ⅴ群・Ⅶ群が「外側」（「側外方」）に配置されており，それらよりもさらに「内側」に位置する，後円部墳頂や中島に配置された埴輪群は，〈今城塚1区・2区〉に対比し得る可能性がある。

このような推論が可能ならば，保渡田八幡塚古墳の形象埴輪配置は，〈多方向型〉の形象埴輪配置でありながら，埴輪群全体としてみるならば（〈群としての配置志向〉），外側（「側外方」）を向く埴輪群であるとみなし得る。

(5) 小結

以上の要点をまとめておく。

①保渡田八幡塚古墳の形象埴輪配置は，墳頂部や中堤の家形埴輪・器財埴輪が〈今城塚1区・2区〉，中堤「内側」のⅠ群・Ⅵ群が〈今城塚3区〉，中堤「外側」のⅡ～Ⅴ群・Ⅶ群が〈今城塚4区〉に対比し得る。個々の埴輪は〈多方向型〉配置であるが，埴輪群全体としては，外側（「側外方」）を向く。

②今城塚古墳中堤突出部の形象埴輪配置は，1区が最も「内側」に位置し，4区が最も「外側」に位置している。女子埴輪の多くは，〈共方向型〉配置がなされ，埴輪群全体としては外側（「前外方」）を向く。

③古墳時代後期・関東地方に多くみられる形象埴輪「列状配置」においては，馬形埴輪以外の全ての形象埴輪は墳丘外側（「側外方」）を向く。

上記①～③の形象埴輪配置は，いずれも墳丘の「外側」を向くという点で共通する。これらの形象埴輪群の「視線」の先にあるものは，「亡き首長」の霊威が今から赴くべき場所，すなわち「他界」に他ならない[7]。

5　岩橋千塚古墳群における形象埴輪配置の再検討

(1) 井辺八幡山古墳の形象埴輪配置 ―「内向き」の埴輪と「外向き」の埴輪―

井辺八幡山古墳の東造出および西造出には，多様な形象埴輪が配置されている。本項では，井辺八幡山古墳検討会による分析を参照しながら，その配置について検討する（第4図）。

東造出では，人物12体，馬形1体，家形2棟，器財2体のほか，種類不明の形象埴輪2体などの配置が確認されており，人物埴輪の大半は，墳丘内（「内側」）を向くように配置されている。

一方，西造出では，人物11体，盾形2点の配置が確認されており，人物埴輪の大半は，墳丘外（「外側」）を向くように配置されている。

結論として，両造出における人物埴輪の設置方向は，対照的である。

東造出では，ほぼ全ての人物埴輪が墳丘側を向くように配置されている。これらの人物埴輪が，墳丘内に埋葬された「亡き首長」の方向を向くように配置されていることはいうまでもない。人物埴輪群の間には，供献された大小の須恵器が据え置かれている。

一方，西造出では，東造出とは反対に，多くの人物埴輪は，墳丘外を向くように配置されている。人物埴輪群の間に大小の須恵器が据え置かれているのは，東造出と同様であるが，東造出では，大甕を「外側」，器台・耳杯などの小型器種を「内側」（墳丘側）に配置しているのに対して，西造出では，大甕を「内側」（墳丘側），器台・耳杯などの小型器種を「外側」に配置しており，両造出における須恵器の配置が正反対になっている。両造出における，このような須恵器配置の相違は，東造出における形象埴輪・須恵器の「向き」と，西造出における形象埴輪・須恵器の「向き」が正反対であることを示している。

今城塚古墳の形象埴輪配置においては，2区および3区に配置された女子埴輪の多くが「外向き」（「前外方」向き）に配置されているが，井辺八幡山古墳西造出の形象埴輪群も，その多くが「外向き」に配置されており，今城塚古墳との共通性が看取できる。

以上をまとめるならば，井辺八幡山古墳東造出の人物埴輪群が，古墳に埋葬された「亡き首長」への「供献表現」（犬木2016a）であるのに対して，西造出の人物埴輪群は，「亡き首長」の霊威がこれから赴くべき「方向」―すなわち他界の所在する「方向」を示す「媒介表現」（同前）に他ならないと考えられる。

東造出の形象埴輪群は〈「内向き」の形象埴輪配置〉であるのに対して，西造出の形象埴輪群は〈「外向き」の形象埴輪配置〉である。また，東造出の形象埴輪群は〈「対首長」の形象埴輪配置〉であるのに対して，西造出の形象埴輪群は〈「対他界」の形象埴輪配置〉である[8]。

(2) 大日山35号墳の形象埴輪配置 ―「儀礼空間」の「内部」の埴輪と「外部」の埴輪―

大日山35号墳の東造出および西造出には，多様な形象埴輪の配置が確認されている（第3図）。井辺八幡山古墳とは異なり，原位置で検出された埴輪は少なく，各埴輪の本来の配置方向の検討は困難である。そこで，まずは両造出に配置された形象埴輪の種類を検討する。

東造出では，家形4棟，大刀形2点，靭形1点，蓋形，盛装男子1体，巫女4体，力士2体，馬形（横座り）1体，牛形2体，猪形1，犬形1，鳥形（翼を広げた鳥）4体，水鳥形3体，が配置されている。

一方，西造出では，家形3棟以上のほか，胡籙形2点，靭形1点，蓋形，双脚輪状文形冠帽をかぶった男子2体，両面人物1点，武人，盛装男子，両手を上げる女子1体，巫女，馬形2体以上，鳥形（翼を広げた鳥）が配置されている。

西造出には見られず，東造出のみに見られる埴輪としては，力士，牛，猪，犬の埴輪が挙げられる。牛形埴輪の類例は少ないが，今城塚古墳では，最も「外側」の4区のみに配置されている。力士埴輪も今城塚古墳の4区で配置が確認されている。猪形埴輪や犬形埴輪は，今城塚古墳では確認されていないが，狩猟の場面を示す埴輪である。東造出のみに配置されている力士・牛・猪・犬の埴輪は，〈今城塚4区〉と同じく，「儀礼空間」の「外部」を表象していると思われる。

一方，東造出には見られず，西造出のみに見られる埴輪としては，双脚輪状文形冠帽をかぶった男子，両面人物，両手を上げる女子が挙げられる。両手を上げる女子埴輪は，今城塚古墳の3区に配置されている。双脚輪状文形冠帽を被る男子埴輪は今城塚古墳では確認されていないが，今城塚古墳の3区に配置されている冠帽を被る男子埴輪と関連する可能性もある。

西造出には，本来，「儀礼空間」の「外部」を表象すると思われる馬形埴輪や武人埴輪が配置されているものの，西造出のみに配置されている先述の埴輪は，いずれも今城塚古墳3区で検出されており，西造出の形象埴輪群は，総じて，「儀礼空間」の「内部」を表象していると思われる。

大日山35号墳の形象埴輪配置については不明な点も多いが，西造出が「儀礼空間」の「内部」，東造出が「儀礼空間」の「外部」を表象しているとみなされる。その場合，西造出が「今城塚3区」，東造出が「今城塚4区」に対比し得る可能性がある。大日山35号墳の墳頂部には家形埴輪や蓋形埴輪が配置されていた可能性が指摘されており，それらが，今城塚古墳の1区および2区に対比し得る可能性がある。

個々の埴輪の配置方向については不明な点が多いが，井辺八幡山古墳の両造出のように，人物埴輪の配置が〈共方向化〉されておらず，〈多方向型〉の形象埴輪配置である可能性が高い。

大日山35号墳の両造出における形象埴輪配置は，上述の通り，今城塚古墳の3区および4区に対比すべき内容をもつが，これは，前項でみた保渡田八幡塚古墳の中堤A区における形象埴輪配置が，今城塚古墳の3区および4区に対比できる状況を想起させる。今城塚古墳以前の「大王陵」における墳丘外（中堤等）形象埴輪配置の詳細は不明であるが，今城塚古墳の3区および4区に相当する形象埴輪群のみ墳丘外（中堤等）に配置されるような時期があった可能性も考えておきたい。

(3) 大谷山22号墳の形象埴輪配置 ―「器財埴輪群」と「人物埴輪群」の対置―

大谷山22号墳では，墳丘基壇の南北にそれぞれ「造出」が付設され，形象埴輪群が配置されている（第2

図)。ただ，北造出における形象埴輪配置については現時点では詳細不明なので，南造出の形象埴輪配置のみ検討可能である。

南造出の上面には方形に円筒埴輪列が巡らされていたと推定されるが，その内部には，人物10体以上（武人を含む），馬形5体，鶏形1体などが確認されている。

一方，造出の墳丘側に位置するくびれ部には，造出の北側（内側）を画す円筒埴輪列のさらに北側（内側）複数の形象埴輪が配置され，家形1点・盾形1点・蓋形・双脚輪状文埴輪2点・盾持人1点等が確認されている。いずれも，埴輪の向きや正確な個体数は不明であるが，造出上面の形象埴輪とは別に，くびれ部付近に複数の形象埴輪が配置されていた可能性が高い。ここでは，造出上面の埴輪を「造出形象埴輪群」，円筒埴輪列を挟んで墳丘側くびれ部に配置された埴輪を「くびれ部形象埴輪群」と呼称する。

前述の通り，「くびれ部形象埴輪群」は家形埴輪や器財埴輪を主体とするのに対して，「造出形象埴輪群」は人物埴輪や動物埴輪を主体としている可能性が高い。

本古墳の後円部墳頂における形象埴輪の有無や配置状況は不明であるが，後円部墳頂に家形埴輪や器財埴輪が配置されていたとすれば，後円部墳頂とほぼ同様な組成の埴輪が，造出に隣接する場所に，円筒埴輪列を挟んで対峙していることになる。

「くびれ部形象埴輪群」は「亡き首長」の在処を表象する「所在表現」の埴輪群であるのに対して，「造出形象埴輪群」は「亡き首長」に奉仕する人々を表象する「供献表現」の埴輪群とみなし得る（犬木2016a)。

なぜ，後円部墳頂に配置されるべき「所在表現」の埴輪群が，造出に隣接する場所に配置されたのか。そこには，円筒埴輪列の両側に，〈首長の「所在」を表象する形象埴輪群〉と〈首長への「供奉」を表象する形象埴輪群〉を対置させる意図があったものと思われる。それは，〈「共同体首長」を表象する形象埴輪群〉と〈「共同体成員」を表象する形象埴輪群〉を対置させる営為でもある。

6　岩橋千塚古墳群における形象埴輪配置の変遷

前節で取り上げた三古墳は，大谷山22号墳→大日山35号墳→井辺八幡山古墳という順番に構築されたというのが近年の定説的理解である（藤井2012，丹野2013など)。筆者自身，異論はない。この編年観を踏まえて，三古墳の形象埴輪配置の特質について通時的視点からまとめておく。

①大谷山22号墳では，南側くびれ部の器財埴輪群と，南造出上面の人物埴輪群が，円筒埴輪列を挟んで対置される。伝統的な埴輪群（家形・器財埴輪）と新来の埴輪群（人物埴輪・動物埴輪）が，円筒埴輪列を挟んで対置される点が重要である。

②大日山35号墳では，西造出の形象埴輪群がおおむね〈今城塚3区〉に対応し，東造出の形象埴輪群がおおむね〈今城塚4区〉に対応すると思われる。大谷山22号墳とは異なり，器財埴輪と人物埴輪が一体的に配置されている点が重要である。両造出に配置された個々の形象埴輪の「向き」は不明な点が多いが，〈共方向型〉ではなく〈多方向型〉である可能性が高い。

③井辺八幡山古墳では，東造出の形象埴輪は〈内向き〉，西造出の形象埴輪は〈外向き〉に配置されている。両造出とも，〈多方向型〉ではなく，〈共方向型〉の形象埴輪配置が見られる点が重要である。

三古墳における形象埴輪配置は，同一古墳群でありながら継起的に変遷している点が指摘できる。このような変遷は，岩橋千塚古墳群における内在的変化なのか，あるいは，外部からの影響による外在的変化なのか。同様な変遷過程が畿内中枢でも確認できれば，後者の可能性が高いが，現状では，今城塚古墳以外の大王墓の形象埴輪配置を明らかにすることは困難なので，今後，他地域の首長墓の形象埴輪配置に，同種の変遷を見出せるかどうかが重要である。

前節の検討結果と対比させるならば，大日山35号墳の形象埴輪配置は保渡田八幡塚古墳の形象埴輪配置と共通する部分があり，井辺八幡山古墳の形象埴輪配置は今城塚古墳の形象埴輪配置と共通する部分がある。現時点では，岩橋千塚古墳群における大谷山22号墳・大日山35号墳・井辺八幡山古墳の形象埴輪配置の変遷については，外在的変化である可能性を想定しておきたい。

結びに代えて

本稿では，他地域の事例も参照しながら，岩橋千塚古墳群における形象埴輪配置の〈構造〉と〈論理〉について検討を行った。

今城塚古墳の形象埴輪配置における女子埴輪の多くが「外向き」に配置（〈共方向化〉）されている現象に着目しつつ，井辺八幡山古墳の両造出における形象埴輪配置についても，同様に〈共方向型〉の形象埴輪配置である可能性を指摘した。また，古墳時代後期・関東地方における形象埴輪「列状配置」についても，〈共方向型〉の形象埴輪配置である可能性を指摘した。

上記の諸例においては，本来，「亡き首長」に向けて配置されるべき女子埴輪が，次第に，「亡き首長」とは逆方向の「外向き」に配置されるようになることを確認した。では，これらの女子埴輪は何処を向いているのか。本稿では，これらの女子埴輪が，「亡き首長」がこれから赴くべき場所—すなわち「他界」を向いていると推論した。この仮説が妥当であれば，列状配置の人物埴輪が「外側」を向くのは，「外側」の人々に「見せる」ためであるという仮説は成立し得ないし，形象埴輪の配置方向は古墳の外部から埋葬施設へと向かう「葬列」の「導線」によって規定される，という仮説も成立し得ないことになる。

未解決の論点も多々あり，今後のさらなる分析・検討を期して擱筆する。

謝辞　本稿の分析は，井辺八幡山古墳検討会の研究成果や大日山35号墳の調査成果，今城塚古墳の調査成果に拠る所が大きい。ここではご芳名を記さないが，困難な発掘調査およびその何倍も困難な整理作業に取り組まれた（取り組まれている）関係各位に心より感謝申し上げる。

付記　橋本博文さんと初めてお会いしたのは，1988（昭和63）年，当時，一学生として参加していた早稲田大学構内の安部球場跡地（下戸塚遺跡）の発掘調査現場においてであった。校地遺跡調査室員の一人であった橋本さんと初めて親しくお話させていただいたのは，早稲田大学近くの居酒屋「一休」で行われた宴席であったと思う。その際，埴輪について色々と教えていただくなかで，優しい語り口と鋭い眼光を兼ね備えた，そんな印象を抱いた記憶がある。橋本さんの論考は，「上野東部における首長墓の変遷」（橋本1979），「埴輪祭式論」（橋本1980），「埴輪研究の動静を追って」（橋本1981），「埴輪の性格と起源論」（橋本1988）など，当時もその後も，折に触れて何度も読み返したものが多い。あらためてその学恩の大きさに感謝申し上げる次第である。定年ご退任を機に，橋本さんが繁忙な大学業務から解放され，今後益々ご活躍されることを心より祈念しております。

（2018年10月2日受付）

註

1）一口に「外側」といっても，今城塚古墳の形象埴輪配置の場合には，1区側から見て4区側を「外側」と呼称し，後述の形象埴輪「列状配置」の場合には，周溝側を「外側」と呼称している。本稿では，両者を区別するために，前者を「前外方」，後者を「側外方」と呼称し，必要に応じて呼び分けることにする。

2)〈多方向型〉形象埴輪配置については，当該形象埴輪配置が，「群」としてどのような方向を向いているのか，容易には明らかにし得ないと思われるが，後述のように，筆者は，〈多方向型〉形象埴輪についても，「全体として」一定の志向性を有していると考えている。

3) かつて後藤守一は，形象埴輪「列状配置」について，「死者を送る行列，即ち葬列を象ったもの」とみなしたが（後藤 1937），当時，人物埴輪を含む形象埴輪の調査事例は乏しく，「列状配置」を構成する個々の人物埴輪の設置方向に基づく立論でなかった点には注意が必要である。その後，1956（昭和 31）年に行われた姫塚古墳（千葉県横芝光町）の発掘調査では，墳丘北側において，多種多様な人物埴輪からなる「列状配置」が検出されるに至る（滝口・久地岡編 1963）。姫塚古墳で検出された人物埴輪のうち，設置方向が判明している個体は，ほぼ全て墳丘外側を向くように配置されており，「葬列説」の典型例とみなされている。

4) あらためて指摘するまでもなく，古墳の内外に配置される形象埴輪の意味を読み解くためには，原位置で検出された埴輪の基部の状況を正確に記録することにより，各埴輪が設置された方向―すなわち〈個体としての設置方向〉―をきちんと確定する作業が不可欠である。かつては，形象埴輪群の発掘調査において，基部の大体の位置は記録されていても，その正確な設置方向を記録していない場合や，記録されていても報告書に記載されていない場合が少なくなかったが，近年の調査報告書では徐々に改善されつつある。

5) 今城塚古墳の形象埴輪配置において〈多方向型〉配置と〈共方向型〉配置が共存する状況を踏まえるならば，今城塚古墳以前の「大王墓」においては，〈多方向型〉形象埴輪配置が主体を占めていた可能性が高いと考える。〈多方向型〉形象埴輪配置において，個々の埴輪は様々な「向き」に配置されていたはずだが，それらを全体としてみた場合，「群」全体として一定の〈方向性〉を内包していた可能性―「群」全体としてどちらかを向いていた可能性―を想定しておきたい。

6) 本稿では，今城塚古墳中堤突出部の形象埴輪配置の「各区」を指す場合，繁雑を避けるために，「今城塚古墳の 1 区」（〈今城塚 1 区〉），「今城塚古墳の 2 区」（〈今城塚 2 区〉）などと記述する場合がある。

7)「外向き」の形象埴輪配置の淵源は，東殿塚古墳の前方部側面に配置された埴輪群およびそのうちの 1 個体に描かれた「船画」に求められると考えている（犬木 2016a・2018）。

8) 井辺八幡山古墳の東造出のあり方は，行者塚古墳の西造出において家形埴輪の手前に様々な土器や土製供物が検出されている状況と通底する。同じく井辺八幡山古墳の西造出のあり方は，津堂城山古墳の島状施設に水鳥形埴輪が多数配置された状況や，宝塚 1 号墳の造出脇の谷状部に船形埴輪が配置された状況と通底する。「天上他界」を想起させる「水鳥」と，「海上他界」を想起させる「船」という相違はあるが，いずれも他界への「媒介表現」（犬木 2016a）であるという点で一致する。「造出」には，〈「内向き」の造出〉と〈「外向き」の造出〉の二種があり，それらが同一古墳に共存する場合がある点には注意が必要である。

参考文献

青柳泰介　2012「「井辺八幡山古墳の形象埴輪体系とその解釈」に関するコメント」『古代学研究』第 195 号　古代学研究会　28-29 頁

泉森皎・菅谷文則　1967「大日山 35 号墳」『岩橋千塚』関西大学文学部考古学研究紀要第 2 冊　関西大学文学部考古学研究室　201-206 頁

市毛　勲　1985「人物埴輪における隊と列の形成」『古代探叢』II　早稲田大学出版部　353-368 頁

犬木　努　2007「形象埴輪「列状配置」の本義―「今城塚」から東国の埴輪を考える―」『志学台考古』第 7 号　大阪大谷大学文化財学科　1-21 頁

犬木　努　2008「形象埴輪「列状配置」についての補遺」『埴輪の風景―構造と機能―』考古学リーダー 13　六一書房　215-224 頁

犬木　努　2016a「埴輪のトポロジー―埴輪が現示する存在／所在／関係性―」『論集 他界観』大阪大谷大学歴史文化学科調査研究報告書第 2 冊　大阪大谷大学歴史文化学科　1-40 頁

犬木　努　2016b「保渡田八幡塚古墳の形象埴輪配置―「今城塚類型」との対比から―」『塚口義信博士古稀記念 日本古代学論叢』和泉書院　21-30 頁

犬木　努　2018「日本における古墳葬送儀礼と埴輪―埴輪配置の〈空間論〉と〈構造論〉―」『日韓 埴輪の比較・検討と倭系古墳出現の歴史的背景』京都国立博物館科学研究費研究会・慶北大學校　23-40 頁

猪熊兼勝・久野邦雄・山脇功・岡邦祐　1967「大谷山 22 号墳」『岩橋千塚』関西大学文学部考古学研究紀要第 2 冊　関西大学文学部考古学研究室　165-201 頁

今西康宏　2018「埴輪祭祀場の形象埴輪出土状況について」今城塚古墳埴輪検討会資料（2018 年 6 月 16 日）

かみつけの里博物館　2000『第 7 回特別展 はにわ群像を読み解く―保渡田八幡塚古墳の人物・動物埴輪復元プロセス―』

国立歴史民俗博物館　2003『はにわ―形と心―』朝日新聞社

後藤守一　1937「埴輪より見た上古時代の葬禮」『斎藤先生古稀祝賀記念論文集』刀江書院　515-529 頁（後藤守一 1942『日本古代文化研究』河出書房に所収　257-270 頁）

佐藤純一・清水邦彦・関真一・辻川哲朗・松田度　2007「井辺八幡山古墳の再検討―造り出し埴輪群の配置復原を中心に―」『同志社大学歴史資料館館報』第 10 号　同志社大学歴史資料館　13-34 頁

清水邦彦・松田度・関真一　2012「「井辺八幡山古墳の形象埴輪体系とその解釈」について」『古代学研究』第 195 号　古代学研究会　20-22 頁

末永雅雄編　1967『岩橋千塚』関西大学文学部考古学研究紀要第 2 冊　関西大学文学部考古学研究室

杉山晋作　1996「東国の人物埴輪群像と死者儀礼」『国立歴史民俗博物館研究報告』第 68 集　国立歴史民俗博物館　31-50 頁（杉山晋作　2006『東国の埴輪と古墳時代後期の社会』六一書房に改題所収　141-168 頁）

高槻市立今城塚古代歴史館　2013『平成 25 年度夏季企画展 今城塚の大円筒埴輪展』

高槻市立今城塚古代歴史館　2014『平成 26 年度夏季企画展 大王の儀礼の場―今城塚古墳にみる家・門・塀の埴輪―』

高槻市立今城塚古代歴史館　2015『平成 27 年度夏季企画展 大王墓にみる動物埴輪』

高槻市立今城塚古代歴史館　2016『平成 28 年度秋季企画展 王権儀礼に奉仕する人々』

高槻市立今城塚古代歴史館　2017『平成 29 年度夏季企画展 威儀のもの―王権儀礼の威容を示す器財埴輪―』

高槻市立しろあと歴史館　2004『開館 1 周年記念特別展 発掘された埴輪群と今城塚古墳』

滝口宏・久地岡榛雄編　1963『はにわ』日本経済新聞社

丹野　拓　2013「岩橋千塚の 4 つの築造集団」『古文化談叢』第 70 集　九州古文化研究会　73-106 頁

丹野拓・米田文孝　2018『紀国造家の実像をさぐる 岩橋千塚古墳群』シリーズ遺跡を学ぶ 126　新泉社

塚田良道　2007『人物埴輪の文化史的研究』雄山閣

塚田良道　2015『埴輪を知ると古代日本人が見えてくる』洋泉社

徳田誠志・清喜裕二　2001「仁徳天皇 百舌鳥耳原中陵の墳丘外形調査及び出土品」『書陵部紀要』第 52 号　宮内庁書陵部陵墓課　1-19 頁

中司照世　2003「岩橋型横穴式石室について―後期前半の首長墳の編年を中心に―」『紀伊考古学研究』第 6 号　紀伊考古学研究会　1-21 頁

橋本博文　1979「上野東部における首長墓の変遷」『考古学研究』第 26 巻第 2 号　考古学研究会　41-72 頁

橋本博文　1980「埴輪祭式論―人物埴輪出現後の埴輪配列をめぐって―」『塚廻り古墳群』群馬県教育委員会　337-368 頁

橋本博文　1981「埴輪研究の動静を追って―近年の研究動向の総括から―」『歴史公論』第 7 巻第 2 号　雄山閣出版　120-130 頁

橋本博文　1988「埴輪の性格と起源論」『論争・学説日本の考古学 5 古墳時代』雄山閣出版　167-246 頁

坂　靖　2012「井辺八幡山古墳の埴輪配列についての一解釈」『古代学研究』第 195 号　古代学研究会　22-24 頁

日高　慎　2015「埴輪に表現された被葬者」『森浩一先生に学ぶ』同志社大学考古学シリーズⅪ　同志社大学考古学シリーズ刊行会　445-454 頁（日高　慎　2015『東国古墳時代の文化と交流』雄山閣に改題所収　61-70 頁）

藤井幸司　2005「大日山 35 号墳の調査成果」『日本考古学』第 19 号　日本考古学協会　129-141 頁

藤井幸司　2008「岩橋千塚古墳群の埴輪群像―和歌山 大日山35号墳の調査成果から―」『埴輪群像の考古学』青木書店　223-240頁
藤井幸司　2012「地域の展開⑤ 近畿周辺」『古墳時代の考古学2 古墳出現と展開の地域相』同成社　155-165頁
藤藪勝則　2002「岩橋千塚古墳群における形象埴輪配列について―人物埴輪出現期以降を中心として―」『紀伊考古学研究』第5号　紀伊考古学研究会　51-62頁
穂積裕昌　2017『船形埴輪と古代の喪葬 宝塚1号墳』シリーズ遺跡を学ぶ117　新泉社
松田　度　2010「造り出しにみる埴輪配置の構造Ⅱ―和歌山市井辺八幡山古墳の事例から―」『考古学は何を語れるか』同志社大学考古学シリーズX　同志社大学考古学シリーズ刊行会　311-320頁
松田　度　2016「造り出しにおける埴輪配置―岩橋千塚の葬送儀礼―」『岩橋千塚とその時代―紀ノ川流域の古墳文化―特別展セミナー第1回』和歌山県立紀伊風土記の丘　1-14頁
森浩一編　1972『井辺八幡山古墳』同志社大学文学部考古学調査報告第5冊　同志社大学文学部文化学科
森田克行　2011『よみがえる大王墓 今城塚古墳』シリーズ遺跡を学ぶ77　新泉社
若狭　徹　2000「人物埴輪再考―保渡田八幡塚古墳形象埴輪の実態とその意義を通じて―」『保渡田八幡塚古墳』群馬町埋蔵文化財調査報告第57集　群馬町教育委員会　485-520頁
若狭徹編　2000『第7回特別展 はにわ群像を読み解く 保渡田八幡塚古墳の人物・動物埴輪復元プロセス』かみつけの里博物館
若松良一　1988『はにわ人の世界』埼玉県立さきたま資料館
若松良一　2002「埴輪の地域性―紀伊の埴輪のありかたから探る―」『研究紀要』第17号　埼玉県埋蔵文化財調査事業団　101-128頁
若松良一　2012a「井辺八幡山古墳の形象埴輪体系とその解釈」『古代学研究』第195号　古代学研究会　1-20頁
若松良一　2012b「検討会・坂氏のコメントに関しての筆者からの返答」『古代学研究』第195号　古代学研究会　24-28頁
若松良一　2012c「青柳氏のコメントに関しての筆者からの返答」『古代学研究』第195号　古代学研究会　29-30頁
和歌山県教育委員会　2013『大日山35号墳発掘調査報告書』特別史跡岩橋千塚古墳群 発掘調査・保存整備事業報告書2
和歌山県教育委員会　2015『大日山35号墳・前山A13号墳・前山A58号墳発掘調査報告書』特別史跡岩橋千塚古墳群 発掘調査・保存整備事業報告書3
和歌山県教育委員会　2016『大谷山22号墳, 天王塚古墳―特別史跡岩橋千塚古墳群追加指定に伴う発掘調査報告書―』
和歌山県立紀伊風土記の丘　2008『平成20年度特別展 岩橋千塚』
和歌山県立紀伊風土記の丘　2011『平成23年度和歌山県立紀伊風土記の丘開館40周年記念特別展 大王の埴輪・紀氏の埴輪―今城塚と岩橋千塚―』

挿図出典

第1図：和歌山県立紀伊風土記の丘2008より一部改変。第2図1：和歌山県教育委員会2016より一部改変。第2図2：末永編1967より一部改変。第3図1：和歌山県教育委員会2015より一部改変。第3図2・3：和歌山県教育委員会2013より一部改変。第4図1：森編1972より一部改変。第4図2・3：佐藤ほか2007より一部改変。第5図1：高槻市立しろあと歴史館2004より一部改変。第5図2：森田2011より。第5図3：高槻市立今城塚古代歴史館2016より一部改変。第6図1：若狭編2000より。第6図2：若狭2000より。第6図3：犬木2016bより一部改変（若狭2000より一部改変）。第7図・第8図：犬木2007より。

絵画と埴輪の人物表現

坂　　靖

はじめに

弥生土器に描かれた絵画を「土器絵画」，銅鐸に描かれた絵画を「銅鐸絵画」，木製品に描かれた絵画を「木器絵画」と呼び，この時代に描かれた絵画を総称して「弥生絵画」と呼ぶ。それぞれ描いている画題が，その「カンバス」ごとで異なっている。弥生絵画は，農耕社会における「再生」・「復活」・「周期性」・「豊穣」を画題として，その祈りをこめて描かれたものである（橋本裕 2015）。

この弥生絵画に対し，古墳時代には銅鐸絵画が姿を消し，埴輪に描かれた「埴輪絵画」や横穴式石室や横穴の壁面に描かれた「古墳壁画」などがこれに加わる。ここではこの時代の絵画を「古墳絵画」と呼ぶこととしたい。

弥生絵画と古墳絵画を比較すると一定の共通点があって，その底流には一貫した思想があるものと考えられてきた（辰巳 1992）。しかし，私は大きな思想の転換があると考えている。古墳時代初頭（3 世紀後半）のうちに土器絵画そのものが大きく衰退することが何よりもそのことを示している。

本稿では，人物表現を中心に，両者の共通点と相違点を明らかにしたうえで，その要因や背景について考えてみたい。

ところで，古墳時代には，立体造形物としての埴輪が盛行する。もちろん，弥生時代にも木偶や，人を物や顔を立体表現した土器など，人物表現はみられ，それと古墳時代の立体表現との比較も重要なテーマである（岩松 2011，伊藤 2017）。

一方，弥生絵画と人物埴輪には「盾を持つ人物」・「巫女」など一見すると共通の表現対象があるようにみえる。さらに，土師器外面の立体的な表現を加えたうえで，これらを同系統と評価しようとする研究もある（小林 2017）。しかし，それぞれのあいだには年代的・地域的な乖離と，表現対象には大きな隔たりがあると考えられる。後段では，そのことについて論じたい。

1　弓矢で鹿を狩る人

銅鐸絵画の人物表現には，「『工』字形の道具で魚をとる人」，「3 人で争いをする人」，「杵で臼を搗く人」，「弓矢で鹿を狩る人」などがある。このうち，「弓矢で鹿を狩る人」は，古墳絵画にもあるが，そのほかは銅鐸絵画だけにみられる。

「弓矢で鹿を狩る人」は，銅鐸絵画のみならず，土器絵画にも認められる共通の画題であり，さらには，古墳絵画に引き継がれる。ただし，古墳時代前期には全く認められず，古墳時代中～後期に，人物を省略する場合を含めて弓・矢を中心に描く埴輪絵画として描かれることとなる（辻川 2014）。

弥生絵画の大半を占める画題が鹿で，土器絵画の合計 600 点のうち約 4 割を占めるという。なにゆえに鹿

銅鐸絵画（伝香川出土）

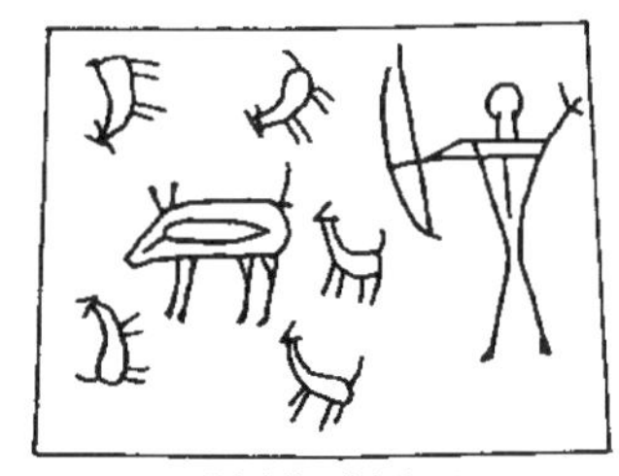

猟犬を使い猪を狩る人

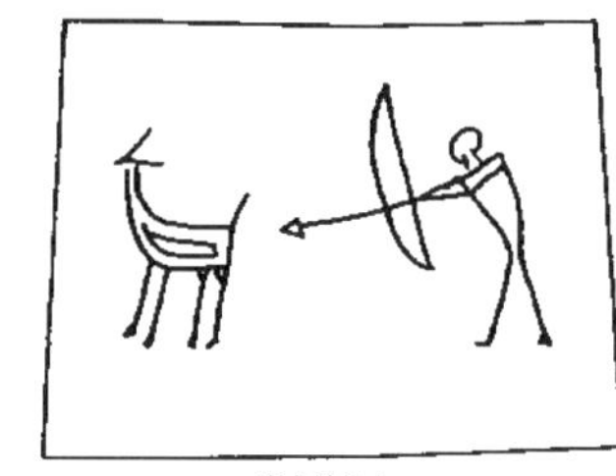
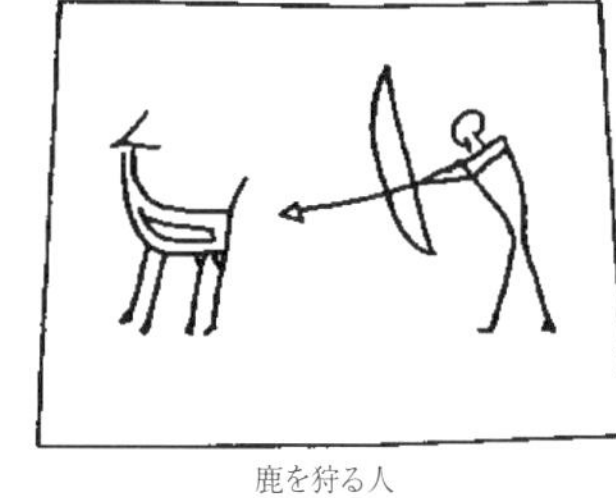

鹿を狩る人

土器絵画（彼方遺跡）

埴輪絵画（荒蒔古墳）

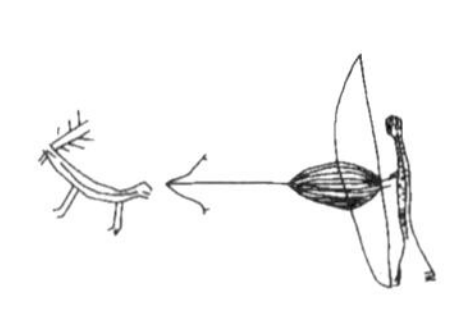

鹿を狩る人

同左（水内古墳）

埴輪絵画（寺谷 17 号墳）

巫女埴輪に描かれた鹿　1

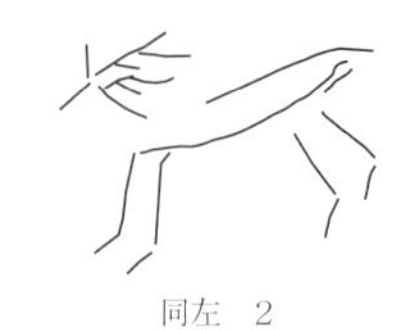

同左　2

第 1 図　鹿や狩猟に関連する弥生絵画と古墳絵画

をこれほど描いたのかは，わからない。聖獣として扱われたとする説もあるが，田畑を荒らす害獣でもある。狩猟の対象でもあり，その生と死が農耕社会における祭祀の対象となり，画題となったのだろう。

それから大きく時代を降って，三重県寺谷 17 号墳の巫女埴輪の袈裟状衣に埴輪絵画として鹿が描かれている。寺谷古墳群は，鈴鹿市と津市の境界部，鈴鹿市側の中ノ川南岸の標高 40m の低丘陵で確認された小規模な円墳・方墳で構成される初期群集墳である。すべて墳丘は削平をうけており，周溝のみが検出されている。17 号墳は一辺 10.3m の方墳で，周溝から埴輪が出土している。6 世紀初頭の築造年代が考えられる。

弥生時代の祭祀の対象であった鹿は，6 世紀においても祭祀の対象であって，その意味での意義は変わることがなかったといえる。

古墳時代には，古墳絵画のほか，鹿形埴輪があり，埴輪群像の一場面に犬・猪などと登場する。猟犬を使い，狩猟を行う情景は銅鐸絵画，埴輪絵画に描かれており，狩猟の様子はあまり変わらないが，弓射法が異なるという指摘がある（辻川 2014）。さらには，何よりもこの狩猟の主宰者が古墳時代の場合，首長に変わっていることである。弥生絵画においては，鹿を中心におきながら描いているのに対し，埴輪絵画の表現・画法が，弓矢を中心に大きく描くようになるのは，このことと相関するのであろう。

このことは，古墳時代前期に埴輪絵画や造形のなかに狩猟の表現がみられず，一定の断絶期間が存在することとも関連すると考えられる。古墳時代前期に，狩猟が行われなかったとは考えられない。古墳時代前期においては，埴輪で首長を表現することは行われない。その意味においては，首長自身が表現されることはなかったが，首長の行為を表現すること自体も禁忌としていたと考えられる。

2　銅鐸絵画の男女

銅鐸絵画の人物において，頭の形が男女の区別を示しているという説がある（佐原 1982）。すなわち，弓矢や「工」字形の道具などをもって狩猟や漁撈を行っているのが男性で，頭の形が「○」で表現されているという。また，杵を搗き，調理を行う人物は女性で，頭の形が「△」であるという。この説は，世界の民俗例を参考にしたもので，農耕社会における男女の性差による分業と一致する。

それに対し，村田幸子は，人物の頭の表現は一般的に「○」であり，必ずしも男女の区別を示すものではないことを明らかにした（村田 2012）。ごくまれに描かれた「△」の人物は，「○」に対し劣位の立場にある人物であるとする。この解釈は，「3人で争いをする人」において「二人の女性に挟まれている男性」を表現したものとみるより，「中央の優位にある人物」と「両側の劣位にある人物」を表現したものとみる点において，整合的である。この場合，画題の中心は中央の人物であり，他の題材に比べより大きく描かれる。こうした画法をとることが，原始絵画の特性である。

ただし，それでもなお，男性が戦い，女性が土器づくりや紡織などを行っていたという民俗例を参考にした弥生時代の農耕社会の構図まで見直す必要はないだろう。古墳時代においては，男女の分業や，主人公の優劣を絵画で表現することは行わない。ただし，後述するように人物埴輪における盾持ち武人と巫女は，首長のもと，その分業が職掌として成立していたことを示していて，その表現方法においても性差や序列はより明確化するのである。

3　鳥に化身する巫女

弥生絵画において銅鐸絵画には描かれず，土器絵画にのみに描かれているのが「鳥装の巫女」である。

奈良県清水風遺跡では，頭部が顔の表現がなく鳥形で，翼をつけ両手をあげ，胴部に「鹿」を描いた人物が描かれた土器が出土している。これだけでは，男女の区別はできない。さらに，その傍らには二人の人物が表現されている。これは橿原考古学研究所附属博物館のジオラマで再現されたように，頭部の表現に区別があるので，跪く男女だろう（橿考博 1997）。

清水風遺跡に近在し，その母集落といえる唐古・鍵遺跡では，清水風遺跡と同様，翼をつけ両手をあげた人物が出土している。上部が欠損しているため頭部の表現は不明だが，下半身を露出させ，女性器が表現されている。清水風遺跡例と唐古・鍵遺跡例はいずれも巫女であり，巫女が鳥に化身することで祭祀を行っていたと考えられる。

奈良県坪井・大福遺跡例は，下半身が不明だが，顔に目鼻などの表現を行っている。また，清水風遺跡と同様，翼の表現がある。坪井・大福遺跡は，唐古・鍵遺跡から東南5.6kmの奈良盆地内の拠点集落遺跡で，唐古・鍵遺跡と同様，巫女が鳥に化身して祭祀を行っていたと考えられる。

このほか，同様の姿態をもつものとして，鳥形の頭部をもつ岡山県新庄尾上遺跡例，翼をひろげている兵庫県養久山・前地遺跡例がある。このように，鳥の姿に化身する巫女の姿は，弥生絵画のなかの土器絵画特有のものであり，古墳絵画や古墳時

第2図　土器絵画にみる鳥に化身する人物

代の造形には繋がらない。小林青樹は，両手をあげる人と鳥装の巫女を相関させ，古墳絵画や古墳時代の造形に敷衍させる（小林 2017）。しかし，ここで述べられた両手をあげる人物が鳥装しているという確証はない。鳥に化身した巫女が行う祭祀は，弥生時代において断絶したと考えられる。

そうしたなか，注目されるのが愛媛県新谷古新谷遺跡の事例である。土器に弧帯文が描かれ，そのあいだに，手をあげた人物が描かれている。左手に当たる部分や顔から下の大半を欠損しているため，人物の姿態は確認できないが，顔や右手に鳥装は認められない。弧帯文の発生については，吉備説・大和説がありいずれとも決しがたいが，両者の交流のなかでこの文様の退化の過程のなかで，円筒埴輪が誕生したことはあらためて述べる必要はないことであろう。それらから距離をおく愛媛県において，この種の土器が出土した意味は決して小さくはない。弧帯文は，弥生時代の墳墓の祭祀と深く関わる文様であり，ここに描かれた人物も墳墓の祭祀に関わった人物であろう。男女の区別は明確ではなく，巫女とはいいきれない。鳥装せずに手をあげた人物が墳墓祭祀にかかわっていることが重要であり，ここにその変質をうかがうことができるのである。

こののち，両手をあげる巫女の姿は，今城塚古墳例をはじめとした人物埴輪のなかに認められる。両手をあげることが，巫女の行う所作の一つであったことは否定できないものの，服装や髪形といった外見的なものに加え，地位，祈りの対象など，弥生時代の巫女とは明らかに異なることに注目すべきであろう。

4　船を漕ぐ人，水先案内をする人

鳥取県稲吉角田遺跡の壺形土器は，複数の人物が船を漕いでいる情景を描く。連続する様々な情景の一場面であり，船を漕ぐ人物の頭部にはいずれも羽根飾りがついている。船の漕ぎ手が男性であったか，女性であったかの区別はつかない。複数の漕ぎ手の存在からすると，男性である可能性が高いだろう。一方，この羽根飾りは，上述の鳥装に通じるものがあって，なんらかの祈りが込められていた可能性がある。その場合は，航海の安全への祈りであろう。

唐古・鍵遺跡には，船を描いた絵画土器がいくつか知られる。船を複数の人が漕ぐ情景を表現したものがあり，この場合は，男性であろう。羽根飾りの表現はない。また，舳先で両手をあげる，もしくは両手をつくいずれかの所作を行っている人物を描いているものがある。いずれの所作においても，水先案内をしているようにみえる。男女の区別はつかない。

これらの船がどこを目指していたのかはわからない。『魏志倭人伝』では，中国に渡る際に，喪人のように髪を梳かず，衣服を垢でまみれたまま航海の祈願を行ったという「持衰」の記述があり，この人物がそれに相当するという案（橿考博 1997）も提示されている。もちろん，確証はない。

こうした船を漕ぐ人は，埴輪絵画にも認められる。京都府神明山古墳から出土した埴輪片には，菅笠状の被り物で頭部を覆った人物が舳先で船を漕ぐ。神明山古墳は前期後半（4 世紀後半）に築造された前方後円墳である。古墳は潟湖にのぞむ場所に立地しており，この筏を利用しながら潟湖で物資の集散が行われたと考えられている。この人物もまた水先案内人であったのかもしれない。

5　盾と戈をもつ人物

弥生絵画において，盾と戈をもつ人物は，銅鐸絵画，土器絵画の例に加え銅鐸形土製品にも描かれている。二人の人物が相対して闘う構図もあれば，二人が違う場面で別々に登場する構図もあるし，あるいは単独で表現されている構図もある。どこで，何を対象に戦っているのかは決して単純ではないが，武器を手にしていることからすれば，人物は男性であると考えられる。

さらに，佐賀県瀬ノ尾遺跡例は，右手部分が欠けており戈をもっているかどうかさだかではないものの，古墳時代前期の土器と供伴しており，数少ない古墳時代前期の土器絵画として位置づけることができる。

また，銅鐸形土製品に描かれた佐賀県川寄吉原遺跡例，土器絵画の清水風遺跡例，鳥取県日吉塚古墳（墳丘盛土）例と上述の瀬ノ尾遺跡例などには，人物頭部に羽根飾りがある。男性の司祭者＝巫覡であったとも考えられる。羽根をつけることによってなんらかの力を得ようとしていることは間違いがないだろう。さらに，武器をもたずに頭に羽根飾りを戴いている事例もあって，弥生時代～古墳時代前期にかけて集落内に鳥装の男女の司祭者が存在していたと考えられる。

ところで，先述の清水風遺跡の鳥に化身する巫女の土器絵画には，下絵があり盾と戈をもつ人が描かれているという（藤田 2006）。つまり，まず盾と戈をもつ人物を描いたあと，その絵を消したうえで，それを書き直す形で，翼をつけ鳥に化身する巫女を描いている。藤田は，土器絵画を描くこと自体を祭祀として，同じ土器を繰り返し使用することに意味を見出した。土器絵画に描かれた祭祀が，集落内でも実践されたとするなら，弥生時代の集落内では恒常的に男女の司祭者が，様々な祭祀を実践していたことを意味するのだろう。

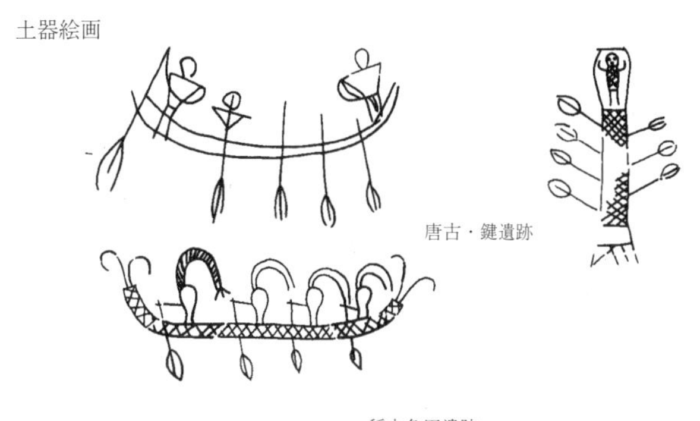

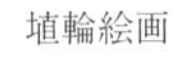

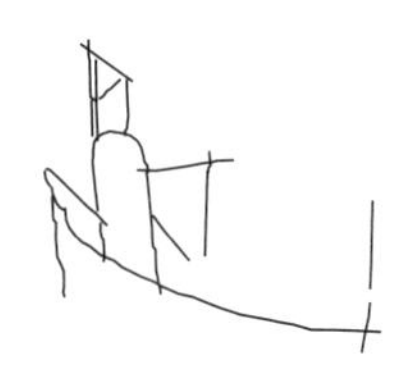

第３図　土器絵画と埴輪絵画にみる船と人物

第４図　土器絵画にみる盾と戈を持つ人物

6　盾持ち武人埴輪の成立

奈良県茅原大墓古墳出土の盾持ち武人は，最古の人物埴輪と評されている。ただし，埴輪の盾持ち武人には手足の表現がみられない。全身像として人物表現をしたものではなく，本格的な人物埴輪としてこれを評価することはできない。

茅原大墓古墳は，古墳時代前期後半に築造された墳丘長 86m の帆立貝式古墳で，東側くびれ部墳丘裾部に単独で樹立されていた。また円筒埴輪と壺形埴輪のほか，蓋形・鳥形の形象埴輪が出土しており，墳丘上に樹立されていたと考えられる。

この盾持ち武人像が，弥生絵画あるいはそれに続く古墳絵画の「盾と戈をもつ人物」と相関するかどうかが重要な問題である。明らかにちがう点は，その被り物にある。「盾と戈をもつ人物」の場合は，頭部に羽根飾りが表現されている場合があって，鳥と一体となりながら，なんらかの対象にむかって戦うのに対し，初期の盾持ち武人埴輪の頭部にのるのは冑である。鉄製衝角付冑の頂部にも三尾鉄と呼ばれる金具が取り付き，鳥の尾羽で飾ったとされるが，盾持ち武人の冑にはその種の表現はない。

茅原大墓古墳の盾持ち武人の頭部の被りものは，正面からみれば，菅笠状でその正体はわからないが，側面からみれば衝角付冑の形態であり，革製の衝角付冑を表現したものである可能性が高い。

茅原大墓古墳が確認される以前に，その初現例とされていたのが福岡県拝塚古墳から出土した盾持ち武人埴輪である。拝塚古墳例では，近年頭部に衝角付冑を被っていることが明らかになった。綾杉状の文様が施されており，革製冑であったと考えられる。拝塚古墳は中期前半（5 世紀前半）に築造された墳丘長 75m の前方後円墳で，前方部前面に盾持ち武人を樹立していたと考えられる。

茅原大墓古墳，拝塚古墳ともに盾持ち武人の古墳における樹立位置は，墳丘外縁の要所であることが共通する。こののちも，盾持ち武人は，古墳時代後期（6 世紀）まで大小様々な古墳に樹立されることになるが，樹立位置は決まってこうした墳丘外縁部の要所であり，力士を表現した埴輪とともに，その中心部から遠い位置で墳丘を守衛する役割を担うことになる。手足の表現のうち，わずかに持ち手を表現するものがあるが，基本的にはその表現はない。冑の表現がないものも多くあり，初期の革製冑の表現とあわせ，その地位は低いものであったと考えられる。

盾をもち，古墳を守衛する番人が実在しており，それを殉死させたことを契機に，盾持ち武人埴輪が誕生したという説が提起されている（小栗編 2015）。ここで，その成否を論ずることはしないが，あくまで盾持ち武人が，首長に従属する地位

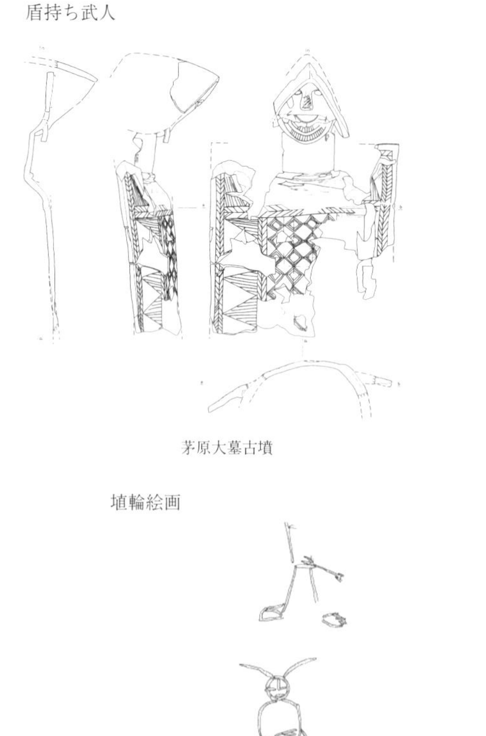

第５図　盾持ち人物埴輪と埴輪絵画の人物表現

の低い兵士であったことが重要である。

ところで，京都府黄金塚2号墳の盾形埴輪や鳥取県馬の山4号墳出土の円筒埴輪に線刻で人物が描かれている。古墳時代前期後半（4世紀後半）の稀少な埴輪絵画の事例である。

黄金塚2号墳は，墳丘長138.8mに復元される前方後円墳である。後円部墳丘裾で埴輪列が検出されたが，棺に利用されることが多い，円筒部に幅広い凸帯と側縁部に鰭部をもつ盾形埴輪が多数樹立されていた。その鰭部に人物を描くものが1個体だけ検出された。

頭頂部には三角形の被り物の表現があり，勾玉状の耳飾りをつけ，片手をあげている。さらには身体の前面には直線で装飾を行っており，靫の表現のようにもみえる。大きくあげた右手と身体の全面を飾る装飾で，寄り来るものを拒む姿態である。福岡県上鑵子遺跡の弥生時代後期の木器絵画には，右手をあげるような表現があり類似する要素がある。しかし，顔は邪視文状の入れ墨の表現があり，頭部には前述の川寄吉原遺跡の銅鐸形土製品と同様の羽根飾りがつけられている。寄り来るものを拒む姿態にも様々な表現があったものと考えられる。

埴輪棺や円筒棺は，古墳被葬者に従属した埴輪生産者集団のものである（橋本博1980）。通常は，それに利用される盾形埴輪に描かれたものであって，従属者層が行った墳丘守衛の表現であったとみてよいだろう。

馬ノ山4号墳は，墳丘長は現状で88mの前方後円墳である。後円部の竪穴式石室・箱式石棺のほか，墳丘各所で箱式石棺，円筒棺，埴輪棺など計12ヶ所の埋葬施設が確認されている。円筒埴輪の凸帯を挟んで二体の人物埴輪があり，下方の人物は頭部に長い角のような突起が2本みられる。右手を腹にあてる姿態をとる。頭部の突起が鳥装であり，弥生絵画と古墳壁画を繋ぐ資料と位置づける見解（辻川・辰巳2009）もあるが，明らかにその表現は異なっている。いまのところ，その所作の意味するところや，この2本の突起の意味するところはわからない。本古墳が埴輪棺・箱式石棺という従属葬（坂1994）を顕著におくことと，唯一例であること，さらに山陰地域の地域性を勘案すれば，埴輪絵画表現は，あくまで従属者層の表現であって，当時の思想に普遍化することは差し控えなければならない。

果たして，盾持ち武人に議論を戻せば，寄り来る対象が，悪霊など死者にむけてのものなのか，それとも，戦った相手そのものなのか，これについても不明といわざるを得ない。しかしながら，盾持ち武人に表現された人物が，弥生絵画や古墳絵画にみられる「鳥装の司祭者」とは全く立場のちがう人物であり，またその背景にある思想もまた，大きく異なっていると考えられるのである。

7　人物埴輪の成立

全身像としての人物埴輪がどのように成立したかは，いまだ明確ではない。

古市古墳群においては，古墳時代中期前半（5世紀前葉）に築造された墓山古墳・野中宮山古墳において盾持ち武人あるいは衝角付冑に顔の表現が認められるものがあるが，これらは本格的な人物埴輪ではない。古墳時代中期中葉の，日本列島第二位の規模をもつ誉田御廟山古墳（墳丘長415m）ではいまのところ人物埴輪の出土は認められないが，それと同時期に築造されたとされる一辺43mの方墳である栗塚古墳に家・蓋・囲・盾・冠帽・鶏・水鳥・馬・猪などの形象埴輪とともに人物埴輪の破片がある。盾持人物とともに，刀らしきものをもつ手があり，あるいは武人像である可能性がある。

確実な人物埴輪の事例のなかでは，大山古墳の巫女埴輪が最も古い。大山古墳は，古墳時代中期中葉に築造された日本列島最大規模の墳丘長486mの前方後円墳であり，蓋・靫・水鳥・馬・鹿と，巫女埴輪の頭部，人物埴輪の脚部が出土している。出土位置はさだかではないものの，大山古墳には巫女を中心とした埴輪群像が樹立されていた可能性が高い。近畿地方では，これ以降，人物埴輪が樹立されることになるが，その配列の中心には必ずこの巫女埴輪が樹立されている。

袈裟状衣を身にまとい，飲食物を供献する所作を行っている女性像であり，首長のすぐ傍らで，重要な儀礼を司った巫女が埴輪に表現されたものとみられる。そして，日本列島最大の大型前方後円墳で，巫女がはじめて樹立されることになった可能性が高い。このような表現が可能になったのは大山古墳被葬者の実力と，新来の大陸や朝鮮半島からの渡来文化が関連している（坂 2009）。百舌鳥古墳群の大型古墳の被葬者は外来の新しい思想を受け入れ，それまで禁忌であった人物をここではじめて表現し，その新たな一歩を踏み出したのである。全身像の表現として最初に選ばれたのは，首長自身ではなくその傍らにあった，首長の政治に深く関わった巫女であったと考えられる。そして，そのあとは首長そのものと，そのまつりの様子が群像として表現されるようになる。

当然のことではあるが，弥生時代の鳥装の巫女や盾や戈をもつ人物はそこに登場しない。弥生時代とは全く異なったまつりが，首長のもとに実践された様子を，我々は目の当たりにすることができるのである。

古墳時代中期後半（5 世紀後半）の保渡田八幡塚古墳や綿貫観音山古墳（群馬県高崎市）の埴輪表現は，首長が行った政治やまつりの様子をその場面ごとに，絵巻物のようにして表現したものだ。その場面ごとの中心に，古墳被葬者たる王が表現されている。冠をかぶり，腰に帯をまき，豪勢な椅子に腰掛けた姿は，首長そのものの姿である。また，鷹狩りや鵜飼いを主宰するのも首長だ。首長のまわりにはその側近や巫女などがあり，一番外側には盾持ち武人や，力士などがそれを護っていた。関東地方では，首長を中心とした埴輪群像の配列が盛行し，中期末～後期（5 世紀末～6 世紀後半）に「人物埴輪の時代」が到来する。

その一方で，なおも近畿地方では，王を表現することはほとんど行われない。古墳時代後期前半の今城塚古墳（大阪府高槻市）でも，首長の行った様々なまつりを絵巻物のように再現しているが，その中心にあるのは王の居所たる家形埴輪である。近畿地方と関東地方が相互に交流をもちながらも，東西両地域で二極化する構造（畿内型埴輪文化・東国型埴輪文化）のなかで，前方後円墳の終焉とほぼ軌を一にしながら埴輪はその終焉をむかえることになる。

結びにかえて

弥生絵画と古墳時代の人物表現を比較すると，一定の共通性があることは認められるが，やはりそこに大きな断絶がある。7 世紀に律令国家が成立し，文字文化が定着するまで，弥生～古墳時代の 1000 年以上に及ぶ期間に描かれた原始絵画の世界には，政治的権力者がいかに醸成され，国家形成がいかになされたかが隠されている。

古墳時代前期の断絶は，新たな価値観をもった政治的権力者があらわれたことを意味しているのだろう。それが，武力を優先する価値観であり，軍事的権威であったことはいうまでもないことである。弥生時代のムラで様々な役割を果たし活動していた司祭者が，古墳時代には王に従属し，奉仕する人々の姿に大きく変わっていたのである。

古墳時代中期にも画期がある。朝鮮半島からの渡来文化の影響をうけ，司祭者が立体的造形物として表現されることとなる。その背景に渡来人のもたらした大きな思想の変化があったと考えられる（坂 2018）。

（2018 年 6 月 28 日受付）

参考文献・引用文献

伊藤正人　2017「瞳の呪縛～土偶の目・埴輪の目・仏像の目～」『古代学研究』第214号

岩松　保　2011「人面付き土器の系譜（下）」『京都府埋蔵文化財情報』第116号

大阪府立近つ飛鳥博物館　2008『考古学からみた古代の女性　巫女王卑弥呼の残影』平成20年度秋季特別展図録

大阪府立弥生文化博物館　2006『弥生画帖　弥生人が描いた世界』平成18年度春季特別展図録

小栗明彦編　2015『人のかたちの埴輪はなぜ創られたか』平成27年度秋季特別展図録　奈良県立橿原考古学研究所附属博物館

鹿屋市教育委員会　2008『名主原遺跡』鹿屋市埋蔵文化財発掘調査報告書84

北井利彦編　2017『新作発見！弥生絵画―人・動物・風景』平成29年度春季特別展図録　奈良県立橿原考古学研究所附属博物館

小林青樹　2017『倭人の祭祀考古学』新泉社

斎藤明彦　1986「坪井遺跡の絵画土器について」『考古学雑誌』第72巻第2号

桜井市教育委員会　2015『茅原大墓古墳　第1～第6次発掘調査報告』桜井市埋蔵文化財発掘調査報告第41集

佐原　眞　1982「『三十四のキャンバス』―連作四銅鐸絵画の『文法』―」『考古学論考―小林行雄博士古稀記念論文集―』平凡社

鈴鹿市考古博物館　1997『鹿と古代人』特別展図録

伊達宗泰編　1997『黄金塚2号墳の研究』花大考研報告10　花園大学黄金塚2号墳発掘調査団

龍野市教育委員会　1995『養久山・前地遺跡 揖龍広域ごみ処理施設建設に伴う埋蔵文化財発掘調査報告書』龍野市文化財報告15

辰巳和弘　1992『埴輪と絵画の古代学』白水社

辰巳和弘　1995「弥生の儀礼船―土器絵画理解の試み―」『東アジアの古代文化』85号

辻川哲朗・辰巳和弘　2009「馬ノ山4号墳出土の線刻人物円筒埴輪について」『同志社大学歴史資料館館報』第12号

辻川哲朗　2014「弓矢を表現した埴輪線刻にかんする一試考」『埴輪研究会誌』第18号

豊岡卓之　2003「清水風遺跡の土器絵画小考」『橿原考古学研究所紀要　考古学論攷』第26冊

奈良県立橿原考古学研究所附属博物館　1997『大和の考古学』常設展示図録

橋本博文　1980「円筒棺と埴輪棺」『滝口宏先生古稀記念考古学論集　古代探叢』

橋本裕行　2006「弥生絵画研究のあゆみと展望」『弥生画帖―弥生人が描いた世界―』大阪府立弥生文化博物館

橋本裕行　2015「弥生時代の造形・文様・絵画」『日本美術全集第1巻　縄文・弥生・古墳時代　日本美術創世記』小学館

坂　靖　1994「古墳時代の『従属葬』をめぐって」『考古学と信仰』同志社大学考古学シリーズⅥ

坂　靖　2009『古墳時代の遺跡学―ヤマト王権の支配構造と埴輪文化―』雄山閣

坂　靖　2018「ヨモツヘグイと渡来人」『橿原考古学研究所論集』第17　八木書店

藤田三郎　2006「絵画土器の見方小考―手を挙げる人物と盾・戈を持つ人物―」『原始絵画の研究　論考編』六一書房

村田幸子　2012「弥生時代絵画の一断面」『日本考古学』第33号

図の引用文献

第1図　伝香川出土（村田2012のトレース図を使用），彼方遺跡（大阪府立弥生文化博物館2006よりトレース），荒蒔古墳（辻川2014のトレース図を使用），水内古墳（辻川2014のトレース図を使用），寺内17号墳（鈴鹿市考古博物館1997より筆者トレース）

第2図　清水風遺跡（村田2012のトレース図を使用），唐古・鍵遺跡（大阪府立近つ飛鳥博物館2008より筆者トレース），養久山・前地遺跡（龍野市教育委員会1995），新庄尾上遺跡（大阪府立弥生文化博物館2006のトレース図を改変），坪井遺跡（斎藤1986）

第3図　唐古・鍵遺跡（村田2012のトレース図を使用），稲吉角田遺跡（村田2012のトレース図を使用），神明山古墳（京都府立丹後資料館2012より筆者トレース）

第4図　川寄吉原遺跡（小林2017のトレース図を筆者改変），清水風遺跡（村田2012のトレース図を使用），日吉塚

古墳（村田 2012 のトレース図を使用），瀬ノ尾遺跡（鹿屋市教育委員会 2008）

第 5 図　茅原大墓古墳（桜井市教育委員会 2015），拝塚古墳（写真は福岡市埋蔵文化財センター），馬ノ山 4 号墳（辻川・辰巳 2009），黄金塚 2 号墳（伊達宗泰編 1997）

古墳時代社会の空間構成（覚書）
—いわゆる居宅の歴史的位置—

古谷　毅

はじめに

第2次世界大戦後の日本考古学は，縄文時代から古代の各時代における一般の集落遺跡および墳墓遺跡（古墳）のほかに，各種生産遺跡の実態を明らかにしてきた。1970年代になると，古墳時代においてはこれらに加えて，一辺数10mから100mを超える規模をもつ区画施設（濠・溝・柵・土塁など）で囲まれた敷地内に，大型建物などを中心として祭祀跡・手工業生産跡などのさまざまな特殊な遺構を伴う大規模な遺跡が営まれていることが徐々に知られるようになった。1980年代には，高度経済成長期の開発や調査体制の整備に伴って，各地で同様な施設をもつ遺跡の調査が進展した。その結果，古墳時代前期初頭から後期に至るまで，同様な遺跡の存在が急速に明らかとなり，これらの遺跡は居宅または首長居館・豪族居館（以下，居宅）などと呼ばれ，1990年代には古墳時代社会の中核的な施設であると位置づけられるようになった。

東北南部（岩手・宮城県）から九州中西部（佐賀・熊本県）地方におよぶ同様な遺跡の分布は，前方後円墳の分布範囲ともほぼ一致しており，古墳時代社会における通有な遺跡である可能性が高いと考えられている。しかし，これらの遺跡の属性（内容）とその構成には，時期・地域を問わず様々な形態があり，個々には一つとして同一の構成要素・構造をもつ事例がないことも最大の特徴の一つとして挙げられる。これまで，このような内容の差に対し，階層・性格・時期・系譜等々に起因を求める説が提出され，さまざまな議論が積み重ねられている。

本稿は，これらの研究における精緻な分類や分析についてはひとまず措き，多様な類型をもつ当該遺跡が日本列島の農耕社会においてどのような社会的位置を占めるかという点について，一定の見通しを得ることを目標とする。そこで，一般的な農耕社会における基本的な活動空間（集落・生産・墳墓）相互の地理的関係性や居宅を構成する主要な要素を整理し，当該遺跡がもつ特性を確認する。また，考古資料以外のデータや史料も参照しながらその歴史的位置づけを検討し，日本列島史における出現の意義を明らかにしたい。

1　農耕社会の空間構成

(1) 集落・生産・墳墓と居宅の空間

農耕社会における人類の基本的な活動は，主に集落・生産・墳墓の空間で行われてきた。これらの活動を捉える考古学的研究は，それぞれ集落論・生産論・墓制（墳墓）論などの分野で議論が重ねられ，長い間培われてきたデータの蓄積と分析の歴史がある。もちろん，それぞれの空間で営まれた活動の実態はその痕跡である遺跡で確認される必要があり，それぞれの研究分野では具体的な遺構・遺物の分析と発掘調査による相互の検証が積み重ねられてきた。居宅の空間の研究も当然，遺構・遺物の検討・分析を経たうえで，発掘

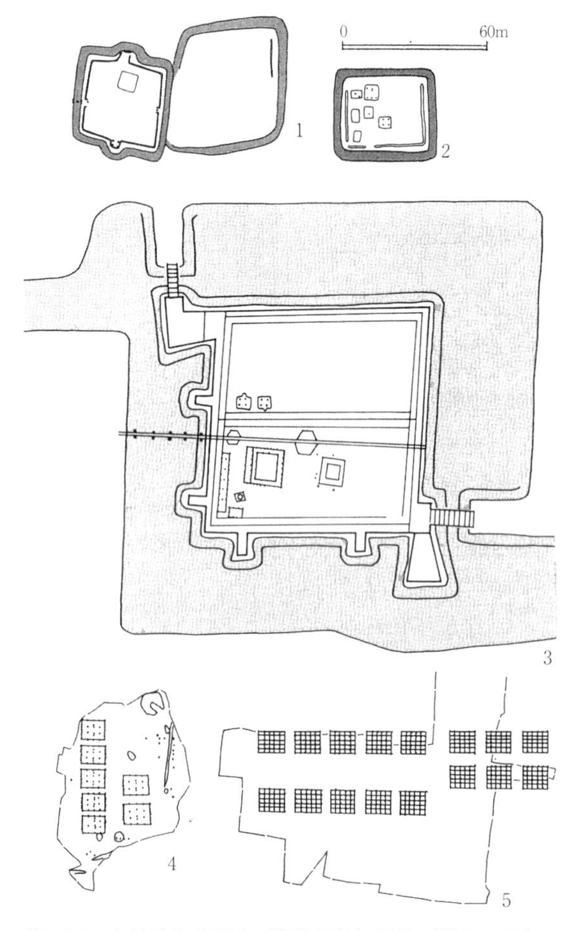

第1図　古墳時代の居宅（豪族居館）遺跡（橋本 1992）
（1：栃木・四斗蒔遺跡　2：群馬・丸山遺跡　3：群馬・三ッ寺Ⅰ遺跡　4：和歌山・鳴滝遺跡　5：大阪・法円坂遺跡）

調査によって検証されるべきであるが，当該遺跡のような大規模な遺跡の場合，全面的な発掘調査は今日でも困難な状況が続いている。いずれも部分的で限定的な調査であるために，なかなか研究が進展していないことも事実である[1]（第1図）。

このような現状から，上記のようなさまざまな施設をもつ居宅の全体像が明確にされていない現段階では，その性格については現時点における知見の範囲内であるために，遺構・遺物の断片的な限られた情報による概念的な内容として理解せざるを得ない。しかし，早くから具体的な研究が進んでいる集落・生産・墳墓の空間との間には，情報の質・量および分析精度の内容において著しい懸隔が存在する。そのため，両者を比較するためには，双方の情報を相対（均質）化する方法が必要である。

一方，人類史の空間を捉えるためには発掘調査が進展している分野・フィールドに加え，調査・研究が進んでいないフィールドも併せて分析する必要がある。人類の活動は旧石器時代における人類の拡散を想起しても，一般の集落および生産の空間（日常的活動域）とはかけ離れた環境においても，活発に営まれてきたことは広く認識されている。戦後の日本考古学における各種の生産遺跡の研究や，山岳信仰などに関する諸研究などはその代表であろう[2]。

ところが，「文化」の対義語が「自然」[3]であるとすれば，調査・研究の歴史が浅い後者の遺跡は人類の活動が及ばない「自然」以外の空間全体を対象に検討せざるを得ないが，その広大なフィールドから活動域を地理的に区分・抽出することには著しい困難を伴うことは容易に理解することができる。そこでひとまず，村落空間（農業共同体）の図式（モデル）化が早くから研究されてきた日本民俗学・人文地理学等の模式図等を参照することによって，これらの空間の相互関係を検討したい。

(2) 活動域をめぐる空間モデル

日本農耕社会における村落空間の研究は，日本民俗学や人文地理学などの分野で，近世・近代に関する多くの村落模式図が提案されている。このなかで，同様に村落をめぐる環境について生業・信仰等を含めた景観をモデル化した例に宮家準氏の村落（農業）共同体の空間模式図がある（第2図）。本図は，日本民俗学における家屋（座敷・デイ⟷納屋［寝室］・台所）の空間分析（オモテ・ウラ）を踏まえて，山麓に展開した村落（農業共同体）をイメージして作成されたものである（宮家 1989）。

まず，本図が示す地理的景観には，軸線として山岳等の上流側から流下して全体を貫く河川が設定されている。その中央部分には，農業共同体の主要な生活の場である「居住空間」＝ムラ（サト）[4]［村落］が位置し，村境などの境界で区分されている。また，ムラ（サト）の内側には，共同体の紐帯を担う施設（氏神）と，

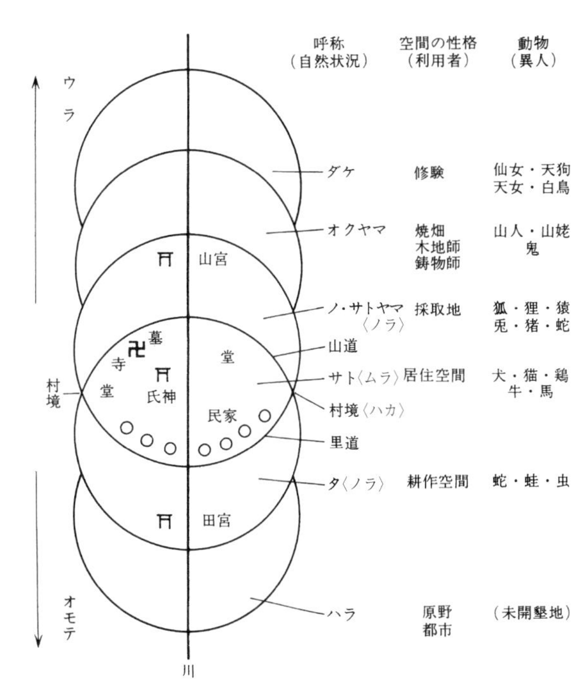

第２図　村落共同体の空間模式図（宮家1986，一部改変）

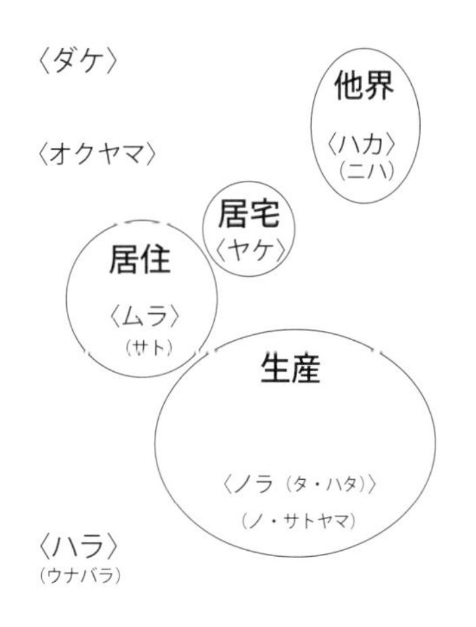

第３図　日本列島農耕社会における基本空間の構成

縁辺・村境近くに「他界空間」＝ハカ［仏教的他界観の中核となる寺院および墓］が配置される。その外側（周辺）には，「生業空間」＝ノラ（タ・ハタ［耕作］とノ・サトヤマ［生活物資の採取］）が山邉と里邉を介して隣接し，それぞれに生業に関する祭祀の場である田宮・山宮が配置されている。なお，ムラは本来集落内に限られた私的な空間を指すのに対し，ノラなどの生業に関する空間は公共的空間という性格も併せもつ（福田1983）が，このような範囲の景観が一般的な農業共同体における日常的な活動範囲を示していると考えられる。

また，上流側のオクヤマ，下流側のハラは生活必需品ではあるが共同体内では生産していない作物・製品・物資等を手に入れる場である。オクヤマは鋳物師・木地師などが生産する仏具・什器などの金属器・刳物（挽物），ハラは高度な技術を要する手工業製品や情報など，いずれも様々な物資等を入手する場で非日常的な活動の範囲を示している。その一部には，古代から中世の都市的空間におけるイチ（市）や境界としてのツジ（辻）などが設けられ，ムラの外側に位置して外部に開かれながら共同体の公的性格が強い場を含む空間[5]であり，異集団との交流の場であるとともに，いわば共同体の境界（臨時的活動の場）として位置づけることができると考えられる。

これらに対し，このような共同体の外側には，上流側にはダケ（山岳）が位置し，他界との交流をなす空間であったと考えられる。また，本図には表現されていないが，下流側には日本列島の場合，多くにはウナバラ（海洋）が位置しており，ダケと同様な性格をもつ空間で，共同体の外界に位置する空間と捉えることができると考えられる。

もちろん，近世・近代の民俗データを基にした以上のような共同体をめぐる図式的な空間構造が，原始・古代の農耕社会にそのまま適用できるとは考えられないが，人類の基本的な活動の中心である居住の空間を軸にあえて図式化すれば，A：生活の中心である「居住空間（ムラ）」，B：タ・ハタなどの日常的に往復する生業の場である「生産空間（ノラ）」，C：死に伴い営まれ限定的な往還を伴う「他界空間（ハカ）」が相互に隣接するモデルを想定することが可能で，原始・古代の農耕社会における基本的な空間構成として描くことができると思われる。

次に，このような基本的な諸空間と古墳時代に新たに出現する「D：居宅空間」の相関的な位置関係（第3図）については，いくつかの事例を検討することで具体的に考えてみたい。

2　古墳時代社会の空間構成 ―奈良県奈良盆地―

(1) 地形と集落の分布

前章では，居住・生産・他界および居宅からなる古墳時代の基本的な農業共同体の空間構成に関して，単純化した地理的区分に基づいた方法で図式化した。そのなかで，それぞれの空間の特質を検討する要素の一つに，地理的な特徴である立地が挙げられる。ここでは，農業共同体の空間構成と居宅に関して，ほかの地方・地域よりも古墳時代から古代の文献史料が比較的豊富に存在する奈良県奈良盆地の様相について検討する。

まず，奈良盆地の自然地理的特徴について略述する（第4図）。奈良盆地は南北約30km，東西約15kmの規模をもち，盆地部東方にはいわゆる大和高原（高原部），西方には南北方向に連なる生駒・金剛山地（山地部）が位置する。高原部は，南端付近の三輪山（標高467m）を最高地点として，約200mの比高差をもって北方に向かって緩傾斜で構成される浸食平坦面をもつ隆起準平原で，北端の笠置山（標高288m）へ至る。この高原部は盆地側からみて笠置山地と呼ばれるが，その西縁には春日山断層線が走り，奈良県大和地方を大きく高原部（大和山中）と盆地部（大和国中（クンナカ））に分けている。奈良盆地はこのような東側の春日山断層崖と西側の山地部後背傾斜地に挟まれたいわゆる断層地溝盆地で，かつては古瀬戸内海と一体となり山城地方へ向かって開く海湾を形成していたと考えられている。やがて，地殻変動による隆起でこの海湾が北方へ後退した時期に，奈良市平城山付近（大和海湾口）の堆積作用によって現在の山城地方と区画されたと考えられている（樋口1961，日下1991）。

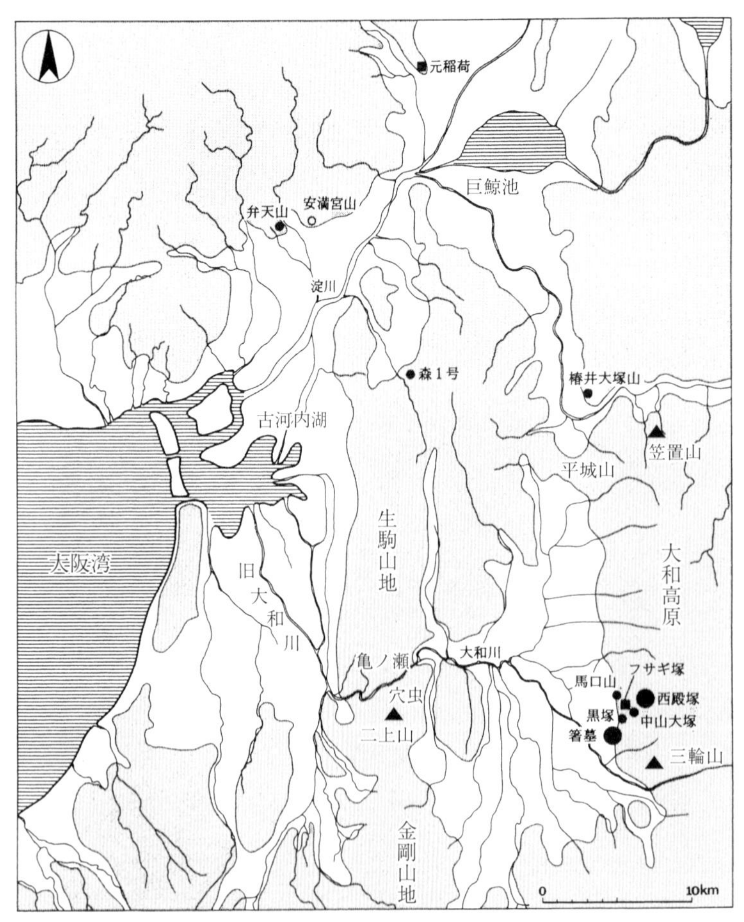

第4図　奈良盆地の地形と出現期古墳（白石1998に加筆）

このような地形の変化を経て，盆地部の淡水化した古大和湖は盆地南部を東西方向に走る大和川断層線に沿って二上山北麓から西方へ排水するようになったとみられるが，穴虫丘陵（奈良県香芝市）付近の堆積作用によって，さらに北方の亀ノ瀬地区（奈良県三郷町・王寺町）からいわゆる亀ノ瀬断層線に沿って現大和川が盆地部河川沼沢の内水面水を排水するようになったと考えられている。その後，次第に盆地部は中小河川の堆積作用によって周囲に湖岸平野を形成し，現在の奈良盆地の原形が形成されたとみられる。

このように，奈良盆地は周囲の高原部・山地部を水源とする中小河川が盆地中央部に沖積平野を形成する一方，これらの中小河川が西部低地帯に向かって流出・合流して，山地部西方の現大阪湾（古河内湖）に注ぐ大和川（旧大和川）が形成されたと考えられている。

次に，農耕社会成立期（弥生～古墳時代）の集落とその他遺跡の分布について検討する。

盆地部の主要な集落は，ほぼ標高約50～70mに立地している。多くは標高55m付近にあり，この地帯は当該期における水稲耕作の好適地であったとみられる（藤井1980）。一方，盆地部各地域から流出した中小河川（北大和地域：佐保川・富雄川・竜田川等，南大和地域：初瀬川・寺川・飛鳥川・曽我川等）が大和川に合流する各地点の標高はおよそ40～50mである。このため，これ以下の標高にある川西・安堵・河合町付近から郡山市域にかけての地域は，古代以前においてはいわゆる低湿地が拡がっていた可能性が高いとみられている（泉1983）（第5図）。

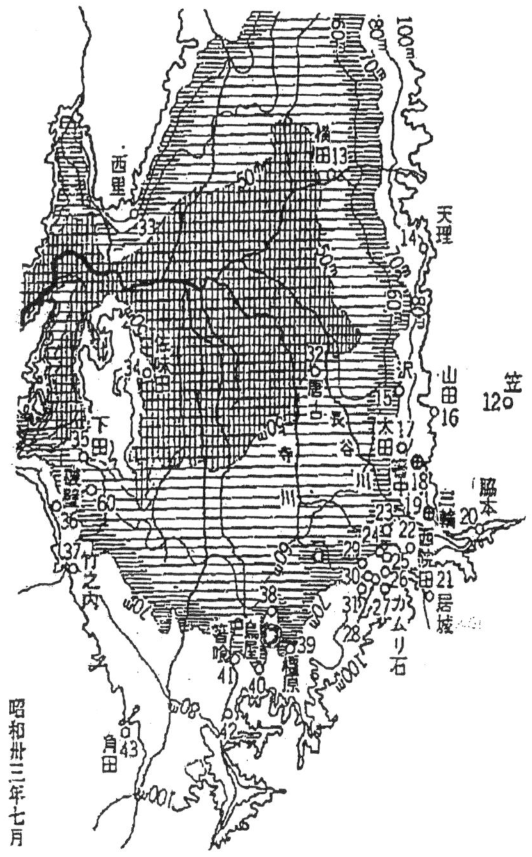

第5図　奈良盆地の主要集落分布図（大神神社1975）

なお，7世紀初めの608（推古16）年には，第2回遣隋使・小野妹子に伴って来朝した隋国使・裴世清らが，難波からこの大和川を遡って桜井市域の泊瀬付近で上陸し，海石榴市で餝馬に乗り替えて陸路で明日香村付近に所在したとみられる小墾田宮に入ったことが日本書紀等の史料から推測されている。また，大和川の舟運を支えた豊かな水量と盆地部低地帯における湿潤地の存在が『万葉集』等にも数多く詠み込まれていることはよく知られている[6)]（第1表）。

このように奈良盆地の弥生～古墳時代における集落立地は，前述のような盆地部の形成過程の特質から，緩やかな擂鉢状の地形に沿って比較的近似した標高に立地していることが判る。

(2) オオヤマト古墳群と宮址伝承地の立地

奈良盆地東南部には，古墳時代前期に巨大前方後円墳を中心とした大型古墳群が集中することで知られる。このうち，桜井市箸墓古墳を中心とした箸中（纒向）古墳群，天理市渋谷向山（伝景行陵）古墳・行燈山（伝崇神陵）古墳を中心とした柳本古墳群，天理市西殿塚古墳を代表とする大和古墳群は，全体を総称してオオヤマト古墳群と呼ばれている（第6図）。これらの古墳群は，奈良盆地東縁の春日山断層崖に沿うように南北に約4kmあまりに亘って分布している。また，桜井市外山の北麓・西麓には全長200mを超える前方後円墳・桜井茶臼山古墳とメスリ山古墳がある。これを外山古墳群と仮称すると，古墳時代前期前半において，オオヤマト古墳群と共に奈良盆地東南部は最古の箸墓古墳からおよそ6時期（箸墓→西殿塚→桜井茶臼山→メスリ山→行燈山→渋谷向山）に亘って全長200m以上の巨大前方後円墳が築かれた日本列島で唯一の地域ということができる。

春日山断層崖下には，断層崖から西方に伸びる数多くの台地・丘陵地形が形成され，これらの谷地形から

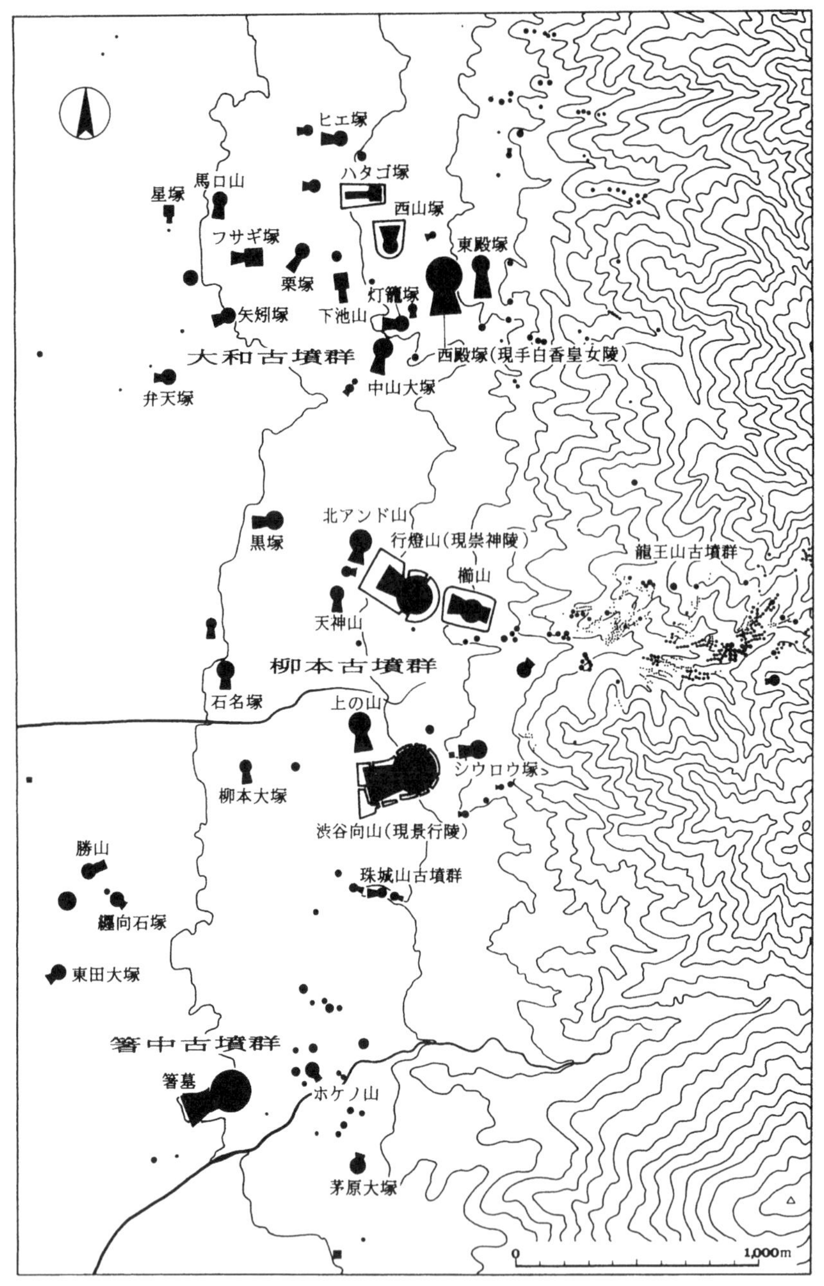

第6図　オオヤマト古墳群分布図（白石 1989）

西方に流下して大和川に流出する多くの小河川が存在する。これらの小河川に開折された小支谷は各所に扇状地が発達させているが，このような丘陵地形は沖積地との比高差が約 20～30m で，オオヤマト古墳群の多くはこの丘陵地形上に立地する。

一方，8 世紀に成立した記紀および平安時代の延喜式には，歴代天皇（大王）の宮址・行宮・離宮などの記録が遺されている（第 1 表）。すべては奈良時代までに成立した伝承地であるが，奈良盆地における宮址伝承比定地の分布には，興味深い傾向がうかがえる（樋口 1961）。

まず，神武およびいわゆる欠史八代と比定不詳例を除いた推古朝までの宮都および行宮（離宮）伝承地は約 80 ヶ所が伝えられている。しかしこのうち，行宮・離宮・湯宮などを除いた 71 ヶ所中，奈良県内には 35 ヶ所が所在する。これは伝説的説話や重複例と考えられる例を除けば，実に約半数が奈良県内に所在していた可能性を示している。しかも，伝承地の分布は吉野郡・北葛城郡（吉野町・広陵町ほか）にもみられるが，圧倒的に磯城郡（天理市・桜井市ほか）および高市郡（明日香村・橿原市ほか）に集中している。また，これらの伝承地の標高に注目すると，平野部では高市郡飛鳥地方の遠飛鳥宮［允恭：約 100m］・檜隈廬入野（檜坰之廬入野）宮［宣化：約 90m］と磯城郡の長谷朝倉（泊瀬朝倉）宮［雄略：約 100m］・長谷之列木（泊瀬列城）宮［武烈：約 110m］・磯城嶋金刺（師木嶋大）宮［欽明：約 110m］を除けば，おおむね標高 60～80m に位置している。これらの伝承地は，先に触れた水稲耕作の適地に隣接したと考えられる弥生～古墳時代集落よりわずかに高い位置にあるとみられる。

なお近年，桜井市脇本遺跡の発掘調査では，古墳時代の大規模建物や手工業生産跡が明らかにされ，欽明

第１表　記紀等記載宮名一覧 抄（古谷 1988 を改変）

歴代	国名	『古事記』	『日本書紀』	『延喜式』	推定地
崇神	大和	師木水垣宮	磯城瑞籬宮	磯城瑞籬宮	奈良県桜井市金屋
垂仁	大和	師木玉垣宮	纏向珠城宮	纏向珠城宮	奈良県桜井市穴師
景行	大和	纏向之日代宮	纏向日代宮	纏向日代宮	奈良県桜井市穴師
神功皇后	大和	—	磐余若櫻宮	磐余稚櫻宮	奈良県桜井市池之内
応神	大和	軽嶋之明宮	明宮	軽嶋明宮	奈良県橿原市大軽町
仁徳	（河内）	難波之高津宮	難波高津宮	難波高津宮	大阪市天王寺区餌差町？
履中	大和	伊波禮之稚櫻宮	磐余稚櫻宮	磐余稚櫻宮	奈良県桜井市池之内
〃	大和	假宮	—	—	奈良県香芝市穴虫？
反正	（河内）	多治比之柴籬宮	丹比柴籬宮	丹比柴籬宮	大阪府羽曳野市丹比ヵ
允恭	大和	遠飛鳥宮	—	遠飛鳥宮	奈良県高市郡明日香村
〃	大和	—	藤原宮	—	奈良県橿原市高殿町
安康	大和	石上之穴穂宮	石上穴穂宮	石上穴穂宮	奈良県天理市市田町
〃	大和	—	市邊宮	—	奈良県天理市布留
雄略	大和	長谷朝倉宮	泊瀬朝倉宮	泊瀬朝倉宮	奈良県桜井市初瀬町黒崎
〃	大和	吉野宮	吉野宮	吉野宮	奈良県吉野郡吉野町宮滝
清寧	大和	伊波禮之甕栗宮	磐余甕栗宮	磐余甕栗宮	奈良県桜井市池之内
〃	大和	葛城忍海之高木角刺宮	忍海角刺宮	—	奈良県葛城市（新庄町）忍海
顕宗	（河内）	近飛鳥宮	近飛鳥八釣宮	—	大阪府羽曳野市飛鳥ヵ
仁賢	大和	石上廣高宮	石上廣高宮	石上廣高宮	奈良県天理市田部
武烈	大和	長谷之列木宮	泊瀬列城宮	泊瀬列城宮	奈良県桜井市初瀬町出雲
継体	大和	伊波禮之玉穂宮	磐余玉穂宮	磐余玉穂宮	奈良県桜井市池之内
安閑	大和	勾之金箸宮	勾金箸宮	勾金箸宮	奈良県橿原市高殿町
宣化	大和	檜垧之廬入野宮	檜隈廬入野宮	檜隈廬入野宮	奈良県高市郡明日香村檜前
欽明	大和	師木嶋大宮	磯城嶋金刺宮	磯城嶋金刺宮	奈良県桜井市金屋ヵ
〃	大和		樟勾宮		奈良県橿原市曲川？
〃	大和	—	泊瀬列城宮	—	奈良県桜井市初瀬
敏達	大和	他田宮	譯語田（幸玉）宮	譯語田宮	奈良県桜井市戒重
用明	大和	池邊宮	磐余池邊双槻宮	磐余池邊列槻宮	奈良県桜井市阿部ヵ
〃	大和	上宮	上宮	—	奈良県桜井市上之宮
〃	大和	—	海石榴市宮	—	奈良県桜井市金屋
〃	大和	—	水派宮	—	奈良県葛城郡広陵町大塚
崇峻	大和	倉椅柴垣宮	倉梯宮	倉梯宮	奈良県桜井市倉橋
推古	大和	—	豊浦宮	—	奈良県高市郡明日香村豊浦
〃	大和	—	耳梨行宮	—	奈良県橿原市木原町
〃	大和	小治田宮	小墾田宮	小治田宮	奈良県高市郡明日香村
〃	大和	—	斑鳩宮	—	奈良県生駒郡斑鳩町法隆寺
〃	大和	—	岡本宮	—	奈良県生駒郡斑鳩町
舒明	大和	—	飛鳥岡本宮	高市岡本宮	奈良県高市郡明日香村雷・奥山
〃	大和	—	田中宮	—	奈良県橿原市田中町
〃	大和	—	厩坂宮	—	奈良県橿原市大軽町
〃	大和	—	百齊（大）宮	—	奈良県橿原市飯高町ヵ
皇極	大和	—	小墾田宮	—	奈良県高市郡明日香村
〃	大和	—	飛鳥板蓋（新）宮	—	奈良県高市郡明日香村村岡
孝徳	（摂津）	—	難波長柄豊碕宮	難波長柄豊碕宮	大阪市東区法円坂町

1：本表は，記紀および延喜式所載のうち，奈良県内伝承地をもつ宮名を抜粋した
2：歴代のうち，1に該当しない場合は主要な宮名を挙げ，国名は（　）内に記した
3：本表では，神武およびいわゆる欠史八代の伝承は省略している

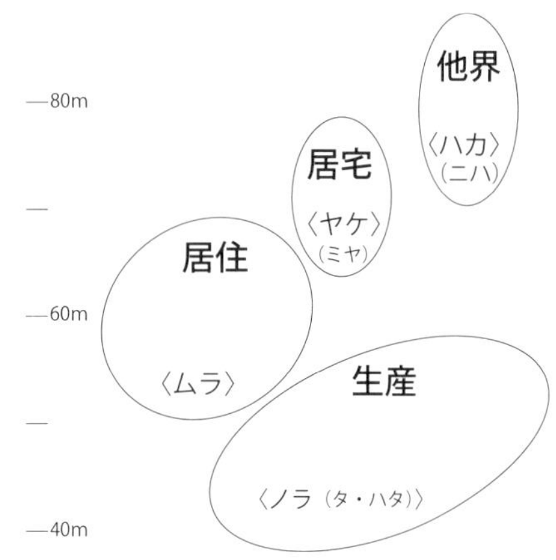

第７図　奈良盆地における古墳時代の空間構成

天皇の磯城嶋金刺宮伝承地に有力者（首長）の「居宅（居館）」が存在した可能性を示すものとなった（桜井市教育委員会 2014 ほか）。他にも，石垣をめぐらした周濠をもつ大規模な区画で知られる天理市布留遺跡（杣之内地区：天理市教育委員会 1979）と共に，当該地域における居宅の空間の在り方を明らかにしつつある。

(3) 宮址伝承地をめぐる空間構成

前章で述べたように，古墳時代社会の空間構成は主に四つの空間から構成されると考えられる。これらの空間をこれまで検討してきた奈良盆地の各遺跡群の地理的特徴を踏まえて検討すると，まず標高 70～80m 付近を中心に当該地方の代表的な墳墓遺跡であるオオヤマト古墳群および外山古墳群が分布し，ここから一段低い位置に宮址伝承地が存在する関係性を認めることができる。次に，これらよりやや低い標高 50～70m 付近に集落域が展開し，標高 40～50m 付近には水田耕作地と考えられる生産域が営まれる様相が認められた。

このような諸空間の構成は，古墳の立地を「他界の空間（ハカ）」とすれば，宮址伝承地は「居宅の空間」と捉えることができ，さらに集落の分布は「居住の空間（ムラ）」に該当し，これが水田耕作を中心とした「生産の空間（ノラ）」に隣接する可能性が高いと考えられる。これらの奈良盆地における大型古墳群と宮址伝承地および集落・生産遺跡分布は，古墳時代農耕社会における地域（農業共同体）の空間構成の一典型を示していると考えることができる。

このように捉えることが可能であれば，古墳時代の奈良盆地においては，次のような諸空間の関係性を想定することができると思われる（第７図）。

「他界［70～100m］→居宅［60～80m］→居住［50～70m］→生産［40～50m］」

（→は標高差：数値はおよその標高を示す）

3　居宅の性格

(1) 出土遺物の基本構成

前述のように，当該遺跡はその規模等の特性から，現在でも全体像を把握することに困難が伴うのが現状である。戦後に進展した生業・信仰遺跡の研究においても，研究当初の分析対象の輪郭を把握する段階においては，まずそれぞれの遺跡で営まれた活動に関わる遺物を把握・分析することが有効であった[7]。そこで，これまで検討した四つの空間の比較にあたり，それぞれの属性とその構成を相対（均質）化して抽出するために，便宜的に日常的な活動を行う空間（居住空間）で使用される主要要素を採り上げて検討したい。

いわゆる衣食住は，日常生活を営むうえでもっとも基本的な構成要素であり，居住空間で営まれた活動の痕跡の中心をなすものである。また，衣食住に関する生活様式は人類が生み出した諸文化の基本要素（基層文化）[8]ということができ，またそれを象徴している。このような特性から人類の諸活動の痕跡のうち，衣食住に関する遺物の研究は土器の研究を代表として，縄文時代以降の各時代における文化（生活）の復原的研究の中心を担ってきた。

そこで，居住空間で営まれた活動を衣・食・住にかかわる遺物・遺構の構成で捉えると，居住以外の空間で営まれた活動の性格は，「居住空間」の出土遺物との組成差に反映していると捉えることができるので，両者の機能を考古学的に区分する指標になると考えられる。前者は，主に煮沸・貯蔵・供献に関する用途の土器・木器類やカマドなどの火処（炉）などの諸施設をはじめとして，加えて建築材や工具類・紡錘車などの食料加工・調理や供膳，木材加工や紡織生産関係などの遺物・遺構が挙げられる。これに対し，後者はこのような観点からすれば，「生産空間」では，鉄器・土器・木器の製作・加工を示す未製品・失敗品や各種鉄滓・銅滓などの廃棄物をはじめとして，鍛冶炉やロクロピットなどの特殊な炉・土坑・ピット類，農具・工具類あるいは素材や原燃料に関する遺物・遺構が中心である[9]。「他界空間」では，古墳副葬品にみられるように威信財とも呼ばれる一般集落では出土しない手工業製品を多く含む点が挙げられ，当然ながら少なくとも衣食住に関する遺物・遺構の存在は希薄である。

一方，「居宅空間」から出土する遺物は衣食住にかかわる遺物も多い反面，しばしば採り挙げられるのは武器・玉類や一般集落では稀な大型土器，あるいは特殊な形態の土器などのほか，鉄滓・銅滓・羽口などの鍛冶・鋳造関連遺物である。このような本来「生産空間」でみられたような手工業生産関連遺物の出土は，多くの指摘の通り，当該遺跡における最大の特徴の一つである。ただ，これらは「居宅空間」における特徴的な遺物としてしばしば強調されてきたが，これは首長の配下で直接手工業生産が行われるようになったとする解釈と，その歴史的意義を高く評価する立場から構想された見解で，居宅空間の性格を規定する重要な問題である。

次に，この点について検討を加えたい。

(2) 手工業生産と祭祀

古墳時代の生産遺跡はこれまでも述べてきたように，戦後の日本考古学では金属・土器・塩・玉生産などの多様な手工業生産について具体的な検証が進められてきた[10]。とくに近畿地方においては，5世紀を中心とした大阪府下の柏原市大県遺跡・交野市森遺跡などの大規模鉄精錬遺跡の調査（柏原市教育委員会1996・1997，交野市教育委員会編1989～2003ほか）や，歴史時代にも継続し総計1000基以上とも想定されている狭山市陶邑古窯跡群などにおける須恵器生産遺跡の調査（大阪文化財センター編1976～1995ほか）が代表例である。ほかにも，5世紀後半～6世紀前半の奈良県橿原市曽我遺跡のような玉生産など，極めて大規模な操業を行っていた遺跡群の調査でその実態が明らかにされている（第8図）。

これらの遺跡群の最大の特徴は，地域内の需要をはるかに超えた生産を行っていることである。前期の石製品生産や中期の須恵器生産などの研究では，列島各地に拡がる広域な製品の流通[11]が跡づけられており，いずれも王権にかかわる手工業生産と捉えられているものである。しかし，これらの大規模な操業を行う手工業生産も，前期の碧玉製腕飾類を挙げるまでもなく，各地方の有力集団によって経営された手工業生産である可能性が高い[12]。

しかし，当該遺跡出土の手工業生産に関する遺物は，その出土量がこれらの大規模生産遺跡と比べて極めて小規模な生産と捉えざるを得ないことには注意する必要がある。いずれも生産品の実態やその流通についてはほとんど明らかになっていないが，少なくとも「居宅空間」以外の需要を十分に満たすものではない。ほかにも，これらを威信財の生産と解釈する考えもあるが，やはり所属する共同体の枠を超えるような生産量には遠くおよぶものではないと考えられる。一方，居宅空間における手工業生産品の性格に関しては，しばしば祭祀に使用されたとする意見も提出されているが，遺跡の特徴からその実態は具体的にはなかなか明

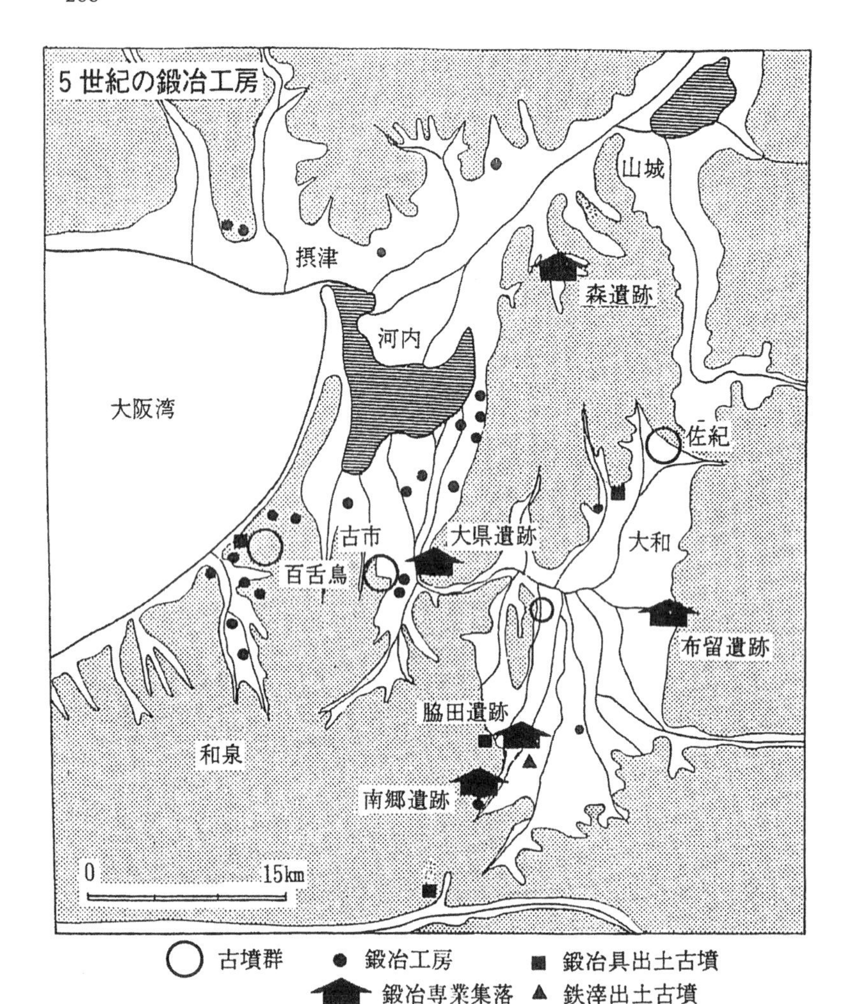

第8図　古墳時代中期の畿内地方主要鍛冶工房遺跡（花田編 1997）

らかになっていない。

ところで，古墳時代祭祀の実相についても具体的復原はなされていないが，そもそも当時の祭祀は本来実物で実修することが本義であった可能性を考える必要があると思われる（古谷 2016）。このように考えた場合，居宅空間における手工業製品の製作は祭祀行為の実修のための生産という性格を想定する必要があろう。近年，祭祀遺跡における未製品・雛形品の出土が注目（笹生 2010 ほか）されているが，長野県御坂峠遺跡の石製模造品未製品（大場ほか編 1969）や愛媛県出作遺跡の小型鉄鋌（松前町教育委員会編 1993）などの出土は，祭祀遺跡において本来実物で行われるべき供献物の代替として模造品・雛形品が使用された可能性が高いと考えられる[13]。これらは，弥生時代においては共同体の構成員と一体となって居住空間内で首長が執り行っていた祭祀が，新たに出現した居宅空間でいわば独占的に実修する形態で確立した可能性を示すものと考えられる。

(3) 居宅の性格と機能

いずれにしても，冒頭でも述べたように本稿では，当該遺跡と集落および墳墓遺跡との対比・図式化を図ることを第一義としたため，あえて覚書として議論を単純化してきた。しかし，古墳時代の墳墓遺跡（古墳および古墳群）の多様な在りかた（都出 1991）をひとつとっても，当該遺跡がそれぞれに対応していた集落遺跡の規模や構造によって，その地域の共同体における秩序維持に要する規模や内容に多様な差異があったことは，容易に想定することができる。

したがって，当該遺跡における多様な規模・内容の存在は，多様な集落遺跡の実態からすれば当然の帰結であり，列島各地おける農耕社会成立期の成熟過程の諸段階によって，当該遺跡の属性（内容）とその構成は各地域・時期ごとに多岐にわたっていたことはむしろ必然的な結果であったといえる。居宅空間のもつ類型が多様化せざるを得なかった理由も，この点にあると考えられる[14]。

4　日本列島における古墳時代の位置

古墳の築造は，日本農耕社会成立期のもっとも顕著な活動の痕跡の一つであり，その出現をもって古墳時代を初期農耕社会である弥生時代と区分する見解が定説となって久しい。これはそれぞれの時代において，もっとも顕著な考古資料をもって時代名称とする原則に基づく日本考古学の基本的立場でもある（近藤 1985 ほか）。一方，このような古墳を人類史の活動の中に位置づけてみれば，これまで述べてきたように，人類の基本的な活動の空間としては，主に「居住の空間」（集落：ムラ）および「生産の空間」（生業・手工業：ノラ［タ・ハタ・ノほか］）と，精神的活動が投影されるいわば異界と交流する「他界の空間」（葬送・祭祀：ハカ・ニハ）の空間の三つの空間から構成されていると考えられた。ところが，古墳時代にはこれらに加えて，一般の居住空間である集落（ムラ）の外側に，しばしば周濠などの大規模な区画と各種施設をもつ有力者（首長）の「居宅の空間」（居館：宅またはミヤ）が成立し，第4の空間が出現したことが重要である（古谷 2004）。この第4の空間（居宅の空間）は，首長権に関わる政治・祭祀的な機能を担った施設であったとみられ，考古学的に古墳時代のもっとも顕著な特徴として採り上げられた古墳（他界の空間）と一体の歴史的装置として機能していたと捉える必要がある。

このような第4の空間（居宅）のうち，大規模な居宅はやがて7世紀の畿内地方においては，オオキミ（大王）がマツリゴトを執行するミヤコ（宮処）へと発展し，のちの律令時代における都城（宮都）や国衙等に代表される政治的な装置として成長した可能性が高いと考えられる。その過渡期の典型例は，7世紀の奈良盆地南部に成立したいわゆる飛鳥京である。それまで古墳時代の主要な手工業生産が有力な各集団に分散・維持されていた形態から，奈良県飛鳥池遺跡（奈良文化財研究所編 2004）にみられるように大規模な手工業生産拠点が都宮に近接して設定され，従来の畿内地方の空間構造を一変させた施設の出現として重要である（都出 1998，岡村 2004）。その試行錯誤の過程と完成形までの道程は，694年の藤原京，および710年の平城京の建設に表れていると考えられる。

以上のように捉えることができるならば，古墳時代の多様な居宅空間の属性（内容）とその構成は，後の律令制国家体制下の奈良時代の国衙（国府）・郡衙（郡家）として成立する政治的拠点がやはり多様な在り方を示している背景と軌を一にする可能性があろう。いずれも在地社会における秩序維持の中枢的な装置であり，その在り方は当該地域の紐帯とその関係性によって在地社会ごとに異なっていたであろうことは容易に推測されるからである。

いずれにしても，第4の空間（居宅空間）の成立は，その後の日本列島史における古代～近世史を通じて，各時代の中心的施設（歴史的装置）の嚆矢として位置づけられる可能性が高いと思われる。これらの施設は奈良時代以降，都城（朝廷）・居館（幕府）・城郭（幕府）などと呼ばれ，その後の日本史学において設定された時代区分名称として一貫して採用されてきた。これらは歴史時代における各時代の政治的中枢施設で，各時代の社会秩序を維持・発展させた歴史的装置であり，またこれを時代名称とすることは日本史学の基本的立場でもあり異論を挟む余地は少ない。

このように古墳時代は，日本考古学としては遺物以外に注目して命名（八木 1896）された時代名称をもつが，他界の空間（古墳）と共に新たに出現した第4の空間（居宅）が社会の紐帯（秩序）の再生産と維持を担う顕著な歴史的装置として出現した時代であったということができる。これは，日本列島の農耕社会成立期における発展段階のもっとも大きな画期として位置づけることが可能であり，今後はこのような歴史的意義を踏まえた古墳時代研究を進めることが重要であると思われる[15]。

（2018年10月4日受付）

註

1)　当該遺跡の認識・研究が事実上，1981年の北陸新幹線の建設に伴う群馬県高崎市三ッ寺Ⅰ遺跡の調査と研究開始以降に本格化したことに象徴されている（橋本1986・2018，阿部1990ほか）。

2)　製塩遺跡の研究（近藤1958ほか）などを嚆矢として，朱生産（徳島県立博物館編1997）など，集落域から遠隔地におけるさまざまな生産活動が明らかにされる一方，近年は山岳修験などの非日常的活動の研究（山の考古学研究会編2003・2009，時枝2016ほか）も進展している。

3)　『広辞苑』「人間が自然に手を加えて形成してきた物心両面の成果。衣食住をはじめ技術・学問・芸術・道徳・宗教・政治など生活形成の様式と内容とを含む。」

4)　本図ではサトとされているが，村落空間をムラ・ノラ・ハラの3重構造と捉える立場（福田1996）からムラと表記する。また，独立した空間としては位置づけられていないが，後述する農耕社会成立期の空間構成に合わせて，「他界の空間」として「ハカ」を追加した。同様に，生産空間（狭義の生業空間）に水田耕作の「タ」に対して陸耕を行うハタを追加した。

5)　古代の奈良県大和海石榴市などにみられる公共の性格をもつ共同体の場を含むと考えられる（西郷1984，笹本1991，福田1996ほか）。

6)　『日本書紀』推古一六（608）年条

「秋八月辛丑朔癸卯，唐客入京。是日，遣飾騎七十五匹而迎唐客於海石榴市衢。額田部連比羅夫，以告禮辭焉。壬子，召唐客於朝庭令奏使旨。時，阿倍鳥臣，物部依網連抱二人，爲客之導者也。於是，大唐之國信物，置於庭中。時，使主裴世清，親持書兩度再拜，言上使旨而立之。」

『万葉集』四二六〇・四二六一番歌　［題詞］　壬申年之乱平定以後歌二首

「皇者　神尓之座者　赤駒之　腹婆布田為乎　京師跡奈之都（大君は神にしませば　赤駒の腹這ふ田居を　都と成しつ）」

［左注］右一首大将軍贈右大臣大伴卿作（右件二首天平勝寶四年二月二日聞之 即載於茲也）［下略］

7)　註2）参照。

8)　基層文化はいわゆる民族文化を「表層文化」「基層文化」の二重構造として捉える概念である（川田編1995）。衣食住に関する技術はこれに該当すると考えられ，考古学的分析で析出された人類活動における各文化の基盤を構成する要素と捉えることができる。

9)　近年，奈良県大和高原地域で調査が進展している奈良盆地における古墳時代木製品の原材料採取・加工・集散地と想定される遺跡の分析成果（青柳2009・2017）は，本稿で提示した居住空間を中心とした共同体の境界域における他集団との生産（交易）物の取得背景の一例を示すものと考えられ注目される（古谷2018）。

10)　註2）参照。

11)　前期の碧玉製品（大場編1963，小林1956ほか）や，中期以降の須恵器研究（中村編1995～1997ほか）などが代表的であるが，いずれも生産（工房・窯址）遺跡と製品分布から精緻な議論が積み重ねられている。

12)　奈良県南郷遺跡群の金属器生産（坂1998ほか）や愛知県猿投窯跡群の須恵器生産（城ヶ谷2007ほか）などで検討が重ねられている。

13)　奈良時代文献史料にみえる祭祀行為の記事（下記）からは，祭祀は本来実物で実修すべきであった可能性がうかがえる。このように仮定すると，遺跡における未製品の出土は雛形品（模造品）製作過程の一部を「実修」した痕跡である可能性があり，祭祀の場における模造品の使用は本来の実修過程と同様に振る舞う行為（擬（モド）き）であった可能性を示唆していると考えられる。詳細については，別稿に譲りたい。

『播磨国風土記』揖保郡 意此（オシ）川条（［　］内は筆者追記）

「品太の天皇のみ世［応神朝］，出雲の御蔭の大神，枚方の里の神尾山に坐して，毎（ツネ）に行（ミチユ）く人を遮へ，半ば死に，半ば生きけり。［中略］ここに，額田部連久都都を遣りて，祷（ノ）ましめたまひき。時に，屋形を屋形田に作り，酒屋を佐々山に作りて祭りき。［後略］」

14)　弥生時代から古墳時代にかけての居宅空間を含む空間構成については，精緻な居住・生産空間の分析に基づいて同様な図式化等を図った先行研究（都出1984，坂1998，樋上2004，飯塚2012ほか）があるが，今回は紙幅の関係もあり取り扱えなかったことをお詫びしたい。

15）本稿は冒頭にも述べたように，標記の課題に関する覚書で，掲載遺跡および先行研究諸説についても多くを割愛させていただいた。上記（註 14）のような視点に関する先行研究の分析・検討を含めて，他日を期したい。また，本稿の 2・4 部分は旧稿（古谷 2016）の一部を大幅に加筆して再構成したが，討論その他で多くの示唆・御教示を賜った。報告・司会等の出席者に深く感謝申し上げたい。

参照文献

阿部義平　1990「宮殿と豪族居館」『古墳時代の研究』第 2 巻（集落と豪族居館）　雄山閣

青柳泰介　2009「木材の「原材」生産と流通に関する一考察―奈良県東部山間地域での古墳時代～中世の事例をもとに―」『木・人・文化　～出土木器研究会論集～』出土木器研究会

青柳泰介　2017「木材生産・流通と武器生産の関係について―集落出土の関連遺物から考える―」『古代武器研究』Vol.13　古代武器研究会

飯塚武司　2012「古墳時代の首長居館と祭儀施設」『古代学研究』第 193 号　古代学研究会

泉　武　1983「第 1 節 地理的環境」『東安堵遺跡』（奈良県史跡名勝天然記念物調査報告第 46 冊）奈良県立橿原考古学研究所

大阪文化財センター編　1976～1995『陶邑』Ⅰ～Ⅷ　大阪府教育委員会

大場磐雄編　1963『加賀片山津玉造遺跡の研究』（加賀市文化財紀要 第 1 集）　加賀市教育委員会

大場磐雄・椙山林継編　1969『神坂峠』阿智村教育委員会

大神神社史料編修委員会編　1975『大神神社史』大神神社社務所

岡村秀典　2004「都市形成の日中比較研究」『文化の多様性と比較考古学』（考古学研究会 60 周年記念論文集）　考古学研究会

柏原市教育委員会　1996『大県の鉄 1995 年度』

柏原市教育委員会　1997『大県の鉄 1996 年度』（柏原市の歴史講座 1）

交野市教育委員会編　1989～2003『森遺跡』（交野市埋蔵文化財調査報告書）Ⅰ～Ⅹ　交野市教育委員会

川田順造編　1995『ヨーロッパの基層文化』岩波書店

喜兵衛島調査団　1956「謎の師楽式」『歴史評論』1956 年 1 月号（72 号）歴史科学協議会編　校倉書房

日下雅義　1991『古代景観の復原』中央公論社

小林行雄　1956「前期古墳の副葬品にあらわれた文化の二相」『京都大學文學部研究紀要』4　京都大學文學部

近藤義郎　1958「師楽式遺跡における古代塩製産の立証」『歴史学研究』第 223 号　岩波書店

近藤義郎　1985「時代区分の諸問題」『考古学研究』第 32 巻第 2 号　考古学研究会

西郷信綱　1980「市と歌垣」『文学』第 48 巻第 4 号　岩波書店（1984 年所収）

桜井市教育委員会　2014『国庫補助による発掘調査報告書 平成 24 年度』（桜井市埋蔵文化財発掘調査報告書第 41 集）

笹本正治　1991『辻の世界―歴史民俗学的考察―』名著出版

笹生　衛　2010「古墳時代における祭具の再検討―千束台遺跡祭祀遺構の分析と鉄製品の評価を中心に」『國學院大學伝統文化リサーチセンター研究紀要』第 2 号　國學院大學研究開発推進機構伝統文化リサーチセンター

白石太一郎　1999「古市古墳群の成立とヤマト王権の変革」『古市古墳群の成立』藤井寺市教育委員会（同『古墳と古墳群』塙書房，2000 年所収）

城ヶ谷和広　2007「愛知県下における須恵器生産と流通」『研究紀要』第 8 号　愛知県教育・スポーツ振興財団愛知県埋蔵文化財センター

都出比呂志　1984「農耕社会の形成」『講座日本歴史』1（原始・古代 1）歴史学研究会・日本史研究会編

都出比呂志　1998「弥生環濠集落は都市にあらず」『都市と神殿の誕生』（広瀬和雄編）　新人物往来社

都出比呂志　1991「日本古代国家形成論序説―前方後円墳体制論の提唱―」『日本史研究』第 343 号　日本史研究会

天理市教育委員会　1979『布留遺跡範囲確認調査報告書』

時枝　務　2016『山岳宗教遺跡の研究』岩田書院

徳島県立博物館編　1997『辰砂生産遺跡の調査：徳島県阿南市若杉山遺跡』
中村浩編　1995～1997『須恵器集成図録』第1～6巻　雄山閣出版
八木奘三郎　1896・1897「論題日本の古墳時代（承前／完結）」『史学雑誌』史学会編
奈良文化財研究所編　2004『飛鳥池遺跡発掘調査報告』（奈良文化財研究所学報 第71冊）　奈良文化財研究所
橋本博文　1986「古墳時代首長層居宅の構造とその性格」『古代探叢 Ⅱ』（早稲田大学考古学会創立35周年記念考古学論集）　早稲田大学出版部
橋本博文　1992「Ｖ．古墳時代 7 住居と集落」『日本の人類遺跡』（日本第4紀学会編）東京大学出版会
橋本博文　2018「古墳時代豪族居館研究総論」『古墳と「豪族居館」』（第23回東北・関東前方後円墳研究会 発表要旨資料）
花田勝弘編　1997『銅から鉄へ―古墳時代の製鉄と鉄器生産―』銅鐸博物館・野洲町立歴史民俗資料館
坂　靖　1998「古墳時代の階層別にみた居宅―「豪族居館」の再検討―」『古代学研究』第141号　古代学研究会
樋上　昇　2004「集落・居館・都市的遺跡と生活用具―中部―」『考古学大観』第10巻（弥生・古墳時代　遺跡・遺構）　小学館
樋口清之　1961「上代宮址伝説地の一研究」『國學院雑誌』第62巻第9号　國學院大學
福田アジオ　1983『日本村落の民俗的構造』（日本民俗学研究叢書）　弘文堂
福田アジオ　1996「日本の農村空間と広場」『国立歴史民俗博物館研究報告』第67集　国立歴史民俗博物館
藤井利章　1980「第2章地理的環境・歴史的環境」『発志院遺跡』（奈良県史跡名勝天然記念物調査報告第41冊）　奈良県立橿原考古学研究所
古谷　毅　1988「2　宮都・行宮・離宮一覧」『古事記事典』尾畑喜一郎編　(株)おうふう
古谷　毅　2004「第3章古墳の造営　第4の空間」『考古学入門』（NHK学園通信講座テキスト）　日本放送協会学園
古谷　毅　2016「オオヤマトの古墳・宮址と三輪山祭祀」『現地発！歴史フォーラム2016「大和の中のヤマト」纏向遺跡の成立とその後―三輪山周辺の古墳時代―』（発表要旨）　天理市観光協会・天理市教育委員会
古谷　毅　2018「物部氏と武器生産―石上神宮と王権の武装―」『シンポジウム ここまで判った物部氏―布留遺跡の調査成果から―』（天理市観光協会設立60周年記念 大和の中のヤマト予稿集）　天理市観光協会
松前町教育委員会編　1993『出作遺跡』（出作圃場整備事業埋蔵文化財調査報告書1）松前町教育委員会
宮家　準　1989「第九章 民族宗教と社会 二共同体の原風景」『宗教民俗学』東京大学出版会
山の考古学研究会編　2003『山岳信仰と考古学』同成社
山の考古学研究会編　2010『山岳信仰と考古学』2　同成社

大型古墳被葬者の埋葬時期と政治／経済的活動時期

小黒　智久

はじめに

2016年10月，新潟県胎内市に所在する市指定史跡，城の山古墳の発掘調査成果をまとめた正式報告書（胎内市教育委員会2016，以下，城の山報告書とする）が発行された。総頁は640頁を超え，各種自然科学分析が約200頁，各種考察が約170頁を占める。熟読し，内容を精査するだけでも膨大な時間を要する質と量があった。城の山報告書は，北陸の古墳時代史はもちろん，古墳時代の日本列島史の復元を目指す際にも参照すべき基本文献であり，古墳がもつ重要性から不断の批判的検証が必要な文献でもある。出土品だけでなく，墳丘自体も遺存状態が良好で，遠くない将来，国の史跡指定はもちろんのこと，出土品の重要文化財指定に向けた検討も行われることになるだろう。本稿での検討に先立ち，まずは9次にわたる発掘調査を一貫して担当し，城の山報告書を編集された水澤幸一氏に敬意を表することから始めたい。

さて，城の山古墳は円墳（直径約40m以上50m以下）ながら，東日本でも希少な例となる優れた品が副葬された前期古墳で，一般的にヤマト王権[1)]が創出した威信財[2)]とされる品が副葬されていたこと等により，衆目を集めた。2014年2月に開催された東北・関東前方後円墳研究会新潟大会（東北・関東前方後円墳研究会2014a）を企画した一人として筆者も関心を寄せ，水澤氏には基調報告者の一人として大会に参画いただいた。それ以前から古墳には何度も足を運んでいたが，同大会やその後の総括的研究（東北・関東前方後円墳研究会2014b）の準備の過程で城の山古墳出土品等を見学させていただいた。小型柳葉形銅鏃（以下，城の山銅鏃とする）は発掘現場で1度，保存処理前後に胎内市遺跡資料室で3度，肉眼観察した。なお，資料の破損を避けるため，詳細な計測等は行っていない。総括的研究では，未報告段階ながら水澤氏のご厚意の下で城の山銅鏃について言及させていただいた（小黒2014，以下，前稿とする）。本稿では，城の山報告書の精査結果を踏まえ，前稿で示した見解の妥当性の検証に加え，表題として掲げた課題の検討をとおして，東北日本海沿岸域における城の山古墳の歴史的意義に迫ることを目的とする。

1　前稿における小型柳葉形銅鏃に関する見解の検証

(1) 前稿で示した見解

前稿を執筆する際は，水澤氏の許可を得てデジタルカメラで撮影した保存処理後の城の山銅鏃のメモ写真を実大に拡大して写真上でトレースし，細部形態等の観察所見を重視した。撮影時は城の山銅鏃を画面中央に配置して広範囲を写し込み，画像の銅鏃部分に歪みが極力生じないよう配慮し

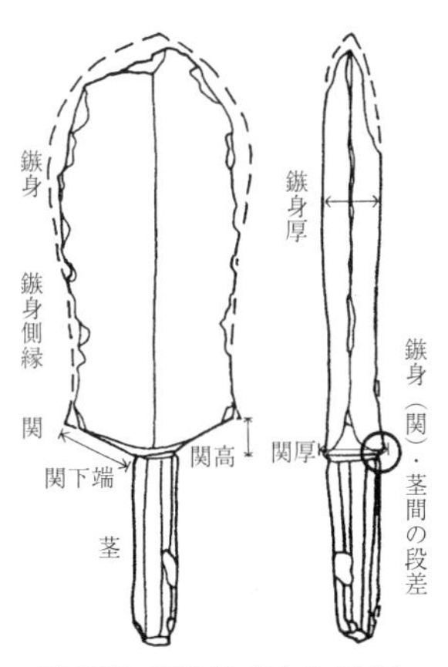

第1図　柳葉形銅鏃の部位名称
（小黒2006第2図を改変）

た。そのうえで，石川県中能登町雨の宮1号墳（史跡雨の宮古墳群発掘調査団 2005，以下，雨の宮報告書とする）の第1主体部出土銅鏃（以下，雨の宮銅鏃とする）の縮尺2分の1で報告された平面実測図と縮尺2分の1に調整した城の山銅鏃のメモ写真を重ね，トレース台の上で平面形態を比較検討した。側面形態を比較しなかったのは，城の山銅鏃の破損を避けるため，資料に触れる回数を最小限に留め，側面のメモ写真を撮影しなかったことによる。資料に器具を当てた詳細な計測作業を行わず，資料に添えたスケールからの写真計測によった。雨の宮銅鏃については，雨の宮報告書の発行前後に鹿西町教育委員会（当時）・中能登町教育委員会の許可を得て行った資料調査成果（小黒 2000・2006）も踏まえて判断した。

なお，城の山銅鏃や雨の宮銅鏃は松木武彦氏のいう有稜系（松木 1992b・1996・2007）に該当する。銅鏃の部位名称など，筆者はこれまで松木氏の用語（松木 1991・1992ab・1996）に基づいてきた。本稿でも踏襲し，古墳の埋葬時期は基本的に『前方後円墳集成』での共通（畿内）編年（広瀬 1991，以下，集成編年および集成○期とする）に依拠する。本稿での検討の基礎とするため，次のとおり前稿の関係部分（小黒 2014：290–292 頁）を再録する。

> 城の山古墳から出土した7点の銅鏃のうち，鏃身部に絹布等が付着する2点は観察不能だが，鏃身側縁の刃潰しで見かけ上のS字状カーブとした個体は認められず，5点は関まで刃を研ぎ出してS字状カーブを作り出す。関下端を含め，S字状カーブの度合いは一般的な個体も認められるが，弱く直線的な印象を受ける個体が半数を超える。一般的な鏃身長の個体が多く，短小な感を受ける個体（鏃身長 3.5cm 未満）も3点ある。関高が高い個体が5点，鏃身（関）と茎間の段差が大きい個体も4点あり，後者は関下端のS字状カーブの度合いが強い傾向にある。

城の山古墳の被葬者が入手した銅鏃は同一形式だが，細部形態差がある。靫（蓋）内出土銅鏃は矢柄から外されていたが，集成1期に副葬されても違和感のない古相の形態である。鏃身側縁のS字状カーブが弱く直線的な印象を受ける個体群は後出的で，集成3期に副葬されることが多い。以上から，城の山銅鏃には製作時期差があると考えられる。

製作時期差があり，かつ有稜系柳葉形銅鏃に限られる最寄りの例は雨の宮1号墳第1主体部である（小黒 2006）。同主体部からは55点の銅鏃が出土し，矢柄を伴う。鉄鏃も1点を除いてすべて柳葉形で，鏃（矢）は129点（本）以上となり，前方後方墳における最多副葬例である。一つの埋葬施設への銅鏃副葬数としても多い。このようななか，城の山古墳例と同様の形態的特徴をもち（第2図），特に短小な感を受ける個体も含まれる点は見逃せない。

福永伸哉氏は雨の宮1・2号墳の被葬者が大和盆地北部の新興勢力（佐紀古墳群）と手を結んで台頭した勢力と解釈し（福永 1998），地元研究者も賛同した。雨の宮1号墳第1主体部の被葬者は城の山古墳の被葬者と政治／経済的関係を結んだ証として，自身が佐紀古墳群の勢力から配布／贈与された矢（柳葉形銅鏃）の一部を再贈与したと考えられる。それが，両被葬者が有稜系柳葉形銅鏃を装着した矢のみ共有することにつながった。城の山古墳で矢が靫内に納められずに副葬されたことは，ヤマト王権の葬送儀礼に沿わなかった

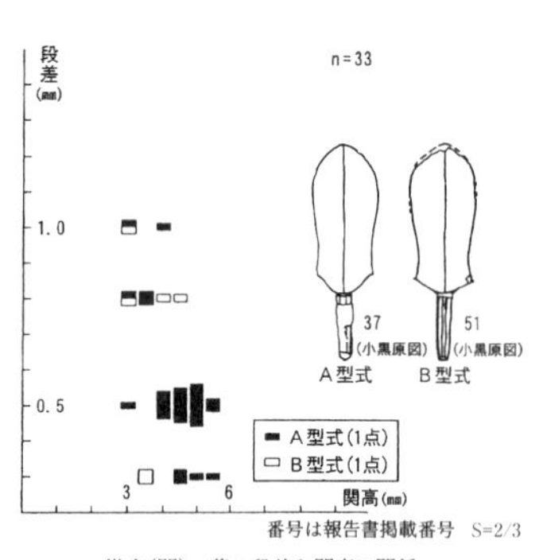

雨の宮1号墳出土銅鏃 5・6・10・11・16・17・19～21（報告書第85図）は，城の山古墳出土銅鏃に近い形態的特徴をもつ

第2図　雨の宮銅鏃の型式と形態的特徴（小黒 2014 第5図を改変）

ことを示している。それは，副葬時のあるべき取り扱い方を知らなかったからであり，この点からもヤマト王権から直接配布／贈与された威信財ではないと判断できる。

城の山報告書と照合しながら，前稿での見解の概要をまとめると，短小な感を受けるとした3個体（鏃身長3.5cm未満）が城の山銅鏃149・150・153，関高が高いとした5個体は148～150・153・154，鏃身（関）と茎間の段差が大きいとした4個体は148・150・152・154となる（第3図）。集成1期に副葬されても違和感のない古相の形態をもつとした個体は154である。それは，鏃身側縁および関下端のS字状カーブが明瞭であることによる。なお，雨の宮銅鏃5・6・10・11・16・17・19～21は城の山銅鏃に近い形態をもつ（小黒2014：第5図）。この見解の妥当性について，次節で検証する。

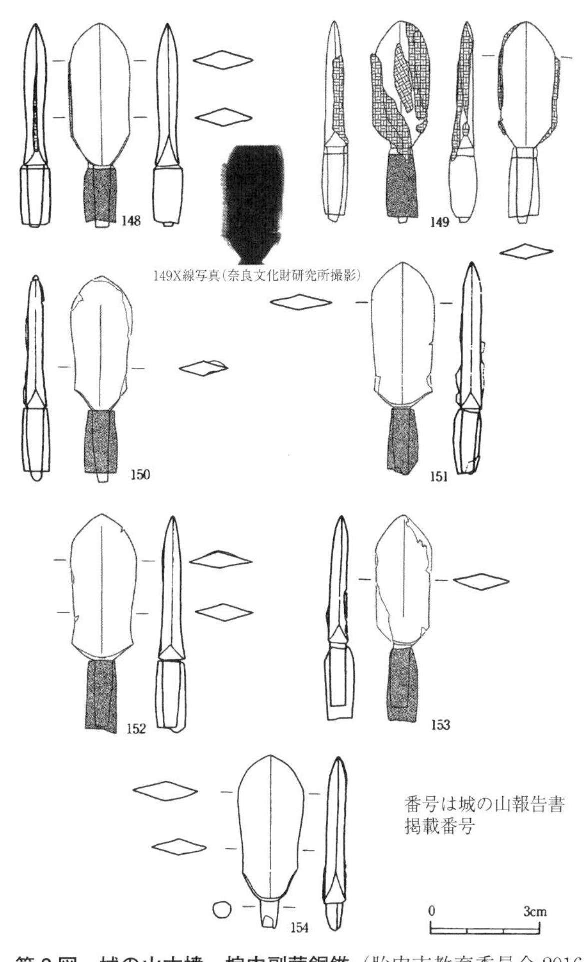

第3図　城の山古墳　棺内副葬銅鏃（胎内市教育委員会2016から作成）

(2) 城の山銅鏃の精査

1　報告内容

城の山報告書によれば，木棺中央区画（主室）に長さ2m前後の長弓（122頁），あるいは長さ1.8m以上（106頁）と考えられる赤色漆塗り弓・黒色漆塗り弓が1張ずつ上下を違えて納められ，笴部分を含む全長73cm前後の矢6本が向きを違えて納められていた（第4図）。なお，菊地芳朗氏は弓について長さ1m以上であることは確実だが，現時点で2mを超えるとみる積極的な根拠は見出せず，短弓であった可能性が高い（菊地2016：364頁）としており，多様な見方がある3)。城の山銅鏃148～150は赤色漆塗り弓に伴う矢柄に，151～153は黒色漆塗り弓に伴う矢柄に装着されていた。154のみ南西区画（後室）で出土した南側の靫（菱形紋太糸巻き編み靫）の蓋箱の天板中に矢柄から外された状態で納められていた。148・149には繊維が付着しており，149は平絹で包んだ後さらに麻布で包まれていた（沢田2016：371頁）。

2　報告内容の精査

実大で報告された実測図（第75図）を報告値（122-126頁）と照合したところ，大きさはほぼ合致し，印刷時の歪みもないと判断された。報告値は棺内出土遺物観察表（141頁）の記載値との間で最大1mmの齟齬が一部で認められたものの，差は微細であり，報告値を尊重した。なお，城の山報告書と筆者との間では鏃身長に関わる鏃身下端（関）の測点が異なる。城の山報告書では平面実測図の中軸線（鎬）と関下端のS字状カーブから続く稜線の交点を鏃身下端として計測したと見受けられた。これに対し，筆者は平面実測図の中軸線の延長部分と関下端の外形線との交点を鏃身下端と認識する。平面実測図よりも識別しやすい側面実測図に着目すると，鏃身（関）・茎間の段差部分が水平であれば稜線が外形線と一致することになるものの，

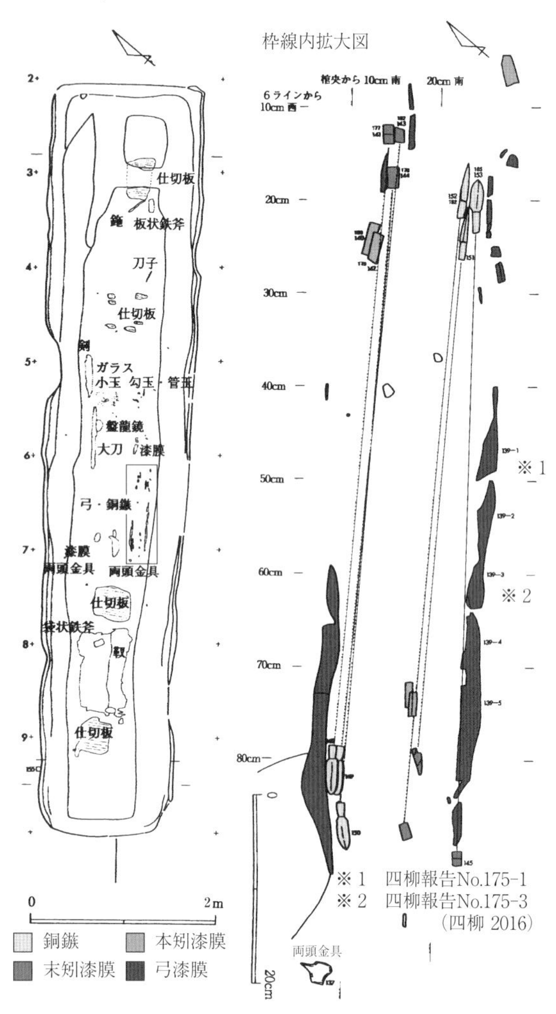

第4図　城の山古墳副葬品出土状態（左）**と銅鏃付近の弓・矢出土状態**（右）（胎内市教育委員会 2016 を改変，城の山報告書および水澤幸一氏のご教示により作成）

そのような例は多くない。銅鏃は鋳造後に整形・研磨することで鎬を明瞭に作り出し，磨き上げられた平滑面が光を反射することで威信財としての機能を果たす。整形・研磨時の作業姿勢や加圧量の差などが，側面形態において茎を挟んで鏃身下端が鏃身側縁に対して斜行することにつながり，実際にそのような例は多い。それゆえ，側面形態で鏃身部が長いと判断される側の平面において，中軸線の延長部分と関下端の外形線の交点を鏃身下端と認識すべきである。第6～8図はこの認識に基づいて作成した。

実大で複写した実測図と報告写真（図版62・63）をトレース台の上で透過して細部形態を比較した際，違和感を抱いた個体が二つあった。城の山銅鏃149は平面実測図で関下端が直線的に表現されているものの，X線写真では左右ともS字状カーブが明瞭で，その度合いは150と同様である。152は平面実測図で特に右側の関下端が直線的に表現されているものの，写真ではややS字状カーブを意識して整形・研磨されたように見受けられた。本来ならば自ら実測図を作成すべきだが，保存処理後でも状態が良好でなく，亀裂や破損も多いことを実見時に確認していた。図版62と比較すると，152など実測図作成から写真撮影までの間に鏃身部も破損等が生じていた4）ことも考慮し，出土品の将来の重要文化財指定をも視野に入れると部外者は資料に極力触れるべきでないと判断した。なお，152のみ図版62の拡大画像を基に関下端を微調整した復元図を第5図に示す。城の山銅鏃群は，雨の宮銅鏃群と同じく（小黒 2006：132頁），関下端のS字状カーブの度合いが大きいA型式（第3図148～151・154）と関下端が直線的なB型式（第3図152・153）に大別できる。雨の宮銅鏃群とともに，厳密にはそれぞれ細別できるものの，本稿では大別に留める。鏃身側縁のS字状カーブの度合いに注目すると，雨の宮銅鏃群・城の山銅鏃群ともA・B両型式間でS字状カーブの度合いに顕著な差は認められない。鉛同位体比分析（齋藤 2016）の結果，7点とも中国の華中～華南産原料と推定されたが，第3図148・149・154と150～153の数値が近くまとまり，それぞれ異なる産地と評価され，特に148と154の一致度が高いことから両者は同一産地の可能性があるとされた。つまり，少なくとも2ヶ所の産地から採取されたと判断されたわけだが，鉛原料の産地と銅鏃の型式が明瞭にわかれる状況にはない。

なお，水澤幸一氏は鏃身下半の関部の形状が比較的切れ上がりの高いタイプ①（148～150・154）と低いタイプ②（151～153）に分け，鉛同位体比分析の結果と対比すると150のみ不整合だが，靫に伴っていた154を除けば，それぞれが赤弓と黒弓に添えられていたことを指摘した。また，148と154の原料の一致は，これらが同時に作られた由緒をもつことを意味するとした（水澤 2016b：520頁）。水澤氏は筆者の言う関高，筆者は関下端のS字状カーブと，型式分類の際に重視する属性が異なるものの，分類結果が近似することに留意したい。ただ，第8図で明らかなように，関高はばらつきが大きく個体差がある。丁寧に製作された小型柳葉形銅鏃は，鏃身側縁はもちろん，関下端までS字状カーブが作り出されている一方で，関下端を意図的に平坦に作り出した個体もある。これらの点を重視し，筆者は型式分類の際，関高よりも関下端のS字状カーブを重視すべきと考える。同時に製作された銅鏃であっても即座にそれらが矢柄に装着されたとは言い切れず，考古学的に論証することも容易でない。148と154の鉛原料の解釈については，同時製作とまでは言い切れない。齋藤努氏によって同一産地の原料と判断されたわけだが，そこから想定できるのは同一製作地の可能性までである。同じ製作工房で，同じ鉛原料を用いて製作されたとしても，原料は工房で貯蔵されていただろうから，148と154には，古墳時代の時期区分上は同時期だった場合でもそのなかでの製作時期差があった可能性も生じることになり，同時製作とは限定できない。

城の山銅鏃自体は布や緑青に覆われ，鏃身部の最終研磨の方向を把握することは難しいが，拡大画像では不明瞭ながら150～152・154のごく一部で鎬と直交方向と思われる研磨痕を観察できた。これは，高田健一氏による最終研磨の方向の3分類（高田1997：18・19頁）のうち，a手法（鏃身中軸から刃部に向かって左右に研ぎ分ける）に相当する可能性が高いことを示す。なお，雨の宮銅鏃群の鏃身の最終研磨の方向は確認できた46点すべてが高田分類a手法で，複数回にわたってもたらされたが，その入手経路は限定されていた可能性が高い（小黒2006：137・138頁）。つまり，雨の宮銅鏃群には形態や最終研磨の方向が城の山銅鏃群と類似する個体も含まれているのである。観察できる研磨は最終的なものでしかなく，たとえ製作工房の系統差という要因が内在していても最終研磨の方向に具現化されるかという問題は残るが，形態的類似性のみからの検討よりも偶然という要因が入り込む余地は少ない（小黒2000：108頁）。形態は模倣しやすいため，「他人の空似」が生じやすいのである。細部形態までの類似性に加えて，工人の癖や工房の系統（作風）を反映する蓋然性が高い最終研磨の方向や各部の作りなど，製作技術上の類似性が同時に満たされている場合は，同工品もしくは同系統の工房による製品か否かといった議論が可能になるだけでなく，製品流通の実態にも迫りうる鍵となるだろう（小黒2000：111頁）。

トレース台の上で，縮尺2分の1[5]のすべての雨の宮銅鏃の実測図上に同縮尺とした城の山銅鏃の実測図を重ね，平面および側面形態を再度比較した結果，城の山銅鏃151は雨の宮銅鏃5・6・10・11・16・17・19～21と，城の山銅鏃152は雨の宮銅鏃17・21と酷似すると再確認できた（第5図）。雨の宮銅鏃5・6・10・11・16・17・19～21はいずれも最終研磨の方向が高田分類a手法であり，これらのなかで鏃身側縁を刃潰しして見かけ上のS字状カーブを作り出した個体は16のみだった。このような刃部整形を施した個体は実見できた51点のうち，わずか4点（7.8％）と少なかった（小黒2006：135頁）。刃部を確認できた5点に刃潰し製品が存在しなかった城の山銅鏃群とは，刃潰し製品の比率が少ないという点でも類似する。また，雨の宮銅鏃群には鏃身厚3.0mmの薄い個体がある一方で，集成1・2期の古墳に副葬されるような関厚6.5～7.0mmの個体もあり，後者に刃潰し製品は認められない。雨の宮銅鏃群で関が厚い一群の製作時期は集成1～2期に遡る可能性も想定できる（小黒2006：137頁）。これは城の山銅鏃群も同様である〔1-(1)再録〕。集成1・2期の古墳に副葬された小型柳葉形銅鏃の関厚と鏃身厚はおおむね相関関係にあるが，雨の宮銅鏃群はバラエティに富み，その最終研磨の方向は確認できた46点すべてが高田分類a手法という特殊な状況にある

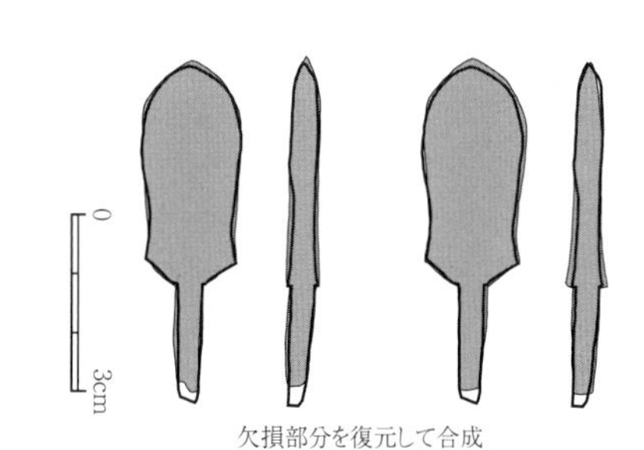

第5図　城の山銅鏃151（左）・152（右）と雨の宮銅鏃21の類似性

ことから，雨の宮銅鏃群は複数回にわたってもたらされたものの，その入手経路は限定されていた可能性が高い（小黒2006：137・138頁）。以上の検討をとおして，雨の宮銅鏃群に城の山銅鏃と近い形態をもつ例が存在するとした前稿での見解を追証できたと考えられる。

2　集成3期を主体に副葬された小型柳葉形銅鏃の製作と流通の一様相

(1) 有稜系銅鏃の編年研究上の課題と到達点

一般的に，有稜系銅鏃は威信財という性格上，製品を即座に矢として完成させ，流通させたとは考えにくい。多様な形式が存在するので，すべてが一元的に集積・管理されたとも想定しにくい。分布をみるかぎり，全体的には定形的で規格化されていても，複数系統の工房によって製作された，細部形態にバリエーションのある有稜系銅鏃がヤマト王権中枢の有力勢力の元に一旦集積されたのちに流通したのだから，同一工房による製品のみが同じ流通経路にのったとは限らない。王権中枢に集積されていた，複数系統の，製作時期差のある製品が王権中枢の政策的意図の下で流通し，場合によっては二次的／三次的な流通を経て最終的に各地の古墳へ副葬されたのだから，有稜系銅鏃を単に型式学的見地からみた新古の序列と古墳への副葬時期は必ずしも整合しない。したがって，有稜系銅鏃のみの編年研究からは副葬時期の上限を把握できても下限は難しい。この威信財特有の性格ゆえに編年研究が確立しにくいのである（小黒2000：106頁）。

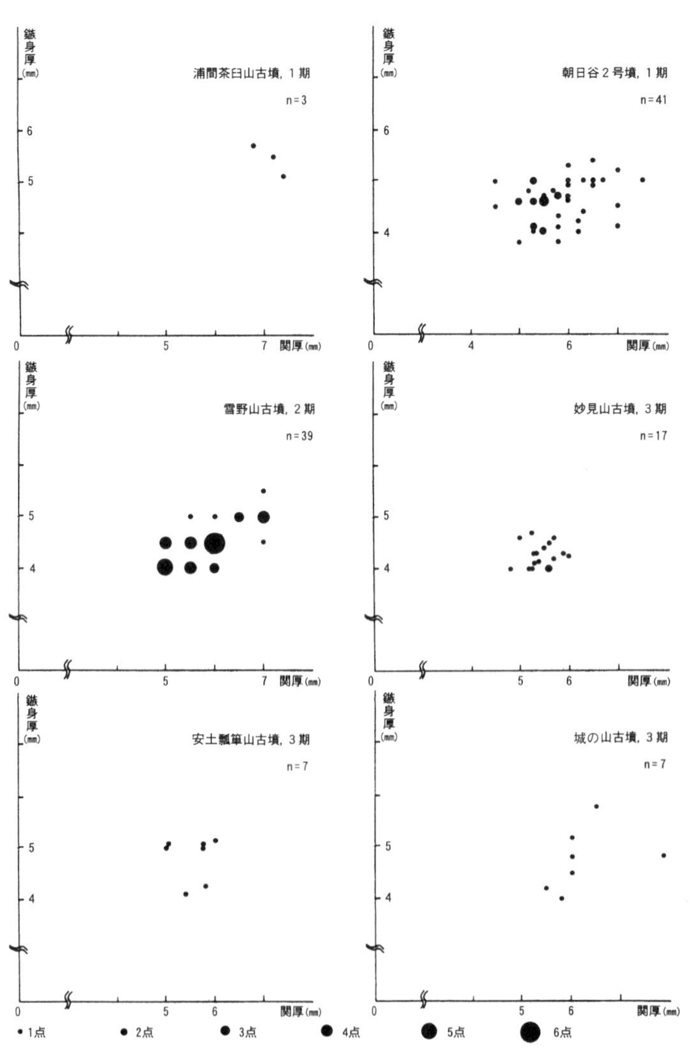

第6図　小型柳葉形銅鏃の鏃身厚と関厚（小黒2006第6図を改変）

それでも，形態分類や編年研究は着実に進展しており，現在の到達点は高田健一氏による2013年の研究（高田2013）である。高田氏は，奈良県桜井市ホケノ山古墳の発掘調査成果（奈良県立橿原考古学研究所2008）を踏まえて古墳時代の有茎銅鏃を平面形から5系統に分け，自身の1996・1997年の研究（高田1996・1997）とは異なり，腸抉式・十字鎬腸抉式・箆被腸抉式を腸抉系として独立させた。従来は腸抉柳葉式・十字鎬腸抉柳葉式・箆被付腸抉柳葉式として柳葉式と関連づけることが多かったものを明確に区分したことで，柳葉式を伴わずに腸抉式・箆被腸抉式のみで構成されるホケノ山墓の存在は柳葉式創出以前に腸抉系で製作技術や素材の革新が始まった事情を反映すると評価した（高田 2013：59 頁）。筆者もかつては柳葉形と関連づけた（小黒 2000）が，高田氏の 2013 年の評価と分類を採ることでホケノ山古墳の銅鏃をより整合的に理解できると判断し，賛意を表するとともにこれまでの見解を改める。

(2) 集成３期を主体に副葬された有稜系小型柳葉形銅鏃の製作と流通の一様相

前稿で集成１期に副葬されても違和感のない古相の平面形態をもつとした城の山銅鏃 154（鏃身厚 4.8mm・関厚 6.0mm）は，鏃身厚と関厚を示した散布図（第２図下・第６図）に着目すると朝日谷２号墳（集成１期）はもちろん，雪野山古墳（集成２期）や安土瓢箪山古墳・雨の宮１号墳（集成３期）の銅鏃群の散布範囲内に含まれる。城の山古墳・朝日谷２号墳・雪野山古墳・雨の宮１号墳出土小型柳葉形銅鏃群は鏃身厚と関厚の関係にばらつきがあり，特に関厚のばらつきが目立つ（第８図）。

資料数が多いゆえに目立つ側面もあるが，朝日谷２号墳・雪野山古墳・雨の宮１号墳例で認められたばらつきは，それらが複数回にわたって，あるいは複数の経路からもたらされた可能性を示唆する。すなわち，製作時期の差，あるいは製作工房もしくは工人の差によるばらつきを示す可能性を想定できるのである。集成１期の朝日谷２号墳例は鏃身（関）・茎間の段差の度合いと関の細部形態が相関関係にあることから，製作時期や流通時期など時系列上の要因ではなく，限定できないものの，同時期での製作工房の系統差，もしくは同一工房が複数型式を製作していたなどのように同時期でのバリエーションと捉える方が合理的である（小黒 2000：108・109 頁）。

城の山古墳のような古墳築造周縁域の円墳に副葬された有稜系銅鏃群のばらつきは，首長間関係に基づく再贈与の結果である可能性が多分にある。この他，工人の習熟度の差や手抜きの有無といった別の要因も想定できるが，朝日谷２号墳・雪野山古墳・雨の宮１号墳例が関の細部形態などで二大別でき，各型式と関厚にある程度の相関性を認めうる例があることを踏まえると，製作時期差，あるいは製作工房差もしくは工人差を念頭に置きつつ，個別事例ごとに出土銅鏃群の細部形態差に着目した型式学的分析を基礎として，製作技術などとの関わりも検

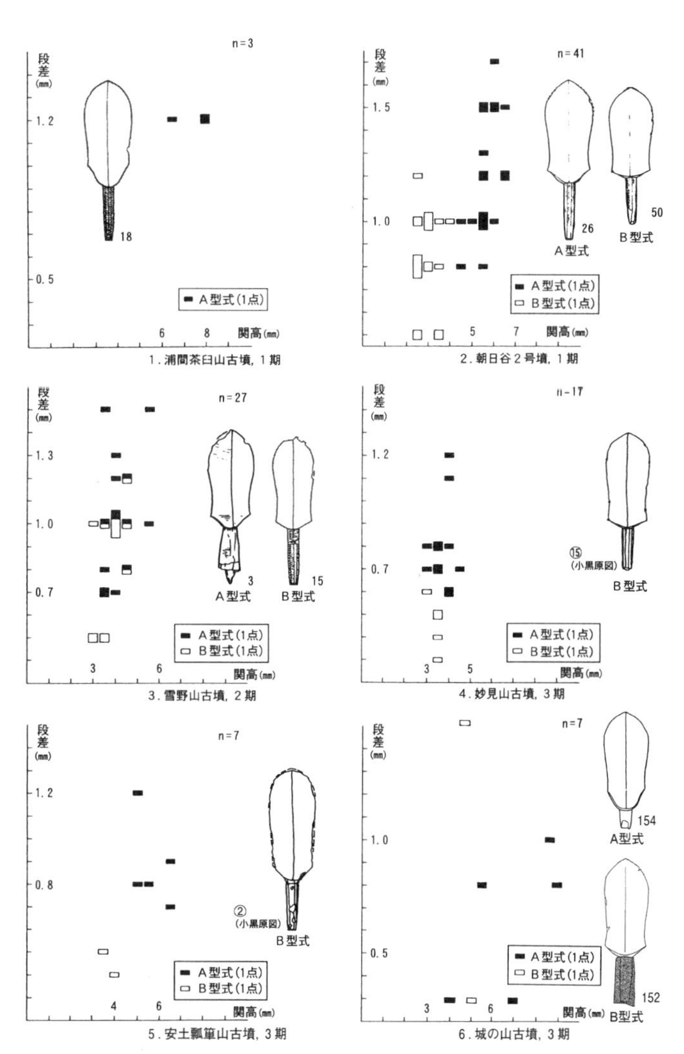

第７図　小型柳葉形銅鏃の鏃身（関）**・茎の段差と関高の関係**（小黒 2006 第４図を改変）（1 ～ 3・6 の銅鏃実測図は各報告書から引用。番号は報告書掲載番号。S=2/3。）

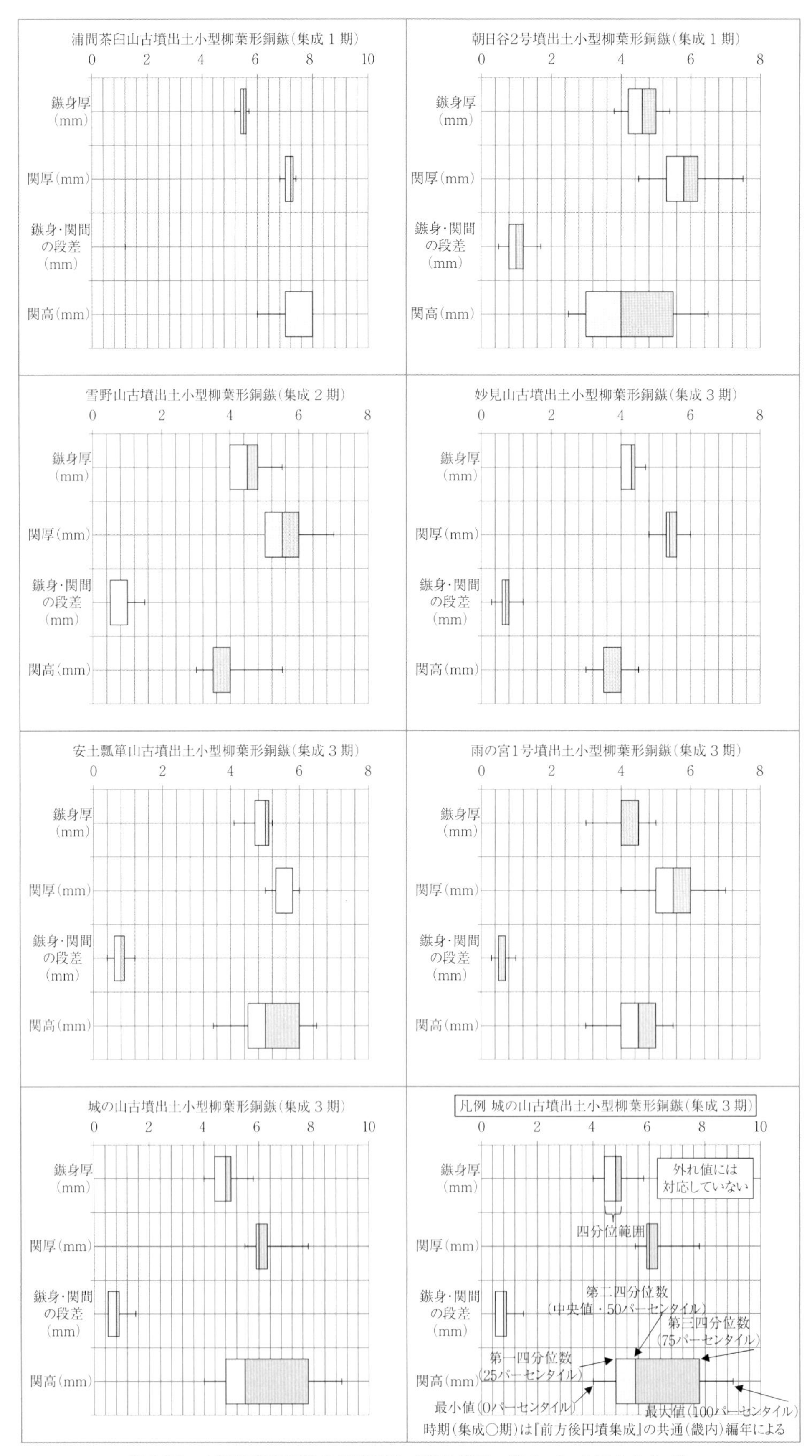

第８図　小型柳葉形銅鏃の各種属性（箱ひげ図，第２・６・７図から作成）

討しつつ，副葬品の組成や型式など古墳の他の要素も吟味して検証する必要がある。

この視点から取り組んできた筆者の試み（小黒2000・2006）に対しては，一括遺物の成り立ちを説明する視点および，流通の実態や首長間の交流関係を実証する可能性を秘める視点（高田2013：61頁），あるいは銅鏃生産の具体的な様相を知りうるもの（石貫2018：64頁）として是認する評価もあり，本稿でもその試みを継続する。高田健一氏は同一工房や工人の作業内容の差をも考慮する必要性を説き，細部形態差が製作技術や素材などと関わり，かつ他の古墳出土例によって系列的な変化を追究できる場合は製作者の系統差を論ずる条件が整うとした（高田2013：58頁）。

資料数が少ない浦間茶臼山古墳例を除き，各種属性のばらつきが少ない妙見山古墳・安土瓢箪山古墳出土小型柳葉形銅鏃群（第8図）の最終研磨の方向は，妙見山古墳例がすべて高田分類a手法，安土瓢箪山古墳例はすべて高田分類b手法（鏃身中軸をはさんで一定方向に斜行する）だった（高田1997：19頁）。妙見山古墳例は鏃身側縁のS字状カーブの度合いが大きく，関下端もS字状カーブの傾向が高いA型式と，鏃身側縁のS字状カーブが弱く直線的で，関下端も直線的な傾向にあるB型式に大別でき（小黒2006：131頁），鏃身（関）・茎間の段差も型式ごとに明瞭にわかれる（第7図）。

同じく安土瓢箪山古墳例も，関が高く鏃身（関）・茎間の段差も大きいA型式と関が低く鏃身（関）・茎間の段差も小さいB型式に大別できる（小黒2006：139頁，第7図）。安土瓢箪山古墳出土銅鏃群には小型柳葉形銅鏃のほか，他に類例のない特異な形態の有稜系銅鏃が23点あり，最終研磨の方向はやはりb手法で統一されていたことから，高田氏は特異な例がb手法を用いる特定の工房で製作された可能性を想定した（高田1997：20頁）。安土瓢箪山古墳出土小型柳葉形銅鏃群の鏃身厚・関厚のばらつきが少なく，最終研磨の方向も同じだったことは，製作工房からヤマト王権中枢に納品された後，短期のうちに一括して安土瓢箪山古墳の被葬者／葬送儀礼執行者の元に流通したことを示唆する。つまり，特異な例とともに小型柳葉形銅鏃群もA・B両型式が同一工房で製作された蓋然性が高いのである。ただし，同じ工房に属す複数の工人が同様の技術・技法を用いつつA・B型式を分担して製作していたのか，同一工人がA・B両型式を意図的に作り分けていたのかを明らかにすることは難しい。

安土瓢箪山古墳出土銅鏃群の製作と流通に関する上述の理解が的を射たものであるならば，妙見山古墳例の製作と流通の一端に迫ることもできる。第8図からは，七つの古墳出土小型柳葉形銅鏃群のうち，妙見山古墳例の各種属性のばらつきが最も少ないことがわかる。そのなかで柳葉形A・B型式が明瞭に区分され，かつ最終研磨の方向が高田分類a手法で統一されていたことは，少なくとも両型式は同一工房で製作されたこと，製作工房からヤマト王権中枢に納品された後，短期のうちに一括して妙見山古墳の被葬者／葬送儀礼執行者の元に流通したことを強く示唆する。ただ，妙見山古墳出土有稜系銅鏃群（梅原1955：61頁）には小型柳葉形銅鏃以外に無茎銅鏃を含めて大別3形式，合計89点があるため，銅鏃群全体の評価は他の形式の詳細な型式学的検討や素材，製作技術などの評価を経て，総合的に行う必要がある。

3　城の山報告書における前稿への評価

城の山報告書では，玉の考古学的検討を担当した大賀克彦氏（大賀2016），総括を担当した水澤幸一氏（水澤2016b）が立論の過程で前稿の批判的検証を行った。ここでは両氏の評価に対する私見を述べる。

(1) 管玉の製作地

前稿では水澤氏により速報された，城の山古墳出土緑色凝灰岩製管玉の多くが福島県会津坂下町宮ノ北遺跡で製作されたものという見解（水澤 2014：66 頁ほか）に依拠し，城の山古墳の被葬者は会津盆地の集団との関係も築いたと解釈した（小黒 2014：290 頁）。なお，水澤氏が速報の根拠とした藁科哲男氏の蛍光 X 線分析法と ESR 分析法による解析結果として，管玉 9 点のうちの 7 点が長塚 1 遺物群（岐阜県可児市長塚古墳）と会津坂下 -N 遺物群（宮ノ北遺跡）に同定されたと正式報告された（藁科 2016）。

大賀氏は，水澤氏と筆者の解釈が蛍光 X 線分析の方法論的な特性や考古学的解釈に援用する際の限界，緑色凝灰岩の分布特性に関する認識不足に基づくことを指摘した（大賀 2016：349・350 頁）。この指摘について，筆者は率直に受け容れる。筆者は，藁科氏の蛍光 X 線分析では統計学的な解析を経て結論が導かれるため，その結論は容認されるべきものと認識してきた。しかし，大賀氏の指摘を踏まえると，緑色凝灰岩のように産地が広域に及ぶ石材は特に分析結果を慎重に取扱い，考古学的分析とも照合して総合的に判断すべきと認識を改めた。藁科氏自身も「産地に関する小さな情報であっても御提供いただければ研究はさらに前進する」（藁科 2016：173 頁）としており，産地に関する認識は同様であろう。大賀氏は考古学的検討から城の山古墳出土管玉を越中以西の北陸西部製としつつも，良好な資料の増加によっては北陸東部製となる可能性も残した（大賀 2016：349 頁）。

以上から，城の山古墳の被葬者が会津盆地の集団と関係を築いたとした前稿での解釈を撤回し，判断を留保する。なお，水澤氏は実見結果を踏まえ，宮ノ北遺跡で作られた管玉が城の山古墳に納められたと考えても問題はないように思われるとしつつも，大賀氏の指摘も踏まえ，宮ノ北遺跡製，あるいは北陸系のいずれとも決しがたいと総括した（水澤 2016b：519 頁）。

(2) 靫の入手経路

筆者は前稿で，城の山古墳で矢が靫内に納められずに副葬されたことはヤマト王権が創出した葬送儀礼に沿わなかったことを示し，それは副葬時のあるべき取り扱い方を知らなかった，すなわち靫や弓矢はヤマト王権中枢から直接配布／贈与された威信財でなく，雨の宮 1 号墳第 1 主体部の被葬者からの再贈与品と解釈した（小黒 2014：292・293 頁註 16）。水澤氏は古墳時代前期の靫 30 例ほどのうち，靫に矢を伴う例が 20 例，矢を納めずに靫のみが置かれていた事例は城の山古墳の 3 例を含めて 7 例あることを示した（水澤 2016a：426 頁）。後者の 5 例が城の山古墳以北（古墳築造周縁域）に分布し，最新のデータでも靫内に矢を納めて副葬した事例が 3 分の 2 を占めることを踏まえると，城の山古墳の遺物出土状態は葬送儀礼執行者がヤマト王権の葬送儀礼に精通していなかった蓋然性が高いことを端的に示している。

なお，水澤氏が城の山古墳の被葬者像を検討する際に行った，前稿における筆者の見解（註 16）への評価は誤読に基づくように思われる。水澤氏によれば，筆者は「城の山古墳出土の弓と空の靫を雨の宮 1 号墳の被葬者が送ったもの」とし，これに対して水澤氏は「箭を入れない空の靫のみが流通することは考え難」く，「箭あっての靫であり弓である」とした（水澤 2016b：521 頁）。前稿の註 16 では弓や靫に焦点を当てた解釈を示し，記述の重複を避けるため矢にはあまり言及していないが，雨の宮 1 号墳第 1 主体部の被葬者は政治／経済的関係を結んだ証として，自身が佐紀古墳群の勢力から配布／贈与された矢（柳葉形銅鏃）の一部を城の山古墳の被葬者に再贈与したとの解釈を本文で明示した〔1-(1)再録〕。

関連して水澤氏は，雨の宮 1 号墳と城の山古墳の時期について大賀氏の見解（大賀 2016）に依拠し，城の山古墳が雨の宮 1 号墳よりかなり先行するものと考え，前稿での私見は成立しないと断じた（水澤 2016b：521 頁）。城の山古墳出土靫の入手経路については明言していないものの，靫の検討（水澤 2016a：428 頁）や「副葬遺物は，装飾品・武器類・工具類がそろう畿内的な組成であり，多くが大和政権とのかかわりでもたらされたものと考えられる。特に 3 具の靫と両頭金具付の 2 張の弓は，注目される。」と要約された記述（水澤 2016c：540 頁）を踏まえると，大和政権からの直接入手説の立場と判断される。これらについては，慎重な検討を要する課題のため，章を改めて考える。

4　東北日本海沿岸域における城の山古墳の歴史的意義

(1) 議論の前提と検討課題

1　大型古墳の埋葬時期と被葬者の政治／経済的活動時期

古墳時代の研究者は，検討対象とする大型古墳の時期，すなわち被葬者の埋葬時期を各種指標に基づく時期区分に比定することを出発点とし，当該古墳の諸属性を他事例と比較検討して当該地域の首長たる古墳の被葬者像や他地域の首長との関係等を復元しようとすることが一般的である。その際，筆者を含め，暗黙裡に当該古墳被葬者の政治／経済的活動時期を比定した埋葬時期の幅に限定しがちである。被葬者の政治／経済的活動時期を追究することは容易でないが，私たちが知りうる古墳の時期はあくまで諸儀礼を経た被葬者の埋葬時期，すなわち葬送儀礼の執行時期に過ぎない。被葬者の政治／経済的活動時期に近かった場合が多かったと想定されるものの，そうではなかった場合もまた想定できるのであり，被葬者の政治／経済的活動時期は，古墳の埋葬時期の幅に限られるとは必ずしも言えないのである。

峻別は容易でないものの，「副葬品」と総称される埋葬施設出土遺物群には被葬者の着装品，被葬者が入手した品から葬送儀礼執行者が供献した副葬品，葬送儀礼執行者が入手し供献した副葬品，葬送儀礼への参列者が持参して供献した副葬品など多様な性格をもつ品が含まれうる。もちろん，被葬者の着装品／入手品のなかにも時期差は生じうる。以上から，埋葬施設出土遺物群すべてを被葬者の生前の活動を推し量る資料として扱ってよいかは慎重に検討する必要がある。副葬品組成から区分される埋葬時期は，一括性の高い供献土器群とともに，あくまでも葬送儀礼執行時期の下限を示すものであり，埋葬施設出土遺物群には型式学的観点に基づき判断される新旧の遺物が含まれる場合もある。この場合は，寿陵[6]の可能性を検討すべき根拠の一つともなり，いわゆる首長霊継承祭祀説（近藤 1983：170・171・199・200 頁など）の検証材料にもなる[7]。なお，新相の遺物の年代観をもって直ちに被葬者像を描こうとすることは，本来必要な手続きを欠くものである。古相の遺物が新相の遺物とともに被葬者／葬送儀礼執行者の元へと一括してもたらされたとみなすことは簡単だが，それはすべてを被葬者／葬送儀礼執行者が入手したものとみなすことでもある。このような単純化に基づき，被葬者の生前の首長間関係等を推し量ろうとすることは適当でない。

2　古墳時代の時期区分論の現在

一般的に，時期区分の分解能が高いほど，解釈の精度も高まる。この点で，特に古墳時代前期について副葬品組成による高分解能の時期区分を提示した大賀克彦氏の研究（大賀 2002・2013，以下，前者を大賀編年，後者を再考大賀編年とする）は現在の研究をリードする時期区分論の一つである。ただ，大賀氏自身が留意するように，「特に古墳時代前期の北陸では，三角縁神獣鏡や短甲のような細別時期の指標となる要素の出土が非常に稀」で，「前期の前半と後半というような大別における有効性が認められてきた玉類」の「変化が他地域よりも不明確」である（大賀 2016：352 頁）。筆者は副葬品組成が明らかになった北陸の前期古墳の発掘調査事例が少ないことも重視し，大賀編年よりも時期幅が広い集成編年を時間軸としてきた。それは，細別時期の指標が乏しい以上，得られている情報から細別時期に比定することは容易でないからである。

3　威信財の入手契機

一般的に，三角縁神獣鏡などの威信財や地域社会にとっての希少財が出土した場合，それらは地域首長がヤマト王権との政治／経済的関係を結んでヤマト政権の一員となったことによって入手しえたものと解釈されることが多い。近畿地方に分布の重心がある威信財の場合はこのような解釈が是認される場合が多いと考えられるものの，そのような資料であっても日本列島全域のすべての資料を一律に解釈してよいかは慎重な検討を要する。特に，古墳築造周縁域における威信財の解釈にあたって，直ちにヤマト王権中枢との直接的関係の反映と解釈することは必要な手続きを欠くものである。この解釈が成り立つ蓋然性を高めるには，当該地よりもヤマト王権に近い地域の首長を介した間接的関係ではないことを示したうえでヤマト王権中枢から直接入手した合理的理由を示す必要がある。田中琢氏は，兵庫県揖保川流域や福岡平野，山城南部の三角縁神獣鏡出土古墳の規模や立地，埋葬年代，鏡の保有枚数から，すべての三角縁神獣鏡が大和山辺地域の勢力から個々に直接贈与されたのではなく，各地の有力勢力が山辺地域の勢力から受け取った三角縁神獣鏡を各地の勢力に再贈与／再配分した結果もあったとみた（田中 1991：247・249 頁）。

威信財のあり方について，筆者は田中氏の解釈に賛同する。各種威信財の微細な属性に着目した型式学的検討が進展するなかで，創出初期には製作時の範型（小林 1994：65-67 頁）が順守されていたものの，盛行期には範型が崩れて大量生産の様相を帯びるようになったことが明らかになりつつある。有稜系小型柳葉形銅鏃も古墳時代前期中葉前後から出土量が増加するとともに細部形態差が顕在化した。具体的には，矢として完成した後は目立たない鏃身（関）・茎間の段差などの属性が作業の省力化に向かうという変化からみて，集成 3 期を主体に副葬された柳葉形銅鏃の製作体制が弛緩した，すなわち製作工房の増加に伴う細部形態差が発現した蓋然性が高い。社会情勢になんらかの変化が生じたことで，威信財を数多く製作する必要性が生じたことに伴って細部形態差が発現したのではなかろうか（小黒 2006：138・139・149 頁）。

柳葉形銅鏃以外にも集成 3 期に画期が存在した威信財がある。例えば，形態的特徴と製作技術の両面から車輪石を検討した三浦俊明氏は，生産体制の差異が生じるのは三浦編年第Ⅱ段階に遡る可能性が高いものの，差異が顕著になるのは第Ⅲ段階である（三浦 2005：513 頁）という。筆者の理解では，埋葬時期では集成 3 期に差異が生じ，集成 3 期のうちに顕在化したことになる。石製品の場合は生産遺跡が判明しており，差異の顕在化は生産地の拡散と関連づけて理解されている（三浦 2005：513・514 頁）。

以上のように，首長間関係の追究にあたっては関係を想定する他地域を含め，地域社会の実態を俯瞰したうえで推定する必要がある。筆者はこのような観点からヤマト王権中枢からではなく地域首長を介した再贈与品と判断すべき威信財（有稜系小型柳葉形銅鏃）の事例も見出してきた（小黒 2006：143・144 頁・2014：290-292 頁）。なお，首長間関係を想定する古墳の埋葬時期は必ずしも同時期である必要がない。それは，関係を結んだ時期に，それぞれの首長が若年期だったのか，青年期だったのか，老年期だったのかという問題があり，さらには短命だったのかなど，さまざまな要因が介在し，単純ではないからである。

4　北陸における弥生時代後期～古墳時代前期の地域社会の動態と自然環境

髙橋浩二氏によれば，北陸（若狭・越前・南加賀・北加賀・能登・越中）の集落では弥生時代後期後半から終末期前半にかけて建物跡検出数が激増してピークを迎えたものの，弥生時代終末期後半には激減し，古墳時代前期後半にかけて漸減した。このような建物跡検出数の推移は相対的な人口変動を示す（髙橋 2005）。2016 年 3 月までに報告された遺跡発掘調査報告書に基づき，北加賀・能登・越中の建物跡検出数を積算した場合でも髙橋氏が示した変動曲線の傾向に大きな変更は生じない（小黒 2017：46 頁）。ただ，弥生時代終末期後半の越中における建物跡検出数の減少の度合いは特に著しく，それは居住・生産・交通など諸環境の悪化を受けて，弥生時代後期以降に築いてきた交易・婚姻・移住といった関係を基に，弥生時代終末期後半にも越後や石背（会津盆地）などへと集団移住したことに起因する（小黒 2017）。

このような地域社会の動態の要因は何か。それは，福井県若狭町水月湖・鳥取県湯梨浜町東郷池の年縞堆積物，長野県飯田市の埋没ヒノキ年輪セルロース，尾瀬ヶ原・富山県魚津埋没林の泥炭などから明らかにされた気候や地形の変化が大きく関係した（小黒 2017）。すなわち，紀元後から古墳時代にかけて，AD40～120・220～340 頃が日本海の高海水準期，AD210～270・340～550 頃が若狭の湿潤期，BC113～AD246 が YK 移行期（温暖期から寒冷期への移行期），AD246 以降は古墳寒冷期で，若狭と同じく日本海側気候に属する越中も同様の環境にあったと考えられる。また，富山県富山市打出遺跡や新潟県胎内市反貫目遺跡など，北陸各地の遺跡発掘調査で洪水災害を被った集落跡も確認されている。つまり，3 世紀の北陸は寒冷多雨に高海水準が重なり，厳しい自然環境にあったのである。4 世紀前葉には神通川本流の流路を変えたり，胎内川流域の集落をほぼ廃絶させたりしたような大洪水が北陸の広域で局所的に発生した。

越中は他の北陸各地と異なり，砂丘が少なく，あっても小規模で，存在しない地域もあった。これは，特に高海水準期における高潮・高波災害や塩害などの影響を被りやすい点で，不利な環境でもあった。北陸は総じて急流が多いものの，越中は最も急峻な地形ゆえに他の北陸各地よりも著しい急流があり，それが砂丘の有無やその高さに直結した。また，急峻な地形は崖崩れや土砂災害の発生にもつながり，自然環境の悪化や自然災害に起因した疫病の発生も誘発したことが多分に想定される[8]。北陸における古墳時代前期の首長間関係を追究する際は，上述の自然環境下で試練に直面した越中などの地域社会から他地域へと移住が活発化し，諸地域の人口が大きく変動したことを踏まえ，慎重に解釈する必要があるのである。

(2) 雨の宮 1 号墳第 1 主体部の被葬者の埋葬時期と主たる政治／経済的活動時期

大賀克彦氏は，雨の宮 1 号墳を大賀編年（大賀 2002：第 2 表），再考大賀編年（大賀 2013：76 頁）とも前Ⅴ期に比定してきたが，最新の認識（大賀 2016：352・353 頁）では暫定的に前Ⅵ期新相を上限とした。なお，前Ⅳ期新相は集成 2 期後葉頃，前Ⅴ期は集成 2 期末葉～3 期中葉頃，前Ⅵ期は集成 3 期後葉～4 期前葉頃，うち前Ⅵ期新相は集成 4 期前葉頃に併行すると認識されている（大賀 2013：第 1 図）。

1　大賀氏の最新の認識

大賀氏は，再考大賀編年にあたって第 1 主体部出土方形板革綴短甲の型式が仿製Ⅰ段階の三角縁神獣鏡と共伴することの有意性を確認し，それを根拠に雨の宮 1 号墳は本来なら前Ⅴ期新相に比定され，仿製神獣鏡・銅鏃・腕輪形石製品との共伴関係も特に問題がないとした。そのうえで，滑石製と判断した琴柱形石製品は前Ⅵ期の副葬例よりも製作時期が下り，滑石製玉類の製作や流通状況を踏まえると滑石製と判断した管玉も琴柱形石製品とともに前Ⅵ期，さらに限定するなら前Ⅵ期でも新相を上限とするとした。

墳丘出土土器について，大賀氏は雨の宮報告書の時期比定（谷内尾 2005）や雨の宮 1 号墳出土土器の類似資料に関する堀大介氏の時期比定（堀 2009）に依拠し，日本考古学協会新潟大会シンポジウム編年（日本考古学協会新潟大会実行委員会 1993，以下，新潟シンポ編年とする）10 期に比定した。北陸では石製模造品がほとんど受容されないことを根拠に，時期比定に際して石製模造品の不在を過大評価すべきでないとしたうえで，副葬品と土器相互の時期比定に齟齬がなく，前Ⅶ期に新出する要素がないことを重視し，北陸の前方後方墳の形態変化にかかる研究（髙橋 2006）も考慮したという。

谷内尾晋司氏は墳丘出土土器が第 1 主体部でなく，第 2 主体部に伴うものである可能性（谷内尾 2005：註 7）も想定した。大賀氏は，土器が第 2 主体部に伴う可能性について完全に否定することはできないものの，計画的に配置された複数の埋葬施設は時期区分上で区別されるだけの時間差が認められない場合が大部分であることを根拠として，第2主体部の副葬品が明らかになって埋葬時期に差のあることが確かになるまでは同時期という前提で議論すべきとした（大賀2016：註17）。

2　埋葬時期の再検討

筆者はこれまで，雨の宮1号墳で初葬となる第1主体部の埋葬時期を集成3期に比定してきた（小黒2006：135頁・2012：144頁）。各地の発掘調査成果を踏まえると，前期古墳では埋葬後の儀礼で用いられた供献土器が片付けられることなく墳頂平坦面等に放置され，時間をおいて儀礼が行われることもなかったことが一般的だったと考えられる。この点を重視して，土器編年では高畠式に後続し，宮地式に先行する時期に比定され，畿内の布留3式／布留4式の古段階，東海の松河戸Ⅰ式に並行し，古墳編年では集成4期以降とされた土器は第2主体部の埋葬後の儀礼に用いられたものと判断してきた（小黒2006：135頁）。つまり，第2主体部の墓壙掘削段階で，それまで墳頂平坦面等で放置されていた第1主体部に伴う土器は片付けられたと解釈してきたのである。

大賀氏の最新の認識を踏まえると，第1主体部の木棺内から出土した新相の遺物群（滑石製琴柱形石製品・管玉）が前Ⅵ期新相に下ることから，第1主体部の埋葬時期に関して，これまでの見解を改め，集成4期前葉頃と修正する。

3　主たる政治／経済的活動時期の検討

大賀氏の研究により，第1主体部の木棺内出土遺物群に時期差があると判明したことは重要な成果の一つである。古相の遺物群は方形板革綴短甲・仿製神獣鏡・銅鏃・腕輪形石製品など大部分を占め，これらは前Ⅴ期新相の古墳に副葬されることが一般的である。新相の遺物群は被葬者が納められた中央区画で一連となって被葬者の頭上付近から出土し，管玉が2列に並んでいたことから，着装状態であった可能性は低い（雨の宮報告書：97頁）。古相の遺物群との時期差も考慮すると，少数に過ぎない新相の遺物群は葬送儀礼の際に供献された副葬品と判断することが妥当である。葬送儀礼執行者が入手したか，もしくは葬送儀礼への参列者が持参した品だろう。

古相の遺物群は第1主体部の被葬者（以下，雨の宮被葬者とする）が生前に入手した品と判断することが妥当であり，当該遺物群からうかがい知ることができる関係こそが雨の宮被葬者の築いた首長間関係である。先行する雨の宮17号墳は小型円墳であり，地域社会における前期古墳の展開からも，すべてを伝世品と解釈することには難がある。ゆえに，当該遺物群の多くは雨の宮被葬者が首長として活動したからこそ入手できた威信財であり，主たる政治／経済的活動時期は少なくとも前Ⅴ期（集成2期末葉～3期中葉頃）には遡りうるのである。

4　土器の評価

土器については，次の二つの考え方を想定できる。①両主体部とも新潟シンポ編年10期[9]の埋葬だが，墳頂平坦面等で放置されていた第1主体部に伴う土器は第2主体部の墓壙掘削段階で片付けられたため，出土土器は第2主体部のみに伴うとする考え方，②両主体部とも新潟シンポ編年10期の埋葬ゆえに，両主体部に伴う供献土器が混在するものの，区別不能とする考え方である。雨の宮報告書では土器の出土状態に関する記載が少ないために詳細は不明瞭だが，供献土器の器種やその出土地区，多寡から峻別することは容易でない。第2主体部では棺が腐朽して陥没したことが確認されており（雨の宮報告書：71頁・第43図），埋葬された蓋然性が高いことから，第1主体部の埋葬後の儀礼で用いられた供献土器を片付けずに第2主体部の葬送儀礼を行ったとは想定しにくい。ゆえに，①が成り立つ蓋然性の方が高いと判断する。

(3) 雨の宮被葬者と城の山古墳の被葬者，山谷古墳の被葬者，浜田遺跡の首長

1　雨の宮被葬者と城の山古墳の被葬者

城の山古墳の埋葬時期は，墓壙上で出土した供献土器群から新潟シンポ編年9期に位置づけられ（滝沢 2016：443頁），当該期は暫定的に前Ⅴ期に比定された（大賀 2016：353頁）。水澤氏は「（前Ⅳ期末～）前Ⅴ期前半」とした（水澤 2016b：525頁）。なお，城の山古墳の被葬者（以下，城の山被葬者とする）は棺内出土歯片・四肢骨片の状態から若齢だった可能性が指摘された（奈良ほか 2016）。つまり，城の山被葬者と雨の宮被葬者の政治／経済的活動時期は前Ⅴ期のなかで重なっていたと考えられるのである。それゆえ，1-(1)で再録したとおり両被葬者間で政治／経済的関係が築かれていた蓋然性は高いのである。

2　雨の宮被葬者と山谷古墳の被葬者

筆者はこれまで，雨の宮被葬者が新潟市山谷古墳（集成3期）の被葬者（以下，山谷被葬者とする）と政治／経済的関係を結んだ証として，将来築造する自らの墓について一定の設計図（墳丘基底部の築造企画）を生前から共有し，山谷古墳の墳丘築造に際して自らが掌握する造墓技術者を山谷被葬者の元に派遣したことで，両古墳が墳丘主軸を挟んで左右非対称の特徴的な墳形の寿陵として築造されたと解釈してきた（小黒 2006：145-147頁・2012：144頁・2014：288頁）。山谷古墳眼下の御井戸B遺跡の建物跡からは続縄文土器（後北 C_2-D式）が出土した。滝沢規朗氏は当該建物の構造が新潟県内では新潟シンポ編年7期以降に目立ち，後北 C_2-D式の一般的段階は新潟シンポ編年8～9期と接点をもつとした（滝沢 2014：85・89頁・註6）。新潟シンポ編年8期は再考大賀編年の前Ⅳ期新相に併行する（大賀 2016：第1表）。滝沢氏の評価を重視すると，山谷被葬者の主たる政治／経済的活動時期（新潟シンポ編年8～9期，前Ⅳ期新相～前Ⅴ期，集成2期後葉～3期中葉頃）に，山谷被葬者の拠点集落内で自らが率いる集団と東北北部の続縄文文化に属する集団が共存した可能性を想定できる（小黒 2014：289頁）。4-(2)-3での検討も踏まえると，雨の宮被葬者と山谷被葬者の主たる政治／経済的活動時期は重なっていたと考えられることから，これまでの解釈を本稿でも堅持する。

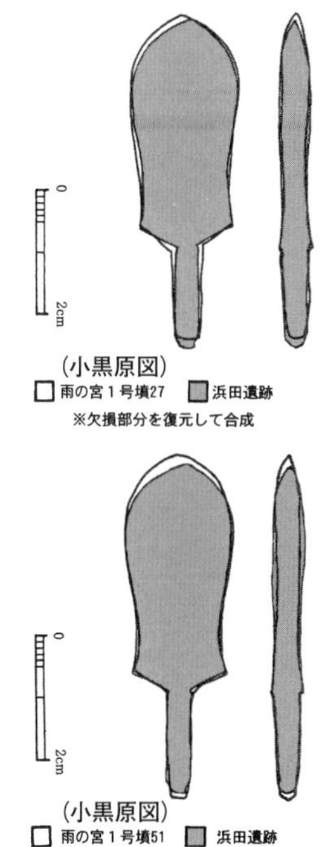

第9図　雨の宮1号墳・浜田遺跡出土柳葉形銅鏃の類似性（小黒 2006 第5図を改変）

3　雨の宮被葬者と浜田遺跡の首長

佐渡島の真野湾東岸に位置する新潟県佐渡市浜田遺跡の大型竪穴建物跡である第1号住居址（新潟シンポ編年8期）からも有稜系小型柳葉形銅鏃が1点出土した。当該銅鏃は鏃身側縁に刃潰しを施すことなく，丁寧に研ぎ出してS字状カーブが作り出されており，製作時期は集成1期にまで遡りうる可能性もある（小黒 2000：111頁）。筆者はこれまで，雨の宮被葬者と浜田遺跡の首長が政治／経済的関係を結んだ証として，雨の宮被葬者が入手した銅鏃（矢）を浜田遺跡の首長に再贈与したと解釈してきた（小黒 2006：143・144頁・2014：292・293頁・第9図）。有稜系銅鏃の出土遺跡が少ない北陸において，浜田遺跡の首長が雨の宮銅鏃と同型式の有稜系銅鏃（矢）を入手できた背景は，弥生時代以

来の能登と佐渡の地域間関係（小黒 2006：143・144 頁）に求めてこそ合理的に理解できる。現状で，能登以外の諸地域勢力やヤマト王権中枢との直接的関係は想定できない。

雨の宮銅鏃群のうち関が厚い一群の製作時期は集成 1～2 期に遡る可能性も想定できるため（小黒 2006：137 頁），雨の宮被葬者は集成 2 期後葉頃までに入手して浜田遺跡の首長に再贈与したと考えられる。城の山被葬者にも矢を再贈与したことを踏まえると，雨の宮被葬者は集成 2 期末葉～3 期中葉頃にも入手したことになる。集成 4 期前葉頃に埋葬された雨の宮被葬者は長寿で，集成 2 期後葉頃から若くして首長の重責を担いはじめ，以後も長期にわたって活動し，越佐の地域首長と政治／経済的関係を築いたのである。雨の宮被葬者は弥生時代以来の地域間関係に基づき，浜田遺跡の首長との関係を築くことで越後を含む北方の情報を得ることを意図したと考えられる。その過程で，城の山古墳に近在し，先行する（小黒 2014：註 20）胎内市籠ホロキ山古墳（中型円墳）の被葬者や胎内地域の社会情勢に関する情報も知ることとなり，それが契機となって雨の宮被葬者が城の山被葬者との関係を構築することになったのではなかろうか。

(4) 城の山報告書における被葬者像の検証

1　総括論文の解釈

水澤氏は，城の山古墳を築いた集団像について，管玉からは会津，棺材からは北陸諸勢力，この両者との間で非常に密接な関係をもち，近江との関係も考慮しつつ，畿内政権や北方勢力とも直接関係をもった集団像が浮かび上がるのではなかろうかと総括した（水澤 2016b：525 頁）。

会津との関係については，福永伸哉氏による「東日本の初期の古墳は前方後方墳であることが多いが，城の山古墳が円墳系である点は，東日本にあっては前期の前方後円墳が顕著な会津盆地や信濃川（千曲川）水系の信州方面からの情報の伝播を示唆しているのかもしれない。」との指摘（福永 2016：491 頁）に依拠して，次の解釈に発展させた（水澤 2016b：529 頁）。すなわち，「能登との関係から畿内への関係にシフトするとともに，早い段階で北陸の影響を離脱したことを表すのが円墳系優位の現象」であり，そこには「会津勢力の強力な後押しがあったと考えるべき」で，「能登由来の方丘系前方後方墳勢力と会津由来の円丘系の前方後円墳・円墳勢力が（引用者註：新潟シンポ編年）9 期の早い段階で蒲原平野において対峙」し，「地理的な関係もあって 9 期のうちに会津勢力に軍配が上がったと考えれば，前期後半に円丘系で占められる蒲原平野の古墳分布状況や北陸北東部系土器が 9 期に急速に拡散を停止する（田嶋 2012）という考古学的事象が説明できるのではないだろうか。」と結んだ。この総括論文を出発点に被葬者像を検証する。

2　城の山被葬者と会津盆地の勢力との関係

3-(1)での検討結果に加え，棺材の出土位置や遺存状態，それらの樹種同定結果（汐見・白崎 2016）を踏まえると，筆者は管玉や棺材に関する水澤氏の解釈には躊躇を覚える。加えて，水澤氏の発展させた解釈の前提となった福永氏の指摘は，「越後，そして日本海地域におけるこの古墳（引用者註：城の山古墳）の歴史的評価については，今後も当地域の研究者の議論が続いていくであろう」（福永 2016：489 頁）との前置きのうえで，ヤマト政権の「王陵」が存在する畿内の視点から少しマクロに古墳時代像を考えたときに提起できる課題の一つとして示されたもので，この指摘自体が慎重な検討を要するのである。

筆者は，弥生時代終末期における北陸北東部系土器の広域分布の主要因として，気候変動に起因した居住・生産・交通など諸環境の悪化に対応することが困難と判断した主に越中の平野部の諸集団が新天地を求めて越後や石背（会津盆地）などへと集団移住したことによるとする説，いわば「環境難民」の集団移住説を提起した（小黒 2017）。環境難民の主たる排出元となった越中では人口が激減しており，新潟シンポ編年 9

期後半頃の大雨や大洪水による交通網の寸断などによって，蒲原平野などへのさらなる人口流出が途絶えたことに起因して，あたかも北陸北東部系土器の「拡散」が停止したようにみえているに過ぎないと考えられる。ゆえに，北陸北東部系土器の流入停止という考古学的事象を過大評価すべきではない。

弥生時代の越中では方形周溝墓など方丘系の墳墓が卓越したものの，円形周溝墓といった円丘系の墳墓も少数築かれていた。富山市百塚住吉遺跡では古墳時代前期前半にも円墳のほか，ヤマト王権とは無関係に前方後円墳が築かれていた（小黒 2009：283 頁・2012：138 頁・2017：59 頁）。したがって，環境難民のもつ情報を基に蒲原平野で円丘系の古墳が築かれた可能性もまた十分に想定できるのである。新潟市菖蒲塚古墳のように鼉龍鏡の分布の偏在性を根拠としてヤマト王権中枢との直接的関係を想定できる（小黒 2012：146 頁・2014：288 頁）前方後円墳もあるが，埋葬施設や墳丘形態などの詳細情報が得られていないかぎり，前方後円墳であっても，その情報伝達にかかる系譜を追究することは容易でない。円墳の場合はなおさらである。それゆえ，現状で「会津勢力の強力な後押しがあった」と考えることは難しいと判断する。

3　城の山被葬者と雨の宮被葬者，ヤマト王権との関係

4-(3)-1 で示したとおり，城の山古墳における弓矢や靫の存在から，筆者は城の山被葬者と雨の宮被葬者の密接な関係を想定する。水澤氏は城の山古墳・雪野山古墳出土靫の共通性を重視して近江との関係も考慮した（水澤 2016b：註 2）が，3-(2) で示したように城の山古墳出土靫を雨の宮被葬者からの再贈与品と解釈する筆者は，近江との関係を考慮する必要はないと判断する。同じく再贈与された城の山古墳・浜田遺跡出土銅鏃を含めると，雨の宮被葬者は 137 本以上の矢をヤマト王権中枢から入手したことになる。3 具の靫に均等配分すれば約 45 本ずつで，南側の靫に満載した場合は復元製作や靫内出土鏃数の実例から 50 本程度が納まると判断されており（城の山報告書：130・131 頁），137 本以上の矢は 3 具の靫に十分納まる。後述するように，ヤマト王権中枢から入手し，保有していた靫と弓矢を，雨の宮被葬者が自身の政治／経済的意図によって城の山被葬者に再贈与したとの判断こそが，雨の宮 1 号墳第 1 主体部に靫・弓が副葬されていないのにもかかわらず，前方後方墳最多の矢が副葬され，城の山古墳に 3 具の靫と 2 張の弓，少数の矢が副葬されていたことの最も合理的な解釈である[10]。再贈与の目的として，城の山被葬者が率いた地域社会と東北北部の続縄文文化に属する地域社会との間で行われた交易品の間接入手を想定してきた（小黒 2014：293 頁・2017：58 頁）。城の山被葬者と北方社会との直接的関係には賛同するものの，4-(1)-3 で示した手続き上の問題もあって筆者は水澤氏が想定した城の山被葬者と畿内政権との直接的関係には懐疑的である。

呼称はさまざまだが，城の山報告書の考古学的分析における副葬品の評価のほぼすべてが，水澤氏の総括と同様に中央政権（ヤマト政権／大和政権／畿内政権／倭政権）との直接的関係により多くを入手したと解釈している。盤龍鏡・弓矢・靫・大刀・翡翠製勾玉・ガラス小玉がその候補とされている（上野 2016，大賀 2016，菊地 2016，辻 2016，橋本 2016，福永 2016）。このようななか，中央政権以外の勢力を介した間接入手も念頭に置いたのは上野祥史氏と辻秀人氏である。特に，石川県七尾市国分尼塚 1 号墳との間における中国鏡・靫・銅鏃という副葬品組成の共通性に着目して能登を重視した上野氏は，城の山古墳出土盤龍鏡について王権中枢からの直接入手よりも三角縁神獣鏡や後漢鏡を保有・副葬する能登を介した間接入手の方がより無理なく実態を理解できるとしつつも，総括論文に関わる水澤氏の見解（水澤 2014）を尊重し，北陸北東部を介した流入を想定できないのであれば王権中枢から能登と越後北部への関与が同質で，その格差が数量で表現された結果と理解しておきたいと結んだ（上野 2016：343 頁）。

筆者は，上野氏による能登を介した間接入手説に魅力を強く感じる。ただ，城の山被葬者が若齢で前Ⅴ期（集成 2 期末葉～集成 3 期中葉頃）に埋葬されたことを重視すると，前Ⅳ期新相（集成 2 期後葉頃）に埋葬された

国分尼塚1号墳の被葬者から盤龍鏡を再贈与されたと解釈することはやや難しいように思われる。これは，国分尼塚1号墳出土有稜系銅鏃群に柳葉形銅鏃が1点もなく，水澤氏による古墳時代前期靫の序列（水澤2016a：381頁）を踏まえると城の山古墳の方が優品を含むことも考慮した判断である。集成2期後葉頃から首長として活動していた〔4-(3)-3〕雨の宮被葬者が，入手した仿製神獣鏡と盤龍鏡のうち，早期に入手した小形品の後者を城の山被葬者に再贈与したと解釈することが容認されるならば，先述した靫と弓矢の問題を含めて北陸北東部の考古資料の実態を整合的に理解することができる。北陸北東部の前期後半の大型古墳の展開には，地勢の特徴もあって早くから能登の各地域首長がヤマト王権に大きな役割を期待され（小黒2006：149頁・2014：292頁），雨の宮被葬者は城の山被葬者・山谷被葬者と政治／経済的関係を築くことでヤマト王権から東北北部の続縄文文化に属する集団まで続くネットワーク網を整備するという政策を実際に果たした（小黒2014：296頁）歴史が隠れていると考えられる。

雨の宮1号墳の歴史的意義について，筆者は1-(1)で引用した福永氏による枠組み（福永1996・1998・1999ab・2005：300頁）におおむね賛同する。すなわち，大和盆地東南部に巨大古墳を築いた「旧勢力」（初期大和政権）に替わって畿内中央政権内の政治的主導権を握り，大和盆地北部から河内平野にかけて大古墳群を展開させた「新興勢力」のうち，大和盆地北部（佐紀古墳群）の勢力との間で築いた密接な関係の下で，邑知地溝帯の新興勢力である雨の宮被葬者に新式神獣鏡や方形板革綴短甲などが贈与されたというものである。福永氏は，同じく新式神獣鏡や方形板革綴短甲などが出土した近江の安土瓢箪山古墳を新興勢力との関係，三角縁神獣鏡などが出土した近在する雪野山古墳を旧勢力との関係で理解した。

城の山古墳と同じく，雪野山古墳には菱形紋太糸巻き編み靫と市松紋編み上げ靫（水澤2016a：381・382・401・402頁）が副葬されていた。水澤氏と同じく，筆者はこの点を重視する。雪野山古墳例との間の共通性を重視すると，城の山古墳例が雨の宮被葬者から再贈与されたと解釈する筆者の立場では，雨の宮被葬者はヤマト王権中枢の旧勢力とも関係を築いた可能性が生じることになる。それは，雨の宮銅鏃群がバラエティに富み，関の厚い一群の製作時期は集成1～2期に遡る可能性も想定でき，かつ複数回にわたってもたらされたものの，その入手経路は限定されていた可能性が高い〔1-(2)-2〕こととも関連する。すなわち，関の厚い銅鏃群は3具の靫や2張の弓，盤龍鏡とともに大和盆地東南部の旧勢力から入手した威信財であり，台頭してきた大和盆地北部の新興勢力との政治／経済的関係を新たに築き，自らの連携相手を旧勢力の競合相手である新興勢力に切替えたことで新式神獣鏡や方形板革綴短甲などとともに薄手の銅鏃群も入手した可能性を想定できるのである。邑知地溝帯の社会情勢も勘案しつつ，対外関係を含めたヤマト王権中枢の政治的主導権争いの推移を踏まえた雨の宮被葬者の巧みな政治／経済的活動の結果であり，その延長として城の山被葬者や山谷被葬者との政治／経済的関係の構築につながったのである。

雨の宮被葬者が城の山被葬者に再贈与した品の多くは，旧勢力から入手したものだった[11]。旧勢力と共有していた段階では雨の宮被葬者にとって重要な威信財だったが，ヤマト王権中枢の連携相手を新興勢力に切替えた時点で雨の宮被葬者にとっては共有する必要性が失われ，むしろ新興勢力から入手した最新の威信財こそが共有すべき重要な器物となった。自身にとって威信財としての意義を失った器物を保有し続けることは新興勢力の不審を買うことにつながりかねないことから，雨の宮被葬者は密接な関係を結んだ城の山被葬者にそれらを再贈与したのではなかろうか。それは旧勢力との決別の表明でもあった。再贈与によって旧勢力との関係が明白な威信財が副葬されなくなったことに留めず，雨の宮被葬者の葬送儀礼執行者は被葬者の頭部または足部付近に棺主軸と直交方向で剣を置く特徴的な副葬品配置を体現する新たな儀礼方式（福永2005：300・305頁：註21）を採用し，参列者に対して新興勢力との密接な関係を表明したのだろう。雨の宮被葬者，およびその後継者たる首長，すなわち雨の宮被葬者の葬送儀礼執行者が新興勢力との連携を深めたことで，次代の首長墳である雨の宮2号墳が前方後円墳として築かれることになったと考えられる。

近畿中部からみた「北国」・「東国」への連環の中心に佐紀古墳群があり（今尾2014：92頁），雨の宮被葬者や雨の宮2号墳の被葬者もその連環に連なっていた。佐紀陵山古墳の被葬者の意向を踏まえた雨の宮被葬者との関係の構築によって，城の山被葬者は主にヤマト王権中枢の旧勢力が創出した各種器物を間接入手でき，佐紀陵山古墳の被葬者との密接な関係をもつ雨の宮被葬者の存在を後ろ盾に，蒲原平野の有力首長の一人として活動した。城の山被葬者は，ヤマト王権中枢とは間接的にも結びついていなかったと考えられる。これが，前方後円墳ではなく，円墳として城の山古墳が築かれた理由である。雨の宮被葬者との密接な関係を築いたことこそが城の山被葬者にとっては重要で，自ら入手した東北北部の希少財や情報を能登経由でさまざまな必需財や情報と交換し，厳しい自然環境下で試練に直面した地域社会を率いるべく尽力したのではなかろうか。北方社会などとの交易や地域社会の統率に際し，地域や北方社会にとって珍しい器物を見せることは大きな力を発揮したことだろう。最新の威信財である必要性はなかったのである。

なお，バラエティに富む雨の宮銅鏃群の来歴は，ヤマト王権中枢で新興勢力が政治的主導権を握った際に，旧勢力が掌握する柳葉形銅鏃の製作工房がそのまま新興勢力に移ったか，あるいは当該工房の工人が新興勢力の掌握する製作工房に移ったことで，結果として製作時期差がありつつも高田分類a手法の小型柳葉形銅鏃が雨の宮被葬者の元に贈与され続けることになったと解釈することで，合理的に理解できるだろう。銅鏡や靫，弓などと異なり，矢として完成すると銅鏃の細部形態は目立たない。この点が，旧勢力から入手した古相の銅鏃群すべてが城の山被葬者に再贈与されなかった理由と考えられる。

おわりに

本稿では，1-(1)で再録した前稿での見解を追証し，雨の宮1号墳など各地域社会の大型古墳被葬者の埋葬時期と政治／経済的活動時期が必ずしも合致しないことを示したうえで，自然環境や集落の消長を含む各地域社会の実態を俯瞰しつつ，城の山被葬者を取り巻く首長間関係を復元した。大型古墳が特に少ない北陸北東部は古墳築造の背後にある各地域社会の首長の意図や他の地域社会の首長との関係を推し量る作業に取り組みやすく，古墳時代の研究にとって貴重な研究フィールドであることを指摘し，擱筆する。

恩師，橋本博文先生がとうとうご退職の時を迎えられました。学生時代，学問的にも人間的にも先生から厳しくご指導いただき，それが今日の私の礎となっているように思います。先生から頂戴した学恩に報いる内容とは程遠いですが，先生が発掘調査指導委員会の委員長を務められた城の山古墳を献呈論文の素材に選びました。学生時代以来，先生にご指導いただいてきたことを振り返りながら，感謝の念を込めて執筆した本稿を謹んで献呈させていただくとともに，先生のご健康とますますのご活躍を祈念いたします。

なお，本稿を作成するにあたり，水澤幸一氏をはじめとして，飯塚義之・上野祥史・鈴木一有・辻秀人・野垣好史の諸氏から多くのご教示を賜りました。末筆ながら，ご芳名を明記して御礼申し上げます。

（2018年3月25日受付）

註

1）白石太一郎氏（白石1999：72頁）に学び，筆者はヤマト政権の中枢となる地域連合をヤマト王権，ヤマト王権が各地の地域連合と連携した連合体制をヤマト政権と呼称する（小黒2000・2006）。

2）近畿地方を中心とする分布の地域的偏在や数量的多寡と，出土古墳の墳丘規模との相関関係から，威信財を次のとおり定義する。日本列島各地の地域首長がヤマト王権と密接な関係を結び，ヤマト政権の一員となることと引き換えに，ヤマト王権の存在を後ろ盾に地域内における首長の政治的権威の象徴として，また結合意識を高揚させるための精神的シンボルとして利用できるよう，ヤマト王権中枢から地域首長に配布，または贈与され，結びついた証として共有していた器物。時期により品目に差があり，また結びつきの度合いや性格も変化するが，古墳時代前期であれば三角縁神獣鏡や腕輪形石製品，有稜系銅鏃などが該当する（小黒 2000：123 頁）。

威信財は，経済人類学者カール・ポランニー氏が指摘する（K. ポランニー 1980：207 頁）ように，ただ所有しているだけで所有者に社会的な重みや権力，影響力を与えるような「価値物」や儀礼的物品を含み，与えても与えられても威信を増すため，流通する。古代社会における経済的な働きの本質を探るうえで，威信財流通の復元は困難だが重要な鍵の一つである。製作地の様相が判明している威信財は少ないが，製品自体の微細な視点での型式学的検討を重ねることでも，アプローチは可能になると考える（小黒 2006：150 頁）。

3) 弓全体の出土状態を示した図がないなどの理由で城の山報告書から読解することが難しい弓破片（漆膜）の出土位置，漆膜での赤色顔料の有無，四柳報告（四柳 2016）の遺物番号との不整合等について，水澤氏に数回照会した結果，認識をある程度深めることができた。その分析結果を基に，報告された遺物出土状態の概略図・詳細図を統合して弓全体に関する認識を示すことも考えたが，あらゆる考古学的検討の出発点となる遺物出土状態に関する認識（詳細図）はやはり発掘調査担当者が基本データとして示すべきであり，第三者の誤認に基づく図を示すことになれば無用な混乱を招くことになるため，作成を取りやめた。棺内は盗掘やモグラ穴などにより攪乱されており（城の山報告書：98・99 頁），弓周辺も影響を被っている可能性がある。遺跡形成論的観点も考慮した弓に関する詳細な認識が提示された後に初めて批判的検証が始まる。本稿では，ある程度の確度をもって示すことができ，かつ詳細図が示された範囲内における筆者の認識のみを付した（第 4 図）。

4) 実測図作成から写真撮影までの経過を水澤氏に確認していただき，判明した。

5) 雨の宮報告書における雨の宮銅鏃の実測図縮尺 2 分の 1 を基準とした。なお，雨の宮 1 号墳出土品は 2008 年に国の重要文化財に指定されており，城の山銅鏃の類例と判断した雨の宮銅鏃 9 点の再調査は控えた。

6) 「寿陵」については，先学に習い，語源となった中国戦国時代中期にはじまる寿陵と同一かどうかは不問とし，被葬者の生前から墳丘の築造が開始された墳墓と広く捉える（小黒 2006：註 23）。

7) 関連して，藤沢敦氏は東北地方南部太平洋側において中期前半や後期に古墳の築造が途切れる地域が多く，首長墓の系譜をたどることが困難な地域も多いことに着目した。後継者たる首長が古墳被葬者の葬送を行ったのではなく，被葬者が政治的つながりを有していた，より上位に位置する者が執行したと考えた方が説明はたやすいとした（藤沢 2013）。東北南部と同様に首長墓の系譜が途絶える地域の多い北陸でも検討すべき視点である。

8) 自然科学研究等の出典を含め，これらの解釈の詳細は 2017 年の論文（小黒 2017）で示した。多数の先行研究に依拠したが，ここでは煩雑になることを避けるために省略する。ご容赦願いたい。

9) 滝沢規朗氏は当該土器が新潟シンポ編年 10 期より古くはならず後出的な様相さえみえるとした（滝沢 2014：93 頁）。なお，大賀氏は，新潟シンポ編年 10 期が前Ⅵ期（集成 3 期後葉～4 期前葉頃），11 期は前Ⅶ期（集成 4 期中～後葉頃）に併行すると認識している（大賀 2013：第 1 図・2016：第 1 表）。

10) 水澤氏は，城の山被葬者が入手した 3 具の靫には箭が満載され，その一部は副葬されたものの，その他のおそらく 100 隻を超える箭は他者に再贈与された可能性を想定した（水澤 2016a：428 頁）。

11) 浜田遺跡第 1 号住居址出土銅鏃が古相を呈し，かつ住居址の使用時期は城の山被葬者の政治／経済的活動時期よりも古いと考えられることから，雨の宮被葬者が浜田遺跡の首長に再贈与した銅鏃（矢）もヤマト王権中枢の旧勢力から入手したものだった蓋然性が高い。

引用・参考文献

石貫弘泰　2018「銅鏃」『前期古墳編年を再考する』六一書房

今尾文昭　2014『ヤマト政権の一大勢力 佐紀古墳群』新泉社

上野祥史　2016「城の山古墳出土の盤龍鏡」『新潟県胎内市城の山古墳発掘調査報告書』胎内市教育委員会

梅原末治　1938『安土瓢箪山古墳』滋賀県

梅原末治　1955「山城に於ける古式古墳の調査」『京都府文化財調査報告』第 21 冊　京都府教育委員会
浦間茶臼山古墳発掘調査団　1991『岡山市浦間茶臼山古墳』真陽社
大賀克彦　2002「凡例　古墳時代の時期区分」『小羽山古墳群』福井県清水町教育委員会
大賀克彦　2013「前期古墳の築造状況とその画期」『前期古墳からみた播磨』第 13 回播磨考古学研究集会実行委員会
大賀克彦　2016「城の山古墳出土玉類の考古学的検討」『新潟県胎内市城の山古墳発掘調査報告書』胎内市教育委員会
小黒智久　2000「宮内庁書陵部所蔵の「新潟県佐渡郡相川町鹿伏山出土品」の研究」『新潟考古』第 11 号　新潟県考古学会
小黒智久　2006「古墳時代前期の佐渡と能登」『新潟考古』第 17 号　新潟県考古学会
小黒智久　2009「百塚住吉遺跡・百塚遺跡のいわゆる出現期古墳が提起する諸問題」『富山市百塚住吉遺跡・百塚住吉 B 遺跡・百塚遺跡発掘調査報告書』富山市教育委員会
小黒智久　2012「北陸」『東日本における前期古墳の立地・景観・ネットワーク』東北・関東前方後円墳研究会
小黒智久　2014「北の古墳築造周縁域と続縄文社会」『古墳と続縄文文化』高志書院
小黒智久　2017「北陸北東部の古墳出現期社会と地域間関係，気候変動」『古代文化』第 69 巻第 2 号　（公財）古代学協会
K. ポランニー（玉野井芳郎ほか訳）　1980『人間の経済Ⅰ』岩波書店
菊地芳朗　2016「出土武器類からみた城の山古墳」『新潟県胎内市城の山古墳発掘調査報告書』胎内市教育委員会
京都大学文学部　1968『京都大学文学部博物館考古学資料目録　第 2 部　日本歴史時代』
小林達雄　1994『縄文土器の研究』小学館
近藤義郎　1983『前方後円墳の時代』岩波書店
（財）松山市生涯学習財団埋蔵文化財センター　1998『朝日谷 2 号墳』
齋藤　努　2016「城の山古墳出土青銅資料の鉛同位体比分析」『新潟県胎内市城の山古墳発掘調査報告書』胎内市教育委員会
沢田むつ代　2016「城の山古墳出土品付着の織物の仕様実例」『新潟県胎内市城の山古墳発掘調査報告書』胎内市教育委員会
汐見　真・白崎泰子　2016「城の山古墳出土木製品の樹種同定」『新潟県胎内市城の山古墳発掘調査報告書』胎内市教育委員会
史跡雨の宮古墳群発掘調査団　2005『史跡 雨の宮古墳群』鹿西町教育委員会
白石太一郎　1999『古墳とヤマト政権』文藝春秋
胎内市教育委員会　2016『新潟県胎内市城の山古墳発掘調査報告書』
高田健一　1996「古墳時代銅鏃の製作技術」『雪野山古墳の研究　考察篇』雪野山古墳発掘調査団
高田健一　1997「古墳時代銅鏃の生産と流通」『待兼山論叢』第 31 号史学篇　大阪大学文学部
高田健一　2013「銅鏃」『副葬品の型式と編年』同成社
髙橋浩二　2005「弥生後期における住居跡数の変化と人口の動態」『待兼山考古学論集』大阪大学考古学友の会
髙橋浩二　2006「北陸の前方後方墳」『石川考古学研究会々誌』第 49 号　石川考古学研究会
滝沢規朗　2014「続縄文土器と在地土器の併行関係」『古墳と続縄文文化』高志書院
滝沢規朗　2016「墳丘出土土器」『新潟県胎内市城の山古墳発掘調査報告書』胎内市教育委員会
田嶋明人　2012「古墳確立期土器の広域編年」『東生』1　東日本古墳確立期土器検討会
田中　琢　1991『倭人争乱』集英社
辻　秀人　2016「東北日本周縁域の古墳成立過程」『新潟県胎内市城の山古墳発掘調査報告書』胎内市教育委員会
東北・関東前方後円墳研究会　2014a『古墳築造周縁域における古墳時代前・中期の社会と地域間関係』
東北・関東前方後円墳研究会　2014b『古墳と続縄文文化』高志書院
奈良県立橿原考古学研究所　2008『ホケノ山古墳の研究』
奈良貴史・石川巳喜夫・澤田純明　2016「城の山古墳から出土した歯片および骨片の人類学的検討」『新潟県胎内市城の山古墳発掘調査報告書』胎内市教育委員会

日本考古学協会新潟大会実行委員会　1993『東日本における古墳出現過程の再検討』
橋本博文　2016「前期古墳の中の城の山古墳」『新潟県胎内市城の山古墳発掘調査報告書』胎内市教育委員会
広瀬和雄　1991「前方後円墳の畿内編年」『前方後円墳集成　中国・四国編』山川出版社
福永伸哉　1996「雪野山古墳と近江の前期古墳」『雪野山古墳の研究　考察篇』雪野山古墳発掘調査団
福永伸哉　1998「雨の宮古墳群の歴史的背景」『雨の宮古墳公園完成記念　古墳シンポジウム記録集』鹿西町古墳シンポジウム実行委員会
福永伸哉　1999a「古墳時代前期における神獣鏡製作の管理」『国家形成期の考古学』 大阪大学考古学研究室・大阪大学考古学友の会
福永伸哉　1999b「古墳の出現と中央政権の儀礼管理」『考古学研究』第46巻第2号　考古学研究会
福永伸哉　2005『三角縁神獣鏡の研究』大阪大学出版会
福永伸哉　2016「畿内から見た城の山古墳」『新潟県胎内市城の山古墳発掘調査報告書』胎内市教育委員会
藤沢　敦　2013「東北の古墳と葬送」『講座　東北の歴史』第六巻　清文堂
堀　大介　2009『地域政権の考古学的研究』雄山閣
本間嘉晴・関雅之・本間信昭　1975『浜田遺跡』真野町教育委員会
松木武彦　1991「前期古墳副葬鏃の成立と展開」『考古学研究』第37巻第4号　考古学研究会
松木武彦　1992a「銅鏃の終焉」『長法寺南原古墳の研究』大阪大学南原古墳調査団
松木武彦　1992b「古墳時代前半期における武器・武具の革新とその評価」『考古学研究』第39巻第1号　考古学研究会
松木武彦　1996「前期古墳副葬鏃群の成立過程と構成」『雪野山古墳の研究　考察篇』雪野山古墳発掘調査団
松木武彦　2007『日本列島の戦争と初期国家形成』東京大学出版会
三浦俊明　2005「車輪石生産の展開」『待兼山考古学論集』大阪大学考古学友の会
水澤幸一　2014「縁辺の古墳と在地社会」『古墳と続縄文文化』高志書院
水澤幸一　2016a「靫の構造と位相」『新潟県胎内市城の山古墳発掘調査報告書』胎内市教育委員会
水澤幸一　2016b「総括」『新潟県胎内市城の山古墳発掘調査報告書』胎内市教育委員会
水澤幸一　2016c「要約」『新潟県胎内市城の山古墳発掘調査報告書』胎内市教育委員会
谷内尾晋司　2005「1号墳　出土遺物　土器」『史跡　雨の宮古墳群』鹿西町教育委員会
雪野山古墳発掘調査団　1996『雪野山古墳の研究　報告篇』・『雪野山古墳の研究　考察篇』
吉留秀敏　1992「寿陵考」『究班』埋蔵文化財研究会
四柳嘉章　2016「城の山古墳出土漆製品の科学分析」『新潟県胎内市城の山古墳発掘調査報告書』胎内市教育委員会
藁科哲男　2016「城の山古墳出土管玉の石材産地同定分析」『新潟県胎内市城の山古墳発掘調査報告書』胎内市教育委員会

関重嶷著『發墳暦』の考古学的検討

加部　二生

1　関重嶷の経歴

第１図　関 重嶷肖像画（伊勢崎市立図書館蔵・伊勢崎市教育委員会提供）

関重嶷は1756（宝暦6）年9月3日に伊勢崎藩家老の関助之亟当義の嫡子として伊勢崎で生まれた。母親は前橋藩士の関善之亟俊倫の妹寿世であった。重嶷の幼名は助五郎といい，後に此面と改名した。

1763（宝暦13）年に8歳で小姓頭になり，1771（明和8）年16歳にして側用人に登用され，この頃からすでに頭角を現している。山崎闇斎の流れを汲む村士行蔵（玉水）（1729-1776）から朱子学を学び，1788（天明8）年33歳のときに家督を相続する。石高400石で年寄加判に列した。1797（寛政9）年，重嶷42歳で家老に就任する。しかし，1813（文化10）年58歳のときに突如蟄居閉門を仰せつかる。蟄居の理由は不明であるが，自選の墓誌銘には

「予槽暦の庸才を以って銓衡に居ること十数年
　勤労の以って君に報ゆべきもなく，
　異政の以って士民に及ぼすべきなかりき
　是を以って言う者の詆怒をいたせり
　予や愚か，能く機微の間を察せず，
　遂に悔咎を取れり。
　是れ自ら災いを招ける所以にして，
　人の能くする所にあらざるなり。
　先を辱め家を害す。
　不孝焉より大なるはなし」

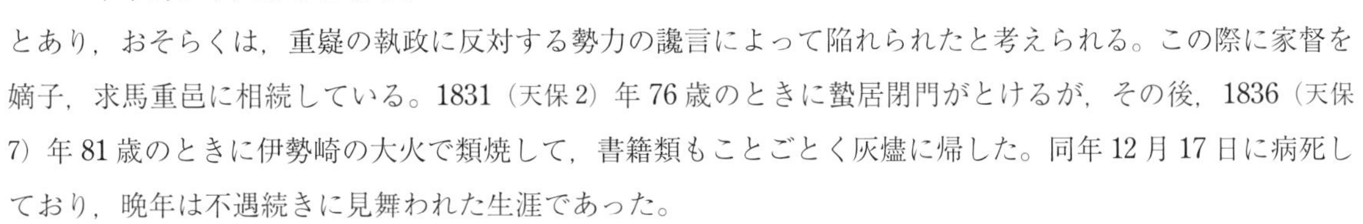
とあり，おそらくは，重嶷の執政に反対する勢力の讒言によって陥れられたと考えられる。この際に家督を嫡子，求馬重邑に相続している。1831（天保2）年76歳のときに蟄居閉門がとけるが，その後，1836（天保7）年81歳のときに伊勢崎の大火で類焼して，書籍類もことごとく灰燼に帰した。同年12月17日に病死しており，晩年は不遇続きに見舞われた生涯であった。

墓所は現在，伊勢崎市曲輪町同聚院にあり市指定史跡となっている。戒名は関高院廓然睡峒居士である。

2　関重嶷の著作

関重嶷の主な著作として以下の作品が知られている。

1785（天明 3）年『沙降記』
1792（寛政 4）年『發墳暦』
1798（寛政 10）年『伊勢崎風土記』
1798（寛政 10）年『古器図説』
1800（寛政 12）年『月の往来』
1821（文政 4）年『村士玉水先生行實』

関重嶷は俳諧や詩を好み，漢文や朱子学の造詣も深かった。こうした学問に時間を割くことを快く思わぬ敵対勢力の謀略によって，失脚するが，蟄居閉門中の時間も惜しみ，謹慎中にもかかわらず『伊勢崎風土記』を増補して付録を追加している。

これらの著作のなかで，『月の往来』のみ和文体で著され，それ以外はいずれも漢文で書かれている。

1785 年 7 月に発生した浅間山天明の大噴火の状況を刻々と記録した『沙降記』は当時の火山災害の被害状況を知るうえでも重要な史料となっている。また『月の往来』は重嶷が高崎から伊香保温泉，榛名山，妙義山を訪れた際の小紀行文である。

重嶷は 1775（安永 4）年に江戸にて村士玉水を訪れて以後，朱子学を学んでおり，藩学の興隆を策するため招いた浦野知周と供に先師である勤皇思想家の資料を蒐集して伝記を著し，1821 年に『村士玉水先生行實』を上梓した。

これら著作のなかで，今回紹介する『發墳暦』と『伊勢崎風土記』，『古器図説』の内容は重複する部分が多く『發墳暦』・『伊勢崎風土記』の図版篇が『古器図説』という位置づけである。

3 『發墳暦』の現代語訳文

前述したとおり『發墳暦』は 1792 年，重嶷 36 歳の時に著した作品で，全編漢文で書かれている。この中に出てくる遺跡は後世の追記も含めて 37 項目ある。このうち，古墳に関係したものが 23 件（うち同一古墳の重複記事あり），中世板碑・石碑・金石文関係が 5 件，城郭関連 1 件，備蓄銭 1 件，中・近世墓関係 3 件，遺物出土記事 4 件に分類される。

『發墳暦』の読み下し文については，渡邊敦（1936）の全文訳文[1]を基に橋田友治（1970）で再度訳されているが[2]，まだ古典的仮名遣いが多用されており，一般的には難解な文章と解される。今回，それら先行研究を参考にして完全な現代語訳文を作成し，さらに考古学的な検討を加えることによってこれらの資料的価値を再評価したいと考えている。

なお，重嶷の原典では埋葬主体部について，「石屈」，「石櫃」，「石槨」，「石室」と使いわけている。この点については現在一般的に使用されている竪穴系埋葬施設と横穴式石室についての概念をおぼろげながらも意識していたとの指摘[3]があることから，現代語訳でも留意して，該当部分に関しては，忠実に記述するように努めた。() 内については今回筆者が追記したものであり，検索できるように表題の件名および便宜上の通し番号も追加している。また，挿図については『伊勢崎風土記』・『古器図説』等から引用したものが多い。

（『發墳暦』現代語訳）

領内の山林，田畑，および町や村の間のいたるところに古墳がある。

村人の中にこれらをたびたび盗掘している者がいる。

「始めて俑を作る者はその子孫を絶たれるであろう」という孔子の教えがあるが，人の墓を盗掘して，その副葬品を略奪し，遺体を溝や谷に捨て，自分の欲を満たすものは後に必ず呪われるだろう。また，為政者が古墳を知らずに盗掘を制止できなかったら，その呪いを分かつことになるであろう。そのようなことは政を司る者の意図に背く行為であるからである。

ここでは，自分がかつて見聞したいくつかの古墳について記し，以って政を司る者に役立てれば幸いである。

寛政四年閏二月

赤石　関 重嶷　誌

『發墳暦』

赤石　関 重嶷　編集

(1)　波志江村間の山古墳　波志江村の間の山古墳にて安永年間に人物埴輪数種が掘り出され，村の祠の軒下に並べ置かれていた。筆者は以前にここを訪れてその遺物を実見した。これはいわゆる俑であろう。

寛政三年に偶然里人を訪ねてさらにその形状を見ると，期待を裏切らず，衣に帯の表現があって，身分格差を認知している。太古の作風をよく表現している。

その地には必ず古墳があるので，みだりにその土地を掘削しないようにここの役人に告げてきた。

今春の長雨で墳丘の一部が再び崩れ，さらに人物埴輪の腰付近が発見された。

(2)　淵名村古墳出土人物埴輪　筆者はかつて淵名村を過ぎたところで人物埴輪を谷に捨てている者を見た。去年再びここを訪れてみた。場所がわからないので里人に聞いたところ，かつて古墳を掘削して人物埴輪と思しきものが出土したが，子供が遊んで溝に落としたため今はないという。私は残念がって，直ちに（横穴式石室の）開口部をのぞくと，狐が飛び出してきたため驚いて墳頂まで駆け出していた。墳頂部のあちこちを足で踏むと，鼓が響き渡るような音がした。

(3)　植木村古墳出土品　天明二年に植木村の村人が石槨を発見した。中に人骨と鉄刀，鉄鏃数種があった。村役人にその顚末を聞き，かつ，その出土遺物を実見した。

その後，代官に「これは太古の貴人の墓なので直ちにこれらの遺品を埋葬してその上に石碑を建てるべきである。」と告げた。

数日後，私は代官に先日のことを質問した。代官は「すでに埋葬して石碑を建てた。」と回答したので，私は「石碑に何と記したのか」と問うと，代官は「南無阿弥陀仏」と記したという。私はそのとき大笑するのを我慢したが，いまでもしばしば思い出し笑いしてしまう。

(4)　茂呂村の古墳発掘二基　茂呂村の農民に又市という者がいた。かつて荒地を開拓して宅地を開墾した際に刀剣類五十束を入手した。地中に埋まっていた鉄刀は錆びて使用できない。唯一，柄が良く残っている刀があったので磨いて鞘をつけて佩刀とした。その研ぐさまは毛を吹いて細かいキズを見つけるようである。また，発見した石室内には中に仕切りがあって，遺体がうつ伏せであり，まるで生きているかのようであった。腹の下に刀を横たえておりまるで自刃した者のようでもあった。その隣の古墳を掘削すると遺体は肘を張り，歯を食いしばるさまは激怒する者のようであった。目撃した者は皆あわて驚いて悪寒が走った。又市もこれを見たので，気がふれて遺体を溝に捨てた。さらに石室を破壊して組み直し数個に分割して，ついにはここに住んだ。

哀れな又市よ，その後，子孫は無いだろう。

(5)　茂呂村佐藤山古墳ほか　同村の佐藤山古墳が安永年間に掘られ，刀剣と小壺が出土した。また，上の山古墳は祠があるという。四十数年前に里人がその東の隅を掘って刀剣類が出土したという。石屈は現在も残存する。また，勢見塚古墳という古墳もある。農民が石（室）を壊すと石の下から刀剣類が出土した。名主佐藤某がおきて破りにも取得する。

(6)　茂呂村東南境古墳　茂呂村東南境に古墳があった。去年村人が掘削して石槨が発見された。天井石を切って菩提寺（功徳院）の経営用にあてる。

村人が言うには，「槨中から小壺三個出土し，壺の中に金環二個，青玉（ガラス玉）が一個入っていた」今春，筆者がいってその石室を実見した。天井は石畳状をなし，槨は石灰と砂（岩）を用いて構築していた。小壺はことごとく人が破壊していてわずかに残欠を残すのみであった。試しにこれをとってみると，その器は我が家に所蔵する須恵器平瓶，提瓶等を彷彿させるものである。また（石室内の）埋没土中には人骨も散見された。これについては王侯の陵であると考えられる。春の日であったが，このことで寒気がした。

(7)　伊与久村寿久茂塚古墳　伊与久村にすくも塚という古墳がある。時々掘削されて遺物が出土した。その形は錘のごとく，あるいは小管のごとくあるいはオジメのごとし。子供たちが拾って遊んでいたという。おそらく，勾玉，管玉の類と考えられる。この古墳もまた墳頂部を踏むと響き音がする。

父，関助之亟当義が言うには「五十年前龍昌院の住職がすくも塚古墳を掘って神像（鏡か？）を発見した。その状態が大日霊女（おおひるめの）尊像に類似している。祖父，関助之亟当意（まさおき）がこれは珍しいので狩野派の流れを汲む鈴木不求良信に図画させてそれを僧侶に預けた。箱蓋の題字は父（関当義）が書いたと言う。

(8)　八坂村お富士山古墳　八坂村に富士山と言う古墳がある。地元民が掘削して石室を発見した。その蓋石を石橋に使った。太田村の赤坂の石橋という。石室内にはよろいを着けた人骨があったという。

(9)　八坂村全東院付近古墳　寛政三年に八坂村の農民が畑の畦を開墾していると刀剣類が出土したので村内の禅東院に納めた。

(10)　上淵名雙児山古墳出土品　十数年前に淵名村淵名院の住職がある夜ひそかに寺の裏山（双雙山という）を掘削して仏像（馬具）および古器多数を掘り出し藩に届け出た。殿様は仏像（馬具）を淵名院に納め古器を藩の蔵に納めて保管した。石室はいまもなお残存している。

(11)　植木村那波公子供養塚　昔，那波の公子二人，植木村の粕川の浜にて戦死した。里人はこれを哀れみ，もっこを翻してこれを覆った。近年も猶二つの塚があった。寛政十年の冬に筆者が訪れた際には一つはすでに無かった。

(12)　植木村古墳石室発掘　四十年前に植木村の一農民が古墳を掘り，石室を探索したところ天井石の下に穴があった。中は空洞で四面の石は壁を構築していた。方六尺程度で一面の扉石は傾き倒れ広さ六尺を測る。深さ二尺あまり。あるいはここで銭を作った穴ではないかといわれている。

(13)　西町金蔵院赤石山古墳出土品　三十年前伊勢崎西町金蔵院の古墳中から須恵器の壺一括が出土した。遺物数は十あり。石器でも磁器でもない。その形状は錘，小管，圧口等に似ている（長頸瓶か？）。子供たちが分け合って持ち去ったため今は無い。

(14)　植木村関山古墳石室発見・上植木廃寺跡古瓦出土　植木村の林中の関山という古墳に一つの巨石があり，村人がかつて石を移して仕事の用に充てた。石の下に（石）屈があって巨石はその蓋石であった。その（石）屈は石灰と砂石をもって構築されていた。また古瓦が多量に出土している。国分寺や足利学校に出した瓦に類似している。

これも千年前の古墳か。

(15)　太田村東光寺出土の板碑　寛政三年に太田村の瑠璃堂裏の松の下から板碑が出土した。碑面には梵字を刻み，その下部に蓮華を配する。その下位には紀年銘を刻んでいたが字が摩滅していて判読できなかった。

(16)　小泉村出土朱壺　太古以来小泉村は利根川のために常に氾濫して被害を受けてきた。役人はこれを憂い，五十年前に大堤防を築いて防御した。その工事にあたった人夫が須恵器の壺を掘り出し，ひそかに背負って上流に行ってこれを洗った。すると直ちに川の水が朱色に変わった。郡奉行石原市右衛門重賢は偶然堤の上におり，驚いてこれを見に行くと人夫はすでに洗い終わっていた。後で重賢はたいそう残念がって，しばしば話題としていた。おそらくこれは朱壺だったのであろうと。

(17)　八坂村出土石碑　昔，八坂村の地中より石碑が出土した。その文面は「これより方八町の間，金千杯，朱千杯，漆千杯を埋めて置く。」と伝う。この碑は近年まで存在したという。しかし，筆者がかつて尋ねて行った時にはすでにその存在を知るものは居なかった。

(18)　今村出土備蓄銭　四十年前，今村の農夫が溝を掘っていると溝のほとりで古銭数千さしが出土した。密かにこれを河岸街で売った。父（関當義）がこれを聞き，河岸街に人を遣わして銭を購入させたところやはり古銭であった。現在所蔵しているのが「富寿神寶，万年通寶，神功開寶，乾元大寶，隆平永寶，天福鎮寶，乾徳元寶，漢通元寶」等がある。

(19)　植木村御焼場（おんしょうば）　植木村の西境に丘原がある。御墓所場と呼ばれている。かねてより墓地があったことから名づけられた。あるいは昔，稲垣侯の亡骸を火葬した場所なので御焼場とよばれているらしい。かつて怪談話があった。しかし，この土地の周囲の田畑によって狭められ，痕跡は今わずかに残る程度である。怪談話も現在はやんでいる。しかし，いまでも時々鬼火を見ることがある。

(20)　茂呂村退魔寺出土石碑　茂呂村大久庵の故地が今は畑になっている。四十年前に巨碑が畑の畝から出土した。名主佐藤某私財をもって墓をつくりそこに葬る。また，巨碑を退魔寺に移築する。後に住職は石碑が気に入り，築山に移したという。

(21)　城内青桐畑の中・近世墓　城内の郡奉行役所の東北隅の空き地を青桐畑という。先頃，開墾で鋤を入れたところ，ここから人骨が出土した。城の南方の本光寺の原に埋葬した。

(22)　植木村書上出土品　寛政四年の春，父が植木村の書上原に遊びに行き，偶然に石鏃，石英を入手してきた。このときより度々行って，石鏃を集めた。雁叉，剣形，柳葉，尖矢等の種類があり，おしなべて同じものはない。筆者は試みにこれでもって，いろいろな石や，皿や磁器を磨いてみたが，触れた所は皆かける。もしかしたら金剛石の類か。石英はすなわち黒石英なり。（俗に言う星糞＝黒曜石なり）

この項は古墳の類ではないけれども，しかもまた領内の一奇よって後に付加する。

これより以下は事後見聞したものを記録する。

(23)　退魔寺住職の中・近世墓発掘　修験僧で解魔法師なるものが不動院（退魔寺）にいた。広瀬川岸上に居住しており，かつて竹藪を開墾して人骨が出土した。これを拾って岸下に捨てた。その横を掘るとまた人骨と銅銭六枚が出土した。この古銭は含銭でいわゆる六道銭であろう。再び今まさに屍を崖に捨てようとしたときに，法師の母がそれを聞いて，あわてふためいて走ってきてこれを咎めた。「これは先祖の屍と思う，もし違っていたとしても古人の亡骸である。どうしてこれを捨てられるのか。」といったので，法師は速やかにこれを再埋葬した。

(24)　堀口村那波城跡　堀口村に那波城跡があった。堀跡，土手等は今なお存在する。那波夫人の墳墓がある。昔，欲深い男がこの墓を暴いて若年のうちに死亡した。その家はほとんど絶えている。

(25)　伊与久村雷電神社付近出土中世遺物　伊与久村の雷電祠の前に塚があった。寛政七年の春に円勝寺の住職が祭壇を作るために掘削したところ，円鏡一面，刀剣一振と刀装具一式が出土した。すべて寺に納めた。

父はこれを聞き，ただちに見学にいった。筆者もまた一緒に行くと，円鏡は径四寸を測り，背面の縁辺に竹環があった。中間にアゲハ蝶と竹葉鳥がある。刀剣は長さ一尺四・五寸を測り，鉄錆びで朽ちて使用はできない。装具もまた朽ち欠損して原型を損なっている。また，掘削した者のところに行くと，若い男が群がり，塚はすでに平夷されていた。

板碑が出土したが人夫が破壊してしまったため全形は明らかでないが，上に梵字を刻み，その下に蓮弁，下位に紀年銘を刻む。前述した太田村の瑠璃堂裏から出土したものと類似している。しかし，文字が摩滅して詳細は不明である。筆者は人夫に「古銭は出なかったか」聞くと，「一枚出土したが僧侶が持って行った」といった。父が寺に赴き，頼んで見せてもらった。その古銭は篆書体の皇宋通寶であった。これらのことから，筆者は僧侶に「これはまさに含銭（六道銭）である。この銭は北宋の仁宗，宝元年間の初鋳であり，今から七百年前のものである。我が国には，鎌倉幕府の後に入ったものであるから，この塚は五百年前位のものであろう。しかし，鏡の種類はほかのものとは違っておそらく近世の所産である。」僧侶は悲しげに「明らかなので言うが，はじめは鋤で浅いところでこの鏡は出土した。さらにやや深く掘削するとほかの遺物が出土した。かつて今を去る三世前の僧侶某が祈念することがあって，たしか鏡を一面祠の傍らに埋めたことがあったのでおそらくこれがその時の鏡と考えられる。」愚僧は以前からこれを知っていた。今反ってこれが出土したのでそのことを思い出した。貴校の言によってこれを明らかにすることができた。

(26)　上淵名雙児山古墳出土品　(10)の重複　昔，淵名村の雙児山古墳を掘削した際に出土した遺物類は藩の倉に納めている。

須恵器の壺が一つあり，その形が極めてめずらしいので何に使うのか興味深い。寛政七年の夏に倉庫番の役人が筆者とその父に鑑定のために携えて来た。その色は淡白にして刷り痕（カキメ）があり。円径三寸，横五寸，口径三寸を測る。上広く，下狭くその形あたかも槌に似ている。我が家で所蔵する須恵器と大同小異である。おそらく，上代のいわゆる天平の平瓶なるものか。よって平瓶の由来を記して役人に授けた。

また，刀剣類および刀装具類，鉄鏃十本，仏具（杏葉）二点あり。錆壊れて使用はできない。装具はすべて金（金銅張）をもって作る。すなわち金装の大刀である。太古の制度を自ずから推測するのに良い資料である。持ち主はその名前とともにわからなくなってすでに久しい。むやみやたらにこの遺物類が残存することから，それらの人たちのことを追慕して想像している。

(27)　茂呂村政所出土古鈴　ある人物が筆者に向かって語ってくれた。昔，茂呂村の農夫が田を耕し（この地の古名を政所という。）古鈴が出土したので，それを戸の扉につけて盗人よけにした。その鈴が極めて古く珍しい。寛政八年の春，筆者はある人からこれを聞いたので質問した。その人が言うには「前に子供が壊してしまい，今はすでに所在不明になっている。」同年夏にまた人を介して，大勢でこれを探させてついにこれをゴミの中から探し出した。太古の駅路の鈴とはもしかしたらこれのことではないか？」これ以後これを家宝として大切に保管した。

(28)　中町和田出土須恵器　寛政八年の冬に，中町の和田に近頃水車を作り，身の丈あまり土地を掘ると，須恵器三十数点が出土した。里の若者によって破壊された。寛政八年の冬に筆者はこれを見に行ったところ完形品が三点あった。

(29)　華蔵寺境内古墳　華蔵寺のなかに高い丘があった。先日石工が巨石を切った。穴をあけたところ石屈が発見された。屈中からは粒銀が夥しい量出土した。その夜石工は密かに持ち逃げした。

(30)　伊与久村雷電神社古墳　(25)の重複　伊与久村に雷電神社があり，その脇に石垣がある。寛政十二年に里人がこの石材を重ねて庚申塔の壁とした。石の下から刀三振り出土した。錆折れていて，全く原型をとどめていなかった。

(31)　上淵名小雙児山古墳　享和元年の初夏に筆者は淵名双雙児山古墳を訪ねた。小雙児と呼ばれる古墳があった。須恵器の破片が出土した。「前日に村人の新介という者が刀剣を掘り出した。」と近所の子供たちが言っていた。即日調べると，偶然木の根を掘削していてこれを得たという。刀の長さは二尺八・九寸で鉄錆が著しくて使用はできない。

(32)　安堀村出土品　安堀村の農夫万平という者は幼いとき筆者の家に奉公していた。長い間よく耕じょくに努めて暇があれば時々来訪してきた。亡き父がかつて万平に「土器や古銭は地中に埋没しているものが多いので，田畑の中から遺物が出土するのに注意して耕作するように」と言った。万平は忠実に従ったため，後の成果として，勾玉一，管玉六を地中から発見した。その時父はすでに没していた。万平は父の墓前に報告した後に筆者に遺物を寄贈してくれた。筆者はその深き忠義にいたく感動し，その遺物類を現在も所蔵している。

發墳暦終
文化十三年九月
寺東洞　福嶋氏　これを書き写す
註以下は異書に記録されていたので後年の追記なり

(33)　諏訪古墳出土品　伊勢崎境界北に古墳があり，諏訪神社が祀られている。以前，里人の源蔵，雅名を紅碩というものが古墳の裏側を掘削して古刀二振りを掘り出した。すこぶる稀有な形態である。

(34)　伊与久村円勝寺裏古墳出土品　文政八年二月二十六日，伊与久村円勝寺裏で石櫃が掘り出された。中から刀二振り出土した。長い方が二尺八寸を測り，重さ三百匁，短い方が二尺一寸八分，重さ百十八匁，鉄は錆びて原型を保っていない。刀の幅はおよそ一寸七八分，鍔は三寸と二寸五分の二つある。

(35)　西太田古墳出土品　文政十年三月に安堀村字西太田の農夫小源二なる者が畑の中の高いところの古墳から掘り出した鉄刀は今時の製品とは異なっている（直刀である）。

(36)　下植木赤城神社の宝物（御正体）　円径一尺九寸五分で，唐金にて鋳る。厚さ約一分で，縁は約二分位ある。表に十一面観音像があり。裏面には「二大明神御正躰一面」，「弘長四年（大才甲子）三月（ママ）十三日」，「右志者為藤原是貞（ママ）所願成就也」とある。これは弘長甲子が文永と改元して，今年文政十年までおよそ五百七十七年経ており，鎌倉将軍頼嗣（ママ）の時代である。

(37)　今泉八幡神社古墳出土品　文政十年二月十日，今泉村の里人が村社の修理を行った。その際偶然に社殿脇を掘削すると下に石室が確認された。その規模は南北二歩，東西一歩あまり，深さ五尺を測り，小石をもってこれを築き，四面は削った板石を用いていた。蓋石の大きいのは五，六尺，小さいもので三，四尺。自然石を用いて之を蓋としていた。その石は皆軽くて白い。体が赤土にかえり，人骨は土砂にまみれている。里人は新たに箱を設けてその人骨をつまみ上げ納めて石室中に安置した。かつ遺物が多く出土している。詳しく書き記して，役所に報告したものは二十三種類。駅路の鈴，金の冑，欠けた古刀，並びに装具，鉄盤，轡，勾玉，管玉，臼石，平瓶，木棺等数次ある。その品数ことごとく村の名主相ともに封じて郷倉に納めたという。
發墳暦大尾

4　『發墳暦』の考古学的検討

次にこれらの項目ごとに考古学的な検討を加える。ここでは，『伊勢崎風土記』等と照合することによって，さらに古墳・遺跡の内容が明らかになることから適宜引用する。また「上毛古墳綜覧」と照合できる古墳は古墳名の後に綜覧番号を付加した。なお，標記方法は単に綜覧○○村○号墳と省略している。

⑴　波志江村の間の山古墳出土人物埴輪。関重嶷が『古器図説』にスケッチ図を掲載しており，それが桂川（森島）中良により1800（寛政12）年にまとめられた『桂林漫録』やロミン・ヒッチコックがスミソニアン博物館の研究報告[4]に掲載したハインリッヒ・フォン・シーボルトによる人物埴輪図の原典と考えられている[5]。間の山については綜覧三郷村1～5号墳ならびに34・35号墳が該当しており，台所山の36号～42号墳も可能性がある。蟹沼東古墳群の中では綜覧三郷村1～5号墳が発掘調査されている。綜覧の記述を文字通り信じるならば，発掘（盗掘）の有とされたのは4号と34・35号墳であるが4号墳は発掘調査の結果埴輪は無かった。ちなみに祠があるのは墳丘の現存する34号墳の八日薬師古墳のみである[6]。この3体の人物埴輪半身像は，おそらく馬飼い・馬曳きと呼ばれる一群と同じ所作であるが女子像と思しき人物像か描かれており，現品については所在不明となっている。

第2図　『古器図説』にみる間の山古墳出土人物埴輪

⑵　淵名村出土人物埴輪と横穴式石室については，後述する上淵名双雙児山古墳や小雙児古墳と重複するものか，あるいは別の古墳なのか明らかにしがたい。周辺は旧東村の鶴巻古墳から下谷古墳群，旧境町の上淵名古墳群と行政で区切られていたものの，ほぼ南北に途切れなく古墳が密集しており，どの古墳か同定するのは困難な状況である。

⑶　植木村にて横穴式石室内から人骨，鉄刀，鉄鏃数種を出土した古墳については，墳丘上の「南無阿弥陀仏」の名号塔が現在所在不明[7]のため古墳を同定することができなかった。

⑷　茂呂村複数の古墳から鉄刀類が50振出土しているという。この地区には清音古墳群をはじめとした多くの古墳が確認されており，『發墳暦』においても以下茂呂地区の記述が続いている。なお，この古墳の石室については横穴式石室と考えられる。

⑸　茂呂村佐藤山古墳（綜覧茂呂村8号墳・清音1号墳か？）からは鉄刀，壺が出土した。また，上の山古墳（綜覧茂呂村1号墳・飯福神社古墳）からも鉄刀類が出土しており，この当時は石室（竪穴系か？）が現存していたらしい[8]。勢見塚古墳（綜覧茂呂村11号墳）の横穴式石室内からも鉄刀類が出土している。

⑹　茂呂村東南境古墳から石室を発見する。須恵器平瓶，提瓶等三点（中に金環二個，青玉ガラス玉一個入

る）が出土する。角閃石安山岩使用の横穴式石室と推定され，人骨も確認されている。東南境ということから，綜覧記載とするならば武占の茂呂村 33 号墳あるいは羽黒の 34 号墳・35 号墳あたりが該当しそうであるが，備考の記載もないことから古墳の同定は困難である。

（7）　伊与久所在の寿久茂塚古墳（綜覧采女村 3 号墳）は前方後円墳と考えられる。石室は横穴式と推定され，中から勾玉，管玉類，神像（鏡 or 杏葉か）等を龍昌院の僧侶が掘り出したという。この記事については『伊勢崎風土記』にも記載されており古墳の同定は可能である。

（8）　お富士山古墳（綜覧三郷村 100 号墳）の石室天井石を太田村赤坂の石橋に使う。石室内からは短甲を着けた人骨が出土したという。この項目は『伊勢崎風土記』にもあり，「お富士山古墳の上にある石棺は地元民を使ってこれを掘り出したものである」としており「棺の中には骸骨ありて甲を帯びたり」と書かれていることから，室と棺の違いはあるものの，やはりお富士山古墳から長持形石棺が出土したと解釈すべきである。相川龍雄が石棺の本来の出土地としている綜覧三郷村 91 号墳は角閃石安山岩使用の横穴式石室であり，埴輪の時期も後期古墳として問題ない。これまで『佐波の古蹟』や「上毛古墳綜覧」備考等で頑なに否定しているのには何か思惑があってのことと考えられる。相川龍雄が別の古墳から持ち込まれたとする根拠の一つに，神社敷地で聖域なので掘削することはあり得ないとしていた。『伊勢崎市史』では，現在も石棺の脇に置かれている扁平な石材が太田村赤坂の石橋で使用されたものであり，この石材が綜覧三郷村 91 号墳の天井石で石橋使用後にこちらに運び込まれてきた経緯と混同しているのではないかと解釈されている。その経緯が正しいとするならば，『發墳暦』・『伊勢崎風土記』共に石室天井石を太田村赤坂の石橋に使ったという記述と石棺が掘り出されたという記述は別の古墳の話を一緒にしたものであり，すでにこの段階で混

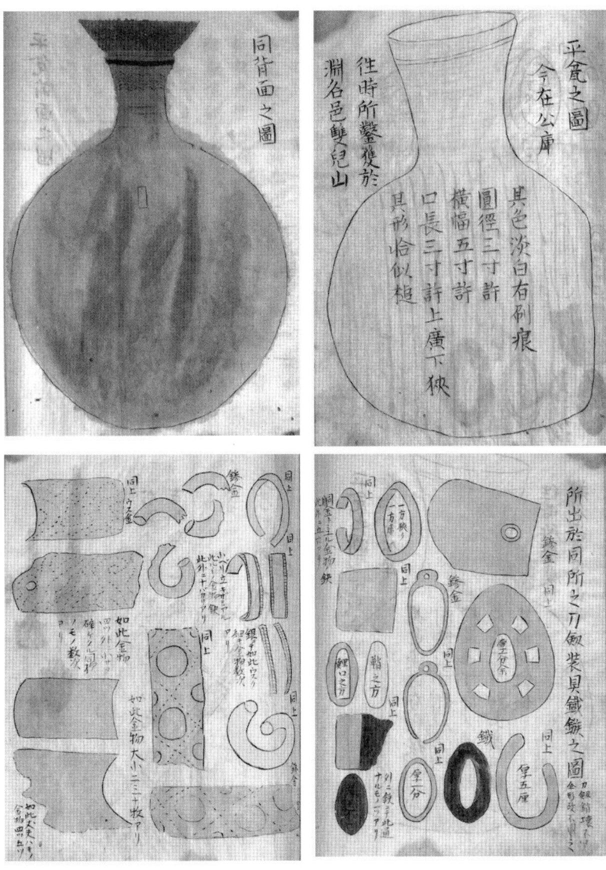

第 3 図　上淵名双雙児山古墳出土品（『古器図説』より）

乱が認められていたことになる。

なお，現在もお富士山古墳墳頂部には河原石が多数散在しており，後出する丸塚山古墳長持形石棺の状況を考えると河原石積の石室内に長持形石棺は安置されていたと考えるのが妥当であり，それらが，上野型舟形石棺の埋葬形態に影響を及ぼしているものと推察している[9)]。

(9) 八坂村内から刀剣類出土。全東院に納めたという。出土地の詳細は不明であるがおそらく古墳からの出土品と考えられる。

(10) 上淵名双雙児山古墳（綜覧采女村11号墳）から仏像（馬具）および古器が多数出土した。横穴式石室は当時残存していた。この記事についても『伊勢崎風土記』にあり，同定可能である。なお，馬具の杏葉を仏像の光背と誤認しているのは全国的な趨勢である。

(11) 下植木村天増寺西古墳は那波皇子の墓とされている。粕川沿いにあり，『伊勢崎風土記』によれば前方後円墳と考えられ，付近には5，6基の古墳があって古墳群をなしていたと書かれている。これらはいずれも綜覧記載漏れ古墳と考えられる。

(12) 植木村で発見された石室は銭を作った穴といわれていた。全長は1.8mで一面の扉石が傾いて倒れていた。深さは60cmあまりである。この付近に多い板状凝灰岩使用の竪穴式石槨であろうか。

(13) 赤石山古墳（綜覧伊勢崎町1号墳）から須恵器平瓶ほか一括遺物が出土する。遺物は総数10点あり。「上毛古墳綜覧」によれば円筒埴輪も出土しているという。

(14) 植木村関山古墳については，（石）屈を他の使用例と同一に竪穴系石室と捉えるのかは議論の余地がある。竪穴系ならば砂石は凝灰岩と考えられるが，(6)での使用例から考えて，筆者は角閃石安山岩使用の横穴式石室ではないかと推定している。このほか，上植木廃寺跡の古瓦が付近から出土していることを付記している。

(15) 現在の安堀町に所在する東光寺より板碑が出土している。この板碑は現在，所在不明となっている。『伊勢崎市史』では安堀町ならびに太田町に関連したものとして，太田町太田本郷組所蔵の3点と相川考古館所蔵の1点（いずれも『上野国板碑集録』記載漏れ）を掲載しているが，本品との関連性は希薄なようである。

(16) 小泉村須恵器朱壺については，表現に誇張もあると思うが，背負っていく程大きい須恵器は大甕と考えられ，流水の色を変える程の量の朱が入っていたという点は重要である。しかし，残念ながら遺物が残存しないことから，遺跡の時期や性格については不明である。

(17) 八坂村出土石碑については『伊勢崎風土記』では八坂村古碑として紹介している。出土品ではあるが碑文の内容が正しいとするならば，板碑や墓石の類ではないと考えられる。現存しない。

(18) 今村出土の備蓄銭は皇朝十二銭を含む多量の古銭が出土していることから重要であるが，これらが現存していないのは残念である。

(19) 植木村御焼場（おんしょうば）は稲垣侯火葬場と言われ，『伊勢崎風土記』にも記載がある。しばしば怪談話にあがるが周囲を水田に開墾されて狭くなってきているという。今でも時々鬼火が見られることがあるという。

(20) 茂呂村退魔寺石碑については，退魔寺所蔵の永和3年銘板碑との関連が指摘される。この板碑は綜覧茂呂村19号墳から出土したことが「上毛古墳綜覧」に記載されている。

(21) 城内郡奉行役所の東北隅の青桐畑から人骨が出土した。城絵図を見ると，伊勢崎城の東側搦門正面に郡役所は位置していた。

(22) 植木村書上原採集の石鏃は，黒曜石製である。『古器図説』で図示されている。

(23) 不動院（退魔寺）付近から人骨が出土した。（おそらく中世か）別に人骨，銅銭六枚も出土している。

退魔寺は茂呂城の本丸に構築されたものであり，城郭存続時にかかわる遺構・遺物が多く検出されている。

(24)　堀口村の那波城跡でこの当時は堀跡や土手が現存していたという。現在は全く消滅していて，『群馬県古城塁址の研究』でも古図に囲郭式三重構造の平城として表現され堀も土居も直線的に表現されているが県下に類例がないので極めて懐疑的であるとしている。那波の攻防で戦乱に巻き込まれており，那波氏夫人の墳墓があったらしい。

(25)　伊与久村雷電神社古墳（綜覧采女村1号墳）からは後世の遺物もまとまって出土しており，中世墓が構築されていたと考えられる。出土遺物には和鏡1面，刀剣1振と刀装具一式がある。このほか板碑，皇宋通寶1枚も出土。

(26)　(10)に記した上淵名双雙児山古墳の重複記事。出土遺物は藩の倉に納められ，その一つが須恵器平瓶である。刀剣類及び刀装具類，鉄鏃10本，仏具（杏葉）2点あり。刀装具はすべて鍍金されており，金装の大刀である。

(27)　茂呂村政所から『古器図説』で図示されている古鈴が出土している。政所は連蔵の近くであるので，綜覧茂呂村10号墳の付近と考えられるがおそらく記載漏れ古墳と考えられる。

第4図　茂呂村政所出土馬鈴

(28)　中町和田で水車建設に際し須恵器30数点出土。

(29)　華蔵寺の寺域内古墳の竪穴系石室？から多量の粒銀？が出土した。（綜覧伊勢崎町6号墳）の可能性がある。

(30)　(25)の重複記事。伊与久村雷電神社古墳（綜覧采女村1号墳）から刀3振出土。「上毛古墳綜覧」備考に『伊勢崎風土記』・『發墳暦』とあり，同定可能である。

(31)　小雙児山古墳（綜覧采女村10号墳）からは須恵器破片，刀剣類が出土している。

(32)　安堀村から出土した勾玉1，管玉6を貰い受け，関重嶷が所蔵している。

(33)　伊勢崎諏訪古墳（綜覧伊勢崎町3号墳）は諏訪神社が祀られており，直刀が2振出土している。「上毛古墳綜覧」では横穴式石室が一部残存していることが記されていた。

(34)　あるいは(25)(30)記載の雷電神社古墳の重複記事の可能性もある。伊与久村円勝寺裏で横穴式石室？発見。刀2振出土。

(35)　安堀村字西太田古墳から直刀が出土している。古墳の多い地域であり，どの古墳なのか同定は困難である。

(36)　下植木赤城神社の旧宝物であった掛仏は，現在所有者の関係から東京都世田谷区の個人蔵となっている。弘長四（1264）年の紀年銘があり願主は藤原是員である。なお『發墳暦』記載の日付は二月十三日を誤記している。

(37)　今泉八幡神社古墳（綜覧茂呂村 42 号墳）の社殿修理をした際に竪穴式石室を発見した。規模は南北 180cm，東西 90cm，深さ 150cm，白色凝灰岩板状石を用いていた。蓋石は大 150cm，小 90cm 自然石使用。遺物は 23 種あり。鈴杏葉，金銅装眉庇付冑，鉄刀，刀装具，鉄盤？，轡，勾玉，管玉，平瓶，木棺等がある。「上毛古墳綜覧」では，このほか耳環，人物埴輪，土器等が出土したことが記されていた。なお，本墳は現在公民館敷地となっていて古墳は痕跡すら確認されない。今泉町で古墳が現存していて，やはり八幡神社が鎮座する綜覧茂呂村 45 号墳と混同するので注意を要する。

5　現代の指標からみた関重嶷の考古学研究

これら関重嶷の一連の研究を現代の考古学的な水準で評価するとどの程度の位置づけがなされるであろうか。

人物埴輪を「土偶人」と呼び，衣帯等の着衣から身分階層の存在を指摘している点については，我が国の埴輪研究としては嚆矢となるものであり橋本（1988）でも高く評価されている。また，「土偶人」が中国の俑と同様の性格であることを推定しており，これらのスケッチ図を『古器図説』で掲載したことから，その後の『桂林漫録』やヒッチコックのスミソニアン博物館の英文研究報告等に引用され，世界中に紹介されることになる。

すでに指摘されているとおり，古墳の埋葬主体部に関して，横穴式石室と竪穴式石室の違いを意識しており，使い分けている傾向が看取される。さらに横穴式石室の一部には重嶷が砂石と呼んでいる榛名火山供給の角閃石安山岩使用石室が含まれていることが文章から読み取ることができる。重嶷は『沙降記』のなかで浅間山の火山灰についても触れており，あるいはこれらの石材が火山噴出物に起因するものであることに気づいていたかもしれない。

お富士山古墳の記述については，相川龍雄の記述と相俟って若干の混乱が認められるが，長持形石棺がお富士山古墳から出土したことは『伊勢崎風土記』の記述などからも傍証できる。重要なのは，石棺内から出土した人骨が短甲を着用していたと記されている点である。現在，日本国内の古墳から出土している甲冑類で着用していた事例は皆無とされており[10]，この記述が確実ならば，甲冑類の副葬方法に一石を投じる資料になりうると考えられる。

ところで，『發墳暦』の冒頭部分で，「自分がかつて見聞した古墳について記し，もって為政者に役立てたい。」と記している点については，儒教的思想によって藩政を整えようと準備していた重嶷の政治的意図が背景にあったとされる[11]。こうした意図が契機となり『發墳暦』の著述に結びついたことがうかがえる。

本稿を執筆するにあたり，勢藤力氏，横澤慎一氏，和佐田克己氏，鈴木源一氏の諸兄ならびに伊勢崎市教育委員会，伊勢崎市立図書館に資料収集で御教示を得た。

常日頃より公私にわたって御指導・御鞭撻いただいている橋本博文先生の御退官に接して論集に蕪稿を献呈できる栄名は望外の喜びである。末筆ながら先生の益々の御健勝と御多幸を御祈念申し上げる次第である。

追記　なお，本稿の骨子は 2016.10.25 に伊勢崎市教育委員会の依頼で講演を行った『伊勢崎フロンティア』「伊勢崎考古学ディスクール―関重嶷の世界―」の発表内容を文章化したものであり，今回新たに再編集して大幅に加筆訂正している。また，『古器図説』の挿図は鈴木源一氏所蔵の写本によった。

（2018 年 8 月 17 日受付）

註

1）渡邊敦訳・相川之賀編 1936「發墳暦」『伊勢崎風土記』雀里會。この訳本については，冒頭で「文化十三丙子年九月，書写于寺東洞，福島氏」とあることから 1917 年に前橋煥乎堂から出版された『上野志料集成』壱に所収の写本を基にしていると考えられる。

2）橋田友治　1970「訳文 発墳暦」『群馬文化』111 号　群馬文化の会

3）松島栄治　1982「関重嶷の『發墳暦』」『歴史と人物』昭和 57 年 5 月号　中央公論社（のち 1985『考古学の先覚者たち』中公文庫 307-319 頁再録）

4）Romyn Hitcheoek 1892「The Ancient Burial Mounds of Japan」『Report of the U.S.National Museum, under the direction of the Smithsonian Institution』

5）橋本博文　1988「埴輪の性格と起源論」『論争学説日本の考古学』5 古墳時代　雄山閣

6）群馬県　1938「上毛古墳綜覧」『群馬県史蹟名勝天然紀念物調査報告書』第五輯

7）伊勢崎市　1985『伊勢崎の近世石造物』では市内に 6 基の「南無阿弥陀仏」名号塔が所在することが記されているが，植木地区には確認されなかった。

8）2016 年に伊勢崎市で実施した講演会後の質疑応答の中で，地元郷土史家の方から，「上の山古墳については自然の丘陵で古墳ではないのではないか」という質問を受けた。たしかに神社が鎮座する小山は砂質の自然堤防の離れ山ではないかと考えられるが，神社の背後にさらに地膨れがあり，それが古墳であることは，以前にそこで埴輪片を採集していることから確実視される。墳形については，あるいは北向きに張り出し部をもつ小型の前方後円墳，もしくは帆立貝形古墳ではないかと考えている。なお，『佐波の古蹟』では本墳から人物埴輪武装男子像ほかの形象埴輪類の出土が記録されており，当時，茂呂小学校で保管していたという。埋葬主体部については，竪穴系と限定することはできないが，時期的には 6 世紀前葉を下ることはないと考えている。

9）加部二生　2013「上毛野君の考古学的検討」『国造制の研究―史料編・論考編―』八木書店

10）ただし栃木県大和田富士山古墳では箱式石棺内から馬具類等の多数の副葬品と供に中央部から短甲が出土しており，冑の部分には頭髪らしきものが残存していたことから，着用していた可能性が指摘されている。また，群馬県天之宮古墳では後期の小札甲に銹化した蛆の蛹が 350 以上付着していた。蛹は威革と小札の間や腰札に巻かれた帯状の布の間などからも発見されており，蛆の種類がキンバエであることから，屍が暗所に安置される前に産卵したことが指摘されているが，筆者は着用の可能性のある事例と積極的に評価している。

11）前掲註 3 文献による。

参考文献

伊勢崎市　1987『伊勢崎市史』通史編 1 原始古代中世

千々和実　1977『上野国板碑集録』（全）　西北出版

相川龍雄　1928『佐波の古蹟』伊勢崎印刷局出版部

山崎　一　1971『群馬県古城塁址の研究』（上）　群馬県文化事業振興会

橋田友治　1949『伊勢崎郷土読本』伊勢崎郷土史研究會

秋元陽光・斉藤弘　1984「芳賀郡二宮町大和田富士山古墳について」『栃木県考古学会誌』第 8 集　栃木県考古学会

小林晴治郎・上田宏範　1952「上野天の宮古墳出土の蠅の蛹について」『古代学研究』第 6 号　古代学研究会

静岡県磐田原台地における古代の道路状遺構について

渡邊　武文

1　遠江国域の古代道路を巡る研究

古代日本の律令国家の交通制度を支えた道路跡の姿が各地で発掘によって明らかになってきたのは1970年代からであるが，それ以降古代の道路状遺構の発見例が相次いで報告されてきた。

東日本の太平洋沿岸地域においては，1994年の静岡市曲金北遺跡の調査で東海道駅路が初めて検出された。それは2本の溝が直線的に平行して延び，側溝の芯々間が約12mを測るものであった。遺物は側溝から土器や木簡，路床から帯金具の巡方等が出土し，8世紀第2四半期頃から9世紀代にわたって機能したとされている（及川ほか1996・1997）。

曲金北遺跡は令制国の駿河国域に位置しているが，同年には，西隣の静岡県西部地方すなわち遠江国でも，浜松市川の前遺跡の発掘調査で古代の道路状遺構が初めて発見されている。そこでは，7世紀後半から9世紀初頭に機能した幅2.5mから3.5mの石敷き道路が見つかり，古代東海道の浜名湖北岸経路または伝路であった可能性が指摘された（佐藤ほか1996）。その後，古代交通研究会によって全国の古代道路関連遺跡の集成が行われると，それまでの調査例の見直しも進められ，新たに道路跡として認定されたり，その可能性をもつものとして紹介されたりする例が現れた。遠江国域では，川の前遺跡の他に磐田市匂坂中遺跡の例が挙げられ，東海道の浜名湖北岸経駅に該当するとしている（佐野2004）。

遠江国域の古代道路を巡っては，駅家の位置の比定や官衙遺跡の位置等から東海道の経路を推定する研究も行われてきた。浜松市伊場遺跡では栗原駅に関係する墨書土器等が出土し，駅関連の建物群の可能性が指摘された（斎藤ほか1977）。また，金田章裕は，『延喜式』所載の五つの駅の位置を文献資料や地形条件などから探り，東海道の経路について推定している（金田1978）。その後，袋井市坂尻遺跡では，「日根驛家」と記された奈良時代の墨書土器等が出土し，それまで存在が知られていなかった駅が周辺に立地することが明らかになった（吉岡ほか1985）。遠江国府の位置については，磐田市内の調査の進展により，磐田原台地南端に広がる御殿・二之宮遺跡で奈良時代のL字形の配置をもつ掘立柱建物群が見つかり，国府関連施設であることが想定された（磐田市教育委員会1994）。近年では，国府周辺や天竜川以東で確認された官衙遺跡を繋ぎ，駅路ルートを推定した木村弘之による研究があり，浜名湖北岸経路は郡衙間を結ぶ伝路としている（木村2003ab・2006・2010）。袋井市域では，太田川流域平野において広域条里地割が復元され，条里余剰帯から古代東海道の経路が推定されている。また，袋井市川田・藤蔵渕遺跡では埋没した奈良時代後半の条里が検出され，条里の施工基準として周辺の東海道が敷設されたと考えられている。（矢田1997）。

このように，遠江国域における古代道路を巡る研究状況をみると，東海道駅路の経路の推定にほぼ限られているというのが現状である。そこには道路状遺構の発見例が少ないという資料的制約が関係してきたが，本論の対象となる磐田原台地においては，1990年代後半から2000年代にかけて，匂坂中遺跡をはじめとしていくつかの遺跡から，古代の道路跡の可能性がある遺構が検出されている。今回は，それらの検討を通し，磐田原台地で発見された道路状遺構の性格について考えてみたい。

2　磐田原台地における古代の道路状遺構

近年の各地の調査成果から，古代の道路跡と確認される場合の多くは，2条の溝が直線的に平行し，それが道路の側溝であると認定される例である。また，後世の耕作等により削平を受けている場合が多いが，路面として人馬あるいは車などが通行したことを示す硬化面が残存している例などが挙げられる（高橋2000）。

磐田原台地は，天竜川流域平野の東側に位置する洪積台地で，上空から見ると南に向かって幅が広がる細長い三角形状をしている。南北で約11km，最も南側で東西約5kmの規模である。北方に赤石山脈に連なる丘陵・山地が，東側に太田川によって形成された平野が広がる。北側の最高所では標高約130mを測り，緩やかに傾斜して南側の沖積平野に没する。台地の南側には，奈良時代から平安時代前期の遠江国府所在地と推定される御殿・二之宮遺跡が立地し，そこを経由して東西方向に古代東海道が通っていた。

道路状遺構は，全て台地の南北の中間付近でかつ西縁部で見つかっている（第1図）。これまでに匂坂中遺跡で100m以上にわたり直線的に平行して延びる2条の溝を確認している。また，上坂上Ⅱ遺跡では，約90mにわたり硬化面を伴う溝が続いていたことが確認された。その他，三つの遺跡では，それらに関連をもつ，あるいは類似した遺構が確認されている。ここでは，これらの遺構の概要をみていく。

A　匂坂中遺跡（鈴木ほか1996）

当遺跡の北調査区および東調査区では，北西から南東方向に平行して直線的に延びる2条の溝が確認されている（第2図）。北側のSD-N2・E3は，上幅約1m，確認面からの深さ約0.6mである。南側のSD-N9・E1は，上幅約1.6mで，確認面からの深さ約0.75mである。断面形状は共に立ち上がりの角度が急なU字状を呈している。両者の間隔は芯々間で約13mである。SD-N9・E1の覆土は，砂質の強い黒褐色系土層や暗灰黄色土が数センチずつ互層に堆積したものと報告されている。出土遺物は，SD-N2・E3から土師器の坏が出土しており，7世紀後半のものである（第3図）。

この他，これらと同一方向に延びる溝が2条見つかっており，SD-N9・E1の延長部分に位置している。このうち，SD-N3は，SD-N2・E3と約7mの間隔で平行し，上幅は約1.2m，確認面からの深さは0.2mを測る。奈良時代の須恵器の坏蓋が出土している。

北側のSD-N2・E3と南側のSD-N9・E1やSD-N3などからなる溝が平行して延びていることが確認された。全長は約120mである。

B　梵天北遺跡（佐口2010）

磐田原台地西端から約100m東の地点で北西から南東方向に直線的に延びる溝が1条確認されている。SD01は長さ49mにわたって検出されており，上幅約1.4m，確認面からの深さ約0.6mで，断面形状は，立ち上がりの角度が緩いU字状を呈す部分もあれば，立ち上がりの角度が急で底面が平坦に近い部分もあり一定しない。覆土は黄色土と黒色土の互層である。溝の方位や位置，覆土が類似していることから，東側の匂坂中遺跡のSD-N9・E1とつながるものと想定され，両遺跡のものをつなげると約400mに及ぶ。

C　匂坂上5遺跡（佐口ほか1996）

底面に硬化面を伴い，南北方向に延びる溝が2条確認されている。SD2は約30mにわたり確認されてい

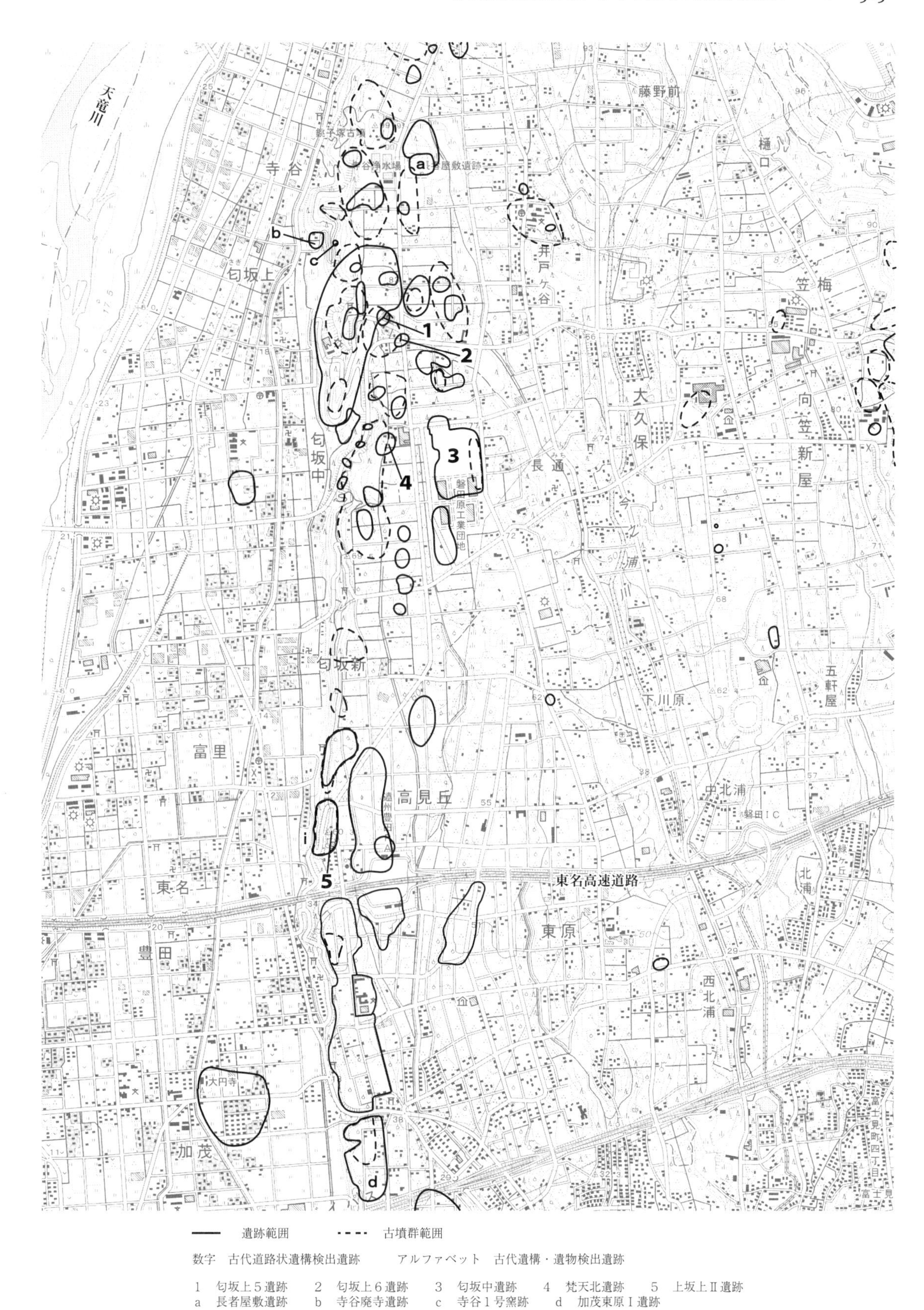

━━━　遺跡範囲　　　- - -　古墳群範囲

数字　古代道路状遺構検出遺跡　　　アルファベット　古代遺構・遺物検出遺跡

1　勾坂上５遺跡　　2　勾坂上６遺跡　　3　勾坂中遺跡　　4　梵天北遺跡　　5　上坂上Ⅱ遺跡
a　長者屋敷遺跡　　b　寺谷廃寺遺跡　　c　寺谷１号窯跡　　d　加茂東原Ⅰ遺跡

第１図　磐田原台地における古代道路状遺構検出遺跡および周辺遺跡分布（1：25000）

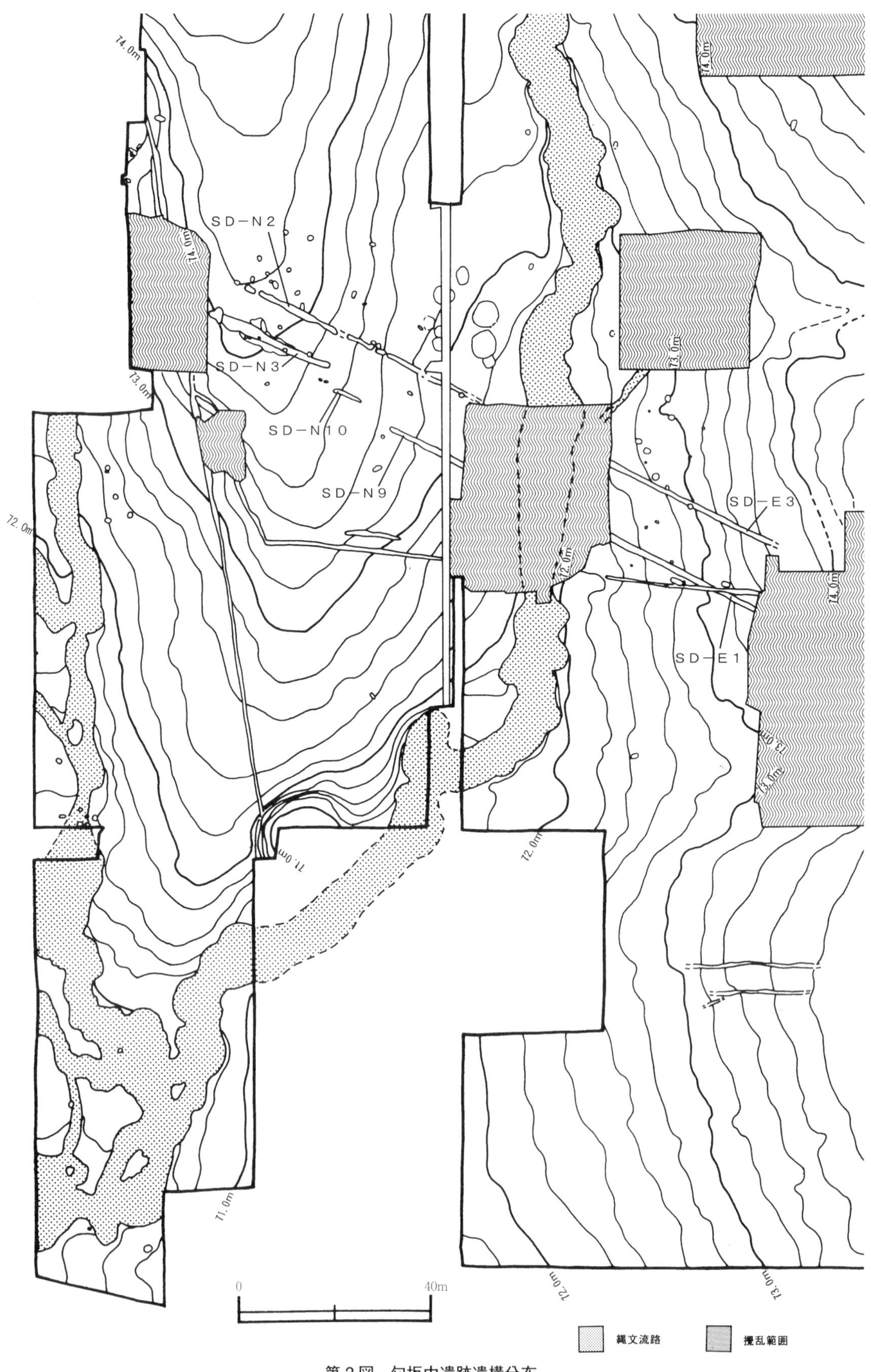

第２図　匂坂中遺跡遺構分布

るが，調査区の端にあたり全体の断面形状はわからない。確認面からの深さは約0.1mである。SD3は約20mにわたり確認され，上幅約2.5mで，確認面からの深さは0.1mである。共に幅広の浅い溝で，底面で堅くしまった黄褐色土を検出している。時期判定ができる遺物の出土は無いが，SD2，3と同一方向に主軸をもつSD1は，遺構の切り合い関係から，7世紀前半の古墳周溝が埋没した後に掘られたことがわかっている。古墳の使用期間を考慮すると，SD1，2，3は7世紀後半以降のものと考えられる。SD2とSD3の関係であるが，本来は一連の溝であった可能性がある。

D　匂坂上6遺跡（佐口ほか2003）

南北方向の溝が1条見つかっており，底面には硬化面を伴う。SD2は上幅2.2m，確認面からの深さ0.2mで，幅広で浅い溝である。遺物は出土していないものの，発掘調査報告書では，周囲に見られる後期古墳の周溝との覆土状況の類似から，古墳時代に属すると推定されている。断面形状や底面が硬化していることから，約50m北側の匂坂上5遺跡のSD2，3と同一のものであり，両者のものをつなげると100mにわたって存在している。

E　上坂上Ⅱ遺跡（竹内ほか2013）

南北方向に延びる底面に硬化面を伴う溝が4条見つかっている（第4・5図）。SD01とSD04が一連の溝で，緩やかな曲線を描き延びる。確認された長さは約90mである。SD02とSD03は芯々間で約1.4mの間隔で平行して延び，同じ時期に構築された可能性が高い。SD02，SD03はSD01・04と一部で平面的に重複していたと思われ，時期差を有する。SD01・04は上幅約1.7m，確認面からの深さ0.2mで，断面は皿状を呈している。SD02は上幅約0.5m，確認面からの深さ約0.1mである。SD03は上幅で約0.7m，確認面からの深さ約0.2mである。断面は共に立ち上がりの角度が緩やかなU字状を呈している。全ての溝の下部には硬化面が認められ，黒色系や黄褐色系の土層が互層的に薄く細かな単位で堆積し，SD01・04には砂質の強い土層が見られた。SD01・04からは，8世紀後半から9世紀前半頃の須恵器が出土している（第6図）。なお，SD02，SD03の時期は不明なため，以下では検討対象から外す。

以上のことから，道路跡の可能性をもつ五つの遺跡の遺構は時期的には，8世紀前後の年代観が与えられ，律令期に相当する。それでは，これらは古代の道路跡といえるであろうか。ここでは，北西から南東方向に延びる匂坂中遺跡および梵天北遺跡の遺構を東西方向の溝，匂坂上5，匂坂上6遺跡および上坂上Ⅱ遺跡の遺構を南北方向の溝に大きく分けて検討していく。

初めに，東西方向の溝について内容を検討していくこととする。上述のように，匂坂中遺跡と梵天北遺跡の遺構は一連のものであり，2条の溝が約13mの間隔で直線的に平行している。これらは，磐田原台地の表面に刻まれている浅谷を2ヶ所横断する形で走っている。磐田原台地では，旧石器時代から弥生時代までの集落跡，古墳が多く見つかっているが，それらは微高地部分を占め，浅谷部分に広がることはほとんどない。その理由は，雨水が浅谷に流れ込むことから居住等に適さないためであるが，2条の溝はそうした地形

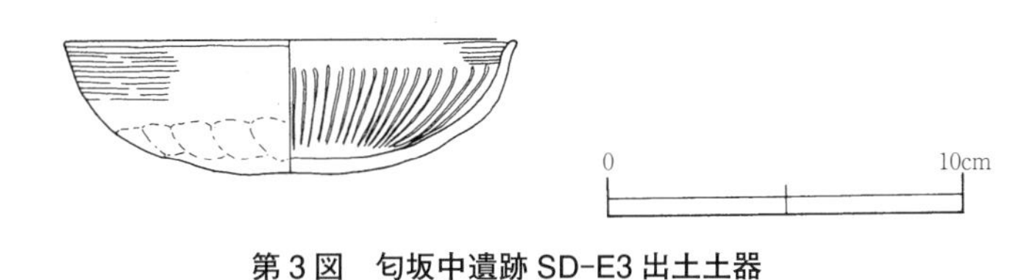

第3図　匂坂中遺跡SD-E3出土土器

条件の制約を受けないかのように直線的に掘削されている。古代の道路は直線的に敷設されることに特徴があり，本例もそこに該当するといえよう。路面は後世の削平で失われているものの，2 条の溝は道路側溝と考えられる。また，溝の覆土については匂坂中遺跡の調査所見で，水平堆積で南側の溝で砂質が強いと報告されている。砂質土が側溝の下部に堆積する原因として，曲金北遺跡の東海道駅路で路床の一部に砂利が用いられていることからすれば，路面を造る際に用いられた砂が雨等で流出し側溝に堆積したものであろうか。

次に，南北方向の溝について見ていくと，匂坂上 5 遺跡および匂坂上 6 遺跡と上坂上Ⅱ遺跡の間には約 2.5km の距離があるが，いずれも磐田原台地の西端に沿って南北方向に延び，一連の道路跡である可能性が高い。その理由としては，磐田原台地の西側が急崖を形成していることが挙げられる。匂坂上 5 遺跡，6 遺跡は標高約 81m を測り，西側の平野部との比高は約 65m に及ぶ。標高約 61m の上坂上Ⅱ遺跡でも平野部との比高は 48m ほどある。急崖という特徴的な地形に沿って道路が敷設されていたのだろう。細かな遺構の立地について検討すると，台地西端の微高地から東側の浅谷に向かう傾斜面を通っている。遺構の構造は，溝底面の硬化面の一部に砂質土が見られ，調査所見で人工的に踏み固められたように堅いと報告されている。皿状に溝を掘削し，底部を路面としたのだろう。また，南北方向の溝は，東西方向のものと異なり，直線的に延びているとはいえないのも特徴である。

3　道路の性格と経路について

前節で，磐田原台地西縁で確認された古代の道路状遺構の内容を検討した。その結果，東西の溝，南北方向の溝は，相互に特徴は異なるものの道路跡と考えられた。それでは，これらはどのような性格をもつ道路なのであろうか。

これまでに見つかっている古代道路は地形の制約を受けないかのように直線的に延びる例が多く，これらは公権力によって敷設されたと考えられる。こうした道路は官道と呼ばれる。近年古代の官道の特質をまとめた木本雅康は，大きく三つの種類に分け，それぞれの特徴を指摘している（木本 2016）。それによれば，

①駅路は，最短距離をとるように平野部では直線的に敷設される例が多く，道幅は 7・8 世紀には 9～12m，9・10 世紀には 6m 程度であること

②伝路は，幅が 6m 程度で直線的な形態をとる場合もあったこと

③駅路や伝路以外の官道は多種多様な形態をとること

としている。また，駅路の構造については地形条件によって多様な形態をとるものの，両側に側溝を伴うものがもっとも一般的なタイプであるとしている。

磐田原台地で確認された東西方向の溝は 2 条の溝が平行して直線的に延びており，側溝間の幅が最大で約 13m であることから，その点をみれば駅路の規模に相当するといえよう。しかし，SD-N9・1 と SD-N10 や SD-N3 が一連の溝であった場合，側溝間の幅が最小で約 7m と部分的に狭くなることから，直ちに駅路に認定することはできない。したがって，遺構の形状からは，直線性を志向していることから公権力によって敷設された官道の可能性が高い，という性格の指摘に留めたい。なお，直線的に延びる両側溝間の距離が地点によって異なる例は，奈良時代から平安時代初頭の西海道跡である佐賀県吉野ヶ里遺跡などで確認されている（佐賀県教育庁文化財課 1992）。当然のことであるが，地形条件の制約を受けないかのように直線的に敷設された古代の官道も，局所的には土地の起伏などに合わせて造られているのである。

それでは，経路の面からはどのようなことがいえるであろうか。このことについて，匂坂中遺跡の道路状遺構は，浅谷を挟んで西側に立地する梵天北遺跡まで延びており，磐田原台地西端に達していることから，

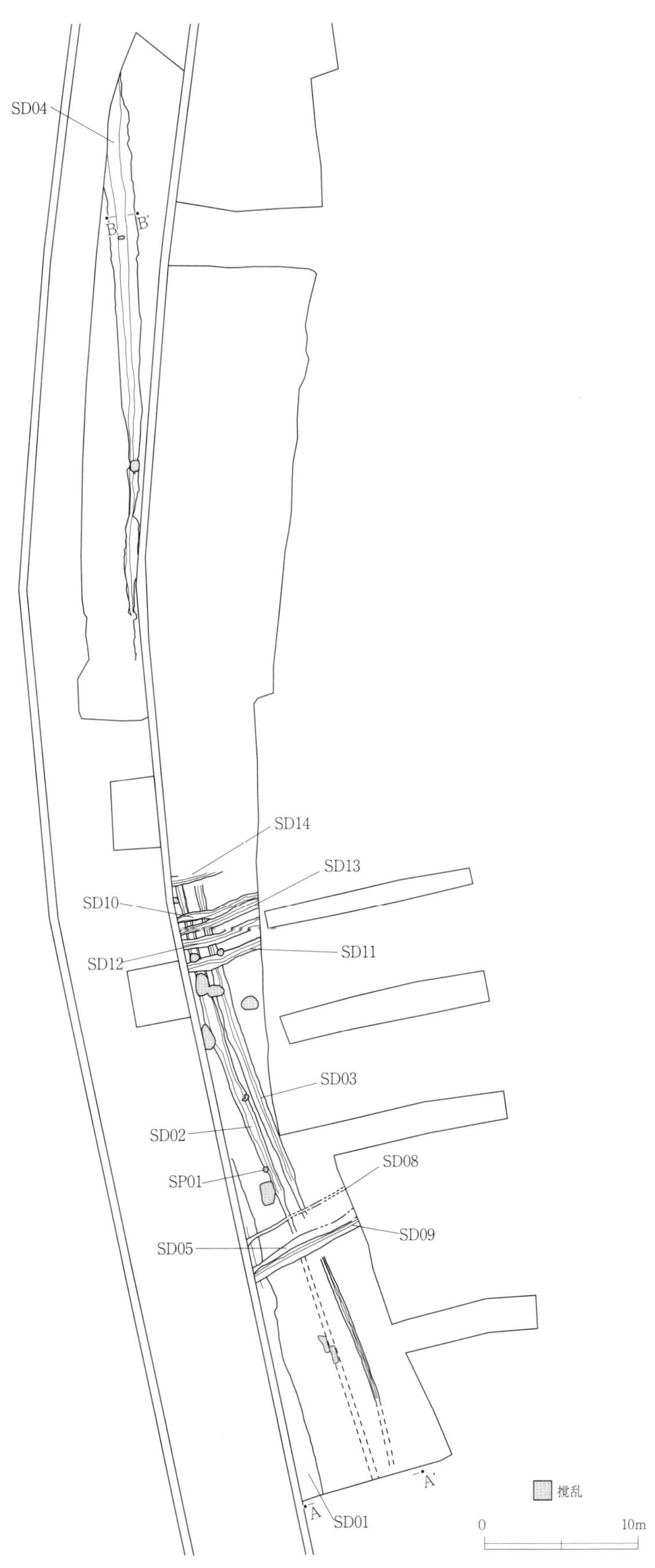

第４図　上坂上Ⅱ遺跡遺構分布

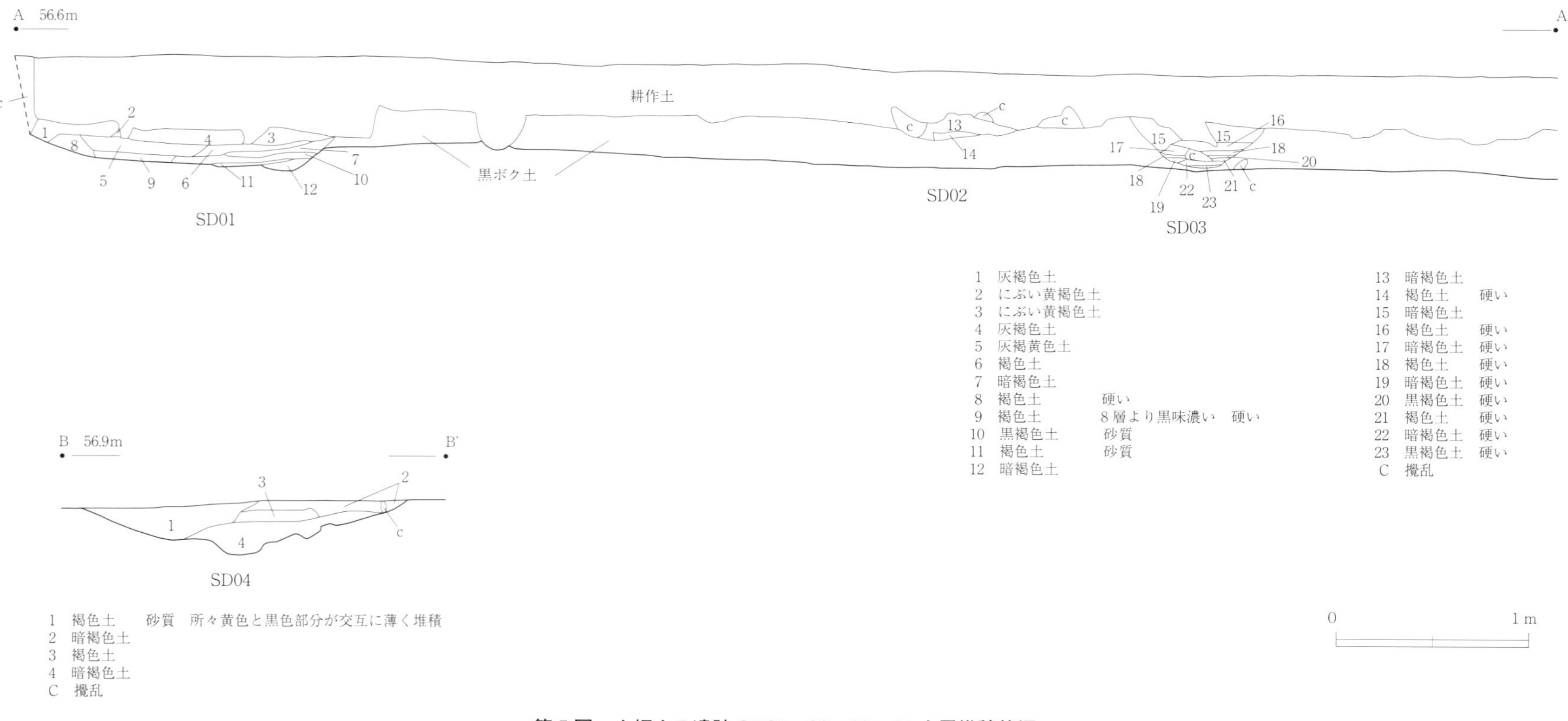

第5図　上坂上Ⅱ遺跡 SD01・02・03・04 土層堆積状況

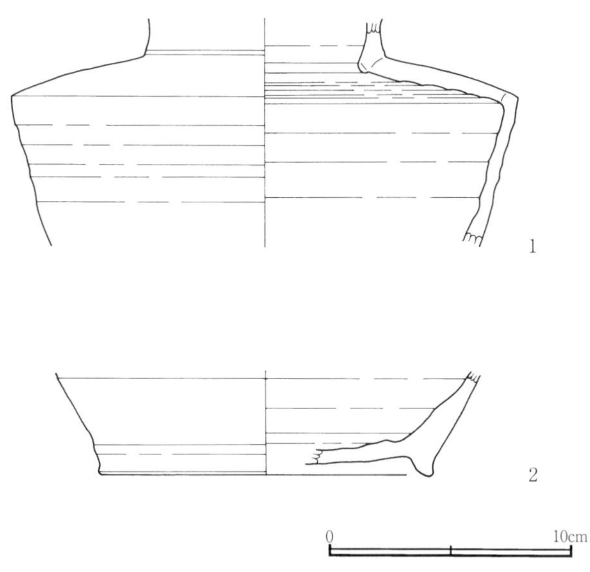

第6図　上坂上Ⅱ遺跡 SD01 出土土器

天竜川流域の平野部まで延びていたと考えられる。一方，東側は，磐田原台地の中央部を横断し太田川流域平野部に続いていたのであろう。

ところで，古代東海道は浜名湖の南側と北側を通る経路の二者によって遠江国府に通じ，時期によって主要経路の交替があったと考えられている。浜名湖南岸経路は『延喜式』記載の駅の位置に基づくものである（静岡縣 1936）。これに対して，浜名湖北岸経路については，『日本文徳天皇実録』嘉祥 3（850）年の橘逸勢死去記事に関連して，『延喜式』には見られない板築駅が記載されており，板築駅が浜名湖北岸にあった可能性が高く，その経路が 9 世紀には存在したものと指摘されている（金田 1978）。また，『続日本後紀』には，承和 10（843）年に猪鼻駅家再興の記事があり，一度衰退した浜名湖南岸経路が 9 世紀中頃に再び官道として利用されるようになったと考えられる。なお，浜名湖北岸を通っていた道路は，愛知県上ノ蔵遺跡で確認されている。この遺跡では，西側約 300m に位置する三河国府跡の白鳥遺跡周辺で分岐していた二つの経路の内の北岸経路にあたる道路遺構が約 109m にわたって確認された（林 2005）。この道路跡は厚さ約 1.7m の盛土をし，上面を道路敷としたもので，基底部幅約 22m，道路敷幅約 19m であった。出土遺物は，7 世紀前半から 9 世紀後半までの土器が出土している。

三河国より延びていた北岸経路は，遠江国の引佐郡衙所在地の浜松市井通遺跡周辺を通り，三方原台地と天竜川流域平野を南東方向に横切り，磐田原台地南端に位置する遠江国府の御殿・二之宮遺跡周辺に達していた。江戸時代の姫街道（本坂道）はこの経路に類似しており，部分的に古代道を踏襲している可能性がある。この途中，三方原台地を降り天竜川流域平野に到る周辺の三方原台地東縁には浜松市欠下平遺跡が，天竜川流域平野の中央部には浜松市恒武遺跡群があり，前者では大型掘立柱建物跡群が，後者では多数の墨書土器や人面墨書土器などが出土しており，官衙的性格が強い。また，匂坂中遺跡および梵天北遺跡周辺では，磐田原台地の裾部に白鳳期から奈良時代後半までの寺谷廃寺跡が見つかっている。北岸経路は途中で分岐し，これらの遺跡を結んで磐田原台地上にもつながっていたと考えられる。前述のように，木村弘之は，こうした浜名湖北岸経路に連なるルートが磐田原台地より東側では周智郡衙と推定される袋井市稲荷領家遺跡群を通過し，官衙的な建物群が検出された掛川市六ノ坪遺跡付近で，遠江国府跡から東に延びた東海道と合流していたと考え，伝路と想定している（木村 2006）（第 7 図）。浜名湖北岸経路に連なって引佐郡衙と周智郡衙等を結ぶ経路に当たると考えられるうえ，直線的形状をとることからも，匂坂中遺跡および梵天北遺跡の道路状遺構は駅路ではなく，伝路であった可能性が高いといえる。

次に，匂坂上5遺跡および匂坂上6遺跡，上坂上Ⅱ遺跡で確認された南北方向の溝についてみていく。これらは底面に硬化面を伴うものであるが，このような構造をもつ道路は他の遺跡でも確認されているのだろうか。この点について，東京都武蔵国分寺関連遺跡では，上幅約3mで底面が硬化した溝が2条に分岐している様子が確認されている（坂詰ほか2002）。時期は9世紀中頃から11世紀後半である。これらは，南側の武蔵国府方面から延びていたようであり，途中で分岐して片方は武蔵国分寺跡に，もう片方は武蔵国分尼寺跡方面に延びている。このうち，前者は，国分寺伽藍の中軸線上に位置し，溝を挟むように門柱状遺構が確認されていることから，参道であったと想定されている。断面が浅い皿状を呈するなど武蔵国分寺関連遺跡の溝と断面形状が類似しており，上坂上Ⅱ遺跡も道路跡であったということができる。

それでは，上坂上Ⅱ遺跡の道路跡は，どのような経路にあたるのか検討してみよう。上記のように，上坂上Ⅱ遺跡は磐田原台地の西縁に位置し，台地縁の急崖に沿う形で南北に経路が延びている。南側は，東海道方面につながっていたのであろう。一方，北側はどこにつながっていたのであろうか。そのことを考える際に，磐田原台地の古代遺跡の分布を考慮する必要がある。奈良・平安時代の遺跡の分布は北部と南部で大きく異なる。南部は，御殿・二之宮遺跡の他にも，平安時代中期以降の国府所在地である見付端城遺跡，遠江国分寺・国分尼寺，7世紀末頃創建の大宝院廃寺や8世紀中頃創建の鎌田廃寺が立地する鎌田・鍬影遺跡など，多くの遺跡が分布している。他方，北部では，古代の遺跡の分布はほとんどみられない。8世紀前半まで埋葬や追葬が行われている終末期古墳が台地上の西縁と東縁にみられ，磐田市加茂東原Ⅰ遺跡で奈良時代の火葬墓が検出されているが，奈良・平安時代の建物跡は確認されておらず，天竜川流域平野や太田川流域平野で生活していた人々の墓地としての利用の痕跡しか見出すことができない。このような状況のなかで，例外的に磐田市長者屋敷遺跡では奈良時代の建物跡が検出されている。

長者屋敷遺跡は磐田原台地西縁に立地し，上坂上Ⅱ遺跡からは約3km北に位置する。東西約100m，南北約80mの長方形に巡る土塁が造られている（第8図）。土塁は，基底幅約10m，頂部幅約3m，高さ約3mを測る。南側中央と北東隅が途切れており，出入口部分と考えられる。土塁の内側に沿って，幅約3m，深さ

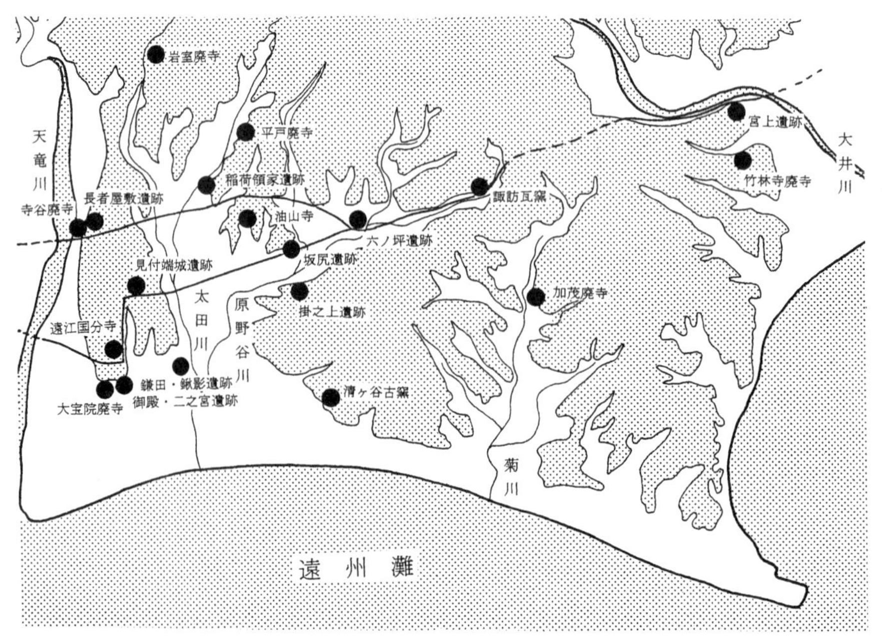

第7図　天竜川以東の遠江国主要遺跡と幹線想定図（木村弘之2006より）

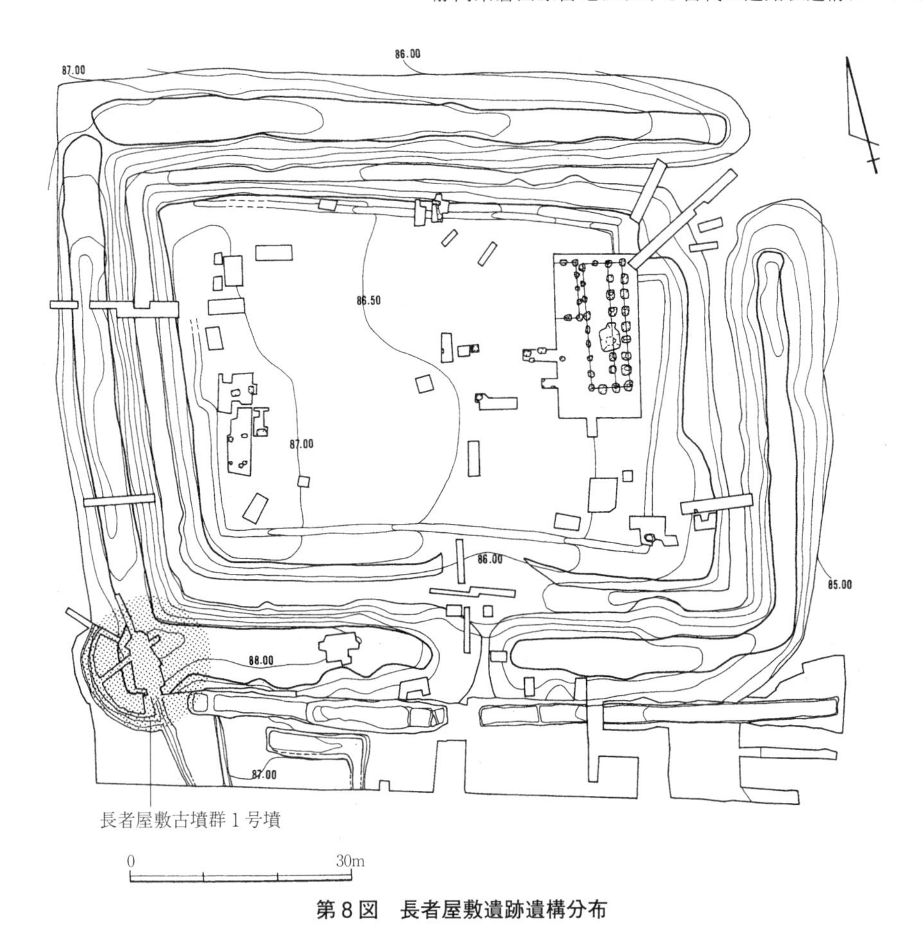

第8図　長者屋敷遺跡遺構分布

約2mの壕が設けられている。土塁の内部では，方形の柱掘方をもち庇の付く8間×3間の大型掘立柱建物跡などがみられ，それらが土塁と同じ軸線で築かれていることから同時期もので，7世紀後半から8世紀頃の年代観が与えられる。部分的な発掘調査のため遺跡の性格は明確ではないが，土師器と比較し圧倒的に須恵器の量が多く，一般的な集落でのあり方とは異なると報告されている（平野1990）。当遺跡の位置を道路跡との関係で見てみると，上坂上Ⅱ遺跡で検出された道路跡は，匂坂上6遺跡，匂坂上5遺跡を通り，そこから1km程北側に行くと長者屋敷遺跡周辺に達する。こうした位置関係から，遠江国府周辺と長者屋敷遺跡方面を結んでいた可能性が高い。よって，その性格は，両側溝を伴い直線的に延びる形状とは異なることから駅路または伝路と認めることはできないが，公的性格を帯びて敷設されたといえよう。

まとめ

以上，磐田原台地上の二種類の古代の道路状遺構をみてきた。東西方向のものは伝路，南北方向のものは駅路または伝路には当たらないものの官道に該当すると考えられた。前者は郡衙間を結び，後者は遠江国府方面と長者屋敷遺跡を結ぶ道であったが，両者は長者屋敷遺跡の南側付近で交差していたと想定される。前述のように，この付近は長者屋敷遺跡の他にも台地裾部で寺谷廃寺が見つかっており，周辺の拠点地域であった。奈良・平安時代の集落跡は見つかっていないが，当地には前代の古墳時代から有力な集団が居住していたことが，全長100mを超す前期の前方後円墳の銚子塚古墳や直径約40mの中期の円墳を含む米塚古墳群，その他多くの後期群集墳の存在から示唆される。駅路を除いた官道の経路の選定にあたっては，そうした地域の有力集団の意向が大きく反映されたのではないだろうか。

また，天竜川流域平野部の周辺においては，浜名湖南岸経路と北岸経路の東海道の他に，上記の伝路が通っていたと考えられ，それらが地域の交通の根幹を成していたのであろう。

ところで，磐田原台地の中部や北部では，これらの道路跡や長者屋敷遺跡が廃絶した後，戦国期に城館が築かれる以外にはほとんど遺跡の存在は知られていない。律令体制の衰退は，公的施設の改廃を伴い，磐田原台地周辺の地域社会にも大きな影響を及ぼしたに違いない。こうした状況のなかで，古代の官道も再編を迫られていったのだろう。

約20年前，漠然とした動機で大学に入り何を専攻したら良いか迷っていた私を，橋本先生が考古学に導いてくださいました。学生時代のことといったら，ほとんど考古学研究室での活動しか思い出すことができません。実習の授業や発掘調査合宿はもちろん，休日の巡検，花見会などのイベントなど，まるで昨日のことのように思い出されます。そんな私たち学生をいつも近くで優しく見守ってくださっていたのが橋本先生でした。考古学研究室の自由闊達な空気と学生同士の連帯感は，先生のお人柄によって醸成されていたのだと今改めて感じられます。先生が定年退職される歳になられたことについて月日の経過を感じずにはいられませんが，先生のことでしょうから，きっとこれまで以上に研究活動に励まれることと存じます。先生の今後の益々のご活躍とご健勝を祈念致します。

（2018年6月29日受付）

引用・参考文献

磐田市教育委員会　1994『御殿・二之宮遺跡第8次調査のあらまし』

及川司ほか　1996『曲金北遺跡（遺構編）』静岡県埋蔵文化財調査研究所調査報告第68集　財団法人静岡県埋蔵文化財調査研究所

及川司ほか　1997『曲金北遺跡（遺物・考察編）』静岡県埋蔵文化財調査研究所調査報告第92集　財団法人静岡県埋蔵文化財調査研究所

金田章裕　1978「第二章第七節遠江国」『古代日本の交通路Ⅰ』藤岡謙二郎編　大明堂

木村弘之　2003a「第5節遠江西部」『静岡県の古代寺院・官衙遺跡』静岡県文化財調査報告書第57集　静岡県教育委員会

木村弘之　2003b「遠江国府跡の調査」『續文化財學論集』文化財学論集刊行会

木村弘之　2006「中・東遠江の寺院と官衙」『古代の役所と寺院―官衙とその周辺―』静岡県考古学会

木村弘之　2010「律令期の遠江国―磐田市内の調査事例を中心として―」『静岡県考古学研究』No.41・42　静岡県考古学会

木本雅康　2016「古代の地方道路」『日本古代の交通・交流・情報3　遺跡と技術』館野和己ほか編　吉川弘文館

斎藤忠ほか　1977『伊場遺跡遺構編』伊場遺跡発掘調査報告書第2冊　浜松市教育委員会

坂詰秀一ほか　2002『武蔵国分寺跡調査報告6―南方地域の調査3―』府中市埋蔵文化財調査報告第30集　府中市教育委員会・府中市遺跡調査会

佐賀県教育庁文化財課　1992『吉野ケ里』佐賀県文化財調査報告書第113集

佐口節司ほか　1996『匂坂下原古墳群・匂坂上5遺跡発掘調査報告書』磐田市教育委員会

佐口節司ほか　2003『県道浜松袋井線緊急地方道道路改築工事に伴う埋蔵文化財発掘調査報告書』磐田市教育委員会

佐口節司　2010『梵天古墳群・梵天北遺跡発掘調査報告書』磐田市教育委員会

佐藤由紀男ほか　1996『川の前遺跡』財団法人浜松市文化協会

佐野五十三　2004「遠江国」『日本古代道路事典』古代交通研究会編　八木書店

静岡縣　1936『静岡縣史』第3巻

鈴木忠司ほか　1996『匂坂中遺跡発掘調査報告書Ⅱ』磐田市教育委員会
高橋美久二　2000「古代道路研究の現状と課題」『歴史地理学』第42巻3号（第199号）　歴史地理学会
竹内直文ほか　2013『高見丘遺跡群発掘調査報告書』磐田市教育委員会
林　弘之　2005『上ノ蔵遺跡』豊川市教育委員会
平野吾郎　1990「長者屋敷遺跡」『静岡県史　資料編2考古二』静岡県編
矢田　勝　1997「袋井平野の条里と古代東海道」『空から見た古代遺跡と条里』条里制研究会編　大明堂
吉岡伸夫ほか　1985『坂尻遺跡—奈良時代編—』袋井市教育委員会

福井県越前市広瀬林正寺窯跡出土遺物について

安達　俊一

はじめに

広瀬林正寺窯跡[1]は，福井県越前市広瀬町にある7世紀代の須恵器窯跡である。1965年に福井工業高等専門学校の松枝雅亮が中心となり，調査が行われた。このうち，1号窯については床面から良好な資料が得られ，その後の編年研究において基準資料とされてきた。しかし，松枝による報告（松枝 1970）は概報的なものであり，遺物についてはその後何度か断片的に資料紹介されることはあったものの，全容があきらかになっているとはいいがたい。本稿ではこれらの遺物を可能なかぎり紹介していく。

1　研究史と問題の所在

林正寺窯跡は，越前市南部に分布する武生南部窯跡群[2]中の広瀬窯跡群に含まれる（第1図）。越前市広瀬町周辺にある窯跡については，1920年の『福井県史蹟勝地調査報告』などにも記述があり，その存在は比較的古くから知られていた。1954年には，武生文化財研究会により瓦陶兼業窯である広瀬片山窯跡の小規模な発掘調査が行われた。水野九右衛門は，福井県嶺北地方の窯業遺跡の踏査を行い，それらの報告中で武生南部窯跡群の採集遺物についても紹介し，年代観や窯跡の変遷について論じた（水野 1962 など）。

1965年には，福井工業高等専門学校の松枝が中心となり，林正寺1～3号窯の調査が行われ，1970年に概要が報告された（松枝 1970）。また，『福井県史』でも廣嶋一良がほぼ同様の内容で報告を行っている（廣嶋 1986）。その後，出土遺物に関しては，田中照久が『福井県窯業誌』において1号窯の新たな実測図を提示し，南越地域の編年（田中 1983・1986）において基準資料とした。また，山田邦和は越前・加賀地域を中心とした編年（山田 1985）において，1号窯出土遺物を基準資料とした。

武生南部窯跡群全体としては，王子保窯跡群や茶臼山窯跡群の発掘調査により資料の蓄積が進み，林正寺1・3号窯出土遺物の新たな実測図も提示された（藤原 1988，藤原・高梨 1988）。近年の研究としては，堀大介による越前・加賀地域を中心とした編年（堀 2004）や，望月精司による北陸地方の飛鳥時代須恵器の地域ごとの様相や並行関係についての詳細な研究（望月 2004）がある。

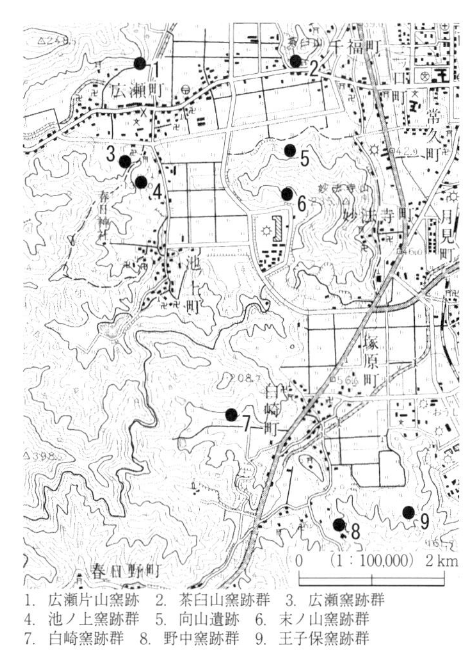

1. 広瀬片山窯跡　2. 茶臼山窯跡群　3. 広瀬窯跡群
4. 池ノ上窯跡群　5. 向山遺跡　6. 末ノ山窯跡群
7. 白崎窯跡群　8. 野中窯跡群　9. 王子保窯跡群

第1図　武生南部窯跡群位置図[3]

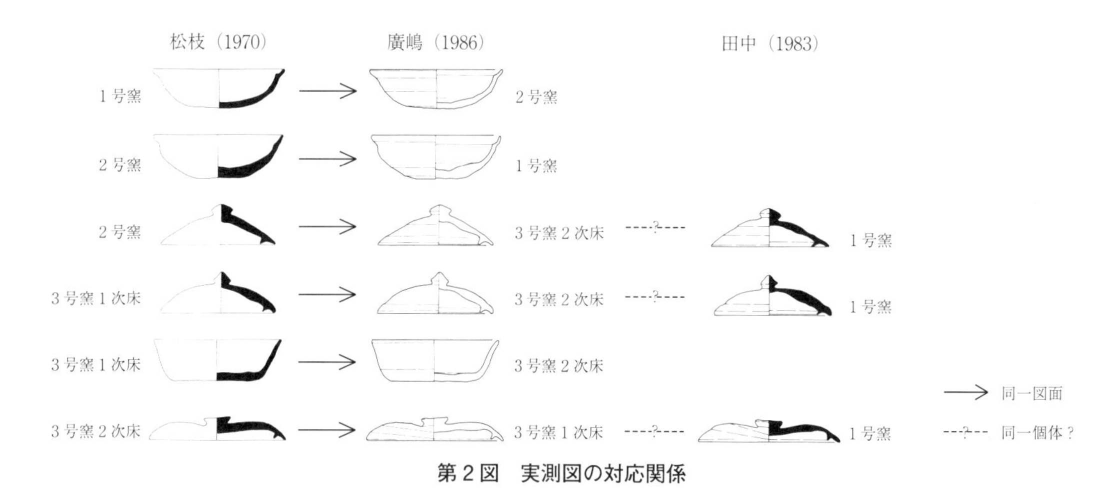

第2図　実測図の対応関係

武生南部窯跡群における編年や併行関係に関しては，ある程度研究が進んでいる状況ではあるが，筆者は林正寺窯跡出土遺物についての型式的な認識そのものについて，再検証する必要があると考えている。それは，これまで資料紹介されてきた遺物が出土した窯跡番号について，信憑性に疑問を感じているからである。具体的には，廣嶋（1986）で提示された実測図は，松枝（1970）で提示されたものを改変して使用していると思われるが，出土した窯跡番号が異なっているものがあり，田中（1983）で1号窯の遺物として提示されているものの中に，松枝（1970）で2・3号窯の遺物として提示されているものと同一個体ではないかと思われるものがあるといった点に起因する疑問である（第2図）。

2　資料の現状

林正寺窯跡出土遺物は，1982年に松枝より福井県立博物館へ寄贈され，現在，福井県立歴史博物館が所蔵している。全部でテンバコ16箱分あり，林正寺窯跡以外の採集遺物もある。なお，寄贈された資料の中に調査記録類は一切含まれておらず，現在，所在不明である。

一部の遺物には，「65-H1-1」「65-H3-1」「65-H3-2」などの注記がある（第3図）。この注記は松枝の報告中の遺物写真にもみられることから，1970年以前に行われた整理の段階で記入されたものと考えられる[4]。「65」は「'65」となっているものもあり発掘年（西暦下2桁）と考えられる。Hの後の数字については，収納されていたテンバコに記載された窯跡番号，床面番号とほぼ対応しており，一部，松枝が報告している遺物と対応するものが確認できることから，広瀬第○号窯址第○床窯の略と考えられる[5]。

1号窯出土遺物の注記には，「65-H1-1」「65-H1-1ユ」の2種類がある。「65-H1-1」については，（1次）床面出土遺物と考えられる。一部のものについては，末尾に括弧付の数字が記入されているものがあるが，取り上げ番号と思われる[6]。「65-H1-1ユ」については，松枝の報告で「窯内遊離遺物」として写真のみ掲載されているもの（松枝1970：写真3-6）と同じもの（第5図34）が確認でき，埋土中の遺物（「ユ」は遊離遺物の略）と考えられる。

2号窯出土と考えられるものは，1点しか確認できなかった。注記は「65 H2」のみであり，出土層位等の詳細は不明である。

3号窯出土遺物の注記には，「65-H3-1」「65-H3-2」「65-H3」の3種類がある。「65-H3-1」と「65-H3-2」についてはそれぞれ，1次床面出土遺物，2次床面出土遺物と考えられる。「65-H3」とあるものはおそらく埋土中の出土遺物と思われる。

ここまで整理時の注記についてみてきたが，多くは博物館に寄贈された段階で未注記だったようである[8)]。整理時の注記がないものを中心に，博物館で新たに「林正寺○号」などと注記がなされている（第3図）。この注記の窯跡番号はテンバコの記載と一致しており，寄贈時の整理状況を反映していると考えられる。ただし，整理時の注記と窯跡番号が異なっているものがある。これは，整理から寄贈までかなりの期間が空いていることから，管理上の不手際などで遺物が混ざってしまったことによるものと思われる。前節で述べた窯跡番号の混乱は，根本的には整理時にすべての遺物に注記が行われなかったことに原因があるが，その後の管理上の問題によってさらに混乱が生じてしまったと考える。

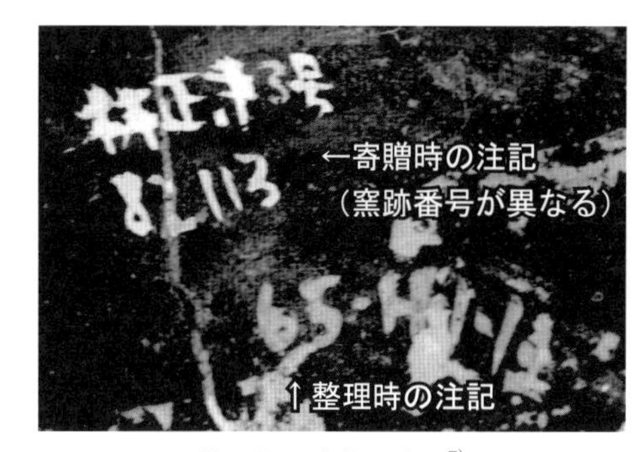

第3図　遺物の注記[7)]

3　出土遺物

前述のような現状をふまえ，本稿では整理時の注記が正しいという前提のもと実測図を提示する。なお，今後，これまでの型式的な認識を検証するため，あえて出土地点の確実と考えられるもののみ実測を行ったため，ほぼ完形であっても実測図を提示していない遺物が相当数ある。個々の遺物の注記等の情報に関しては第1表を参照していただきたい。

(1) 林正寺1号窯出土遺物（第4図1～36）

1～25は床面出土遺物である。1～11は古墳時代タイプの合子型の蓋坏で，いわゆる坏Hである。1は蓋と身が組み合わされた状態で出土した。2～7は1と同型式の坏蓋で，大井部と体部の境に稜線や沈線をもたず，口縁端部は丸い。天井部はヘラ切り後にナデで整えている。口径は9.5～10.5cmのものがあるが，焼成の良いものは9.5～10.0cmの間に収まる。8～11は1と同型式の坏身で，たちあがりはやや内傾し，口縁端部は丸い。底部はヘラで切りはなした後にナデて整えている。口径は8.5～8.8cmである。なお，蓋・身ともにすべて丸底成形技法（望月2004）によっている。12・13は坏Hの身と蓋が逆転した形態のものである。組み合わされた状態で出土したわけではないが，焼成，法量，調整技法などをもとにセットと考えた。蓋とした12は，天井部が比較的平坦で，体部から口縁部にかけて直線的にひらく器形である。返りは口縁部とほぼ同じ高さまで伸びる。天井部はヘラ切り後にナデて整えている。身とした13は，坏H蓋とほぼ同じ形態・製作技法だが，底部のナデがやや丁寧で，平らに整えている。14～18は宝珠形のつまみをもつ，返りがある蓋が伴う平底の坏で，いわゆる坏Gである[9)]。14・15はそれぞれ組み合わされた状態で出土した。16・17は14・15と同型式の坏蓋で，天井部はヘラ切り後の回転ヘラケズリによって丁寧に形を整えている。返りはやや内傾して口縁部よりも下まで伸びる。全体的にやや薄手の作りである。口径は10.0～10.3cmである。18は製作技法等共通するが，口縁部を薄く作り出している点が異なる。これらの坏蓋に伴う身は14・15以外に提示できる資料がないが，いずれも底部と体部の境界付近をケズり，底部をナデて整えている。口径は9.0～9.2cmである。19～21も坏G蓋だが，14～18とは形態が異なる。返りは口縁部より下までは伸びず，口縁部を内側に折り返したような形態にすることよって，口縁部と返りの境を作りだしている。全体的にやや厚手の作りである。22は坏H蓋が逆転して無蓋の身として使用されたものと考える。いわゆる椀

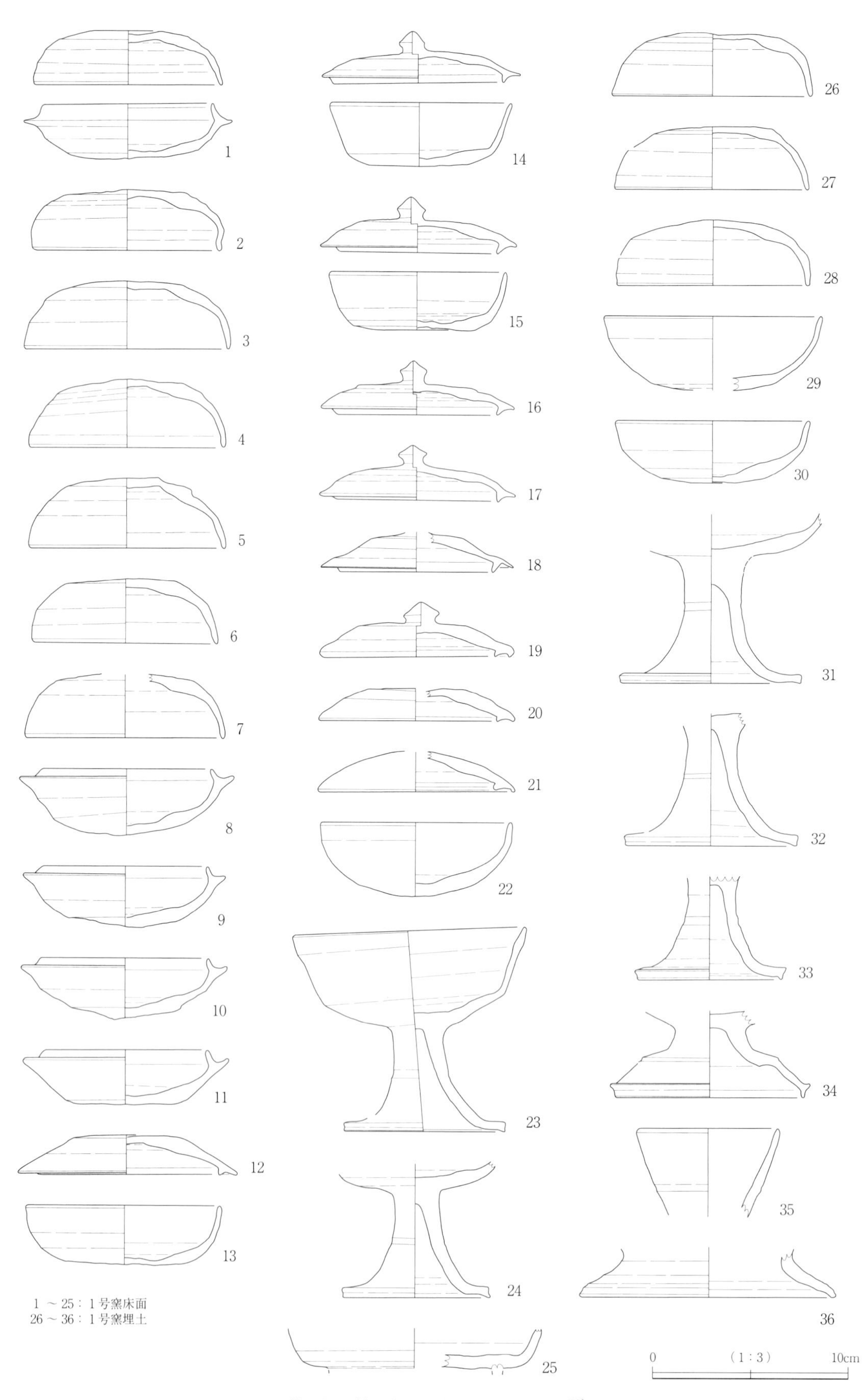

第４図　林正寺１号窯出土遺物実測図[10)]

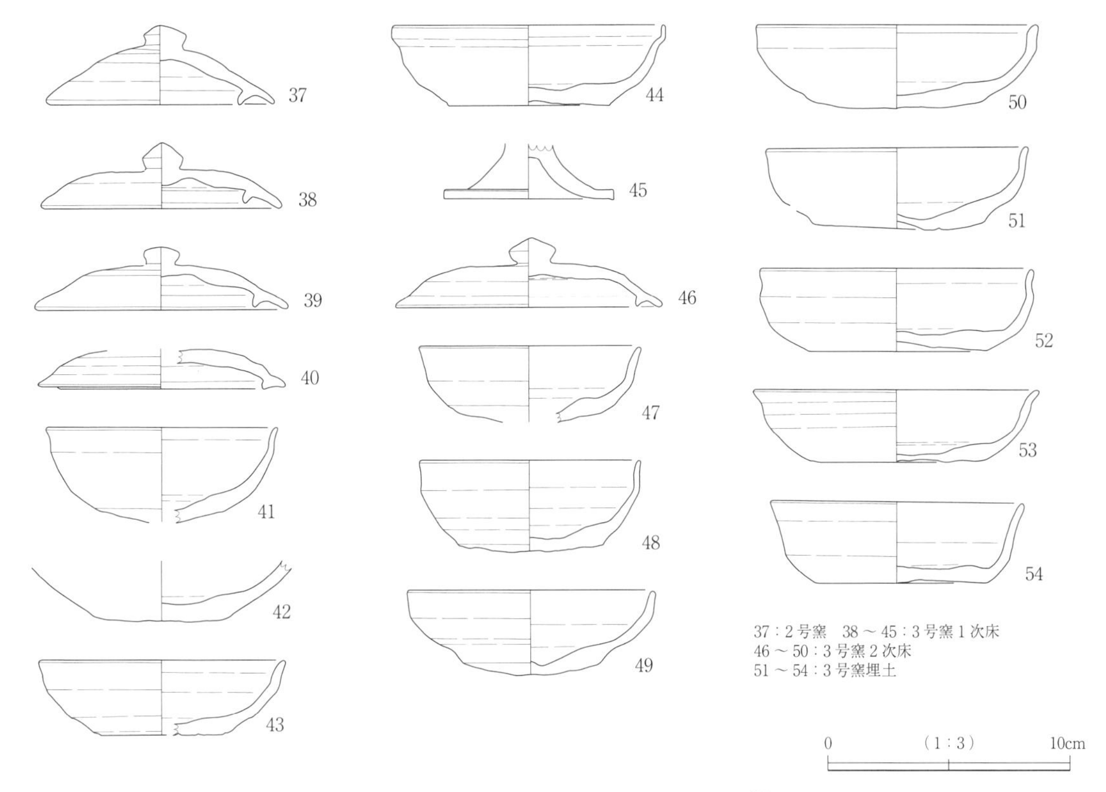

第5図　林正寺2・3号窯出土遺物実測図[10)]

第1表　遺物観察表

番号	整理時注記	寄贈時注記	器種	焼成	口径	器高	底径	備考	番号	整理時注記	寄贈時注記	器種	焼成	口径	器高	底径	備考
1	65-H1-1（1）		坏H蓋	良	9.6	2.7	-	図3-1	27	65-H1-1ユ		坏H蓋	良	10.4	3.2	-	
	65-H1-1（1）		坏H身	良	8.8	2.8	-	図3-1	28	65-H1-1ユ		坏H蓋	生焼	9.8	3.3	-	
2	'65-H1-1		坏H蓋	良	9.5	3.1	-		29	65-H1-1ユ	林正寺1号	椀G身	生焼	11.0	3.7	-	
3	65-H1-1		坏H蓋	生焼	10.5	3.4	-	図3-5？	30	65-H1-1ユ	林正寺1号	椀G身	良	9.8	3.1	-	
4	'65-H1-1		坏H蓋	良	10.0	3.4	-		31	'65-H1-1ユ		無蓋高坏	生焼			9.?	
5	'65-H1-1		坏H蓋	不良	10.0	3.5	-		32	65-H1-1ユ		無蓋高坏	生焼			8.6	
6	'65-H1-1		坏H蓋	良	9.4	3.2	-		33	65-H1-1ユ		無蓋高坏	良			7.4	
7	65-H1-1		坏H蓋	生焼	10.2	3.2	-		34	65-H1-1ユ		有脚鋺 or 有脚長頸壺	良			9.6	
8	'65-H1-1		坏H身	良	8.8	3.3	-										
9	'65-H1-1		坏H身	良	8.6	3.1	-	図3-8？	35	65-H1-1ユ	林正寺1号	平瓶 or 提瓶	良	7.2			
10	'65-H1-1		坏H身	不良	8.7	3.1	-	図3-4？	36	65-H1-1ユ		台付壺	良			13.2	
11	'65-H1-1		坏H身	良	8.5	2.7	5.1		37	65 H2	林正寺2号	坏G蓋	不良	9.1	3.2	-	図4-6
12	65-H1-1（9）		有蓋無鈕椀蓋	不良	11.2	2.0	-	図3-9	38	65-H3-1	林正寺3号	坏G蓋	良	9.7	2.5	-	図4-8
13	65-H1-1（7）		有蓋無鈕椀身	不良	10.0	3.0	6.4		39	65-H3-1	林正寺3号	坏G蓋	良	10.3	2.5	-	径不定
14	'65-H1-1（2）		坏G蓋	良	10.3	2.6	-	図3-3	40	65-H3-1	林正寺3号	坏G蓋	良	10.0		-	
	'65-H1-1（2）		坏G身	良	9.2	3.2	5.2	図3-3	41	65-H3-1	林正寺3号	椀G身	良	9.5	3.8	-	
15	65-H1-1（3）		坏G蓋	良	10.2	2.8	-	図3-2	42	65-H3-1（10）		椀G身	良				
	65-H1-1（3）		坏G身	良	9.0	2.9	6.2	図3-2	43	65-H3-1	林正寺3号	椀G身	良	10.0	3.0	5.0	
16	65-H1-1（5）		坏G蓋	良	10.0	2.7	-		44	65-H3-1	林正寺3号	無蓋椀	良	11.0	3.2	6.6	
17	65-H1-1（6）		坏G蓋	良	10.2	2.7	-	図3-6	45	65-H3-1	林正寺3号	高坏？	良			6.9	
18	'65-H1-1	林正寺1号	坏G蓋	良	10.0		-		46	'65-H3-2	林正寺3号	坏G蓋	良	10.8	2.8	-	
19	'65-H1-1（4）		坏G蓋	良	9.5	2.8	-	図3-7	47	65-H3-2	林正寺3号	椀G身	良	9.0	3.0		
20	65-H1-1	林正寺1号	坏G蓋	不良	10.0		-		48	65-H3-2	林正寺3号	椀G身	良	9.0	3.6		
21	'65-H1-1		坏G蓋	不良	10.0		-		49	65-H3-2	林正寺3号	椀G身	良	10.0	3.4		
22	'65-H1-1		坏G身	不良	9.8	3.7	-		50	65-H3-2		椀G身	良	11.6	3.3		径不定
23	'65-H1-1		無蓋高坏	生焼	11.9	10.1	8.3	図4-1	51	65-H3	林正寺3号	椀G身	良	10.7	3.2		
24	'65-H1-1		無蓋高坏	不良			7.5	図4-2	52	65-H3	林正寺3号	椀G身	良	11.2	3.3		
25	65-H1-1	林正寺1号	盤？	不良	12.8				53	'65-H3	林正寺3号	椀G身	良	11.8	2.9		
26	65-H1-1ユ	林正寺3号	坏H蓋	良	10.1	3.2	-		54	'65-H3	林正寺3号	坏G身	良	10.4	3.2	7.5	

焼成は良・不良・生焼の3段階とした。口径・器高・底径の単位はcmである。備考欄の「図○－○」は松枝（1970）との対応関係を示している。

Gである。坏H蓋と製作技法等共通するが，こちらは底部をナデて丸く整えている。なお，19～21に伴う身が確認できないことから，22がこれらの蓋に伴う身であった可能性も考えられるが，明確な根拠は提示できない。23・24は無蓋の高坏である。いずれも脚部中ほどに1条の浅い沈線がめぐり，透しは無い。坏部は坏底部と体部の境で屈曲し，直線的に口縁部が伸びる形態のものである。25は高台部分が剥落しているが盤と思われる。今回は図示していないが，ほかに陶錘5点と大甕の体部片などがある。

26〜36は埋土中の出土遺物である。26〜28は坏H蓋，29・30は椀G，31〜33無蓋の高坏であり，いずれも床面出土のものと形態・製作技法上の大きな違いはみられない。29はほかと比べると口径が大きいが，焼成が悪いためだろう。34は有脚の鋺もしくは長頸壺の脚部，35は平瓶もしくは提瓶の口縁部，36は台付壺の脚部と考える。今回は図示していないが，ほかに甕類の口縁部が数点と，3方透しをもつ高坏の破片1点などがある。

(2) 林正寺2号窯出土遺物（第5図37）

37は坏G蓋である。1号窯の坏G蓋とは若干形態が異なり，天井部から口縁部にかけて直線的にひらく器形である。返りは口縁部より下までは伸びない。天井部の回転ヘラケズリは1号窯のものより雑である。つまみは宝珠形だが，1号窯出土のものに比べるとやや丸みをおびている。なお，この遺物は松枝（1970）で2号窯出土資料とされ，その後，田中（1983）が1号窯，廣嶋（1986）が3号窯2次床出土資料として資料紹介したものと同一個体と思われる（第2図参照）。遺物の注記が間違いでなければ，資料紹介の際に窯跡番号が誤って公表されたものと考える。

(3) 林正寺3号窯出土遺物（第5図38〜54）

38〜45は1次床面出土遺物である。38〜40は坏G蓋である。蓋のつまみは宝珠形のもの（38）とやや扁平なもの（39）がある。宝珠形のつまみは1号窯出土のものと比べるとやや丸みをおびている。返りは1号窯出土のものと比べると短くやや上寄りにつき，対して口縁部が長くなっている。40は返りが短く，口縁部との境が明瞭でない。焼き歪みのあるものもありやや正確さを欠くが，坏G蓋の口径は10.0cm前後にまとまりがある。41〜43は椀Gである。丸底のもの（41）と平底のもの（42・43）がある。体部から口縁部にかけて内湾しながらひらき，口縁部が外反する器形である。底部はヘラ切りはなし後にナデているが，43は切りはなし痕が比較的明瞭に残る。口径は9.5〜10.0cmのものとそれよりひとまわりほど大きなものがあるようである。44は口縁部が一旦外側にひらき，そこから屈曲して上に伸びる形態の無蓋椀である。底部は平底で，ヘラ切りはなし後にナデている。45は高坏の脚部と考える。

46〜50は2次床面出土遺物である。46は坏G蓋である。つまみは宝珠形である。器形は1次床面出土のものとほぼ同様だが，口径が10.8cmと若干大きく，返りはやや小さい。47〜50は椀Gである。体部から口縁部にかけて内湾しながらひらき，口縁部が外反する平底気味の器形である。底部の調整は比較的雑で，ヘラ切りはなし後に荒くナデており，安定はしない。口径は焼き歪みのあるものや復元実測のもののみでありやや正確さを欠くが，9.0〜11.6cmのものが確認できる。

51〜54は埋土中の出土遺物と考えられるものである。51〜53は椀Gで，2次床面出土のものとほぼ同様の器形・製作技法である。口径は10.4〜11.8cmである。54は坏G身である。平底で体部が直線的にひらき，口縁部をやや外反させる器形である。底部ヘラ切りはなし後に体部との境界付近をケズり，底部をナデて平らに整えている。

4　まとめ

まず，武生南部窯跡群における林正寺1・3号窯の編年的位置づけをみていく。第6図に武生南部窯跡群における坏類の変遷案を示した。変化の方向性としては，①坏H身口縁部が次第に内傾し，受け部は張り

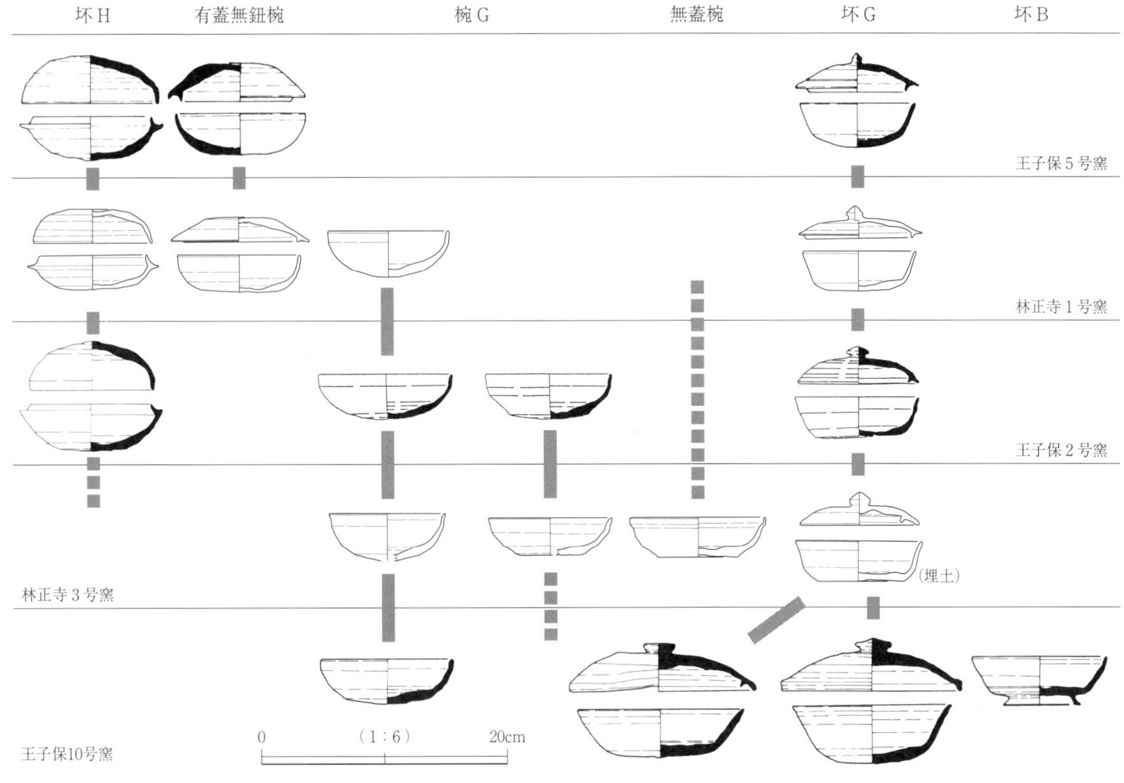

第6図　武生南部窯跡群における須恵器坏類の変遷図[11)]

出しが短くなり，外への張り出しが弱くなる，②坏G蓋の返りや宝珠形つまみが退化してくるという2点を重視し，③器種組成の変化，④坏類の口径変化も加味して，王子保5号窯→林正寺1号窯→王子保2号窯→林正寺3号窯→王子保10号窯という序列を想定した。序列については望月（2004）を踏襲しているが，型式内容については若干見解が異なる。望月は林正寺1号窯から3号窯までを「坏Gが食膳具の主体を占める段階」としている。しかし，林正寺1号窯以降，坏G（坏A）が一定量みられるようになる点は確かだが，主体とはならない。むしろ，王子保2号窯以降は椀Gが主体となり，王子保10号窯に後続する王子保8号窯段階でようやく坏G（坏A）主体の組成になると考える。また，坏Hについて望月は，林正寺3号窯段階まで残るとしており，松枝（1970）では3号窯出土遺物として坏H蓋を図示している（松枝1970：図4-9）。しかし，今回の調査では林正寺3号窯出土資料中に坏Hは蓋・身ともに確認できなかった。実物が確認できていない状態ではあるが，松枝が図示したものは椀Gとすべきものであった可能性が高いと考える。なお，これ以外にも，図2で示した窯跡番号の確認が必要と考える遺物のほとんどが，今回の調査で実物を確認できなかった。そのため，現状では不完全な形でしかデータを提示できていない状態である。林正寺窯跡出土資料の型式的検討のためには，これらの遺物の捜索が急務である。

最後に，武生南部窯跡群における広瀬・王子保窯跡群の開窯の背景について，現時点での筆者の見通しを述べておきたい。現在知られている武生南部窯跡群最古の窯は，茶臼山1・2号窯（齋藤ほか2001）である。これらは同時期の古墳群（茶臼山古墳群）に隣接し，古墳に供献するための土器の焼成を主な目的として小規模に営まれたと考える。しかし，後続する王子保5号段階以降，周辺で新たに造営され，須恵器が副葬された古墳は確認できない。そしてこの時期，王子保窯跡群と広瀬窯跡群での継続的で大規模な須恵器生産が開始される[12)]。古墳の造営停止という祭祀行為の変化と，公的な関与が大きかったと想定する大規模な窯の整備がほぼ同時に起こるという現象は，この地域が新しい政治体制・文化をいち早く受け入れる下地が存在したことを物語る。このようなこの地域の特性が，広瀬・王子保窯跡群開窯の背景となり，武生に国府が置かれる一つの要因となったのではないかと考えている。

おわりに

当初の目的としていた林正寺窯跡出土資料の型式内容の再検証は，一部発見できていない遺物があり，未だ行えていない。しかし，考古学に限らず多くの学問は，基礎的なデータの積み上げの上に成り立っている。それらのデータがあやふやなままでは，その上に成り立っているすべてのものの信憑性が疑われてしまうことになりかねない。その意味で，本稿のような基礎的なデータの蓄積は必要不可欠な作業であると考えている。福井県内においては，調査年が古く報告書も概報程度のものしか刊行されていない窯跡出土資料や，未公表の採集資料がほかにもある。未発見の遺物・調査記録の捜索と併せ，今後はこれらの資料化も進めていきたい。

私の大学時代の恩師である橋本博文先生がこのたび退職されることとなり，これまで忙しく働いてこられた先生が，少しでもゆっくりできる時間が持てるようになるのではないかと，少しだけ安堵しております。思い返せば，居眠り運転寸前の状態の先生の車に揺られて遠出したことは数知れず，あるときには今週の平均睡眠時間が3時間だったと聞き，大いに衝撃を受けたりしたものです。それだけ情熱や責任感をもって仕事にあたってこられたということに，ただただ頭が下がる思いであります。また，寝不足で多忙ななかでも私たちの資料調査や博物館見学の際に車を出していただいたことが何度もありました。本当にありがとうございました。そしてお疲れ様でした。これからはくれぐれもご無理をなさらないようご自愛ください。

最後になりましたが，遺物の見学に際してご協力いただき，実測および掲載の許可をいただきました福井県立歴史博物館の水村伸行氏（現福井県教育庁埋蔵文化財調査センター）に多大なる感謝を申し上げます。また，一部の土器の実測および文献の収集にご協力いただいた福井県教育庁埋蔵文化財調査センターの三原翔吾氏にも感謝申し上げます。

（2018年6月30日受付）

註

1）広瀬林正寺窯跡の名称は研究者によって異なる場合があり，番号についても若干の混乱が生じている。経緯等については藤原（1988）を参照していただきたい。なお，本稿で扱う広瀬林正寺1〜3号窯は，松枝報告の広瀬1〜3号窯，水野踏査の広瀬10〜12号窯に対応する。以下，本文中では林正寺窯跡と表記する。

2）武生古窯跡（址）群などと呼ばれることもあるが，本稿では武生南部窯跡群に統一した。

3）国土地理院発行5万分の1地形図「鯖江」を使用。

4）ただし，本文中の記述にある窯跡番号と，写真に写っている注記の窯跡番号が異なっている（松枝1970：写真3-8）。

5）本稿でいう「林正寺」窯跡が松枝の報告では「広瀬」窯跡であったことは，註1）の通り。床面の表記は報告段階では第○床窯となっていたが，本稿では○次床面に統一する。

6）「65-H3-1（10）」という注記のものも確認できたが，「65-H3-1」の後が（1）から（9）のものは確認できなかった。おそらく，取り上げ番号は全ての窯で通し番号になっていたと思われる。

7）「82113」は博物館での受け入れ番号であり，すべての遺物に記入されている。

8）なお，整理時の注記がない遺物とともに，1号窯灰原や1号窯焚口前などと記載があるビニール袋が入っているテンバコがあるのを確認した。整理時の注記がない遺物のうち，林正寺2号窯と書かれたテンバコに入っているものや採集資料と思われるもの以外のものについては，1号窯焚口前および灰原出土のものである可能性が高いが確証はない。

9）本稿での坏Gは，田嶋や望月が鋺や坏Aとしているものも含んでいる。これらについては，時期区分の根拠となる重要な器種であるとして，意識的に分離して検討する必要性も指摘されているが（田嶋1997），筆者は器種区分根拠や系統関係の理解が不十分であり，本稿では一括した。

10）第4・5図の実測図は25・33・36を三原が，それ以外のものを筆者が作成した。

11）王子保5号窯出土遺物は小淵（1992）から，王子保2号窯出土遺物は藤原・西野（1987）と藤原・高梨（1988）から，王子保10号窯出土遺物は小淵（1995a）から転載。

12）広瀬窯跡群最古の窯は，水野報告の広瀬1～5号窯と考える。窯跡番号があきらかでかつ実測図が提示されているものが少ないため不明部分を残すが，おおむね王子保5号窯から林正寺1号窯にかけての時期と考える。

引用・参考文献

小淵忠司　1992『王子保窯跡群Ⅳ』福井県武生市教育委員会

小淵忠司　1995a『王子保窯跡群Ⅶ』福井県武生市教育委員会

小淵忠司　1995b「7世紀後半の武生南部窯跡群」『北陸古代土器研究』第5号　北陸古代土器研究会　21-30頁

齋藤秀一ほか　2001『茶臼山古墳群』福井県武生市教育委員会

田嶋明人　1988「古代土器編年軸の設定」『シンポジウム　北陸の古代土器研究の現状と課題　報告編』石川考古学研究会・北陸古代土器研究会

田嶋明人　1997「北陸での7世紀の土器」『古代の土器研究─律令的土器様式の西・東5　7世紀の土器─』古代の土器研究会

田中照久　1983「越前・若狭の須恵器窯」『福井県窯業誌』福井県窯業誌刊行会

田中照久　1986「南越古窯址群」『福井県史　資料編13考古』福井県

廣嶋一良　1986「林正寺古窯址群」『福井県史　資料編13考古』福井県

藤原秀樹　1988「武生南部窯跡群」『王子保窯跡群Ⅱ』福井県武生市教育委員会

藤原秀樹・高梨清志　1988「武生南部窯跡群」『シンポジウム　北陸の古代土器研究の現状と課題　資料編』石川考古学研究会・北陸古代土器研究会

藤原秀樹・西野吉幸　1987『王子保窯跡群　第Ⅰ次発掘調査概要報告』武生市教育委員会

堀　大介　2004「古代須恵器編年と暦年代」『あさひシンポジウム2003記録集　山の信仰を考える』朝日町教育委員会

松枝雅亮　1970「広瀬古窯址群の調査」『福井工業高等専門学校研究紀要　人文社会科学』第3号　福井工業高等専門学校研究紀要　1-13頁

水野九右衛門　1962「武生市広瀬，野中窯跡調査報告」『武生市文化財報告　埋蔵文化財篇』武生市文化財団体連絡協議会

望月精司　2004「北陸地域における飛鳥時代須恵器の様相」『白門考古論叢』中央考古会・中央大学考古学研究会

山田邦和　1985「北陸地方の須恵器」『福井市宿布古墳群』福井県教育委員会・財団法人古代学協会

墨書土器の考古学的検討
—八幡林官衙遺跡「大領」墨書土器を中心に—

丸山　一昭

はじめに

新潟県長岡市島崎・両高に所在する八幡林官衙遺跡は，新潟県を代表する古代の地方官衙関連遺跡として著名である。平成2年に調査が開始されて以来4ヶ年の調査を経て，平成7年に国史跡，平成9年には出土品が新潟県有形文化財に指定された。この遺跡最大の特色は，当時の新潟県では希少であった木簡が非常に多く出土したことであり，赤外線カメラを駆使した文字の解読は古代越後国や古志郡の実像を次々と明らかにした。しかし，同じ出土文字資料である墨書土器は記される文字数が少なく，その具体的内容を明らかにするには限界がある。また，本遺跡の墨書土器は一部を除き多くの資料が遺構外出土である。そのため文字内容が解読できたとしてもその土器がどのような状況下で使用されたのか，そしてそれらは遺跡内においてどのような機能をもっていたのか，といった墨書土器の実像を解明するための考古学的検討は，いまだ手つかずという現状にある。

平川南氏は，古代集落の実相を明らかにするためには墨書土器を「集落形態およびその変遷の中で，捉え直す必要」があり，「墨書された土器そのものの観察と，墨書の部位・書体などの詳細な検討も併せて行わなければならない」と述べた（平川ほか 1989）。考古学において至極当然なこの研究方法は遺跡の性格を問わず全ての遺跡から出土した文字資料にも通用するものと考える。そこで，本稿では地方官衙に関連した八幡林官衙遺跡Ⅰ地区出土「大領」墨書土器（以下，墨書土器を省略）を例に，墨書土器の考古学的検討を試み，今後取り組むべき課題を明確にしたい。

1　八幡林官衙遺跡

(1) 遺跡の概要

八幡林官衙遺跡は，旧島崎川を南方に望む丘陵部とその周辺の低湿地からなり，面積はおよそ4万 m^2 である。遺跡の存続期間は8世紀前葉[1]から10世紀初頭で，8世紀後葉に遺構・遺物がほとんど確認できない空白期間が存在する。主な遺構としては，大型掘立柱建物（8世紀前葉・B地区），道路跡（8世紀中葉・H地区），整地を伴い建造された掘立柱建物群（9世紀前葉～末・Ⅰ地区），平面積 180m^2 の四面廂付建物（9世紀前葉・C地区），井戸・溝・製鉄炉・竪穴建物などがある（第1図）。また，遺物には土器類，木製品のほか，奈良三彩・帯金具・円面硯・太刀外装具・皇朝銭・漆器の優品などともに，多量の木簡・墨書土器が出土し，官衙的様相を帯びたものが目立つ（山本ほか 1992，高橋ほか 1993，田中ほか 1994，田中 2005）。出土文字資料や検出遺構の内容から，8世紀前葉は越後国が所管した関あるいは城柵的機能を有した施設，9世紀初頭から前葉は古志郡大領の館，9世紀後葉以降は官衙的様相が薄れ集落的性格を帯びたと想定されている（田中 2005）。

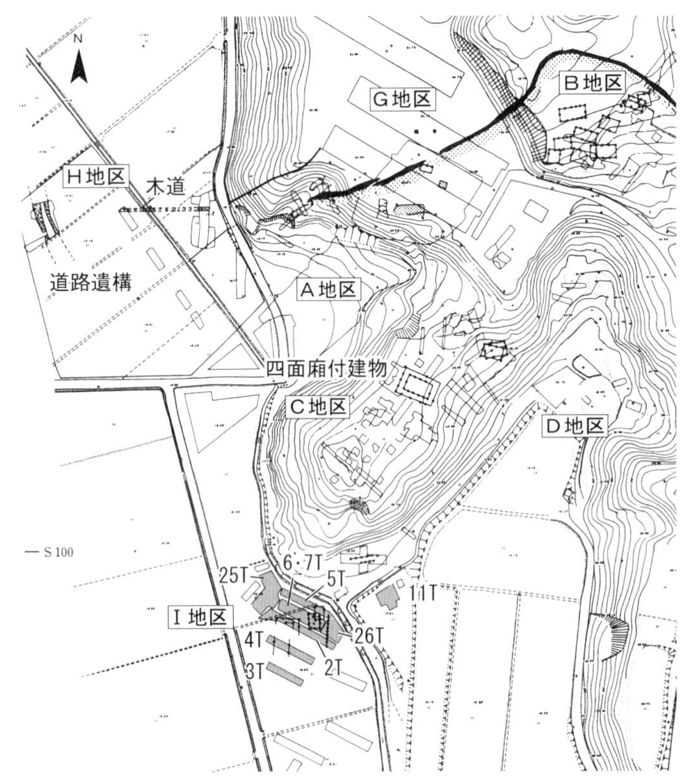

第1図　八幡林官衙遺跡遺構配置図（1/3000）（和島村 1996 より作成）

(2)　I 地区の概要

I 地区は四面廂付建物がのる尾根の南側にひろがる低地である。丘陵の裾を削った大規模な整地が数次にわたり行われ，整地面で掘立柱建物 10 棟以上・柵列 1 条・畠・大溝などが確認された。調査トレンチは東側の 11T と西側の 2～7・25・26T に分かれ，「大領」は主に 11T から出土している。9 世紀初頭から末を中心とした遺物が出土しているが，大半が包含層および整地層からの出土である。「大領」「郡佐」などの官職名や「南殿」「北家」「田殿」「厨」「大厨」「大ヵ家驛」などの施設名を記す墨書土器，「上大領殿門」「上郡殿門」と宛書きされた封緘木簡の存在は本遺跡の性格を如実に示している。このほか，帯金具・太刀外装具・皇朝銭・漆器優品・文箱・漆塗り用具などが見られる。本地区の性格は，9 世紀前葉は C 地区の四面廂付建物に伴う「南殿・南家」「大（領）厨」などの付属施設，続く 9 世紀後葉から末までは「北殿・北家」と呼称された施設が存在したとされ，施設名称に冠せられた方角が南から北に変更されていることは，中心となる四面廂付建物の廃絶および官衙内部でのレイアウト変更を暗示すると考えられている。また，画期の前後では遺構・遺物の内容・質が大きく変わることが確認されており，官衙的様相から一般集落的な性格へ変質した可能性が高い（高橋ほか 1993，田中ほか 1994，田中 2005）。

(3)　I 地区出土土器（第 2 図）[2]

9 世紀初頭～前葉（Ⅳ 3～Ⅴ 1 期）　Ⅲ層を中心に出土した土器群である（以下，「Ⅲ層出土土器」という）。報告書では種別・器種ごとの構成比率は示されていないが，須恵器が多く，土師器は少ない。また，赤彩土師器は確認できない。須恵器食膳具は有台坏・坏蓋・無台坏・高坏・金属器模倣の有台坏や有台鉢・大型の鉢などがあり，貯蔵具では水瓶・長頸瓶・広口壺・横瓶・甕など多様である。土師器では煮炊具が主体で，小甕・長甕・鍋が確認できる。須恵器技法を用いたものは少なく，ハケメ成形で体部外面下半にヘラケズリを行う西古志型煮炊具と呼ばれるものが目立つ。須恵器の産地は食膳具でみると，古志郡内の製品と考えられる胎土 C 群が主体である。佐渡小泊窯産と考えられる胎土 B 群もわずかにみられ，底部にヘラケズリを施すものが目立つ。形態的特徴からみて当該期に属する墨書土器には，「大領」・「大」・「石屋大領」・「石」「領」・「厨」・「郡〔殿ヵ〕」・「田殿」・「南殿」・「南」などがある。

9 世紀後葉～末（Ⅵ 1～Ⅵ 2・3 期）[3]　Ⅱ層を中心に出土した土器群である。前段階に比べ細片が多く報告資料は少数である。しかし，一文字の墨書土器のほとんどがⅡ層からの出土であり，ある程度の資料は抽出

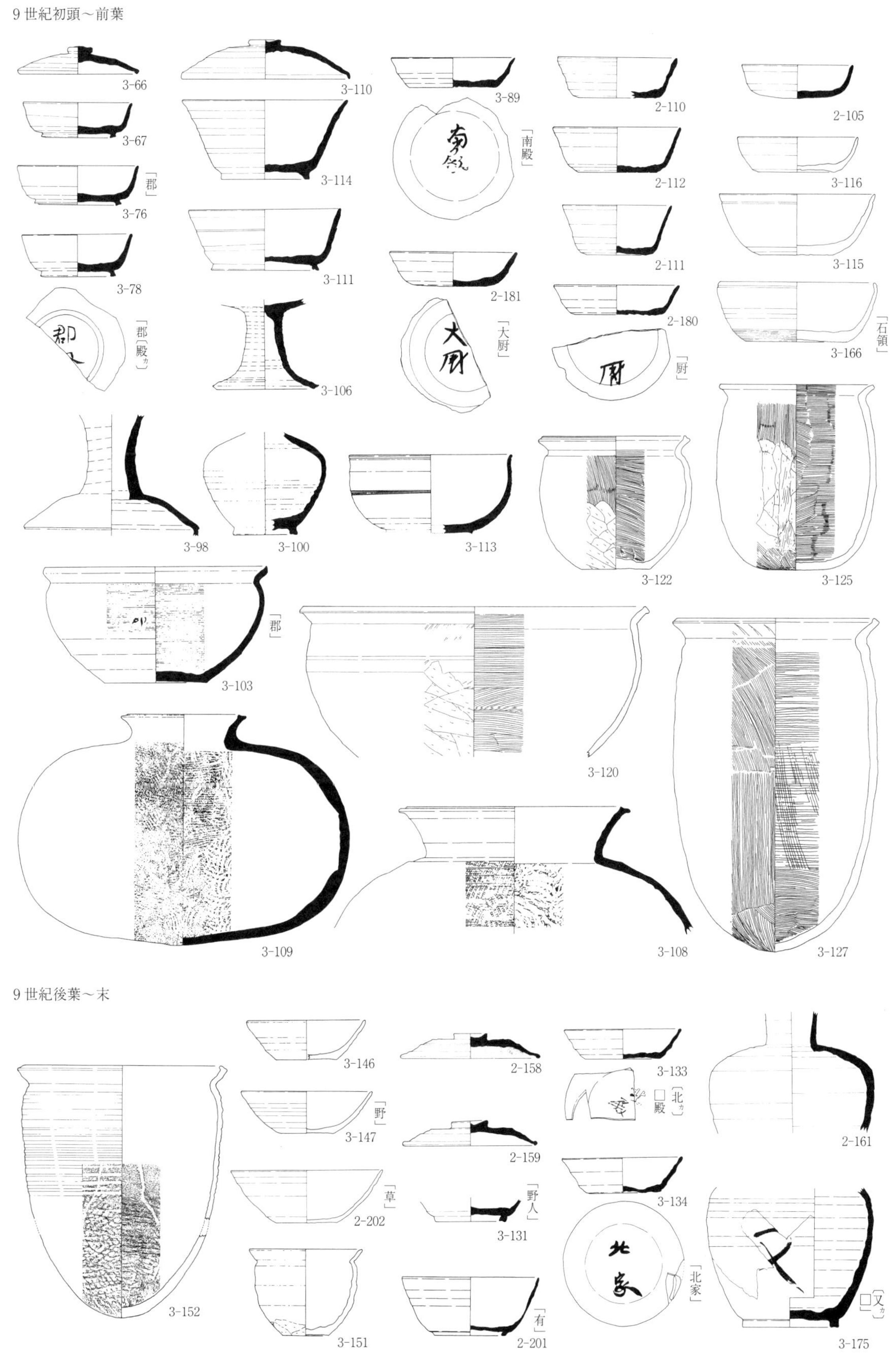

第２図　Ⅰ地区出土土器（1/6）（高橋ほか 1993，田中ほか 1994 より作成）

できる。須恵器は佐渡小泊窯産の製品で深身の有台坏・坏蓋・無台坏がある。前段階に比べ小型化し，器壁が薄いものとなる。土師器は底部糸切り無調整の無台椀が定量みられるほか，体部下半にタタキを施した長甕など須恵器技法を用いた煮炊具がみられる。当該期に属する墨書土器には「北家」「□〔北ヵ〕殿」「野人」「野」「草」「有」「由」「庄」などがある。

2　墨書土器の観察項目

(1) 検討資料

本稿で検討するⅠ地区出土「大領」墨書土器（第3図）は，判読が確実なもので17点あり，このほかに「石屋大領」1点，「大領」・「大」（異筆）1点の合計19点が確認される[4]。また，器種の内訳では須恵器無台坏12点，有台坏3点，坏蓋2点となる。資料の検討にあたり，先行研究を参考にしながら観察・分類を行い，観察表を作成した（第1・2表）。観察は以下の点に特に注目した。

(2) 須恵器の胎土

A群　石英・長石・雲母など花崗岩起源の大型の鉱物・岩石を多量に含み器面が粗いもので，阿賀北の須恵器窯跡（群）にみられるもの。

B群　軟質の白色小粒子を定量含み，器面がなめらかなもの。黒色の斑点や吹き出しがみられる。佐渡小泊窯跡群を産地とする。

C群　上記以外の胎土のもの。小型の石英や長石を含む比較的精良で粘土質の強いもの（C1群）や粘土質で含有物をほとんど含まない精良なもの（C2群），砂質が強く海綿骨針を含むもの（C3群）などに細分できる。古志郡内の窯跡（群）と考えられ，C1は信濃川右岸で確認され，C3は西古志窯跡群とされる[5]。また，C群としたものには火襷があるものや，黒味を帯び硬質焼成のもの，酸化焔焼成による軟質焼成で黄灰色を呈するものなど，それぞれ一定のまとまりが認められる。

(3) 使用痕・転用痕跡

ここで言う使用痕とは，本来の用途での使用により生じた種々の痕跡のことである。器の内外面や特定部位の摩耗（スレ）や加熱・調理などによって付着した煤・炭化物などがこれにあたる。また，転用は本来の用途から離れ，あるいは機能を喪失したことにより別の用途に使用したものである。観察の結果，以下のように灯火によって生じた痕跡[6]（付着物）が認められた。ただしB類は，土壌の鉄分等が沈着した汚れ，あるいは柿渋[7]を塗布した可能性もあり，現段階では灯火具である可能性を指摘するにとどめておきたい。

A　煤・油煙等の付着物（第4図）

付着物A類　煤や油煙などの黒色物が明瞭に認められるもの。無台坏の場合，煤状の黒色物が体部を帯状に巡るものが多い。

付着物B類　茶褐色の汚れで，器面に均一に広がるものや斑点状となるものがある。濃度は濃いものから薄いものまで幅がある。

付着物C類　煤状の非常に薄い黒色物が付着したもの。

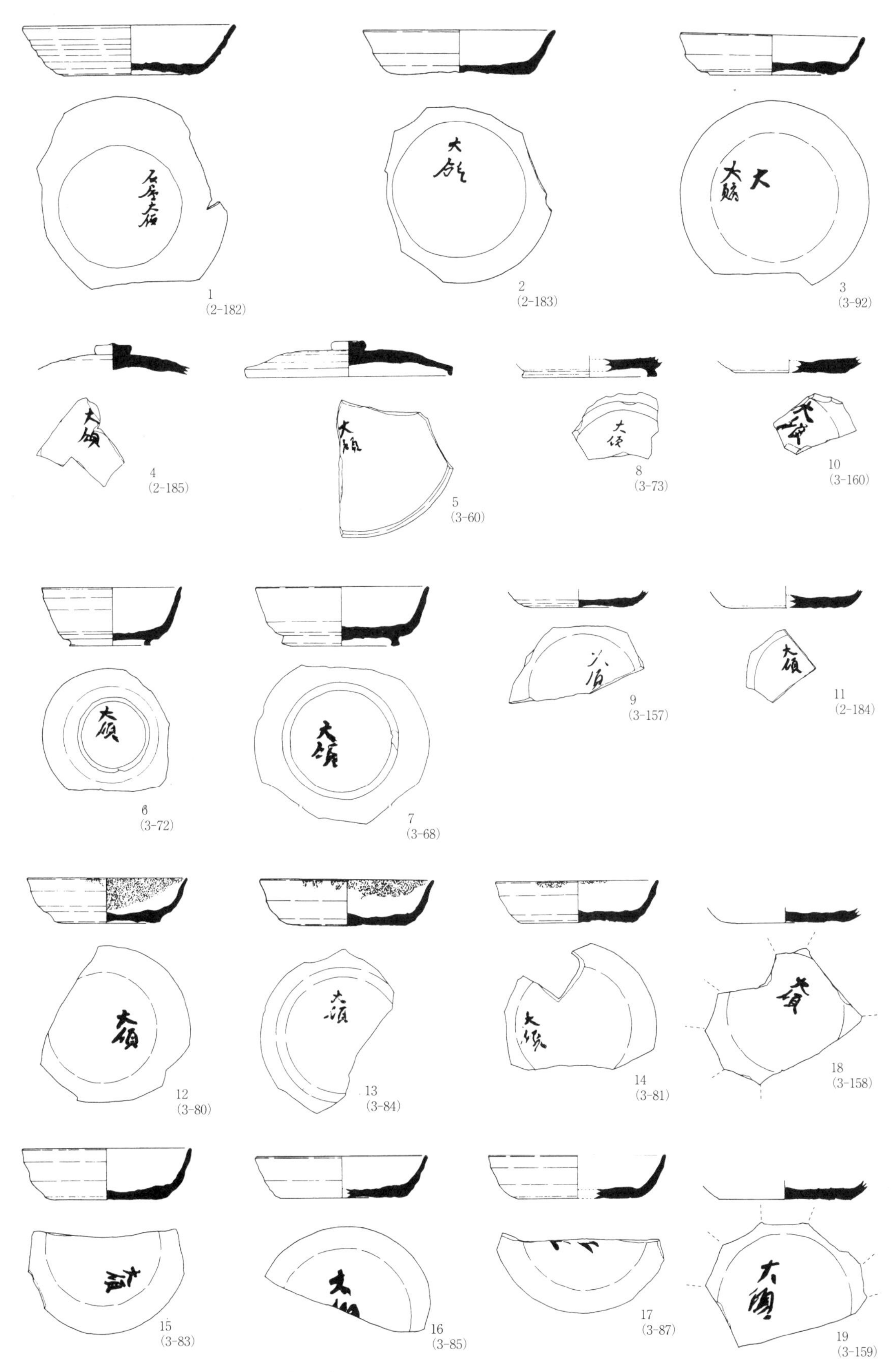

第3図　I地区出土「大領」墨書土器（1/4）（高橋ほか 1993，田中ほか 1994 より作成）

第１表　遺物観察表（1）

No.	報告	番号	地区	出土地点・層位	種別	器種	口径	底径	器高	器高指数	底径指数	胎土・色調
1	2集	182	Ⅰ地区	7T 西側砂利	須恵器	無台坏	14.8	9.4	3.4	23	64	B群
2	2集	183	Ⅰ地区	7T 砂利（柱穴）	須恵器	無台坏	13.2	9.0	2.9	22	68	B群
3	3集	92	Ⅰ地区	11T Ⅲ下	須恵器	無台坏	12.8	10.0	2.6	20	78	C3群　灰
4	2集	185	Ⅰ地区	4T Ⅴ・2T Ⅳ	須恵器	坏蓋						C3群　灰白
5	3集	60	Ⅰ地区	11T Ⅱ・Ⅲ下	須恵器	坏蓋	13.6		2.4	18		C3群　灰白
6	3集	72	Ⅰ地区	11T Ⅲ下	須恵器	有台坏	9.5	6.4	3.6	38	67	C2群　灰
7	3集	68	Ⅰ地区	11T Ⅲ下	須恵器	有台坏	11.8	9.3	3.6	31	79	C3群　灰
8	3集	73	Ⅰ地区	11T Ⅲ下	須恵器	有台坏		8.8				C3群　灰
9	3集	157	Ⅰ地区	11T Ⅱ～Ⅲ	須恵器	無台坏		7.4				C2群　黄灰
10	3集	160	Ⅰ地区	11T Ⅲ下	須恵器	無台坏		8.0				C3群　黄灰・灰白
11	2集	184	Ⅰ地区	7T　西側Ⅲ	須恵器	無台坏		8.9				C3群　灰白・黄
12	3集	80	Ⅰ地区	11T Ⅲ下	須恵器	無台坏	11.3	7.2	3.1	27	64	C1群　灰
13	3集	84	Ⅰ地区	11T Ⅲ下	須恵器	無台坏	11.6	8.0	3.1	27	69	C1群　灰白・黄
14	3集	81	Ⅰ地区	11T Ⅲ下	須恵器	無台坏	11.3	8.2	2.9	26	73	C2群　黄灰
15	3集	83	Ⅰ地区	11T Ⅲ下	須恵器	無台坏	11.4	8.0	3.4	30	70	C2群　灰白・黄
16	3集	85	Ⅰ地区	11T Ⅲ上	須恵器	無台坏	11.8	8.4	2.9	25	71	C1群　灰白・黄
17	3集	87	Ⅰ地区	11T Ⅲ	須恵器	無台坏	12.2	8.2	3.0	25	67	C3群　灰白
18	3集	158	Ⅰ地区	11T Ⅲ下	須恵器	無台坏		8.0				C2群　黄灰・灰白
19	3集	159	Ⅰ地区	11T Ⅲ上・下	須恵器	無台坏		9.0				C1群　黄灰

（口径・底径・器高：cm）

第２表　遺物観察表（2）

No.	釈文	筆使い	大きさ	太さ	筆跡	墨痕	摩耗	付着物	転用	備考	土器群	時期
1	「石屋大領」	A	小	0.3~1	Ⅱb	濃	内：スレ顕著 外：少スレ	内：B 外：B？		底部ケズリ	Ⅰ群	（Ⅳ3~）Ⅴ1
2	「大領」	A	中	1~1.5	Ⅳb	薄	内外：少スレ	内：B		底部ケズリ 打ち欠き	Ⅰ群	（Ⅳ3~）Ⅴ1
3	「大領」 「大」（異筆）	A~B A	中	1 2~3	Ⅴc a	中 薄	内：少スレ	なし		火だすき	Ⅱ群	Ⅳ3
4	「大領」	A	（中）	1~2	Ⅲc	薄	内外：少スレ	なし			Ⅲ群	Ⅴ1
5	「大領」	A	（小）	0.5~1	Ⅲc	濃	内外：スレ	内：A 外：C	灯火具		Ⅲ群	Ⅴ1
6	「大領」	A	中	1~2	Ⅱc	中	内外：少スレ	内：B 外：C		打ち欠き	Ⅲ群	Ⅴ1
7	「大領」	A	中	2~3	Ⅲb	濃	内外：スレ	内外：B		打ち欠き	Ⅲ群	Ⅳ3~Ⅴ1
8	「大領」	A	小	2	Ⅱb	中	外：少スレ	なし			Ⅲ群	Ⅴ1
9	「大領	A	（中）	1	Ⅰc	薄	内外：スレ	内外：B			Ⅲ群	Ⅴ1
10	「大領」	A	（大）	1.5~3	Ⅱa	中	内外：スレ	内：B			Ⅲ群	Ⅴ1
11	「大領」	A	中	1	Ⅱa	薄	内外：少スレ	なし			Ⅲ群	Ⅴ1
12	「大領」	A	中	2~3	Ⅱc	中	内外：スレ	内外：A	灯火具	転用前欠け	Ⅲ群	Ⅴ1
13	「大領」	A	中	1.5~3	Ⅱa	中	内外：スレ	内外：A 灯芯痕	灯火具	転用前欠け	Ⅲ群	Ⅴ1
14	「大領」	A	中	1~2	Ⅱc	中	内外：スレ	内外：A	灯火具		Ⅲ群	Ⅴ1
15	「大領」	A	中	1~3	Ⅱa	中	内外：スレ	内：B 外：C			Ⅲ群	Ⅴ1
16	「大領	A	（大）	3~5	b	薄	内外：スレ	内外：A	灯火具	転用前欠け	Ⅲ群	Ⅴ1
17	〔大領〕	A？	（大）	3~4	Ⅱ	中	内外：スレ	内：A 外：C	灯火具	転用前欠け	Ⅲ群	Ⅴ1
18	「大領」	A	中	1~3	Ⅱc	濃	内：スレ顕著 外：少スレ	内外：B		打ち欠き	Ⅲ群	Ⅴ1
19	「大領」	A	大	1~3	Ⅱb	中	ほぼなし	なし		打ち欠き	Ⅲ群	Ⅴ1

（太さ：mm）

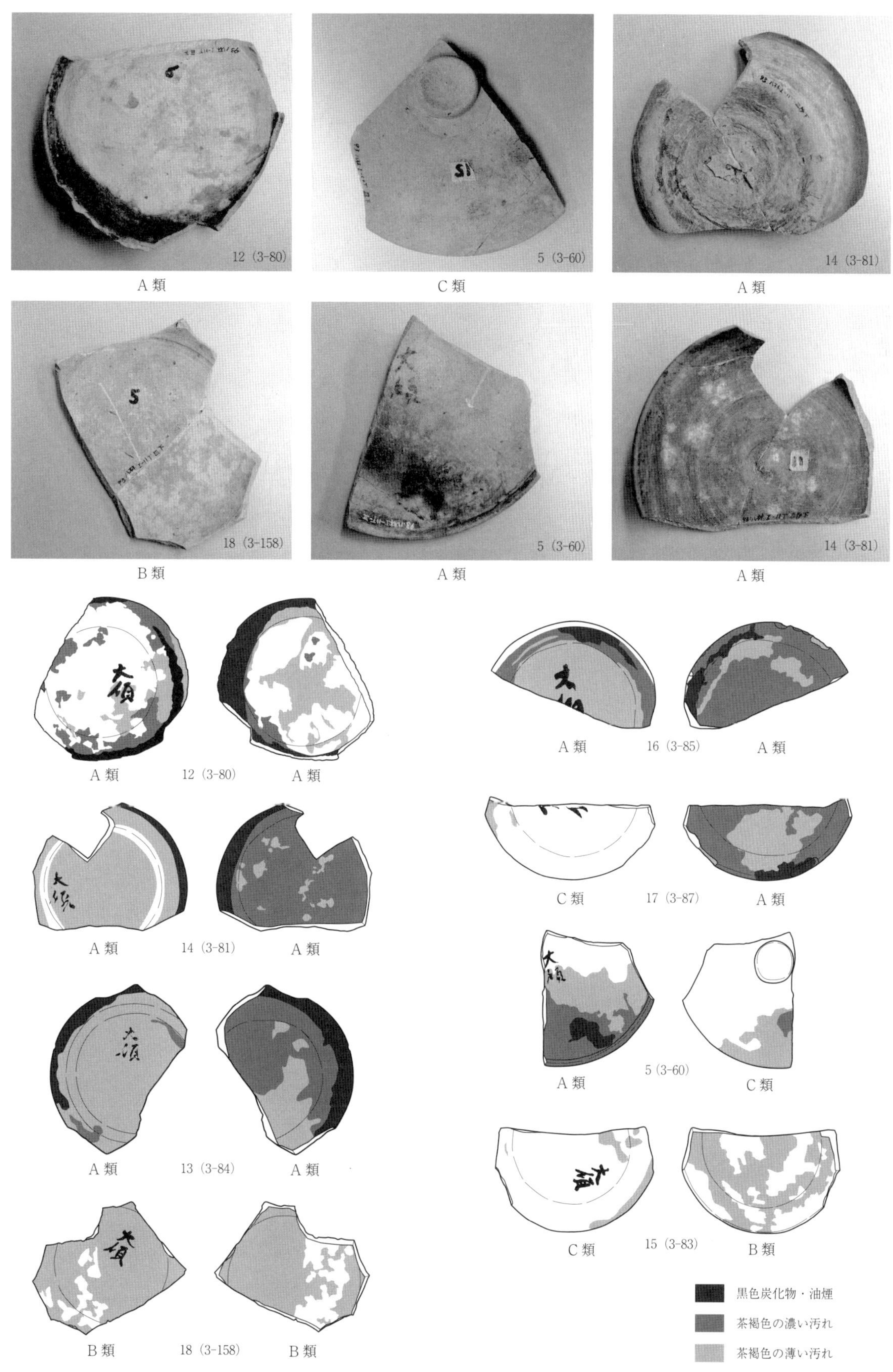

第4図　付着物の分類（田中ほか 1994 より作成・資料番号は第3図に一致）

B　打ち欠き　口縁部などを連続的に打ち欠いたものである。偶発的に欠損が生じたものや埋没後に土圧で割れたものもあるだろうが，打ち欠いた残片は先の尖った波形が連続するものや破断面が摩耗したものなどが認められる[8]。

3　墨書文字の観察

墨書文字を観察する場合，以下の点に着目する方法がある[9]。これにより，書き手の習熟度や階層性を推測できる可能性がある。

(1) 墨書部位

坏類は底部外面，坏蓋は内面に墨書がみられる。文字の書き始めの位置は墨書部位のなかでも違いがあるため，上から平面的にみて上・下・左・右・中央部に分けて表記した。

(2) 文字の大きさ

相対的に「大」は小さく，「領」は大きい。これは画数に起因するものである。個体ごとの文字の大きさを比較するため，一文字あたりの大きさを最大長×幅（cm）で計測し，二文字の合計面積（cm^2）を求めた（第5図）。3.0cm^2 未満を「小」，3.0～5.0cm^2 未満を「中」，5.0cm^2 以上を「大」と分類することができる。

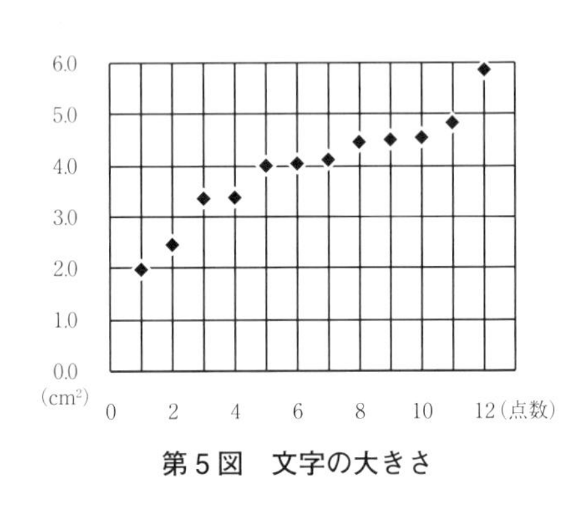

第5図　文字の大きさ

(3) 線の太さ

一文字あたりの平均的な線の太さを計測した。線の太さは使用する筆の毛足に制限されるが，書き手の運筆方法によって線の強弱（太い・細い）に変化が生じる。この場合は最大値・最小値（mm）を示した。

(4) 筆使い

点画のとめ・はらいの有無，文字のくずし方や全体のバランス等に着目すると，大まかにA～Cの3ランクに細分できる。筆の用法や字体の違いもあるため，とめ・はらいの有無が必ずしも習熟度の指標とはならないが，一般的にランクA・B・Cの順で筆記の習熟度が低くなると推測される。また，書き慣れた人物による文字は，文字全体に一貫した方向性や規則性を見出すことができ，定型化した字形（くずし方）をみることができる。これは様々な内容を記した墨書文字の筆跡を相対的にみる場合に有効な手段である[10]。

ランクA　それぞれの点画にとめ・はらいが見られるもの。あるいは，滑らかな筆致で定型的なくずし方がみられるもの。

ランクB　点画にとめ・はらいが十分ではなく，部分的にアンバランスな点が見られるもの。

ランクC　とめ・はらいがほとんど見られないもの。線幅が一定で変化に乏しいもの，あるいは字形が整っていないもの。

(5) 筆跡（第6図上段）

今回は「大領」に限定した比較であり，上記の分類ではほとんどがランクAとなるため，違いを明確にすることが難しかった。このため，筆跡をさらに細かく観察した。その結果「大」の三画目と「領」の字形に特徴が見られ，以下のとおり分類した。字形（Ⅰ～Ⅴ類）と筆の用法（a～c類）は文字の本質である識別性を考えれば，前者が主，後者が従の関係にあると考えられる。このことから表記の順番は字形・用法の順とし，Ⅰa類などと表記した。なお，欠損で不明なものはⅠ類，a類など単独の表記とした。

A 「領」の字形（くずし方）

Ⅰ類　「令」が一画となるもの。
Ⅱ類　「令」が二画となるもの。
Ⅲ類　「令」が三画となるもの。
Ⅳ類　「令」が四画となるもの。
Ⅴ類　Ⅰ～Ⅳ類以外のもの。

B 「大」の三画目の用法

a類　はらいが顕著なもの。
b類　とめるもの。二画目のはらいから続く反動で筆がとまるもの。
c類　とめ・はらいが不明瞭なもの。筆先を上方へ抜きながら終筆するもの。

4　観察所見

(1) 土器の観察（第3図）

胎土B群（1・2）　B群は無台坏で2点あり，1は口径14.8cm・底径9.4cm，2は口径13.2cm・底径9.0cmで，他の胎土のものに比べ大型である。器高指数22～23，底径指数64～68である。いずれも底部は回転ヘラキリののちロクロケズリで調整するのが特徴的である。1の内面（見込み）は特にスレが顕著である。2は口縁部に古い欠損が認められ，部分的に打ち欠いた可能性もある。

胎土C群（3～19）　無台坏・坏蓋・有台坏がある。無台坏には口径11cm台の相対的に小型で身が深めのもの（12～17）と，口径12.8cmの大型で身が浅いもの（3）があり，前者が器高指数25～30・底径指数64～73，後者が器高指数20・底径指数78である。いずれも底部回転ヘラキリ無調整である。坏蓋（5）は口径13.6cmで，つまみは低くカエリは明確である。4は山笠状を呈する。有台坏は口径・底径が大きく浅身のもの（7・8）と口径・底径が小さいもの（6）がある。

(2) 土器の使用痕跡（第3・4図）

本資料に確認できた使用痕跡として土器の摩耗（スレ）がほぼすべての資料で確認されたほか，煤や油煙などの付着物，打ち欠きが確認された。

13・17の口縁部には灯芯が燃焼した際に付着した筋状の黒色炭化物が認められる。また12・14・16には煤状の黒色物が体部を帯状に巡っており，これらは付着物A類に相当する。10・15内面・18にみられる茶褐色を呈する網目状のシミは付着物Ｂ類と考えられる。15の外面に点々とみられる黒い付着物は，付着物Ａ・Ｂ類に比べ非常に薄いもので付着物Ｃ類に相当する。また，18・19は連続的な打ち欠きが底部付近まで行われ，縁辺が波形を呈する。18には付着物Ｂ類が認められる一方，19にはスレがほとんど認められず，付着物も全く確認できない。

(3) 文字の観察（第３図・第６図下段）

Ａ　胎土Ｂ群

Ⅱ類（1）　１は底部外面右上から記される。墨痕は濃く明瞭である。線は細く，小さな文字で記されており達筆である。すべての文字が左方向へ長くはらわれた後に上方へ跳ね上がり，右方向は短くとめる点が特徴的で，筆跡はⅡｂ類である。

Ⅳ類（2）　２は底部外面上部から記される。墨痕は摩耗によりやや薄い。線は細く，一文字目は小さいが二文字目は大きくなり2cmを超える。1と同様の筆跡で，左下方向へのはらいが長く，右方向はとめる。筆跡はⅣｂ類である。

Ｂ　胎土Ｃ群

Ⅰ類（9）　９はⅠｃ類である。大きさは2cm弱，線は細い。墨痕は摩耗・風化により薄い。

Ⅱ類（6・8・10〜15・17〜19）「令」は二画に省画され「イ」状になる。胎土Ｃ群では11点と最多である。また「頁」にも省画がみられる。このような字体は静岡県御子ケ谷遺跡（駿河国志太郡衙跡）出土例のほか，木簡や古文書等でも見ることができる。さらに三つに細分され，10・11・13・15はⅡａ類，8・19はⅡｂ類，6・12・14・18はⅡｃ類である。文字の大きさは中型が多く，書き始めは上・中央・左・右と多様である。文字の大きさに対してやや太めで筆鋒が丸まったものが多いが，やや鋭いのものもある（8・19）。Ⅱａ類・Ⅱｃ類はそれぞれ非常に似通った筆跡である。墨痕はおおむね濃い。

Ⅲ類（4・5・7）　4・5はⅢｃ類，7はⅢｂ類である。4は墨痕が薄く筆跡が明確ではないが，5と同様の字形である。5は蓋内面の中央に小さく記される。墨痕は濃く，線は細い。7は線が相対的に太く，とめ・はらいが明確である。墨痕は非常に濃く，墨書位置は中央左にある。

Ⅴ類（3）　３の「大領」・「大」は，前者が左上，後者が中央付近に記される。文字の大きさはいずれも1cmほどである。墨痕は，前者が濃く，後者はやや薄い[11]。前者の線はやや細く，後者は肉が太めである。筆跡は前者がⅤｃ類，後者がａ類で異筆である。前者は「大」が右下に傾いてバランスを欠き，ぎこちない印象を受ける。「領」は左側が「頁（おおがい）」，右側は判読不明であるが，偏（へん）と旁（つくり）が左右逆になる事例があることを考慮すれば「令」となろう。管見の限りでは類例が見出せないが，定量出土した「大領」の存在を考えれば，「領」とするのが妥当であろう[12]。

その他（16・17）　16は「領」部分を欠損する。底部外面上部から記される。「大」は線が太くｂ類である。17は文字の右側を欠損するが，「令」は二画でⅡ類である。

5　考察

(1)「大領」墨書土器群の設定と編年的位置

以上の観察により「大領」墨書土器は，胎土・器形・法量・筆跡などの共通性から以下の３群に分類でき，

第6図　「大領」筆跡の分類及び実測図（1/1）

それぞれ時間的まとまりをもつと考える。

Ⅰ群（1・2） 胎土Ｂ群の無台坏「石屋大領」「大領」で構成される。法量が大ぶりで底部のケズリ調整が顕著である。字形はⅡｂ類・Ⅳｂ類とそれぞれ異なるが，筆跡自体は左方向へのはらいと右下方向へのとめが顕著にみられ，共通点をもっている。

Ⅱ群（3） 胎土C3群の無台坏「大領」・「大」と記すもの。1点のみであるが，これを補う資料として同様の法量・器形を有するⅠ地区「大」墨書土器（第8図）が抽出できる（春日2001）。いずれも黒味を帯びた灰色を呈し，火襷が認められる一群で，器形は低平で口縁部が短く立ち上がる。

Ⅲ群（4〜19） 胎土Ｃ群で「大領」と記すもの。有台坏・坏蓋・無台坏で構成される。無台坏はⅡ群に比べ小ぶりである。酸化焔焼成により黄灰色を帯びたものが多い。字形はⅠ〜Ⅳ類があるがⅡ類が多数を占め，同様の筆跡である。また，灯火具に転用された痕跡が多くの資料でみられる。

前述のとおりⅠ地区Ⅲ層出土土器は，春日編年のⅣ3〜Ⅴ1期（9世紀初頭〜前葉）と考えられており上記の土器群も同様の時期と考えられるが，ここでは土器群それぞれの編年的位置について標識資料との比較から改めて確認しておきたい（第7・8図）。

まず，Ⅲ群無台坏の法量はⅤ1期の標識資料である下ノ西遺跡SE201の分布と重なっている（第7図右）。また，Ⅲ群の有台坏（第3図7）は口径がやや大きいが下ノ西遺跡SE201（第8図3）と器形が類似している。したがってⅢ群土器は従来の見解どおりⅤ1期とすることができる。次にⅡ群および「大」の法量は，いずれも口径12cm台・底径9cm台付近に集中しており[13]，Ⅲ群や下ノ西遺跡SE201に比べ明らかに大型であることが分かる。また，有台坏・坏蓋も同様に大型である。このことからⅡ群土器の時期は下ノ西遺跡SE201との対比を重視し，春日氏の見解（春日2005）どおりⅣ3期に位置づけられる可能性を考えたい。ただし，同時期とされる下ノ西遺跡SK504やSB71周辺資料とは胎土Ｂ群・Ｃ群ともに若干の法量差があり，わずかに時期差が存在する可能性もある。

一方，Ⅰ群とした胎土Ｂ群の無台坏「石屋大領」(1)・「大領」(2)は，いずれも底部外面（中心部を除く）から体部立ち上がり部分にかけて，回転ヘラキリ後の丁寧なヘラケズリ調整が見られる。この2点と法量は異なるが，同様のヘラケズリ調整を行った胎土Ｂ群の非墨書土器も確認されている[14]。こうした特徴をもつ製品は小泊窯跡群K-402窯（川村ほか2005）や佐渡浜田遺跡（関1975）で確認されているが，越後側では類例が少なく詳細は不明である。ただ，K-402窯は最古段階でⅤ1期の下口沢窯に先行すると考えられることから（川村2005，笹澤2011），Ⅰ群土器はⅣ3期に遡る可能性もあろう。Ⅰ群土器の編年的位置づけについては非墨書土器も含めた土器群全体での比較・検討が今後必要である。

(2) 墨書の機能と解釈

「大領」の墨書は坏類では底部外面，蓋では内面に確認された。この墨書が部位のなかのどの位置から書き始められているかを観察した。その結果，坏類の底部では中心を外した部分から記されているのに対し，蓋内面では中心から記されていることがわかった。これは書き手が書きやすい場所を見きわめ，かつ他人が見ても識別しやすいように墨書したからではないだろうか。つまり，坏類の底部中心は回転ヘラキリによって生じた凹凸が顕著であり筆記には適さないために，底部は中心を外して書き始めた。一方，蓋内面は全体が滑らかにナデ調整されているため，中心から書き始めても支障がなかったものと考えられる。土器への墨書行為は基本的に他との識別が目的であることが一般に指摘されているが，本資料でも同様であると考える。それは坏底部や蓋内面を平面的な円に見立てた場合，書き出しの位置が上あるいは左右，中央付近にあるものが多く，文字がはみ出す可能性のある下部から書き出すものは認められないことからも推測できる。この

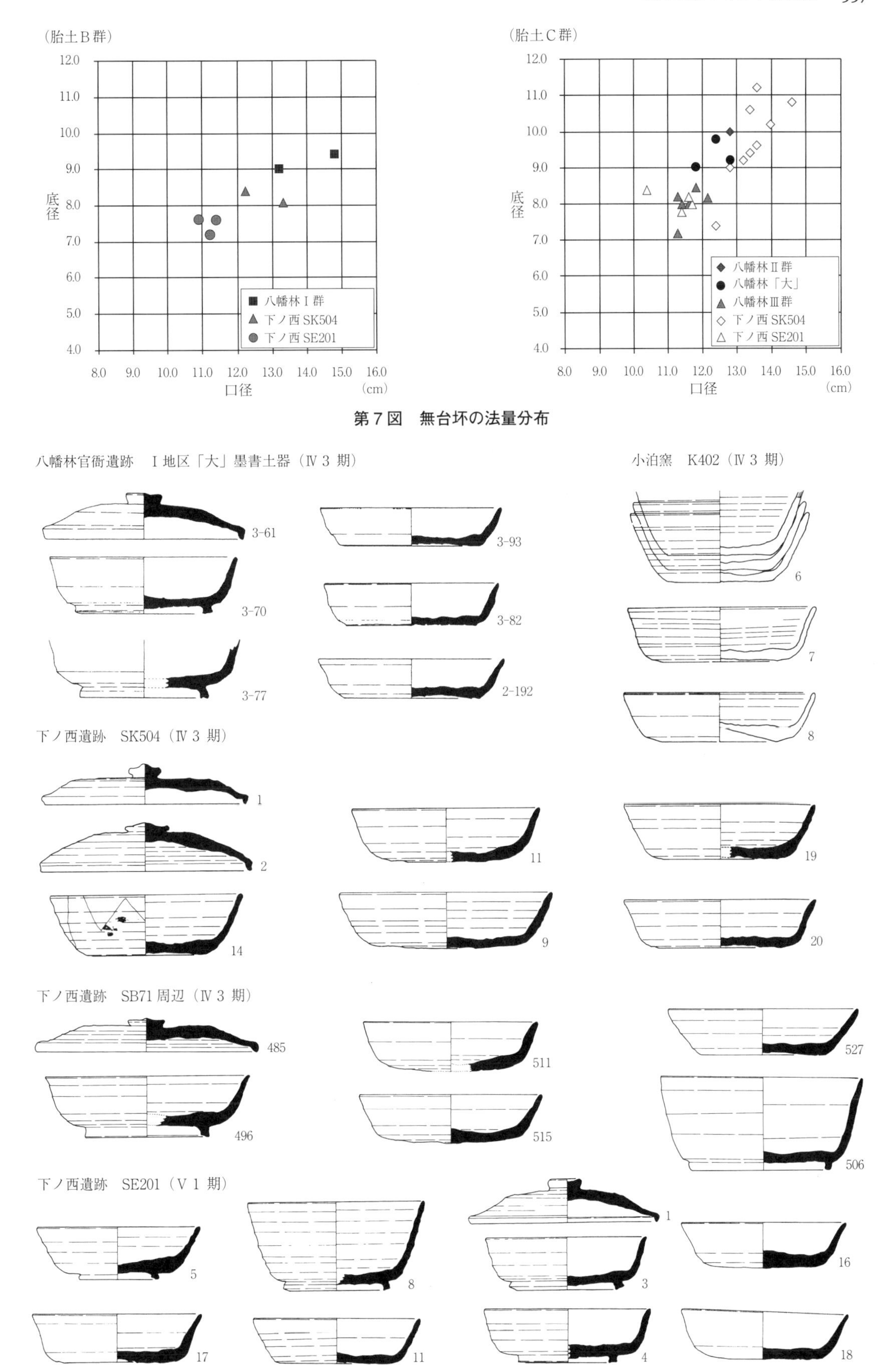

第７図　無台坏の法量分布

第８図　Ⅳ３期・Ｖ１期の対比資料（1/4）（高橋ほか 1993，田中ほか 1994，田中 1998・2003，川村ほか 2005 より作成）

第３表　Ⅰ地区Ⅲ層出土食膳具（須恵器）の転用率

「大領」

出土位置	器種	資料数	付着物Ａ類		付着物Ｂ・Ｃ類		打欠		転用硯	
東側（11T）	有台坏	3	0	0.0%	3	100.0%	0	0.0%	0	0.0%
	坏蓋	1	1	100.0%	0	0.0%	0	0.0%	0	0.0%
	無台坏	11	5	45.5%	3	27.3%	2	18.2%	0	0.0%
西側（2～7・25・26T）	有台坏	0	0	0.0%	0	0.0%	0	0.0%	0	0.0%
	坏蓋	1	0	0.0%	0	0.0%	0	0.0%	0	0.0%
	無台坏	3	0	0.0%	2	66.7%	1	33.3%	0	0.0%
合計・全体割合		19	6	31.6%	8	42.1%	3	15.8%	0	0.0%

（左：点数／右：転用率）

墨書土器全体

出土位置	器種	資料数	付着物Ａ類		付着物Ｂ・Ｃ類		打欠		転用硯	
東側（11T）	有台坏	17	2	11.8%	6	35.3%	4	23.5%	1	5.9%
	坏蓋	4	2	50.0%	2	50.0%	0	0.0%	0	0.0%
	無台坏	39	10	25.6%	17	43.6%	11	28.2%	0	0.0%
西側（2～7・25・26T）	有台坏	12	1	8.3%	3	25.0%	4	33.3%	2	16.7%
	坏蓋	3	1	33.3%	0	0.0%	1	33.3%	0	0.0%
	無台坏	24	4	16.7%	8	33.3%	11	45.8%	1	4.2%
合計・全体割合		99	20	20.2%	36	36.4%	31	31.3%	4	4.0%

（左：点数／右：転用率）

非墨書土器

出土位置	器種	資料数	付着物Ａ類		付着物Ｂ・Ｃ類		打欠		転用硯	
東側（11T）	有台坏	111	10	9.0%	34	30.6%	34	30.6%	6	5.4%
	坏蓋	62	10	16.1%	16	25.8%	13	21.0%	13	21.0%
	無台坏	232	38	16.4%	113	48.7%	97	41.8%	4	1.7%
西側（2～7・25・26T）	有台坏	52	5	9.6%	9	17.3%	16	30.8%	5	9.6%
	坏蓋	36	3	8.3%	3	8.3%	12	33.3%	13	36.1%
	無台坏	84	10	11.9%	8	9.5%	22	26.2%	0	0.0%
合計・全体割合		577	76	13.2%	183	31.7%	194	33.6%	41	7.1%

（左：点数／右：転用率）

資料は未報告資料を含む。底部の残存が1/8以上のもので，器種が判別できるものを１点として計測した。
転用率（%）＝(転用痕跡の確認点数／資料数)×100（小数点第２位四捨五入）
各項目の転用痕跡は同一個体で重複する場合もある。

ことは木簡や文書への筆記と同様に，ある一定範囲内に文字を収めようとする意識が潜在的に働いたとみることができ，ランダムに筆記する文字の習書とは性格を異にするものである。

Ｖ１期のⅢ群土器「大領」は古志郡の在地窯による製品と考えられている。これらの中には酸化焔焼成の黄灰色を呈したものが定量存在する一方で，非墨書土器には暗灰色の黒ずんだ色調で硬質な焼成の製品も存在する。うがった見方をすれば少なくともⅢ群土器への墨書時には，文字を認識しやすくするために明るい色調の土器を選択したとも考えられるが，これを検証することは現状では難しい。

いずれにしろ墨書が坏類の底部外面や蓋の内面など通常使用時には見えない場所に記されたことは，逆に言えば使用されず伏せた状態である時に，墨書内容を認識させる必要があったからと考えられる。では，食器を伏せた状態とはどのよう場面が想定されるのか。山中敏史氏の論考（山中 2003）を参考にしたい。山中氏は，食器は郡衙において厨（あるいは厨家）が管理しており，饗宴などの行事が行われる際に，食事の供給先を識別するために土器に官職名や施設名を墨書したとしている。静岡県御子ケ谷遺跡の墨書土器は土器全体の1割ほどであることから，管理されていた食器には非墨書土器も含まれていたと想定されている。供給先への分別方法としては，墨書のほかに棚に木札などで示す場合や収納する櫃などに明示した場合などが考えられ，墨書以外の方法を採用した官衙もあったとしている。墨書による分別の場合，重ねられた食器の一番上の個体に表示したと考えられる。このように官衙における墨書土器の機能を考えるには，墨書土器の背後に存在する非墨書土器群を考慮する必要があるとし，筆者もこれに同意する。

ここで注目したいのは先述のⅢ群土器の無台坏「大領」である。本資料には，ほぼ同じ筆跡の墨書が複数認められることから，Ⅴ1期のなかでも比較的時間幅の短い一群ではないかと考えられる。また一方で，これらの土器と同様の胎土，器形をもった非墨書土器も確認している。このことはおそらく，郡衙（または厨家）が同一の窯から一定量をまとめて調達したことを物語るものであり，調達後に大領の食器として管理するため，その一部に「大領」と墨書したと考えられる。「大領」以外の官職や施設に帰属する食器の存在も考慮する必要があるが，本資料は先述の山中氏の見解を裏付けるものであろう。

(3) 転用された墨書土器

「大領」墨書土器では，黒色炭化物（付着物A類）が付着したものが19点中6点で確認され，全体の約3割が灯火具に転用されていることが判明した。また，油煙や油染みの可能性がある付着物（B類・C類）のあるものや，形状改変のため打ち欠きを施したものが定量あることもわかった。坂野千登勢氏の研究（坂野 2009）を参考にすると，付着物A類を有するものは油に浸した灯芯を燃焼させる上皿，付着物B類またはC類のみ確認できるものは上皿を受ける下皿に相当すると考えられ，本資料は墨書後に灯火具に転用されたと考えられる。また，第3図19のように口縁部を全周にわたって打ち欠いたものは，芯押さえと考えられるが，付着物が全く認められないことから，予備の未使用品あるいは別用途の転用を想定する必要があろう。このように打ち欠きと転用品には深い関連性があることが予想され，今後は土器の使用痕跡と残存形状との関連にも注目していく必要がある。

次に，灯火具への転用は「大領」に限定されたものなのか，あるいは墨書の有無を問わずごく一般的に行われたものなのかを考えてみたい。第3表にⅠ地区Ⅲ層出土資料（須恵器坏類・坏蓋）の転用率を示した。付着物A類をみると，器種全体の転用率は「大領」で31.6％，墨書土器全体で20.2％であった。また，打ち欠きでは約15％の開きがあるが，付着物B・C類では前者が42.1％，後者が36.4％と近い比率である。さらに非墨書土器では付着物A類が13.2％，付着物B・C類が31.7％，打ち欠きが33.6％で，墨書土器全体の比率とほぼ同様の結果となり，墨書の有無による転用率の際立った変化は認められなかった。以上のことから，Ⅰ地区Ⅲ層出土資料では使用に伴う欠損などによって食器本来の機能が失われた後（あるいは意図的に機能を放棄した後），墨書の有無を問わず灯火具などに転用したと想定できる[15]。さらに，資料の一部には，灯火具として使用後に打ち欠きを行ったものがあることが破片の接合状況から推測できた。この現象は，意図的な破砕を行うことで道具としての命脈を断ち，廃棄したことを示しているのではないだろうか。これは墨書土器が非墨書土器と同様に扱われたことを示すものであり，これらすべてが食器として一次使用された後，転用，廃棄に至るという一連のルールが本遺跡において浸透していたことを示唆していると考えられる。今後も転用痕跡の観察を積み重ねることによって，古代における土器のライフサイクルがより明らかになっていくものと考えている。

おわりに

以上，八幡林官衙遺跡Ｉ地区出土「大領」墨書土器を例に考古学的検討を試みた。本稿では文字の形態（筆跡）も新たな観察項目に加えて分類を行った。その結果，筆跡の違いにより書き手の習熟度が推測できること，筆跡も時間的・空間的まとまりを示す土器群設定の一要素となる可能性があることがわかった。また，転用痕跡の有無や非墨書土器との比較から食器の調達から廃棄に至る過程のなかで，墨書土器の具体的な使用方法や機能が想定できた。すなわち，本遺跡における墨書土器は調達後に食器管理の目的で墨書が行われたと考えられる。

しかし，これはＩ地区出土「大領」に限ったことであり，遺跡全体の墨書土器を観察したわけではない。また，その観察項目は筆跡に加え，土器の胎土や形態，転用の痕跡など多岐にわたることとなり，筆者の力量不足によりそのすべてを網羅することはできなかった。各調査区の出土土器をもう一度再確認し，検討する必要性を痛感している。しかし，とかく文字の内容だけが重視されがちな墨書土器も考古資料として詳細に観察することにより，さらに多くの情報が読み取れることがわかった。このことは大きな収穫であり，墨書土器へのさらなる可能性と本遺跡の重要性を改めて認識した次第である。

最後に，恩師である橋本博文先生への学恩に報いるため拙いものではあるが小稿を献呈したい。小稿は私が学生時代に指導を受けた時代やテーマとは全く異なるものである。しかし，こうして今も恵まれたフィールドのもとで考古学に携わり続けていられるのも橋本先生のおかげであると思っている。改めて感謝の念を表すとともに，先生の益々のご活躍とご健勝をお祈りいたします。

また，本稿を作成するにあたり資料を所蔵する長岡市立科学博物館，および下記の方々から御配慮・御助言を賜った。記して感謝申し上げます。

相澤 央　伊藤秀和　春日真実　笹澤正史　田中 靖　山賀和也（五十音順・敬称略）

（2018年5月8日受付）

註

1） 時期区分や年代は春日真実氏の編年的位置づけ（春日 1999・2001・2005・2016）に準じて表記し，報告書記載の年代もこれに読み替えてある。

2） 資料の記載番号は報告書巻次と掲載資料番号を記載した。たとえば「2-181」とあるものは和島村埋蔵文化財報告書第2集『八幡林遺跡』（和島村教育委員会 1993）掲載の No. 181 の資料，同様に「3-89」とあるものは同報告書第3集（和島村教育委員会 1994）の No.89 の資料である。

3） 報告書掲載資料はⅥ1期を中心とするが，未掲載資料にはⅥ2・3期に下るものも存在する。なお，筆者は第2図3-133・134をⅥ1期の古相とし，9世紀中葉頃まで遡る可能性を考えている（丸山 2016）がここでは註1のとおりとする。

4） このほか「領」のみ確認できるものが2点する（有台坏の 2-182，無台坏の未報告資料）。

5） 春日真実氏から検討資料を実見いただき，ご教示を得た。なお分類は筆者が氏の分類を参考に設定した。

6） 付着物の分類は，坂野千登勢氏の論考（坂野 2008）を参考に行った。

7） 山形県今塚遺跡出土土器に見られた柿渋状付着物を科学的に分析した研究（北野ほか 2004）があるが，柿渋の同定までには至らなかった。また山形県蝉田遺跡では内面に暗褐色を呈した付着物が一面に認められる土師器坏が出土している。報告書では水をはじく目的で柿渋を塗布したと想定している（齋藤ほか 2017）。所属年代は10世紀第1～2四半期である。

8） 打ち欠きの表示は，荒木志伸氏の論考（荒木 1999）を参考に打ち欠きの単位を点線で示した。

9)　墨書文字の観察項目は相澤央氏によるもの（相澤 2009），江口友子氏（江口 2001）によるもののほか，筆者も分類を試みたことがある（丸山 2016）。

10)　浦反甫東遺跡の河川 SD976 出土墨書土器（9 世紀後半〜末頃）には達筆な筆使いのものから，一見してたどたどしい墨書が存在し，様々な習熟度の人物が墨書を行っていたことがうかがえる（丸山 2016）。

11)　この点について春日真実氏は，経年や使用に伴い「大」の墨痕が薄れたため「大領」と書き直した可能性を想定している（春日 2001）。

12)　偏と旁が左右逆あるいは上下になる事例があることを相澤央氏からご教示いただいた。

13)　3 点確認される「大」（無台坏）の口径は 11.8〜12.8cm，底径は 9.0〜9.8cm であった。また未報告の非墨書土器の中にも同様の胎土や器形をもつものが定量確認できる。

14)　2-110〜112 のほか，未報告遺物で確認できた。未報告遺物は有台坏 1 点，無台坏 5 点が現時点で確認される。

15)　今回の確認作業では，灯火具のほかに転用硯に転用されたものも定量確認され，打ち欠きを伴うものもあった。

引用・参考文献

相澤　央　2009「第Ⅶ章第 2 節 A　墨書」『駒首潟遺跡　第 3・4 次調査』新潟市教育委員会

荒木志伸　1999「墨書土器にみえる諸痕跡について」『お茶の水史学』第 43 号

江口友子　2001「第Ⅴ章 2C.　墨書土器の記述の方法」『釈迦堂遺跡』新潟県埋蔵文化財調査報告書第 100 集　新潟県教育委員会，（財）新潟県埋蔵文化財調査事業団

春日真実　1999「第 4 章第 2 節　土器編年と地域性」『新潟県の考古学』新潟県考古学会編　高志書院

春日真実　2001「第Ⅵ章 2　和島・出雲崎地域における 7 世紀末から 10 世紀の土器の変遷」『梯子谷窯跡』新潟県埋蔵文化財調査報告書第 104 集　新潟県教育委員会・（財）新潟県埋蔵文化財調査事業団

春日真実　2005「越後における奈良・平安時代土器編年の対応関係について―「今池編年」・「下ノ西編年」・「山三賀編年」の検討を中心に―」『新潟考古』第 16 号　新潟県考古学会

春日真実　2016「越後の官衙・集落と土器様相」『官衙・集落と土器 2』（独）国立文化財機構奈良文化財研究所編

川村尚ほか　2005『小泊窯跡群Ⅰ』佐渡市教育委員会

川村　尚　2005「第Ⅶ章まとめ」『小泊窯跡群Ⅰ』佐渡市教育委員会

齊藤主税ほか　2017『蝉田遺跡　第 1 次・2 次発掘調査報告書』山形県埋蔵文化財センター調査報告書第 226 集　公益（財）山形県埋蔵文化財センター

坂野千登勢　2008「古代における土器の再利用―灯火具を中心とする様相―」『考古学雑誌』第 92 巻　第 4 号　日本考古学会

笹澤正史　2011「第Ⅶ章 2 古代の土器の時期と特徴」『七社遺跡　発掘調査報告書』新発田市埋蔵文化財調査報告第 42　新発田市教育委員会

北野博司ほか　2004「土器表面塗膜剤としての柿渋の同定に関する基礎的研究」『東北芸術工科大学紀要』11 号

関　雅之　1975「Ⅳ 4. 須恵器と共伴遺物」『浜田遺跡』真野町教育委員会

高橋保ほか　1993『八幡林遺跡』和島村埋蔵文化財調査報告書第 2 集　新潟県和島村教育委員会

田中靖ほか　1994『八幡林遺跡』和島村埋蔵文化財調査報告書第 3 集　新潟県和島村教育委員会

田中　靖　1998『下ノ西遺跡』和島村埋蔵文化財調査報告書第 7 集　新潟県和島村教育委員会

田中　靖　2003『下ノ西遺跡Ⅳ』和島村埋蔵文化財調査報告書第 14 集　新潟県和島村教育委員会

田中　靖　2005『八幡林遺跡Ⅳ』和島村埋蔵文化財調査報告書第 16 集　新潟県和島村教育委員会

平川南ほか　1989「古代集落と墨書土器―千葉県八千代市村上込の内遺跡の場合―」『国立歴史民俗博物館研究報告』第 22 集　国立歴史民俗博物館

丸山一昭　2016「第Ⅴ章第 3 節 7（2）墨書土器」『浦反甫東遺跡』長岡市埋蔵文化財調査報告書　長岡市教育委員会

山中敏史　2003「郡衙による食器管理と供給」『古代官衙・集落と墨書土器』（独）文化財研究所　奈良文化財研究所

山本肇ほか　1992『八幡林遺跡』和島村埋蔵文化財調査報告書第 1 集　新潟県和島村教育委員会

和島村　1996『和島村史』資料編Ⅰ　自然・原始古代・中世・文化財

渟足柵の造営と遷都

相澤　央

はじめに

平成2（1990）年，新潟県長岡市（旧三島郡和島村）の八幡林遺跡から出土した「沼垂城」木簡[1]（田中ほか1992）は，『日本書紀』（以下『紀』）にしか記載がみられなかった渟足柵の実在を証明するとともに，木簡に「養老」の年号が記されていたことから，大化3（647）年に造営された渟足柵が，8世紀前半の養老年間（717～724年）にも「沼垂城」の表記で存続していたことを明らかにした[2]。設置から半世紀以上経過し，和銅5（712）年に越後国の北方に出羽国が建国された後にも渟足柵が存続していたことをめぐって，これまでにも様々な見解が提示されてきた（渡部1996，相澤2016bなど）。

しかし，養老年間における渟足柵の存続という歴史的事実を踏まえたうえでの，『紀』の渟足柵造営記事自体の再検討はなされていない。『紀』の完成・奏上は養老4（720）年であり，渟足柵は『紀』が編纂された時期にも存在していたのである。つまり，『紀』の渟足柵造営記事には，『紀』編者が懐いていた，現に存在する渟足柵に対する認識が反映されているのである。本稿ではこのような視点に立って，『紀』の渟足柵造営記事の再検討を行い，そこから導き出された渟足柵の造営と遷都との関係について考察する。

1　『日本書紀』渟足柵造営記事の再検討

『紀』の蝦夷関連記事の基礎的な検討を行った坂本太郎によれば，『紀』の蝦夷関連記事は斉明紀に画期が見出せ，これ以降の記事は記述が具体的になり，天武・持統紀では確実な記録とみなしうるという（坂本1964）。一方，斉明紀以前の記事については，①旧辞潤色型，②氏族伝承型，③造作型，④実録型の4種に分類できるとした。この指摘のなかで，のちの越後国に直接関わる，「越辺蝦夷」の内附記事（皇極天皇元年9月癸酉条）や渟足柵の造営記事（大化3年是歳条），磐舟柵の造営記事（大化4年是歳条）は，④実録型に分類された。

また，坂本は，『紀』の編纂に用いられた資料として，記事内容の資料となった古文献（史料）では，帝紀，旧辞，諸氏族の家伝，政府の公式記録，個人の手記などがあること，文章の潤色の典拠となった漢籍では，唐の欧陽詢らが編集した類書『芸文類聚』によったほか，『史記』『漢書』『後漢書』などが用いられたことを，小島憲之の先駆的研究を受けて指摘した[3]（小島1962，坂本1971）。以上の指摘を踏まえて渟足柵の造営記事を読み直してみよう。

○『紀』大化3（647）年是歳条

渟足柵を造り，柵戸を置く。老人等，相謂りて曰く，「数年鼠の東に向きて行けるは，此，柵を造る兆か」といふ。（書き下し文は小島ほか1998による。以下の『紀』の引用も同じ）

この造営記事のうち，前半の造営と柵戸設置の部分は，政府の公式記録による事実記載である。後半の鼠の東への移動を柵造営の予兆とする老人らの語りの部分は，古く河村秀根の『書紀集解』で指摘されているように，『北史』魏本紀第5を出典とする潤色と考えられる[4]（河村ほか 1969）。

○**『北史』魏本紀第5**（古典研究会1971）

（永熙3年＝534年）是歳二月，熒惑入二南斗一，衆星北流，群鼠浮レ河，向レ鄴，（中略）冬十月，（中略）徙二都鄴一，是為二東魏一

ただし，『北史』では鼠の移動記事は遷都の予兆とされており[5]，城柵造営の予兆とするのは『紀』編者のオリジナルである。この点については後述する。

また，『紀』には渟足柵造営の前年の大化2年是歳条にも「越国鼠」の移動記事を載せるが，これは翌年（大化3年）の記事を導き出すための造作記事としてよい。

○**『紀』大化2**（646）**年是歳条**

是の歳に，越国の鼠，昼夜相連りて，東に向ひて移去く。

これら鼠の移動記事については，かつて，鼠を蝦夷の比喩的表現とする想像もされていたが（新潟市郷土資料館 1979 など），前述のとおり，漢籍を出典とした『紀』編者による潤色である。

ところで，『紀』大化元（645）年12月戊午条を渟足柵の造営工事に関わるとする見解がある。

○**『紀』大化元年12月戊午条**

戊午に，越国の言さく，「海畔に，枯査東に向きて移り去りぬ。沙の上に跡有り。耕田れる状の如し」とまをす。

金子拓男は，「枯査」を筏に組まれた材木と解し，渟足柵または磐舟柵の造営のため，越から越辺への建築用材の運搬を示すとした（金子 1996）。この指摘を，武田佐知子は「魅力的な説」とし（武田 2014a），小林昌二は説得力があるとしてさらに考察を進め，「この脈絡でいえば，跡が耕田状を呈したことについて，バックマーシュの浅い水辺に木材を漬けたその跡と理解する方がよい」とした（小林 2004b）。しかしながら，本条は越国から中央政府への報告記事であり[6]，建築用材の運搬という，城柵の造営工事に関わる具体的内容を，「枯査」の移動という比喩的な表現で報告することは考えがたい。本条の理解にあたっては，『紀』斉明天皇4（658）年是歳条の出雲国からの報告や，同6年是歳条の科野国からの報告記事が参考となる。

○**『紀』斉明天皇4年是歳条**

是の歳に，（中略）出雲国の言さく，「北海の浜に魚死にて積めり。厚さ三尺許，其の大きさ鮐の如くにして，雀の啄，針の鱗あり。鱗の長さ数寸なり。俗の曰へらく，『雀，海に入りて魚に化而為れり。名けて雀魚と曰ふ』といへり」とまをす。〈或本に云はく，庚申年の七月に至りて，百済，使を遣して奏言さく，「大唐・新羅，力を并せて我を伐つ。既に義慈王・王后・太子を以ちて虜として去ぬ」とまをす。是に由りて，国家，兵士甲卒を以ちて，西北の畔に陳ね，城柵を繕修ふ。山川を断ち塞く兆なりといふ。〉 〈　〉は双行部分

○**『紀』斉明天皇6年是歳条**

是の歳に，（中略）科野国の言さく，「蠅群れて西に向ひ，巨坂を飛び踰ゆ。大きさ十囲許，高さ蒼天に至れり」とまをす。或いは，救軍の敗績れむ怪といふことを知る。

どちらも「国」からの怪異現象の報告であり，それらが対外的危機の到来や白村江の敗戦の予兆とされている。越国からの「枯査」移動の報告も，城柵の造営に伴う建築用材の運搬という具体的事実の報告ではなく，海辺の「枯査」が自ずから東に移動し，砂上に残された痕跡が耕田のようだったという怪異現象の報告と考えた方がよい。そして，皇極元年の「越辺蝦夷」の内附から，服属した蝦夷に対する朝廷および蘇我大臣家での饗宴（皇極天皇元年10月甲午条，同丁酉条）を経て，渟足柵の造営（大化3年是歳条）へと至る一連の経過からすれば，「枯査」移動の報告記事は，渟足柵造営の予兆と解するのが適当であろう。

さて，前述のように，『紀』の渟足柵造営記事に付された鼠の移動は，『北史』を出典とした『紀』編者による潤色と考えられるが，それではなぜ『紀』編者はこのような潤色を施したのであろうか。よく知られているように，『紀』編者は遷都記事にも，その予兆として鼠の移動の潤色を施している。以下，関係する史料を掲げる。

○『紀』**大化元**（645）**年12月癸卯条**

冬十二月の乙未の朔にして癸卯に，天皇，都を難波長柄豊碕に遷したまふ。老人等，相謂りて曰く，「春より夏に至るまでに，鼠の難波に向きしは，遷都す兆なりけり」といふ。

○『紀』**白雉5**（654）**年正月戊申条**

五年の春正月の戊申の朔の夜に，鼠，倭都に向きて遷る。

○『紀』**同年12月己酉条**

（前略）是の日に，皇太子，皇祖母尊を奉り，倭河辺行宮に遷り居したまふ。老者の語りて曰く，「鼠の倭都に向ひしは，都を遷す兆なりけり」といふ。

○『紀』**天智天皇5**（666）**年是冬条**

是の冬に，京都の鼠，近江に向きて移る。

○『紀』**天智天皇6年3月己卯条**

三月の辛酉の朔にして己卯に，都を近江に遷す。（後略）

このように鼠の移動の潤色は，それぞれ難波・倭都・近江への遷都の予兆として記されている7)。ここで注意しておきたい点は，『紀』のなかで，鼠の移動の潤色は孝徳紀（巻25）と天智紀（巻27）にだけみられるということである。『紀』の編集区分の研究によれば，巻24～27（皇極紀～天智紀）は同一グループによる編集と考えられている（坂本1960など）。つまり，鼠の移動の潤色は，このグループが記事の潤色に用いた特徴的なものであり，そしてその潤色が，遷都記事以外には渟足柵造営記事にだけ施されているのである。前述のように，この潤色の出典である『北史』では遷都の予兆とされており，渟足柵造営の予兆とするのは，『北史』の用法によらない『紀』編者独自の用法である。遷都記事と渟足柵造営記事とに鼠の移動という同じ潤色を施したことは，『紀』編者が遷都と渟足柵造営とになんらかの類似性・同質性を認め，遷都と渟足柵造営を同類の出来事と認識していたことを示していよう。それでは，遷都と渟足柵造営の共通点とは何であろうか。以下，章を改めて考察する。なお，渟足柵造営の翌年，大化4（648）年の磐舟柵造営記事には鼠の移動の潤色は施されていない。同じ巻25（孝徳紀）の記事でありながら，渟足柵にあって磐舟柵にないのは，『紀』編者が両城柵に対して異なる認識をもっていたことを示している。また，磐舟柵造営記事には，渟足柵造営記事にはみられない「以て蝦夷に備ふ」という造営目的が記されている。この点も含めて，渟足柵と磐舟柵の相違については3で述べる。

2　宮都と城柵

『紀』において，鼠の移動という同じ潤色が，遷都記事と渟足柵造営記事にみられることについて，武田佐知子は，「渟足柵の造営規模が難波長柄豊碕宮の造営に匹敵するものとして人々に意識された」として，渟足柵が大規模構造物であった可能性を指摘する（武田2014a）。渟足柵の規模や構造的な点については3で述べることとして，ここでは城柵の機能や性格面における宮都との共通点について，先行研究によりながら考えてみたい。

城柵の基本的性格について検討した熊谷公男は，城柵とは国司の一員である城司が軍団兵や鎮兵などの軍事力を率いて常駐し，近夷郡とその住民の統轄を前提としながら蝦夷支配を遂行するために置かれた律令国家の統治機構だとする。また，城柵の政庁については，国府の国庁と同様に「朝庭」（大極殿・朝堂院）の分身であり，ミコトモチ（＝天皇の代理人）たる国司の一員の城司が正殿の座に就き，天皇の神的権威を担いながら政務・儀式・饗宴を執行する神聖な場とする（熊谷 1997）。

国府の国庁や城柵の政庁を「朝庭」（大極殿・朝堂院）の分身とする指摘に関わって興味深いのは，国府関連遺跡や秋田城跡から，「右京」（須和田遺跡＝下総国府関連遺跡），「京」（武蔵国府関連遺跡），「迎京」「京迎」（秋田城跡）と記された墨書土器が出土していることである。このような地方官衙遺跡における「京」墨書土器の出土について，山路直充や三上喜孝は，国府域や城柵・城辺を「京」とする認識があったことを指摘する（山路 2007，三上 2007）。また，新潟県村上市（旧岩船郡神林村）の西部遺跡から出土した漆紙文書（鈴木ほか 2010）の「頸城宮」の記載について，平川南は，仙台市郡山遺跡Ⅱ期官衙と藤原宮に多くの共通点がみられること（後述）や，多賀城の所在郡の郡名が宮城郡とされたことなどに触れながら，越後国府のことを在地では「頸城宮」と称した可能性があるとした（平川 2014b）。熊谷が指摘するように，国府や城柵は，その中心施設である国庁や政庁が「朝庭」（大極殿・朝堂院）の分身と意識されたため，在地において「京」や「宮」と称されたのであろう。そして，「朝庭」（大極殿・朝堂院）の分身としての城柵の政庁では，蝦夷の服属儀礼（朝貢・饗宴）が行われた。蝦夷の朝貢については，今泉隆雄により上京朝貢と地方官衙朝貢の 2 種があることが指摘されている（今泉 2015a）。今泉は上京朝貢が基本的なもので地方官衙朝貢は二次的なものとするが，熊谷は，8 世紀以降，上京朝貢は元日朝賀などの儀礼への参加を主目的とする象徴的意味合いのものに変化し，地方官衙朝貢が基本となったとする（熊谷 1997）。蝦夷の地方官衙朝貢は，「朝庭」（大極殿・朝堂院）の分身たる城柵の政庁で，ミコトモチたる城司の出座のもと執行されたのであり，宮都での朝貢と同様の意義を有したといえよう。

蝦夷の服属儀礼（朝貢・饗宴）は渟足柵でも行われていた。それを示すのが新潟市的場遺跡出土の「狄食」木簡である。

○的場遺跡出土第 2 号木簡（小池ほか1993）

×狄食狄食　狄食　狄食×　（187）×（20）× 7　081 型式

この木簡は「狄食」の文字を繰り返し記す習書木簡である。「狄食」が服属儀礼の際に蝦夷に与える食料を意味することからすれば，「狄食」という文字の習熟のためにこの木簡を記した人物は，蝦夷の服属儀礼になんらかの形で関与する者と考えられよう。そして，的場遺跡周辺で蝦夷の服属儀礼が行われた場としては，渟足柵以外には考えられない（相澤 2016b）。さらに重要なことはこの木簡の時期である。報告書では同時に出土した土器から，8 世紀前半から 9 世紀後半と幅がもたされているが，少なくとも 8 世紀前半以降であり，『紀』が成立した時期にも渟足柵で蝦夷の服属儀礼が行われていたのである。そして，それは「朝庭」（大極殿・朝堂院）の分身と意識された政庁で，ミコトモチたる城司の出座のもと執行された。このことが『紀』編者の渟足柵に対する認識に反映されていたと考えられよう。

ところで，的場遺跡は，漁具（浮木・土錘）が大量に出土したことなどから，公的な漁業基地の遺跡とみられている（坂井 2013）。さらに近年，紡織の拠点施設でもあったことが指摘されている（春日 2016）。これに関連して注目したいのは，『延喜式』主税上に越後国の庸の品目の一つとして規定されている狭布である。狭布は中央に貢納される調布などよりも織り幅の狭い布で，『延喜式』主計上で調・庸の品目として規定されているのは，越後以外には陸奥と出羽だけである。そして，『類聚三代格』貞観 17（875）年 5 月 15 日太政官符によれば，狭布は服属儀礼に際して蝦夷に与えられるものであった（武田 2014b）。「狄食」木簡の出土とあわせ考えると，渟足柵での服属儀礼の際に蝦夷に与えられる狭布が，的場遺跡で生産されていた可能性も考えられよう。

さて，前述のとおり，熊谷は，城柵の政庁が国庁と同様に「朝庭」（大極殿・朝堂院）の分身であることを指摘した。しかし，城柵の政庁では夷狄たる蝦夷の服属儀礼（朝貢・饗宴）が行われるのであり，この点が一般的な国庁とは大きく異なる。この相違を重視すべきであろう。つまり，城柵の政庁は一般的な国庁以上に「朝庭」（大極殿・朝堂院）の分身としての性格が強く意識されたのではないか。この点で注目されるのが，律令における城柵の位置づけを検討した今泉の指摘である（今泉 2015d）。

今泉は，日唐の律における越罪の比較を行い，唐律では鎮城・戍城・武庫垣・州城の越罪が同一ランクの徒 1 年とされているのに対して，日本律では，唐律の州城に対応する国垣の越罪が杖 90 とランクを下げられており，鎮城・戍城に対応する筑紫城・陸奥越後出羽等柵との間で，その差異が明確にされているという。また，門の鑰の盗罪については，唐律では鎮城が杖 100，戍城が杖 60 とされるのに対して，日本律では筑紫城・陸奥越後出羽等柵の鑰の盗罪は宮門・殿門と同じ徒 1 年にランクが上げられており，規定が立てられなかった国・郡門との格差がここにもみられるとする。つまり，日本律では辺境の城柵における越罪や門の鑰の盗罪を，国・郡のそれよりも重くし，両者の差異が明確にされているのである。このような律における城柵の外郭施設と門に対する重要視の要因を，今泉は，城柵が蝦夷との緊張関係という政情不安定な地域に設置された点に求めている。無論，そのような理由もあったであろうが，それに加えて，城柵の政庁を「朝庭」（大極殿・朝堂院）の分身とする意識が，一般的な国庁以上に強かったこともその要因として考えられるのではなかろうか。このことは，城柵の門の機能の点からもうかがえる。

村田晃一によれば，総じて城柵は，政庁よりも外周や外郭の囲繞施設と門に高い防禦性や荘厳性が認められるが，そのなかでも，多賀城のような，国府として行政や迎接の機能をもつ城柵の門は，外周や外郭だけでなく，政庁の門も格式が高く重要視されていたという（村田 2010）。官衙の門には，門の内側空間の主体の政治権力の威容を外に対して誇示する機能があったが（山下 2010），城柵の門には，「朝庭」（大極殿・朝堂院）の分身としての城柵政庁の威容やミコトモチとしての城司の権力を，外部の蝦夷に対して誇示する機能があり，そのため重要視され，規模が大きく，格式の高い門として建造され，律における位置づけも国や郡の門よりも上位のランクとされたのであろう。

ここまでは城柵と宮都の機能，性格面での共通性についてみてきたが，『紀』では遷都記事と渟足柵造営記事に鼠の移動の潤色が施されているので，次に遷都と城柵造営の関係について考えてみたい。いうまでもないことであるが，遷都は天皇の居所である宮都の移動であり，天皇の支配権力を象徴・誇示する施設の移動ということができる。また，概念的には天皇の支配が及ぶ化内における中心点の移動ということができよう。一方，城柵の造営も，城柵にミコトモチたる城司が常駐し，その政庁が「朝庭」（大極殿・朝堂院）の分身であることからすれば，これも天皇の支配権力を象徴・誇示する施設であり，城柵の造営はその様な施設の蝦夷の地への進出ということができる。また，概念的には天皇の支配が及ぶ地域の拡大ということができよう。以上のように，遷都と城柵の造営には，化内の中心と外縁という違いはあるが，いずれも天皇の支配権力を象徴・誇示する施設の移動（進出）という点で共通性をもつといえよう。

また，一般的に遷都は新しい宮都の造営（造都）ということでもある。造都と城柵の造営の関係については，福井俊彦や伊藤循によって重要な指摘がなされている（福井 1989，伊藤 1996・2016）。両氏によれば，桓武天皇のもとでの造都と征夷に典型的にみられるように，造都と征夷の諸段階には対応関係が認められ，両者は天皇の神的権威の強化を目的とする国家的事業として一体的になされたという[8)]。征夷と密接な関係をもち，また，「朝庭」（大極殿・朝堂院）の分身たる城柵の造営にも，当然，天皇の神的権威を強化し，それを蝦夷に対して誇示するという意味があったであろう。

本章では，『紀』編者が同類の出来事と認識した遷都と渟足柵の造営について，宮都と城柵の機能や性格面における共通点，および遷都・造都と城柵造営の共通性という視点から考察した。城柵の政庁は宮都の「朝庭」（大極殿・朝堂院）の分身であり，ミコトモチたる城司が正殿に出座して蝦夷の服属儀礼（朝貢・饗宴）が行われる空間であった。また，遷都と城柵造営には，化内の中心と外縁における天皇支配を象徴・誇示する施設の移動・進出という共通性があり，遷都による造都と城柵造営には，ともに天皇の神的権威の強化という共通する意味があった。これらの共通性を思考の背景として，『紀』編者は遷都と渟足柵造営を同類の出来事と認識し，それぞれの記事に，その予兆としての鼠の移動という同じ潤色を施したのであろう。

3　郡山遺跡と渟足柵

本章では，遷都と渟足柵造営を同類の出来事とする『紀』編者の認識について，宮都と渟足柵の構造的な面から考察する。無論，渟足柵の遺構が未発見の現状において，渟足柵の構造を直接検討することは不可能である。そこで，この問題に迫るための補助線としたいのが，今泉隆雄による仙台市郡山遺跡と渟足柵を双子の城柵とする説である[9]（今泉 2015c）。

今泉によれば，陸奥（道奥）の郡山遺跡と越（高志）の渟足柵は，7世紀半ばに国造制の施行地域外の蝦夷の地に設置された城柵であり，斉明期には両城柵を拠点とした北方遠征が日本海側と太平洋側の双方で実施され，さらに7世紀末には両城柵ともに国府の機能が付加されるというように同様の変遷をたどり，「郡山遺跡と渟足柵は，政府が奥越両国で進めた同様の辺境政策の中で設けられた双子の城柵であった」とする。今泉の見解にさらに付け加えると，郡山遺跡と渟足柵は8世紀前半に国府機能を他所に移転させるという点でも共通している。陸奥国府は，養老4（720）年の蝦夷との戦いを経て，戦後の陸奥国支配の新体制の一環として神亀元（724）年に多賀城へ移転した（熊谷 2000）。一方，越後国府は，和銅5（712）年の出羽国の建国の後に国域西南部の頸城郡へ移転したと考えられるが，その時期は，出羽国が陸奥按察使管内となり，越後国が出羽国に対して担う後方支援的役割が相対的に低下した，養老5（721）年に近い時期であろう[10]（相澤 2016a）。郡山遺跡と渟足柵は，8世紀前半における国府機能の移転という点でも同様の変遷をたどったのである。

しかし，両城柵を双子の城柵ととらえる見解に対しては異論も出されている。坂井秀弥は，7世紀半ばの日本海側と太平洋側とでは人口や生産力に大きな違いがあり，また，海を挟んで大陸と向き合う日本海側の城柵は，北方地域との交通・交渉の拠点としての役割が大きかったとして両城柵の相違を強調している（坂井 2008）。また，小林昌二も，太平洋側の城柵とは異なる，渟足柵・磐舟柵設置の対外的契機を重視している（小林 2005）。たしかに城柵設置地域の地勢や気候などの環境に起因する相違には注意する必要があるが，古代国家が辺境支配のために設置した統治機構という，城柵としての基本属性は，太平洋側の城柵も日本海側の城柵も同じであろう。この基本属性を土台として，それぞれの地域特有の状況による，異なった機能や性格を想定すべきである。このように考えると，郡山遺跡と渟足柵はそのベースにおいて共通の機能や性格を有し，それに基く共通の基本構造をとっていたと考えることができよう。以下，渟足柵の構造を考えるための参考として，発掘調査で明らかになった郡山遺跡の構造についてみていきたい[11]。

郡山遺跡は宮城県仙台市長町に所在する。名取川と広瀬川の合流点に近く，両河川に挟まれた微高地上に立地する。昭和54（1979）年から継続的に行われてきた発掘調査により，2時期の官衙遺構が確認されている。

Ⅰ期官衙（第1図）は，造営方位が真北に対して西に50～60度振れ，南東・南西・北西辺を区画する材木

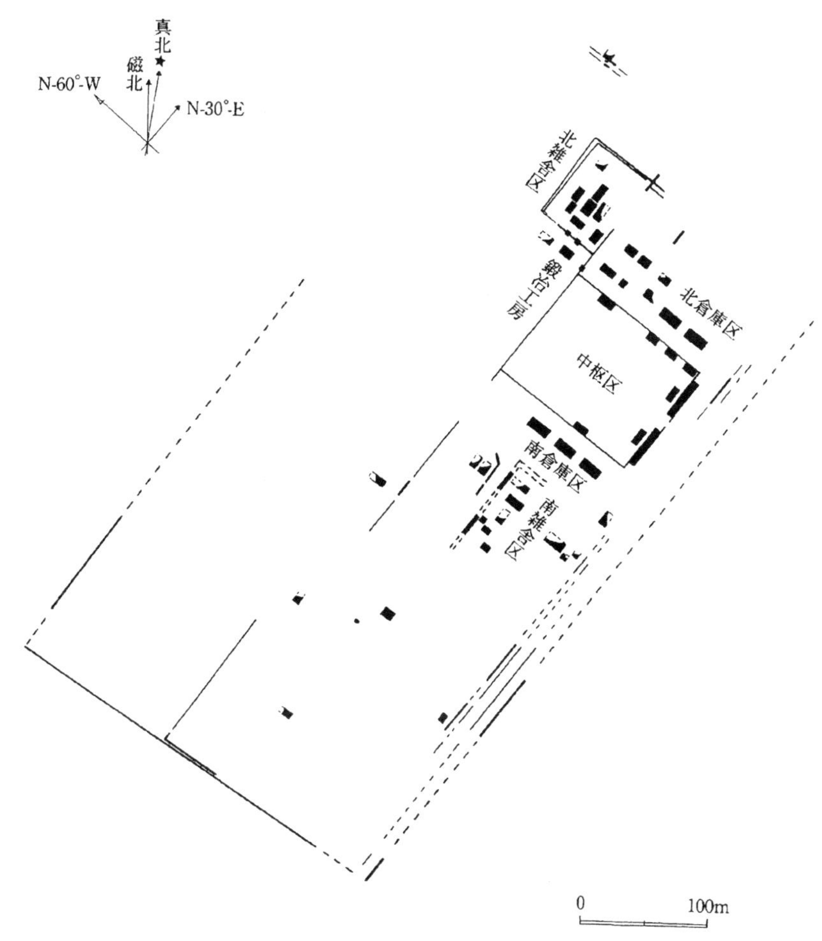

第1図　郡山遺跡Ⅰ期官衙（今泉 2015b より）

列塀が検出されている。材木列塀による区画の規模は，長辺（北東～南西）が約 604m 以上，短辺（北西～南東）が約 295.4m で，横長の長方形になる。区画の内部には，中枢区と倉庫区（北・南），雑舎区（北・南），鍛冶工房区がある。このうち中枢区は，長辺（北西～南東）が 118.5～120.3m，短辺（北東～南西）が 91.6m の区画で，掘立柱建物をつなぐように掘立柱塀あるいは板塀をめぐらせている。中枢区はⅠ期官衙の政庁と考えられている。Ⅰ期官衙の時期は 7 世紀中ごろから末とされ，日本海側の渟足柵・磐舟柵に対応する太平洋側の城柵遺構とされる。

Ⅱ期官衙（第2図）は，Ⅰ期官衙を取り壊した後にほぼ同じ場所で造営される。造営方位は正方位で，東西 428.4m，南北 422.7m のほぼ正方形の区画である。外郭施設は材木列塀で，櫓が設置されている箇所もある。材木列塀の外側には幅 3.5～4.8m の大溝がめぐり，さらにその外側を幅 3.0～3.4m の外溝がめぐっている。大溝と外溝の間には顕著な遺構がみられず空閑地になっている。方形区画内部の中央南寄りに政庁が配置されている[12]。政庁の建物配置（第3図）は，正殿 SB1250 の南に前殿 SB1635 があり，その南西に西脇殿 SB1545，さらにその南に東西棟の SB716，SB1490 が南側を閉塞するように建てられている。正殿 SB1250 の北側では，石敷 SX24 と石組池 SX1235 などが検出され，服属儀礼の際に蝦夷が禊を行うための施設と考えられている。Ⅱ期の政庁には，掘立柱建物で囲まれた複数の空間があり（今泉は前庭，中庭，後庭，南庭と呼称する），それぞれ目的に応じた儀式空間として利用されたと考えられている。前殿 SB1635 の東側で検出された SB1680 は，4 × 4 間の身舎のまわりに 1 間の廂あるいは縁がめぐる楼閣建物で，前庭を荘厳する意味があったと考えられている。

西脇殿SB1545の南西には南北棟が3棟（SB1650, SB1465, SB526）並び，政庁区画の南北中軸線で折り返した位置にも南北棟が並ぶ可能性が高く（一部検出。SB1690, SB208, SB1730），これらの建物群は曹司と考えられている。また外溝の南側では，南方官衙と呼ばれる大規模な建物群が検出されている。

Ⅱ期官衙の時期は7世紀末から8世紀前半とされ，神亀元（724）年に多賀城に移転する前の陸奥国府の遺構と考えられている。

この郡山遺跡Ⅱ期官衙の遺構については，飛鳥・藤原の宮都との類似性が諸氏により指摘されている（長島2009, 林部2011, 今泉2015b）。今泉は，Ⅱ期官衙と藤原宮の具体的な共通点として，①Ⅱ期官衙の官衙域と藤原宮の宮城域の平面形がともにほぼ正方形で，かつ中枢となる政庁と大極殿・朝堂が，それぞれ官衙域と宮城域の中央南寄りに位置する点，②外郭が，外囲施設（材木列）の外側に二重の溝と空閑地がめぐる構造である点をあげている。さらに関連する点として，Ⅱ期官衙の規模が藤原宮に対して，長さで2分の1，面積で4分の1となっていることを指摘した。林部均は，飛鳥の宮都との共通点として，①造営方位が正方

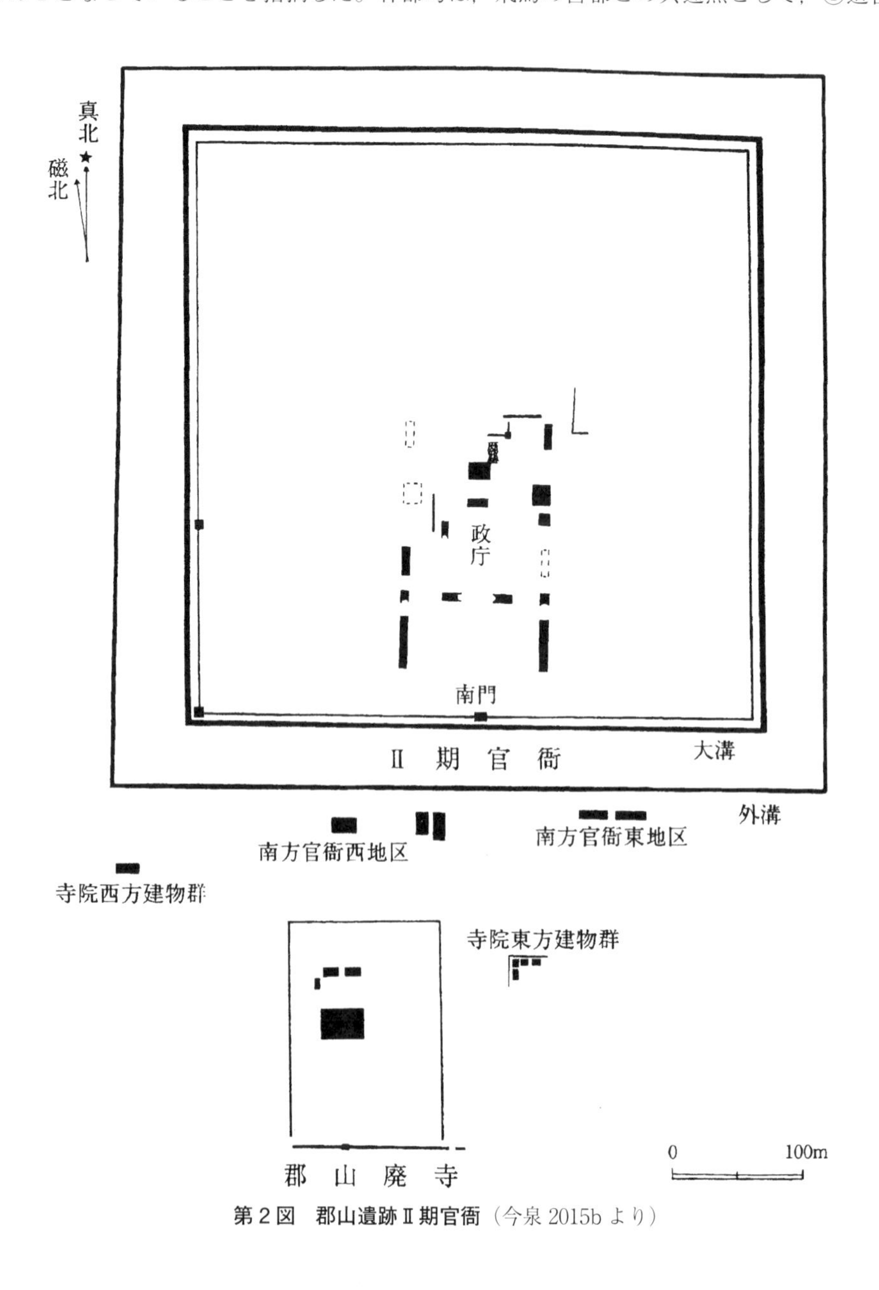

第2図　郡山遺跡Ⅱ期官衙（今泉2015bより）

位に変わる点。藤原宮との共通点として，②外郭の形態が正方形に変わる点，③外郭に空閑地が存在する点，④官衙中枢に複数の儀式空間がある点などを指摘した。このように，郡山遺跡Ⅱ期官衙と藤原宮の構造には複数の共通点があり，Ⅱ期官衙は藤原宮をモデルとして造営されたと考えられている。

前述のように，郡山遺跡Ⅱ期官衙は7世紀末から8世紀前半にかけての遺構であり，郡山遺跡と渟足柵を双子の城柵とする見解にたてば，同じ時期の渟足柵の基本構造も類似したものだった可能性がある。この時期はまさに『紀』が成立した時期であり，『紀』編者が承知していた渟足柵の姿は，郡山遺跡Ⅱ期官衙のように，藤原宮をモデルとしたものだったのではないか。前章では城柵と宮都との機能・性格面での共通点，遷都・造都と城柵造営がもつ天皇権威の強化という意味の共通性などの点から，『紀』編者が遷都と渟足柵造営を同類の出来事と認識した可能性を指摘したが，それに加えて本章で述べたような官衙施設の構造面における宮都との共通性も，『紀』編者が遷都と渟足柵造営を同類のことと認識した要因ではないだろうか。

さいごに，磐舟柵造営記事に鼠の移動の潤色が施されていない点について考えてみたい。前述のように，

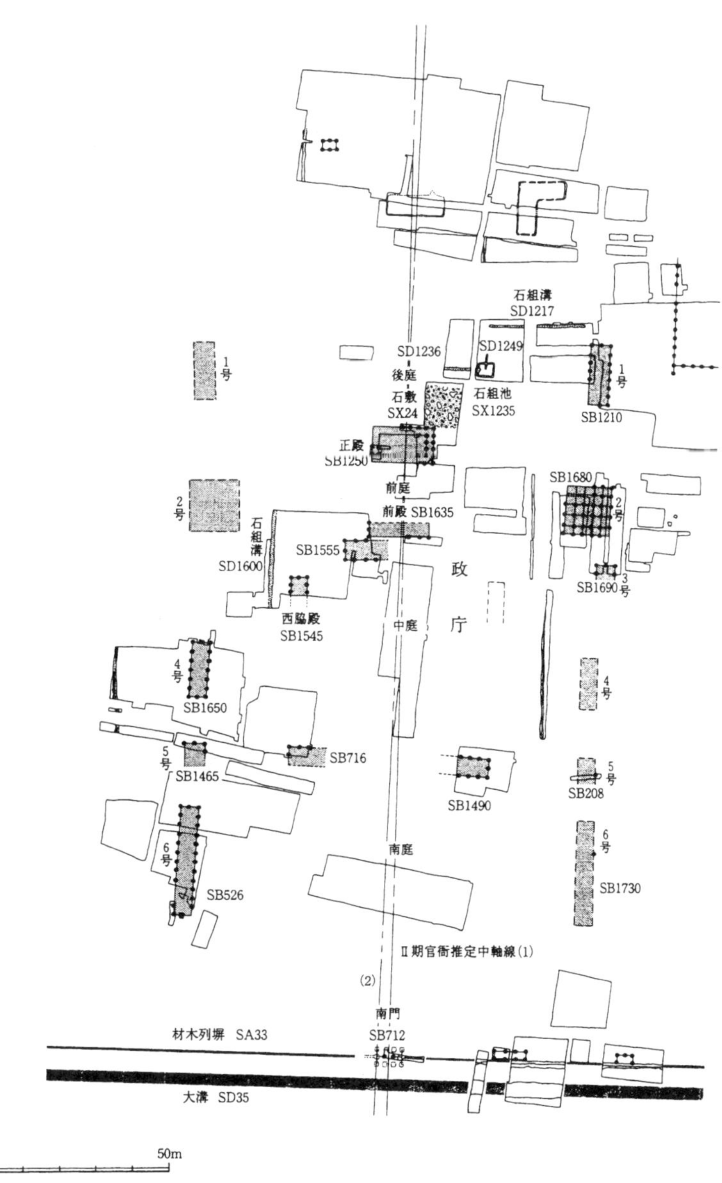

第3図　郡山遺跡Ⅱ期官衙中枢区（今泉 2015b より）

同じ巻25の記事でありながら，鼠の移動の潤色が渟足柵造営記事にあって磐舟柵造営記事にないことは，『紀』編者が二つの城柵に対して異なる認識をもっていたことを示す。そしてその前提として，渟足柵と磐舟柵とでは，機能や性格，構造が異なっていたことが考えられよう。両城柵は1年違いの造営であり，また，城柵どうしが内水面交通によって連絡されている点などから，その造営計画は一体的に進められたと考えられる（小林2004a）。しかし，磐舟柵造営記事に「以て蝦夷に備ふ」という造営目的を記しながら，渟足柵造営記事にはそれが記されていないように，それぞれの城柵が担った機能は異なっていたのであろう。これまでにも指摘があるように，渟足柵は，蝦夷の地と接続する前線からやや離れた場所で，蝦夷政策の拠点施設として服属儀礼を執行するなど統括的機能を担ったのに対して，磐舟柵は前線により近く，軍事的機能が重視されていたのであろう。両城柵の構造も，その果たした機能の違いにしたがって異なっていたと考えたほうがよい[13]。『紀』の渟足柵・磐舟柵造営記事における鼠の移動の潤色の有無は，このような両城柵の機能や構造の違いによる，『紀』編者の認識の相違を示しているのであろう。

しかし，このことは，磐舟柵に天皇の支配権力を象徴・誇示する施設としての性格がなかったことを意味しない。周知のとおり，磐舟柵（石船柵）は文武期に2度にわたって修理されている（『続日本紀』文武天皇2年12月丁未条，同4年2月己亥条）。注意したいのは，同じ文武期に高安城や九州に置かれた複数の山城も修理されていることである（『続日本紀』文武天皇2年5月甲申条，同年8月丁未条，同3年9月丙寅条，同年12月甲申条）。磐舟柵（石船柵）も含めて，これらの修理については，それぞれの地域における蝦夷や隼人への対策など，現実的目的による修理と考えられている（相澤2016a，森2017）。しかし，各地の城柵や山城の修理が文武期に集中的になされていることからすれば，大宝律令の施行を前にして天皇の支配権力を外部に誇示するという目的のために，それを象徴する施設の修理が画一的になされた側面もあるのではなかろうか。7世紀末になされた郡山遺跡のⅠ期官衙からⅡ期官衙への修造も，このような目的が一因であろう。

おわりに

本稿では，八幡林遺跡出土の「沼垂城」木簡によって明らかとなった，養老年間における渟足柵の存続という歴史的事実を受けて，同じ養老年間（養老4年）に成立した『紀』の渟足柵造営記事の再検討を行った。『紀』の遷都記事と渟足柵造営記事とに鼠の移動という同じ潤色が施されたのは，宮都と城柵の機能や性格面での共通点や，遷都（造都）と城柵造営がもつ天皇の権威強化という意味の共通性，さらには宮都と城柵の構造面での共通性などによって，『紀』編者が遷都と渟足柵造営を同類の出来事と認識したことによると考えられる。そして，そのような『紀』編者の認識のなかに，養老年間に現に存在した渟足柵の姿（機能，性格，構造）が読み取れるのである。

（2018年1月23日受付）

註

1）平川南は本木簡を，養老某年料の支給を内容とする文書木簡の断簡とする（平川2014a）。

2）渟足柵と沼垂城の表記の違いについて，小林昌二は，国府機能の付加とその移転による，渟足柵→越後城（越城）→沼垂城という表記の変遷を想定している（小林2005）。官衙施設の機能変化に伴う名称の変更は大いにありうることと考えるが，それぞれの史料の性質の違い（「渟足柵」……『紀』，「越後城」「越城」……墓誌銘，「沼垂城」……木簡）に留意する必要があろう。表記の問題については後考を期し，以下，本稿では「沼垂城」と表記された養老年間も含めて「渟足柵」に統一する。

3）近年の出典研究によれば，『紀』神代上の冒頭部は『芸文類聚』ではなく，『修文殿御覧』が使用されたと考えられている（神野志 1992）。

4）むろん『北史』を直接の出典とせず，その後に編纂された類書に拠った可能性はある。

5）中国における鼠に対するこのような認識は，317 年成立の道教の教説書『抱朴子』内篇第 3 対俗に「鼠は壽三百なり。百歳に満つれば則ち色白く，善く人に憑きてトす。名づけて仲と曰ふ。能く一年中の吉凶及び千里の外の事を知る。」とあることによるのであろう。

6）この時期の「国」の実態がどのようなものであったかは難しい問題であり（渡部 2015 など），報告記事全体が『紀』編者による造作の可能性もあるが，ここでは形式的にせよ「国」からの報告とされている点を重視したい。

7）鼠については，馬場 2018 を参照。遷都については，仁藤 2011，浅野 2012 などを参照。また，難波遷都の実態については，吉川 1997 を参照。

8）なお鈴木拓也は，桓武天皇が征夷と造都を一体的に実行する際に，将軍を旧京から出発させ，新京に凱旋させるという政治的演出手法がとられたことを指摘している（鈴木 2002）。

9）近年，小林昌二は郡山遺跡の城柵としての名称を「名取柵」と想定し，名取柵・渟足柵の名称が，『紀』神代下（第九段一書第三）に誓願儀礼に伴う卜定田として登場する狭名田・渟浪田の二元的・双分制的呼称から，狭名田→名取柵，渟浪田→渟足柵のような借字がなされたとし，二つの城柵は名称も双子だったとする（小林 2016）。しかし，何故，城柵の名称にサナダ・ヌナタの対概念が採用されたのか。サナダ・ヌナタの「ナ」は，助詞「の」にあたるので（坂本ほか 1967），対概念としてはサナダ・ヌナタと考えるべき点など，容易には従いがたい。

10）頸城郡への移転後の越後国府跡と考えられている上越市今池遺跡の成立は 8 世紀前半とされるが，建物遺構が本格的に充実するのは 8 世紀半ばという（春日 2006）。

11）以下，郡山遺跡の概要については，長島 2009，今泉 2015b などを参照。

12）Ⅱ期政庁の建物は造営方位から 2 小期に分けられ，それぞれⅡ-A 期，Ⅱ-B 期とされるが，Ⅱ-B 期は全体の建物配置が復元できない。以下，Ⅱ-A 期をⅡ期と記す。

13）熊谷公男は多様な構造の城柵を想定すべきことを指摘している（熊谷 2004）。

引用・参考文献

相澤　央　2016a「越後国の成立と蝦夷政策」『越後と佐渡の古代社会』高志書院（初出 2007）
相澤　央　2016b「古代北疆地域の郡制支配」『越後と佐渡の古代社会』高志書院（初出 2005）
浅野　充　2012「日本古代における遷都と国家」『日本古代の王権と東アジア』吉川弘文館
伊藤　循　1996「古代国家の蝦夷支配」『古代蝦夷の世界と交流』名著出版
伊藤　循　2016『古代天皇制と辺境』同成社
今泉隆雄　2015a「蝦夷の朝貢と饗給」『古代国家の東北辺境支配』吉川弘文館（初出 1986）
今泉隆雄　2015b「古代国家と郡山遺跡」『古代国家の東北辺境支配』吉川弘文館（初出 2005）
今泉隆雄　2015c「多賀城の創建―郡山遺跡から多賀城へ―」『古代国家の東北辺境支配』吉川弘文館（初出 2002）
今泉隆雄　2015d「律令と東北の城柵」『古代国家の東北辺境支配』吉川弘文館（初出 1991）
春日真実　2006「古代越後の集団と地域」『日本海域歴史大系　第二巻古代篇Ⅱ』清文堂
春日真実　2016「古代蒲原郡の紡輪・糸枠」『郷土史燕』9 号
金子拓男　1996「大化元年「越国奏上」についての検討」『越と古代の北陸』名著出版
河村秀根ほか　1969『書紀集解（四）巻二十二―巻三十』臨川書店
熊谷公男　1997「古代城柵の基本的性格をめぐって」『国史談話会雑誌』38 号
熊谷公男　2000「養老四年の蝦夷の反乱と多賀城の創建」『国立歴史民俗博物館研究報告』84 号
熊谷公男　2004『古代の蝦夷と城柵』吉川弘文館
小池邦明ほか　1993『新潟市的場遺跡』新潟市教育委員会
神野志隆光　1992「『日本書紀』「神代」冒頭部と『三五暦紀』」『記紀万葉論叢』塙書房
小島憲之　1962『上代日本文学と中国文学　上』塙書房
小島憲之ほか　1998『新編日本古典文学全集　日本書紀③』小学館

古典研究会　1971『和刻本正史　北史（影印本）（一）』扱古書院
小林昌二　2004a「「浅層地質歴史学」への展望と渟足柵研究の成果」『新潟史学』51号
小林昌二　2004b「渟足・磐舟柵の研究序説」『前近代の潟湖河川交通と遺跡立地の地域史的研究』
小林昌二　2005『高志の城柵』高志書院
小林昌二　2016「古代東北「双子の城柵」名称考―郡山遺跡と渟足柵―」『新潟史学』74号
坂井秀弥　2008「日本海側の古代城柵と北方社会」『古代地域社会の考古学』同成社（初出1996）
坂井秀弥　2013「地域社会の環境・交通・開発―越後平野を例に―」『環境の日本史2　古代の暮らしと祈り』吉川弘文館
坂本太郎　1960『六国史』吉川弘文館
坂本太郎　1964「日本書紀と蝦夷」『日本古代史の基礎的研究　上』東京大学出版会（初出1956）
坂本太郎　1971「日本書紀」『国史大系書目解題』吉川弘文館
坂本太郎ほか　1967『岩波古典文学大系　日本書紀　上』岩波書店
鈴木拓也　2002「桓武朝の征夷と造都に関する試論」『文学・芸術・文化』13-2
鈴木俊成ほか　2010『西部遺跡Ⅱ』新潟県教育委員会・財団法人新潟県埋蔵文化財調査事業団
武田佐知子　2014a「古代環日本海交通と渟足柵」『古代日本の衣服と交通』思文閣出版（初出2005）
武田佐知子　2014b「律令国家と蝦夷の衣服」『古代日本の衣服と交通』思文閣出版（初出1993）
田中靖ほか　1992『八幡林遺跡』新潟県和島村教育委員会
長島榮一　2009『郡山遺跡』同成社
新潟市郷土資料館　1979『新潟市歴史読本』
仁藤敦史　2011『都はなぜ遷るのか―遷都の古代史―』吉川弘文館
馬場　基　2018「平城京の鼠」『日本古代木簡論』吉川弘文館（初出2012）
林部　均　2011「古代宮都と郡山遺跡・多賀城―古代宮都からみた地方官衙論序説―」『国立歴史民俗博物館研究報告』163号
平川　南　2014a「八幡林遺跡木簡と地方官衙論」『律令国郡里制の実像　上』吉川弘文館（初出1995）
平川　南　2014b「越後国の城制論―新潟県村上市西部遺跡出土の漆紙文書―」『律令国郡里制の実像　上』吉川弘文館（初出2010）
福井俊彦　1989「征夷・造都と官人」『史観』120号
三上喜孝　2007「古代城柵の祭祀・呪術―秋田城跡出土の墨書資料を素材として―」『呪術・呪法の系譜と実践に関する総合的調査研究』
村田晃一　2010「古代奥羽の城柵・官衙の門と囲繞施設」『第13回古代官衙・集落研究会報告書　官衙と門　報告編』独立行政法人国立文化財機構奈良文化財研究所
森　公章　2017「鞠智城「繕治」の歴史的考察」『史聚』50号
吉川真司　1997「難波長柄豊碕宮の歴史的位置」『日本国家の史的特質　古代・中世』思文閣出版
山下信一郎　2010「文献からみた古代官衙の門の機能」『第13回古代官衙・集落研究会報告書　官衙と門　報告編』独立行政法人国立文化財機構奈良文化財研究所
山路直充　2007「京と寺―東国の京，そして倭京・藤原京」『都城　古代日本のシンボリズム』青木書店
渡部育子　1996「律令国家と越・越後」『越と古代の北陸』名著出版
渡部育子　2015『律令国司制の成立』同成社

北陸における古代・中世の鉄生産
—14世紀になぜ鉄製錬は行われなくなったのか—

渡邊　朋和

はじめに

本稿の目的は，近年の製鉄遺跡研究の蓄積でわかった「13世紀で北陸から東北日本海側では一斉に鉄製錬が終焉する」のはなぜかという問題を明らかにすることにあるが，その前に，これまでに総括されることのなかった北陸における古代から中世の製鉄遺跡研究の概要に触れておきたい。「鉄製錬の終焉」とするに至った理由を説明するには研究史を抜きにして説明することができないからである。

北陸では，富山県射水市射水丘陵製鉄遺跡群の発掘調査が1980年代初頭から精力的に行われ，関清・池野正男・上野章らによる製錬炉・木炭窯研究が進められた。そのなかで北陸型の箱型炉と長大な半地下式木炭窯の操業から竪型炉と地下式木炭窯の操業への変遷案が示された。

全国的な研究としては，穴澤義功・大澤正己による，鉄生産工程仮説の提示（採鉱→築炉→製錬→選別→精錬鍛冶→鍛錬鍛冶・鋳造）や，製鉄関連遺物・遺構の用語の整理，遺構の分類と変遷に関する研究，そして統一基準による発掘調査・整理方法・理化学的分析等の普及活動があげられる。穴澤による「東日本を中心とした古代末～中世の鉄生産」（『平成9年度たたら研究会大会資料』（1997））や「考古学から見た製鉄の歴史—大陸の技術の伝播から中世まで—」（『第4回 島根大学環日本海地域研究シンポジウム報告書』（1998））で示された，「古代の製鉄遺跡の編年と系譜関係」と「古代～中世の製鉄遺跡の編年と系譜関係」により，古代末から中世にかけての製鉄関連遺跡が整理された。

後述するように北陸における製鉄遺跡研究は，1990年の北沢遺跡の発掘調査以降，古代末から中世にかけての研究は進んだが，新潟県内の製鉄遺跡研究者が参画できない初現期に関する研究は停滞している状況にあるといえるかもしれない。

1　北陸における製鉄遺跡研究史 —主に新潟県内を中心に—

新潟県内の製鉄遺跡の発掘調査では，1973年の新発田市（旧豊浦町）真木山遺跡が古い。東日本で発掘調査された竪型炉としても早い方である。その後，1980年代の後半から1990年代にかけて発掘調査事例が増えるとともに，たたら研究会や日本考古学協会秋季大会等の研究会が富山県や新潟県で開催された。2000年代になると，射水丘陵製鉄遺跡群における発掘調査は下火になり，大規模な製鉄遺跡群の発掘調査は新潟県内で増加していった。

この頃の新潟県内の製鉄遺跡発掘調査事例の主なものを挙げると，新潟市秋葉区（旧新津市）金津丘陵製鉄遺跡群（1989～1994年），新発田市（旧豊浦町）北沢遺跡（1990年），柏崎市藤橋東遺跡群（1993～1994年），長岡市（旧和島村）立野大谷製鉄遺跡（1998年），柏崎市（旧西山町）宝童寺遺跡群（2003～2005年），柏崎市軽井川南遺跡群（2003～2006年）等がある。この20年に満たない期間に多くの製鉄関連遺跡が発掘調査され，調査研究成果が蓄積されていった。富山県内の発掘調査や研究成果に立脚し，また穴澤の精力的な調査指導のもと，新潟県内ではこれらの製鉄関連遺跡の発掘調査・整理作業が行われていった。このように，1990年代から2000年代前半に数多くの製鉄関連遺跡群の発掘調査が行われ，さらに各種研究会が開催されるなど，この期間が北陸，特に新潟県における製鉄遺跡調査研究の画期といえよう。穴澤の指導による緻密な発掘調査や膨大な鉄滓類の全量の定量分析等，各自治体の担当者は膨大な作業に苦闘しながらもなんとか発掘調査報告書を刊行していった。

これらのなかで最も重要なのは1990年の北沢遺跡の発掘調査である。検出された「製鉄炉」が製錬炉か精錬炉のいずれかということも問題になったが，共伴した陶器により操業年代が13世紀前半に位置づけられた。このことによって，北陸では少なくとも中世前半（13世紀）まで鉄製錬が行われていたことが明確になった（川上ほか1992）。北沢遺跡の製錬炉の発見を契機に，これまでの富山県内の製鉄遺跡研究で明らかになっていた律令期（8・9世紀）と，北沢遺跡の調査でわかった13世紀を繋ぐ「10・11・12世紀の製錬遺跡・製錬炉・木炭窯の研究」が進められることになった。北陸の製鉄遺跡研究史では「北沢以前」・「北沢以後」といってもよいほどの画期であった[1)]。

筆者が担当した金津丘陵製鉄遺跡群の発掘調査は，穴澤の指導を受けながら，調査報告編を1997年に『金津丘陵製鉄遺跡群発掘調査報告書Ⅱ』として（渡邊1997），翌年に分析・考察編を『金津丘陵製鉄遺跡群発掘調査報告書Ⅲ』として刊行した（渡邊1998）。この2冊の報告書では，製鉄関連遺構・遺物を考える基本姿勢として，考古学的手法によって明らかにできることは何かということに重点を置いた。遺構については，製錬炉と木炭窯の型式分類（形態分類）を行い，所属時期・編年案・系譜の提示を行った。遺構の所属年代については，その根拠になる共伴遺物（主に土器類）が遺跡の性格上極めて少ないという不利な条件があるために，熱残留磁気年代測定・熱ルミネッセンス年代測定・放射性炭素年代測定等理化学的方法を援用した。さらに，遺構間の重複関係や共存関係によって考察を行った。1998年の『考察編Ⅲ』では北陸の製鉄関連遺構（製錬炉・木炭窯）をできるかぎり集成し，集成した資料を背景に金津丘陵製鉄遺跡群から検出された遺構の分析を行った。また，新潟県内の製鉄関連遺跡（製錬・精錬鍛冶・鍛錬鍛冶・鋳造遺跡）や羽口を集成し分析した。考察を書く際に1992年に報告書が出された北沢遺跡の「製鉄炉」の所属時期が基準になったことはいうまでもない。製錬炉の下限を北沢遺跡で捉えることができたので，それに類似する地下構造のある製錬炉を，地下構造の無い製錬炉よりも新相であると考え位置づけた。このことによって，真木山遺跡の製錬炉の編年的位置を決めることができた。また，木炭窯を集成したところ，燃焼部が5m前後のものが多いこと，これらの木炭窯は放射性炭素・熱残留磁気など理化学的測定年代もある程度まとまることにより時期を推定することができたのである。しかし，10・11世紀の製錬炉の位置づけは型式学的方法に拠った部分が多いので課題を残しているといえる。事例の増加によって修正される可能性があると考えている。

考察で遺構の変遷や製鉄炉と木炭窯の組み合わせ関係等の遺構の編年を作ることを重視したが，作られた「鉄」そのものがどのようなものだったのかということについては詳しく触れることはできなかった。後に講演会で製錬炉や木炭窯の変遷について話をさせていただいた際に，現役の鍛冶職人から「当時作られた鉄とは何なのか？鉄には地金・鋼・銑等があるから，鉄と一括りにしてはダメだ。」と言われた時はショックを受けた。このことは今でも重要な課題の一つとして認識している。

『考察編Ⅲ』の刊行から20年程経過し，新しい発掘調査事例が増えたが，北陸における製鉄遺構の位置づけは大局において大きな変更はないものと考えている。この20年間の新たな調査成果としては，石川県や福井県内の近況が不詳だが，射水丘陵製鉄遺跡群の報告書が出されたほか（上野・原田2001，原田2002），新潟県内においては，宝童寺遺跡群で57基もの地下式木炭窯や地下構造を有する竪型炉の周辺から，未使用かと思われるスマキづくり羽口が大量に出土したことなどが特筆される。宝童寺遺跡群では初めてスマキづくり羽口が時期決定の指標となる遺物を伴って出土し，製錬炉・地下式木炭窯の形態学的研究，放射性炭素年代測定等の理化学的分析も併せて詳細な検討がなされた（中島 2008）。

立野大谷製鉄遺跡群で 12 世紀後半～13 世紀前半のスマキづくりの（二連）中口径羽口が出土し，当該期の製錬炉の炉形態の一端が見えてきたといえよう（高橋・穴澤 2008）。また，軽井川南製鉄遺跡群下ヶ久保 A 遺跡で県内において初めて古代の鋳造関連遺構・遺物が検出され，藤橋東遺跡群で明らかになっていた箱型炉に付けられた踏みフイゴの事例が同じ柏崎市内で増えたことがあげられる（平吹ほか 2010～2016）。

現状では北沢遺跡の製錬炉が北陸における下限の一つであり，北沢遺跡では出土していないが宝童寺遺跡群の発掘調査で明確になった，同時期のスマキづくり羽口を手懸りに北陸の鉄製錬の終焉を考えたい[2)]。

2　北陸における鉄生産の概要 ―8 世紀の導入から13世紀の終焉まで―

北陸における製錬炉・木炭窯の変遷はこれまでにも何回か詳しく記したことがあるので詳細は別稿を参考にしていただくとして（渡邊 1999 など），ここではⅠ期からⅣ期に区分し概要を記しておこう。遺跡名・遺構名も代表的なもの以外は記さない（第 1 表）。

Ⅰ期　導入

北陸における鉄製錬は 7 世紀後半から 8 世紀初頭に箱型炉と地下式木炭窯の操業で始まったと考えられている。この出現期の地下式木炭窯は新潟県内では確認されておらず，新潟県における鉄製錬は 8 世紀中頃に箱型炉と半地下式木炭窯の組み合わせで操業が始まった。この頃の北陸型の箱型炉は掘形が 5m 以上もあり，木炭窯も全長 10m 以上もある巨大な構築物で，中央集権の律令体制のもと北陸道の国郡単位で経営が行わ

第 1 表　新潟県における製鉄関連遺構の変遷

年代	製錬炉 箱型炉	製錬炉 竪型炉	付属施設など	その他の遺跡	その他
700	居村 E　1 号炉（Ⅰ A2 類）		半地下式木炭窯Ⅰ A1 類	軽井川南	
800	***呑作 E　SX1（Ⅰ A1 類）*** ***居村 B　SWK1，SWH2*** ***居村 D　SWH2・5***	***居村 A　1 号炉（Ⅱ A2 類）*** ***大入 C　1 号炉（Ⅱ B1 類）***	踏フイゴの導入 半地下式木炭窯Ⅰ A1・3 類 地下式Ⅱ A3 類	下ヶ久保 A　溶解炉	
900		大入 A　1 号炉（Ⅱ B1 類） ***網田瀬 C　SX6（Ⅱ A1 類？）***	半地下式木炭窯Ⅰ A2 類		土師器長甕 土師器　鍋減少 ↓ 鉄鍋？
1000		***居村 D　SW1（Ⅱ C2 類）*** 居村 B　SW1（Ⅱ C2 類）	炉地下構造 地下式木炭窯Ⅱ類	宝童寺	
1100		網田瀬 B　SX6（Ⅱ D1 類） 真木山 C　3 号炉（Ⅱ D2 類） 居村 C　1 号炉（Ⅱ D′1 類）	炉地下構造の発達 コ字形排水溝 地下式木炭窯Ⅱ類	立野大谷　寺前	貿易陶磁の輸入 ↓ **日本海側** **交流の活発化**
1200		***北沢 1・2・3 号炉（Ⅱ D′2 類）***	地下式木炭窯Ⅱ類	大林「板屋型羽口」	

太字斜体は土器が共伴するもの，分類案の説明は省略

れたと考えられている。効率性や生産性を度外視して規範どおりに操業された経営形態であったといえよう。

新潟県内では射水丘陵製鉄遺跡群で行われていた製鉄技術が直接的に導入され，軽井川南遺跡群や金津丘陵製鉄遺跡群で操業が始まった。現状では箱型炉の分布は旧越中国の範囲である阿賀野川以南に限られており，阿賀野川以北では検出されていない。

Ⅱ期　展開１

９世紀中頃までに東日本系の竪型炉・地下式木炭窯の技術が導入され，併せて踏みフイゴも導入された。箱型炉や半地下式木炭窯に比べ，竪型炉や地下式木炭窯は規模も小形で，修復すれば何回も操業が可能で効率的であった。実際，竪型炉を調査すると炉壁の修復箇所が何層も確認することができる。また，木炭窯の煙道にも修復の痕跡が認められることがあり，修復しながら複数回使用されたことがわかる。金津丘陵製鉄遺跡群や藤橋東製鉄遺跡群[3)]・軽井川南製鉄遺跡群[4)]ではⅡ期の製錬炉の山側に踏みフイゴが検出されており，竪型炉・踏みフイゴと地下式木炭窯は同時に導入されたものと考えている。

藤橋東遺跡群や軽井川南遺跡群の遺構の変遷をみると，Ⅰ期とⅡ期の移行期には箱型炉にも踏みフイゴが付く事例があり，竪型炉に半地下式木炭窯が組み合わさる場合もあったようだ。射水丘陵製鉄遺跡群で検出されている竪型炉は炉床規模が小形のものが主体なので，大形の竪型炉が検出されている柏崎市の２遺跡群や金津丘陵製鉄遺跡群における竪型炉の導入の方が早いと考えられる。

軽井川南遺跡群下ヶ久保Ａ遺跡では９世紀～10 世紀に鋳造が行われ，獣足・釜等が作られた。射水丘陵製鉄遺跡群では竪型炉の導入と鋳造の開始が同時期であるとされ，両者の関係が論じられているが，新潟県内では竪型炉の導入の方が鋳造の開始よりも早いと考えられるので，直接的な関係はないであろう。

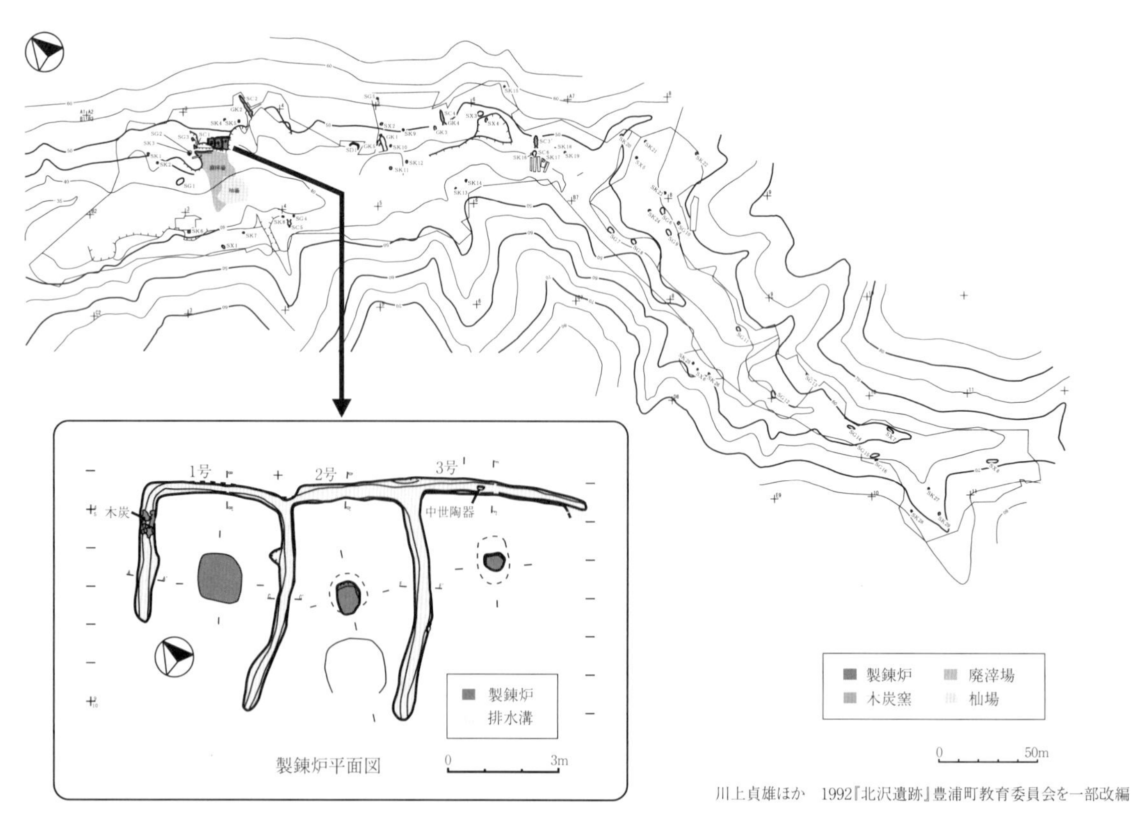

第１図　北沢遺跡遺構全体図（川上ほか 1992 より作成）

Ⅲ期　展開2

10～11世紀になると竪型炉はそれまでの木炭粒（粉）や粘土を炉床としたものから，粘土床の下に鉄滓類や木炭を敷き込んだ地下構造を有するようになる。防湿・保温のために技術改良されたものと考えられる。

Ⅳ期　終焉

12世紀以降地下構造は多層化し，炉形態も竪型炉というよりは半地下の後背部をもたない自立炉に近い竪型炉と箱型炉の折衷のような「竪箱炉」とでもいうような形態になっていく。Ⅲ期までは炉背部には踏みフイゴが伴うが，Ⅳ期には踏みフイゴが不明確になる傾向にあり，送風方法が変わっていった可能性が高い。

後述するように，北陸・新潟・秋田等日本海側で非常に良く似た規模・構造の製錬炉・地下式木炭窯が見られることから，日本海を介した製鉄技術の移転があったと考えている。この頃，北陸から東北日本海側では炉床規模が小形化していく傾向にある。北陸では13世紀代までは製錬遺跡が認められるが，それ以後の製錬遺跡は全く見られなくなってしまう。また，この頃の製錬炉には鋳造遺構・鋳造関係遺物が伴う場合が散見される。

日本海側で14世紀以降も鉄製錬が継続するのは山陰（中国山地）だけである。山陰では炉床規模が大形化する傾向にあり，操業の効率化が図られていったと考えられている（角田2014）。スマキづくりの大形羽口が伴うのは主にⅣ期である。

3　北陸から東北日本海側の古代末・中世前期（12～13世紀）の鉄生産

発掘調査事例が増えるにつれ，Ⅳ期の製鉄関連遺跡では，北陸のみならず東北日本海側も含めて広域で類似する特徴があることがわかってきた（渡邊1998）。秋田県秋田市坂ノ上E遺跡・大仙市堂の下遺跡，新潟県新発田市真木山C遺跡・新潟市金津陵製鉄遺跡群居村C遺跡・柏崎市藤橋東遺跡群網田瀬B遺跡・軽井川南遺跡群ショリ田B遺跡・下ヶ久保C遺跡，富山県射水市赤坂遺跡・輪島市飯川谷製鉄遺跡，石川県小松市林遺跡・蓮代寺遺跡，福井県あわら市笹岡向山遺跡等である。これらの製鉄関連遺跡では鋳造関係の遺構や遺物が伴い，鉄製の鍋釜等を鋳造している遺跡が多く見られる。また，製錬炉では分析で鋳造用の鋳鉄が作られたことが明らかになった遺跡もある。それから，いわゆる「板屋型羽口」とされたスマキづくり羽口も当該期に所属するものであることが明らかになってきたので，併せて特徴を記す。個々の遺跡・遺構の所属時期，遺構の特徴はこれまでにも何回か説明したことがあるので（渡邊1998・1999）省略するが，次のような共通性が認められるので，日本海を介した製鉄技術の移転があったことは間違いないであろう。

(1) 製錬炉

北陸から東北日本海側の製錬炉は次のような特徴をもつ。北沢遺跡が典型である（第1図）。

①小高い丘陵上の平坦面につくられるものが多い。北沢遺跡では排滓場から73.6tもの鉄滓等が出土しているので，その排滓量を考慮しての可能性が高い。

②製錬炉は前方部を除く三方を平面形がコ字形や半楕円形で，断面形が深いU字形の排水溝が廻る（コ字形排水溝）。

③製錬炉の地下構造として鉄滓・木炭等を（何層かに）充填する。防湿・保温の効果を考慮してのものであろう。

④半地下式から，地上部が高い自立炉に近い，竪型炉と箱型炉との折衷型で「竪箱炉」とでもいうよう

な炉形態になっていく。

⑤炉床規模は縦横 1m 未満と小形化していく傾向にある。

⑥送風管は別作りのものと炉壁に孔（木呂）をあけたものがあるようだ。北沢遺跡は後者で，立野大谷遺跡では炉壁に 2 点のスマキづくり羽口が付いた状態で見つかっている。全ての製錬炉が対面送風法であると断定するものではなく，竪型炉の系譜を引く一方送風法もあった可能性があるが，送風方法の主体は箱形炉の系譜を引く対面送風法であったと考えられる。

⑦炉の後背部に踏みフイゴが検出された事例もあるが，送風装置である踏みフイゴが不明確になっていく。

(2) 木炭窯

木炭窯は次のような特徴をもつ。

①地下式である。

②燃焼室の規模がおおむね 5m 前後に規格化される。

③狭い範囲に密集してつくられる事が多く，狭い範囲に重複してつくられる場合も多い。宝童寺遺跡群では宝童寺 A 遺跡 29 基，宝童寺 B 遺跡 12 基，宝童寺 D 遺跡 16 基の合計 57 基もの地下式木炭窯が限られた急斜面に重複して構築されていた。形態的特徴だけではなく，放射性炭素年代測定によって 11 世紀から 13 世紀にかけて造られた地下式木炭窯であることがわかっている。木炭を生産するための森林の管理・経営形態に変化が生じたことに起因するものであろう。

④地下式であることから，それ以前には構築されることのなかった斜面勾配の強い場所でも構築されるようになる。

⑤煙道や焚口の閉塞用に鉄滓や大形の羽口を転用する場合がある。有名な「佐渡の穴釜」はこの煙道に使われた鉄滓等があったことからこの遺構そのものを製錬炉と誤認したもので，当該期の地下式木炭窯である（計良・田中 1969）。

(3) スマキづくり羽口

スマキづくり羽口は，島根県松江市板屋Ⅲ遺跡の報告によって「板屋型羽口」として注目された外面にスマキの痕跡のある羽口（送風管）で，外径が 19～24cm，通風孔径 3～4cm と一般の羽口に比べ外径が著しく大きく，外径に対して通風孔が小さく器壁が非常に肉厚に作られる特徴をもっている。器壁が肉厚であるのは，熔損による羽口の取り換えを少なくするためと考えられている（角田 2014）。羽口の耐火度も 1,410 度と高く高温作業が想定されている。白鋳鉄を主体とする過共析鋼までを含む炭素量が高めの鉄塊の除滓・脱炭作業を行うための精錬鍛冶作業が行われたことが，大澤の分析により指摘されている（大澤 1998）。

新潟県内では三条市大林遺跡の発掘調査で初めてこの大形羽口が注目された（家田 1989）。この大形羽口が用いられた遺構（製鉄炉）はわからないが，炉壁からは竪型炉系の製錬炉であったと推察される。また残っている鉄滓類は流動滓が大半であることから判断し，竪型炉系の製錬炉で高温操業が行われていたのではないかと考えられる。その際に高温操業に耐えうるように極めて肉厚のスマキづくり羽口が用いられたのであろう。大林遺跡では報告書によれば大形羽口は 50 点近くあったというが，現在確認できる 20 点以上の羽口には，Ⅰ類：外径 16～23cm，通風孔径 6～7cm の大形のものと，Ⅱ類：外径約 10cm，通風孔径 3cm 程度の小形のもの 2 種類があり，前者は通風孔径が大きいことから製錬用に，後者は通風孔径が小さいことから精錬鍛冶用に用いられたものと考えられる。羽口の特徴として先端部が溶損により片減りしているもの

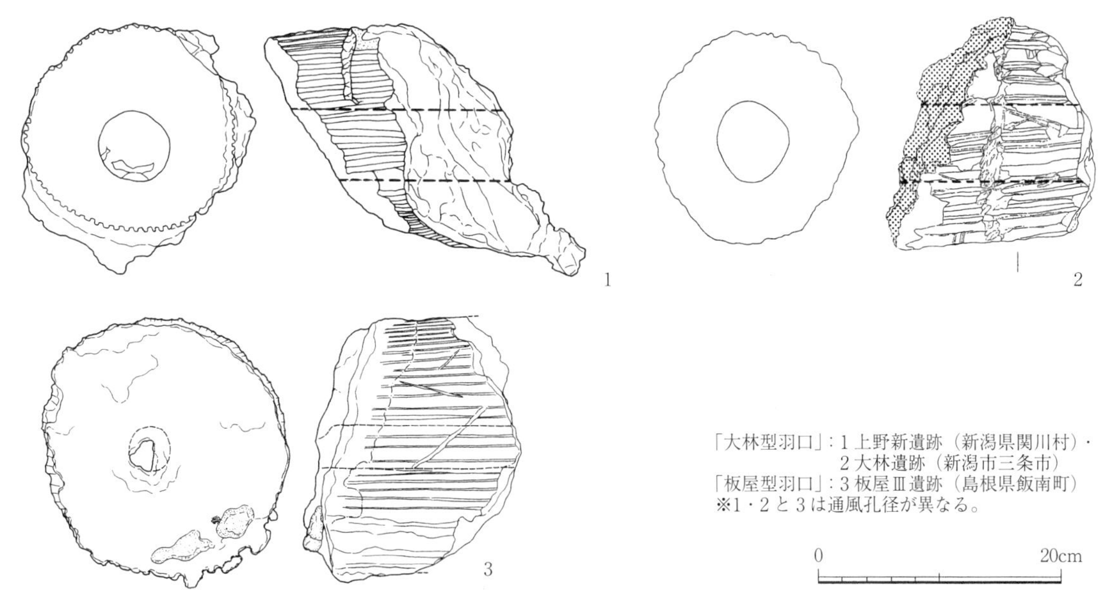

第２図　スマキづくり羽口（角田 2004 ほかより作成）

や溶損し完全に閉塞してしまったものもあり，大林遺跡では溶損角度は約 50～70 度を測るものが多い。Ⅱ類はスマキ痕を残すが「板屋型羽口」のように器壁が極めて厚く作られることはない（第２図）。

新潟県内で出土したスマキづくり羽口には，板屋Ⅲ遺跡で「板屋型羽口」とされた肉厚で通風孔径が 3～4cm の羽口はなく，通風孔径 6cm 程度の大きなものだけである。新潟県内で出土しているスマキづくり羽口のⅠ類とⅡ類の特徴を併せもったものが山陰の「板屋型羽口」であるといえよう。現状では，山陰では通風孔径の小さな精錬鍛冶用しかなく，新潟県内では製錬用・精錬鍛冶用の両者がある。使用目的は異なるが，どちらも高温操業に耐えうるように器壁を厚くしたと考えられる。いずれにせよ，スマキづくりで通風孔径 6cm 程度の羽口までも「板屋型羽口」とすることは適切ではないと考えられるので，今後は最初に見つかった大林遺跡の名前を冠して「大林型羽口」として区別していきたいと思う。「板屋型羽口」と「大林型羽口」を併せて説明する用語として「スマキづくり羽口」を用いることとしたい。

第２表　スマキづくり羽口出土遺跡一覧

	遺跡名	自治体名	旧自治体名	備考
1	上野新遺跡	岩船郡関川村		
2	大林遺跡	三条市	旧下田村	
3	寺前遺跡	三島郡出雲崎町		
4	番場遺跡	三島郡出雲崎町		
5	立野大谷遺跡	長岡市	旧和島村	
6	宝童寺 A 遺跡	柏崎市	旧西山町	
7	宝童寺 B 遺跡	柏崎市	旧西山町	
8	宝童寺 C 遺跡	柏崎市	旧西山町	
9	宝童寺 D 遺跡	柏崎市	旧西山町	
10	内越遺跡	柏崎市	旧西山町	
11	上沢田遺跡	柏崎市	旧西山町	鍛冶用
12	山ノ脇遺跡	刈羽郡刈羽村		鍛冶用

この他，大林型羽口には次のような特徴が観察され，使用・廃棄の過程を復元することができる。①破片ではあるが残存長 33cm のものがあり，元来の長さは 40cm 以上あったと考えられる。②溶損部の反対側をなんらかの工具で斫ったかと思われるものがある。自然に割れたものではなく，人工的に打ち割った可能性が高い。③基部（端部）が残り，全長 10cm 程度の短いものが少なくとも 6 点あるが，全て溶損部を残している。短くなって使用できなくなったものが最終的に廃棄・遺棄された物と考える。宝童寺 B 遺跡にも未使用かと思われる現存長 40cm 以上もある大林型羽口があり，また基部を残し短くなってしまったものを反転して再利用した羽口も見られる。大林遺跡や宝童寺 B 遺跡の大林型羽口から使用過程を復元すると，操

第3表　新潟県内のスマキづくり羽口計測表

No.	遺跡名	長さ	外径	内径	厚さ	出土場所	報告番号	備考
1	大林遺跡	10.0	18.0	7.0	5.5	排滓場？	1	基部残存
2	大林遺跡	13.0	17.0	6.0	5.5	排滓場？	2	基部残存
3	大林遺跡		19.0	6.0	6.5	排滓場？	3	基部残存
4	大林遺跡		19.0	7.0	6.0	排滓場？	4	基部残存
5	大林遺跡		18.0	6.0	6.0	排滓場？	5	基部残存
6	大林遺跡		10.0	3.0	3.5	排滓場？	6	鍛冶用
7	大林遺跡		10.5	3.0	3.8	排滓場？	7	鍛冶用
8	大林遺跡		18.0	6.0	6.0	排滓場？	8	
9	大林遺跡		20.0	6.0	7.0	排滓場？	9	
10	大林遺跡		16.0	6.0	5.0	排滓場？	10	
11	大林遺跡		23.0	6.0	8.5	排滓場？	11	
12	大林遺跡					排滓場？	12	
13	寺前遺跡	13.5	8.1	3.7	2.2	包含層	218	鍛冶用
14	番場遺跡					SK68	4	
15	番場遺跡		(12.0)	(4.6)	(3.7)	SD57	5	
16	立野大谷製鉄遺跡	4.5			2.0	排滓場　SX30	95	
17	立野大谷製鉄遺跡	6.0		5.8		排滓場　SX30	96	
18	立野大谷製鉄遺跡	9.8			3.0	排滓場　SX30	97	
19	立野大谷製鉄遺跡	11.4			2.5	排滓場　SX30	98	
20	立野大谷製鉄遺跡	10.9				排滓場　SX30	99	
21	立野大谷製鉄遺跡	10.6				排滓場　SX30	100	
22	立野大谷製鉄遺跡	8.5			6.0	排滓場　SX30	101	
23	立野大谷製鉄遺跡	6.5			3.3	排滓場　SX30	102	
24	立野大谷製鉄遺跡	8.8			5.0	排滓場　SX30	103	
25	立野大谷製鉄遺跡	8.1		5.5	4.0	排滓場　SX30	104	
26	立野大谷製鉄遺跡	15.0		5.5	4.2	排滓場　SX30	105	
27	立野大谷製鉄遺跡	12.1		5.0	3.5	排滓場　SX30	106	
28	立野大谷製鉄遺跡	7.9				排滓場　SX30	107	
29	立野大谷製鉄遺跡	11.8				排滓場　SX30	108	
30	立野大谷製鉄遺跡	9.4			3.5	排滓場　SX30	109	
31	立野大谷製鉄遺跡	9.6		5.9		排滓場　SX30	110	
32	立野大谷製鉄遺跡	8.9				排滓場　SX30	111	
33	立野大谷製鉄遺跡	12.0		5.8	2.7	排滓場　SX30	112	
34	立野大谷製鉄遺跡	13.5		5.7		排滓場　SX30	113	
35	立野大谷製鉄遺跡	11.4		6.0	2.9	排滓場　SX30	114	
36	立野大谷製鉄遺跡	10.4			3.5	排滓場　SX30	115	
37	立野大谷製鉄遺跡	11.2		5.5	3.0	排滓場　SX30	116	
38	立野大谷製鉄遺跡	13.2		5.5	3.5	排滓場　SX30	117	
39	立野大谷製鉄遺跡	15.1		5.5	3.3	排滓場　SX30	118	
40	立野大谷製鉄遺跡	14.4		5.7	3.6	排滓場　SX30	119	
41	立野大谷製鉄遺跡	21.4			4.3	排滓場　SX30	120	
42	立野大谷製鉄遺跡	14.0			3.7	排滓場　SX30	121	
43	立野大谷製鉄遺跡	18.4		6.0	4.0	排滓場　SX30	122	
44	立野大谷製鉄遺跡	9.1			2.7	排滓場　SX30	123	
45	立野大谷製鉄遺跡	10.9		5.5		排滓場　SX30	124	
46	立野大谷製鉄遺跡	8.3		6.3	4.5	排滓場　SX30	125	
47	宝童寺A遺跡	24.1	14.5	6.2	4.2	10号木炭窯前庭部	6	
48	宝童寺A遺跡	36.6	15.4	6.0	5.0	18号木炭窯炊口	7	
49	宝童寺B遺跡	43.6	12.3	5.4	3.5	作業場87-A	9	
50	宝童寺B遺跡	35.0	12.3	5.0	3.7	作業場87-A	10	
51	宝童寺B遺跡	3.5	10.1	4.5	2.6	145-60表	11	鍛冶用
52	宝童寺B遺跡	24.3	12.0	5.5	3.5	7号木炭窯障壁	12	
53	宝童寺B遺跡	21.0	11.3	5.5	3.3	7号木炭窯焼成部	13	
54	宝童寺B遺跡	17.6	12.0	4.5	3.8	7号木炭窯焼成部	14	
55	宝童寺B遺跡	21.9	11.0	5.0	3.0	包含層	15	
56	宝童寺B遺跡	22.2	12.0	4.9	3.8	包含層	16	
57	宝童寺B遺跡	21.2	11.9	4.8	3.6	包含層	17	
58	宝童寺B遺跡	8.8	10.5	4.7	2.9	包含層	18	
59	宝童寺B遺跡	13.4	12.0	4.7	3.7	包含層	19	
60	宝童寺B遺跡	12.8	11.3	4.4	3.5	包含層	20	
61	宝童寺B遺跡	18.8	13.2	5.5	3.9	包含層	21	
62	宝童寺B遺跡	9.7	14.2	(6.0)	4.1	包含層	22	
63	宝童寺B遺跡	10.5	12.0	(5.0)	3.5	包含層	23	
64	宝童寺B遺跡	19.5	12.0	(5.0)	3.5	包含層	24	
65	宝童寺B遺跡	12.2	11.0	(4.0)	3.5	包含層	25	
66	宝童寺B遺跡	8.3	12.0	(4.0)	4.0	包含層	26	
67	宝童寺B遺跡	12.9	11.0	(6.0)	2.5	包含層	27	反転使用
68	宝童寺B遺跡	9.5	11.0	(4.0)	3.5	包含層	28	
69	宝童寺B遺跡	10.9	11.5	(4.5)	3.5	包含層	29	
70	宝童寺B遺跡	9.9	12.0	(6.0)	3.0	包含層	30	
71	宝童寺B遺跡	8.0	9.6	(4.0)	2.8	包含層	31	
72	宝童寺B遺跡	10.7	11.0	(4.9)	3.1	包含層	32	鍛冶用
73	宝童寺B遺跡	10.9	10.6	(4.8)	2.9	包含層	33	
74	宝童寺B遺跡	17.5	11.5	(4.0)	3.8	包含層	34	
75	宝童寺B遺跡	17.0	10.8	(4.2)	3.3	包含層	35	
76	宝童寺C遺跡	12.7	12.8	(4.0)	4.4	3号溝	1	
77	宝童寺D遺跡	15.8	14.0	(5.0)	4.5	2号木炭窯障壁	1	
78	宝童寺D遺跡	15.5	12.5	(5.0)	3.8	3号木炭窯焼成部	2	
79	内越遺跡	18.0	12.0	5.5	3.3	SD14	15図	
80	内越遺跡	20.0	14.0	(4.0)	5.0	SK19	18図	
81	上沢田遺跡	9.4	9.5	3.2	3.1	SX1	191	鍛冶用
82	上沢田遺跡	12.3	10.0	4.1	3.0	SX1	192	鍛冶用
83	山ノ脇遺跡	6.5	10.0	3.1	3.0	SK35	448	鍛冶用
84	上野新遺跡	26.5	16.5	5.5	7.0			

数値は報告書の実測図による。一部改変。
単位：cm

業により製錬炉側の先端部が溶損したり閉塞したりした場合，その部分を打ち欠いて溶損部・閉塞部を除去し，残った部分を炉内に押し出すなどして何回か再利用されたが，最終的に短くなって使用に耐えなくなったものが廃棄・遺棄されたと考えられる。実見により，板屋Ⅲ遺跡の板屋型羽口も同様な使われ方であった可能性が高いと考えている。

新潟県内の分布状況を見ると，関川村1，三条市1，長岡市1，出雲崎町2，柏崎市6，刈羽村1遺跡で，長岡市から刈羽村にかけての10遺跡は別山川・島崎川流域に限定されるという特異な分布状況を示している（第3図，第2・3表）。いずれも海岸沿いの丘陵・台地を越えれば日本海に近い場所に位置している。大林遺跡も島崎川を下り西川・信濃川を経由して五十嵐川を遡行すれば辿り着く場所である[5)]。

関川村上野新遺跡だけが県北にあり，荒川の支流沿いで日本海までは直線距離で10kmほどに位置している。この頃の荒川の河口は海岸砂丘を切って日本海に注ぐか，北側の岩船潟に注いでいたと考えられるから日本海に近い場所ではない。この頃，奥山庄では鋳物師がいたことがわかっているので，その辺の事情と関係するのかもしれない[6)]。

同様な特徴をもつスマキづくり羽口は，山陰の島根県や鳥取県等13遺跡，北陸北東部の新潟県内12遺跡で出土しているが，鳥取県と新潟県の間の日本海沿岸地域では明確なものは検出されていない[7)]。

羽口の所属時期は板屋Ⅲ遺跡が12世紀後半～13世紀前半に，鳥取県大仙町殿河内ウルミ谷遺跡では10～11世紀に比定されている（坂本2016）。新潟県内では，大林遺跡では焼土の熱残留磁気年代測定で13世紀初

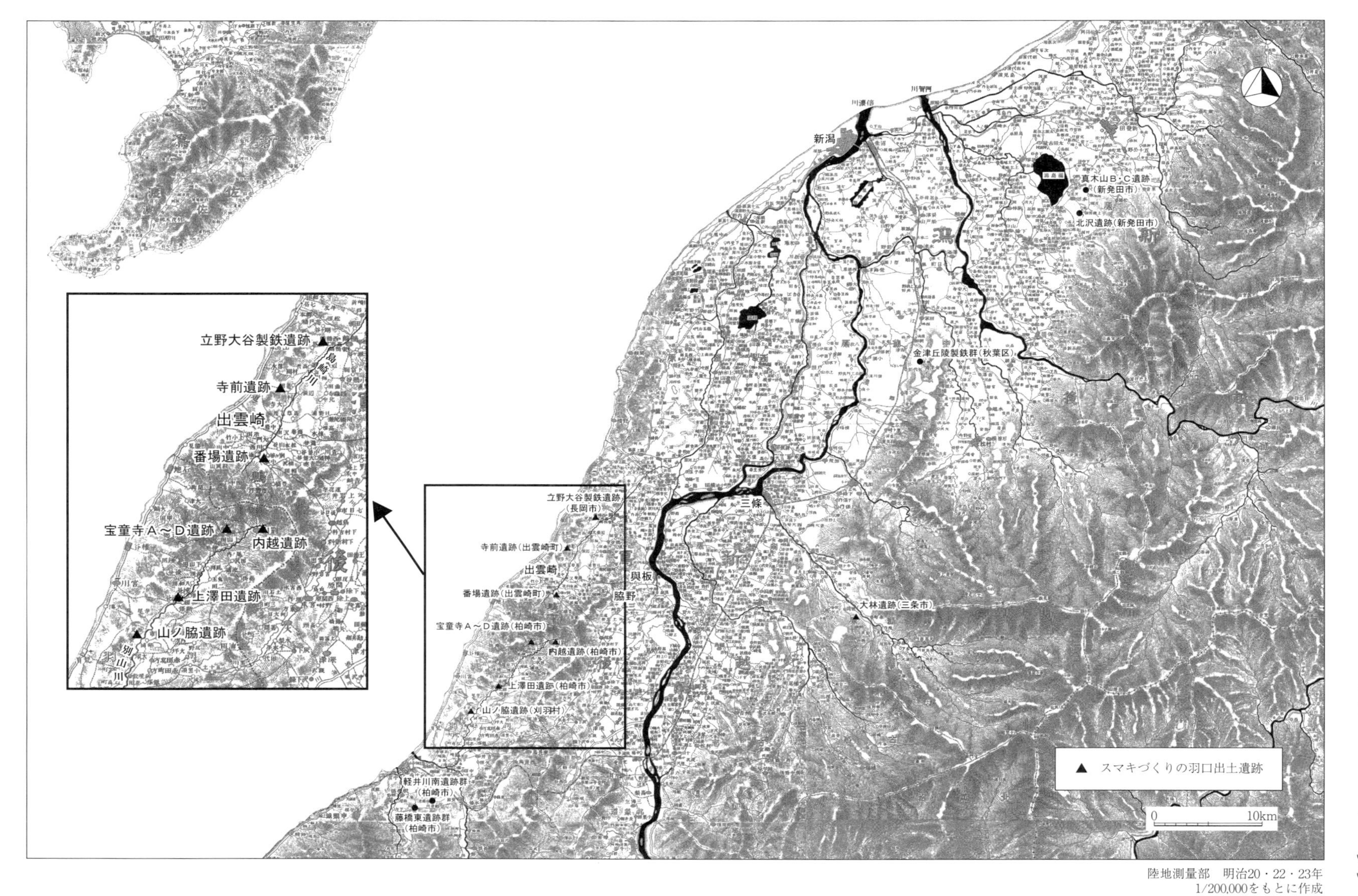

陸地測量部　明治20・22・23年
1/200,000をもとに作成

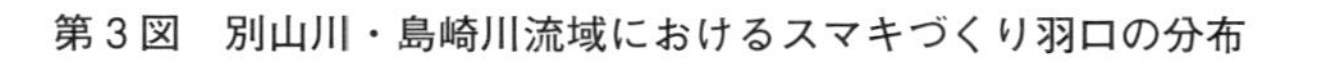
第3図　別山川・鳥崎川流域におけるスマキづくり羽口の分布

頭，宝童寺A遺跡・宝童寺B遺跡では木炭窯や排滓場で吉岡編年Ⅲ期の珠洲焼擂鉢を伴い（中島 2008），放射性炭素測定年代もそれに近い13世紀第3四半期頃，長岡市立野大谷製鉄遺跡では製鉄炉・木炭窯出土の炭化物の放射性炭素年代測定から12世紀後半〜13世紀前半に比定されている（高橋・穴澤 2008）。従来12世紀後半〜13世紀前半頃と考えていたが，坂本によりさらに遡る可能性が指摘されている（坂本 2016）。現在のところ殿河内ウルミ谷遺跡が最も古いが，島根県や鳥取県の時期決定の根拠が放射性炭素年代測定であることが気にかかる。スマキづくり羽口の出自を考える際にも重要な問題といえよう。

4　北陸から東北日本側における鉄製錬終焉の理由
—鎌倉時代の船と日本海海運の発展—

13世紀に北陸から東北日本海側で鉄製錬が行われなくなるのは，広域に製鉄技術が移転したことを契機として，最終的には山陰から廉価な鉄素材そのものが大量に移入されるようになったことによって，各地の鉄製錬が成り立たなくなったと考えていたが（渡邊 2006），13世紀の日本海海運は「鉄」だけではない様々な物資や人々・情報等が行き交っていたことに気付いた。「鉄」はそうした物のなかの一つに過ぎなかったようだ。次に13世紀を前後する時期の日本海海運について見てみよう[8)]。

特に平安時代後半（12世紀）は，貿易陶磁器・珠洲焼等の流通，製鉄技術の移転等にみられるように日本海海運の発展が目覚ましかった時期と考えられる。物資だけではなく情報も伝わったことはⅣ期とした製鉄技術の伝搬状況からもうかがえる。秋田県・新潟県・富山県・石川県・福井県で極めて良く類似した製錬炉・木炭窯が造られた。このような状況のなかで，山陰（中国山地）で大量に生産された廉価な鉄素材がもたらされるようになったことが，日本海側の各地で行われていた鉄製錬が廃れていった一因になったと考えられる。今まで，北陸と山陰を直接に結びつける物証に欠けていたが，スマキづくり羽口が両地域で発見・注目され，事例が増加してきたことによって，山陰と北陸の製鉄技術の交流があったことがより具体的になってきたといえよう。山陰と北陸の製鉄技術の交流は，北陸新潟から高温操業用の肉厚のスマキづくり羽口という情報・技術が山陰に伝わり，山陰で行われた炉床規模の大形化，操業の効率化などといった情報・技術が北陸以北に伝えられることはなかったといえるのではないだろうか[9)]（第4図）。

山陰からは製品としての廉価な鉄素材だけが移入されたのだろう。近世以降は残された文献から山陰から運ばれた「鉄」素材が，「鉄・鋼・銑」と区別されていたことが明らかであるが，中世13世紀頃の「鉄」がどういったものだったかは明確ではないものの様々なものが含まれていたと考えられる。鉄や鋼は刃物の材料として，銑は鋳鉄鋳物の材料として用いられた。全てが使用目的に応じて鉄・鋼・銑という形で移入されたわけではなく，北陸以北の消費地側でも精錬鍛冶作業によって目的素材にされたのではないかと推察される。13世紀以降の消費地側で行われた精錬鍛冶作業の実態がわからないのでここではこれ以上の言及はできないが，どういった鉄素材が精錬鍛冶作業に供されたのかという視点で研究をすすめる必要があろう。

北陸では，奈良時代・平安時代には調理用として土師器の長甕・小甕・鍋が用いられた。長甕は上に蒸籠を載せて湯を沸かす米の蒸し器として，小甕や鍋はおかずの煮炊きに使用された。ところが，10世紀以後になると，これらの土師器の出土量は激減する。土師器に代わって使用されたのが鋳鉄製の鍋と考えられている。能登では『新猿楽記』（平安末期）の「能登釜」，『堤中納言物語』（中世）の「能登鼎」，『経光卿御斎会奉行記』（鎌倉時代）の「能登国釜」，『庭訓往来』（室町初期）の「能登釜」などの記述から，「能登釜・能登鼎」が特産品として書かれ，慶長年間に刊行されたとする『易林本節用集』には能登の項に「利銕多ツ大器ヲ鎔ル」と書かれているが，13世紀末には北陸能登半島でも鉄製錬は行われなくなると考えられるので，

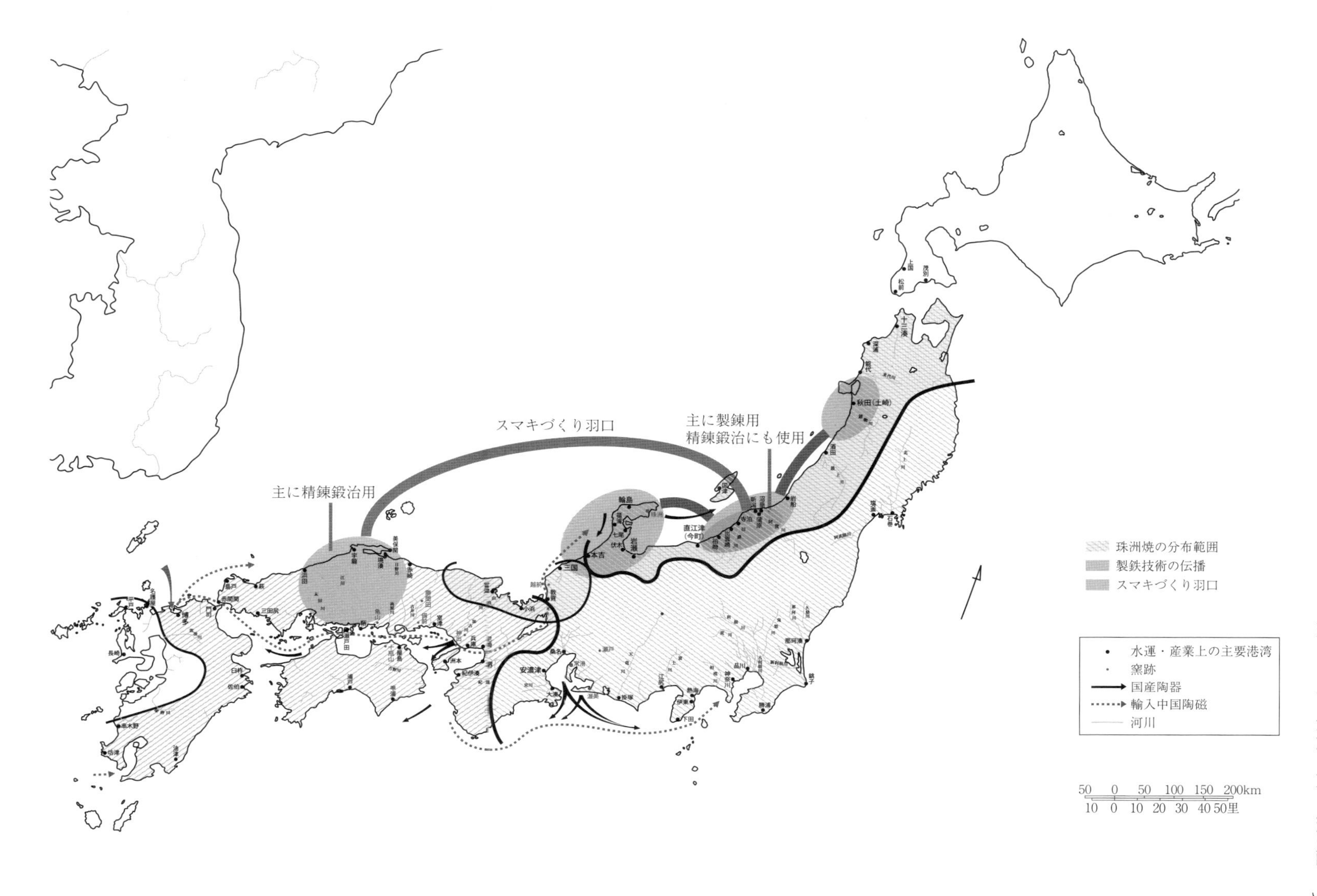

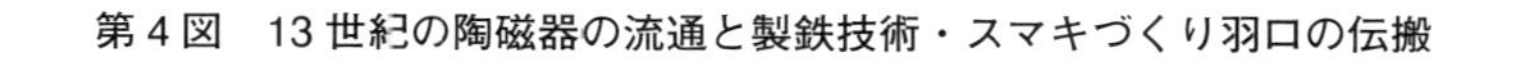
第4図　13世紀の陶磁器の流通と製鉄技術・スマキづくり羽口の伝搬

第4表　中世の遺跡から出土した貿易陶磁器の割合

		地域	遺跡	面積（㎡）	点数（点）	面積／点数※	時期
中世前半	1	**日本海沿岸**	**博多遺跡群 地下鉄１号線関係調査Ａ・Ｂ区**	644	30,269	0.02	12世紀代
	2	**日本海沿岸**	**博多遺跡群 ４次調査**	1,100	34,282	0.03	12世紀代
	3	**日本海沿岸**	**博多遺跡群 10次調査**	54	786	0.07	12世紀代
	4	**日本海沿岸**	**博多遺跡群 祇園駅出入口２・３区**	440	3,779	0.12	12世紀代
	5	鎌倉	鎌倉遺跡群 本覚寺	400	942	0.42	鎌倉後期
	6	鎌倉	鎌倉遺跡群 杉本寺	900	1,658	0.54	13世紀
	7	鎌倉	鎌倉遺跡群 若宮大路周辺遺跡群	1,500	2,355	0.64	鎌倉後期
	8	鎌倉	鎌倉遺跡群 蔵屋敷	650	882	0.74	鎌倉後期
	9	鎌倉	鎌倉遺跡群 今小路西遺跡5次	3,000	3,617	0.83	鎌倉後期
	10	鎌倉	鎌倉遺跡群 由比ヶ浜4-1130	450	423	1.06	鎌倉後期
	11	鎌倉	鎌倉遺跡群 大倉幕府周辺遺跡群	1,000	722	1.39	鎌倉後期
	12	鎌倉	鎌倉遺跡群 由比ヶ浜4-1136	1,650	513	3.22	鎌倉後期
	13	鎌倉	鎌倉遺跡群 由比ヶ浜南	10,000	724	13.81	鎌倉後期
	14	鎌倉近郊	蓼原東（鎌倉近郊拠点遺跡）	453	69	6.57	鎌倉
	15	鎌倉近郊	池子遺跡群（鎌倉近郊村落）	79,785	189	422.14	鎌倉後期
	16	鎌倉近郊	史跡北条氏邸第13次（韮山）	3,000	946	3.17	鎌倉前期
	17	**日本海沿岸**	**西川島遺跡群**	8,946	805	11.11	中世前半主体
	18	**日本海沿岸**	**下町・坊城Ｃ　前期⑦**	8,979	685	13.11	12～13世紀
	19	**日本海沿岸**	**大楯２次**	4,615	289	15.97	12～13世紀
	20	**日本海沿岸**	**下町・坊城Ａ　前期③**	8,826	260	33.95	12～13世紀
	21	平泉	平泉遺跡群　柳之御所	42,555	2,173	19.58	12世紀後半
	22	平泉	平泉遺跡群　志羅山	17,532	441	39.76	12世紀後半
	23	平泉	平泉遺跡群　泉屋	13,382	305	43.88	12世紀後半
	24	太平洋沿岸	新田（多賀城）	15,305	279	54.86	中世前半
	25	太平洋沿岸	安子島城（郡山）	12,000	158	75.95	13～15世紀
	26	太平洋沿岸	南小泉（仙台）	11,767	71	165.73	中世前半
中世後半							
	27	琉球	琉球	2,000	12,050	0.17	15世紀
	28	**日本海沿岸**	**浪岡城内館**	5,966	4,377	1.36	15世紀
	29	**日本海沿岸**	**普正寺**	648	322	2.01	14世紀後半～15世紀
	30	**日本海沿岸**	**江上館　後期②**	5,830	2,330	2.50	14世紀後半～15世紀
	31	**日本海沿岸**	**藤島城**	5,263	1,107	4.75	14世紀後半～15世紀
	32	**日本海沿岸**	**十三湊（同館部分）**	814	170	4.79	14世紀後半～15世紀
	33	**日本海沿岸**	**下町・坊城Ａ　後期④**	8,826	457	19.31	14世紀後半～15世紀
	34	**日本海沿岸**	**一乗谷朝倉館**	8,195	1,627	5.04	16世紀
	35	**日本海沿岸**	**下町・坊城Ｃ　後期⑧**	8,979	1,432	6.27	14世紀後半～15世紀
	36	**日本海沿岸**	**十三湊**	4,814	539	8.93	14世紀後半～15世紀
	37	**日本海沿岸**	**下町・坊城Ｂ　後期⑥**	7,682	609	12.61	14世紀後半～15世紀
	38	**日本海沿岸**	**宝積寺館**	8,659	97	89.27	15世紀
	39	**日本海沿岸**	**浪岡城北館**	15,000	3,936	3.81	16世紀
	40	太平洋沿岸	真里谷城（房総）	4,280	856	5.00	16世紀
	41	太平洋沿岸	根城本丸（八戸）	15,888	1,032	15.40	16世紀
	42	近畿	上久世城ノ内	5,000	132	37.88	14世紀後半～15世紀
	43	近畿	菱木下	8,512	68	125.18	14世紀後半～15世紀
	44	近畿	根来寺NG80	1,800	2,215	0.81	戦国
	45	近畿	根来寺NG81	1,600	1,789	0.89	戦国

水澤幸一『日本海側流通の考古学』（古志書院）2009　より作成

貿易陶磁器が１点出土するのに必要な面積。数字が少ない程，貿易陶磁器の出土量が多い。

1～26が中世前半，27～45が中世後半の遺跡。ゴチック体が日本海沿岸の遺跡で，太平洋沿岸に比べ日本海沿岸が高い。

第5表　新潟県内の海揚がり品の時代別・地域別集計表

			粟島沖	粟島～佐渡沖	佐渡沖（越佐海峡）	角田沖	弥彦沖	寺泊沖タラバ	出雲崎沖	柏崎沖	名立沖	直江津沖	能生弁天岩沖	上越・糸魚川沖（詳細不明）	計
縄文時代		縄文土器・石器			2	1									3
弥生・古墳時代		弥生土器・土師器				1		2		1				1	5
奈良・平安時代		須恵器		1	4	3		3	6	3	3				23
中世	珠洲焼Ⅰ期	1150～1190年代	4	3	2			2			4	1		1	16
	珠洲焼Ⅱ期	1200～1250年代			1	1	6	29	2	1	26			3	68
	珠洲焼Ⅲ期	1250～1270年代						6	1		3			1	10
	珠洲焼Ⅳ期	1280～1370年代			1	1		3			6		1	1	12
	珠洲焼Ⅴ期	1380～1440年代									1				1
	珠洲焼Ⅵ期	1450～1470年代									1			1	2
	その他							青磁1 船飾1	越前2						4
	計		4	3	4	2	6	40	5	1	40	1	1	6	113

新潟県海揚がり陶磁器研究会『日本海に沈んだ陶磁器』（2014）による。一部改変。
珠洲焼の時期は吉岡康暢『中世須恵器の研究』（1994）による。

以後の鉄原材料は山陰から運ばれたものが使われたものと考えられる。

陶磁器　水澤幸一は発掘調査された遺跡から出土した陶磁器点数と発掘調査面積の比率を比較し，数字が少ないほど，貿易陶磁器の出土量が高いことを示した（第4表）（水澤 2009）。博多遺跡群が際立って高く，ここから各地に広がった。鎌倉遺跡群・畿内が高いのは博多から直接・間接にもたらされたからと説明している。重要なのは日本海側の遺跡では太平洋側とは比べ物にならない量の貿易陶磁器が出土していることを数値で示したことである。感覚的に太平洋側に比べ日本海側の貿易陶磁器の出土量が多いことはわかっていたが，それを具体的に数値で示した[10]。

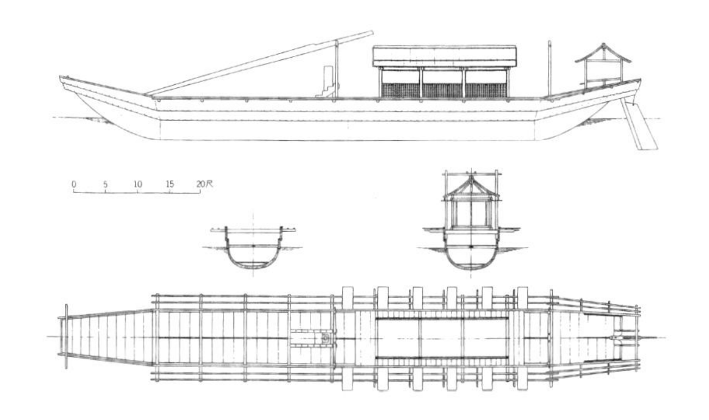

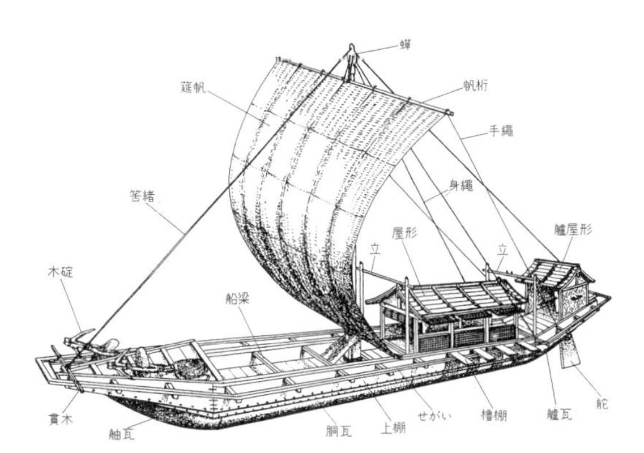

第5図　鎌倉時代の大形海船の復元図と復元画（石井 1983による）

海揚がり品　底引き網漁等によって日本海から発見された海揚がり品には，縄文時代から近代まで様々な時代のものがあるが，中世の珠洲焼・陶磁器が最も多い。そのなかでも12世紀～13世紀のものが8割以上を占める（寺﨑ほか 2014）（第5表）。なかには海神に捧げた供物を入れたようなものもあったかもしれないが，多くは沈没船とともに海に沈み，海中から引き上げられた陶磁器と考えられる。沈没船の多さは造船技術・航海技術が未熟だったからという見方もあるかもしれないが，海揚がり品以上に，積荷であった珠洲焼の大甕・壺・片口鉢が日本海側の各地の遺跡から大量に出土していることは（吉岡 1990），この頃の日本海海運が盛んであったことを示している。

越後国寺泊浦漂着船　元仁元（1224）年2月29日に，越後国寺泊浦に「高麗人」が乗った船が漂着した。翌年2月，船の乗員の様々な持ち物―弓2・羽壺1・太刀1・刀1・銀匙1・鋸1・箸1・銀簡を中央につけた帯等―が鎌倉にもたらされ，将軍や幕府の首脳が見聞したが，銀簡に刻された4文字は解読不明として

第６表　韓国近海発見の難破船（沈没船）

船名	発見場所	大きさ（cm）	時代
莞島船	全羅南道莞島郡薬山島漁頭里の海底 10～15m	長さ 730，幅 350，深さ 160 （推定規模）長さ 1,000，幅 350，深さ 170	11～12 世紀 高麗
十二東波島船	全羅北道群山市十二東波島の海底	長さ 700，幅 250	11～12 世紀 高麗
泰安船	忠清南道泰安郡テソムの海底	長さ 821，幅 150	12 世紀 高麗
大阜島船	京畿道安山市大阜島の干潟	長さ 662，幅 140	12～13 世紀 高麗
馬島１号船	忠清南道泰安郡馬島の海底	長さ 1,080，幅 370 （推定規模）長さ 1,690，幅 620	1208 年頃 高麗
馬島２号船	忠清南道泰安郡馬島の海底		13 世紀前半 高麗
馬島３号船	忠清南道泰安郡馬島の海底		1265～1268 年頃 高麗
達里島船	全羅南道木浦市達里島の干潟	長さ 1,050，幅 270，深さ 80 （推定規模）長さ 1,200，幅 360，深さ 160	13 世紀後半 高麗
新安船	全羅南道新安郡曾島面防築里の海底 ※日本の京都東福寺に向かっていた船	長さ 2,840，幅 660，深さ 366 （推定規模）長さ 3,400，幅 1,100，深さ 400	1323 年 中国・元
安佐島船	全羅南道新安郡安佐島の干潟	長さ 1,050，幅 270，深さ 80 （推定規模）長さ 1,200，幅 360，深さ 160	14 世紀後半 高麗

（『Nationai Research Institute of Maritime Cultural Heritage of Korea/Guide』国立海洋文化財研究所 2012 ほかより作成）

Plan of Sinan Shipwreck

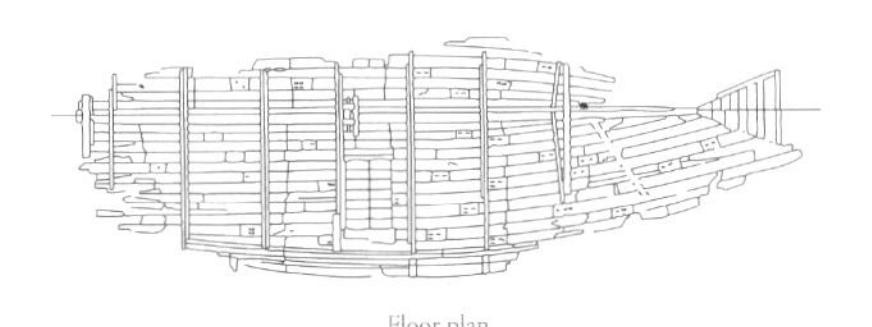

Floor plan

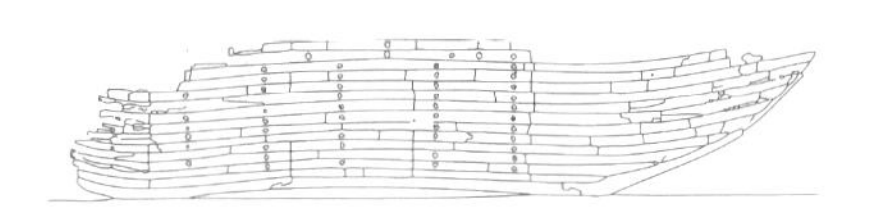

Lateral view

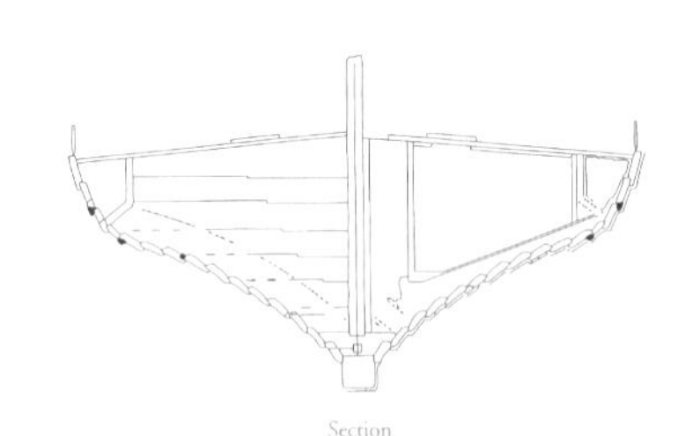

Section

Reconstruction view

第６図　新安船の図面（大韓民国全羅南道）（National Research Instituteof Maritime Cultural Heritage　2012 による）

『吾妻鏡』に記載されている（『吾妻鏡』元仁元年２月 29 日条）。このことについては川崎保により詳しく研究がされており，それを参考に要約すると，銀簡に刻された文字は白鳥庫吉によって「女真文字」であることが指摘され，清瀬義三郎によって「国の誠」と書かれていることが解読された。そしてこの銀簡は金朝のパイザ（旅券）と判明した。これらの事から，女真船が日本海を横断してきたものと考えられている。『百錬抄』にも越後国白石浦に異国船が漂着した記事があり，一連のものとされている。そこには船の長さ十余丈とあり，30m を越える船であったことがわかる。また，川崎は，この頃に宋銭の他に日本各地で出土している金朝で作られた金銭を集成し，北海道・越後・長野北部の出土量が多いことから日本海ルートによって金朝からもたらされたものと推察している。吾妻鏡の記事は漂着した船の記録であるが，13 世紀の頃には大陸から日本海を横断する航路があったから金銭が日本海側で多く出土しているとしている[11]（川崎 2002）。

船　新潟県内でも沖積地の遺跡からは井戸側に転用された丸木舟（単材刳船）が多く出土するが，石井謙治の絵巻物等の研究により複材刳船・準構造船が弥生時代や古墳時代から用いられていたと考えられている。海船には複材刳船や準構造船が用いられた。石井による『北野天神縁起』の船の復元図では，四材構成の刳船式船底部をもつ準構造船で，全長 28.2m，幅 2.5m，深さ 1.7m，満載積載排水量 45t，水手 12 人とされている[12]（第５図）。

石井は絵巻物に書かれた船の分析から，造船技術の進歩に伴い 11～12 世紀までは 100 石積までが中心勢力であったのに対し，

13世紀では200石から300石積級の使用が頻繁になってきて海船が大形化していった。11～12世紀の年貢輸送船が水手一人あたりの輸送量が17石前後であったのに対し13世紀では23石前後と4割近くも向上し，海運の発展に伴う船の大形化が輸送効率の向上をもたらしたとしている（石井1983）。このような日本の準構造船形式の内航船では東シナ直航路による貿易は不可能だったかもしれないが，海岸沿いの地乗り航法では十分可能であったと考えられている。

日中間の商船による貿易を石井がまとめているので要約して紹介すると以下のようになる。承和5（838）年の遣唐使船を最後に日本からの中国への渡航は終わったが，引き続き貿易を目的として来航する唐商船があった。その後，五代から北宋の時代になると宋商船による日宋貿易は活発化していった。12世紀後半には平清盛によって兵庫の港が改修され，宋商船を従来の取引港だった博多から兵庫まで引き入れることによってより一層積極的に行われるようになった。その後，鎌倉時代の13世紀後半には東シナ海横断の本格的な対宋貿易船が活躍した。12～13世紀の日本の渡宋船がどういう船であったかということについては良くわかっていないが，韓国で見つかっている沈没船が参考になる。

韓国の沈没船　朝鮮半島では近畿道・忠清南道から全羅南道にかけての半島西海岸から南西海岸で，11世紀から14世紀にかけての難破船（沈没船）が10隻程引き上げられている（第6表）。難破・沈没の理由は様々だが，日本に比べ干満の差が激しいことや島嶼が多いことも理由の一つだろう。当時の日本の船とは構造も大きさも異なるが，中世の船体の規模を推測する材料になる。

全羅南道新安郡で引き揚げられた「新安船」について触れたい（第6図）。1976～1984年にかけて11回の発掘調査が行われ，南宋・元・高麗・日本の陶磁器など2万点近くの遺物や800万枚もの銅銭が発見された。積荷の木簡から，中国元の貿易船で中国浙江省寧波から京都東福寺に向かっていた船であると考えられている。元の至治3（1323）年銘の木簡が複数発見されたのをもって沈没年とされている。推定規模で船体長さ34m，幅11m，深さ4mの大きさの船で，船体はV形構造で，角材の竜骨上に多数の隔壁を配した典型的な中国式のジャンク構造である。排水量は200t～300tと推定されている（石井1983）。船体の長さは先の金朝の寺泊浦漂着船よりも幾分大きい。13世紀の事を話題にしているので，1323年と少し年代が下るが，当時このような大きさの船が日本海沿岸の各地を行き来していたことの参考にはなろう。

日本海航路　14世紀初頭の事になるが市村高男の書いた中世の航路・港湾の論文が参考になるので紹介しよう（市村2010）。市村は朝鮮で15世紀に書かれた『老松堂日本行録日本海』・『海東諸国紀』から，日本における航路を考察し，その一つとして博多－肥中－美保関－舞鶴を博多と小浜を結ぶ航路としている。確かに市村が書いているように『海東諸国紀』の地図には出雲・伯耆・因幡・丹後や隠岐を結ぶ航路と思われる線が白抜きで書かれているが，それ以北には見られない。1471年に申叔舟によって『海東諸国紀』が書かれた頃は応仁・文明の乱で航海が難しくなった瀬戸内海航路を避け，この「北国航路」を使用したと説明されている。また，陸奥湾や津軽海峡からなる「北の内海」の賑わいに触れるとともに，嘉元4（1306）年に津軽船が越前国坪江郷佐幾良（崎浦）に入港している記録，寛正4（1463）年小浜に十三湊船が入港している記録をあげ，「北日本航路には14世紀初頭頃から多数の船が遠隔地輸送に乗り出しており，大いなる活況を呈していた」としている。そして，この「北日本海航路」は「若狭の内海」で小浜－博多間の日本海航路（北海路）に連結するとした。市村は「日本海側の航路と港湾の発展が顕著に求められる。」「当時人々の距離間や空間認識からすれば，列島の形状は現在よりも遥かに日本海側に反り返ったものとして認識されていたのであろう。」とまとめている。

日本海海運の発展について，色々な事例を紹介したが，これらを見るとわかるように，13～14世紀は想像以上に北陸・東北日本海側と山陰を結ぶ日本海海運が発展していたことが理解できたのではないだろうか。

むすびにかえて

Ⅳ期末，13世紀で北陸から東北日本海側では一斉に鉄製錬が終焉する。14世紀に残る鉄製錬の遺跡は日本海側では山陰（中国山地）だけになってしまった。その直前，北陸でも鉄製錬が行われていた頃，島根県・鳥取県の「板屋型羽口」に非常に良く似た「大林型羽口」が新潟県で作られ，使用された。これらの器壁が極めて厚いスマキづくり羽口は，島根県・鳥取県の13遺跡，新潟県の12遺跡で確認されている。通風孔径が異なるが，両者は非常に良く似ており，他人の空似では作られたものではない。作り方だけではなく，使用方法が同じであることからも両者間で製鉄技術の移転があったことは間違いないであろう。遺跡の時期は10世紀（12世紀）～13世紀頃である。これらのスマキづくり羽口の時期と，鉄製錬遺跡がなくなる時期が相前後することから，両者間の製鉄技術の移転を契機として，北陸から東北日本海側の鉄製錬が行われなくなったと考えられる。

Ⅳ期前半，12世紀以降，前述したように北陸から東北日本海側で類似する製錬炉・木炭窯が造られていた。この頃，すでに日本海を介して鉄づくりに関する情報伝達がなされていたことを示している。製錬遺跡では各所で鉄鍋などの鋳造も行われており，製鉄関連技術が伝達され共有されていたと考えられる。Ⅳ期末を最後に北陸から東北日本海側に至る広範囲で，鉄製錬が一斉に無くなる背景には，このようなⅣ期前半の状況があったからであろう。繰り返しになるが，Ⅳ期前半にすでに製鉄技術の共有があった地域だからこそ，Ⅳ期末になると一斉に鉄製錬が行われなくなったのである。

当初は製鉄技術や情報の伝達が行われていたものが，陶磁器の流通等からも推察されるように，日本海海運の発展・造船技術の発展に伴う物資流通の活発化に伴って，13世紀後半以降は山陰（中国山地）からの鉄素材そのものが広域に流通するようになっていったのであろう。その結果，日本海側だけではなく，中部・東海などの他地域でも鉄製錬が行われなくなったのではないだろうか[13)]。

本稿では，大林型羽口の出自を論じることができなかった。新潟県内では従来から箱型炉でも竪型炉でも別作り製錬用羽口は用いられてこなかったと考えられるから，別作りの大林型羽口が製錬用に作られるようになるには，県内で自生したと考えるのは難しいのではないかと思っている。山陰（中国山地）からの系譜上に作られるようになったのか，どちらに祖形があったのかは現状では判断ができない。こうした問題については，今後資料の蓄積を待って改めて検討を加えることとしたい。

最後に，2006年の日本鉄鋼協会フォーラムで「新潟県下の製鉄遺跡とその変遷について」（『北陸地方における製鉄の成立と発展』 社会鉄鋼工学部会「鉄の歴史—その技術と文化—」フォーラム）と題する講演をしてから暫く製鉄遺跡の研究を怠っていた。軽井川南製鉄遺跡群の調査指導委員などを仰せつかり製鉄遺跡に触れる機会はあったが，それまでの自分の研究成果におおむね合致することに安心していた。宝童寺遺跡群を拝見させていただいた際も同様であった。

今回，不十分ながら，新潟県内の製鉄遺跡について少し文章をまとめておこうと思ったのは，2016年9月に島根県古代文化センターの研究テーマ「たたら製鉄の成立過程」の共同検討会で「北陸における古代・中世の鉄生産」として話す機会を頂いたことによる。ここで話をするために，北陸における近年の製鉄関連遺跡の発掘調査や報告書を調べた。1998年の『金津丘陵製鉄遺跡群発掘調査報告書Ⅲ』をまとめて以来なのでちょうど20年振りに，少し真面目に製鉄遺跡の勉強をしたことになる。本稿では，常日頃考えている「13世紀で北陸から東北日本海側では一斉に鉄製錬が終焉する」ことについて，発言した本人の責任として，まとまらなくともよいから現状で何か書いておかなければならないと思い雑文を書かせていただいた。図・写真などがなく，資料調査を行った細かい記録・記載がないので製鉄遺跡研究をしていない人が読んでも理解できない内容ではなかったかと反省している。

付記　最後になりますが，橋本博文先生には，委員として新潟市の史跡古津八幡山遺跡の発掘調査や復元整備事業など様々なご指導を頂いています。先生の豊富な専門的知見からわかりやすい的確なご指導を頂いています。お陰様で史跡公園として復元整備された史跡古津八幡山遺跡には年間何万人もの方々から来ていただき，新潟県内でも屈指の史跡公園になっているのではないかと思います。現在も，史跡の追加指定や復元整備も視野に入れ確認調査が行われています。

こうした先生の学恩に報いるには本稿では不十分ですが，先生がご活躍を続けられますことを祈りつつ献呈いたします。

なお，本稿をなすにあたっては，常日頃ご指導・ご教示をいただいている穴澤義功・角田徳幸・坂本嘉和・久田正弘・水澤幸一の各氏，資料調査等でお世話になった勝山百合・齊藤準・品田高志・田村浩司・寺﨑裕助・中島義人・平吹靖の各氏にご教示・ご援助を賜りました。記して謝意を表します。

また，本稿は筆者が担当した新潟市史跡古津八幡山遺跡のガイダンス施設である弥生の丘展示館の2017年企画展「鐵―北陸における鉄生産―」，新潟市文化財センターの2018企画展「鋳物師―近世新潟町の職人―」の成果の一部を基にしています。図・表なども一部はその際に作成したものを使わせていただきました。併せて謝意を表します。

(2018年8月27日受付)

註

1)　新潟県を主とする北陸における製鉄関連遺跡の発掘調査，報告書・論文等を年代順に示すと下記のとおりである。

①北陸における主な製鉄関連遺跡発掘調査（年代順）

・福井県

1991年　あわら市（旧金津町）笹岡向山製鉄遺跡の発掘調査

・石川県

1987年　小松市蓮代寺遺跡の発掘調査

1988～1992年　小松市林製鉄遺跡の発掘調査

1996年　志賀町（旧富来町）給分クイナ谷製鉄遺跡の発掘調査

2004～2009年　輪島市飯川谷製鉄遺跡の発掘調査

・富山県

1980年代　射水丘陵製鉄遺跡群　関清・池野正男ほか　太閤山ランド地内　小杉流通業務団地内遺跡群　七美・太閤山・高岡線内遺跡群

1989～1993年　小杉町　太閤山カントリークラブ・小杉インターパーク造成に伴う射水丘陵製鉄遺跡群　原田義範・上野章

・新潟県

1973年　新発田市（旧豊浦町）真木山遺跡の発掘調査　→各種の製錬炉が見つかっていた

1986・1989・1990年　坂井秀弥による製鉄関連遺跡の考察

1988年　出雲崎町谷地製鉄遺跡の発掘調査

1988年　三条市（旧下田村）大林遺跡の発掘調査　→大量の「大林型羽口」

1988～1990　出雲崎町寺前遺跡の発掘調査　→中世の鋳造関係遺物

1989～1994年　新潟市秋葉区（旧新津市）金津丘陵製鉄遺跡群の発掘調査

1990年　新発田市（旧豊浦町）北沢遺跡の発掘調査　→13世紀第1～第3四半世紀　製錬炉

1993～1994年　柏崎市藤橋東遺跡群発掘調査の発掘調査　※未報告　→呑作E・網田瀬E　箱型炉に踏みフイゴ／横山東遺跡群

1998年　新潟市で平成10年度たたら研究会開催『新潟県北部・製鉄関連資料の見学会』　→大林遺跡「大林型羽口」を展示

1999年　長岡市（旧和島村）立野大谷製鉄遺跡の発掘調査　→12世紀後半～13世紀前半　（二連）中口径羽口「大林型羽口」

2003～2005年　柏崎市（旧西山町）宝童寺遺跡群の発掘調査　→未使用「大林型羽口」，最長43cm，30点以上

2003～2006年　柏崎市軽井川南遺跡群の発掘調査　→下ケ久保A　古代の鋳造遺構・遺物，千刈C　箱型炉に踏みフイゴ

②北陸における製鉄関連遺跡の発掘調査報告書・製鉄関係論文等（年代順）

1969年　計良勝範・田中圭一「佐渡国平安期製鉄遺跡の考察―いわゆる「穴釜」について―」『たたら研究』15

1984年　関　清「富山県における古代製鉄炉」『大境』第8号（富山県考古学会）

1985年　関　清「製鉄用炭窯とその意義」『大境』第9号（富山考古学会）

1986年　『シンポジウム「北陸の鉄生産」基調報告要旨』（たたら研究会）

1987年　関　清「北陸・中部の古代鉄生産」『日本古代の鉄生産』（たたら研究会）

1988年　東北・北陸の古代鉄生産を考える会

1989年　関　清「北陸における鉄生産」『北陸の古代手工業生産』（北陸古代手工業生産史研究会）

1989年　坂井秀弥「越後における古代手工業生産の様相」『北陸の古代手工業生産』（同上）

1990年　坂井秀弥「新潟県三島郡与板町の製鉄遺跡」『新潟考古』第1号

1991年　たたら研究会編『日本古代の鉄生産』（六興出版）

1992年　川上貞雄ほか『北沢遺跡』（豊浦町教育委員会）

1995年　『藤橋東遺跡群―写真でつづる発掘調査の概要―』（柏崎市教育委員会）

1996年　「特集　いま，見えてきた中世の鉄」『季刊考古学』第57号

1997年　穴澤義功「東日本における中世の鉄生産」『平成9年度たたら研究会第会資料集』

1997年　渡邊朋和ほか『金津丘陵製鉄遺跡群発掘調査報告書Ⅱ』（新津市教育委員会）

1998年　渡邊朋和「第Ⅶ章考察　1新潟県における製鉄関連遺跡について」『金津丘陵製鉄遺跡群発掘調査報告書Ⅲ（分析・考察編）』（新津市教育委員会）

1998年　穴澤義功「考古学から見た製鉄の歴史―大陸の技術の伝播から中世まで―」『第4回　島根大学環日本海地域研究シンポジウム報告書』（島根大学環日本海地域研究委員会）

1999年　渡邊朋和「北陸地方の鉄と技術移転について」『環日本海地域の鉄文化の展開　シンポジウム論文集』（社団法人日本鉄鋼協会　社会鉄鋼工学部会編）

1999年　渡邊朋和「古代・中世の製鉄関連遺跡」『新潟県の考古学』（新潟県考古学会編）

2001年　上野章・原田義範『太閤山カントリークラブ造成地内遺跡群発掘調査報告書』（小杉町教育委員会）

2002年　原田義範『天池C遺跡・水蔵場G遺跡・水蔵場H遺跡発掘調査概要』（小杉町教育委員会）

2006年　渡邊朋和「北陸の鉄生産」『日本海域歴史大系　第2巻　古代篇Ⅱ』（清文堂）

2006年　渡邊朋和「新潟県下の製鉄遺跡とその変遷について」『北陸地方における製鉄の成立と発展』（日本鉄鋼協会　社会鉄鋼工学部会「鉄の歴史―その技術と文化―」フォーラム）

2008年　中島義人『宝童寺遺跡群』（柏崎市教育委員会）

2008年　高橋保・穴澤義功『寺前遺跡』新潟県教育委員会

2010年　高橋保・穴澤義功『立野大谷製鉄遺跡・姥ヶ入製鉄遺跡・姥ヶ入南遺跡』新潟県教育委員会

2010～2017年　平吹靖ほか『軽井川南遺跡群Ⅰ～Ⅴ』（柏崎市教育委員会）

2）　新潟県内のスマキづくり羽口については（渡邊1998）でも取り上げ，「板屋型羽口」との類似を指摘した。同年に

新潟市であった「平成10年度たらら研究会」の見学会の際にも大林遺跡の羽口を借用して展示紹介した。その後，新潟県内では類例が増加し，宝童寺遺跡群の調査を担当した中島により集成がされた（中島2008）。

ここでスマキづくり羽口について記した内容は，角田徳幸・坂本嘉和が資料調査のために別々に来県し，案内した際に討論した結果を自分なりにまとめたものである。いずれにも穴澤義功が同行し，適切なアドバイスをいただいた。角田と坂本が新潟県内出土の「大林型羽口」について記載しているのに，地元でも何かを書いておく必要があると思い筆を執った次第である。

3）藤橋東遺跡群（柏崎市藤橋）　発掘調査は柏崎市教育委員会によって1993・1994年に行われた。11遺跡のうち6遺跡が古代の製鉄関連遺跡で，製錬炉6基（箱型炉4基・竪型炉2基），木炭窯19基（半地下式10基・地下式9基）のほか，鍛冶炉・竪穴住居などが検出された。9世紀代の箱型炉と半地下式木炭窯の組み合わせから，10世紀代に竪型炉と地下式木炭窯の組合せに移行し，12世紀代に終焉を迎えたものと考えられる。2基の箱型炉では山側に踏みフイゴが検出され，北陸初の事例として注目された。東日本系の竪型炉の送風技術が箱型炉に導入されたもので，改良型の箱型炉と考えている。県内では今のところ，箱型炉に付けられた踏みフイゴは柏崎市域でしか確認されていない。網田瀬B遺跡の排水溝を廻らし地下構造の発達する竪型炉は，隣接する8基の地下式木炭窯と同時期で，古代末（12世紀代）の鉄製錬の様相を良く示している典型的なものである。

4）軽井川南遺跡群（柏崎市軽井川）　発掘調査は柏崎市教育委員会によって2003～2006年に行われた。検出された遺構は，製鉄炉24基（箱型炉6基・竪型炉18基），木炭窯111基（半地下式43基，地下式68基）と膨大であるが，遺跡ごとに見ると，箱型炉と半地下式木炭窯の組み合わせから，竪型炉と地下式木炭窯の組み合わせに替わったことが明瞭にわかる。過渡的なものとして竪型炉に半地下式木炭窯が伴うものも見られる。共伴遺物や放射性炭素年代測定年代により，8世紀代に操業が始まり，12世紀代に終焉を迎えたと考えられる。また，下ヶ久保A遺跡では溶解炉や獣足鋳型・取鍋など，県内では初めて9～10世紀頃の鋳造関係資料が出土した。遺跡群には，製錬関係資料は多くあるが，精錬鍛冶・鍛錬鍛冶に関わる鍛冶炉は1基しかなく，福島県金沢地区製鉄遺跡群大船迫A遺跡のような物資を集散管理した官衙的な遺構もなく（能登谷2005），遺跡群の操業目的に関する評価が難しい。

5）この地域の日本海海運を考える際に時代は違うが参考になる事例がある。一つ目は，弥生時代後期後半に別山川の河口付近にある柏崎市海運橋遺跡や島崎川と西川の合流地点に近い長岡市五千石遺跡から，北部九州系の弥生時代後期の土器（高三瀦式・下大隈式）が出土していること（福岡市博物館1998，常松2013）。二つ目は，近世江戸時代に山陰から出雲崎港や尼瀬港に移入された鉄・鋼・銑等が三条等の問屋に買われた記録があることである（小村1992）。三条は打刃物の産地として江戸時代から有名な町だが，出雲崎や尼瀬から三条に至るには同様に島崎川・西川・信濃川の舟運ルートが使われたのであろう。蛇足だが，江戸時代以降，出雲崎港・尼瀬港に移入された鉄は，剣峰峠などを越えて鋸（脇野町）や打刃物（与板）の材料にもなった。いずれにせよ，どの時代でも航海する際に日本海に面した弥彦山や角田山がランドマークになっていたことは間違いないであろう。

6）奥山庄に鋳物師がいたことは，鎌倉時代後期14世紀頃の『奥山庄波月条絵図』に「久佐宇津下鋳師家」と書かれていることからわかる。草水の下に鋳物師の家があったことを示している。新潟県教育委員会『奥山庄史料集』（1965）によれば，建治3（1277）年の文書に「草水のいもしかまゑ，くさうつのいもしかまへ」，元亨元（1321）年～明応3（1494）年の文書に「金山・奥山庄金屋」などと書かれている。14世紀前半～16世紀前半にかけての奥山庄に関係ある伝世品が何点も残っていること，下町坊城A地点で仏具かと思われる鋳型が出土していることなどから，この地域に鋳物師がいたことは間違いない。鉄鉢など鉄製品だけではなく，鰐口のような銅製品も作られた。

銘文等からわかる奥山庄関連の金属製品（全てが鋳造品ではないが）として次のようなものが残されている。

鉄：「弥彦神社鉄仏餉鉢」嘉暦元（1326）年・「金峯神社柴燈鉢」元徳3（1331）年

銅：「金峯神社懸仏」応永11（1404）年・「湯沢町観音堂鰐口」応永16（1409）年・「金峯神社鰐口」永徳8（1436）年・「乙宝寺玉幡」大永3（1523）年・「乙宝寺 華鬘」大永4（1524）年・「乙宝寺華鬘」大永6（1526）年。

7）前述したようにここで言うスマキづくり羽口は肉厚ではないものも含んでいる。新潟県内の12遺跡の中には精錬鍛冶用と思われるものもある。穴澤の教示によれば同様なものは太平洋側にもあるとのことだが，日本海海運を問題としているのでここではあえて触れない。スマキづくり羽口の可能性のあるものして，時期が明確ではないが秋田県由利本荘市湯水沢遺跡（磯村ほか2008）の（報告281・284～290）などの羽口がある。通風孔径の小さなものと，

6cm 程度で先端部の熔損の仕方も似ているものがあるが「大林型羽口」のように肉厚ではない。この他に 12 世紀代とされる石川県輪島市飯川谷遺跡（谷内・穴澤 2009）でも肉厚 6cm 程度のスマキの痕跡のある大口径羽口（報告 87）が出土しているが点数が少なく断定するには躊躇する。現在確認されている能登半島の製鉄関連遺跡にはⅢ・Ⅳ期頃のものが多い印象を受ける。今後，能登半島の開発が進めば発見される可能性のある地域であると考えている。この頃の製鉄遺跡は，海岸に隣接又は近接する入江や潟湖に面した丘陵・台地上に立地する遺跡が多く，海運・水運を視野に入れて占地されたのではないかと推察する。

8） 13 世紀を最後に日本海側で鉄製錬が行われなくなることについて理由をあれこれ思案していた際に，新潟県内で精力的に中世考古学を研究している水澤幸一から適切なアドバイスをいただいた。鉄だけではなく貿易陶磁器なども日本海を行き交っていたことを，門外漢の自分に気づかせてくれた。

9） 日本海を介して山陰と越後間でのスマキづくり羽口の技術的伝播があったこと，それ以後は「鉄」そのものが移出されたとする考えは，中世史の研究で「中世の日本海は小浜を境界として，西日本海経済圏と北東日本海経済圏の二つに分かれていた。考古学でも，珠洲の交易範囲は北加賀から北海道南部までであったとされている。」（矢田 2002）とする定説に反することになる。矢田は「16 世紀末，北東日本海経済圏は解体し，西日本海と一体化し，北部九州とつながった」とするが，それもさらに早まることになる。

10） 時代は少し下るが，15 世紀前半に李氏朝鮮で書かれた『老松堂日本行録』によると，釜山から対馬・壱岐を経て博多に至る海路の行程は滞留日数を除外すると実質 3・4 日程度であったことがわかる。海岸沿い，島伝いであれば比較的安全に航海が可能だったと考えられるので，博多で大量の貿易陶磁器が出土するのは当然である。

11） それ以前の 8～9 世紀頃の渤海と日本の間の日本海を介した渡航記録については小島芳孝がまとめている（小島 1990）。これによると渤海から日本へ 35 回，日本から渤海へ 13 回使節が派遣されている。日本側の帰国地の過半数が日本海沿岸になっており，中でも能登半島周辺が多いことがわかる。

12） 新潟県史によれば，記録に残る古代・中世に越後・佐渡へ流された著名な流人は 69 人にのぼる。このうち，12 世紀～13 世紀の人数が 34 人と半数近くになる。波風で簡単に難破してしまうような小形の船が用いられたとは考え難く，菅原道真が大宰府に配流される様子を鎌倉時代に描いた『北野天神縁起』のような準構造船に近い大形海船が使用されたと考えられる。

13） 本稿では触れなかったが，中世において日本海海運が発展した理由の一つに，高橋一樹（高橋 2005）や長谷川博史（長谷川 2005）も指摘するように，山陰から東北にかけての日本海沿岸に潟湖が多かったことがある。内陸においても河川と河川を潟湖が繋ぐ水運が発展していたと考えられている。

引用・参考文献

石井謙治　1983『図説和船史話』至誠堂
市村高男　2010「七　中世の航路と港湾」『日本の対外関係 4　倭寇と「日本国王」』吉川弘文館
井上寛司　1991「中世日本海地域の水運と交流」『日本海と出雲社会　海と列島文化 2』小学館
磯村亨・穴澤義功ほか　2004『堂の下遺跡』秋田県教育委員会
磯村亨ほか　2008『湯水沢遺跡』秋田県教育委員会
小村　弌　1992『近世日本海海運と港町の研究』国書刊行会
角田徳幸　1998『板屋Ⅲ遺跡』島県教育委員会
角田徳幸　2004「中国地方における古代末～中世の精錬鍛冶遺跡」『考古論集　河瀬正利先生退官記念論文集』
角田徳幸　2014『たたら吹製鉄の成立と展開』清文堂出版株式会社
加藤由美子ほか　2011『五千石遺跡 1 区・3 区・4 区東地区・5 区』長岡市教育委員会
木村宗文　1986「第五章　律令制下の越後と佐渡　第五節　交通と運輸」『新潟県史　通史編 1　原始・古代』新潟県
金子達・井上悦夫・藤木久志ほか　1965『奥山庄史料集』新潟県教育委員会
川崎　保　2002「『吾妻鏡』異国船寺泊漂着記事の考古学的考察」『信濃』第 54 巻 9 号
韓国国立海洋文化財研究所　2012『Nationai Research Institute of Maritime Cultural Heritage of Korea/Guide』National Research Institute of Maritime Cultural Heritage

小島芳孝　1990「高句麗・渤海との交流」『日本海と北国文化　海と列島文化 1』小学館
坂本嘉和　2014『殿河内ウルミ谷遺跡』鳥取県埋蔵文化財センター
坂本嘉和　2016「伯耆における古代・中世の鉄生産」『たたら研究』第 55 号
申叔舟（田中健夫訳注）　1991『海東諸国紀　朝鮮人の見た中世の日本と琉球』岩波文庫
せきかわ歴史とみちの館　2003「ものの歴史を語る一級資料」『いわかがみ』第 23 号
せきかわ歴史とみちの館　2014「関川歴史さんぽ　その 11 金沢出土の簀巻状圧痕を持つ羽口について」『いわかがみ』第 59 号
関　周一　2013『朝鮮人のみた中世日本』吉川弘文館
宗希璟（村井章介校注）　1987『老松堂日本行録―朝鮮使節の見た中世日本―』岩波書店
高橋一樹「中世日本海沿岸地域の潟湖と荘園制支配」『日本海域歴史体系　第 3 巻中世編』清文堂　2005
田中健夫　2012『倭寇　海の歴史』講談社学術文庫
常松幹雄　2013「弥生土器の東漸」『弥生時代政治社会構造論』雄山閣
寺﨑裕助他　2014『日本海に沈んだ陶磁器』新潟県海揚がり陶磁器研究会
日本古典全集刊行会　1929『易林本節用集』
能登谷宣康　2005「金沢地区の古代鉄生産」『福島考古』46 号
長谷川博史　2005「十六世紀における西日本海域の構造転換」日本海域歴史体系　第 3 巻中世編』清文堂
福岡市博物館　1998『弥生人のタイムカプセル』
水澤幸一　2009『日本海流通の考古学　中世武士団の消費生活』高志書院
矢田俊文　2002『日本中世戦国期の地域と民衆』清文堂
谷内明央・穴澤義功　2009『輪島市　飯川谷製鉄遺跡』石川県教育委員会
村井章介・佐藤信・吉田伸之編　1997『境界の日本史』山川出版社
吉岡康暢　1990「珠洲焼から越前焼へ―北東日本海域の陶磁器交易―」『日本海と北国文化　海と列島文化 1』小学館
吉岡康暢　1994『中世須恵器の研究』吉川弘文館
山本　仁　1987「第一章　鎌倉武士と荘園　第一節　鎌倉武士」『新潟県史　通史編 2　中世』新潟県

越後平野周辺における墓石出現・普及期の墓
―近世墓の発掘調査と墓石調査から―

前山　精明

はじめに

1983年，筆者は角田山西麓の海浜集落「角海浜」で近世墓地「坊ヶ入墳墓」と真宗寺院「城願寺跡」の発掘調査に携わった。坊ヶ入墳墓は集落南端の急斜な砂山に立地し，墓石の欠落を大きな特徴とする。城願寺跡では墓石を伴う墓地が境内に形成されており，隣村五ヶ浜・間瀬を含めた墓石調査をつうじ海浜地帯における墓石の出現と坊ヶ入墳墓の終息時期が接近することを知った（巻町教育委員会 1985）。31年後の2016年，「江戸時代の墓を掘る」と題された新潟市歴史博物館の講座を担当することになり，発掘調査が行われた「長善寺跡」に近い新潟西堀通りの寺院墓地を訪れた。そこで目にした墓石の姿は海浜地帯と大きく異なるもので，越後平野一円での墓石調査の必要性を実感した。この講座は「墓石から近世新潟町の歴史を探るプロジェクト」の発端となり2017年の調査に筆者も参加したが，これと並行して周辺地帯での墓石調査を試み，近世新潟町の墓の位置づけを考えた（前山 2018）。このような作業は，近世墓地の理解にとって発掘調査と墓石調査の両面からの検討が不可欠なことを筆者に教えてくれた。本稿はそうしたアプローチの有効性を示すことに主眼があり，以下では発掘調査が行われた近世墓と越後平野周辺の墓石を概観したのち，両者のあり方から導き出される事がらを考える。

1　発掘調査が行われた近世墓

越後平野周辺における近世墓の考古学的調査は，1972年に行われた新潟市西区（旧黒埼町）「大墓」の発掘調査に始まる。以来46年が経過するなかで調査例は徐々に増加している。このうち，墓石を伴う墓の発掘調査は寛文10（1670）年に没した沢海藩主「溝口政勝墓」に限定される。本項では，墓石が欠落する4ヶ所の墓地と寺院境内墓地での改葬例をとりあげ，各墓地の概要を示す。それぞれの年代については主として骨蔵器のあり方に基づいており，相羽重徳の編年観（相羽 2009）に従う。

(1) 大墓（第2図A・B）

越後平野の中央部，新潟市西区木場集落の北端に所在する。中ノ口川の西岸付近に位置する田園地帯の墓である。北陸自動車道の建設に伴い，新潟県教育委員会が1972年に発掘調査を行った（新潟県教育委員会 1973）。

墓地は一辺5.7m × 5.0m・高さ0.7mの方形土壇上に営まれる。この地は地元で「御墓」とも呼ばれ，有力者の旧墓地と認識されていた。墓は重層的に形成され，土壇上部の「上層墓」と土壇下部から土壇下にかけての「下層墓」に大別できる。上層墓では4基の火葬墓と2ヶ所の葺石が確認された。火葬墓は，17世紀代の肥前甕（第2図A-1a・2a）・18～19世紀代の越中瀬戸（1b）や産地・年代不明の陶器（4）・瓦器（3）を

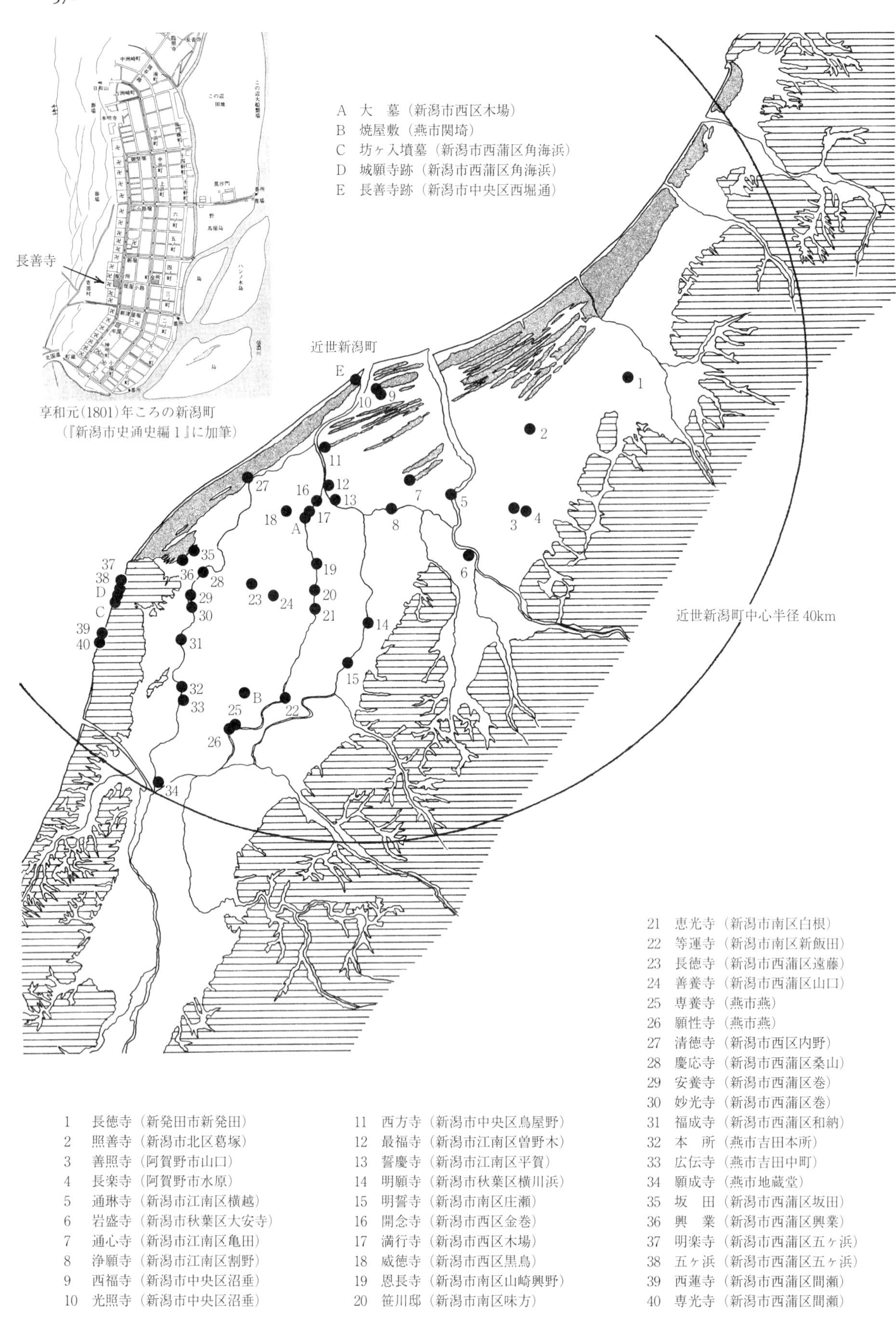

第1図　調査墓地（第8図作成墓地と記述墓地）

骨蔵器とする。このなかには，肥前甕と小形甕が入子になった1や肥前摺鉢を蓋とする2がある。葺石の周囲には火葬骨が散乱し，11個体の骨蔵器（A－5〜9）と供膳品とみられる陶磁器（17〜19世紀）などが出土した。骨蔵器はいずれも破損する。下層墓からは小形の円形墓坑に埋納された火葬墓51基が確認された。外部施設は見出せなかったが，重複する墓がほとんどないことから，調査者は簡易な墓標が存在したと考えている。下層墓の構築面は3層に分かれる。下位面30基・中位面15基・上位面6基からなり，中位面から17世紀初期の茶碗と鉄鍋が出土した。この調査では埋葬骨の分析が行われている。上層墓の陶製骨蔵器には，いずれも1体が納入され，散乱人骨を含む埋葬骨は計10体からなる。下層墓には2体の合葬例が1基あるが，これ以外は単独で埋葬されていた。

(2) 焼屋敷（第2図D〜G）

大墓の南方35kmにあたる田園地帯，燕市関崎に所在する。自然堤防上に形成された集落の一角に位置し，北陸自動車道の建設に伴い新潟県教育委員会が1975年に発掘調査を行った（新潟県教育委員会1976）。墓は宅地に隣接した16.0m × 14.3m・高さ1.2mの方形土壇上に営まれ，土壇上に天保3（1836）年銘のある墓が存在した。この墓地の所有者は，江戸から明治・大正にかけて質屋業を営む村内有数の資産家で，墓石と墓石下の埋葬骨が南方1.3kmにある真宗寺院に発掘調査前に移設・改葬されていた。

発掘調査では，骨蔵器5個体と火葬骨が撹乱層から出土した。骨蔵器は17世紀代と18〜19世紀代の肥前甕（第2図G−1・2a），18〜19世紀代の越中瀬戸（3〜5），蓋として使用された19世紀代の土師質土器（2b）からなる。いずれも破損し，火葬骨とともに散乱状態にあった（第2図E）。報告者は，墓地の上限を天保3年と考えている。

(3) 坊ヶ入墳墓（第3図）

新潟市西蒲区（旧巻町）角海浜の南端に形成された斜度40°ほどの急斜な砂山に立地する。1940年代に砂山の裾を削った際に人骨が出土したことから墓地の存在が明らかになった。1973年に再度の土取りが行われ，多数の人骨や陶製骨蔵器が出土している。東北電力巻原子力発電所の建設計画に伴い新潟県教育委員会が1980年に確認調査を行い，1983年に全域2,300m^{2}を対象とした発掘調査を巻町教育委員会が行った（巻町教育委員会1985）。

1983年の調査で確認された墓は，192基の火葬墓と土葬墓1基である。これらは出土層位から上層（1・2層）と下層（3層）に大別できるが，急峻な地形によって全域が不安定な状況にあり，随所に斜面移動や崩落の形跡が見られた（第3図A）。外部施設は，上層墓の1基で自然礫が確認されたのみである。火葬墓は人骨が単独で出土した1類と骨蔵器を伴う2類からなる。1類は大墓下層墓の火葬骨埋納墓と類似した形態・サイズをもち，墓坑規模と坑底・埋葬骨の形状から，埋納当時布袋などの柔軟な素材に覆われていたと考えられる。骨蔵器は，陶製の甕や壺（2A類）・曲物（2B類）・木箱（2C類）の3種からなる（第3図D）。陶製骨蔵器の大半は肥前甕で，16世紀末から19世紀代の年代幅をもつ。土砂採取時の採集品を合わせた陶製骨蔵器は60個体を数える。発掘調査で確認された2A類の占有率（8.8％）に基づけば，墓の総数は500基以上にのぼると予想される。

下層墓は77基の火葬墓からなる。分類別の内訳は，1類70基（90％）・2A類3基（4％）・2B類2基（3％）・2C類2基（3％）。副葬品としては，寛永通宝・木製数珠玉を別個に伴うものと，両者が共存するものが1基ずつある。上層墓は107基からなり，土葬墓1基以外は火葬墓である。前者は1類82基（77％）・2A類14基（13％）・2B類4基（4％）・2C類7基（6％）で，陶製骨蔵器の占有率がやや上昇する。副葬品

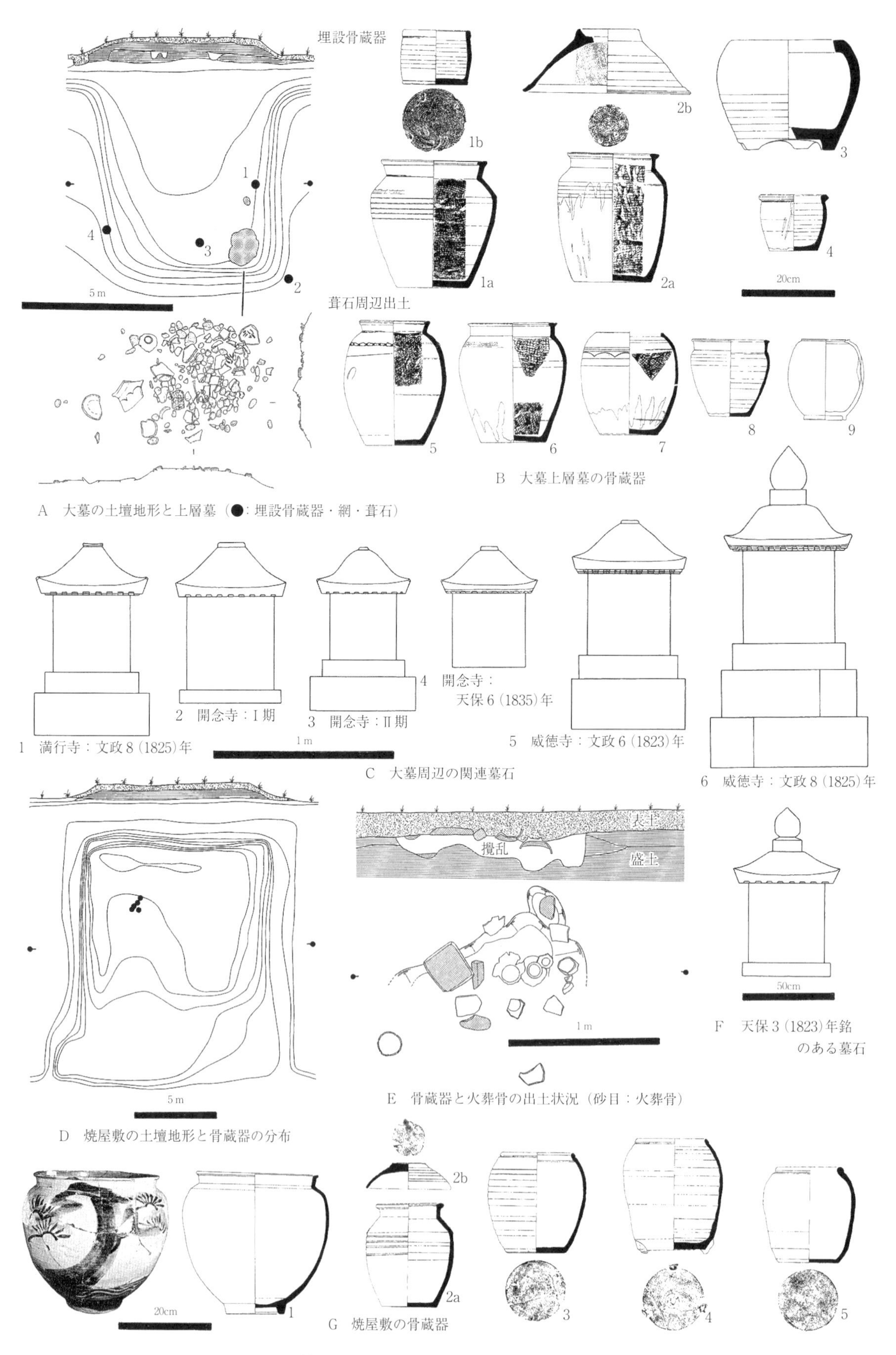

第２図　大墓・焼屋敷近世墓と関連墓石

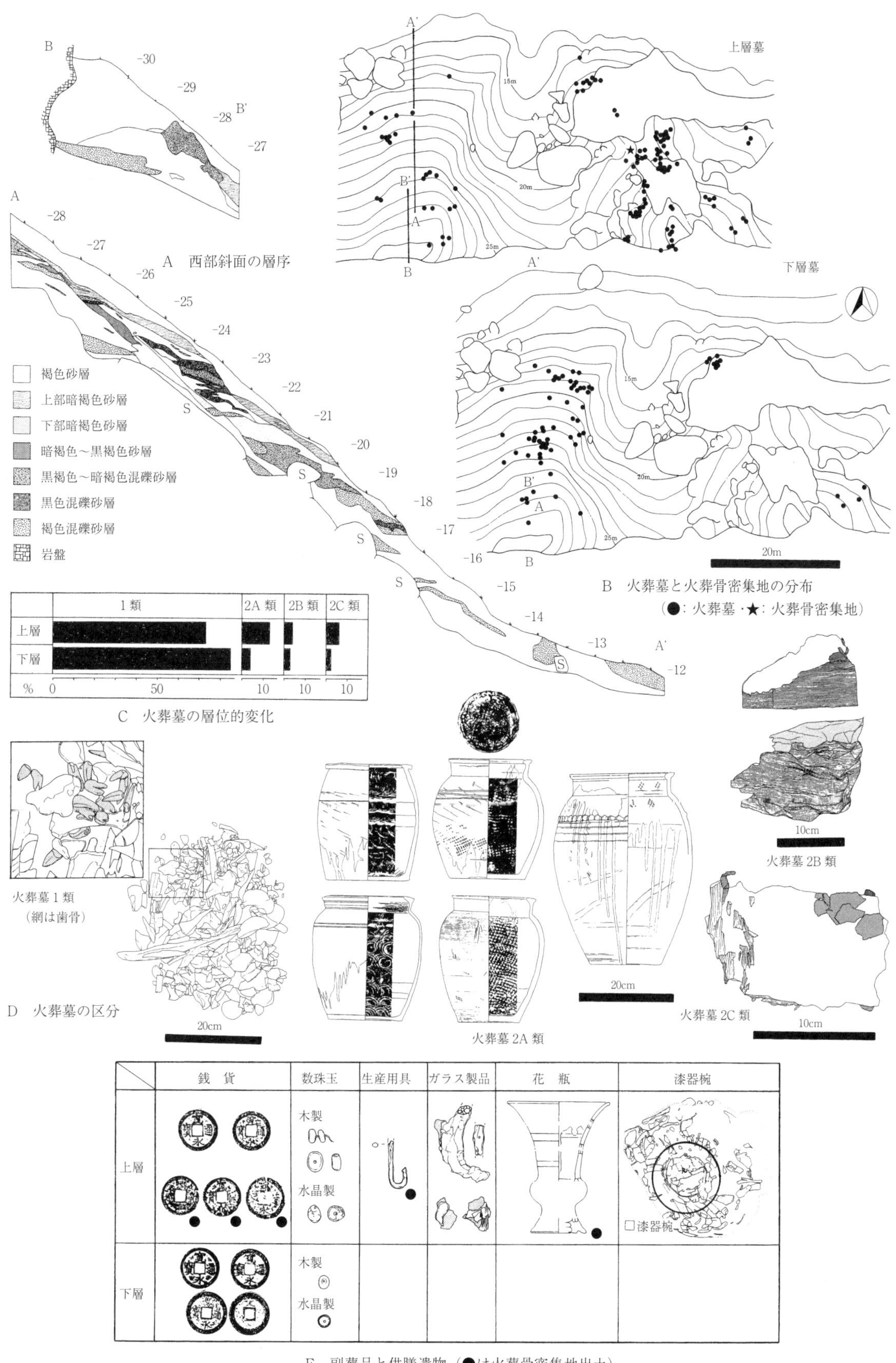

A　西部斜面の層序
褐色砂層
上部暗褐色砂層
下部暗褐色砂層
暗褐色～黒褐色砂層
黒褐色～暗褐色混礫砂層
黒色混礫砂層
褐色混礫砂層
岩盤
上層墓
下層墓
20m
B　火葬墓と火葬骨密集地の分布
(●：火葬墓・★：火葬骨密集地)
1類
2A 類
2B 類
2C 類
上層
下層
%
0
50
10
10
10
C　火葬墓の層位的変化
火葬墓1類
(網は歯骨)
D　火葬墓の区分
20cm
火葬墓 2A 類
20cm
10cm
火葬墓 2B 類
火葬墓 2C 類
10cm
銭　貨
数珠玉
生産用具
ガラス製品
花　瓶
漆器椀
上層
下層
木製
水晶製
漆器椀
E　副葬品と供膳遺物（●は火葬骨密集地出土）

第3図　坊ヶ入墳墓

が確認できた墓は7基あり，寛永通宝・木製数珠玉・水晶製数珠玉・漆器椀・ガラス製品をそれぞれ単独で伴う。ガラス製品は被熱によって変形しているが，簪の可能性がある。このほか高域部に形成された小規模なテラス上で1.6m × 1.4mの範囲から26kgにのぼる火葬骨が密集状態で出土した。火葬骨の堆積厚は30cmあまりにおよび，炭化材をブロック状に含んでいた。被熱した寛永通宝・鉄製釣針・花瓶・鉄釘や炭化米を伴うことから，火葬場跡と考えられる（第3図E）。

14基の火葬墓で人骨の分析を行った。いずれの墓も重複部位がなく，1体ずつ埋葬されたことが判明した。出土部位で特筆されるのは，歯を欠落する墓が一般的な点である。納骨時に歯を選別し，他の場所に分骨したためとみなされる。これとは別に，上層墓の中には埋納骨の一角に歯をまとめて置くもの（第3図D）が5基あり，歯に対する特別な扱いがうかがえる。

（4）城願寺境内墓地（第4図）

坊ヶ入墳墓が所在する角海浜集落の中央部に位置する。過疎化に伴い1952年に巻へ移転した真宗寺院跡で，東北電力巻原子力発電所の建設計画に伴い，巻町教育委員会が1983年に発掘調査を実施した。境内西部に墓石を伴う墓地が形成され，調査時点で36基の近世墓が現存していた。墓地の所有権をめぐり係争中にあることから墓の発掘調査は行わなかったが，調査区内に2基の墓石が存在しており，付近に2個体の骨蔵器と総重量4kgあまりの火葬人骨が散乱していた。人骨は最少で6個体と推定された。ほぼ全身の骨からなるが，細片が大半を占めることから改葬後の残余とみなされる。坊ヶ入墳墓と同様に歯が欠落する点も特徴である。骨蔵器は18～19世紀代の肥前大甕で，うち1個体の底部が穿孔されていた（第4図B）。

（5）長善寺跡（第5図）

近世新潟町の中央部，西堀通6番町に位置する。明暦元（1655）年同地に移転し，その後西区小新に転出した浄土宗長善寺の旧墓地で，ビル建設に伴う総面積251m^{2}の試掘調査を新潟市が2006年に行った（前山・今井2019）。

墓は旧墓地に堆積する盛土層の2層（地表面下0.7～1.2m）から4基，3層（0.8～3.0m）から22基見出された。前者は陶製骨蔵器を伴う火葬墓，後者は火葬骨埋納墓2基と陶製骨蔵器を伴う火葬墓22基・土葬墓2基からなる。墓石は確認できなかったが，五輪塔形の木製塔婆が多数出土した。これらは火葬墓の傍らに基部が直立した状態で遺存するもの（第5図A）と墓地の一角に敷かれたれものに分かれる。前者はいずれも角柱材を使用し，後者は角柱材6点と板材2点からなる。角柱塔婆には大小の別があり，太形（一辺15cmの芯持材），中形（一辺11cmの芯持材）・細形（一辺5cmの割材）に分けられる。太形塔婆（第5図C－6）は基部が遺存し，「第六世道誉上人」の文字が刻まれる。寛文12（1672）年に逝去した長善寺住職の墓標で，当地への移転後まもない時期に墓地の形成が始まったことをうかがわせる。中形（1～4）・細形塔婆（5）は3.7m前後の均一な長さをもつ。表面の観察によれば，機能時における地上部の高さは2.2mほどと推定できる（4・5）。火葬骨を納めた骨蔵器は17世紀後半の肥前甕が多く（第5図B-1a・2），同時期の越中瀬戸（3a）なども使用する。このなかには18世紀中ごろの肥前二彩鉢を蓋として利用するもの（B-1b）が3例ある。土葬墓は19世紀代の大型肥前甕を布張りの木組で囲み，甕の周囲に植物を充填していた。移転時まで存在した上層墓とみられ，明治6年から8年までの「火葬禁止令」下の埋葬例と考えられる。

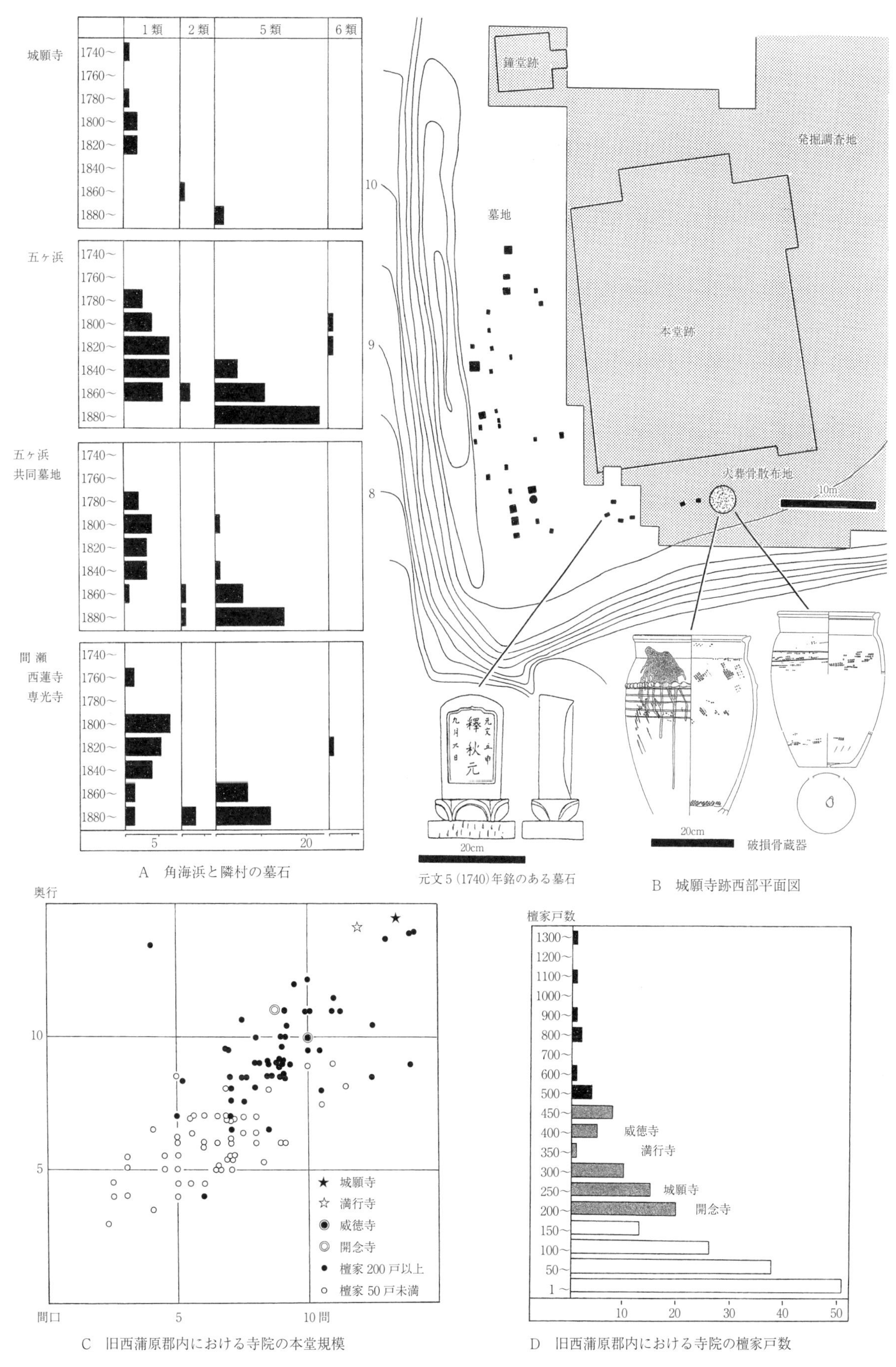

第4図　城願寺墓地と関連資料

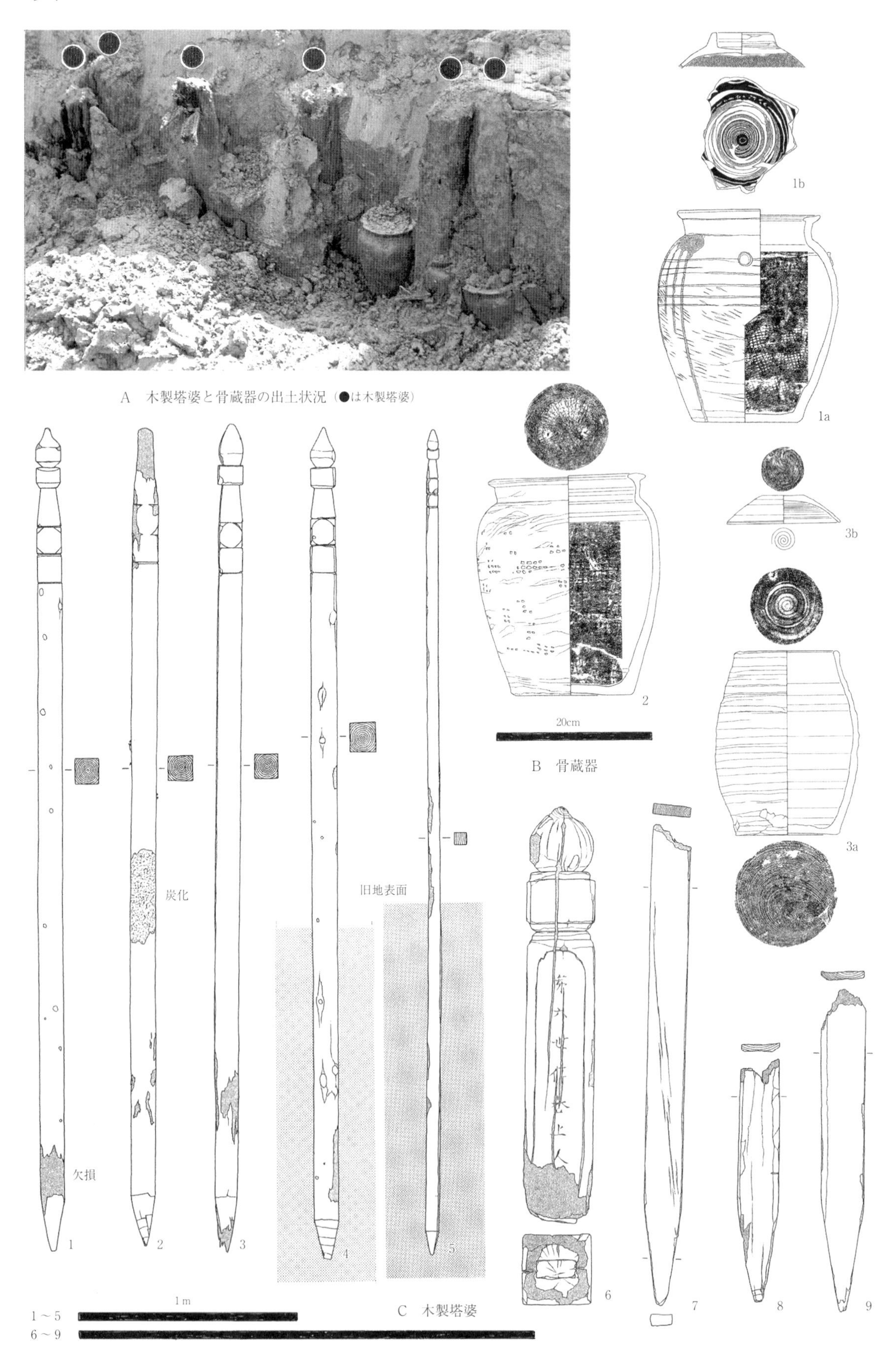
A　木製塔婆と骨蔵器の出土状況（●は木製塔婆）
1b
1a
2
20cm
B　骨蔵器
3b
3a
炭化
旧地表面
欠損
1
2
3
4
5
6
7
8
9
1m
1～5
6～9
C　木製塔婆

第５図　長善寺下層墓

2　墓石

近世新潟町中心半径40km圏内で筆者が2016〜2018年に行った予備的調査と「みなと新潟実行委員会」による新潟市西堀通りの寺院墓地調査の概要を示す。後者の調査の過程で越後平野周辺の近世墓石に多用されるいわゆる「石英安山岩」が佐渡島内南部の椿尾・小泊で産出する「真珠岩質デイサイト」であることが明らかになった（森2018）。そのため，2017年12月と2018年4月に佐渡島内で筆者が実見した墓石についても記述する。

(1) 塔身形態

墓石は，碑文が刻まれた「塔身」と塔身下の蓮座・基段・礎石からなる。形態の変遷が最も明瞭に把握できる部位は塔身であるが，墓に記される銘は必ずしも建立年を表すわけでない点に注意が必要である。複数の年月日を刻む墓は合葬と追葬の二通りが考えられるが，峻別が困難なため新しい年代を採用した。形態的な特徴や使用石材から想定される年代に較べ記年銘が明らかに古い例もある。こうしたケースについては，初代の没年を示す可能性が高いため年代不明墓とみなした。越後平野周辺に分布する近世墓石で一般的な形態は以下の7種である。

1類（第6図1〜3）

「櫛型碑」と呼ばれるもので，越後平野周辺において宗派の別に関わらず最も一般的な近世墓石である。縦長で扁平な形状をなし，厚さは正面幅の半分に満たないものが一般的である。正面形は頂部が丸みを帯び，「火燈型」に彫りくぼめる。彫りくぼみには2段の1A類（1）と1段の1B類（2・3）の別があり，前者は新発田市「長徳寺」での享保11（1726）年，後者は新潟市南区「笹川邸内墓地」での延享3（1746）年を最古とする。両者の比率を年代別にみると，18世紀ではおおむね拮抗するが，19世紀前半になると後者が優勢になり，19世紀後半以降は前者が皆無に等しい状況になる。本形態の大きな特徴は，背面にタガネによる成形痕を残す点にある。18世紀代から19世紀前半の櫛型碑は，佐渡南部（旧真野町）の椿尾・小泊に産出する真珠岩質デイサイトを多用する。第6図に佐渡市（旧真野町）「大願寺墓地」と阿賀野市（旧水原町）「善照寺墓地」での抉り加工のあり方を示した。佐渡島内では昭和期になっても櫛型碑が残存するため，近世の銘が確認できた墓石に基づく。善照寺墓地は真珠岩質デイサイト製櫛型碑での計測値である。越後平野周辺の櫛型碑は佐渡島内に較べ抉り加工が顕著で，輸送時の重量軽減を意図して佐渡島内で製作された墓石とみなされる。本石材を使用した櫛型碑の大きさは長さ20cm台から80cm台の開きがあり，各種階層の墓石として使用されたようである。19世紀中ごろになると，使用石材の主流は越後産の安山岩に変化する。背面の抉りは浅く，概してラフなタッチの加工痕を残す（3）。この種の櫛型碑は長さ20〜30cm台のものが大半を占め，一般階層の墓石として明治年間まで存続する。

2類（第6図4・5）

背面が平滑に整形された櫛型碑である。1類と同様の縦長形態（2A類）と寸詰まりの横長形態（2B類）からなる。前者（4）は阿賀野市「善照寺」での元禄7（1694）年，後者（5）は近世新潟町での享保11（1726）年を最古とする。ともに安山岩が大半を占め，一部に花崗岩の使用例もある。本形態は二つのグループに分かれる。一つは17世紀代に出現する大形〜中形墓石である。浄土宗や日蓮宗とのつながりが深く，特定階

第 6 図　越後平野周辺における主な近世墓石

層の墓石として使用された。もう一方は19世紀後半に出現する安山岩製櫛型碑の背面が平滑に整形される小形墓石で，幕末以降に一般階層の墓として使用された。

3類（第6図6）

縦長・扁平な塔身に三角形をなした扁平な屋根を載せるものである。正面を火燈型に彫りくぼめ，背面を平滑に整形する点で2A類と類似する。使用石材は主として凝灰岩で，真珠岩質デイサイトを用いるものもある。曹洞宗・真言宗・日蓮宗の寺院墓地に一般的に存在するが，例数は多くない。長さ70cm前後が一般的なサイズで，特定階層の墓とみられる。碑面の風化が進行したものが多く記年銘の判読例が少ないが，現時点では阿賀野市「長楽寺」での享保8（1723）年を最古とする。

4類（第6図7・8）

角柱状の塔身上に宝珠または相輪を戴く角錐状の屋根をのせるものである。本類の塔身は，正面と両側面を彫りくぼめ，背面に1類と同様の抉り加工を行う4A類（7）と，全面彫りくぼめる4B類（8）の別がある。概して線刻が浅いため記年銘の判読率が低いが，現時点で確認した最古の墓石は新潟市南区「恵光寺」での寛保元（1741）年である。近世と特定できる本形態の墓石は，すべて佐渡産の真珠岩質デイサイトを使用する。同一形態の墓が佐渡島内にも多数存在することから，1類と同様に佐渡から供給された墓石とみなされる。本形態は，曹洞宗・真言宗・日蓮宗の寺院墓地で一般的に存在する。1類に較べ複雑な加工を施す点で，特定階層の墓とみられる。

5類（第6図9・10）

全体に狭長で4面の幅が等しい「角柱塔」で，現代の墓石に通じる形状をもつ。近世に建立された本形態は，頂部が尖る5A類（9）と平坦な5B類（10）に大別できる。前者は安永9（1780）年，後者は文化11（1814）年を最古とする。ともに新発田市「長徳寺」での確認例である。5A類の大半は真珠岩質デイサイト，5B類は安山岩を使用する。特定宗派との結びつきはない。

6類（第6図11・12，第7図）

内部が空洞で立方体をなした箱型の塔身上に角錐状の屋根を載せる重厚な墓で，「堂塔墓」と呼称する。浄土真宗とのつながりが強い特定階層の墓である。屋根頂部の形状から，幅2cm前後の細長い突起を付して棟を表現するA種・宝珠を載せるB種・相輪を載せるC種・頂部が丸味を帯びるD種に区分する。本形態は，屋根の形状や使用石材から第7図上段のような変遷をとげる。

18世紀代をⅠ期とする。現時点では近世新潟町での寛保2（1742）年を最古とする。使用石材はすべて真珠岩質デイサイトである。本段階の屋根の形状はA種の数がB種をいくぶん上回り，1例ではあるが新潟市南区「恩長寺」に安永4（1775）年銘のあるC種（第7図8）も存在する。軒先の張り出しが小さく，先端部の角度が鈍角的な点が特徴である。軒先には，垂木を表現した1～2段の窪みを施す。

19世紀初頭から天保年間までをⅡ期とする。この時期はA種とB種の数が拮抗し，天保年間末期になると近世新潟町でD種も現われる（15）。軒先の形状は幅がいくぶん広がり，先端の角度がやや鋭角化する。文化年間を中心に四隅が突出化する点も特徴である。この段階でも真珠岩質デイサイトが多用されるが，文政年間から安山岩の使用も始まる。

19世紀中ごろの弘化年間以降をⅢ期とする。石材の中心が安山岩に変化するとともに，この段階から凝灰岩も加わるようになる。頂部の形態としてはB種が卓越化する。それに伴い宝珠の形状が多様化し，角柱状に変形するもの（19）も現われる。塔身上端に固定用の低い突起と窪みを施す点も特徴となる。軒先の形状としては，幅が大きく広がり尖端角が鋭くなるとともに，垂木を省略して平滑化するものが大多数を占めるに至る。

本形態の位置づけを考えるうえで，佐渡島内の状況は示唆的である。建立年は定かでないが，両津港に近い真宗寺院「延命寺」でⅠ期のA類と酷似する一例（第7図1）を実見した。「ラントウ」または「廟墓」と呼ばれる石造物（水谷2012）のなかで，佐渡南部に分布する「堂塔形ラントウ」は6B類・6C類の正面に複数の窓を設けたものである（第7図下段）。これらはいずれも記年銘を欠くが，対岸越後の出雲崎地内に宝永7（1710）年銘のある棟付構造の堂塔形ラントウ（27），近世新潟町の曹洞宗寺院に文久3（1863）年銘がある堂塔墓C類への転用例（37）があり，年代観を知る手がかりとなる。佐渡島内の堂塔形ラントウは，軒先形態のうえで堂塔墓と並列的な変遷をたどる可能性が高く，越後平野周辺に分布するⅠ期からⅡ期の真珠岩質デイサイト製の堂塔墓も佐渡島内から供給されたと考えられる。

7類（第6図13・14）

自然石の礫面を残す墓である。円礫を用いる7A類（13）と角礫もしくは亜角礫の一面を平坦に加工する7B類（14）に大別できる。前者は新発田市「長徳寺」での寛保2（1742）年，後者は新潟市南区「明誓寺」での文政6（1823）年を最古とする。使用石材の中心は安山岩で，花崗岩の使用例もある。

(2) 形態組成の変遷

以上のように区分できる近世墓石を形態組成の観点から概観する。墓石形態の組成変化を辿るうえで最も望ましい時間軸は西暦である。しかし，筆者が行った新潟町周辺での調査では元号がかろうじて判別できた墓石が少なからず存在した。そのため第8図Aには元号の存続年数に基づく平均墓石数を算出し，その推移に基づき時期区分を試みた。墓石数の多寡による数値の誤差を解消するため，ここでは便宜的に元禄～安永年間（1688～1780年）をⅠ期，天明～文化年間（1781～1817年）をⅡ期，文政～万延年間（1818～1860年）をⅢ期，文久～慶応年間（1861～1868年）をⅣ期とし，Ⅱ期は2時期，Ⅲ期は4時期，Ⅳ期は2時期に細分する。新潟町中心半径40km圏内に分布する墓地は立地のうえで一様でなく細かな地域差を見出すこともできるようであるが，調査を行った墓地数が少ないため，近世新潟町とその周辺地帯に分けて記述する。

1　近世新潟町周辺（第8図B・D）

近世の墓石が10基以上存在する寺院境内墓地29ヶ所（浄土真宗28ヶ所・浄土宗1ヶ所）・集落共同墓地3ヶ所・屋敷墓1ヶ所での形態別占有率の変遷を第8図Bに示す。33ヶ所の墓地で記年銘が判読できた近世の墓石は533基を数える。確認数は，Ⅰ期31基（6％）・Ⅱ期107基（20％）・Ⅲ期300基（56％）・Ⅳ期95基（18％）である。

墓石出現期にあたるⅠ期では，1類櫛型碑・2類櫛型碑と堂塔墓の出現率が高く，少数ながら4類・5A類・7類も存在する。このうち本時期に最高値を示す2類は，沼垂地内の浄土宗寺院でのあり方を反映している。Ⅱ期はⅠ期と似た様相を示す。3類と4類が欠落する現象は，調査資料が真宗寺院に偏るためである。Ⅲ期に入ると角柱塔A類が増加する。これに伴い1類櫛型碑の率が低下し，主要な形態が分散化する。Ⅳ期になると角柱塔A類は減少に転じる。これに代わって頂部が平坦な角柱塔B類が増加し，現代に連なる様相へ移行する。新潟町周辺における墓石形態は，3種の墓石が1類櫛型碑→角柱塔A類→角柱塔B類の

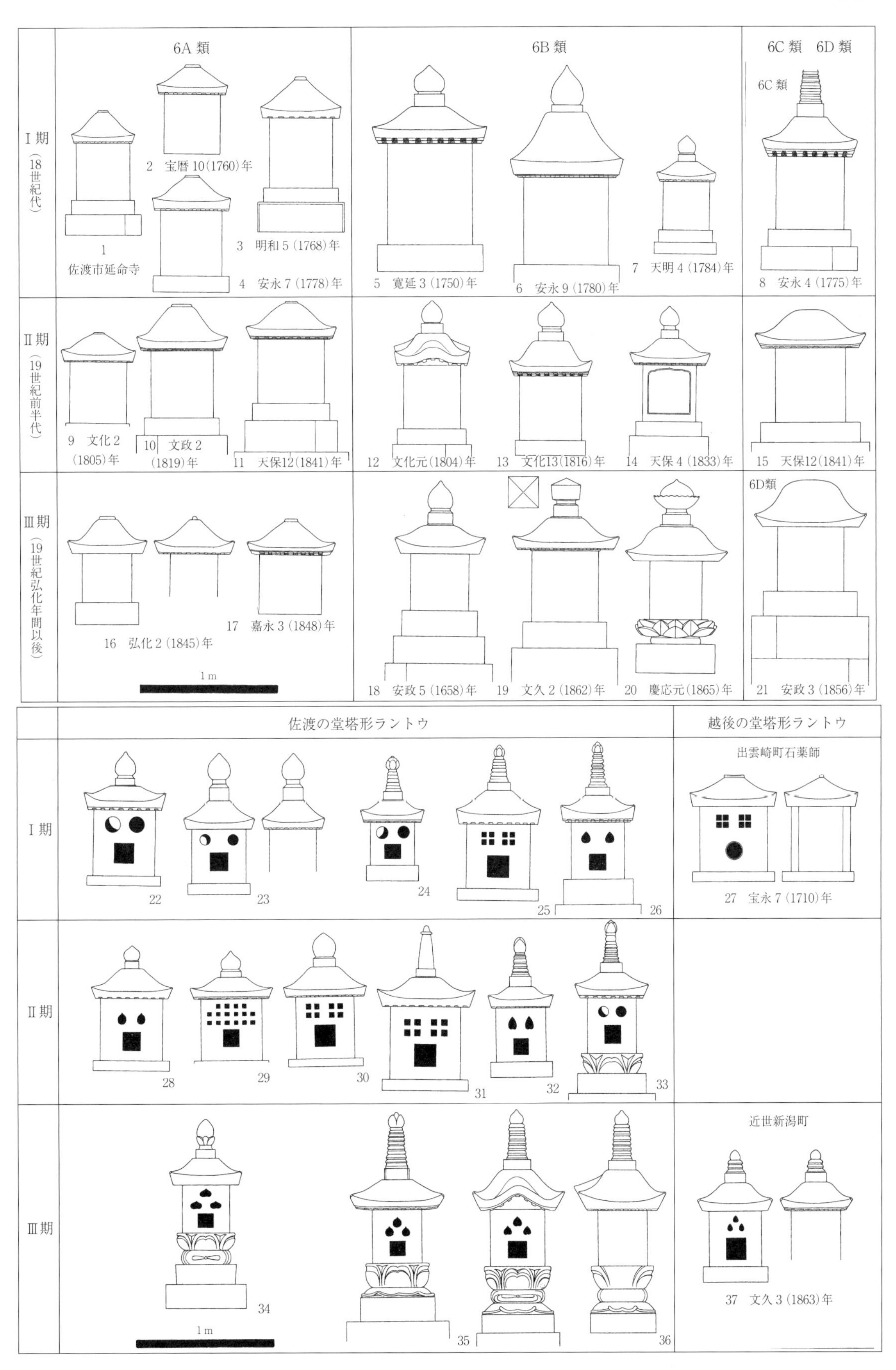

第７図　堂塔墓と堂塔形ラントウ

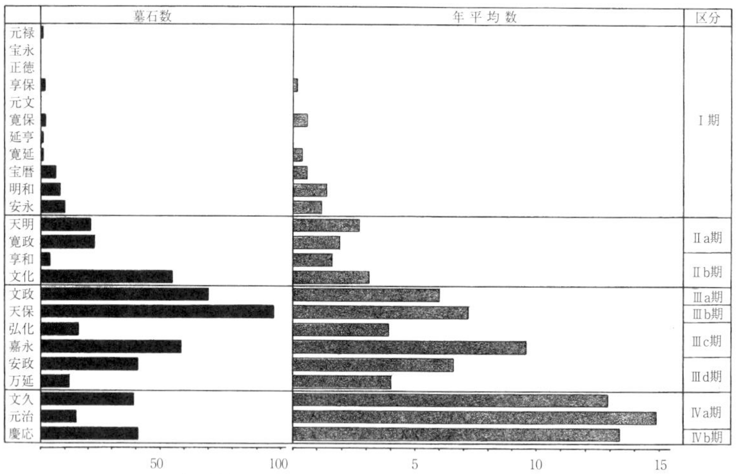

A　近世新潟町周辺における墓石数の変遷

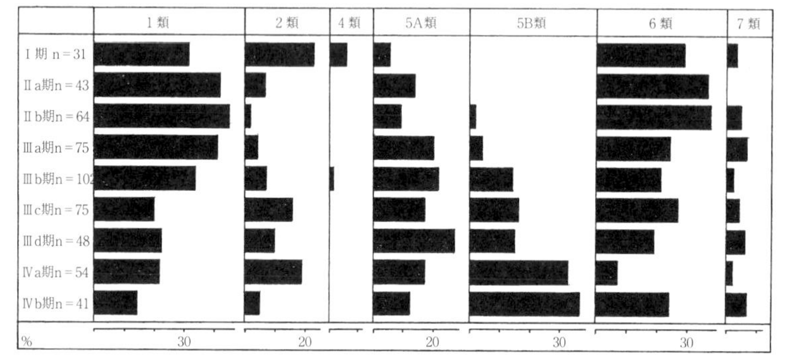

B　近世新潟町周辺における
墓石形態の変遷

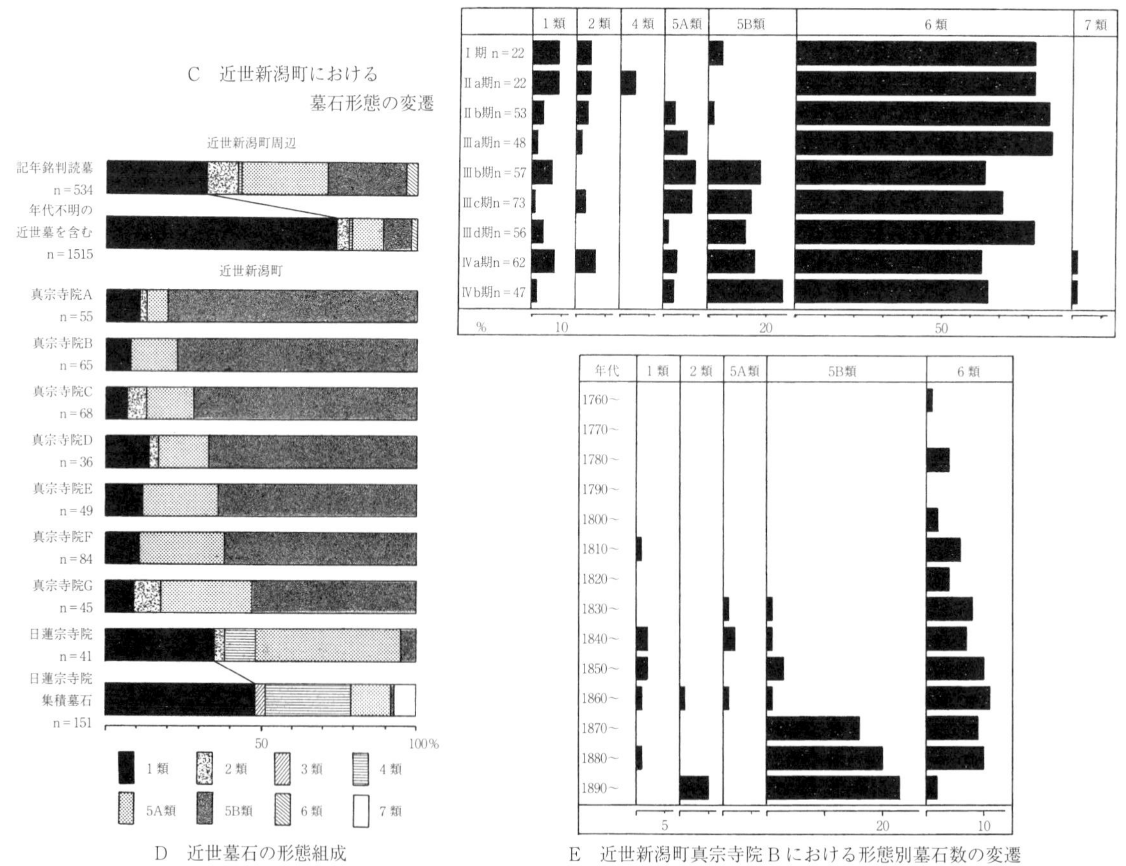

C　近世新潟町における
墓石形態の変遷

D　近世墓石の形態組成

E　近世新潟町真宗寺院Bにおける形態別墓石数の変遷

第8図　越後平野周辺における墓石の変

順に相互補完的に推移する点に特徴があり，これらが一つの基壇上に並ぶケースもみられる。

一方，記年銘が判読できない近世の墓石は981基にのぼる。これらを合わせた出現率を算出すると，1類櫛型碑が75％もの高率を示し，14％の角柱塔・8％の堂塔墓の順に続く（第8図D)。このうち真珠岩質デイサイトを使用し18世紀～19世紀前半とみなされる1類櫛型碑の記年銘判読率はわずか14％にすぎない。この種の墓石における経年変化を考慮すると，Ⅰ期・Ⅱ期の実態は，大半が1類櫛型碑によって占められていた，と考えるべきである。

2　近世新潟町（第8図C）

「みなと新潟実行委員会」による墓石調査で17ヶ所の寺院墓地（浄土真宗12・浄土宗1・日蓮宗2・曹洞宗1・真言宗1）で墓石形態を記録した。第8図Cは墓石数の多い真宗寺院7ヶ所での変遷を周辺地域と同様の時期区分に基づき表したものである。大別時期ごとの墓石数は，Ⅰ期22基（5％）・Ⅱ期78基（18％）・Ⅲ期234基（53％）・Ⅳ期109基（25％）となり，周辺地域の墓石数の推移と似た動きをみせる。

これに対し，墓石形態には大きな違いがみられる。第一点は，1類櫛型碑がいずれの時期においても低率にとどまることである。こうした現象は記年銘が判読できない墓を含む1類全体出現率にも表れている。その率はわずか13％にすぎず，周辺地域での75％と著しい開きがある。近世新潟町近郊の沼垂地区や鳥屋野地区での1類出現率も50％以上を示しており，近世新潟町の特異性を明示する。第二点は，角柱塔の出現率も低いことである。5A類は天保年間，5B類は慶応年間に最高値を記録するが，明確なピークを形成しておらず，周辺地域に認める1類櫛型碑との補完的な推移もみられない。第三点は，堂塔墓の卓越である。いずれの時期においても60％以上に達し，Ⅰ期からⅢa期（文政年間）では80％台の数値を示す。出現率の高さは墓石数にも表れている。周辺地域で現時点で確認した堂塔墓は89ヶ所の墓地から見出した226基である。1ヶ所あたりの平均数は2.6基と算出される。近世新潟町の真宗寺院では一寺院あたり32.9基もの平均数を示しており，特異な空間を形成する。

3　越後平野周辺における墓石出現・普及期の様相

越後平野周辺の発掘調査例として1でとりあげた近世墓地を2で述べたような墓石のあり方から検討し，提起される問題を考える。

(1) 焼屋敷近世墓の形成過程

本墓地には発掘調査以前に天保3（1832）年銘のある墓石が存在していた。報告者はこれを墓地の上限と考えているが（新潟県教育委員1976），そうした見方は果たして妥当なのであろうか。

天保3年銘のある墓は，墓石下の埋葬骨とともに寺院墓地に移設・改葬されたことが報告書に記されている。墓石の形態に関する記述がないため移転先の真宗寺院で実見したところ，第2図Fに示す堂塔墓B類であった。石材は真珠岩質デイサイト。軒の広がりや先端の角度・垂木の表現形態がⅡ期（19世紀前半）の特徴を備える。本墓地が富裕層の墓である点においても整合性が高い墓石である。

墓地の形成過程を考えるうえで，骨蔵器と火葬骨の出土状況は重要である。これらは撹乱層から出土しており，骨蔵器の破損や火葬骨の流出・散乱がみられた。骨蔵器のなかで土師質土器と越中瀬戸は墓石の建立年と接近した19世紀代の製品であるが，17世紀代に遡る肥前甕は年代的な隔たりが大きい。報告書では墓石下の甕に収めた火葬骨を移転時に回収した状況が記されているが，周囲の破損骨蔵器に関する記述がない。

城願寺境内墓地でのあり方に基づけば，骨蔵器の破損や火葬骨の散乱は墓石移転以前に生じた可能性が高く，それまで存在した個人墓を改葬して墓石を設置したと考えるべきである。

新潟市南区味方地内の「笹川家墓地」で1965年に行われた改葬時の記録（味方村誌編纂委員会2000）は，本墓地の位置づけにあたり参考になる。この墓地には墓石が存在した。4m^{2}の範囲から16世紀末〜18世紀代の骨蔵器30個体あまりが3層に分かれて出土し，下層と中層に個人用の小型甕，上層に合葬用の大型甕が存在したという。墓石の建立年代や形態は不明であるが，焼屋敷と似た変遷をとげたケースといえる。

(2) 大墓上層墓の改葬地

本墓地の性格については，民俗学が説く「両墓制」における「埋墓」との関連性が報告書で指摘されていた（新潟県教育委員会1973）。しかしこれと対をなす「詣墓」の発掘調査は現在に至るまで行われておらず，この問題に対する具体的な議論は不可能である。ここでは前項で述べた墓石の変遷に基づき，寺院墓地との関係を考える。

大墓の上層墓では葺石周辺から骨蔵器とみられる11個体の甕が破損状態で出土し，火葬骨が散乱していた。報告書ではこれに関する見解が示されていないが，焼屋敷と同様に改葬に伴うものであろう。骨蔵器や共膳品とみられる陶磁器類の年代に基づけば，この墓地は19世紀代に継続的な埋葬地としての機能を終えたとみなされる。

半径3km圏内に分布する3ヶ所の寺院墓地に現存する墓石のあり方は，改葬地を考える手がかりとなる。南方200mたらずの至近距離にある「満行寺」，東方700mに位置する「開念寺」，北西2.7kmに位置する「威徳寺」には，19世紀中ごろまでに建立されたとみられる真珠岩質デイサイト製の墓石が合計59基現存する。形態別の内訳は1類49基・3A類4基・6類6基で，櫛型碑の卓越を特徴とする。最古の墓石は満行寺で確認できた天明6（1786）年銘のある1A類である。前述のように，大墓は土壇上に営まれ，すべての火葬墓が陶製骨蔵器を伴う点からも富裕層の墓地とみなされる。大墓の改葬地にふさわしい墓石の形態は，焼屋敷と同様に6類堂塔墓であろう。大墓周辺に分布する6基の真珠岩質デイサイト製堂塔墓（第2図C）のなかで最も古い特徴をもつのは，開念寺のA類（2）である。記年銘が判読できないが，棟先の形態から18世紀代に遡る可能性が高い。ただし，この墓には個人墓として建立を示す戒名が記されるところから，改葬地の候補とはなりえない。残り5基は所有者の姓や「南無阿弥陀仏」・「墓所」の文字が刻まれ，合葬を意図した代々墓とみなされる。記年銘が判読できる4例では，文政3（1820）年銘がある威徳寺のA類（5）が最も古く，文政8（1825）年銘の満行寺A類（1）と威徳寺B類（6），天保6（1835）年銘の開念寺B類（4）の順で続く。記年銘が判読できない開念寺のA類（3）を含め，いずれもⅡ期の形態的特徴を備える。大墓周辺では文政年間から寺院境内に富裕層による代々墓の建立が始まっており，大墓上層墓の改葬はこのころ行われた可能性が高い。満行寺や威徳寺に文政年間に建立された3基の堂塔墓は，軒先に垂木を二重に表現し，重層的な基壇を保有する。精緻な加工や堅牢な構造から，改葬地の候補となりうる墓といえる。

(3) 坊ヶ入近世墓の終息と寺院境内墓地の形成

坊ヶ入墳墓の形成年代としては，19世紀代の肥前甕が下限資料となる。上層墓では，陶製骨蔵器の保有率がいくぶん上昇するとともに副葬品の共伴例が増加し，墓の格差がしだいに明瞭になる。この段階には集落の管理下におかれることが一般的な火葬場（八木沢1982）が墓域内に設置されており，様々な階層を埋葬する村落の共同墓地として機能したことがうかがえる。

坊ヶ入墳墓が所在する角海浜には，城願寺と称名寺の2ヶ寺が存在した。ともに集落の過疎化に伴い転出した寺院であるが，発掘調査報告書を作成する時点で60基ほどの近世墓石が残存していた。大半が1類櫛型碑で，最古の墓石は城願寺跡に残る元文5（1740）年のある1A類（第4図B）である。移転先の城願寺墓地では再建された堂塔墓が2基存在しており，角海浜の旧墓地にもこの形態の墓が存在した可能性が高い。海浜地帯の比較資料として，隣村五ヶ浜・間瀬の寺院墓地と集落共同墓地で墓石を実見した。間瀬の2ヶ寺では1770年代の1A類，五ヶ浜の寺院墓地では1780年代の1B類を最古とし，墓石の建立が本格化するのは，いずれも1800年前後とみられる。五ヶ浜では，寺院墓地とは別に集落共同墓地が存在する。この墓地での最古の墓石は1780年代で，19世紀に入り増加する点でも寺院墓地との違いはない（第4図A）。

海浜地帯の寺院や集落共同墓地で墓石の建立が一般化するなかで，坊ヶ入にはなぜ墓石を伴う墓が現われなかったのか。急斜な砂山に立地する坊ヶ入は地盤が安定しておらず，斜面移動や崩落の形跡が随所にみられた。恒久的な墓の設置場所となりえぬ地形的な制約は，この墓地を終焉に導いた一つの理由であろう。それとともに，次のような社会的な側面も考慮に値する。元文5（1740）年銘のある城願寺墓地最古の墓石建立者は，角海浜で組頭を務めた家柄にあたる。城願寺墓地の成立時期は定かでないが，坊ヶ入と補完的な関係にあったとすれば，角海浜の埋葬地は18世紀半ば以後特定階層から境内に移動を始めた可能性がある。旧西蒲原郡内には，200ヶ所ほどの寺院が分布する。1942年刊行の『西蒲原寺院佛閣誌』に記載された本堂規模と檀家戸数によると，両者の間には相関がみられ，檀家戸数の多寡が本堂規模に反映されていることがわかる（第4図C）。城願寺の檀家数は299戸を数え上位にランクされるが，西蒲原郡内全体では23位にとどまる（第4図D）。これに対し，城願寺の本堂規模は郡内トップクラスを誇る。似た特徴は城願寺の周囲にめぐる大規模な土塁（第4図B）にも表れており，この寺院の良好な経営状況をうかがわせる。坊ヶ入が埋葬地としての役割を終える理由は，境内墓地への受け入れによって壇家集団との緊密化をはかる寺院の経営戦略が深く関わっていたのではなかろうか。第4図Cに前項でふれた満行寺・威徳寺・開念寺の本堂規模も示した。満行寺の本堂は城願寺と並ぶ規模をもつ。檀家戸数との関係において城願寺と似た状況を示す満行寺のあり方は，大墓の改葬地を考えるうえで少なからず重要な要素となろう。

（4）近世新潟町の墓地景観

信濃川河口の砂丘地に立地する近世新潟町では，地盤沈下の進行に伴い大規模な盛土が行われてきた。2006年に調査を実施した長善寺下層墓は，盛土下に埋没した寺院墓地が把握できた唯一の発掘例で，この調査で出土した木製塔婆は墓石出現以前の墓標の実態を示す貴重な例となる。長善寺下層墓の下限は18世紀中ごろとみられる。西堀通りの寺院墓地ではこのころから墓石の建立が始まっており，木製塔婆から墓石への移行過程が問題になる。

越後平野周辺の寺院墓地では，宗派によって墓石の様相が異なる。近世新潟町には，長善寺を含め浄土宗の寺院が3ヶ所存在した。現在新潟市西区に所在する長善寺では移転に伴い近世の墓石が著しく減少しており，4基が現存するのみである。西堀通りの2ヶ寺についても墓地整理が進行しているため，これらを合わせた近世の墓石数は27基にとどまる。形態別に見た出現率は33％の角柱塔を最多とし，1類櫛型碑・2類櫛型碑・堂塔墓がそれぞれ19％の数値で続く。ちなみに近隣沼垂地内の浄土宗寺院では，現存する56基の近世墓石のうち半数以上の31基が1類櫛型碑によって占められるので，新潟町とは様相を異にするようである。

前述のように，近世新潟町の寺院墓地では1類櫛型碑の占有率が総じて低く，その傾向は真宗寺院で著しい。第8図Dに近世墓石を一括し，寺院ごとの構成割合を示した。2類～7類は記年銘が判読できた墓石に限定する。1類櫛型碑は記年銘が判読できないものも含むため，最大値を表す。真宗7ヶ寺での1類櫛型碑の占有率は7％～14％たらずの範囲に包括されており，周辺地域での平均出現率75％とは著しい開きがある。一方，西堀通りの真宗寺院に現存する墓石を19世紀末年まで拡大してみると，明治10年から20年代に大きな転機が訪れている（第8図E）。頂部が平坦な角柱塔B類の急激な増加である。それらの多くは「代々墓」として建立されており，このころから現代に連なる墓石様相へと変化することがわかる。これらは一般階層の墓に他ならず，角柱塔B類急増以前の墓標の実態が問題になる。

現存墓石から近世の墓石組成を考えるにあたり留意しなければならないのは，墓地整理に伴う墓石淘汰である。角柱塔B類の建立時に1類櫛型碑をその都度搬出したケースはあながち否定できないが，それを実証する術はない。西堀通りの日蓮宗・曹洞宗・真宗寺院では，境内の一角に墓石を集積するケースがあり，すでに搬出された墓石の実態を考える手がかりを与えてくれる。200基あまりの墓石が集積される日蓮宗寺院での現存墓と集積墓の関係を第8図Dの下段に示した。現存墓石は記年銘が判読できる近世墓とすべての1類櫛型碑に基づく。集積墓石は近代が混在する角柱塔B類を除いた数値である。この墓地に集積された墓石は，1類・4類の出現率が現存墓石に較べて高い。1類櫛型碑の出現率は現存墓石が最高値，集積墓石が最小値を表しており，両者に認める12％の変異幅は最大値と考える必要がある。

日蓮宗の寺院墓地に認める墓石整理の状況は，真宗寺院においても1類櫛型碑が少なからず搬出された可能性を強く示唆する。しかし，真宗寺院では1類櫛型碑とともに堂塔墓を集積する例があり，櫛型碑だけが選択的に搬出されたとは考えにくい。近世新潟町での櫛型碑の乏しさはおそらく本来的な姿をとどめており，それに変わる一般階層の墓標として木製塔婆が19世紀前半まで残存したと考えるべきであろう。堂塔墓とともに多数の木製塔婆が立ち並んでいたとすれば，近世新潟町の墓地景観は，周辺地域と大きく異なるものであったといえる。

まとめにかえて

本稿では，近世墓の発掘調査でえられた知見と周辺に現存する墓石から，越後平野周辺における墓石出現・普及期の様相を考えた。この地域では17世紀後半に墓石が出現し，18世紀中ごろから普及化する。そうした動きは，いうまでもなく墓石の建立を可能にした経済力の伸長を背景とする。それとともに，佐渡島内での墓石製作の活発化と越後への大量供給が大きな要因となっており，佐渡奉行所による宝暦元（1751）年の島外石材移出緩和令はその契機となった。

一方，越後平野周辺における墓石出現期の墓地はバラエティーに富む。①土壙上の個人墓を改葬し，同一場所に代々墓石を建立した「焼屋敷」，②土壙上の個人墓を寺院境内に改葬し，代々墓石を建立した「大墓」，③集落共同墓地が寺院境内に移動した「坊ヶ入」，④寺院境内墓地に墓石を新設した「長善寺」，の別である。ここに列記したように，墓石を伴う墓の設置場所は一様でなく，その変遷要因は個々の事情に由来する。近世墓の位置づけについては，個別事例を具体的に検討しながら多様性を把握するなかで，墓制としての普遍的な側面を考える必要がある。

ところで，越後平野周辺の寺院境内墓地では墓石整理が確実に進行しており，墓石の劣化も憂慮すべき状況にある。角海浜での発掘調査報告書作成時に墓石調査を行った五ヶ浜明楽寺を2017年12月に訪れた。墓地の景観は32年前と変わらなかったが，記年銘の判読墓石が半数以下に減少している事実を知った。この間墓石調査を中断した筆者の怠慢を悔んでもしかたない。早急な記録化の実践を責務としたい。

縄文時代を40数年来の研究テーマとしてきた筆者にとって，近世墓は門外漢の域をでない。「みなとぴあ史楽講座」の担当にご指名いただき墓石調査再開の契機を与えてくれた小林隆幸氏，近世新潟町の墓石調査の中心的な役割を担い，佐渡島内の墓石石材について御教示いただいた森行人氏にお礼申し上げます。橋本博文先生には，墓石プロジェクトの委員として調査報告会で筆者の拙い発表をお聴きいただいた。本稿はその後の調査に基づき再考したものである。未だ不十分な内容ではあるが，橋本先生に本稿を献呈いたします。

（2018年8月14日受付）

文献

相羽重徳　2009「新潟県における近世骨蔵器の様相」『新潟県の考古学Ⅱ』新潟県考古学会
味方村誌編纂委員会　2000『味方村誌　通史編』味方村
新潟県教育委員会　1973『北陸高速自動車道埋蔵文化財発掘調査報告書Ⅰ　西蒲原郡黒埼町大墓遺跡調査報告』
新潟県教育委員会　1976『北陸高速自動車道埋蔵文化財発掘調査報告書　焼屋敷遺跡・杉之森遺跡』
西蒲原教育会　1943『西蒲原寺院仏閣誌』
前山精明　2018「周辺地域から見た近世新潟町の墓」『墓石から近世新潟町の歴史を探るプロジェクト調査報告書』
前山精明・今井さやか　2019「近世新潟町長善寺下層墓出土の木製塔婆と骨蔵器」『新潟市文化財センター年報』6
巻町教育委員会　1985『城願寺跡・坊ヶ入墳墓』
水谷　類　2009『廟墓ラントウと現世浄土の思想』雄山閣
森　行人　2018「現地調査の成果」『墓石から近世新潟町の歴史を探るプロジェクト調査報告書』
八木沢壮一　1982『火葬場及び関連施設に関する建築計画的研究』

佐渡金銀山遺跡の考古学的調査研究への覚書

萩原　三雄

はじめに

佐渡金銀山に関してはこれまで文献史学や鉱山史学からの調査研究が盛んに行われ，多くの成果がもたらされている。とくに近世における豊富な史料をもとにした研究は精緻をきわめ，佐渡金銀山研究を牽引し，佐渡の鉱山社会の実態をおおよそ明らかにしてきた。それらの成果は，小葉田淳氏や麓三郎氏，田中圭一氏らの一連の研究業績[1]に集約されている。

反面，佐渡金銀山遺跡に対する考古学的な調査研究については遅れが目立ち，特に，鉱山の初期開発とその後の展開，さらに金銀鉱石の採鉱から精錬に至る技術等の細部に至っては未解明な点が少なくはない。しかし，近年の世界遺産登録をめざしての当該遺跡群に対する調査研究はめざましいものがあり，新たな知見や成果が数多くもたらされている。

本稿は，そうした調査研究によって得られたさまざまな成果を概観するとともに，それらの過程で浮かびあがっている課題や問題点についてあらためて整理しながら覚書風に述べていくものである。

1　わが国における佐渡金銀山遺跡の考古学的研究の位置

佐渡金銀山遺跡における考古学的研究は平成18（2006）年ごろから急速に進展している。このころ，世界遺産登録をめざした動きが活発化し，そのための調査委員会も設置され，上相川をはじめ佐渡金銀山遺跡の各所で調査研究活動が開始された。その結果，いままで，文献史学や鉱山史の世界ではみえなかった，あるいはみえにくかった鉱山社会がしだいに明らかとなり，佐渡における金銀山像が鮮明になってきた。

佐渡金銀山遺跡に対する調査研究の端緒は，佐渡奉行所跡[2]の本格的な発掘調査から始まった。佐渡における金銀山研究に対する考古学界の調査体制が必ずしも十分でなかった1990年代の発掘調査ではあったが，関係者の懸命な努力と熱意によって一定の成果をあげることができ，これが金銀山遺跡研究の本格的なスタートとなった。その後，めざましい調査研究活動が展開されることになった。わが国の金銀山遺跡研究の先頭を走っているといっても過言でない。

そもそも佐渡には，金銀山研究に必要な条件が揃っている。金銀山にかかわる史料は豊富であり，絵図類もきわめて多い[3]。考古学資料もこれらに匹敵するほどに豊かである。たとえば，全国に例のない江戸初期ごろの上相川の整然とした鉱山町や鉱山臼専用の石切場の存在には驚かされたし，奉行所跡で発見された「焼金法」関連の精錬施設に至っては，さすが佐渡金銀山であると思わずにはいられない。

中世の時代に端を発し，400年以上続いた佐渡の鉱山産業の分厚い歴史をみれば当然であろうが，それにしても多様な史資料が揃っている。しかも考古学資料はほとんど埋もれたままの状態であり，低迷気味なわが国の金銀山遺跡研究にとってまさに宝の山といえそうであるが，しかしそれを文字どおり宝にするには佐渡にかかわる考古学関係者のこれからの研究にかかっている。

2　佐渡金銀山遺跡に関する近年の研究動向と成果

慶長8(1603)年に初代代官の大久保長安によって開設された佐渡奉行所跡は平成6年から4年間にわたって発掘調査されている。その成果は佐藤俊策氏らにより大部な調査報告書として『佐渡金山遺跡（佐渡奉行所跡）国史跡佐渡奉行所跡復元整備に伴う発掘調査報告書』にまとめられた。成果の詳細は報告書を参照されたいが，数年に及んだ発掘調査によって奉行所の姿はほぼ明らかにされ，そのなかで特筆すべき重要な成果がいくつかある。その一つは，宝暦9(1759)年に奉行所に併設された寄勝場の実態が明らかになったことである。多くの佐渡金銀山絵巻のなかに表徴的に描かれている粉成場等の遺構が多くの遺物を伴って検出され，それまでは絵巻のなかでしか見られなかった粉成の場面が実像として出現している。奉行所の内部にそうしたいわば金銀山に特化した工場を取り込むこと自体，江戸幕府が本腰を据えて操業した証でもあり，それ自体佐渡金銀山の重要性が認められたのであろう

二つ目は，奉行所の土塁下部からではあったが，金銀吹分けのための「焼金法」に関わる遺構が検出された点である。佐渡の鉱石は，金のほかに銀が40％ほどを含有するエレクトラムで，金銀抽出後にさらに金銀を分離する必要がある。それらに関連した金銀分離のために塩などによる吹分けが行われているのであるが，その遺構群が検出されたことである。これらの技術的工程は佐渡金銀山絵巻のなかの重要な場面として描かれている4)のであるが，これもまたさまざまな遺物を伴って出現したのである。もちろんこれまでにも絵巻などによって重要な工程として十分認識されていたものではあったが，それが良好なすがたで検出されたのは驚きであった。驚いた点はまだある。平均重量35～40kgで，長さ約70cm，幅約26cm，厚さ5cmほどの長楕円形を呈した大きな鉛板が172枚も発見されたことである。おそらく金銀製錬のための灰吹きに使用するための鉛板であろうが，これもまたほとんど無傷のまま発見された。

佐渡奉行所跡の発掘調査では，絵図類に見られるような多くの建物群とともにさまざまな遺構群が確認さ

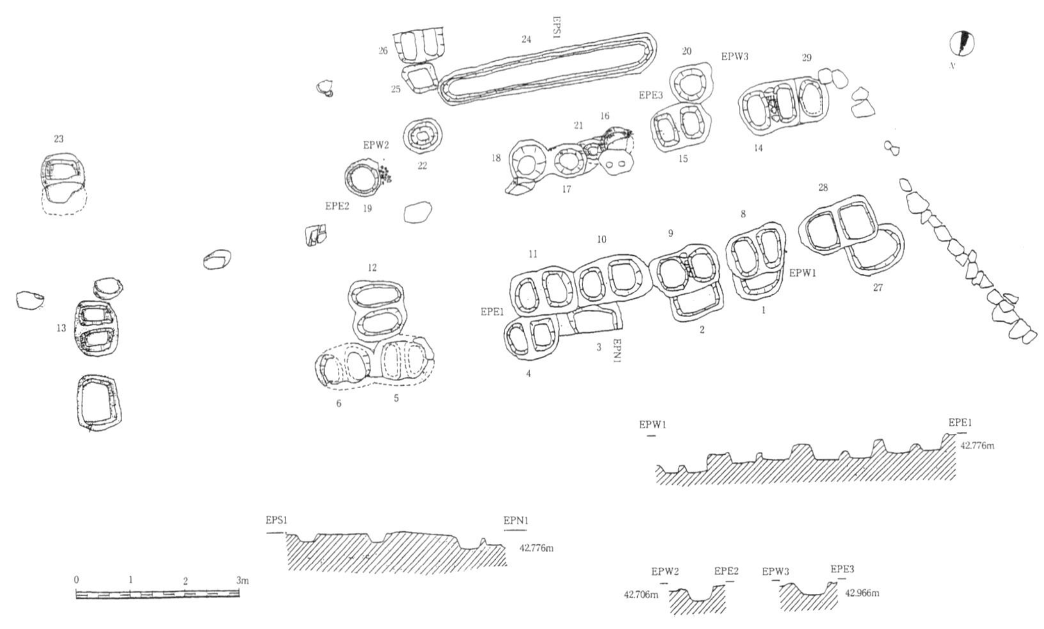

第1図　佐渡奉行所跡出土の「焼金」遺構（相川町教育委員会2001より）

れ，江戸初期から幕末に至る佐渡支配のありようの解明にとって多大な成果をもたらしたものになったが，同時にわが国の金銀山の稼業のありさまを探るための重要な資料を提示したものにもなった。

佐渡金銀山遺跡のうち上相川地区の遺跡[5]は特異である。大山祇神社を起点とする整然とした街路設定による鉱山町づくりは他に例がなく，まさに17世紀前後のわが国の都市づくりの発想がそのまま鉱山の世界に持ち込まれた雰囲気が漂い，その当時の佐渡金銀山に対する開発者たちの意気込みが直に伝わってくる遺跡である。おそらくはこの金銀山に対して長期の稼業を当初から想定していたのであろう。考古学的調査は緒についたばかりであるが，整然とし計画的な上相川のこの鉱山町は，佐渡でも例えばそれ以前の鶴子銀山の鉱山町などとは隔絶したものとなっており，相川地区の金銀山開発の背後に巨大な公権力の存在が浮かびあがってくる。

なお，この上相川の随所から鉱山臼が確認されているが，これはこの鉱山町で粉成までの操業がなされていたことの証である。

佐渡金銀山遺跡中もう一つ異色なものは，粉成作業に必須な鉱山臼の石材採掘の場である石切場[6]である。吹上海岸石切場と片辺・鹿野浦海岸石切場の2ヶ所の鉱山臼専用の石切場であり，前近代におけるわが国の金銀鉱山ではこの種の遺跡はまだ類例がない。これらの石切場の規模は大きく，海岸線に沿って露出している石材を採掘した跡は圧巻である。佐渡では江戸初期から鉱山臼製作のため播磨等から専門の石工が来島し活動していたことが史料中にもあらわれており，その石工たちが独自の石切場をもっていたことになる。佐渡金銀山の稼業は近世初期にはすでに採掘職人とは別に「買石」と呼ばれた製錬職人がおり，早くから分業化が図られていたのであったが，鉱山臼製作のための専門の職人もいるということになれば，佐渡金銀山では多分野にわたり分業化されていたことになる。

鶴子銀山遺跡では発掘調査が開始されさまざまな遺構群が検出された。低土塁で方形に囲繞された通称代官屋敷跡の上方からは，選鉱に用いられた構造的な水溜や水路跡や灰吹きに用いられた可能性が強い炉跡などが見つかり，銀山操業の一端が見えてきた。伴出遺物には織豊期の所産のものが多く，相川金銀山に対する開発直前の様相を探るうえでは重要な遺跡となった。

鶴子銀山ではもう一つ重要な遺構群が発見されている。鶴子銀山西部の鶴子沢の上流部百枚平周辺などで広範囲に確認されている露頭掘り跡[7]である。規模や形はさまざまであるが，銀鉱石を露頭掘り状に採掘した跡であり，鶴子銀山の採鉱過程とその技術を探るうえで興味深い遺構群である。同じような露頭掘り跡は新穂銀山遺跡でも発見されており，佐渡金銀山遺跡の初期開発は露頭掘りから始まったことを如実に示している。わが国の鉱山開発が露頭掘りから坑道掘りに展開をしていった様子を示す格好な遺構群であろう。

さて，西三川砂金山遺跡であるが，虎丸山や五社屋山では砂金の採掘地が現在でもむきだし状態のまま存在しており，往時の稼業の様子をよく窺うことができるが，この遺跡に対する考古学的調査も佐渡市世界遺産推進課の若林篤男氏らを中心とする調査研究チームによって精力的に実施され，稼業の実態が詳細に把握されたことは特筆される[8]。金の採掘のなかで，しばしば史料中に見られる「川金」と「柴金」に関する開発はわが国では北海道をはじめ特に東日本に多数存在するものの，砂金採取のシステムなど具体的な実態はそれほど明らかにされていない。そうした現状のなかで，佐渡の西三川砂金山遺跡に関する調査研究の成果は当該分野のこれからの研究に多くの示唆を与え，今後この分野の研究を強く牽引していくものと思われる。

3　佐渡金銀山遺跡に関する考古学的研究課題

佐渡金銀山遺跡に対する近年の精力的な考古学的調査研究によって以上に述べてきた多くの成果が得られ

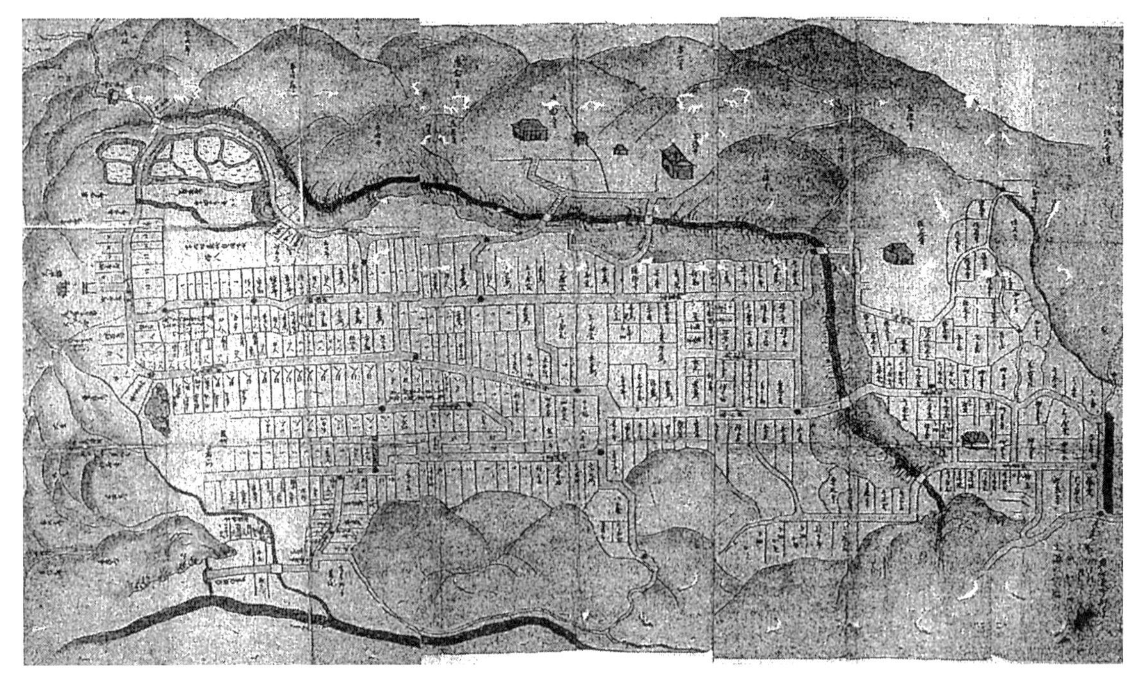

上相川全域が描かれた1812（文化9）年複製の「上相川絵図」（相川郷土博物館蔵）

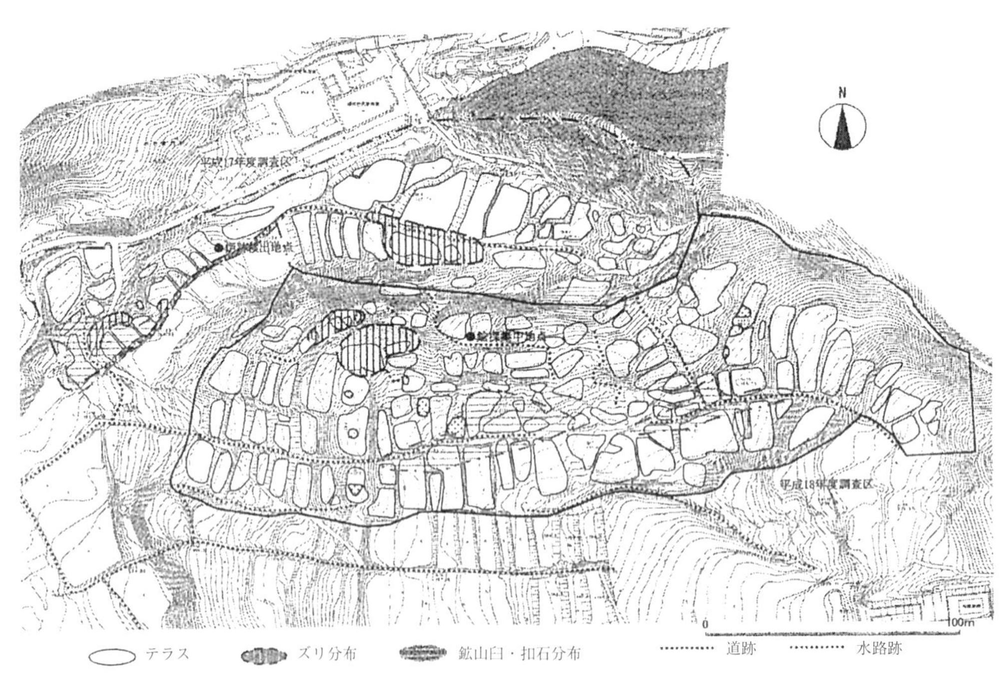

上相川地区調査区内遺構分布図（S＝FREE）

第２図　上相川地区の鉱山町（宇佐美2013より）

てきたが，その反面新たに浮上してきた課題や問題点も決して少なくはない。むろん，それらの研究課題等はわが国の前近代における金銀山遺跡に関する共通の課題でもあるが，以下いくつかの点をあげて検討を加えていきたいと思う。

(1) 奉行所跡および上相川地区の金銀山遺跡等をめぐる諸課題

まず，奉行所跡から検出された焼金法に関する遺構群の存在である。この遺構群については，奉行所跡の土塁下部から検出されたものであり，構築年代をめぐってさまざまな議論があった。伴出遺物に織豊期の陶器類が多いことや火災の記録や層序から，現在ではおおよそ奉行所開設以前か，あるいは元和年間以前の所産に落ち着いている[9]。わが国ではこの種の精錬遺構は唯一のものであり，また世界的にみても極めて類例の少ない貴重な遺構だけに，年代の確定はきわめて重要である。いつ金銀分離の精錬法がわが国に導入されたのか，さらに厳密な年代の確定が必要となろう。銀が20％以上含有するエレクトラムの場合，この種の精錬法は欠かせないものであるため，今後これに類似した金銀山遺跡で多数発見される可能性はきわめて高いのであるが，わが国への導入時期をめぐる議論は避けて通れない。

焼金法そのものの技術的工程の研究も今後の重要な課題である。奉行所跡から検出された遺構群は，長竈遺構のほか丸竈や中仕切りをもつ竈など多様な形態を呈した遺構が多数検出されており，絵巻類には見られない構造のものもあり，それぞれを同時期とみるよりも，複数の，異時期の遺構群が混在していると考えた方がよさそうである。そうならば，各遺構群の年代観の他，それぞれの機能についてさらに詳細な分析が必要となろう。

上相川地区の金山遺跡については，本格的な考古学的調査は実施されてはいないが，測量調査等の成果から，おおむね規模や構造が明らかになった。しかし，こうした計画的な鉱山の町がいつ成立したのか，その意図は何だったのか，今後の課題は多い。従来の所見にしたがえば，大久保長安の手によるものとなるが，それを裏付ける確実な史資料はない。上相川のこの鉱山町の成立の問題と同じように，その後の発展過程の研究は全くの未着手である。例えば，遺跡内にはいくつかの寺院跡があり往時の繁栄を伝えているが，それらの寺院内には墓塔群がそのままの状態で残存している。これらの墓塔群はその時々の社会の実相を伝えるものが多く，さまざまな分析を重ねることによって往時の様子が浮かびあがってくる。早急に着手すべき緊要な課題であろう。上相川の鉱山町の成立から展開，いわば町の変遷にかかわる研究は，佐渡金銀山遺跡研究にとって最優先課題であり，この解明なくして，わが国の鉱山産業を強く牽引してきた佐渡金銀山の前近代の歴史は語ることができないであろう。

なお，この上相川の金山遺跡から，鉱山臼のなかでも特異な存在である「湯之奥型」の鉱山臼が数点発見されている[10]。また，「リンズ」を用いない「黒川型」と呼ばれる鉱山臼も知られてきた。これらは，年代的には佐渡金銀山で一般的な「定形型」鉱山臼の前段階として位置づけられるもので，上相川地区の開発時期をめぐる議論に一石を投じるものである。むろん，「湯之奥型」鉱山臼や「黒川型」鉱山臼は戦国期から使用されたものではあるが，江戸初期にも使用されていたものであるから，年代的には齟齬はきたさないものではあるが，播磨から来島したという鉱山臼専門の石工たちが当初はそれらの鉱山臼を製作していたのか，あるいは上相川地区の金銀山の開発年代を江戸期以前にまで遡らせるべきなのか，気にかかる点である。

きわめて珍しい遺跡群が鉱山臼専用の石切場である。史料等によれば，江戸初期ないし前期ごろの開発であるという。両採石場には，採石の痕跡として矢穴等の痕跡が多数残されており，採石の様子を伝えている。これらの状況は，佐渡市世界遺産推進課の宇佐美亮氏や新潟県の小田由美子氏らによる詳細な分析によって大要が明らかにされている[11]。ところで，佐渡の金銀鉱石の粉成作業には他の金銀山には見られないほどの巨大な臼が使用されることが多い。これは佐渡の金銀鉱石が硬質であることに由来するのであろうが，しかし上下重ね合わせる臼のそれぞれの石材を使い分けるのはなぜだろうか。また，その効果はどうであったのだろうか。

先にも述べたように，両石切場の石材は，吹上海岸石切場は球顆流紋岩で，片辺・鹿野浦石切場は片辺礫岩である。わが国の金銀山で上下の鉱山臼の石材を違えているところは，現段階では佐渡以外には見当たらない。なぜ異なる石材を使用していたのか，粉成の効果等さらに詳しい検討が必要となろう。なお，前者の吹上海岸石切場の開発は江戸初期ごろとされ，後者は元和ごろの江戸前期ごろと推定されている。とすれば，上下異なる石材を使用しはじめたのは江戸前期ごろとなる。この変化は何を意味するのだろう。また，この鉱山臼専用の石切場は，相川地区の開発初期から用意され，稼業されていたようであり，ということは初期開発者たちはこの金銀山の稼業を計画的に，かつ長期的になると想定していたことにもなろう。

(2) 鶴子銀山遺跡にかかわる調査研究課題

鶴子銀山遺跡の調査活動も通称「代官屋敷跡」や「鶴子荒巻遺跡」などで発掘調査が開始され多くの成果が得られてきた[12)]が，反面新たな課題が生まれている。

その一つは，この銀山の開発年代である。これまでの発掘調査で得られてきた出土遺物はおおむね織豊期段階のもので，そのころには盛んに操業されていたことは明らかである。しかし，これまでの研究で想定されている天文年間にまで遡る考古学資料は確認されていない。かつて小葉田淳氏は，鶴子銀山が天文年間に開発されたという説は伝承であって，文禄年間になって開発されたのだろうという趣旨の見解を述べているが[13)]，それでは近年の考古学的調査研究で得られた新たな資料からはいかに考えるべきであろうか。おそらくそれは，新たに確認された大規模な露頭掘り跡の操業にからみ，上杉氏の佐渡侵攻以前の状況が大きな鍵を握っている。この銀山の開発年代にかかわる以上の研究は，考古学的研究に課せられた重要な研究課題である。とうぜん，露頭掘りによる操業のシステムも今後究明しなければならない課題であろう。いずれにせよ，鶴子銀山遺跡の考古学的研究は着手したばかりであり，全容解明に向けた今後の精力的な調査研究活動に期待したい。

(3) 西三川砂金山跡に関する課題

この砂金山に関わる遺跡群はまことに規模が大きい。また，虎丸山や五社屋山のような遺跡はわが国にはあまり例がない。その操業のありようも，絵巻類のなかに散見されおおよそ知られているが，しかし問題はいくつもある。その第一は，この操業がいつ始まったのかである。

平安時代末ごろに成立している『今昔物語集』に登場する佐渡の砂金採掘の場はおそらく西三川であろうが，それ以後この砂金山はどのような変遷を繰り返していたのだろうか。近世の砂金採掘の様子は史料群や絵巻類のなかで窺えるにしても，しかし，古代以後中世の段階ではどのような操業が行われていたのだろうか。第二に，相川金銀山とはかなり異なる操業のあり方をとるこの砂金山ではどのような仕組みで操業されていたのか。若林篤夫氏らによる精力的な調査研究によってそのシステムはかなりクローズアップされてきたが，さらに細部にわたる操業技術や，佐渡奉行所や山師たちの具体的なかかわり方などを含めた稼業の実態をさらに詳細に検討しなければならないであろう。第三に，開発初期からその後の展開に至るより細かな年代観の検証である。生産遺跡に対する年代観の確定はもとより困難なものであるが，さまざまな角度からの検討を重ねることによって，その解明につとめるべきであろう。

露頭掘り跡

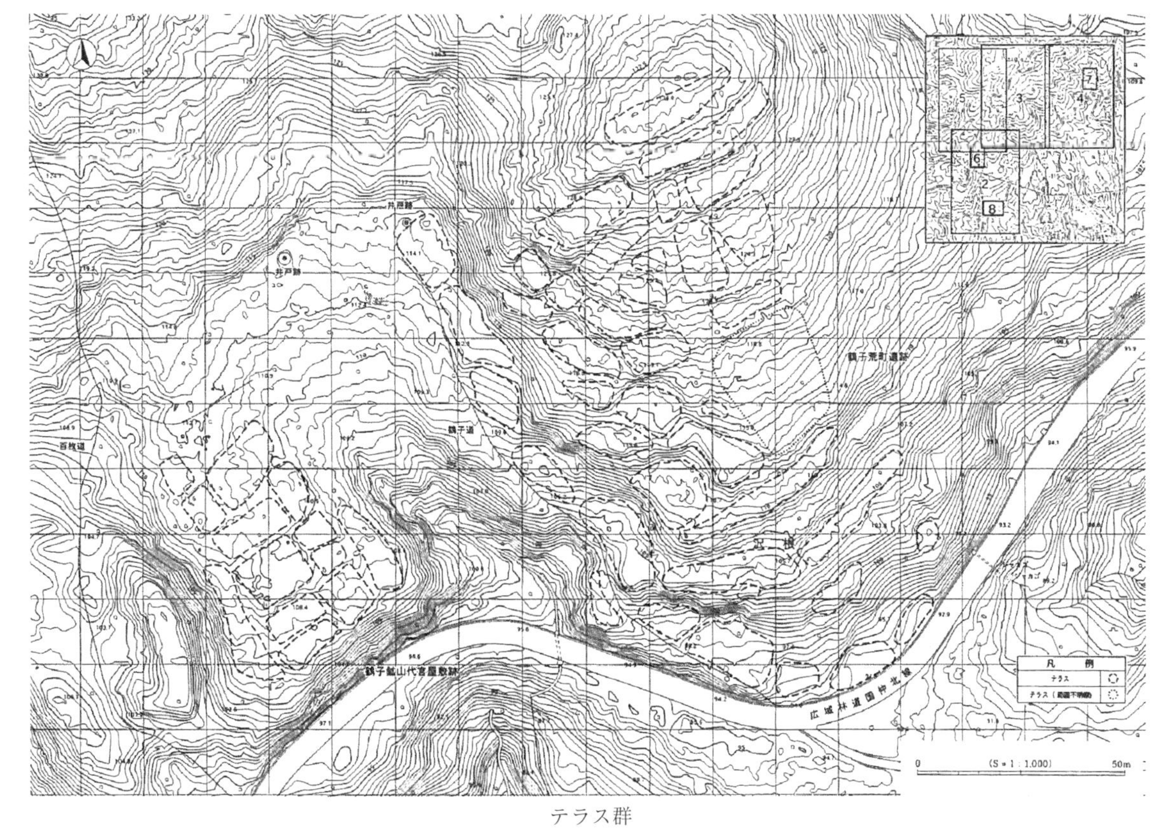

テラス群

第３図　鶴子銀山遺跡出土遺構（佐渡市・佐渡市教育委員会2010より）

おわりに

おもいつくままに，佐渡金銀山遺跡にかかわる研究成果と今後の課題等について述べてきたが，しかしこれらはいずれも日本金銀山遺跡の調査研究にとって共通の重要な課題であり，ひとり佐渡に特化されるものではない。金銀山などの鉱山遺跡は，わが国の歴史上，重要な役割を果たしてきたものではあったが，その実態は依然闇に包まれ，なお多くの未解明な点が山積している。

これらのさまざまな研究課題に対し，広く深く調査研究を重ねてきた佐渡金銀山遺跡の調査研究が今後強力に牽引することは間違いなかろう。佐渡金銀山遺跡の全容解明に向けたシステムづくりに大いに期待したいところである。

（2018 年 8 月 30 日受付）

註

1） 小葉田淳 1968『日本鉱山史の研究』岩波書店，同 1986『続日本鉱山史の研究』岩波書店。麓三郎 1956『佐渡金銀山史話』三菱金属鉱業株式会社。田中圭一 1986『佐渡金銀山の史的研究』刀水書房など鉱山史、文献史学からの優れた研究は多い。

2） この調査の成果の報告は，相川町教育委員会 2001『佐渡金山遺跡（佐渡奉行所跡）』発掘調査報告書などにまとめられている。

3） 佐渡市・新潟県教育委員会編 2013『佐渡金銀山絵巻―絵巻が語る鉱山史』同成社。

4） 上記の佐渡金銀山の絵巻のなかに，この焼金の技術工程は詳細かつ具体的に描かれている。

5） 宇佐美亮 2013「佐渡金山遺跡 上相川地区」『日本の金銀山遺跡』高志書院などに研究成果が発表されている。

6） この調査成果は以下の調査報告書にまとめられている。佐渡市教育委員会 2009『佐渡金銀山 吹上海岸石切場跡調査報告書』および佐渡市・佐渡市教育委員会 2011『佐渡金銀山 片辺・鹿野浦海岸石切場跡分布調査報告書』。

7） 佐渡市・佐渡市教育委員会 2010『佐渡金銀山 鶴子銀山跡分布調査報告書』。

8） この成果は，佐渡市教育委員会 2012『佐渡金銀山 西三川砂金山遺跡分布調査報告書』にまとめられている。

9） 小田由美子 2013「佐渡奉行所跡」『日本の金銀山遺跡』高志書院。

10） 佐藤俊策 2000「二つ目の佐渡金山『湯之奥型石磨（いしうす）』『相川浜石（会報）』8 号ほか。

11） 小田由美子・宇佐美亮 2013「相川金銀山石切場跡」『日本の金銀山遺跡』高志書院。

12） この成果も，宇佐美亮氏が 2013「鶴子銀山」同上，で発表されている。

13） 註 1 の小葉田淳氏の著作中で述べている。

歌川広重による越後・佐渡の風景版画と種本について

渡部　浩二

はじめに

歌川広重は，「東海道五拾三次」の代表作で知られる浮世絵風景画の大成者である。その画業を受け継いだ二代広重や三代広重もまた，数多くの風景画作品を制作したが，それらには越後・佐渡の風景を題材にしたものも含まれている。ただし，従来から指摘されているように，広重は現地に赴くことなくなんらかの種本をもとに描いている場合が多くみられる。越後・佐渡を題材にした作品もなんらかの種本をもとに描いていることが予想される。

これまでも，広重（初代・二代・三代）が手掛けた越後・佐渡を題材にした風景版画の一部が紹介され（長岡市立中央図書館編 1994），近年では，橋本博文が佐渡金山を題材にした作品の種本についてまとめている（橋本 2013）。しかし，それらは広重の越後・佐渡を題材にした作品群全体について述べてはいない。本稿では，初代広重と二代広重が手掛けた越後・佐渡の風景版画全体を紹介するとともに，その種本について検討する。

1　初代歌川広重による越後・佐渡の風景版画と種本

(1) 初代歌川広重（1797～1858）の略歴

寛政 9（1797）年，江戸八代（重）洲河岸定火消組同心・安藤源右衛門（30 俵 2 人扶持）の子として生まれた（幼名徳太郎）。13 歳になった文化 6（1809）年には，母と父を相次いで失い，家督を継いで重右衛門と名乗った。文政 6（1823）年には，安藤仲次郎（養祖父安藤十右衛門の子か）に家督を譲った。しかし，仲次郎が幼少であったため，鉄蔵と改名して天保 3（1832）年 3 月まで火消同心の職務に就いていたとされている。天保 10（1840）年，妻（同じ定火消屋敷同心の岡部弥右衛門娘）が病死。その後，八代洲河岸の定火消同心屋敷の住居を出て，大鋸町，常磐町，中橋狩野新道と移り住み，安政 5（1858）年，62 歳で没した。

文政（1818～30）末年まで役者絵，美人画を中心に制作していたが，天保初年頃（1830～31）に「東都名所」を発表してから名所絵師として歩みはじめ，天保 4（1833）年に発表した「東海道五拾三次」は江戸で大変な人気を博し，北斎に続く風景画の巧者となった。その後，「近江八景」，「京都名所」，「浪花名所図会」，「木曾海道六拾九次」，「金沢八景」，「江戸近郊八景」，「不二三十六景」などをはじめ，各地の風景画を多数制作。晩年は「六十余州名所図会」，「名所江戸百景」など大作の揃物を制作した。

(2) 作品

①嘉永 6（1853）年「六十余州名所図会 越後 親しらず」（第 1 図）

「六十余州名所図会」は，嘉永 6（1853）年から安政 3（1856）年にかけて制作された初代広重晩年の作と

第１図 「六十余州名所図会 越後 親しらず」
（新潟県立歴史博物館 所蔵）

第２図 『日本勝地山水奇観』「越後親不知」
（国立国会図書館 所蔵）

して名高い。五畿七道の68ヶ国および江戸からそれぞれ1枚ずつの名所絵69枚に，目録1枚を加えた全70枚の大判である。全図とも画面は縦長で，前景を大きく描き遠近を強調したり，大胆なトリミングを施すなど，斬新な構図がとられている。

「親しらず」（親不知）は，糸魚川市青海から市振まで約10kmにおよぶ海岸線にある断崖絶壁で，絶景であると同時に，旅人にとっては加賀街道（北陸街道）随一の難所でもあった。種本は，早くから指摘されているように（石井1922），享和2（1802）年に後篇4冊が刊行された淵上旭江『日本勝地山水奇観』の「越後親不知」である（第2図）。『日本勝地山水奇観』は，日本各地の名所風景を数多く描いた初代広重の種本として最も使用頻度が高かったものとされ，「六十余州名所図会」のなかでも諸国の名所図の種本として数多く利用したことが知られている。

②嘉永6（1853）年「六十余州名所図会 佐渡 金やま」（第3図）

本図は，佐渡金山の坑道入口付近の様子を描く。坑内に出入りする人々や番所の建物などがみえる。佐渡国は慶長6（1601）年に幕府領となり，金山は江戸時代初期に最盛期を迎えた。金銀産出量は次第に減少し

第３図 「六十余州名所図会 佐渡 金やま」
（長岡市立中央図書館 所蔵）

第４図 『北斎漫画』三編「金山」
（国立国会図書館 所蔵）

たが，毎年その金銀を江戸まで運ぶことを恒例とした。種本は，早くから指摘されているように（石井1922），葛飾北斎による文化12（1815）年『北斎漫画』三編の「金山」である（第4図）。画面が縦長のため上部に山を描き加えて遠近を強調している。なお，『北斎漫画』も宝暦4（1754）年『日本山海名物図会』に掲載される鉱山の挿絵を種本としたと考えられている。

③安政5（1858）年「山海見立相撲 越後亀割峠」（第5図）

「山海見立相撲」は，安政5（1858）年に制作された初代広重最晩年の作。山や峠の景と海や湊の景を対比させたもので，越後国を含む10ヶ国から山と海の風物を一つずつ，計20ヶ所を取り上げている。20枚揃の大判で，全図とも画面は横長である（武田1988）。

本図は，北国街道の難所・米山三里のうち，最も険峻な峠道・亀割峠（柏崎市）を描いている。峠の頂に茶屋が建ち，難所道を往来する多くの旅人に便を供した。茶屋では，安産の神・胞姫神社の縁起を読み聞かせ，弁慶が湧出させたと伝える産清水でこしらえた名物「弁慶力餅」を商った。大難所という立地と茶屋の個性的な営業手法から，十返舎一九の文化12（1815）年『方言修行金草鞋』第八編をはじめ，多くの文献に記録が残る（渡邉2010）。

種本は，すでに指摘されているように（柏崎ふるさと人物館編2012），享和3（1803）年『二十四輩順拝図会』前編巻之四の「亀割坂」と考えられる（第6図）。第6図の画面右上部に描かれている亀割峠・弁慶茶屋の部分を大きく強調した構図となっている。『二十四輩順拝図会』は，江戸時代中期以降に盛んとなった浄土真宗の開祖・親鸞ゆかりの旧跡めぐりに関する図会で，河内国専教寺（真宗大谷派）の釈了貞著。挿絵は『東海道名所図会』などで知られている大坂の竹原春泉斎の手になる。前編5巻は享和3（1803）年，後編5巻は文化6（1809）年に刊行された。前編巻之三・巻之四では，越後の親鸞関係旧跡とともに，亀割峠を含むそれ以外のいくつかの名所（越後七不思議に数えられる「光智法印」，「火井」，「草水の油」など）も挿絵入りで紹介している。

第5図　「山海見立相撲 越後亀割峠」
（柏崎市立博物館 所蔵）

第6図　『二十四輩順拝図会』前編巻之四「亀割坂」
（新潟県立歴史博物館 所蔵）

④安政5（1858）年「山海見立相撲 越後新潟」（第7図）

新潟は，信濃川河口に位置する湊町で，江戸時代に西廻り航路が整備されると，年貢米の積み出しや全国各地から集まる廻船で賑わい，日本海側随一の湊町として繁栄した。図左下付近には，町屋や白壁の蔵が立ち並ぶ様子が描かれる。一方海上には，湊に停泊する船と沖を航行する多数の船の白帆が描かれ，その繁栄ぶりが示されている。

第７図　「山海見立相撲 越後新潟」
（山口県立萩美術館・浦上記念館 所蔵）

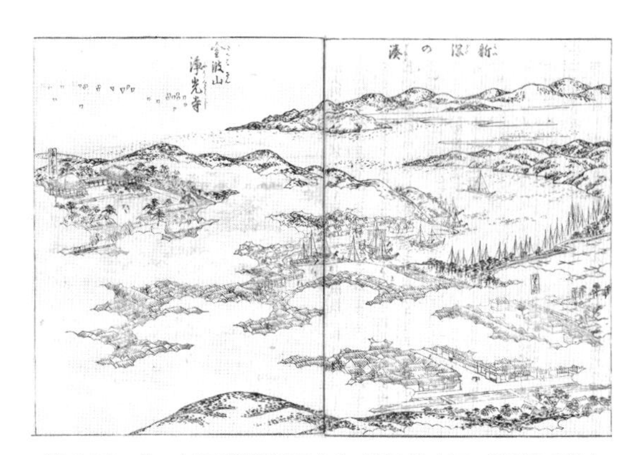

第８図　『二十四輩順拝図会』前編巻之四「新潟の湊」
（新潟県立歴史博物館 所蔵）

種本は，「山海見立相撲 越後亀割峠」（第５図）と同様，享和３（1803）年『二十四輩順拝図会』前編巻之四の「新潟の湊」と考えられる（第８図）。第８図では，画面下部に新潟町の町屋が広がり，画面左には金波山・浄光寺とその境内周辺が大きく描かれているが，これらをカットして画面右上部の「新潟の湊」の部分を大きく強調した構図となっている。そして画面上部には，海原の先に佐渡と思われる島を描き加えて画面に広がりと奥行きをもたせている。

2　二代歌川広重による越後・佐渡の風景版画と種本

(1) 二代歌川広重（1826〜1869）の略歴

文政９（1826）年，初代広重と同じく定火消同心の鈴木家の子として生まれたとされるが詳細不明。初代広重に入門したのは弘化年間（1844〜48）頃と考えられ，初め重宣と称した。美人画や花鳥画，武者絵を描き，やがて風景画も描くようになり，徐々に初代の作域に近付いてゆく。安政５（1858）年に初代広重が没すると，翌安政６年，初代広重の養女お辰の婿になり，二代目歌川広重を襲名。しかし，慶応元（1865）年に離縁となり，師家を出て自立し，「喜斎立祥」の号で横浜絵などを残した。明治２（1869）年，44歳で没。

(2) 作品

第９図　「諸国名所百景 越後新潟の景」
（新潟県立図書館 所蔵）

①安政６（1859）年「諸国名所百景 越後新潟の景」（第９図）

「諸国名所百景」は，二代広重の代表作の一つ。初代の「六十余州名所図会」が念頭にあって，それを越えるべく熱意を燃やしたシリーズという。百景をうたっているが，確認されているのは85景とされている（大判）。大連作だけあって，その出来不出来には差があり，初代から図柄を拝借したものもあれば，全くオリジナルなものもあるとされている（吉田1991）。

本図は，初代広重の安政５（1858）年「山海見立相撲 越後新潟」（第７図）の構図を模したもので，初代の横長図を縦長にアレンジしたものである。

②安政6（1859）年「諸国名所百景 佐渡金山奥穴の図」（第10図）

本図は，初代の嘉永6（1853）年「六十余州名所図会 佐渡 金やま」（第3図）と同じく，佐渡金山を題材とする。蟻の巣のように複雑に入り組んだ，暗くて狭い坑内で働く坑夫たちの様子をよく伝えている。このような地下の景を題材にした作品は，「諸国名所百景」シリーズだけでなく，初代・二代広重の作品全体のなかで見ても異質であり，特別な種本の存在を想起させる。

この種本は，安政3（1856）年「佐渡金銀山稼方之図」（新潟県立歴史博物館所蔵）である可能性が近年指摘されている（渡部2014）。これは，いわゆる佐渡金銀山絵巻と呼ばれる史料の一つで，安政3年に西洋流砲術指導者として江戸から佐渡に派遣された幕臣・木村太郎兵衛への土産として佐渡の画工・石井文峰によって制作された，という由緒書が巻末にある。これを種本と推察するのは以下の理由による。

まず，坑内を描いた二つの場面（第11・12図）を統合すると，「諸国名所百景 佐渡金山奥穴の図」（第10図）の構図となることがわかる。「釣」（つり）と呼ばれる照明具を手に持ちながら丸木はしごを上り下りする様子（第11図）や「上田箸」（うえだばし）と呼ばれる道具で鏨（たがね）を挟みながら鉱石を掘る様子，ムシロの上で食事や休憩をとる様子，岩場に吊るされた「釣」の様子（第12図）など，坑夫の配置，所作や身なりなど，細部にいたるまで酷似している。このような坑内における丸木はしごの上り下り，上田箸を用いた採鉱，食事や休憩の風景などの描写は，佐渡奉行所の絵図師によって描かれたような今日伝わる多数の佐渡金銀山絵巻にも定番であるが，それらは「諸国名所百景 佐渡金山奥穴の図」（第10図）の構図とはストレートに結びつかない。石井文峰筆「佐渡金銀山稼方之図」はオリジナルな部分があり，筆者がこれまで確認した100点以上の佐渡金銀山絵巻をみても，これと同様の構成・構図の絵巻は未見である。それはすなわち，本絵巻が種本となった可能性を示していよう。むろん，本絵巻のさらなる種本が存在し，二代広重はそれを参考としたという可能性もあろうが，現時点でその存在は不明である。

次に，二代広重がなぜ「佐渡金銀山稼方之図」を種本にしえたのかという点についてである。木村太郎兵衛は，初代・二代広重と同じく幕臣である定火消同心の出身であった。さらに，定火消同心はその所属の定火消屋敷に居住したが，木村は初代広重同様，八代（重）洲河岸の定火消同心であったと伝えられ，二代広重も八代洲河岸の定火消屋敷に居住していたと推察されている。よって，初代広重が同屋敷を立ち去ったといわれる天保13（1842）年頃まで三者は同屋敷内に居住し，顔見知りであった可能性が出てくる。木村は安政3（1856）年10月に佐渡を去り，「佐渡金銀山稼方之図」を土産に帰府した。定火消同心の出身で，かねて木村とつながりのあったであろう二代広重が何らかの機会に木村が持ち帰った「佐渡金銀山稼方之図」を目にし，種本とした可能性があるのではないだろうか。

これまでの二代広重の画業に対する評価は，「二代広重が初代広重を唯一の粉本とし，何から何まで初代に似せようとした為め」，「二代広重には，創意と云ふものゝ持合せが全く無かつた。」（内田1930）といったように高くないが，この推論が正しければ，その画業の見直しにもつながると思われる。

③文久2（1862）年「諸国六十八景 佐渡金やま」（第13図）

「諸国六十八景」は，五畿七道の68ヶ国の名所絵68枚（中判）で構成される。初代広重の構図を借りたり，自身の「諸国名所百景」の構図を繰り返したりされている（吉田1991）。

本図は，佐渡最古の金山といわれる西三川砂金山において，山肌を切り崩し，土砂を川で洗い流して砂金を採取する様子が描かれている。この構図は，初代の作品や自身の「諸国名所百景」にも見られないものである。近年，橋本博文はこの種本を，前述の安政3（1856）年石井文峰筆「佐渡金銀山稼方之図」の巻末にある「西三川砂金山之図」（第14図）であると指摘した（橋本2013）。一見して，山の景観や作業に従事する

第 10 図　「諸国名所百景 佐渡金山奥穴の図」
（新潟県立歴史博物館 所蔵）

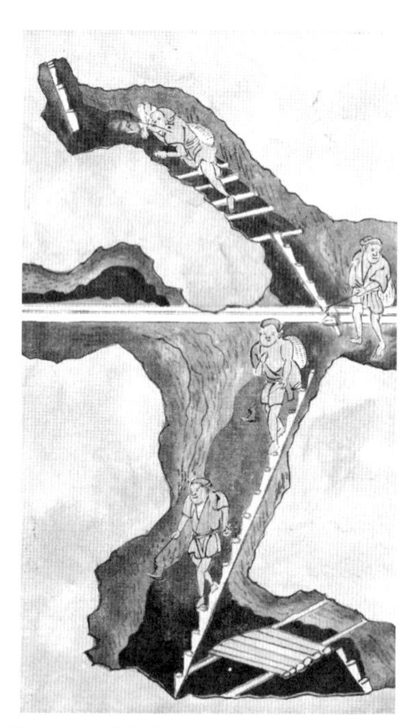

第 11 図　「佐渡金銀山稼方之図」（部分）
（新潟県立歴史博物館 所蔵）

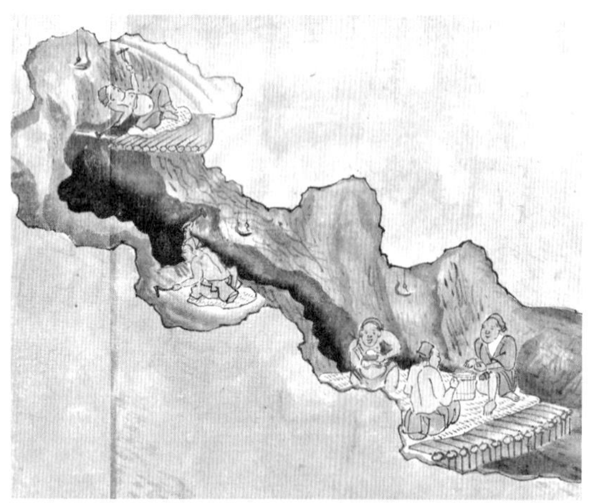

第 12 図　「佐渡金銀山稼方之図」（部分）
（新潟県立歴史博物館 所蔵）

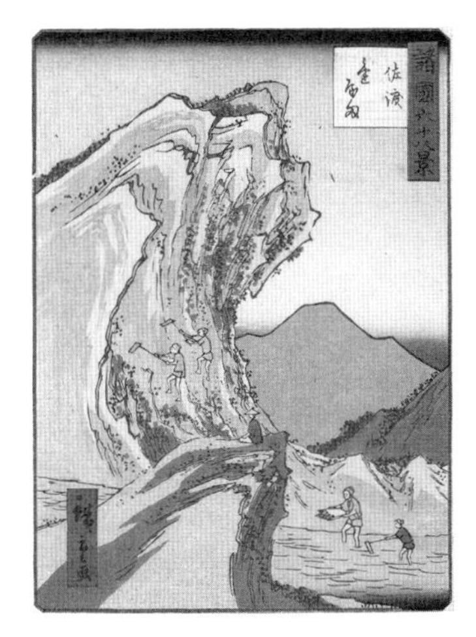

第 13 図　「諸国六十八景 佐渡金やま」
（新潟県立歴史博物館 所蔵）

第 14 図　「佐渡金銀山稼方之図」の「西三川砂金山之図」
（新潟県立歴史博物館 所蔵）

坑夫の様子など細部にいたるまで酷似している。筆者もその可能性を支持したいが，前述した安政 6（1859）年「諸国名所百景 佐渡金山奥穴の図」（第 10 図）と共通の種本と考えることでその可能性がより高まるのではないかと思われる（渡部 2014）。

④文久 2（1862）年「諸国六十八景 越後能生社」（第15図）

本図は，古社として名高い能生白山社（糸魚川市）を描いたものである。海中の奇岩とそこに建っている社は，弁天岩と厳島神社（能生白山社の末社）と思われる。能生白山社は，画面左の陸地側にある尾山（権現山）の岩肌に接しているのであるが，ここでは明確には描かれていないようである。種本は，初代広重の嘉永 6（1853）年「六十余州名所図会 越後 親しらず」（第 1 図）と同様，享和 2（1802）年に後篇 2 冊が刊行された淵上旭江『日本勝地山水奇観』の「越後能生社」である（第 16 図）。

第 15 図　「諸国六十八景 越後能生社」
（長岡市立中央図書館 所蔵）

第 16 図　『日本勝地山水奇観』「越後能生社」
（国立国会図書館 所蔵）

おわりに

本稿では，初代広重・二代広重が手掛けた越後・佐渡を題材にした風景版画を各4点，計8点紹介し，その種本について検討した。以下，簡単にまとめておわりとしたい。

画題となったのは，親不知・亀割峠・新潟湊・佐渡金山などで，越後・佐渡の名所として認知されていたものが多い。これらの作品は，広重（初代・二代）自身の現地でのスケッチによったものではなく，江戸で入手できる刊行物を主な種本としていた。具体的には，『日本勝地山水奇観』，『北斎漫画』，『二十四輩順拝図会』であり，他国の作品の種本としたものと重複しているものが多い。ただし，二代広重の佐渡金山に関わる作品（第10・13図）は，安政3（1856）年の石井文峰筆「佐渡金銀山稼方之図」（第11・12・14図）の可能性があり，この推論が正しければ，その画業の見直しにつながるのではないだろうか。

これらの作品は広重（初代・二代）自身の現地でのスケッチによったものではないが，彼らの技量によって種本の構図が巧みにアレンジされ，また，それを引き立てる色鮮やかな多色刷版画として制作されて，全国の人々に越後・佐渡の名所の風景を広く伝える役割を果たしたといえるであろう。

なお，三代広重が手掛けた越後・佐渡の風景版画とその種本については述べることができなかった。明治10（1877）年「大日本物産図会」の「佐渡国金山之図」・「佐渡金掘之図」については橋本博文の研究があるが（橋本2013），明治13（1880）年「府県名所図会　越後米山之図」など種本が不詳な作品もあり，今後の研究が必要である。

（2018年7月31日受付）

引用・参考文献

石井研堂　1922「広重の『六十余州名所図会』の剽窃の痕」『中央美術』82

内田　實　1930『広重』岩波書店

鈴木重三　1970『広重』日本経済新聞社

大久保純一　1986「広重風景版画における種本利用の諸相について」『名古屋大学文学部研究論集XCVI　哲学32』

武田鐵太郎　1988「広重の山田屋板山海見立相撲について」『浮世絵芸術』93

吉田　漱　1991「二代広重考（一）—墓所解明と作家論—」『浮世絵芸術』100

長岡市立中央図書館編　1994『反町茂雄文庫目録　第一集　越佐文人の軌跡』長岡市立中央図書館

鈴木重三（監修）・大久保純一（解説）　1996『広重六十余州名所図会　ブルヴェラー・コレクション』岩波書店

広重美術館編　1997『開館記念展 広重』広重美術館

森山悦乃・松村真佐子　2005『広重の諸国六十余州旅景色　大日本国細図・名所図会で巡る』人文社

大久保純一　2007『広重と浮世絵風景画』東京大学出版会

那珂川町馬頭広重美術館編　2007『初代広重没後一五〇年記念特別展　初代広重と二代広重の諸国名所絵展—六十余州名所図会と諸国名所百景—』那珂川町馬頭広重美術館

渡邉三四一　2010「亀割坂「弁慶茶屋」考—安産・胞姫信仰を普及した茶屋の盛衰—」『柏崎市立博物館館報』24

柏崎ふるさと人物館編　2012『描かれた《ふるさと》—古絵図にみる近世の柏崎—』柏崎ふるさと人物館

財団法人平木浮世絵財団編　2012『歌川広重　六十余州名所図会　上』財団法人平木浮世絵財団

財団法人平木浮世絵財団編　2012『歌川広重　六十余州名所図会　下』財団法人平木浮世絵財団

橋本博文　2013「佐渡金銀山に関連する浮世絵・絵図・鉱山模型をめぐって」『佐渡金銀山絵巻—絵巻が語る鉱山史—』同成社

渡部浩二　2014「石井文峰筆「佐渡金銀山稼方之図」—二代歌川広重の佐渡金銀山関係浮世絵との関連を含めて—」『新潟県立歴史博物館研究紀要』15

ウラン・トルゴイ岩陰墓（10世紀～11世紀）の考古学的研究

ロチン・イッシツェレン
（訳:田中祐樹）

はじめに

モンゴル国バヤンホンゴル県バヤンツァガーン郡カーアラガント山の東向きの谷には無数の横穴の存在が知られている。周辺住民によって発見された，この山の斜面と山の頂上にある二つの岩陰墓は，地域での呼び名から「ウラン・トルゴイ遺跡」と名付けられた。本稿では，筆者が調査に従事した本遺跡について，その調査概要を報告する。なお，本稿では便宜上，斜面に所在する墓を第1号岩陰墓，山頂に所在する墓を第2号岩陰墓と呼称する。

第1号岩陰墓

東向き斜面に，高さ60cm，幅120cmの平面三角形状に横穴を掘削した墓である。玄室高は220cm，間口幅が120cmで，奥に行くにつれ徐々に狭くなり，最奥部で幅30cm程度である（第1図）。開口部には，多くの石が散在しており，墓の閉塞に用いられたと考えられる。開口部東側から木製品が発見されたが，横穴全体にネズミの糞や鳥の糞などが堆積していたため，全体を掘り下げる作業を行ったところ，表層下15cmから腓骨を検出した。その後，肋骨，肩甲骨などが相次いで発見されたほか，周辺からは木製品の破片が多数出土した。それ以外にも中足骨，膝蓋骨，肩甲骨，下顎骨といった人骨とともに，織物と思われる繊維が出土している。並行して，掘削土を篩にかけたところ，木製櫛，紡錘車，木製椀の破片などが相次いで発見された。掘削作業は，表層下20cmで基盤層（岩盤）に達したところで終了した。

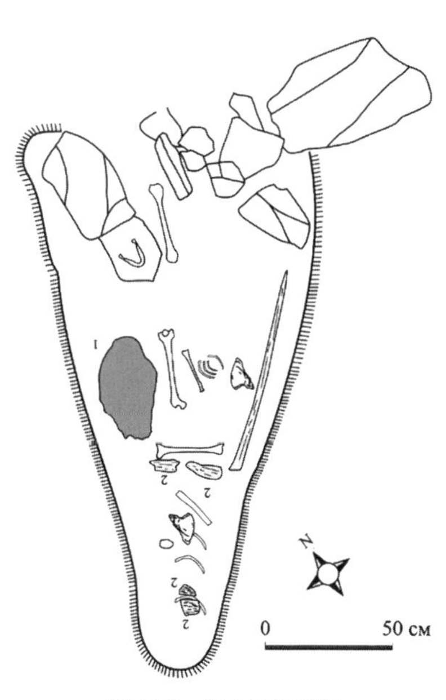

第1図　第1号岩陰墓

発掘作業の結果，出土した人骨部位は第2図のとおり非常に多岐にわたる。下顎骨，右肩甲骨，舌骨，胸椎，右肋骨，左肋骨，左腸骨，右大腿骨，脛骨，右腓骨，左足根骨，右足の指骨などである。この人骨については，歯の消耗具合などから，年齢は20-25歳，腸骨の特徴から女性であることが判明した。また脛骨から推定される身長は161.2cmであることがわかった。

第1岩陰墓から発見された遺物は以下のとおりである。その多くは副葬品と思われる。

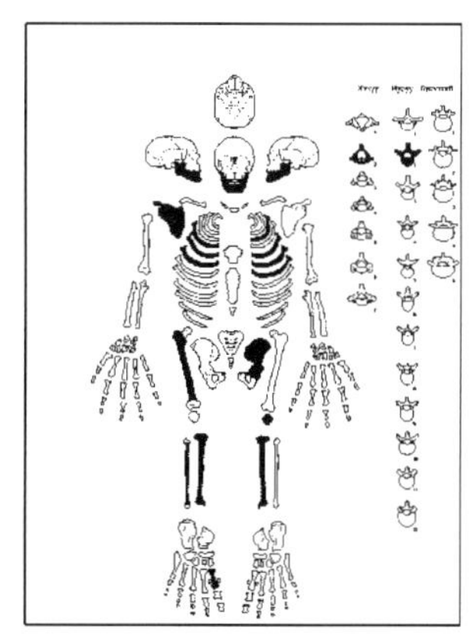

第2図　第1号岩陰墓出土人骨

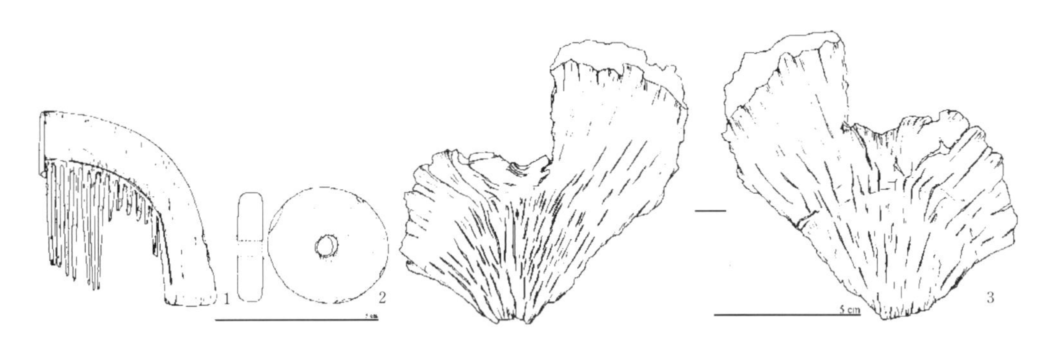

第3図　第1号岩陰墓出土遺物

1　木製櫛。約半分欠損するも，装飾が施され，歯が非常に細くなるように製作されたことがわかる。残存長4.8 × 6.8cmである。櫛の上部の厚さは1.1cm。木製の櫛を伴う例はモンゴル時代の墓で普遍的にみられる（第3図1）。

2　石製紡錘車。白色で硬質な石材を加工して製作されている。直径3.4cm，厚さ1cm，孔直径0.7cmを測る。紡錘車が副葬された墓は匈奴，突厥，モンゴル時代など幅広い時代にみられるがそのほとんどは，粘土や骨製のものが多く，石製は少ないのが特徴である（第3図2）。

3　木製椀。底部のみが残存する。残存部分の大きさは10 × 9.5cm，底の直径は6cmである（第3図3）。

第2号岩陰墓

第2号岩陰墓は，第1号岩陰墓から10m登った岩山の頂上に所在する。開口部は東向きである。この墓は南北方向に平面三角形状に掘削されており，玄室内の高さは開口部で60cm，幅が120cmを測る。玄室長は270cmで，玄室内には全身人骨が横たわっていた（第4図）。

開口部は木製の脚立状の木材と，その周囲に石を積むことで閉塞したと思われる。第2号岩陰墓は盗掘の被害を受けており，胸部から頭部にかけて骨や遺物が散乱していた。一方，下半身周囲の遺物は比較的残りがよい。

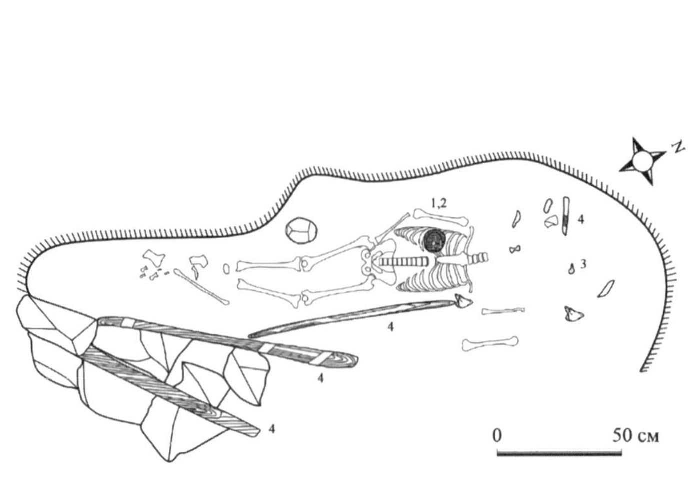

第4図　第2号岩陰墓

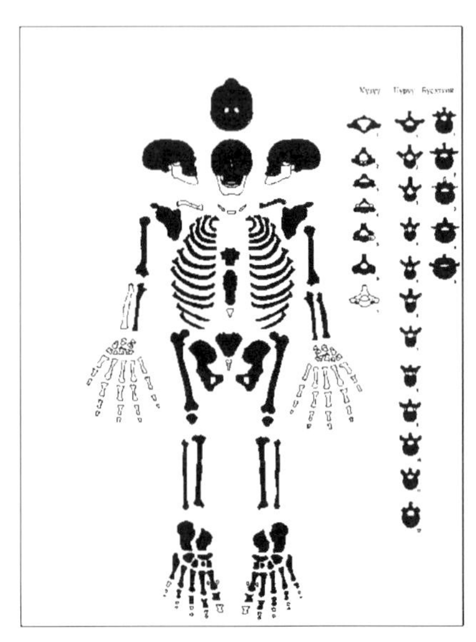

第5図　第2号岩陰墓出土人骨

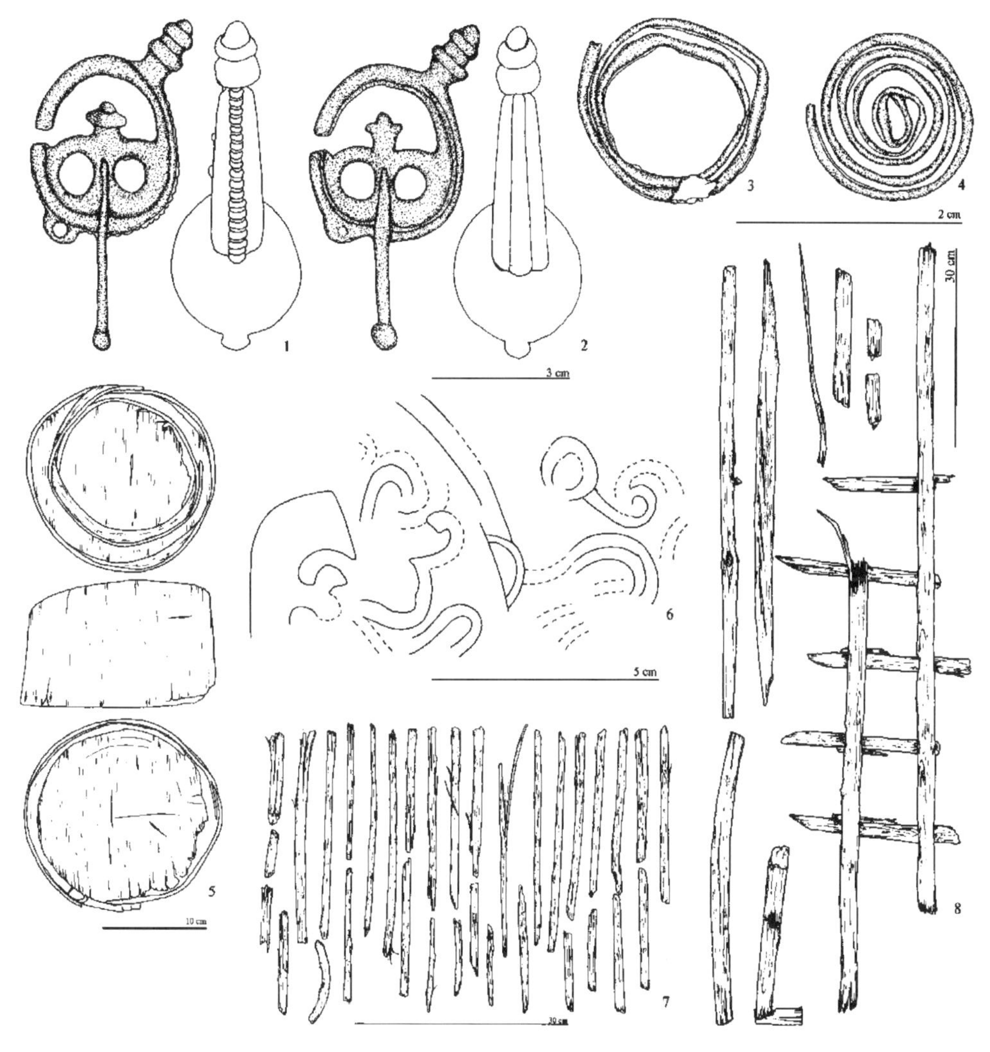

第6図　第2号岩陰墓出土遺物

第1号岩陰墓同様，玄室内にはネズミの糞や鳥の糞の堆積が認められたことから，面的に掘り下げたところ，表層下15cmで人骨を検出した。ただし，盗掘者の侵入によって，人骨は大きく原位置から動いていることが判明した。例えば，頭骨は腰のところにあり，左手の骨や足の骨が移動されている。なお，胸部左側には白樺で作られた木器が配置されており，その中から青銅製の耳飾1点が検出されているほか，左鎖骨付近からも耳飾1点が検出された。また，胸骨の下からは織物が検出されているが残りは非常に悪い。出土した人骨は部位別に，下顎骨，右鎖骨，橈骨，両手の手根骨，手指骨等を除いた部位が確認されている（第5図）。頭骨と歯の消耗度合から考えて，年齢は20–25歳，腸骨の特徴から男性であることが判明した。また，脛骨から推定される身長は159.6cmであることがわかった。

第2岩陰墓から発見された遺物は以下のとおりである。第1号岩陰墓同様，その多くが副葬品と思われる。

1　青銅製耳飾。鋳造。長軸7cm，短軸3.4cmで，リング状を呈し，大環の下部を小環二つで区画する。大環外縁には刻み目を入れている。大環と直交する形で楕円形の飾りが垂下する。（第6図1）。

2　青銅製耳飾。鋳造。形状，大きさは第6図1とほぼ同じである（第6図2）。

3　円形青銅製品。鋳造。幅0.2cm，厚さ0.1cmの青銅板を2重に丸く巻いたものである。直径1.7cm（第6図3）。

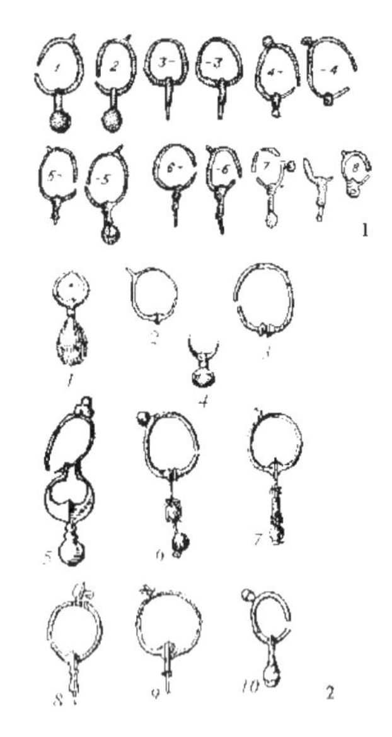

第７図　突厥時代における耳飾り

4　円形青銅製品。鋳造。基本的な形状は第６図３とほぼ同様だが，４重に巻いている。直径 1.4cm。これらは副葬に伴う容器の縁と考えられる（第６図４）。

5　白樺製品。白樺に生皮をかぶせた痕跡があり，先端に糸が残る。10.5 × 3.5cm （第６図５）。

6　織物。黄色い織物に花の文様が描かれる。14 × 8cm（第６図６）。

7　不明木製品。脚立に関係するものと考えられる（第６図７）。

8　木製脚立。破損しているが，約 100cm の丸材２本の間に約 30cm 長さの板材を階段のように組んだものである。丸材に施された穿孔痕が明瞭に残る（第６図８）。

ここでは，ウラン・トルゴイ遺跡出土遺物のうち，青銅製耳飾について詳述する。なお，他の出土遺物は岩陰墓をはじめとする墓から出土されることが多く，Хүрэлсүх 2012, Эрдэнэбат, Амартүвшин 2010 といった研究がある。

調査で発見された耳飾は本遺跡の年代，埋葬された人物の階層，社会的ステータスを明らかにする際に重要な資料である。これまでの調査から，今回出土したタイプの耳飾は突厥時代の石人に彫刻された事例があることがわかった（第７図）。とりわけモンゴル高原中心部に位置するハンガイ山脈からアルタイ山脈に分布する突厥時代の石人遺跡から，筆者が知るかぎりでも以下の事例が確認できる。Arkhangai 県 Bayantsagaan 遺跡，ariat 郡 Dadga 遺跡（Баяр, 1997：140・143 頁），Bayannuur 郡 Zagiin Am 遺跡（Баяр, Эрдэнэбаатар 1999：110・146 頁），Bulgan 郡 Tsunkhul 遺跡（Баяр, Эрдэнэбаатар 1999：118・149 頁），Tsengel 郡 DayanNuur 遺跡（Баяр, Эрдэнэбаатар 1999：126・157 頁），Ulgii 市博物館（Баяр, Эрдэнэбаатар 1999：138・164 頁），Ulaankhus 郡 Khar・Yamaat 遺跡（Төрбат нар 2009：149 頁）。

また，突厥滅亡後のウイグル時代の石人遺跡である Bayan-Ulgii 県 Nogoonnuur 郡から発見された石人にも，本遺跡から出土した耳飾とほぼ同様の表現がみられる点は注意したい（Баяр, Эрдэнэбаатар 1999：123 頁）。

ところで，石人に耳飾を彫刻されたものは全て男性像であり，女性像には彫刻されない。これについては耳飾が本来，兵士や男性貴族らの装飾品であると考える研究者は多い（Төрбат нар 2009：131・132 頁）。同様の事例は，管見では西シベリア地方（Бараба в тюркской 1988：85 頁），アルタイ Khuderge 遺跡（Гаврилова 1963：62 頁 рис.7），Arkhangai 県 Khashaat 郡にある Khushuu Tsaidam 遺跡（Баяр нар 2003）といった６世紀～８世紀までの墓や儀礼場（Баяр нар 2003）などで確認されている。

これら石人にみられる彫刻表現と墓に伴う耳飾りは，その形態的特徴に類似性を見出すことは可能と思われる。契丹時代の代表的な遺跡である Bulgan 県 Dashinchilen 郡に位置するチントルゴイ遺跡から出土した石製耳飾（Очир нар 2008：268 頁），ドュンゴビ県立博物館（Dundgovi 県立博物館）にある青銅製の耳飾

第８図　モンゴルの耳飾諸例

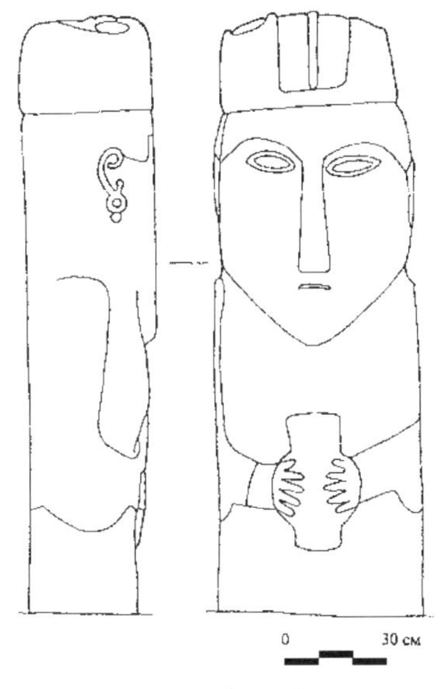

第9図　ウイグル時代の石人

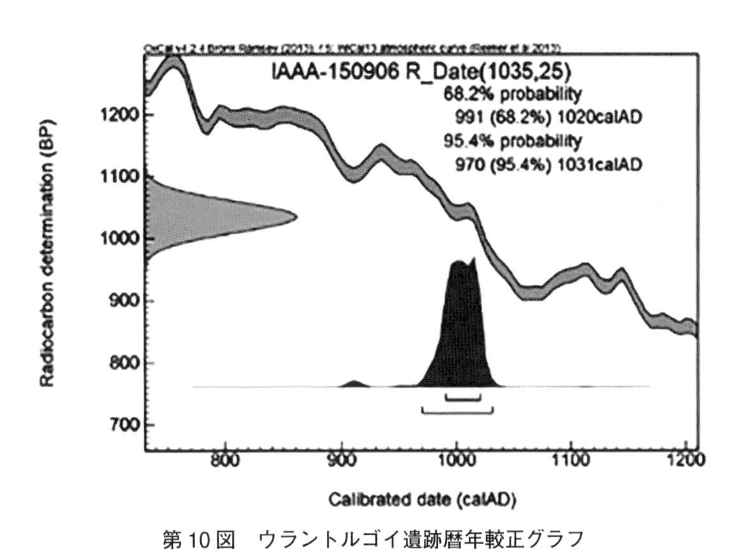

第10図　ウラントルゴイ遺跡暦年較正グラフ

（Дундговь аймгийн 2014：143頁）は形態的に近似している。また，内モンゴル自治区のShar tal遺跡からも同じタイプの耳飾が出土している（The Xie'et al. 2006：82・105頁）（第8・9図）。ここで，突厥以前にどのようなタイプの耳飾が存在するのか少し触れておきたい。匈奴時代の考古資料を概観すると，装飾品のなかに耳飾はみられるものの，契丹時代と同じタイプのものはない。この時代の耳飾はリングに宝石やガラスなどをつけるものである。一方，このタイプの耳飾りは青銅器時代とモンゴル時代にあたるモンゴル族の物質文化でも散見されるものである。このように考えると，ウラン・トルゴイ遺跡から出土された耳飾はアルタイ山脈地方に住んでいた突厥族との関わりで理解すべきものと思われる。最後に，出土人骨の年代測定の結果を提示する。測定の結果，①991calAD 1020calAD（68.2％），②970calAD 1031calAD（95.4％）という二つの範囲が示された（第10図）。この測定年代は，今回出土した遺物の年代観とそれほど矛盾するものではないことを付記しておきたい。

おわりに

ウラン・トルゴイ遺跡は，盗掘を受けていたものの発掘調査によって契丹時代（10～11世紀）の埋葬儀礼などの詳細を知ることができた貴重な事例といえる。この時代のモンゴル西端であるアルタイ山脈地方は，ナイマン族とヘレイド族といった部族らの活動領域と考えられることから，それら部族中の上流階層に位置する人物の墓と推察される。

謝辞　橋本先生には留学生として新潟大学で考古学の基礎を学ばせていただきました。群馬や栃木での発掘調査で，緻密な日本の発掘技術を学んだ経験は，モンゴルで日々仕事をするうえでの基礎となっています。拙い内容ではありますが，先生の今後のご活躍を祈念し，拙論を捧げます。

（2018年7月12日受付）

参考文献

Амартүвшин, Ч., Гүнчинсүрэн, Б., Батболд, Н., Бадма-Оюу, Б., Базаргүр, Д., Ишцэрэн, Л. Далантай, С. 2015. "Капкорп Монголиа" ХХК-ийн "Богд-IV", "Онги-V" нэртэй газр

тосныхайгуулын тусгай зөвшөөрлийн талбайдхийсэн археологийн авран хамгаалаххайгуул судалгааны тайлан. *ШУА-ийнТАХБМС*, УБ.

Баяр, Д. 1997. *Монголын төвнутаг дахь Түрэгийн хүн чулуу*, УБ.

Баяр, Д., Эрдэнэбаатар, Д. 1999. *Монгол Алтайн хүн чулуун хөшөө*. УБ.

Баяр, Д. Амартүвшин, Ч., Энхтөр, А., Гэрэлбадрах, Ж. 2003. Билгэ хааны тахилын онгоны судалгаа, ***Studia Archaeologica. Tom. XXI (I), Fasc. 9***, УБ.

Гаврилова, А.А. 1963. *Могильник Кудыргэ как источник по истории Алтайских племен*. М. Л.

Деревянко, Е.И. 1988. Бараба в тюркское время, Редактор Е.И.Деревянко, *Древнетюрксие погребения Центральной Барабы*, Новосибирск.

Дундговь аймгийн. 2014. *Дундговь аймгийн музейн хүрэл цуглуулга*, УБ.

Махичек, М.Л. 2010. *Монголнутагдахьэртнийхүнамын хооллолтыг изотопын судалгаагаар тогтоох туршиц судалгаа*, Дундговь аймагт хийсэн археологийн судалгаа: Бага газрын чулуу, УБ.

Очир, А., Крадин, Н.Н., Ивлиев, А.Л., Данилов, С.В., Эрдэнэболд, Л., Никитин, Ю.Г., Энхтөр, А., Анхбаяр, Б., Батболд, Г. 2008. *Чинтолгой балгасны судалгаа*, Археологические исследования городища Чинтолгой, УБ.

Хүрэлсүх, С. 2012 *Хадны оршуулгын судалгааны зарим асуудал*, УБ.

Төрбат, Ц., Баяр, Д., Цэвээндорж, Д., Баттулга, Ц., Баярхүү, Н., Идэрхангай, Т., Жискар, П.Х., 2009. *Монгол Алтайн археологийн дурсгалууд-I. Баян- Өлгий аймаг*, УБ.

Эрдэнэбат, У., Амартүвшин, Ч. 2010. Дугуй Цахирынхадныоршуулга (X-XII зуун), УБ.

Bruno, F. Amgalantugs, T., Hunt, D., Falkowski, B., Chambers, R., Achenbach, P., Betz. B. 2010. ***A Khitan Empire Mummy: TheReconstruction and Evaluationof Violent Death in the Gobi Desert, Mongolia***. Academia Canaria de la Historia, pp. 17-16.

IACSS, EMH, CRIH. 2006. Xié ertala Cemetery at Hailaer. Science Press, Beijing.

Stark, S. 2008, ***Die Alttürkenzeit in Mittel-und Zentralasien Archäologische und historische Studien. Band*** 6, Wiesbaden.

図版出典

第７図　2. Soren, 2008; Tabn.f; 3. Бараба в тюркское., 1988; рис. 39. 1-8

第９図　Д.Баяр, 1999: III; 42

上記以外は筆者作成。縮尺不同。

歴史教育における考古学の可能性
—主体的・対話的で深い学びは可能か？—

竹田　和夫

はじめに —考古学研究から高校教育へのアプローチ始まる—

近年の考古学研究者や研究組織または博物館では注目すべき動きがみられる。それは学校教育特に高校教育へのアプローチである。

この前段の動きとしては，歴史教育者協議会の月刊誌『歴史地理教育』が数年置きに考古学を時代ごとに特集し，研究者が最新の教科書を解説し（例えば石川日出志による弥生時代の教科書記述の読み解き），小中高の授業実践を掲載してきた。また，高校も含めた授業形式記述の通史（山岸良二『新版入門者のための考古学教室』同成社，2014年）もある。高大接続を意識した実践では竹田和夫「「歴史の考察」の実践—「縄文時代の埋葬」と博物館展示を結ぶ試み」『歴史と地理』582号・『日本史の研究』208号（山川出版社，2005年）がある。

日本考古学協会では，2006年に社会科・歴史教科書等検討委員会を設置し，歴史教科書や学習指導要領の分析をスタートさせた。同時に「歴史教科書を考える」という会報も発刊した。また高校生主体で考古学や関連諸分野の調査・研究の取り組みのポスターセッションも開始した。

このような動きに加えて，さらに注目すべきことがある。まず，昨年から本年にかけて刊行された『考古学研究』では何度も「学校と考古学」を特集しているのである。そして，博物館でも教育とのリンクが見られる。九州国立博物館では全国高等学校考古名品展というトピック展示が試みられ，全国高等学校考古フォーラムが開かれた。ここでは展示品が示す「日本の歴史・高校と考古学の歴史・観覧者自身の歴史」を扱っている（今井涼子「高校考古」『歴史地理教育』860号，2017年）。

展示といえば，最近京都市立考古資料館を訪問した時に，平成28年に京都市考古資料館・龍谷大学付属平安高等学校・中学校合同企画展「HEIAN 掘る！」，翌年には立命館大学・京都市考古資料館共催「布と石の考古学入門」が開催されたことを知った。2ヶ年以外にも異校種や自治体と連携した遺物の展示事業がなされていることに筆者は従来の企画展にはない先進性を感じた。

このように考古学研究者や学会または所属する博物館サイドから，学校教育特に高校への接近を図り，従来にない発想の事業をたちあげていることに心から敬意を表する。

土器づくりや土器にふれる等の授業が行われてきた小中学校に比して，高校の場合は考古学の教材化や実践が後手にまわっていたことは否めない。

高校現場の教員もかつてのように地域に目を向け，その歴史を語る場面が激減した。特に近隣の遺跡や考古資料の活用は壊滅状態に等しい。さらに，かつて高校教育の知的活動をリードした郷土部・歴史クラブ等が衰退し，収集保管していた学校所有の考古資料も顧みられず，それを解説できるスキルをもった教員もいない状態である。

13年間にわたり，教育現場を離れ文化行政の世界で，学校教育と文化財保護行政の接続教育や推進事業を模索してきた筆者としてもこのような現状を大いに危惧している。

1　教育の新しい動き

学校教育の指針ともいえる学習指導要領が改訂されることになった。その核となるのは「主体的・対話的で深い学びの実現」（いわゆるアクティブ・ラーニングの視点からの授業改善）が求められることが大きな特徴である。また「社会的な見方・考え方」「社会的な思考力・判断力・表現力」も必要となる。

従来は説明型，チョーク＆トークが主流であった高校教育にとっては大きな転換が迫られたことになる。高校歴史科目も様変わりする。日本史A・世界史Aがなくなり歴史総合という新科目が誕生し必修となる。世界史は必修ではなくなり，従来の世界史B・日本史B科目は世界史探究・日本史探究という名称の科目となり，単位数が減る。今年になって正式に学習指導要領やその解説も示されるに至った。解説は過去のそれに比して詳細かつ具体的に書かれている。

このような「主体的・対話的で深い学び」等一連の新しい教育の方向性，さらに歴史科目の内容の大転換を考古学研究者はどの程度理解しているであろうか。

考古学協会による小中学校の教科書記述および指導要領の読み込みの作業や威知志麻子「教科書に見る埴輪の記述」（『歴史地理教育』No.875，2018年）のように学習指導要領記述の変遷をたどる作業は行われているが，考古学研究関係者による高校現場の実態を踏まえた分析と今後の具体的な指導方法はまだ打ち出されてはいない。

まず先日示された新学習指導要解説領における考古学の扱いについて確認してみよう。※傍線の実線と波線は筆者が引いたものである。実線は考古学の範疇のなかでも直接対象とされているもの，波線は学びの行為を示す。

歴史総合の学習指導要領解説に見える考古学関連記述

新科目歴史総合の解説によると，大項目の「歴史の扉」の中項目である「歴史の特質と資料」においては，「日本や世界の人々の歴史的な営みの痕跡や記録である遺物，文書，図像などを活用し，課題を追究したり解決したりする活動」を通して行うことが示された。この「内容の取り扱い」を読むと，「遺物」とは遺跡・遺構をさしていることがわかる。」（※現行の世界史Aでは「ものや技術を取り上げた場合は，例えば，外来の道具や栽培植物，技術，日本列島の各地や身近な地域に残されている遺跡や遺物などを取り扱い，文明を支えたものや技術に見られる人類の知恵に気付かせたり，伝播や変容を経て現在まで受け継がれていることを考察させたりする」とする。）

日本史探究の学習指導要領解説に見える考古学関連記述

日本史Bにかわる科目の日本史探究では，その大項目である「原始・古代の日本と東アジア」において，歴史資料を活用する技能を育成するとともに時代を通観する問いを踏まえ，資料を基に，原始・古代の特色についての仮説を表現して展開と画期の学習に向けての展望をもつことを促す（※現行の学習指導要領では，考古学等による新しい事実の解明によって歴史が書き改めつつあることに気付かせることも大切であるとしている。）

中項目の（2）「歴史資料と原始・古代の展望」の内容の取扱いでは，歴史資料の特性を踏まえ，資料を通して読み取れる情報から，原始・古代の特色について多面的・多角的に考察する。遺構や遺物について，時代の特色を考察することができるような遺跡の発掘成果から，縄文社会の生活などの様子を観察したり，それ以後の時期の遺物や遺構などと比較したりするなどの学習が考えられる。その際，どのような方法を用いて遺物や遺構の調査・分析が行われているかについて触れることも大切である。考古学や民俗学，人類学，自然科学的な年代測定の成果など，多様な分野の分析を組み合わせることが必要なことも留意する。

資料活用を踏まえ，仮説を表現することも新しい内容である。考古学に即した例として「なぜ集住する人々が多くなったのだろうか」などの教師の問いかけを基に，生徒が考古学の成果を示した資料などから人々の生活の変化を読み取り，相互に自分の考えを説明するなどの活動を通じ，生徒が「人々が集落を形成したのは，日本列島の環境や気候，農耕の開始などが影響していのではないか」などの仮説を立てることがあげられる。発掘の成果などの資料を活用し，縄文時代の時代像の変化を踏まえ，「縄文文化が長く続いたのは，日本列島の環境と縄文文化の暮らし方が適合していたからではないか」「縄文時代にも原初的な農耕が行われていたのではないか」という仮説を立てることも示された。そして，さらに注目すべき記述は以下の波線部である。

旧石器文化から縄文文化への変化は自然環境と人間の生活との関わりに注目すること，仮説の表現として「なぜ集住する人々が多くなったのだろうか」などの教師の問いかけを基に，生徒が考古学の成果を示した資料などから人々の生活の変化を読み取り，相互に自分の考えを説明するなどの活動を通じ，生徒が人々が集落を形成したのは，日本列島の環境や気候，農耕の開始などが影響しているのではないか」などの仮説を立てて……（以下略）

以上，新しい学習指導要領の説明に導かれ，考古学を想定すると，従来はふれる（活用）→気付かせる→考察するという方法やプロセスが重視されてきたのが，今後は**ふれる→課題（問い）と仮説を立てる→解決へ向けての提案**と変化してきている。※以下，特に今後求められる作業については**太字**で表記する。

各地の埋文センターや博物館ではよく出前授業を行っているが，価値づけや地域特性の説明さらには火起こし・土器づくり・石器づくり・勾玉づくり・編み物などの体験が主であった。しかし，近年はごみ問題と重ねて考えるなど（下山覚「地域博物館と学校との連携」『歴史地理教育』668号，2004年）現代社会とつながる問題も入れた教育活動が始まっている。

もはや一瞬の体験や知識の暗記だけで古代へのロマンだけでは関心を持続させることが難しいのである。思考・判断・表現の体験が将来への記憶と再生につながるのである。

高校教育の前段の中学教科書歴史分野を見ると，すでにここにつなげる学びが用意されてるいことがわかる。また博物館施設でも対話を解説シートに取り入れているところもある。例えば京都市埋蔵文化財研究所・京都市考古資料館『リーフレット京都 No.348　考古資料館に行ってみよう　鳥羽離宮金剛心院の瓦は語る』（2017年）では「つよし・こころ・U先生」の三人の対話形式となっている。「瓦がすべて同じに見える」という素朴な感想からスタートし，「瓦の産地がなぜわかるか？」「瓦を京都でなぜ焼かず，遠方から運ぶのか？」など疑問で構成されている。

2　考古学の成果の活用に基づき，生徒が問いと仮説を立てる授業実践

ここでは，教育の新しい方向につながる自身の実践を提示してみたい。指導案の概略は別稿で示したので参照いただきたい（竹田和夫「日本海は地中海？」『地域から考える世界史』勉誠出版，2017年）。

考古学＝日本史・世界史イメージからの脱却

考古学というと即日本史または世界史のイメージが強い。しかし，現在の高校の教育現場では ESD ＝持

続可能な発展のための教育（エデュケーション・フォー・サステイナブル・ディベロップメント）や隣接科目との相互補完による授業も十分可能である

注目したいのは古市秀治「現代に生きる歴史教育と文化財」（『歴史地理教育』668号，2004年）である。工業高校の現代社会の授業で考古学の活用を行っているのであるが，「環境権などの理論的学習」「発掘体験という体感で学ぶ学習」「都市再開発など現実的課題との学習」「地元という身近な問題としての学習」をリンクさせている。

このように教育現場における考古学は，地形環境分析であれば地理，衣食住に特化すれば家庭科，地層の分析であれば地学，金属製品分析であれば化学など，歴史科目以外に拠って立つ科目がひしめく。特に理系（自然科学）の科目特に化学・生物・地学の教科書のなかに考古学の報告書を作成し，読むときの学びが潜在している。

執筆者実践例 1

考古学と国語（現代文）の教科書と関連させた実践を試みた。素材は考古学者の新納泉「原始社会像の真実」である。これは東京書籍『精選現代文B』に評論として収録されている。新納は原始社会における戦争について考察している。短文ではあるが，戦争の条件や女性の地位について問題提起している。私は日本史Bの縄文時代・弥生時代の単元や世界史Aの特設テーマ「戦争の歴史と女性の立場」の授業において，下記のような問いかけを行った。

●時系列に関わる問い……教師→生徒「新納の示す戦争とはいつの出来事だろうか，日本のみならず世界ではどのようなことが起こっていたのか？」また，生徒からは次のような問いが自発的に出された。生徒→生徒「戦争はどのような経緯で起こったのだろうか？」

●仮説を立てる……教師＋生徒→生徒「戦争などの社会変化と女性の立場の変化は連関しているのではないか。」という仮説を教師と進行役の生徒が奇しくも同時に考え，他の生徒に投げかけた。これらの問いや仮説をさらに深めるために『現代文』教科書の新納の評論に関する国語の観点からの問いの文章を活用し，歴史授業時で生徒に問いかけた。教科書「学習の手引き」のなかから①「原始社会は，ユートピアではなかった。また逆に野蛮であったわけでもない。」はどのようなことを述べているか。②筆者は原始から現代に至る社会の変遷をどのように捉えているか，の二点について歴史教科書の時代説明と対比しながらペーパーワークしてもらった。次の段階では，教科書の「表現と言語活動」で示された「時間的に，もしくは空間的に離れた人々の営みを，自分たちの「ご都合で理想化して」捉えている例は本文で挙げられた三つの例以外にもないか，話し合おう。」という課題を利用して，グループワークとして討論を行った。評価（ループリック）は自己評価・相互評価の2種類を設定し達成度・理解度を五つのランクに分けた。以下の実践における評価もこれに準じている。

実践例 2

三省堂『高等学校現代文B』に民俗学者赤坂憲雄の「木を伐る人／植える人」が評論として掲載されている。この文章では三内丸山遺跡を題材として縄文時代の人々の自然環境に対する意識を取り上げている。日本史Bの授業時にこの評論を活用し，同書の学習の手引きで示された「森の論理と人の論理の対立，木を伐る人と木を植える人の対峙，を歴史事実から探して，説明をしてもらった。下記のような問いかけがなされ仮説が立てられた。

●事象相互のつながりに関わる問い……教師→生徒「なぜ「木を伐る／植える」事象が起こったのか？」

生徒→生徒「歴史の変遷の中で環境破壊を食い止めることができないのか？」

●仮説を立てる……発案は教師　破壊された環境は人間の自力である程度再生・復元が可能である。

問いかけや仮説については，双方に相当する事例を日本史図説に掲載された遺跡・遺物から抜出・適合させて教師・生徒が一緒に考えた。

実践例 3

土師器に墨書された和歌のように，平安時代の文学作品に出てくる建物・調度・和歌について日本史の時間に考古学の発掘成果と突合して考察する。京都市考古資料館の展示・解説シート・刊行物『つちの中の京都』1～3 『紫式部の生きた京都～つちの中から～』(2008 年) に掲載されている出土品を素材にした。参考として古典の時間に生徒が使用している教科書をはじめ,『国語便覧』『国語図説』も歴史の時間で活用した。

●諸事象の比較に関わる問い……教師→生徒「邸宅跡から出土する遺物は当時どのような意味をもっていたのだろうか？」生徒→生徒「邸宅の関係者以外の住民の立場に立つと出土遺物はどのような意味かあったと考えられるか？」

●仮説を立てる……邸宅の居住者の優位性が出土品で検証される

問いかけや仮説については，双方に相当する事例を日本史図説に掲載された遺跡・遺物から抜出・適合させて教師・生徒が一緒に考えた。

実践例 4

弥生時代の絵画資料を分析し，環境や精神世界を考える授業を行った。このテーマの実践では過去に関原正裕「銅鐸の絵から見える弥生時代」(『歴史地理教育』860 号，2017 年) や宮原武夫の実践があるが，今回は背景について主眼を置いた授業を展開した。使用したのは『新作発見！弥生絵画―人・動物・風景―』奈良県立橿原考古学研究所附属博物館，であり，絵画は，人物画・動物画，土製品・青銅器・木器に区分した。

●事象相互のつながりに関わる問い……教師→生徒「この事象の背景にはどのような状況が存在したのか？」生徒→生徒「自然環境以外の要因は何か？」

●仮説を立てる……絵画資料にも地域性 (地域による環境や信仰の相違) がうかがわれる

生徒からは，日本海沿岸では魚を描いたものにサメが見られるが，大阪湾や奈良盆地では日本海とは異なるシュモクザメ・サケ・鹿の多様な組み合わせの絵が見られる指摘がなされた。鹿の役割としては，豊作をもたらす存在であることと，人間が倒す自然そのものという，二面性が討論の過程で浮き彫りになった。比較として図録『ラスコー洞穴絵画』国立科学博物館を活用し，牛・馬・鹿の描写と背景を学んだ。

実践例 5

教師自身のアクティブ・ラーニング (奈良県桜井市～天理市域の古墳群を自ら歩き，景観と水利に関する聞き取りを行った) と生徒の主体的な学習を組み合わせた授業を展開した。参考にしたのは寺村裕史『景観考古学の方法と実践』(同成社，2014 年) である。同書では古墳相互の視認関係に着目する。

事前に桜井市埋蔵文化財センターで購入した遺跡分布地図を持ち古墳を順次見てまわり野帳にメモした。観察・聞き取りのポイントは①古墳をさまざまな角度から見渡し立地環境を明らかにすることである。特に周囲の堀と河川・ため池の水利関係に配意すること，②古墳の敷地内に入れるところはその墳丘上から周囲を可能なかぎり眺望すること，である。

教師は聞き取りした野帳をカード化し，古墳別に生徒たちにふりわけた。古墳群の空中写真と地図をボードに貼る。生徒たちは情報を付箋に整理し地図に貼り分けていく。ここで生徒が問いかけを発し仮説を立てた。

生徒の調べ学習の結果，①は平坦地か丘陵に築造されているものが多く，湿地・窪地などには立地していないものも含めて，中小河川を利用した灌漑の水利体系に見事に組み込まれている。②は年代的に直前に築造された古墳が見通される位置に後続の古墳が設けられることが多いこと，同時期の古墳築造の主軸方位に共通性があること，がわかってきた。

最後に，「古墳群が現代の地域社会にとってどのような意味があるのか？」について全員で意見交換をした。古墳が時代をこえて地域のランドマークであり，住民にとって過去の遺物ではなく生活空間の一翼をになっていることが水利の観点から総括されたのであった。

●諸事象の比較に関する問い……教師→生徒「多数の古墳築造は，当時地域にとってどのような意味をもっていただろうか。」生徒→生徒「なぜそこに立地したのか？地域の人々からはどのように認識されていたのだろうか？」

●仮説を立てる……教師の発案を生徒が補訂「古墳は築造された当時は地域の権力のシンボルであったが，地域自体のランドマークでもあった。」

結びにかえて―考古学と高校教育の連携の可能性

教師のみならず，生徒自身も疑問を抱き，問いを発し，現代とのつながりや現代の諸課題を意見交換する考古学の授業を提起した。こうした体験は記憶に残り，リセットされてその時点での課題解決に資するであろう。しかし主体的・対話的で深い学び自体が高校では始まったばかりである。狭義の歴史にとどまらず，ESDや文理融合の教育を充実させる素材としても考古学研究の成果に向き合っていきたい。

（2018年8月10日受付）

文化財の保存と町づくり
—文化財訴訟から考える—

川上真紀子

はじめに

文化財は守りたい。人は率直にそう思う。歴史的建造物であっても，地面に刻まれた遺構であっても，残せるなら残しておきたいと思う。ただ，家を建てる，道路を通すなどの別の要求が生まれたとき，人は，二つの利益を天秤にかけ，多くの場合は，文化財を破壊し，新しい建造物を作る。

ただこのとき，文化財を守ることが優先される場合がある。それはどのような場合なのだろうか，そして文化財を守ることで人々が得る利益とは何であろうか，いくつかの文化財訴訟を通して考えてみたいと思う。

1　文化財保存運動の質を変えた伊場訴訟

(1) 伊場遺跡とは

伊場遺跡は，静岡県浜松市にある弥生時代と古代を中心とする複合遺跡である。太平洋戦争中，浜松には大規模な空襲が相次いだ。浜松は，東海道の交通の要衝であると同時に，中島飛行機などの軍需工場が立ち並び，爆撃対象となった。また，名古屋・東京空襲の際のルート上にあり，残った爆弾を浜松に落としたともいわれている[1)]。1945 年，伊場遺跡にも爆弾が落とされ，大きな穴ができた。戦後，その穴から多数の弥生土器が発見され，遺跡の存在が判明することとなった。発見したのは爆弾でできた穴が池となり，そこへ魚釣りに来た中学生だ。これを見せられた中学教師高柳智氏が，価値を認識し，母校の國學院大學に連絡，第一次調査が実現した。1949 年のことである。専門性がある中学教師が存在したことによって，伊場遺跡は周知されることになる[2)]。地元の研究者をはじめ，専門性をもつ者の果たした役割は大きい。

1954 年，遺跡の重要性から伊場遺跡は，静岡県の県指定史跡となる。その後の調査で判明した遺跡範囲に比して，指定範囲は三条の溝に取り囲まれた弥生時代の集落遺跡のごく一部ではあった。しかし，戦後の復興が完成しない時期に県史跡としたことは，迅速な対応であったといえるだろう。

ところが，高度経済成長が進むにつれ，伊場遺跡一帯の開発計画が動き出す。その経過は伊場訴訟を支えた法学者，椎名慎太郎氏の一連の著作に詳しく描かれている。それによれば，史跡指定後すぐに開発計画が動きはじめ，史跡整備の名目で浜松市によって買い取られていた伊場遺跡の土地は，国鉄貨物駅建設のために旧国鉄に売り渡されることになる。1967 年に計画が発覚し，1973 年，伊場遺跡の指定が解除された。県指定の解除という前代未聞の行為が行政自らの手によって行われ，国鉄の貨物基地建設が始まろうとしていた。

(2) 伊場訴訟の始まり

開発計画発覚以降，伊場遺跡の保存を訴え続けたのは，伊場遺跡の学術調査を担当していた遠江考古学研究所（遠江研）であった。彼らは，広く住民に遺跡の価値を周知すること，県内ばかりでなく，全国の考古学研究者，市民と連携することに力を集中していった。とくに，伊場遺跡は第4次調査（遠江研も調査担当に加わる）で大量の木簡が発見されて以来，多くの古代史研究者の注目されることとなった。1972年には「伊場遺跡を守る会」が結成され，井上光貞・石母田正などの著名な古代史研究者が参加した。全国的な保存運動がひろがるそのさなかに，開発の具体的な一歩となる「指定解除」が行われたことになる。伊場遺跡の破壊を止めるに，最後の手段として伊場遺跡県史跡指定解除の取り消しを請求するという訴訟を起こすことになった（1974年7月）。原告は遠江研のメンバーであり，伊場遺跡に深くかかわった人々であった。

伊場訴訟には，これまでにない特徴があった。伊場以前の文化財訴訟は「住民訴訟」であった。支出された公金の使い道をめぐる訴訟だから，住民であれば，だれでも訴えることはできる。しかし，伊場の場合は，行政処分に対する取消訴訟（行政事件訴訟法にもとづく）であり，そもそも，原告に訴える権利があるかどうか（原告適格）を争わねばならなかった（行政事件訴訟法第9条1項）。

(3) 文化財保護法と訴えの利益

遠江研は，考古学の専門集団である。しかも地元で長く研究を続け，名実ともに実績のある団体であった。伊場遺跡の第2次調査（1968年）と第4次調査（1972年）を担当した，伊場を最もよく知る研究者集団でもある。そのような人々が，史跡指定解除に反対し，裁判を起こす。伊場遺跡を守りたいと考える住民や国民にとって，彼らは原告として最も適任者に見える。多くの声を集め，それを代表するにはこれ以上の人々はいない。

ところが，法的にはそうではなかった。彼らには「原告適格」がないと判断された。静岡県の地方裁判所でも控訴した東京高等裁判所でも結果は同じであった。最後に原告はこれらを不服として最高裁に上告したが，1989年，これも棄却された。裁判支援者のなかでこれらの裁判所の姿勢は「門前払い」と表現されていた。裁判そのものの門を閉ざしたということである。訴訟を行うには第一に法的な判断ができる根拠が必要である。法律がなくては裁判は行えない。そのうえで，裁判は権利や利益を奪われたと主張する原告が必要になる。伊場訴訟の場合，原告は，利益を奪われたといっても，それを保証する法律が存在しないので裁判はできない（出訴資格の否定）というのだ。裁判所がそのように判断した根拠とは何か，判決文の一部を引用しよう。

「行政処分の取消を求めることができる者は，当該行政処分により自己の権利若しくは法律上保護された利益を侵害され（中略）る者に限られる」[3]「法律上保護された利益とは，（中略）権利主体の個別的，具体的利益を保証することを目的として（中略）保障されている利益であって，公益の実現を目的として行政権の行使に制約を課している結果たまたま一定のものが受けることになる反射的利益ないし事実上の利益とは区別されるべきものである。」（静岡地裁　1979年3月13日）

つまり，県史跡の指定というのは「公益の実現」をめざすもので，そこには一人一人の利益や権利を守るという趣旨はないというのだ。原告が主張した「文化財享有権」（人間生活の文化的要素を構成するものとして国民にあたえられた文化財を守り，そこから生まれる利益を受け取る権利）は，否定された。

(4) 伊場訴訟の残したもの

伊場訴訟は敗訴したが，「なぜ文化財は守られなければならないのか」「だれがどのようにして守るのか」という根本問題を広く国民に提起した点において，文化財保護の歴史に大きな画期をもたらした。控訴し，東京高裁に舞台を移した伊場訴訟から，筆者もほぼ欠かさず，裁判の傍聴に出かけた。地裁時代に比して傍聴者の数も少なく，裁判自体も書面のやり取りに終始していて，毎回近くの日比谷公園で弁護団からの説明を受け，どうにか裁判の成り行きを理解する程度であった[4)]。しかし，常に複数のマスコミの取材があり，翌日の新聞には裁判記事が掲載され，全国の注目度が高いことを痛感したことを記憶している。全国の考古学・古代史研究者ばかりでなく，行政担当者や遺跡に関心をもつ多くの国民が伊場を見守り，考えていることを実感していた。

伊場遺跡を守る運動は研究者が常にリードしてきた。それは，伊場遺跡のもつ宿命だったのかもしれない。古墳のように見ることで理解できる遺跡と，研究途上にあり，新発見が相次ぎ，それを説明する研究蓄積や他の発掘例が少ない伊場遺跡では，市民のなかでの理解度が異なる。「わからない」ことが，研究者にとっては遺跡の重要性を増す要素になるが，地域住民にとっては「わからない」ことは重要ではないことにつながりやすい。

実際，伊場遺跡は当初，弥生の集落としての重要性が顕在化していたが，調査の進展で西側に広がる奈良時代の掘立柱建物で構成される集落に注目が集まることになった。そして，大溝から出土した木簡は，地方における大宝律令以前の行政の在り方をひもとく第一級の資料として，現在は認識されている[5)]。現在の古代史研究・官衙研究のレベルで，伊場遺跡を説明することができれば，住民に遺跡の重要性を訴えることは容易であっただろう。弥生の集落としても同様のことがいえる。この難しさが，住民合意を妨げる一つの要因となったのだろう。

1973年の伊場遺跡を守る会主催のシンポジウム会場に高架化促進期成同盟の会員が乗り込んできて「よそ者にとやかく言う権利はない」と発言したという[6)]。高度経済成長が行き詰まるなか，生活を安定させようという地域住民の要求は，切実なものであったに違いない。遺跡を守らなければならないと感じて，居ても立っても居られない研究者の思いと，その地域に生きる生活者との思いが乖離していては，遺跡を守ることはできない。研究者の思いだけでは，問題は解決しない。どのように地域を活性化するのか，という課題にこたえなければ，遺跡保存に対する地域住民の同意は得られない。住民合意をどのように形成するのか，伊場訴訟は運動の考え方に広がりを持たせることとなった。

また，伊場遺跡は，調査の進展のたびに，遺跡の重要性が，まず，研究者によって認識され，その後，それが住民に知らされるという経過を長くたどってきた。さらに，地域住民に限らず，より広範な国民にとっても重要な国民の財産と認識されるようになった。この運動の広がりの要にいたのも研究者であった。研究者の存在なくして遺跡の保存はあり得ない。裁判の原告適格を含め，研究者の果たす役割の大きさを知らしめたのも伊場遺跡であった。伊場遺跡は弥生集落部分が，現在一部公園化されて残されている。ただ広大な古代集落は，もう見ることができない。

2　地域活性化に役立つ遺跡

(1) 吉野ヶ里遺跡について

吉野ヶ里遺跡は，佐賀県神埼市・吉野ヶ里町にまたがる丘陵上に立地する。脊振山からつづく，平野に飛び出した舌状台地の先端に位置し，環濠をもつ弥生時代中期を中心とする大集落遺跡である。周知の遺跡であったが，1981年，佐賀県の手によって神崎工業団地の建設予定地とされた。工業団地建設計画が市民に知らされた段階から，反対の声が上がり，1982年には組織的な動きが始まった。それでも，開発を前提とした本格調査が1986年からはじまることとなった。実際，工業団地の起工式にも，建設に反対する住民が開発中止を求める横断幕を持って，自らの意思を表明していた[7]。こうした地道な努力は続いたが，なかなか大きな保存運動は広がらなかった。

これを大きく覆し，保存の方針が出されるには，マスコミの力が大であった。1989年2月23日，朝日新聞朝刊に「弥生時代後期としては国内最大規模の環濠集落が発掘調査で発見」という言葉が躍った。その後，「邪馬台国の謎に迫る」「卑弥呼の居館か」といった趣旨の言葉が，新聞やテレビのニュースで語られ，全国を駆け巡ることとなった。当初，現地説明会が開かれているわけでもないのに，考古学ファンが全国から集まり，遺跡の見学者は大変なものとなった。報道直後の2・3月期だけで約25万人，1989年度には年間180万人を超える見学者が訪れたという[8]。報道直後の3月7日には佐賀県知事が史跡指定を国に働きかけ，遺跡保存を表明した。10月には仮の復元建物が公開され，翌年には約22haが史跡に指定される。国立公園化の構想も進み，1991年には特別史跡となり，1992年には国営吉野ヶ里歴史公園（約54ha）設置が閣議決定される[9]。

(2) 吉野ヶ里遺跡の経済効果

工業団地から史跡公園という大逆転は，なぜ可能だったのだろうか。これは，その後同じような経過で公園化される青森県三内丸山遺跡も含めて考えなければならない。どちらの場合も，現場の調査担当者を含め，多くの研究者が地道な努力をしていたことがベースとなっていることは間違いない。しかし，それだけでは，この大逆転を起こすことはできなかった。カギとなったのは人々の流れだ。全国から，多くの人々が訪れるという事実が，地元をはじめ，行政を動かす大きな要因になったのだろう。つまり，経済効果が望める，地域の産業として成長可能であるという方向性が，遺跡保存の判断を促した。工業団地と史跡公園を天秤にかけた場合，どちらがより地域社会にとって有用か。1989年は，バブル景気絶頂期とはいえ，それは製造業などの第2次産業による好景気ではなかった。工業団地を作ったところで，どれほどの経済効果が望めるか，実際のところ，その見通しは厳しかったであろう。こんな時，別の選択肢が見えてきた。いわゆる「吉野ヶ里効果」である。観光資源の乏しい佐賀県において吉野ヶ里遺跡は重要な観光資源として認識されるようになる。観光による地域活性化に方向を転換したのだ。青森県においても同様である。むしろ，青森県の場合は，佐賀県という前例を学び，より積極的に観光を打ち出し，地域活性化の起爆剤と考えている。

史跡公園化することによる経済効果は，どれほどであろうか。澤村明氏の一連の研究によれば，経済効果を計算することは容易ではないが，大規模な国営の史跡公園化にかかる経費は膨大で，単純な利益だけを考えれば，投資を回収することはできないようだ。ただ，維持管理経費という県レベルの財政支出でみれば，観光収入が支出を上回るという。そして何より，経済性では計算されない効果として，佐賀県の知名度が上がり観光資源として広く認知されたことがあげられる[10]。

こうしてみると，観光資源として経済性を重視した結果，保存が決まったとはいえ，その経済性は必ずしも証明されるものではない。それでも，遺跡保存を決める一つの重要な要素として，観光開発，経済効果という視点は定着しつつある。もちろん，経済効果は，資源の活用の仕方では，まだまだ発展の可能性もあり，答えの出ている問題ではないのかもしれない。

(3) もう一つの「吉野ヶ里効果」

急速な保存決定には，もう一つの要素があったと思う。それは地域住民のアイデンティティにかかわる要素だ。新聞報道以降のフィーバーは異常といってもよいものだった。遺跡の周りには立ち入り禁止の看板と同時にロープが張り巡らされ，一般の見学者は立ち入ることができなかった。それでも，毎日，多くの人が訪れ，ごった返していた。これを地域住民はどのように感じたであろうか。遺跡や自然の価値は，地域住民にとっては生まれながらに存在する当然のものと受け止められ，特記されるべきものとは感じていないかもしれない。しかし，全国から押し寄せる人々を見ることによって，遺跡の価値を再認識し，それに対する「誇り」をもつのではないだろうか。遺跡は地域にある大切な財産として掛け替えのないものになる。その時，遺跡の保存が，地域住民の合意になるのではないだろうか。

(4) ソーラーパネルの設置

「弥生の遺跡」としての吉野ヶ里遺跡が認知される一方で「もう一つの吉野ヶ里」と呼ばれた古代官衙遺跡としての性格は，残念ながら，注目されていない[11]。例えば，遺跡の北部に広がる古代遺跡上に県がメガソーラー地を造成，5万枚のソーラーパネルが，NTTの子会社によって設置された。ここは，工場団地造成時に県所有となっていたところで，国立公園開設以降，利用されずにきた地域である。これは，古代遺跡を十分に活用できていないというだけではなく，「弥生のムラ」という景観を台無しにする近代的施設の建設でもあった。これに対して吉野ヶ里遺跡全面保存会は「吉野ヶ里メガソーラー発電所の移転を求める住民訴訟」を起こした。現在，最高裁に上告中である[12]。

(5) 町おこしと吉野ヶ里遺跡

吉野ヶ里遺跡は，特別史跡に指定されるほどの国民の財産ともいうべき遺跡である。当然，地域住民が観光資源ととらえ，そのように活用することは認められるべきことである。問題は，観光資源としてのみ考えることによって生じる，遺跡の価値の固定化である。メガソーラー発電所訴訟に見られるように，吉野ヶ里遺跡には，古代国家形成時の確固とした痕跡が認められるにもかかわらず，それに対する評価は低いようだ。もちろん，国営吉野ヶ里歴史公園内には「古代の森」も整備されてはいる。しかし，すでに県所有の土地でありながら，それを遺跡として活用せず，近代建設物を優先する点で，現状の国営公園のみを「遺跡」として保存する県の姿勢がみて取れる。このような価値の固定化は，観光資源としても発展性を持たないことを意味する。公園さえあればいいという考え方では，継続した町おこしにはつながらない[13]。「メガソーラー発電所の移転を求める訴訟」はこうした県の姿勢に対する地域住民からの警鐘でもある。継続した町づくりの中にどのように遺跡を取り込むのか，その問題を解決しなければならない。

3　文化的景観としての遺跡保存

(1) 世界遺産と文化的景観

1980年代に入って，個別の遺跡保存が困難になる中で，自然環境や景観の保存と一体化した地域運動が始まった。個々の遺跡をランクづけするのではなく里山全体の保存に成功した埼玉県狭山丘陵や新潟県見附市耳取山がその典型として挙げられる。また，旺盛な学習活動のなかで，地域住民が，中世遺跡を生活とともに息づいている文化財であると認識し，遺跡を町ごと保存しようという方向性も注目されるという[14)]。これら80年代の保存運動の在り方は，町づくりという地域の将来像とかかわる形で遺跡の保存が検討されるという点で，新しい方向を示したものといえる。その一つの発展形態が，世界遺産として遺跡を残し，地域全体を遺跡を中心として存続させようというものだろう。

世界遺産とは1972年にUNESCO総会で採択された世界遺産条約によって「人類共通の遺産」の考え方によって保護される文化遺産・自然遺産のことである。世界遺産の特徴は，文化財や自然環境を個別に保護するだけでなく，「文化的景観」として地域全体を網羅しながら保護しようという姿勢にある。日本は，1992年に条約を締結し，この考え方は，「文化的景観」として2005年，文化財保護法に盛り込まれた[15)]。

(2) 鞆の浦の保存運動

文化的景観とまちづくりを一体化させて，遺跡や町並みを保存しようというのが，鞆の浦である。広島県福山市鞆の浦は，1934年に日本初の国立公園に指定されるほどの美しい海岸線と多島海があり，江戸時代以来の町並みを残す，自然・歴史とも兼ね備えた地域である。朝鮮通信使の寄港地でもあり，坂本龍馬に代表される海援隊が借用していた商船「いろは丸」沈没の地でもある。しかし，ここでも開発計画が持ち上がった。

鞆の浦では，早くも1980年代に埋め立てによって架橋と埠頭を作る事業計画が広島県から出された。その後，形を変えながらも，埋め立てによる景観の変更と道路と架橋による景観の分断が提案され続けた。それはどれも，港を近代化・効率化し，鞆の浦経済の活性化を図る目的をもっており，地域の中の要求でもあった。それに対して，港の近代化ではなく，古い景観を残すことで，町づくりを進めようという住民の意見も顕在化していった。この両者は長い対立を経て，現在は開発をストップし，どのように鞆の浦の活性化を進めるかという話し合いが進められる段階となっている。

(3)「鞆の浦世界遺産訴訟」とその後

1983年からはじまった道路推進派と町並み保存派の対立は，県や市を巻き込みながら，長期にわたって続いた。特に，2004年，福山市の新市長から出された埋め立て架橋計画は，埋め立ての免許を広島県に申請することで実行の第一歩を踏み出そうとする具体的なものだった。それまで，開発計画が頓挫し，保存の方向が見えてきたと感じていた保存派にとっては，緊急の課題となった。保存派は，この埋め立て申請に先立って2007年県を相手取って埋立免許の差止め請求訴訟をおこした。またほぼ同時に，市が申請を行っても裁判の判決が出るまでは県が埋立を認めないように「仮り差止め」の申し立てもしている[16)]。原告たちは，鞆の浦を世界遺産に匹敵する価値をもつものと考えている。実際，文化遺産保護にかかわる国際NGOで，ユネスコから世界遺産の審査とモリタニングを諮問されているイコモスから，何度も町の保存や開発計画の見直しの要望が政府・県・市に対して行われた。これを見ても世界的注目度は明らかである[17]。

2009年，広島地裁から埋立免許を差止める判決が出された。差し止めの理由は，「美しい景観としての価値にとどまらず，全体として，歴史的，文化的価値を有する」（広島地裁2009年10月1日）ためとされた。「伊場裁判」では実現しなかった「差し止め訴訟」に全面勝訴したのである。その後，2012年，県は埋め立て架橋計画を中止し，山にトンネルを通すという原告らの提言に沿った政策に転換し，この問題の一応の決着をみた。

しかし，これで問題が解決したわけではない。人口が流出し，高齢化も進むなかで，どのように鞆の浦の住民の生活を維持していくのか，具体案はこれからの住民の話し合いで決めていかねばならない。

(4) どのようにして鞆の浦訴訟は勝訴したのか

伊場訴訟で訴えの利益なしとして原告適格が認められず，裁判そのものを始められなかった。その状況と比して，今回の鞆の浦では，その問題は裁判の障壁とはならなかった。それはなぜだろうか。

2004年，伊場訴訟に代表される原告適格を狭くとらえる解釈を変更しようと行政事件訴訟法第9条に2項が付け加えられた。これによって，原告適格を公有水面埋立法だけでなく，景観法や瀬戸内海環境保全特別措置法を関係法として肯定できる余地が生まれた。まさに，この観点で，鞆の浦訴訟は門前払いされることなく，個人の利益として景観保護を訴えることができた。また，裁判の性格も異なっていた。伊場訴訟の場合は，訴訟は県史跡指定解除を取り消すように求めた取消訴訟で，解除以前に訴えることはできなかった。しかし，鞆の浦の場合は，差し止め訴訟で，まだ，実際の計画は動いておらず，計画段階で訴訟を起こす事ができた。町づくりをどのようにするのか，裁判の中で大いに議論することができ，それ自体が，原告側に大きな力となった。

さらに，鞆の浦では景観を大切にし，維持発展させようという住民グループの存在が大きい。裁判を支えた組織も複数あり，町のなかでそれぞれの創意と工夫で活性化の具体的取り組みを続ける人々が多数いたことが，町づくりを考えるうえで何より大切なことであったのだろう。1980年代から長期にわたった鞆の浦の開発か，保存かの対立は，実際の行動の中で一つ一つ氷解していったのではないだろうか。NPO法人「鞆まちづくり工房」による空き家再生事業にみられるように，道路建設ではない町の活性化の方向性が，住民の前に提示され続けている。もちろんここでも，専門家集団の活躍は見逃すことはできない。「伝統的建造物群保存地区」の候補に挙がった「七卿落遺跡（太田家）とその周辺」の調査（1975年）からはじまり，行政による調査がつづいた。また，一方で保存派の側でも積極的な調査活動が開始された。1999年からは，町並み保存連盟の協力で日本大学と住民による共同調査が4年にわたって行われた。これらの調査研究が，鞆の浦の文化的景観の重要性を裏付けるものとなった[18]。また，2008年に封切られた宮崎駿監督の「崖の上のポニョ」が鞆港をモデルにしていることは有名である。イコモスの3度にわたる保存を求める勧告から，映画「崖の上のポニョ」に至るまで，外からの応援団のちからも大きかった。

裁判で文化財保存側が勝訴することは大変珍しい。訴訟方針をはじめ，代理人・原告の十分な議論と努力が背景にあったことは間違いない。ただ，それだけでは，訴訟に勝利することは難しい。鞆の浦が教えてくれたのは，どのような町をつくるのかという問題を常に議論し，実践する地域住民の主体性が大切であるということだ。遺跡を活用し町づくりをするのであれば，その議論は長期にわたり，生活者の観点で一つ一つを解決してく姿勢がなくてはならない。

4　女性が切り開く文化財保存運動

(1) 田和山訴訟

鞆の浦訴訟同様，文化財保存側が訴訟を絡めながら遺跡の保存に成功したのが，島根県松江市田和山遺跡の保存運動である。田和山は「おやま」と呼ばれ，水田からの比高差40mの独立丘陵で，私立病院などの医療福祉施設の移転地として開発される計画となった。1997年，調査が始まり，山頂にあると思われていた古墳群は，弥生時代の環濠遺跡で，三重の溝に囲まれたなかに「九本柱建物」が一棟確認できるという前例のない遺跡であることがわかった。すぐさま，市民と研究者の共同で保存運動が始まる。訴訟は遺跡破壊に公金支出は違法であるという住民訴訟の形をとった。保存運動側は，「見て，考えてもらう」を柱に，学習会，見学会を地元で精力的に開催し続ける。「田和山を見る女性たちの会」は毎土曜・日曜に見学会を開き，なんと連続700回を達成している。市民の要求は，田和山の全面保存から，国史跡指定へ変化する。県が保存の方針を出しても，松江市は開発計画を断念しなかったが，市民の保存世論の拡大で，ついに2000年9月，議会で「遺跡の大部分を保存して国指定を申請する」こととなった。訴訟そのものは，市の方針転換で取り下げられたが，訴訟と世論の広がりがうまく絡み合って，田和山遺跡を国史跡にまでたかめた。そして，公園として保存活用が始まることになった[19)]。

1990年代に入って，保存運動に女性が多数参加し，大きな役割を果たすようになった。もともと，消費者運動など女性がけん引する運動はあったが，文化財の保存に女性がかかわることは，それまで少なかった。この変化は，女性の社会参加の意識の高まりや，専門性をもつ女性の増加に原因があるだろうが，それ以上に，運動の質の変化が関係しているだろう。女性は，地域の生活者としての視点を強く持っている。地域で子どもを育て，家族を守る。そこに，文化財や文化的景観が存在する。将来を見据えた町づくりのなかにそれらが位置づけられてはじめて，女性の運動参加となるのだろう。文化財や文化的景観を守る運動が，専門家や一部の考古学ファンだけの運動から，生活者の運動に変化していることを示している。

(2) 高塚山を守る運動

この視点で，兵庫県高塚山を守る運動を見てみよう。ここでも，地域住民，とりわけ女性たちの活躍が著しい。

兵庫県西宮市の閑静な住宅地の中に高塚山はあった。一辺が200mほどの独立丘陵だ。地域住民にとっては唯一の自然を満喫できるゾーンであった。その山頂付近には横穴式石室をもつ後期の円墳（高塚1号墳）があり，歴史的景観を含めた自然遺産であった。この山を削平し，住宅74戸と150世帯ほどのマンションを作る計画が持ち上がった。地域住民は，建設の反対に立ち上がり，2017年6月，開発業者に対し，地元住民が建設の差し止めを求める民事訴訟を提訴した。開発行為はそれでも続けられ，現在，高塚山と古墳は消滅しているが，訴訟は続いている[20)]。

この裁判は，民事差し止め訴訟であり，裁判を始める原告適格の問題は生じない。ただし，裁判のなかで，原告らの権利侵害を証明し，それが認められなければ，原告の勝利とはならない。そこで，新たに主張されたのが，「町づくり権」である。地域住民が，どのような環境のなかで生活していくのか，意見を聞いてもらえる権利である。文化財享有権や環境権とは別に，地域住民が自分たちの住環境を選択する権利として主張されている。この権利は，まだ，生まれたばかりの権利で，判例にもなっていない。しかし，この権利が認められれば，国史跡・県史跡とまではいかないが，地域にとっては大切な文化遺産や自然環境を丸ごと保全する可能性が生まれる。訴訟を起こす場合，常に文化財の価値が問題になる。世界遺産レベル，国指定レベルが問題にされてしまうと，守られない遺跡の方が多くなるのは必然だ。ここ高塚山のように，全国に多数存在する6世紀末から7世紀にかけての後期古墳の一つが守られるためには，自然環境と一体化した地域の宝としての位置を保つしかない。地域住民の意見が最も大切にされてはじめて，保存が可能になる。開発か，保存かの問題は持続可能な社会を築こうという21世紀の課題でもある。我々がどう生きていくのか，それぞれの地域社会の将来を見据えて，住民の意見を反映し，決定されなければならない。

5　文化財を守るために

(1) 伊場訴訟で問題にされた「訴えの利益」

伊場訴訟からはじまり，高塚山の訴訟に至るまで，多くの文化財訴訟が提訴された。そのなかで，文化財享有権や環境権，町づくり権など様々な新しい権利が主張され，文化財を守るための試行錯誤が行われた。伊場では，文化財があるということは人が生きるための不可欠な条件であると文化財享有権を訴えた。しかし，残念ながら，司法はそれを認めることはなかった。また，文化財保護法の目的を「公益」に限り，個人の利益は法では守られないとし，裁判そのものを始めない「門前払い」（訴えの利益がない）という判断を下した。この段階で，保存の側は，自然保護や町並み保存といった他の分野の保存を目指す人々と手を組み，文化財に限らず，広い意味で自然環境を含む「景観」を守る方向に足を踏み出した。それは，町づくりという視点を生み出し，一人一人がもつ「町づくり権」という考え方に昇華した。また，行政事件訴訟法の改正で原告適格を広げる可能性が生まれ，判例で文化的環境が生活にとって必要なものとされるようになった。伊場提訴以来，40年以上がたとうとしている。やっと，文化財を司法で守る窓口が開いたといえるだろう。訴えの利益という点では，文化財以外の自然保護や消費者保護の運動も一体となって，重い司法の扉を動かしている。

(2) 代表訴訟権について

しかし，訴訟を起こすことのできない場合も数多くある。筆者も加わった新潟県上越市の裏山遺跡の保存運動は，新潟の文化財保存の画期をもたらすものになったが，遺跡は破壊され，町づくりに生かすことはできなかった。裏山の場合，訴訟を起こすことは，考えられなかった。まず，開発主体が，行政ではなく，道路公団であったから，行政訴訟は起こせなかった。残る手段は道路公団を相手取って提訴する民事訴訟であったが，時間的にも，訴訟が成立する余地を見出せなかった。

こうした場合，緊急の対応として訴訟を成立させるために「代表訴訟」という考え方がある。文化財保護や消費者保護，自然環境保護に関して専門的知識を有する集団が，訴訟を起こすというもので，すでにEUでは法制度化されつつある。訴訟を起こすことのできる集団は，法的にその専門性が証明されていなければならないが，日本でいえば，日本考古学会や各県の考古学会，文化財保存全国協議会のような実績のある保存団体が該当する[21)]。もし，このような制度が作られれば，住民に遺跡の重要性を周知する時間が不足していても，保存の可能性が増すことになる。大切な地域の財産を失わずに，活用することもできるはずだ。

日本でも，2001年に行われた行政事件訴訟法改正に向けた審議会の中でこの問題が話し合われている[22)]。残念ながら，改正案のなかに盛り込まれることはなかったが，早急に代表訴訟権を専門集団に認める道筋を切り開いてほしい。「訴えの利益」を問題にせず，司法による緊急の救済ができれば，守られる文化財も増えるに違いない。

(3) 学習の場としての文化財

町づくりのなかで，文化財や町並みは，経済効果をもたらすものという観点で見られがちである。それが間違っているわけではない。住民の生活を維持するためには大切なものだ。しかし，経済的にプラスにならないからといって文化的景観を維持することに価値がないわけではない。それを教えてくれるのが，長野県長和町の例だ[23]。長和町では，多額の公金を使って「ほしくずの里たかやま黒曜石体験ミュージアム」を維持運営している。経済的効果も小さくはないだろうが，そこで学ぶ子どもたちにとっての価値はそれに比べることができないほど大きい。地域の子どもたちはもちろん，町外の子どもたちも，ここで縄文人や旧石器時代人の生活を学び，生き方を考えている。長和町星糞峠は黒耀石原産地遺跡として国史跡に指定されているが，同じ採掘跡として名高いイギリスのグライムズ・グレイブス遺跡（新石器時代・フリント採掘）と姉妹遺跡協定を結んだ。この締結式には長和町の中・高校生が，「黒耀石大使」として，イギリスにわたっている。子どもたちは黒耀石とその遺跡から世界を見て，自分や故郷を考える。そうした遺跡と子どもの育ちを一体化した仕組みを作ることで，地域の特性を形成し，次世代住民のアイデンティティに影響を与えている。新潟でも火焔型土器をメインにして地域の歴史を肯定的に学び，生活者としての生き方を学ぶ取り組みが，地道に行われている[24]。学習と人格形成の場としての遺跡の価値を再認識することで，短期決戦ではない持続した文化的環境の保護が実現される。再度，伊場で主張された「文化財享有権」が注目されるべきだ。この権利のなかに含まれる人格権的要素に子どもの育つ環境を整備し，子どもたちの教育を受ける権利を重ねる必要がある。遺跡は，地域を持続可能な社会にするキーワードになるはずだ。

まとめ

社会が遺跡を保存しようと判断する要素を，訴訟を通して考えてみた。研究者が「遺跡は大切だ」と考えることは前提だが，多くの地域住民が「守りたい」と感じるためには，一つに経済的な利点があることが必要だ。また，町づくりという将来像が与えられることも必要なようだ。それに成功すると，直近の経済性よりも，保存することで将来に希望を持とうとする住民も増加してくるだろう。文化財や文化的景観にはそうした力が秘められている。文化財を守ることは，自然環境を含め，人間らしい生活を営む条件を守ることである。持続可能な社会に文化的景観はなくてはならないアイテムである。

（2018年9月7日受付）

註

1） 村瀬隆彦　2009「空襲について」『浜松の遺跡を探る』静岡大学生涯学習センター

2） 椎名慎太郎　2017「文化財訴訟と伊場遺跡」『文化財保存70年の歴史』新泉社

3） 行政事件訴訟法第9条第1項を根拠としている。

4） 椎名慎太郎　2017「伊場訴訟から学んだこと」『山梨学院大ロー・ジャーナル』12号にもその時の様子が記されている。

5） 荒木敏夫　2009「浜松市伊場遺跡と地域誌研究」『文化遺産と現代』同成社

6） 註2に同じ

7） 鬼塚克忠　2014「江永次男先生をしのんで」『吉野ヶ里を語る集い』もこの写真について触れている。筆者は，直接，故江永氏よりご自宅で写真の説明を受けた。江永氏は，吉野ヶ里遺跡保存運動の要的存在で，保存運動に貢献した個人・団体を顕彰する「和島誠一賞」（第14回）を受賞している。

8)　澤村　明　2008「遺跡保存と地域経済」『新潟大学経済論集』83　新潟大学
9)　平成29年度「吉野ヶ里遺跡古代調査指導委員会」2018
10)　註8に同じ
11)　「吉野ヶ里遺跡古代調査委員会」によれば，古代の吉野ヶ里も研究・整備が進んでいるが，国営公園内のことで周辺地域への調査整備は，行われていない。
12)　山崎義次　2017「吉野ヶ里遺跡群」『文化財保存70年の歴史』新泉社
13)　註8で澤村氏は具体的に経済性が向上する町おこし案を提起している。
14)　小笠原好彦・勅使河原彰　2017「文化財保存の現状と課題」『文化財保存70年の歴史』新泉社
15)　毛利和雄　2017「文化的景観と世界遺産」『文化財保存70年の歴史』新泉社
16)　毛利和雄　2008『世界遺産と地域再生』新泉社
17)　イコモス　2005年　第15回総会決議など
18)　この間の運動の経過は，毛利和雄氏の註16文献に詳しい。
19)　田中義昭　2017「新しい市民運動と田和山遺跡」『文化財保護70年の歴史』新泉社
20)　針原祥次　2018「高塚山開発差止訴訟とまちづくり権」文化財保存全国協議会　第49回大会報告
沼野一恵　2018「高塚山の緑と古墳を守る運動」文化財保存全国協議会　第49回大会報告
21)　ドイツでは，EU指令に基づいて文化財の団体訴訟が環境訴訟法によって行われることになった。国内・国外の団体が，申請により，法的に条件を満たせば，訴訟救済の資格を認定される。認可権者は，連邦環境省である。石崎誠也氏の教授による。
22)　大久保規子　2004「行政訴訟の原告適格の範囲」『ジュリスト』No.1263　有斐閣
23)　大竹幸恵　2018「黒耀石に未来を託して―地域と世界をつなぐミュージアム―」『明日への文化財』78　文化財保存全国協議会
24)　金子和宏・山本哲　2018「火焔街道連携プロジェクトの15年」『明日への文化財』78　文化財保存全国協議会

編集後記

橋本博文先生のご退職を記念した論文集『磨斧作針―橋本博文先生退職記念論集―』がここに上梓されました。

本書は総勢29名の芳名を連ねた大冊であり，掲載論文はタイトルからもおわかりのように考古学あるいは文献史学，文化財保護，歴史教育といった実に多彩な分野から寄せられました。先生の薫陶を受けた卒業生はもちろんのこと，日頃の研究活動を通じて交誼を結ばれている方々からもご寄稿いただきました。執筆者各位には，まずもって厚く御礼申し上げます。

書名は橋本先生ご自身からお選びいただきました。どんなことも根気強く努力することで必ず成就できるというたとえであり，先生の座右の銘でもあります。あらゆる方向に目を向け，精力的に研究に臨む先生のお人柄を表しているようにも思われます。

企画が決定してからのおよそ5年間，本の体裁や書式の決定，執筆者の募集，原稿の取りまとめ，編集など，さまざまな場面で力不足を感じる毎日でした。しかし，ようやく刊行の運びとなり，橋本先生への学恩に少しでも報いられることを卒業生の一人としてたいへん嬉しく思っております。

橋本先生，どうぞご壮健で過ごされ今後もご活躍されることを心より願っております。そして我々教え子のために引きつづきご指導いただければ幸甚です。「磨斧作針」を胸に，日々研鑽してまいります。

最後に本書の刊行に際し，六一書房の八木環一氏，水野華菜氏には様々な面でお力添えをいただきました。記して感謝申し上げます。

平成31年3月

橋本博文先生退職記念事業実行委員会

編集部会　丸山一昭

橋本博文先生略歴・研究業績

【略歴】

〈学歴〉

昭和51年　早稲田大学大学院文学研究科修士課程　入学

昭和53年　早稲田大学大学院文学研究科修士課程　修了

昭和53年　早稲田大学大学院文学研究科博士課程　入学

昭和58年　早稲田大学大学院文学研究科博士課程　単位取得満期退学

平成20年　博士（文学）早稲田大学（論文）

〈職歴〉

昭和58年　宇都宮大学教育学部　非常勤講師

昭和59年　早稲田大学所沢校地埋蔵文化財調査室　助手

平成7年　新潟大学人文学部　助教授

平成11年　新潟大学人文学部　教授

平成16年　新潟大学人文社会・教育科学系　教授

平成31年　退職

〈役職歴〉

平成16年～30年　新潟大学旭町学術資料展示館　館長

【主な研究業績】

〈考古学〉

1980「埴輪祭式論」『塚廻り古墳群』群馬県教育委員会

1993「亀甲繋鳳凰文象嵌大刀再考」『翔古論聚』久保哲三先生追悼論文集刊行会

1996「いわゆる纒向型前方後円墳の再検討」『考古学と遺跡の保護』甘粕健先生退官記念論文集刊行会

2013「古墳時代の居住形態群」『古墳時代の考古学』6・人々の暮らしと社会　同成社

〈その他の活動〉

2015「スウェーデンでの新潟大学旭町学術資料展示館のトラベリング・ミュージアム“Flower Viewing ― Flowers in Japanese Art ―”」『新潟県博物館協議会研究紀要』第2号　新潟県博物館協議会

2017「高速交通網の整備と裏山遺跡」『文化財保護70年の歴史』新泉社

2016「佐渡金銀山の文化的景観―神事を中心として―」『民族藝術』第32号　民俗藝術学会

2004「地域情報　新潟県内博物館事情　新潟大学あさひまち展示館の試みを中心として」『考古学研究』第51巻第3号　考古学研究会

執筆者一覧（掲載順）

佐野勝宏（さの　かつひろ）	早稲田大学高等研究所
尾田識好（おだ　のりよし）	(公財)東京都スポーツ文化事業団　東京都埋蔵文化財センター
武末純一（たけすえ　じゅんいち）	福岡大学人文学部
萩野谷正宏（はぎのや　まさひろ）	和歌山県立紀伊風土記の丘
髙橋浩二（たかはし　こうじ）	富山大学人文学部
滝沢規朗（たきざわ　のりあき）	新潟県教育庁
小池勝典（こいけ　かつのり）	宮田村教育委員会
相田泰臣（あいだ　やすおみ）	新潟市文化財センター
前原　豊（まえはら　ゆたか）	藤岡市教育委員会
風間栄一（かざま　えいいち）	長野市教育委員会
田中祐樹（たなか　ゆうき）	(公財)新潟県埋蔵文化財調査事業団　新潟県埋蔵文化財センター
水澤幸一（みずさわ　こういち）	胎内市教育委員会
水野敏典（みずの　としのり）	奈良県立橿原考古学研究所
犬木　努（いぬき　つとむ）	大阪大谷大学文学部
坂　靖（ばん　やすし）	奈良県教育委員会
古谷　毅（ふるや　たけし）	京都国立博物館
小黒智久（おぐろ　ともひさ）	富山市教育委員会埋蔵文化財センター
加部二生（かべ　にたか）	桐生市教育委員会
渡邊武文（わたなべ　たけふみ）	磐田市教育委員会
安達俊一（あだち　しゅんいち）	福井県教育庁埋蔵文化財調査センター
丸山一昭（まるやま　かずあき）	長岡市立科学博物館
相澤　央（あいざわ　おう）	帝京大学文学部
渡邊朋和（わたなべ　ともかず）	新潟市文化財センター
前山精明（まえやま　きよあき）	新潟市文化財センター
萩原三雄（はぎはら　みつお）	帝京大学文化財研究所
渡部浩二（わたなべ　こうじ）	新潟県立歴史博物館
ロチン・イッシツェレン	モンゴル科学アカデミー歴史・考古学研究所
竹田和夫（たけだ　かずお）	新潟県立新発田高校
川上真紀子（かわかみ　まきこ）	文化財保存新潟県協議会

橋本博文先生退職記念事業実行委員会

安立　聡　丸山一昭　相田泰臣　小池勝典　尾田識好　小黒智久　鈴木　暁　鳥居美栄

磨斧作針―橋本博文先生退職記念論集―

2019 年 3 月 31 日　初版発行

編　者　橋本博文先生退職記念事業実行委員会

発行者　八木　唯史

発行所　株式会社　六一書房

〒 101-0051　東京都千代田区神田神保町 2-2-22

TEL　03-5213-6161　　FAX　03-5213-6160

http://www.book61.co.jp　　E-mail info@book61.co.jp

振替　00160-7-35346

印　刷　藤原印刷株式会社

ISBN978-4-86445-112-3 C3021